关系的魅力

鲁院讲义集 2

邱华栋 主编

郭艳 副主编

严迎春 赵俊颖 李蔚超 张俊平 编选

作家出版社

目录

1

关系的魅力

铁 凝

主持人：今天我们请到了中国作协铁凝主席，铁凝主席在百忙之中抽时间来了鲁院，满足了我们五十五个少数民族作家的心愿，让我们用热烈的掌声表示最诚挚的敬意和欢迎！

这将是一个美好的早晨，也是一个让我们难忘的上午。铁凝主席曾经说，文学是人类大的体贴和爱，她的创作关注人的内在的理想追求，探讨女性生存际遇与精神心理，描写了人类人性的矛盾与痛苦，诸多长篇创作成为中国当代的重要作品，同时出色的短篇创作在中国文坛享有独特的地位。那么今天铁凝主席给大家讲座的题目是《关系的魅力》。下面我们用热烈的掌声表示欢迎。

铁凝：各位学员、各位同行，大家上午好！非常高兴再次来到我们这个班上，和大家一起交流文学的心得。我不是在这个课堂讲课。我们都是同行，我是来和同行谈谈文学。开始可能是我讲你们听，但我这个讲不是讲课，我把它叫一种说话吧，说一说我在小说方面的心得。我第一次来我们这个班是开学典礼，在开学典礼上我们有一个学员在发言中感叹时间过得快啊！他说：这个时间比剃头刀还快。我觉得这话说得非常好。通常我们会说，时间一去不复返，时间如流水。比如这个时间，我记得是一位彝族学员，他比喻时间像剃头刀，让时间像刀子一样，时间如刀，让人感到心惊肉跳，那么锋利，给你一个很强烈的警示。今天我确实感觉到时间像刀子一样，转眼间我们又在这个房子里见面了。新年到了，牛年又过去了。时间如刀，我也就不用更多寒暄和客套耽误大家的时间了。

我今天要讲的题目也叫《关系的魅力》——"关系"一词在小说中或者在文艺作品中。我一直觉得写作是一件非常个人的事情。我每次被盛情邀请，被我们的作家，包括为我们的大学生来做一个讲座的时候，我就有点发怵。到底怎么写小说？大家都写过，写小说、写诗、写散文等，还有就是文学创作的规律，好像大家都明白。一个作家再对这个发言，我觉得作用是非常有限的。所以我今天的发言并不是想告诉各位我们应该怎样写小说，只是谈一谈我个人在写作过程中的一些心得。当我坐在这里和大家面对面时，我觉得眼前的你们这些面孔是那么样地有生气，一瞬间也促使我再次回到学习的状态。这种状态是一条在学习当中回到欢乐的路，只有不断地学习，不断地获得学习的能力，我才能知道世界有多大，人心有多深，自己有多少缺欠。

我从事写作，从第一篇作品发表到今天已经写了三十多年。三十多年间，我经历了自己的钢笔字（那个时候没有电脑）第一次变成铅字，第一篇小说得到发表后的那个兴奋、喜悦和虚荣心的满足。因为我不知道各位是否经历过那个时代，就是你的手写的钢笔字居然能变成印刷体铅字，得以公开发表那种兴奋，跟大家今天用电脑写作那种感受还是不一样，大家对铅字的那种感觉已经一去不返。那种发表的狂喜，很难用今天的感受去对应。所以，那时候一方面我很惊喜，有虚荣心的满足有自我陶醉；另外一方面我以为写小说也挺容易。比如我的一个短篇小说《哦，香雪》第一次获得全国奖，我表面上装作平静，但心里很喜悦。每天睡觉之前都要把这小说再读一遍。最初你的作品公开发表，并且得到了文坛和读者的认可那种喜悦、那种虚荣心的满足我都体会过。那时把小说看得过于轻易，只是写了多年之后，才越来越觉得写小说是不容易的，所以写到今天我才知道害怕了，那时候不知道害怕。今天，我承认天赋、机遇和勤奋是成为作家的三个重要因素。但我觉得当你成为一个作家之后，勤奋就非常要紧，为什么呢？因为文学从根本上讲没有近路可走。如果你说，我怎么样才能更快、才能更近一点让我到达目的地呢？我不知道。我觉得真正的文学不能抄近道，没有近道可抄。

一个写作的人要有勤奋的、笨重的、劳动的准备，和一种心胸。这样的心胸和小聪明是没有关系的。小聪明有什么用没有呢？我觉得小的聪明也有用。无论对文学或者说对人生，小的聪明就是有一种救急的作用。但老实说，文学不能总是处于救急的状态。文学最终还是需要一个大的老实的态度，有大的老实才能获得大的智慧，小聪明是不难的而大老实是不容易的。大的智慧往往是由大的老实做底的，每当我面对小说时愿意对自己有这样的一个告诫。

下面我谈"关系"这个词在小说中的魅力，或者说"关系"这个词对小说的意义。当我们被问及小说是什么，可以有很多种回答，比方小说是叙述的艺术；小说是欲望在想象中的满足；小说是人类共同需要的一种精神上的高级游戏。还可以说得写意一点：当我看到短篇小说时首先想到的一个词是景象；当我看到中篇小说时首先想到的一个词是故事；当我看到长篇小说时首先想到的一个词是命运。小说还可以是很多，比如小说反复表现的是人和自己的关系，这个自己包括自己的肉体和自己的精神的关系；人和他人的关系、人和世界的关系以及这种种关系的无限丰富的可能性。作家通过对关系的表现，达到发掘人的精神深度的目的。因此我以为"关系"在小说中是一个很重要的词，同时也是一个很有魅力的词。什么叫关系呢？关系就是人或事物之间的相互作用和相互影响的状态。我想从四个方面跟大家交流一下，小说中的"关系"。

一、对关系的独特发现是小说获得独特价值的有效途径。日本著名作家黑井千次写过一个短篇小说，叫《小偷的留言》，很短。小说的背景是东京，一个单身汉小职员，生活很邋遢，事事不如意，婚姻也没有，工作压力也很大，这样形成一个恶性循环。小说表现的是这样一个生活邋遢、事事不如意的单身汉和一个职业小偷之间的关系。故事很简单：这个单身汉，屋子里很脏、很乱。生活很没有起色，所以就是晚上回来吸烟、喝酒，白天出去是压力很大的工作，出来进去小房间就是他一个人。一天单身汉去上班，有个小偷光顾了他的家。他从窗子里跳进来是想偷东西，但是这个小偷发现单身汉的房间里太脏、太乱。重要的是，这个小偷是特别爱干净的一个人，这个小偷有洁癖。有洁癖的小偷他尤其不能容忍他要偷的这个人的房间这么脏。小说在之前已经铺垫了很多单身汉的脏房间，比如被子永远堆在榻榻米上；碗池里的碗筷摆得很高，都长了绿毛，他也不洗碗，他吃了就再拿，一直拿到没有；然后烟头都满满的从烟灰缸里溢出来；臭袜子东一只西一只的，等等。小偷就想这么脏我怎么偷呢？我得先帮他打扫打扫房间。于是他开始按照他洁癖的标准，很认真地帮单身汉叠被子、清扫烟头、洗碗、擦洗家具、打扫卫生间啊，浴缸弄得非常明亮一尘不染。他就非常高兴，为他的这种劳动成果。这个时候小偷忘了偷了，干净的欲望大于偷盗的欲望了。当然单身汉的家可能也没什么好偷的。小偷打扫房间之后觉得还不能结束，他这个人这么邋遢，我花了这么多时间来给他清理，他明天要再这么邋遢可不行，我得跟他说一声。所以他就留了一张纸条给单身汉，纸条上写着：先生，您的房间太乱了，下次请注意卫生。落款：小偷。单身汉回来发现房间明亮整齐，很干净，他当然心里瞬间产生一种愉快。单身汉几乎就是刀枪不入的，就是说很难有什么东西真正触动他，即使进来一个小偷也无所谓，谁爱来谁来。所以当他发现是小偷打扫了房间还给他留了字条，他哈哈一笑，就把字条扔一边。他还是吸烟喝酒简单吃点什么东西，然后把那个碗筷又往洗碗池里一摔，被子也不叠。但是，第二天早晨单身汉又如往常一样去上班的时候，他好像觉得有一点什么事情没办，他想起小偷给他留的纸条，说让我注意卫生是吧？好像是。还说我的房子太乱。万一小偷今天再来呢，要不然我收拾一下？他就开始收拾，他下意识开始整理房间，这种久违了的劳动，还使他感受到一种莫名的愉快。以前很久没有感受到了。然后他也给小偷留了一张纸条。他说：先生，遵照您的吩咐我整理了房间，不知您是否满意。他想他也许会来。结果他一上班，那小偷又来了。小偷一来先检查房间卫生，然后看见了单身汉给他的纸条。如此这般，两个陌生人在这种互不碰面、互不知道姓名的情况下就交流了起来。就是这么一个小说。我很被这个小说打动。黑井千次先生和我是忘年交，几年前，他访问中国的时候，在北京我跟他有一次文学对话。我就跟他说我读过您的《小偷的留言》，我在很多场合也讲过这个故事。我就问：是什么触动您写这个小说？他回答得很简单也很真实。他说：最初就是我女儿的房间，太乱了。我一推门进去就给我一种刺激。第二，我当时有一个想法：东京这种大都市，城市如此的大，经济的高速发展，让人心隔得越来越远，人与人之间的冷漠，我主要想写这个。小偷进门了，如此地登堂入室，邻居们都发现不了，跳进跳出的都没有被人发现，黑井先生说他主要写这个冷漠。但是我个人觉得，这个小说传达给读者的不仅仅是这层意思。当然也有这层意思。作家本人说的也许是最表层的意思。我觉得有时候好的小说它有能力超越作者的本意，给读者提供一种再创造的可能。《小偷的留言》就有能力超越作者的本意，我感受到的是什么呢？我感受到的是两个小人物，一个小偷和一个单身汉，这样两个小人物在一个既发达又冷漠的大都市的犄角旮旯儿的挤压下，相互产生出的一点并不深刻，有些荒唐，但是你却乐意相信的温暖。这样他们一种对立的关系就在作家的设置之下神奇地化为一种带有些许凄凉的喜剧。你觉得有点荒唐，但是你很乐意相信。这是一个不可能，但是你相信它可能。对于这种关系的发现，使这篇小说彻底脱离了一般性的表现冷漠，它更有力量也更加动人。

我还想提及我的中篇小说《永远有多远》。我写了一个北京胡同里的女孩子，这个女孩子叫白大省，她被认为有点傻，善良、仁义、吃亏、让人，不断地恋爱不断地失恋。好像很多读者喜欢这个人，她在这方面有打动人心的理由。这个人永远怀着一腔过时的热情恋爱，却永远地失恋，什么打击给她她都能够接受。有评论家说，这个胡同里的女孩子身上有一种硕果仅存的东方美德，她能够唤起我们内心最柔软的那一部分。在这篇小说里我也的确用很多篇幅叙述白大省和几个男性的关系和家人的关系、和同事的关系。所以当时小说发表之后一些读者就跟我讲，那一阵他们如果做了一件很傻的事，吃亏的事，就会说：哎哟，我今天这不是当了一回白大省吗？她成了一个吃亏让人、怀着过时的激情恋爱的胡同里傻里傻气的女孩子的典型形象。但是读者可能忽略了女主角和另外一个女性——外号叫"西单小六"之间的关系。西单小六是什么人呢？是美女，是胡同里的美女，是属于胡同里平民当中非常妖娆的女性。她一出门是可以吸引全胡同里人的目光的，是可以随意支配男性的。一直到青春不再的时候，她仍然能以她的风骚占领一个比她小十岁的男人的心。她跟一个小她十岁的男人结婚，开一个小酒吧，仍然那样的妖娆。白大省和西单小六的关系仅仅是她们住在一个胡同，其他一切都相去甚远。但是这个我行我素的西单小六，正是有几分傻气的白大省内心最深处的艳羡对象。她最想做的，是梦想成为西单小六那样的美女。那是她内心深处永远不能言说的秘密。《永远有多远》如果只写了一个北京胡同里的女孩子的美好，她让人调动起心里的惆怅，让你觉得天下还有这样善良的人。男人在恋爱时不见得喜欢她，但男人在结婚找归宿的时候可能会选择她，但得经过无数折磨之后。白大省不断被所爱的男人抛弃，最后白大省初恋的男友被自己的女朋友抛弃了，当他抱着和前妻生的小女孩来找白大省的时候，白大省还是毅然接受。

这个小说如果写出了一个北京女孩子的善与美好，那它算是一个不错的小说，但仍然是平庸的。笔者在这里更想探讨的是一个人想要改变自己的可能性和合理性。被胡同里的人和周边人赞扬的白大省，其实她并不想成为她已经成为的这种人。由于她秘密的梦想，她和那个妖娆的西单小六，她们表面是一种世俗意义上的对立关系，实际上是艳羡关系。但这是白大省的秘密。白大省对改变自己有一种崭新的向往。她这种向往，这种羡慕，有她的合理性。白大省现在成为的那种人也许真的不是她想要成为的那种人，而她已经被界定成那种人。比如别的女性可以抛弃男朋友，但你白大省不能抛弃，因为你从小就是好孩子，爷爷、奶奶、大叔、大婶把你夸得那么仁义。因为你仁义，吃亏的事就是你的了，就天生是你的。人家不要的人那也可以是你的，你就要承接。西单小六她本来就是美女，她本来就可以左右男人，她想要抛弃谁就抛弃谁。但是白大省你却不行。白大省梦想成为像西单小六一样也被异性追逐的这样一个美女。她的想象又有什么不合理？她的悲剧在于约定俗成背景下大众对她不可改变的认可，使她这种梦想永远无法实现。也许我们现在成为的这种人都不是我们想要成为的人，但是事情发生在白大省的身上，格外显出了某种辛酸。所以她的意义不是简单的就是一个北京胡同里的女孩子的善就是心灵美。这里我还想说，凡是能形成关系的人物在小说里都不会是静止的，必会流动或者变异。好的关系设置会使小说富有活力，有时候即便这部小说情节的推进是缓慢的，但人物内心的节奏也总会充满行进中的动感。对此你要有一个自觉的把握。

二、对关系突变的独特表现，是小说获得人性魅力和人性深度的方法之一。我用一个电影来和大家讨论。我举一个瑞典电影《教室别恋》的例子。我想有时候好的电影是可以警告小说的，警告小说家不求甚解的平庸的对人物关系的想象。当然更多时候还是好的小说去警告电影。《教室别恋》讲的是在二战期间，在瑞典的一个小城里，一个中学女教师和她的男学生之间的故事。女教师从首都斯德哥尔摩随做生意的丈夫来到小城，因为当时首都战乱。这个小城是她丈夫的家乡，可能生意在这里做起相对还容易一点。女教师年轻漂亮，而且带着一些大城市的优越感，时时感觉到战争中闭塞的小城生活的乏味。她的个人生活只有学校和家。而那个小城的少年呢，正好是敏感的青春期。他的家庭就是父母整天吵架，爷爷奶奶一大家人，他不愿意待在家里。这样一个孤独的早熟的内心又非常敏感的中学生，很容易被一个年长于他，又是从大城市来的女教师引诱。并且在电影的前半部一直在表现他如何受到这个女教师的吸引，当然女教师同时也愿意引诱他。她丈夫是做女性内衣的商人，每天都要开着车出去推销。电影的前半部表现了师生这种不正常的恋情，而且这个男孩子一度不能自拔。我记得有一个镜头就是这个晚上女教师家里亮着灯，中学生站在窗下发呆。他又不能进屋，就在寒冷的夜晚看女教师的灯光一直看到熄灯。我想电影再往下怎么推进呢？如果这个电影仅仅就写了青春期少年的性渴望，女教师的性引诱，这个两个人之间关系的过程，最后不能总这样下去，少年终会成长、觉醒，他主动离开了女教师。如果就表现了这些，也是好电影。何况几位演员非常出色，表演的分寸把握得非常好。这不是挑逗的电影，它甚至很严肃。可我仍然要说它是单薄的。但是我注意到这个电影里还有另外一组人物关系，除了女教师和男生这样一组人物关系，还有另外一组人物关系，而这组人物关系更重要。是谁和谁的关系？是少年和女教师的丈夫的关系，电影对这两个人关系的独特表达，才真正成就了这部电影本身。女教师的丈夫是一个经营女士内衣的商人，吊袜带、毛袜、内衣什么的，后来还有玻璃丝袜。这个人厚道，朴实，对家庭有责任，对生意也很本分。中规中矩，生活规律，也很爱妻子。他除了本分的生意，还有一点小的情趣，仅此而已。是一些什么样的小情趣呢？比如说：他喝点小酒，不多，每天固定的一点，在固定的地方，有固定的酒具。酒具是他自己搞的，他在厨房的布谷鸟挂钟里面安装了一个小机件，一个可以定时打开的小酒具。他在固定的时间回到家来，坐到固定的椅子上，他身后的墙上就是那个布谷鸟钟，布谷鸟下边固定地放着一个杯子。他喝酒的时间一到，布谷鸟的嘴里就吐出酒来准确地流到他的酒杯里。他也不看，从后面拿过杯子就喝。他还有个爱好，喜欢古典音乐，喜欢贝多芬。我们能够想象，一个这样本分的商人，在每天下班后的这么一个固定时间里，挂钟上的小布谷鸟一边叫着一边从嘴里吐出一股酒来，正好就流进了他那个酒杯。他戴上白手套放着贝多芬的音乐，喝着从小鸟嘴里流出来的酒，沉醉在贝多芬的音乐里。这个商人就很满足。我们当然可以说这个丈夫的情趣说不上太高雅，太脱俗。或许这样的一种小情调不能满足女教师的欲望，大都市的欲望？但是观众却觉得这样一个丈夫他是人类平凡、牢靠、踏实的一部分。他也没什么高谈阔论，没什么很深的学问。不幸的是情况有了变化：在某一天下午他回到家来，喝着酒享受贝多芬的时候，他看见了他不该看见的。这一天他回来稍微早一点，他看见这个少年突然从他妻子的卧室跑出来到厨房来接水喝，身上还披着他妻子的花睡衣。他们互相看见了，这个少年就定在水池前不能动了。电影在前面作了一个铺垫，这个丈夫见过这个少年，这么一个小孩他根本没在意，他觉得这是他妻子无数的学生当中的一个。因为有时候女教师会在家里让一些学生来补习英文，他原来一直以为是来找他妻子补习英文的一个学生。他现在知道不是了，当然就不用语言了，关系的突变就在这时发生了。以前他们俩没关系，他们是不搭界的平行的。现在导演怎么来处理？可以是很落俗套的，比如说，女教师的丈夫很魁梧，一巴掌就把这个小屁孩打出家门；还可以再绅士一点：丈夫自己放下酒杯一言不发出去了，给这个孩子留出换衣服、逃脱的机会。但是都没有，我以为的俗套都没有发生。发生了什么呢？这个丈夫看了非常害怕的、紧张的小男孩，掠过眼前的现实，在卧室里发生的那些事，他根本不谈那些事。他不像一个大人对小孩，他就像一个男人对另外一个男人，一个可以交心的男人那样，平和、沉静地跟少年讲起自己的一件往事，年轻的时候发生的一次荒唐。我记得电影里他们的对话：唔，其实我刚结婚不久就有一次荒唐的事，到今天我也没有跟我妻子讲过。我应该是在错误的时间错误的地点做了一件错误的事，和另外一个女人，背着我的新婚妻子。他讲了这样一件事，少年就慢慢平静下来了，他就好像被这个大人吸引，不知不觉他就不紧张了，他觉得存在他身上的危险性减少了。一个大人和一个少年的谈话在这时变成两个男人之间的说话，少年主动加入进这个谈话，他问商人这件事女教师知道吗，他说知道了。是你向她坦白了吗？他说没有。是自己不小心，一个吊袜带掉在车上了。少年说：可你本来就卖这个呀？你的车里本来就装着很多吊袜带、胸罩、内裤什么的。商人说，但是我从来不卖紫色的吊袜带。所以他妻子一上车看到一根紫色的吊袜带就发现了。少年万万没想到，这个男人能够对这个小男孩像对一个成年男人那样说自己的秘密，从这一刻他莫名地被这个成年男人所吸引，被他的谈吐所吸引。他从这个丈夫身上初次感到了自己的被尊重，从那天起少年非常渴望见到的不再是优越的、对他也越来越跋扈的女教师，而是这个尊重他的大男人，他渴望听他讲话。他们有这样的对话，比如这个丈夫对少年说：当你看到一双羊毛袜子的时候你想到的是什么呢？这少年说：我想到你要卖得更多，赚更多钱。这个丈夫说，错了，你应该想到草地，青草，自然，人的皮肤和自然的亲近。他还请少年一起听贝多芬，把少年带入了这样一个氛围当中。少年在和这个丈夫的接触中感受着一种无以言说的感动，其实这是他第一次得到人性的最纯净的启蒙。他真正是对这个着迷了。那么女教师的丈夫和少年之间突然呈现的这种关系，作者对这种关系的高级表现使这部作品显得不凡。当性的渴望、亢奋和神秘感在少年这一方渐渐消退之后，正是那位丈夫填补了他即将沉陷的空白，使少年真正地成长了，人性的深度和一种难以言说的饱满的魅力就在这种关系中凸显出来。所以我的结论这部电影不是一部挑逗的电影，是一部少年真正的成长史。这里面有脆弱、有浪漫、有纯朴、有疼痛，也有对动物性的逃离和反抗，以及少年真正获取精神上的健康走上有资本的沉着。所以，与其说这是一部男女关系的作品，不如说它表现的是两个男人之间的关系——他们的看上去虽然奇特，但从根本上更为长久的友情。在这种关系的表达中，有几个词是非常重要的，那就是：判断、选择和创造。这三个词非常重要。

三、关系可以创造，但不可以捏造。在小说里，在文学作品里，关系可以创造但不可以捏造。在这里对作品体裁感的把握显得非常要紧。为此我再以一个电影为例。丹麦和法国合拍的一个电影叫《黑暗中的舞者》，它实际上是一部音乐剧。有点煽情，当时也很卖座。电影中一些出其不意的关系细节是导演的成功创造。主人公是美国华盛顿州的捷克移民，一个铝制品厂的女工，业余喜欢唱歌，参加演唱队什么的，这些因素决定了这部电影的气质和风格，这是一部什么电影？用一句话概括：在喧嚷的生活中，在女主人公灵魂命运所有的转折关头，由音乐和舞蹈发动战争的一部歌舞片。电影铺垫了女工很多的悲惨命运：单身母亲独自抚养孩子，而她自己快要失明了，儿子还有病。女工的邻居比尔是个警察，趁着她要失明的时候偷了她的钱，那是她为儿子做手术攒下的一笔钱，也可以说是母子二人全部积蓄。她要抢在自己失明之前给儿子去做手术，但是邻居偷了这笔被她藏在一个小铁盒子里的钱。她知道是他偷的，去这个警察家里要钱。她说我已经快要瞎了，但是我儿子不能瞎，你们都有钱，你们都是正常的人，眼睛是明亮的，这点钱对你也没特别大的用处，请把钱还给我。警察不承认，可这个半瞎的女工看见了桌子上她那个小铁盒。她去抢盒子，两个人的搏斗发生了。女工发疯样地表现出母亲对儿子的爱，那时她抢夺的是儿子的生命，已经不是钱了。在这种激烈的过程中，她看到桌上有这个警察的枪，结果她抓起了枪指向警察说，你如果不还钱我就开枪。说话当中枪走火了，警察中弹倒在地上。她不是真要打死他，所以她一下子不知该怎么办。这时他们之间的关系呈现出一种奇特的变异：警察倒在地上胸部已经中了一枪，他突然对女工说，你必须打死我！他要求她打死他。警察在将死时的良心忏悔，观众一目了然。在他痛苦的"命令"下她再开一枪，他死了。那么情节如何推进呢？她是把枪一扔逃跑，还是等更多的警察来？开始我为什么说它是一部音乐电影呢？音乐舞蹈，它的体裁感决定了作者可以创造一个情节：导演让这个女工和这个警察仇人之间产生了一种新关系，死去的警察突然复活，他站起来，用舞蹈动作推着这个女工向门外走。他们在这时的肢体动作就变成了一对仇人之间的舞蹈，但他又不是真的舞蹈，他是有用意的，他一边舞蹈，一边说着：你趁我的妻子还没有回家之前，趁她还没有报警赶快逃跑，逃得越远越好。而女工就在死者突然复活的且惊且疑中，在死者复活后催促的"舞步"中半推半就地舞出了警察的家，逃跑了。这样就让观众稍微感觉到一点安慰：第一，警察是忏悔的，他给她出主意让她跑；第二，女工我们觉得也可以理解，她没有主动逃跑，也没有在那里坐以待毙。那怎么办呢？所有的尴尬，以仇人突然复活的舞蹈的形式，让这两个人进入一种新的关系，也使女工的逃跑更加催人泪下。这个地方的煽情我说它不是一个捏造，它是一个创造。对体裁感的准确把握，造就了对仇人此情此景中看上去难以理解的行为，但是观众看的时候却不觉得别扭。因为这样的体裁可以发生这样的想象力，这样的想象力可以创造出两个人这样的关系，他深入到了生者和死者的内心，使作品充满悲恸的感染力。我这里说的体裁不是题材，体裁最终决定作品的风格。比如说，《小二黑结婚》大家都读过，是赵树理先生的经典作品。我们拿《小二黑结婚》同《梁山伯与祝英台》相比，两个作品我们可以说都是反封建的主题，梁、祝可以化蝶，观众愿意相信，觉得非常的美。但是你就不能让小二黑和小芹化蝶，他们如果化蝶就大不可信。为什么呢？体裁决定的。所以我认为：第一，创造是想象力对写作者灵魂忠实的投奔；那么捏造是什么呢？捏造是写作者在抄近道的途中充满功利心的算计。想象力也不是空穴来风，它其实要靠写作者内心的长期培育，是对体裁感脚踏实地的把握，是合理地对人生逻辑的老实推敲。第二，生活中有现成的人物关系，比如我和你们是同行关系，你们相互之间是同学关系，老师和学生是师生关系。但是文学中没有现成的人物关系。就文学而言，很有可能我们不是生活在真实中，而是生活在对真实的解释中。在文学作品中不可能有拿来就用的人物关系。特别是长篇小说中的人物，都是放在作家心里多年培育出来的。我这里讲培育而不仅仅是存放，存放和培育还是有区别。

我讲最后一个方面，建设性的模糊对表现关系的意义。我曾经听一位资深的外交家讲课，在谈到某国和某国的关系现状的时候他用到这样一个句子，他说这个某国和某国现在的关系呈现一种建设性的模糊。建设性的模糊，我以为这句话也适用于表现小说的某种意义。这里我给大家举一个例子，日本作家大江健三郎有一个写于20世纪50年代的中篇小说叫《性的人》。小说背景是二战结束不久，日本在这场战争中不光彩的角色和颓败的情况整个笼罩着它的国民。《性的人》表现的是什么呢？就是在这样一种背景下，整个日本社会是颓废的，几代人信仰的丧失，精神的困苦。小说中有三个人，三个男人：一个退休的老外交官；一个家境富裕的中年人——父亲是一家大公司的老板，家里很有钱所以他也不用工作；还有一个十七岁的少年。这三个人原来互不认识，外交官和中年人是一伙的，他们合伙寻找刺激。东京的电气火车是人挤人的，特别是在上下班的高峰时期。他们就选择在电气火车上猥亵妇女。另外一个十七岁的不良少年是自己单干。后来他就在火车上跟他们认识了。那天少年裸体穿着一件大雨衣，当他在车厢里又向一个女性不恭敬的时候，这个妇女大声喊叫，铁路警察就过来了，要抓不良少年。这时同车厢的外交官和中年人掩护了少年，三人一块跳下车跑了。这样三个人就认识了，在同流合污中有一个短暂的交往。少年被他们俩救了。可是那个少年很有意思，他从一开始就对救了他的两个成年人心怀蔑视。两个成年人把他请到一个旅馆里还向他传授经验：你太傻了，警察那么近你还作案。你看我们在火车上混了那么久，每天像上班一样，我们从来没有被抓过。少年却对他们说，你们俩是流氓，可你们充其量也就是一个安全型的流氓，就是为了自己的安全。你们多么猥琐。那两个大人就被他说蒙了。少年又说，别以为我感谢你们。我跟你们不一样，我的理想是当个诗人，我现在诗人还没有当成。虽然我作案，但是我的内心渴望是被抓。你别以为我是想逃跑，我渴望的是我有一天作案的时候被抓。你们算什么，你们俩还给我做榜样。他自己设置的和社会的关系是一种被抓的关系，是渴望彻底地被抓。少年古怪的思维，令这两个大人感觉到很新奇，让他们居然有一种自惭形秽的感觉。一天三个人无事在铁路边闲逛的时候，少年发现了一个七八岁的小女孩，独自一人在一个小商店外面等她妈妈买东西出来。少年向小女孩走过去了。读者可能认为这个小女孩成了少年的猎物。他走过去对她说了几句话，还拉住小女孩的手，显然小女孩对他没有任何警惕。但是外交官和中年人在远处看着还是想要制止少年。这个孩子太小了，你这样太残忍了。就在他们想制止又没制止的时候，一列火车轰然而至。他们看见少年一下子拉过了惊慌失措的小女孩，用自己的身体遮挡了她。火车过去了，小女孩安然无恙地站在铁路旁边，她妈妈也从商店里出来了，拿着东西，领着孩子很平静地走了，仿佛什么都没有发生。而少年却永远地被火车卷走了。少年在最关键的时候救了这个小女孩，一切都是在来不及思考的情况下完成的，但是读者有理由相信在少年最后的时刻他和小女孩的关系由害和被害转化为救和被救，这种自相矛盾的结局是少年留给读者的一种非常模糊的空白。但是我要说，这就是一种建设性的模糊。在少年的沉沦和献身当中我们看到的其实是作家对人类积极的美德的呼唤，而少年的死也震撼了两个成年人。在这样一种猝不及防的惨剧，就发生在他们眼前的现实中，他们才的确感觉到既不如这个少年彻底，也不如这个少年积极。性和性的刺激也没有给他们空虚的内心带来任何出路。他们从此就洗手不干了，而且两个人迅速分手，而且谁也不要见谁，他们各自回到自己的地方，尝试去严肃地面对生活。我用大江健三郎的小说来解释一下我心目中的建设性的模糊对表现人物关系的重要，我不知道我是否解释清楚了。很难解释清楚一部作品里的"建设性的模糊"。但我以为，至少它包含着无限丰富的可能性，并且这个可能性是积极意义上的，不是消极意义上的。建设性的模糊不是消极的含糊，它能够体现作者笔端的深度。建设性的模糊也往往是通过被常人忽视的朴素的形式来体现的。你可以写一万个人的战争，也可以写一个人的历史。这并不是最重要的，重要的是在于你从中传达的信息量和信息密度。这里就包含了建设性的模糊。因为在小说中最接近真实的关系也可能是最模糊的，反过来也可以说最模糊的关系可能最接近真实。所以我个人以为"关系"这个词在小说中是美妙的，它充满挑战和诱惑。好的小说体现的是过程，不是结果。一个写作的人对关系的不断探究和发现可能会有益于这个过程本身的结实和可靠。

　　我的心得就讲到这里。新年快到了，用我们的学员在开学典礼上的话说，时间过得比剃头刀还快。虽然时间如刀，但是有新年就会有新的开始，每个人对自己的新年都抱有美好的期待。我也借此机会献上我的祝福：祝大家新年快乐，健康如意。谢谢！

　　刚才有一位学员说，喜欢我小说中以小见大的艺术表现手法，希望我讲讲最近发表的作品如何以小见大。我最近的短篇小说《咳嗽天鹅》其实是先听了一个故事。有一年去内蒙古，听一个林业局的朋友给我讲，说他捡了一只掉队的天鹅，它生病了，肠胃炎吧，在一个大淖边上。但他认识那是天鹅。他说天鹅很宝贵啊，他就把它带回家喂这个喂那个，给它治病。养了几个月以后，他还是要把天鹅送给动物园。但是送到哪儿，哪儿都不要。又经过很多麻烦和曲折，他终于说服了一家动物园，他开着汽车，跑了很多公里，到了一大城市的动物园。他满心欢喜，以为给天鹅找了一个真正的家，到了中午天鹅馆的管理员请他吃饭，没想到吃的就是他送的这只天鹅。他很气愤，但是管理员就无所谓，说，我们给这只天鹅做过身体检查了，它太老，它年限已经到了。一个天鹅的寿命是二十五岁，这只天鹅是医生给它看过，它已经二十四五岁。动物园养一只天鹅的成本是很高的。管理员很平淡，但是林业局送天鹅的这个人很难过。我听到的就是这么一个故事。当时为了寻找一些细节，我也到了一些动物园去看过一些天鹅，了解过养天鹅花费的成本、天鹅的品种，等等。养天鹅的人也很不容易。我想，你在构思一个小说的时候有了一个材料，你怎么处理你手里的材料。恐怕在《咳嗽天鹅》这个小说里边遇到了这样的问题。前边已经是一个相对完整的故事，你原样写出来不是也行吗？主人公开始挺讨厌这天鹅，他们家也不富裕，这个天鹅每天都得吃鸡蛋，最普通的人家怎么对待这只天鹅。最后天鹅的意外命运有点像相声里抖的一个"包袱"，但是够了吗？每当我面对一个好材料的时候我都跟自己说，这只是一个材料，而不是小说本身，你应当如何使一个材料变成小说。它还有什么更深挖掘的可能性，就是它最大的可能性。其实我想了一年多以后才动笔，因为我想不好，仅仅是一个吃天鹅吗？后来我觉得这小说实际上还可以有另外一条线索，在主人公和天鹅的关系外，还有主人公和他妻子的关系。这个线索是我后来设置的：他一边伺候这个天鹅，一边是想跟他老婆离婚的。他老婆是一个不会做家务，不懂得生活，不懂得经营家庭，一个比较粗线条的女性。主人公是给镇长开车的一个司机。他对生活还是有些自己的想法的。他一边收留天鹅，一边要跟老婆离婚。小说写了天鹅的叫声像咳嗽，他就叫它咳嗽天鹅。其实它的学名叫咳声天鹅。他到网上一查就记成了咳嗽天鹅。他老婆也有咳嗽的毛病，一天不停地咳嗽，他对她的咳嗽很是厌烦。每天一回家就咳嗽不停让他恼火。小说的后半部，看上去一个皆大欢喜的结局就要发生了，第一是他老婆同意和他离婚了，第二就是天鹅有了去处了。真要离婚的时候，他就觉得他也该给老婆把咳嗽治一治。正好去省里送天鹅，他就把一个咳嗽的天鹅和一个咳嗽的女人都带在车上。后来他看见了那个被煮成大卸八块的天鹅很受刺激，回到车上以后他又听见了咳嗽，他恍惚地想着难道那咳嗽天鹅没死吗？一回头是他老婆在后排座上咳嗽。刚才他已经把她忘了。所以我这个小说的要点在这儿，那个天鹅，通过对杀它煮它的控诉，你可以说是一个生态小说，但是实际上也有人的生态在里面。我在原材料的基础上调动了以往生活的积累。他仍然谈不上爱这个咳嗽的老婆，但当他在这个特别的时候听到了老婆的咳嗽，竟然有一种下意识的揪心。因为一只天鹅被肢解了，他就觉得跟它待出感情来了，突然也对老婆生出感情了吗？他才想到她是一个活生生的人，那么一块生活生儿育女的一个人的咳嗽，他就有一种失而复得的感觉。他是不是回去能够过得更好呢？那也未必。但是他觉得腊月二十三了，还是应该回家，所以他拉着他咳嗽的老婆回家去了。如果说这里就有以小见大的成分，这个我不敢说。不过我想通过这个小说跟大家交流一下，当你得到一个材料，或者以为这个材料很完全，以为这个材料就是小说的时候，那基本上是一个错觉。珍惜我们每一次所获得的能够属于小说的材料，想尽办法告诉自己，如何以最大的可能性让它变成一个相对比较理想的小说。

学员1：首先呢，感谢您精彩的演讲，在这个寒冷的冬天，因为您的到来让我们大家有无限的感触和温暖。今天的演讲真的非常的精彩，更激励我们在今后的创作当中发奋。我们前不久跑去旁听了一下《格萨尔王》，您在那里讲话，应该都是您自己在认真地准备，讲座都是做了非常充分的准备，和一般的讲座区别开来，让我们肃然起敬。所以我要请教的一个问题是一个中国作协主席是一个正部级的官员，而且您是一个大作家，在做官和作文之间结合得非常好，是一个非常了不起的人，所以就是想请教的就是您如何在繁忙的工作里面还能够保持那么旺盛的创作力，不停给大家贡献那么精美的作品。谢谢！

铁凝：谢谢你对我的鼓励。其实首先我想说，作家协会主席它可能算一个官吧。但我个人本质上还是一个作家，我始终不敢忘记这一点，也叫作不敢忘本。如果由于我做了作协主席，就背叛了文学，或者说远离了文学，我觉得在我个人生命过程当中是一件非常悲哀的事。因为没有人强迫我写作，从来没有人强迫我写作。我写作是因为我的自愿，我高兴。写作不是我生活的全部，但它是我生活中非常重要的一部分。如果我真把作协主席当成一个官来做，那可能是所有麻烦的开始。我从来不敢说我把两者结合得如何好，也没有刻意去结合，但是这两种意识是一直在我心里扎根的，我为大家服务的过程中，我在写作过程当中，这种扎根让我觉得心里好像还有那么一点底。我可能永远也达不到那个理想的状态，但是你有一种自觉的意识，至少应该是我这样一个人的本分。

学员2：非常感谢您！我这里写有一点个人的意见您能不能回答？

我先念一念：我们是少数民族学员，有幸听了您这个讲座《关系的魅力》，我们作者与民族的某种关系与生俱来，终身不离的关系，那么您与中国民族之间的关系是怎么样的？因为您是汉族。

铁凝：谢谢！您是说与中国民族的关系，是与中国少数民族的关系吗？

学员 2：是您和汉族的关系。

铁凝：我和汉族的关系是怎样的，在写作中我没有特别刻意地去思考过这个问题。我只是想说，当我在一些国际场合跟国外作家交流的时候，我会很明确地意识到我是一个中国作家。但是，当我和你们交流的时候，我没有很明确地意识到你们是少数民族，我是汉族。有句俗话叫一方水土养一方人，每个作者的写作肯定会带有本民族的特点、烙印：历史的、语言的、文化的……因为独特，才构成世界文学的丰富性。但不论哪个民族，在人类情感的追求等领域，都有其共通之处。我们由五十六个民族组成中华民族这个大家庭，中华民族本身就呈现多民族融合的鲜明文化特征。我用汉语写作，这是我语言的根。同时，阅读和接触不同民族作家的优秀作品能给我更丰富的滋养和更宽阔的文化视野。我为什么开始就说"各位同行"？在面对世界的意义上，我更看重我们都是中国作家。我们为读者而写作，你们、我们所有的文学共同构成了中国当代文学。中华民族遗留给我们的宝贵文化遗产——历史的、文学的、艺术的、音乐的、绘画的、学术的，是我们这个多民族的大家庭共同创造的宝贵财富，也是全人类的财富。如果我们能够自觉培养自己善于吸收各种营养的能力，对写作定有益处。比如，我听过一出汉族的小戏，我老家河北有一种地方戏叫武安落子，源自邯郸地区。前不久我在巴黎参加首届中法文学论坛，给我分配的演讲题目叫《桥梁与窗口》，我给自己演讲定的标题叫《桥的翅膀》。我讲的并不是泛泛意义上的文学的沟通，不同人之间的相互理解。古今中外的好作品都是能够抵达读者心灵的重要的桥。我讲到一出让我受到启发的小戏，武安落子《借髢髢》（髢髢是装饰用的假发髻），这出戏讲的是旧时乡村的两个妇女为了借不借髢髢而发生的一场极其琐碎的对话。一个名叫小四姐的妇女进城赶集，去邻居王嫂家想借她的髢髢打扮自己。王嫂很不愿意把髢髢借给小四姐，为此她大段大段地诉说着那不借的理由。她由远及近，从出生、长大到结婚生孩子，从做饭、砍柴、打草、喂猪、纺棉花、拾麦到伺候一家老小，到刮风下雨、烈日冰雹，再到婆媳纠葛、亲戚恩怨。甚至某日她丢了一只正在下蛋的鸡，一定是某人所偷；又一个某日她好不容易将一车柴火拉回家，被一场暴雨淋湿了，害得她点不着柴烧不熟饭……女人过日子容易吗？日子苦啊要精打细算啊，精打细算就顾不了自己，多少年我都没给自己做过新鞋新衣……整出戏快要完结时王嫂才绕到这出戏的关键词：那个髢髢。于是又是大段的叙说。说到买这个髢髢的过程，多么舍不得买多么舍不得用，再拐到丈夫的朋友尽是在河边拉纤的，苏州杭州通州扬州，人托人好不容易从苏杭二州给她买回了花髢髢。她是藏在柜里怕老鼠咬了，放在枕头边怕睡觉压了……总之小四姐我把话都说成这样了你还真好意思借走不成？小四姐真就不好意思再说借了，再说借差不多已经关乎王嫂的身家性命了。就在小四姐已经想要放弃时，王嫂却又不忍心不借了，最终她决定把髢髢借给小四姐。接着又是一大段对她的嘱咐，嘱咐她应该怎样爱惜这个髢髢：遇到风时当怎样，遇到雨时当怎样，赶集路上穿过枣树林，你骑着驴当怎样才能不让枣枝钩挂了我那髢髢……

　　一出小戏，两个女人，无穷无尽的琐碎和絮叨。只因这琐碎和絮叨蕴含了日常生活可以触摸的质地，观众听来竟不觉厌烦。我常常感叹这琐碎的精彩和鲜活，原来人是这样说话的，女人是这样说话的。我从《借髢髢》发现，语言和目的之间的距离可以很短，也可以很长。如果语言是通向目的之桥，王嫂用层层叠叠的絮叨为自己的目的搭建了一座曲折的长桥，她在这长长的桥上，淋漓尽致地铺陈着内心。她那大段的叙述与其说是告诉小四姐不借髢髢是多么有理，不如说是在为自己的不借感到不安。话越多，其实不安就越多。她的小气便不那么简陋，她的善良也就不那么单调。当现代人越来越少直接面对面说话时，说话对于现代人越来越困难时，是这生于民间的小戏为我搭起说话之桥。在我的一部长篇小说里，当我想用说话来表现某个人物的复杂内心时，《借髢髢》成为我和我的人物之间的桥梁。又比如，那天要去参加阿来的作品研讨会，我读阿来的《格萨尔王》的时候，我也觉得很震撼。帽子代表一个世界，头顶的帽子延伸到四面八方。每一个民族的文化里都有自己非常宝贵的东西，而我们的五十六个民族的文学遗产，共同形成了中华民族不可小看的气象和光彩，我们在自己的文学生活中潜移默化地感受着这些影响，相信都有神奇的意义。

学员3：谢谢您能来！我是代表我们班的同学，感谢您来演讲，我觉得您能来我们是很感动。过去我们首先主要拜读您的作品，今天我们从另一个方面来了解了主席您人格的魅力。实际上，我觉得不是一般的高处。我有一个同事是看《哦，香雪》之后不想再看别的东西，他甚至一个星期不敢再读别的作品，害怕一读，就破坏了这段美好的感受，他要慢慢品味。我们一般讲座往往就是要把别人的创造一起来讲，我很感兴趣的一部小说《哦，香雪》艺术结合得非常唯美，像散文系列的小说，您当初是怎样的一个出发点，这是我一个很感兴趣的话题。

铁凝：《哦，香雪》其实我已谈过不少，上世纪80年代初我在一个杂志当小说编辑，写作是业余，当然我现在也是业余作者，那个时候更纯粹一些。白天工作要编辑一本地区级的杂志，每一年当中也会有一定的时间可以去一些地方。我愿意到山区去，我插队的地区是平原，在河北中部，我很愿意到山里去见识一下河北西部山区的生活。那时国家改革开放时间还不久，河北西部山区的发展还是比较慢的，也有一些我称之为清新的风已经吹进去了，已经有火车路过小村子，我小说里写的那种小村子。如果把它隐喻为现代工业文明，它就已经打破了那个村子的安静了。农民不知道什么叫编辑，但是人们都知道记者。所以我们编辑部说你要到什么地方去采访就给你发一个记者证，拿记者证挺管用的。我带着记者证坐着火车走到山窝里，下了车就住下来，并没有什么特别的目的。那个时候农民也非常好客，非常穷但能够接纳你。我住进村里的电工家里，电工当时在农村，生活比一般人家里好一点。最初打动我的是电工家的女孩子和她的女伴们。一到晚上她们就唧唧喳喳，换衣服、换鞋、还洗脚，都穿上新衣服。我以为她们是去看电影，后来她们说，不是去看电影，我们是去看火车。就是这句话。这在她们是非常重要的。当时这个村子给我的印象是死死沉沉，家家吃不饱饭，很多老人都蹲在墙根排一排晒太阳。小学校没有窗纸，墙上是空的窗框。学生们在那儿做操，猪在队伍里跑来跑去。但是晚上我就看见了房东的女儿对看火车充满了渴望。那么兴奋。火车就在那儿停一分钟，没有人在那里上车，也没有人下车，因为村子里没有在外边的人，但是女孩子对火车仍然一往情深，像等待情人一样。那就是她们一天当中唯一最重要的文化生活，虽然苛刻到只有一分钟，但是在她们的等待中，你看到了年轻人的希望，一个新的可能，因为她们有一个新的期待。当时我本想就此写一个散文，又迟迟没有下笔，为什么？因为想到刚才我跟大家讨论过的，当你获得了一个好的、让你激动的材料的时候你不要产生错觉，你不要轻易抛撒你的材料。火车来了，她们一起去看火车，山里山外的空气有了对流。好像埋藏在材料里的东西还不止这些，所以我又把它放下，放到了1982年。在青岛，我完成了小说《哦，香雪》。青岛笔会的时候，我带着初稿去。我非常感谢那时候的一些编辑部和一些笔会。那时候的笔会挺认真的，大家都带着半成品。我们住在一个军校的招待所，作家们白天都写作，而且还互相读小说，读了以后互相提意见。《哦，香雪》后来被孙犁先生评价"从头到尾都是诗"。那个小说放在当时的中国文学大背景下读者可能稍有一些陌生感，那个时候确实是新时期中国文学的反思、启蒙时期，那个时候中国有那么多的伤痛，文学冲在最前边，充当了整个民族宣泄内心苦难最畅通最及时的一个渠道。《哦，香雪》在同类的小说里可能显得不那么激烈，它后来评上奖我也是很意外，我也不知道读者为什么那么喜欢那个小说。它就是那么一分钟，几个女孩子。后来我到美国去，美国作家也问我。1985年跟随中国作家代表团，那是第一次出国。在美国纽约笔会的会所开会，当时主持笔会的是已故著名作家马拉默德。就在那次会上，一个美国青年提出让我讲《哦，香雪》这个小说。我坚持不讲。因为我觉得美国跟中国的差距太大了，纽约跟我生活过的北方的山村也相距太大了。一个美国纽约的青年怎么能理解我写的中国乡村里的几个女孩的精神世界呢。同时我觉得这个小说没有跌宕起伏的情节，也不能当故事讲。这时身边的翻译说：铁凝女士，我读过你的《哦，香雪》。你放心讲，我保证能翻译得精彩。我就用一句话讲了这小说：小说写的是中国北方深山里的一群女孩子，每天晚上是怎样像等待情人一样地等待一列在她们村口只停一分钟的火车。当时听众非常感动，这也是我没有想到的。会后一个杂志的主编过来跟我说，你知道为什么你这个小说能够打动我们？因为你表达了一种人类的心灵能够共同感受到的东西。我不敢说我的小说已经表达了人类的心灵能够共同感受到的东西，但我觉得这至少是我的一个目标，我的确渴望我的小说能够传达人类心灵能够共同感受的东西。我们应该有一种信念，好的文学是献给全人类的，是写给所有的读者，应该有能力给自己定一个高目标。表达人类的心灵人类的情感能够共同感受到的东西，至今我也没有达到，但是我记住了这句话。

主持人：那我们提问就到这儿，这节课铁主席通过对人物关系的分析、阐释，揭示了小说文本创造中关系非常重要的问题。流动、变异的人物关系，人物的价值、关系突变，精心、选择、判断和塑造关系以及"建设性的模糊"的意义。铁凝主席通过对中外小说、电影作品的文本细读，从小说细致的角度阐述了自己对于小说创作的诸多真知灼见。从对于关系的分析，切实地讲解了个人化的写作如何打开多元的可能性，让文本走向丰富性、社会性，同时指向更深刻的人性的内核。铁凝主席的创作和关于创作精辟的言论，我们都能感受一种亲切、平实、细腻的风格。在娓娓道来的细节、语言、情节中，我们非常荣幸地走近了铁凝主席非常细致、敏锐的审美境界。那对于人生中大的体味，对于人性的尊严积极的美德，以及对于人的深度的积极的探讨，应该是作家铁凝一直以来的孜孜追求。我觉得在某种程度上已经达到相当高度，对于当代文学史的建构也好，对于我们这个当代文学大师级的作家的呈现也好，对于我们大家也是有一个非常深入的启迪。今天上午这样一段美好的时光当中能够聆听铁凝主席的讲座，并且和铁凝主席直接地交流和沟通应该是我们人生当中非常宝贵的两个小时，那么最后我们还是用热烈的掌声对铁凝主席表示感谢。

当下的文学翻译与全球化
语境下的国际文学交流

吉狄马加

主持人： 大家下午好，我们准备开始上课。今天下午的课是鲁迅文学院第三十五届中青年作家高级研讨班翻译家班的开班第一课，也是鲁院北师大 2018 年作家研究生班同学与第三十五届高研班同学第一次共同听课，马加主席百忙之中安排时间来为我们授课，首先让我们以热烈的掌声向马加主席表达衷心的感谢与欢迎。

吉狄马加： 非常高兴有这个机会与大家交流一下，大家也知道，中国作家协会党组书记处，对我们这两个班都是非常重视的，特别是我们的翻译班应该说是筹备很长时间了。中国作家协会的深化改革方案有一个很重要的内容，就是要加强国际性的文学交流，要推动我们当代的文学翻译。

大家可能都关注到中国作家协会有一个国际写作计划，这个写作计划与美国的爱荷华国际写作计划类似。当然我们在本质上有一些区别，因为爱荷华国际写作计划还是在冷战的时候，东西方可以说那个时候矛盾很深，东西方当时冷战的时候在意识形态方面也开展了广泛的、看不见的斗争。所以爱荷华国际写作计划，很长时间主要是为苏联和东欧的一些作家做国际写作计划，到了 20 世纪 80 年代之后也扩大到了包括土耳其，包括东亚、中亚一些国家。到 80 年代中期以后，中国也有很多作家参加过爱荷华国际写作计划，应该说爱荷华国际写作计划，后来随着东西方冷战的结束，邀请的作家也比较广泛。

我们鲁院的国际写作计划主要还是想不断提升中国的对外文化影响力，其目的还是希望能比较深度地和国际上进行一些文学交流，去年我们做了两届，今年马上又要做一届，这一届也有世界上重要的作家诗人会参与。包括叙利亚伟大的诗人阿多尼斯先生已经到北京了，昨天晚上我还专门看望了他，他也是这期国际写作计划的成员。我们每一期都会邀请全世界十几位重要的诗人、小说家、批评家，当然也包括一些很重要的推广国际文化交流的出版机构的负责人。

另外一个就是筹备很长时间的我们这个翻译班。在座的学员，大家在入学之前的有关情况我看了一下，应该说大家做当代文学翻译都做得不错，好多人翻译的书我都读过，所以看到大家还是很亲切的。

中国作家协会深化改革很重要的一点，就是要扩大国际性的文学交流。大家知道现在的这个世界，可以说在一个全球化的背景下，这个全球化的背景下，当然有它的好处，现在是一个网络的时代，传播也非常快，这个全球化背景下的网络时代带来的好处，可以说是很多的，当然也有这样那样一些存在的问题，包括现在整个人类社会的发展，速度都是非常的快。包括现在在生物工程、在人工智能方面，在转基因方面有很多变化。至于未来人类怎么判断我们在这个时代的这样一些进步，这个我想还留给后面的人来判断。

前段时间我看了一个采访德国思想家哈贝马斯的时候，他说现在的这样一些人类新的创造，虽然给人类带来了巨大的进步，但是有很多东西，包括人工智能、生物工程，还包括其他的一些涉及人类在伦理方面的问题，这些都有待于我们后来的社会的发展，人类的历史不断往前推进过程，才能得出一个准确的判断。

但是我想很重要的一点，就是我们现在确实是在深度融入了国际社会，那么在这样一个过程中，我们要做这样一个翻译班，实际上也是鲁迅文学院一个很重要的考量，我们希望在当代文学翻译方面，真正能有一些中青年翻译家成长。大家都知道，文学翻译和别的商业翻译、大众化的翻译还是有很大的区别的。

中国作家协会隔年都要开一个汉学家、翻译家大会，邀请全世界重要的汉学家到中国。同时，我们每年要派出不少作家代表团到全世界去，也要接待几十个重要的作家代表团到中国来访问。那么这些工作，我想有一个最基础性的东西，就是我们现在的当代文学的翻译，应该说尤其是近一二十年，还是做了大量的工作。有人不完全统计，现在在世界上最重要的一些作家作品翻译成不同的语言，在英语世界当然传播是比较快的，英语还是在全世界实际上是一个公共语言，而这个公共语言也得益于英国作为最早的老牌资本主义国家的殖民地当时几乎遍布了全世界，所以对英语在世界性的推广起了作用。随着自由贸易，那个时候的海洋经济、海上贸易，所带来的英语的第一次扩张，在世界上所取得的地位，可以说是非常的高。另外就是美国的崛起，美国的崛起实际上也是让英语的语言优势在全世界占有很高的位置。

当然，日语，法语，西班牙语，哪怕可能并不是太大的语言，比如说以色列的希伯来语，这些语言看起来是个小众语言，但是对文学的译介，量还是比较大的。所以应该说中国近一二十年，在全世界排得比较靠前的，就是我们能在第一时间里基本上能把全世界最重要的一些文学作品，尤其是现当代一些重要的文学经典，把它翻译成中文。

我觉得这是一个文学交流的具体成果，会深度影响作家的写作。我们可以看到中国从现代以来，也就是从新文化运动以来，西学建立，对中国的文学影响，实际上有三个传统，一个传统当然就是我们的汉语文学传统，我们还有很多少数民族的文学传统，当然也很重要，中国是一个多民族的国家，五十六个民族，很多民族也有自己的母语文学，比如说蒙古族，维吾尔族，朝鲜族，藏族，哈萨克族，彝族，柯尔克孜族。流传《玛纳斯》的柯尔克孜族这个民族，虽然《玛纳斯》是民间的，但他们的本身的母语文学也是很强大的。

像艾特玛托夫，他就是吉尔吉斯人，他在全世界是被翻译得最多的小说家之一，我看了一个统计，差不多是接近一百五十种语言，几乎世界上最重要的文字，都把他的小说翻译了，我觉得这是很了不起的成就。

刚才说三个传统，还有一个传统就是我们的古典文学，这个古典文学对中国任何一个民族都重要，所以今天为什么谈到翻译，因为翻译可能要求是最高的，尤其是文学翻译，所以办这个班，在设置找哪些老师给大家上课，我们也是经过构想的，一定要给大家开阔视野，扩大对跨学科的知识的了解。

再就是对当下的世界文学思潮，整个文化思潮，包括国际关系，包括国际形势，我想都应该有一些了解。那么这个里面也涉及一些社会学、人类学、民族学的东西。总的是希望我们这个班在不长的三个多月的时间里，真正有很大的收获。

真正的好的翻译家，"五四"以来我们可以看到，最大的翻译家，几乎都是一流的作家，鲁迅、郭沫若、茅盾、巴金，包括后来的这批人，傅雷、草婴这一批翻译家，不管是在做俄语的，做英语、法语、日语的，还有西班牙语，还有很多其他小语种的文学翻译，这些人在30年代以来几乎都是很了不起的作家，而他们的文字语言都非常好，两样都要好，一个是你的母语，所以我个人认为一个好的翻译家，如果在两种语言、两种不同的思维习惯中间跨越的时候，任何一方的修养不够，你都很难把真正的文学作品翻译好。

另外一个文化传统就是"五四"以来的传统。西学渐进之后，尤其是中国从古典语言到白话文的跨越。我个人认为语言是有一种隐秘的联系的，我们从中国古典语言跨越到现代语言的这个过程中，从文言文到白话文的跨越过程中，有一些特定的在语言中的思维习惯，是很难改变的，我认为语言有很大的变化，但是它的本身所牵涉的语言所带来的思维习惯，包括思维方式，有的东西是比较固化的，甚至有一些传统是看不见的，像我们现在去读苏东坡，读屈原，读李白，读杜甫，读王维，读他们的时候，我们对汉语层面上的理解，一定要比一般的外国人深得多，不是别的问题，就是你是生活在这样一个鲜活的语言传统里。

为什么我们对翻译家，对翻译文学应该有一个很高的重视呢？就是中国的现当代文学，深度地受到了外来文学的影响。

我们很长时间不注重方言，实际上方言这个东西是很好的，有一年马悦然告诉我，他说你注意到没有，巴金先生的小说叙述语言是普通话，但是他的对话是四川话。他说你注意一下，李劼人的小说从叙述上就是四川话的叙述。他说老舍无论是对话和叙述基本上都是北京话。实际上大家都有这个体会，你翻译美国南方文学和美国的西部文学，是不一样的，美国南方文学这一部分作家如福克纳，这一批作家他们本身的语言和美国的西部作家杰克·伦敦，他的语言上是完全不一样的。对翻译来说，包括写作者来说，实际上越来越回到语言本身的话，是需要我们去对传统进行重新的理解。

到了 20 世纪 80 年代之后，也是翻译文学复苏的一个过程。在这个期间，除了对英美文学的翻译，包括欧洲的，不管是北欧、西欧、南欧的作品翻译，也包括对拉丁美洲文学的翻译都很多。拉丁美洲文学的翻译，这个量到了80年代中期是很大的，包括马尔克斯、科塔萨尔、博尔赫斯这一批人也深度地影响了中国当代文学进程。

在中国当代文坛上，现在有名的诗人、作家、批评家，几乎都有一个阅读谱系，毫无疑问地，他们都受外国重要作家的影响，每一个作家都可以开出一个名单来，这是一个客观情况。我想说什么呢？就是正因为在这样一个大的翻译对文学的影响、交流已经深度地在影响一个国家文学历史进程的时候，我们怎么能更好地来重视翻译。重视翻译，就有一个提升的问题。所以你们在座的很多都从事不同语种的翻译，我们在搞国际交流和中国对外文学翻译计划的时候，过去也有过一些传统经验。大家知道外文局专门搞了一套"熊猫"丛书，对外进行翻译，基本上是我们中国的一些学外国文学的人，把现当代文学翻译成外语，也有一部分外国作家、专家来参与合作。我认为基本上是失败的。一般来说，要把中国现当代的文学经典翻译成人家的语言，可以说是很难的。我觉得中国翻译家，把我们的作品往外翻的话，我主张可以和一些外国优秀的汉学家，或者是诗人、作家进行合作，侧重点有所不一样，但真正的完成还是必须由别人来完成。

有一个诗人大家都熟悉，1987年的诺奖获得者布罗茨基，他是苏联后期先到英国，奥登把他接出去，从英国又到了美国，长期在耶鲁大学，他被称为东欧三杰，东欧三杰就是波兰的米沃什，立陶宛大诗人托马斯·温茨洛瓦，再加上布罗茨基，被称为东欧三杰。他也是一个特例，他到了美国，能用俄语和英语写诗，但他自己认为他写诗最终还是要用俄语，他有一部分诗是他和美国人合作把他的诗翻译成英语，有一部分是他自己用英语写，但这一部分诗很少，他自己认为他用俄语写的诗远远比英语写的诗写得好。

我想说什么意思呢？就是说在整体的文学交流过程中，实际上文学的传统也变得多种多样，这个多样就是自身的文学传统，就是每一个民族伟大的古典文学的传统，影响我们自身的母语的传统，会不断地延续。

比如说法语文学有很多非洲作家、诗人，他们用法语写作，但他们有很强的本身的语言的特殊思维，他们不断改造法语，甚至生造了一些特殊的词，然后进入法语世界。比如说像塞内加尔的开国总统桑戈尔也是法兰西文学院院士，可以说是不光在非洲，在整个法语世界都是顶级的诗人，是法语世界在20世纪最伟大的诗人之一。他们对这个语言的改造发生很大变化，他把非洲的思维，自身的另外一种语言在法语里呈现的时候，把法语变得更丰富、更新奇，甚至有一些东西是法语里过去没有的那样一些特殊的语词，使法语变得更有张力。

英语世界这种例子就很多了，像阿契贝，大家知道阿契贝是尼日利亚的作家，写过一本很有名的小说《崩溃》，还写过一本《神箭》，那么他的文学成就英语世界的评价认为也是20世纪为数不多的伟大的小说家之一，他的小说贡献要远远高于索因卡，索因卡是1986年获得诺贝尔文学奖，当然索因卡本身作为一个作家，一个戏剧家，应该说在整个的英语世界，包括在非洲文学，他也是一个伟大作家，在戏剧方面，尤其是现代先锋戏剧，他做出的贡献是巨大的。但是要说作为小说家来说，在整个非洲文学的地位，就是对文学的开拓，建立一种新的英语与非洲原始语言相结合，所形成的传统，阿契贝可以说是非洲的现代小说之父，同时他也反对西方文化中心主义，所以西方也不很喜欢他，他也是很多年的诺奖候选人，但是最终也没有得奖，但他得过布克奖，最大的那个布克奖的国际奖颁给他过，因为他是很了不起的一个小说家，前几年过世了。

19世纪以后，国际文学之间的相互影响，要比过去历史上剧烈得多。我们在20世纪80年代的时候就可以看到很多现象，像乔伊斯、卡夫卡这些小说家影响了80年代初那一部分中国先锋作家的写作，后来包括拉丁美洲文学的翻译，马尔克斯的小说，胡安·鲁尔福的小说，博尔赫斯的小说，实际上也深度地影响了像余华、莫言、格非他们这一批人的写作。

对一些地域性的少数民族作家的写作，像扎西达娃、阿来这一批人，影响也都是很大的。翻译文学在今天世界文学交流这种过程中，深度地对不同国家、不同民族文学产生影响，这种影响我认为需要我们给予高度的重视。要放在世界文学的格局中来加以考量。在这个过程中，翻译尤其是现当代文学的翻译十分重要。所以大家到这儿来需要交流，我觉得任务还是很重的，我想也是承担着一个使命，这个使命实际上是一种文化思维，就是翻译应该得到足够的重视，这是我想说的第一层意思。

第二个，就是我们要改变一个观念，翻译不是一种转化，是一种创造。我们很长一段时间，不断地在纠正，大家注意一下，我们在国际上访问的时候，接触很多重要的诗人翻译家，我接触一个土耳其的诗人叫阿托贝克兰姆，这个人目前是土耳其最大的诗人，他的俄语和法语是非常的好。他是普希金在土耳其语言里的译者，他也是马雅可夫斯基、曼德尔施塔姆、茨维塔耶娃、阿赫玛托娃在土耳其语里的译者。他说他翻译的东西，已经进入了土耳其文学史，反过来就像我们穆旦的翻译一样，再说到普希金诗歌的时候，首先就会想到穆旦的翻译。而他这些翻译实际上是深度影响中国现代诗歌的写作，包括查良铮早年翻译的奥登的诗歌，影响了一大批人，也包括卞之琳先生翻的那些诗歌，是对中国现代诗的影响相当深的。

翻译家做出的贡献，重视是不够的。所以我想今天应该有这样一个意识，就是对翻译是一种创造的重视。

你们这一段时间都会有交流，大家也注意到，我们鲁迅文学院经常有很多国际性的作家诗人在这儿交流，主要的话题就是翻译。有些话题实际上谈得很深的，从接受美学来说，翻译有语言学的一些问题，有跨语言之间重新的语言创造的问题，甚至还有一些翻译过程中创造性翻译的问题，当然这个争论很大。国际上一些重要的小说家、诗人，很多人都是很好的翻译家。

我去法国、捷克、匈牙利访问，匈牙利有一个翻译坊，干什么呢？比如今天决定这一期翻译坊二十天，二十天就翻译比如说余华的一个短篇，所有人都翻译，每个人都翻，几十个翻译同时翻译他的一个短篇，翻译出来确实都是不一样，但是你就可以看到真是各显神通，有的在结构上非常好，有的是在对话上很好，有的是在语言上，每一个人翻译出来的风格都是不一样的，气质也是不一样的，所以这个翻译带来好多奇妙的东西。在某种意义上来说有很多伟大诗人，他们认为诗是不可能翻译的。但是事实上就是因为这样，他们还在继续翻译，也在读翻译作品。为什么呢？确实在翻译的过程中，他所创造出来的意想不到的很多东西，某种意义上对翻译家就是一次文字和语言的历险，而这个历险在翻译过程中，尤其是一些比较玄妙的东西的翻译，翻译家也不知道会翻译成什么样子。

我前不久鼓励一个学俄语的同志，我说你把像格鲁吉亚一个非常重要的诗人塔比泽翻译过来。他的作品一直没有翻译成中文，后来他到了俄罗斯，找到塔比泽的两本诗选，他不懂格鲁吉亚语，他从俄语把塔比泽翻译成中文，这算是填补了一个空白。

塔比泽作为一个格鲁吉亚民族诗人，当时和帕斯捷尔纳克、阿赫玛托娃、曼德尔施塔姆交流，是深度地在白银时代的俄罗斯现代诗歌史上也是一个很重要的人物。后来上海出了一本诗选，反应还是不错的。

我刚才说到的艾特玛托夫，在年轻的时候用吉尔吉斯语写了一篇《查密莉雅》，爱情小说，他后来写的小说，就用俄语写，他俄语的水平也很高。但是他这个小说最早是自己又从吉尔吉斯语翻译成俄语。这个被谁看到了？被法国的大作家阿拉贡看见了，阿拉贡读完这个小说，认为是 20 世纪当时健在的作家能写出的最好的爱情小说。阿拉贡又从俄语把它翻译成法语，这个小说名扬世界了。所以艾特玛托夫走向世界，和翻译有很大的关系，他的好多作品都是世界上一流的作家翻译成另外一种语言。

在中国的国际文学交流过程中，我们感觉到还要有反向思维，这个反向思维就是你们很多人，一方面自己写作，一方面做翻译。这还是一个很好的选择。

像傅雷、草婴他们，大部分精力是去做翻译了，包括后来的高莽先生，实际上是既做翻译又写作，卞之琳自己就是很好的诗人，也做翻译。艾青先生后来主要写作，但他早期也做翻译，像维尔哈伦的那些诗，早期的有一部分是艾青先生翻译的。

为什么说要有反向思维呢？现在大家看到，中国现在的文学在翻译交流过程中，国外对中国当代文学的翻译量开始越来越大，无论是从国家对外出版计划，包括中国作家协会的对外翻译计划，还有新闻出版广电总局对外的推广，这样一些文学推广，现在有很多国外的翻译家，他们也愿意做一些中国的翻译。把外国文学翻译成中文的这个过程中，也可以做一些和这些汉学家进行一些合作。

　　有一个翻译家可能大家也很熟悉，余泽民，他搞匈牙利文学的，这几年做了大量的工作，匈牙利是欧洲一个不大的国家，地域面积不是一个大国，但是在文学上是大国，匈牙利的作家他最近陆陆续续翻译的七八位，有一个算一个，我认为不光是在东欧，就是在全世界都是非常好的作家，欧洲重要的文学奖项，包括诺贝尔文学奖，匈牙利作家有很多个获奖，还包括其他的重要文学奖项，像布克奖，上两届就有两位匈牙利作家获奖。余泽民这几年做了一个很重要的工作，就是他太太是匈牙利人，中国当代重要的一些小说家，还有几位匈牙利汉学家，几乎把中国当代第一团队的，我说的就是前一二十位最重要的小说家的作品，他们几乎都翻译成了匈牙利文，有一部分工作就是他太太和他共同合作，在翻译成匈牙利文的时候，有一些很微妙的东西，只有中国人能知道，匈牙利人语言再好，毕竟不是他的母语，他也没有在中国长期生活，再加上我们这些作家用的语言也不一样，平凹是一种语言，莫言语言也不一样的。你要翻译过去，是很难的。越是白描的很清淡的东西，文字很高级的东西，你翻译很难，比如说汪曾祺的小说要翻译成英文法文，那个翻译家如果不是他那个母语的大师，很难翻汪曾祺。他不注重情节，他注重的就是语言的细腻和非常微妙的东西，那种语言感受你是中国人，在阅读的时候能感受到汪曾祺这些，他都是散文化的写法，他的小说实际上就是散文，并不是以情节取胜，他就是以语言和他所描述出来的氛围和感觉取胜，但你要翻译成另外一种语言的时候就很难的。

　　大家关注到，现在翻译的工作做了很多了，尤其是近十来年的，但是现在也出现一些问题，就是对文学翻译认识的偏差。我们有一些机构，也搞了一些翻译，我也参与过一些活动，包括全世界邀请来的翻译家，请到中国来的，基本上也就五十个外国汉学家，能翻文学作品的最多几十个人，大部分是翻不了的。这就有一个差异，是什么差异呢？就是本身对翻译认识的差异。你们在这儿学习，我们也是希望能找到真正搞文学翻译的。

我统计了一下，现在能把中国诗人的作品翻译成英文的，把美国、加拿大、英国、澳大利亚这些都算上，那些汉学家，就他翻译过去你能信任的，超不过二十个人，把中国诗人的作品翻译成德语的也超不过十五个人，汉学家能把中国的现当代诗人的现代诗，翻译成意大利文的超不过十个人，也就五六个人，其他的翻译都是无效的。不是别的问题，就是诗的翻译要求太高了，他自己不会写诗，他对你这个语言本身的了解没有深度，他不是个诗人，有的人可能汉语水平很高，但他是意大利人，他翻过去就相当于我们的打油诗，你就可以想到有多可怕。还不如不要他翻，所以我们一些翻译机构，甚至一些翻译公司胆子也很大，再加上中国一些作家诗人，也没有国际交流的经验。我刚才说，必须要合作，文学性越高越抽象，象征隐喻的越多，很难翻，有些东西就是一个奇妙的东西。庞德他有多高的汉语水平？一个汉语词他也不懂，但他就是借助别人对他讲解唐诗宋词，所以他翻译的唐诗，对整个意象诗歌的影响发生了革命性的变化。很多人不了解意象派诗歌，庞德他们这批人，我说的是后期意象派诗歌，包括象征派的一些诗人，实际上也受了唐诗的影响。墨西哥伟大的诗人、1990 年的诺贝尔文学奖获得者奥克塔维奥·帕斯，可以说是墨西哥的文学巨匠，曾经当过墨西哥驻印度大使，也是个外交家，也是一个散文家，他也把一部分中国的唐诗翻译成了西班牙语，但有人开玩笑说，如果把他的西班牙语再翻回唐诗，就根本不是唐诗了，那这个是开了一个很大的玩笑。我觉得他能把唐诗的精神，某一种诗的意境在西班牙语里呈现出来，他作为一个诗人，他对唐诗有贡献。你如果那样去理解的话，这个翻译就没法做了，尤其是诗歌。

随着整体的国际交流，现在对翻译是越来越重视，那么在这样一个过程中，现在中国文学和国家综合的实力有关系，这是一个方面。另外一个方面又没有太大的关系，有一些国家像阿尔巴尼亚，大家知道卡达莱的小说，他最早是个诗人，最早写的是《群山为什么歌唱》《高高的雄鹰》，写了很多长诗，后来他写小说，长期在法国，他也用法语写一部分小说，主要还是用阿尔巴尼亚语，但阿尔巴尼亚是很小的，它的文学有这么一两个作家，足以让世界对它这个民族给予很高的评价，但总体来说一个地域性的文学，在世界上的影响和综合国力还是有很大关系的。

现在的世界文学版图，对中国的文学是越来越关注。所以在进行国际交流的时候，过去很长时间不是太对等，现在无论是小说交流，诗歌交流，在国际上的交流，我觉得深度的交流越来越多，现在世界上很多重要的国际文学活动，基本上都有中国作家的身影，包括不管是东欧、北欧、西欧，远在拉美，包括美国，包括在英语世界，这方面的活动都是很多的。但在交流过程中我们就感觉到翻译是非常重要，这个重要就是说是不是能把你这个国家最重要的文学作品，比较经典的文学作品翻译过去。像中国作家协会，我们就要做到尽量地能和这些汉学家翻译家找到最大的话语空间，找到最大公约数，把中国当代一些很重要的作家诗人，包括批评家的作品，翻译成不同文字。所以这几年做了大量的工作，这些工作也应该说没有白费，应该说已经见到很多成果，这些成果现在都在逐步显现，现在中国的作家诗人，包括文化学者的作品，在国外翻译的量和过去比较起来，应该说是很大的。

我在一个地方讲课的时候曾经说过，曾有人统计过，"五四"以来我们翻译的西方的人文科学，我指的是人文科学，还不是自然科学，其中很大一部分包括文学作品，我们翻译的量是很大的。但是他们翻译我们的东西是很少的，过去他们仅仅停留在中国古典哲学，佛经，中国的一些菜谱，甚至一些地域文化的介绍，这个很多。但对中国当代文学的翻译，是不多的。我曾经给拉丁美洲一个很重要的诗人说过一句话，我说像你们这样一些诗人，比如西班牙语的洛尔迦，我们有多少版本，很多版本，有很多翻译家翻过，像阿尔贝蒂、像马查多这样一些诗人，聂鲁达就更不用说了，聂鲁达有很多版本，量是很大的。但是相反，在拉丁美洲真正翻译中国诗人的作品是比较有限的。这个翻译是不对等的。

美国现在不是跟我们在打贸易战嘛，贸易逆差嘛，实际上在翻译方面也有入超。这就说明我们自身的文化总体水平在提高，这个很重要。另外就是有了好作品，你有好东西，这个交流翻译是很重要的。某种意义上来说，翻译和交流对扩大一个国家对外文化影响力，它的持久性最终是反映在文学作品上。我们找一些人去搞一些演出，不是说不好，而是比较表面，影响是短时间的，但是经典的文学，代表你这个国家精神高度的文学翻译成别的文字的话，它的影响是深远的，是长久的。对你这个民族国家文化的深度理解，是要通过我们文学，这个是最容易进入人的精神世界的。

我举个例子来说，哥伦比亚麦德林国际诗歌节专门邀请我去过，我专门去了马尔克斯的老家。你看一个马尔克斯，一个《百年孤独》，他在世界文学的这样一个版图上，就变成了哥伦比亚的一个文学标高，也是世界文学的一个标高。所以在20世纪这样一些作家里，有那么多得诺贝尔文学奖作家，说实在话，也不是得诺贝尔文学奖的就在一个水准线上，区别大了，那像马尔克斯这样一个作家，他对自身文化的宣传，对推销哥伦比亚，让外面的人了解哥伦比亚，完全不一样了。所以有人开玩笑说，我们哥伦比亚不仅仅有毒品，我们还有马尔克斯。

哥伦比亚国际诗歌节就变成了一个很重要的、促进整个国家民族和解的活动，我很感动。我发现，有一些人是走几十公里来参加国际诗歌节，一个国际诗歌节有几十场朗诵，有的是在社区，有的是在街头，有的是在监狱，有的是在医院，有的是在教堂，在不同的地方朗诵，一个主题就是促进民族和谐，促进世界和平。就是赞颂人在这个世界上的价值，很多东西都能找到最大公约数，所以这个哥伦比亚国际诗歌节是得了瑞典议会的小诺贝尔奖，这个小诺贝尔奖专门是奖给国际一些文化组织的，所以他们做得非常成功。像捷克，在座的同志都很熟悉，在欧洲也是一个不大的国家，经常被别人兼并，德国势力很强的时候把它弄掉了，苏联地位很强的时候又把他弄掉，它实际上也是待在几个大国之间。波兰也是这样的，波兰被德国瓜分过，当时是奥匈帝国，被苏联也占领过，现在是个独立国家。你看波兰、捷克这些小国，那是大师如云，某种意义上来说，现在欧洲诗人有一个算一个，意大利、法国伟大诗人过世之后，我客观地说，不能跟东欧的诗人比。东欧的诗人无论是思想深度，他们那种很深的对苦难的呈现，对整个世界的关注，作品是很深厚的，是有这个传统的。除了俄罗斯白银时代那一部分诗人很厉害，剩下的就是波兰、捷克这些诗人。过世的这一批不用说，像捷克的塞弗尔特，伟大的诗人霍朗，包括还有很多诗人，这些诗人很少在国际上露面。波兰也是这样，米沃什、赫伯特、鲁热维奇、申博斯卡娅，有一批世界级的诗人，现在健在的一批中年人，写得非常好，他们都是有深度的，我想说什么呢？就是对小语种的重视，实际上是对一种文学的重视。

对生物多样性的关注，文化多样性也是联合国教科文组织很重要的一个思想，那么这个思想文化多样性，其实就是对很多小语种的关注。我们大家知道，新文化运动开始，好大一部分东西是从日文转译的，鲁迅他们翻译的很大一部分作品是从日文转译，从日文翻译成中文的。所以对小语种我们也非常重视。包括中国作协在国际交流方面，和捷克的，匈牙利的，波兰的，塞尔维亚的，保加利亚的，包括以色列的作家等等这样小语种作家交流，我想都应该给予更多的重视。

另外就是我们的文学作品怎么翻译成小语种，也很重要，所以我在欧洲、美国，在南美、非洲参加很多活动，他们很注重小语种的翻译。现在中国小说家进入小语种最多的是余华，因为一个民族的文学进入人家的小语种，某种意义上来说，你在他那个语言里就扎根了，不是个人的事情，是对你这个国家的一种文学的肯定。你的文学，就进入了他们的语言系统。

从作协这个角度，我们现在非常重视翻译文学的推广和评价，我认为还是要鼓励当下性，有更多的一些翻译家能翻译中国当代的作品，国外的一些当代作品进入中国，在中国变成一种当代性，就有在场感，所以这个情况是不一样的。

还有一部分在别的语言中是经典的，外国的现代文学中的经典，我们远远没有全部翻译成汉语，这个任务还很重的，甚至过去翻译过一些东西，还可以重翻，也不一定翻译得很好。因为现在翻译市场也是很混乱的，甚至我们有一些人搞翻译的，尤其是翻译诗的，我也不能说名字，他英语水平不一定有我高，拿电子软件瞎翻，然后就参考别人的，也出很多翻译诗歌，这种东西严格意义上说是完全不行的。

另外也有后来者居上的，从文本这个角度看，确实有些后来人翻译得更好，你看波德莱尔，很多波德莱尔的版本，不一样，有的是过去就翻译得很好。我坦率说，比如说你要翻译普希金，现在有人要超过穆旦他们，要超过戈宝权，要超过乌兰汉这一批人，我觉得还是比较难的，因为那部分经典的东西，翻得很鲜活，他们本身是诗人，你看我们今天在座的晴朗李寒翻的阿赫玛托娃的诗全集，他送了我一套，我要感谢他，我自己也买了一套。非常好，真是翻译得不错。所以我说，你看洛尔迦的东西有很多人翻，但就是在经典意义上已经翻译过的那部分作品，我个人认为你要超过戴望舒是很难的。为什么？戴望舒是个大诗人，他为了翻洛尔迦专门去了西班牙，了解整个格拉纳达，西班牙南部弗拉明戈的民歌当时的那种音乐氛围，他对语言的把握，在气质上尽量去接近洛尔迦。我认为那一部分他是翻得最经典的，他后来过世了，也没有再翻洛尔迦别的作品，如果是美国一个诗人在纽约，这样的诗你让戴望舒来翻，我个人认为那不一定好，后来洛尔迦到美国写的《一个诗人在纽约》，他基本上传承的是惠特曼、桑德堡那样气质的东西。但西班牙南部的那种民歌一样的现代派诗歌，我个人认为很难超过戴望舒的翻译。这并不影响后来诗人的翻译，后来有的是完全从西班牙语翻译了很多，像赵振江先生，也还有别的人也翻译洛尔迦，这个是个好事。我觉得有一些诗人被反复地翻译，这个需不需要？这是需要的。我们在选择版本的时候，有一些翻译契诃夫、托尔斯泰，那个时候有了经典的译本，人家付出的辛劳就不一样。人家翻译托尔斯泰的《战争与和平》，可能若干年干这个，他是花很大功夫，现在有一部分文学作品翻译我就不敢买了，为什么不敢了？他说这本长篇小说第一段是张三翻的，第一章到第三章，到第五章就另一个人翻了，我绝对不会放在我书架上。为什么呢？这种翻译我不会信任。

所以翻译家在翻译过程，有的学员谈到刚翻译的时候不一样，翻译到后面的时候很小心。写作也是这样，写作越往后就越敬畏，就像跳高，你从一米跳到一米五是容易的，但是你从一米九到一米九一都很困难，就是这样的，相对高度和绝对高度，然后再一般性高度，到了最后你再往上走那是很难的。有些人一生写作过程中虽然有高峰，但他的作品总能达到一个比较高的水准，这种在文学史上也有不少人，有的人是像跳高先跳一米五，突然跳了一个二米二，然后再跳，又跳到一米五了，一生中就一次跳到二米二，但对这样的二米二那一部作品，某种意义上是个经典，你要尊重。反映出一个作家的创作是很神秘的。有的时候，虽然有自然的规律，但他某种意义上来说，有的时候是你找灵感，但更多时候是灵感找你，翻译也是这样。

所以我觉得气质的选择也很重要，我们在阅读上也讲，有些作家你接触了才知道他的情况。大家知道《哈扎尔辞典》，那是非常重要的一个塞尔维亚作家写的，我去塞尔维亚访问的时候就专门见了他，他就告诉我，他说刚好我有一个戏剧上演，今天晚上你看一下。我就去看了，就两个人演出，一男一女，男的在舞台的左边，女的在右边，所以进去的时候，也是男观众全部在左边，女观众在右边，舞台下边就分成了两批人，然后就听两个人讲，就是讲婚姻，讲男人和女人，讲生活中的这样一种冲突，兼容的地方和不兼容的地方，就是一个很抽象的现代戏剧。这样一个作家你一接触他之后你发现，他写的这个小说《哈扎尔辞典》就是一个哲学性的东西。后来和他一聊，他在塞尔维亚是一个大学里的哲学教授，他就研究哲学的，并且是研究神秘主义哲学，所以他的作品充满着对那种玄妙的、对死亡的人类终极的东西的追寻。他考虑的是这么一些东西，所以你如果有接触你就发现，可能很多人翻译他作品的时候，他那种哲学性，还有他小说里本身神秘主义的东西都要有，我觉得翻译家有的时候也是不一样的，有些人可能适合翻译海明威的小说，但你要让他翻译另外一个小说家的小说，在气质上、语言上不一定很好。所以我觉得翻译家翻译某一个作家的作品，某种意义上说，有点像谈恋爱，女的找男的，男的找女的，他就适合翻译这个人的东西，他也很喜欢，翻译出来这东西他一定是能通灵的，就在文字语言、在精神层面上能发生很深的沟通，这个是很玄妙的。

所以我个人认为整个社会要把翻译当成一种创作，就是一种再创作，事实上也是这样的。要对翻译高度重视，不是一个可有可无、也不是一个配盘的角色，翻译某种意义上来说，就是对一个国家、一个民族文学的补充，就是一种加入，甚至这种丰富的加入，某种意义上就像不同民族的另外民族的作家用另外的一个语言在进行写作，像非洲作家很多用法语、英语写作，拉美很多人是黑人、印第安人、土著人融合而成,拉美这些大作家里很多都是混血的,像帕斯也有印第安血统,他的外祖母、外祖父都是印第安人,他的语言加入是整体的进行写作的一种语言加入,把他的思维、把他的语言习惯都放进去。而我们的翻译,实际上是深度地在影响一个国家的文学,尤其是在这样一个全球化的时代,在跨语言的翻译过程中,虽然历经艰辛,在有很多东西很难进行沟通的情况下,也进行了可以说是语言的探险和所有的可能,使人类能走进彼此的心灵。我觉得是最重要的。

所以今天办这样一个班,我也希望我们学员,觉得我说的这个不是讲大道理,就是要秉承一种艺术理想。你像傅雷先生这样的人,为什么值得人敬重?你看他一生对整个他所翻译的法国文学,对今天汉语世界来说,已经变成中国人精神生活的一部分,翻译的重要性,对塑造一个国家民族的文化心灵,起到的作用和我们继承自身的传统是同等重要。从更广义来说,包括我们的思想借鉴上,我们能数得上的伟大的哲学家思想家,他们对中国现代化进程的影响,大部分都是外来的,我们都是把马克思主义中国化在不同的历史阶段,变成是我们的理论成果和思想成果,从而推动社会历史的进程。

另外中华民族是一个很开放、很包容的民族,我们在消化异质文化、不同的外来文化方面的能力,胃是很大的,能把这些问题足以消化之后进入我们的血液,变成我们的血肉,成为我们的这样一个精神积累,我们精神的文学宝库中的一部分。所以我觉得大家做的这些工作都是非常令人敬佩的,在这儿来学习,在这儿规划规划,对下一步自己翻译一些什么样的文学作品,包括自己的写作,到这儿静下来思考一些问题,也听一听别人讲什么,我觉得现在学科分工越来越细,人对知识的掌握,对跨界不同领域的资讯信息,包括知识的理解都很重要。

最后我想说一下,在这个期间,刚好国际写作计划也在这个地方举行，阿多尼斯先生，还有一批重要的诗人作家也在这儿，在这个期间，我们还要搞一些文学交流，也希望大家和在座的学员积极参与。

我今天是给大家交一个心，作为鲁院的院长，这个班也是我积极倡导办起来的，我希望我们这个班在座的各位学员学习期间真正有收获，很难得我们研究生班的学员也在这儿，很多都是有写作经验、有创作经验，也出了不少好作品的写作者，我相信大家通过这次交流学习，都有收获，也希望你们在鲁院的这一段学习能变成你们的人生经历，尤其是文学经历中今后值得回忆的一段美好的时光，我就说这么多，谢谢大家。

总体性、现实与作家的主体建构

李敬泽

主持人：今天来给我们做讲座的是李敬泽老师，在我们文学界，李敬泽老师是"天下谁人不识君"。他十六岁考上了北大中文系，是河北省文科状元，大学毕业之后就分配到中国作家协会的《小说选刊》，后来一路在《人民文学》做编辑、做主编，现在是我们中国作家协会的副主席、书记处书记、党组成员，他也是我们中国当下最重要的文学批评家之一。

2017 年起，李敬泽老师开始谦称自己是新锐作家，他的《青鸟故事集》，还有《咏而归》，虽然是故事新编，旧文重整，但也是老原浆酿出新佳酿，在文学界引起了广泛的兴趣。批评家其实很不知道怎么来谈论他这两本书，因为它们的文本不像散文也不像历史杂谈，所以就姑且把它称为一种非虚构的历史美文集，但读者买账，很好读，很新奇，也很有趣，所以这两本书是这两年最重要的文学现象之一，当然也包括敬泽老师在《当代》和《十月》杂志上开辟的专栏《小春秋》和《会饮记》。

李敬泽老师有一阵子没来给高研班讲课了，今天来给我们班做一个他近一两年来特别关注的、在很多文学场合都谈到的题目，就是文学的总体性问题，文学和现实的问题，和我们今天这个新媒体时代作家如何进行主体建构的问题。我们用热烈的掌声来欢迎李敬泽老师开始讲座！

李敬泽：今天主要谈谈学习习近平总书记关于文艺工作的重要

论述的体会。郭艳老师逼着我说马上排课表了，你赶快出个题目，我慌慌张张就出了这么一个题目，叫《总体性、现实与作家的主体建构》。事后想了想，我觉得这个题目也还可以，大致涵盖了我要说的话题。所以就先从这个总体性说起。

总体性的问题，我在 2016 年、2017 年这两年谈得比较多，我的感觉是，评论家朋友们都没有大听得进去。评论家听不进去很正常，因为一谈总体性我们的评论家往这里一坐，先跟你从卢卡奇说起，卢卡奇、阿尔都塞等等一大堆理论，讲到最后，都是在论证说这个总体性是不可能的。也就是说在很多理论家看来，现代性的一个重要后果就是总体性的溃散，当然在后现代的文化和理论背景下，就更不认为会有一个总体性或者一个宏大叙事。

这个说起来很复杂，一时半会儿也说不清楚。理论家们很多复杂、精神的理论，这个问题已经完全被他们的理论话语所覆盖、所封闭。但是，我觉得这个总体性，绝不仅仅是一个纯理论问题，更是生活经验和实践问题，你不能仅仅在一个普遍的、抽象的历史中去思考它，你还必须把它放在中国的经验、中国的历史中去。实际上，我们现在这个时代确实存在着巨大的总体性运动和精神上的总体性焦虑。这个总体性，在文化上，在文学上，正在越来越尖锐地反映出来。

作家总是离生活更近一点，我想，很多作家都感受到了这种关于总体性的焦虑。什么叫关于总体性的焦虑？就是说我们力图在中国的也好，世界的也好，或者生活的角度上也好，或者历史和时代的角度上也好，在一个总体性的解释和言说的背景下来展开想象，处理我们的经验。或者说我们力图将我们的叙述纳入一个总体性的框架，在这个框架、这个认识装置中展开解释、获得意义。这个世界到底怎么了？这个时代到底是怎么回事？这个社会到底是什么状态？从哪来到哪去？我们力图为自己建立起这样一个总体性图景，在这个背景下来处理我们的经验。说老实话，我现在读作品读得不是特别多，也做不到说一个跟踪性的观察，没那么多时间。但是最近，因为到了年底嘛，这一年的文学创作状况，总结、梳理、盘点，也看了一些作品，包括长篇，也包括中短篇，我想我还是能够感觉到刚才所说的那个关于总体性的焦虑的存在。

那么，这个总体性图景是如何建立的，或者说我们建立起一个总体性图景的基本架构和支点在哪里，我觉得这是现在蛮大的一个问题。我们一直讲现实主义，什么是现实主义？现实主义其中必定包含着一个对世界的总体性看法。现实主义不是写实主义，不是所见即所得，现实主义中包含着通过我的所见、所思，通过对经验的处理，体现对世界的一个总体性看法。那么当我们现在谈论现实主义的时候，这个总体性看法从哪来？它的依托在哪里？这个总体性看法，固然有 19 世纪现实主义传统的支持，也有马克思主义现实主义理论的支持，但身处一个 21 世纪此时的中国，我们也必须承认，中国正在经历着几千年未有之大变局，正如习近平总书记多次谈到的，我们正经历着震古烁今的，在人类历史上也是罕见的巨大的变化和转型，在中国，历史没有终结，历史正以巨大的规模展开，而且这个展开的历史呈现出惊人的创造性、独特性和复杂性。就是说中国经验很大程度上是我们现有那些理论包不住的，覆盖不了的。这有时代变化的原因，但也有中国经验特殊性的原因。

所以我们讲现实主义，讲总体性。你如果像卢卡奇那样，去讲人类——实际上，他的"人类"也主要是西方，从人类经验的整全那个原点出发，我觉得对中国是不适用的。那么你要仅仅是从经典的马克思主义理论讲，像恩格斯论述现实主义的时候所讲的，那个宏大的社会历史进程，以及这个社会历史进程之下的社会政治经济结构等等，可以吗？很可以，也很应该。但是，在中国，马克思、恩格斯所说的那个宏大社会历史进程以及相应的那一套分析架构，必须、而且已经经过了中国经验的充分转化，充分的吸收和改造。以至于我们实际上是无法轻易套用经典马克思主义的论述来处理我们这个复杂的中国经验的。

说白了就是一个，当我们说总体性的时候我们说的是哪个"总"，"总"到哪里去？你也可以"总"到宇宙，巡天遥看，地球也不过是一粒尘埃，所以，你"总"到哪里是重要的，你"总"到哪里，涉及你眼光所见的是一个什么景象，如果我们这个总体性总到了宇宙，那人类算什么呢？人类真的什么都不算对不对？从宇宙和银河系的角度看，人类这点事几乎等于无。可见你这个总体性之总，你这个总架构往哪放至关重要。不少作家说我这个"总"要放到"人类"上去，那么人类对你来说又意味着什么呢？人类是一个抽象的概念吗？还是一个具体的东西，人类的具体性落到哪里呢？而且重要的是总体性从来不是一个静态的、空间的概念，它从来包含着历史内容，人没有办法拔着自己的脑袋直接飞到太空或普遍的人类中去，他一定要经过很多环节，并由此来界定自己。

所以我是觉得，不是我们没有总体性了，更不是我们没有总体性追求了。我们经过了 20 世纪 80 年代，经过了 90 年代，我们这一代人都是从中亲身经历过来的，那时对宏大叙事的取消和质疑，也算一个潮流。但在人的生命中，在人类生活中，对于宏大叙事的探求几乎就是基本人性。我们需要界定何为我的世界，这本身就是宏大叙事，你已经从一己出发而有所认同和归属。对于中国文学来说，这个宏大叙事的有效性在哪里？它的问题意识和边界在哪里？这在现代文学中曾经基本不是问题，在中国社会主义文学的传统中，在十七年的文学中也不是问题。新文学运动伊始，文学问题从根本上就是中国问题，是中国之现代化和中国之于世界的问题。一个现代文学作家，因此找到自己的位置，因此形成处理自己经验的装置。

当代文学同样如此。当代文学的早期，像柳青这样的作家，他当然知道他的世界在哪儿，从哪来到哪去，我们一起为社会主义而奋斗，我们要建设我们共同的生活。但这确实在 80 年代以后成了问题。为什么？我们经历了一个巨大的所谓"后革命"时代，个人经验与巨大的历史进程的直接联系松开了，不像原来那么紧了。原来是很紧的，对一个50年代的农民来说，他怎么吃饭都是和宏大叙事相联系的，不仅是吃饭问题，是中国向何处去的问题，是历史向何处去的问题。生活就是直接被宏大叙事讲述着的。卢沟桥事变、淞沪抗战，然后教授们、作家们南下，你的日子就是和历史的宏大叙事直接地捆绑在一起。周作人不想被捆绑，他说大的我只认人类，小的只认个人，结果，他没法直接由小的跳到大的去，在小和大中间掉了下去，做了汉奸。

80年代以后，这样一个紧密的联系，这样一个一体化的关系确实是松开了。今天我们大家如何吃饭、如何穿衣、如何谈恋爱、如何选择自己的职业，好像都和历史的大叙事没什么关系了。我们的现代，我们的十七年积累下来的紧张，在80年代以后得到了缓解，放松了。被宏大叙事紧紧拽着、全面支配，这个时间长了也很要人命，我吃个饭、谈个恋爱都和历史有关系，这个压力很大的，对不对。你去谈个恋爱不是个男女问题，这是个阶级问题，是个斗争问题，是政治立场的选择，压力很大的。所以说80年代开始大家松了口气，终于我们不带着这些东西了，放松一点很好。但经过80年代、90年代的放松，经过新世纪十年的放松，我们放松得大发了。不用谁教你，不用谁要求你，我们是人，人这样一种动物，到了一定时候你就要思考，你就要焦虑我的生活的意义，你就要在自我和世界之间探求一种总体性联系，你就会为此而焦虑。

我们现在努力重建一个总体性，或者努力重建某个宏大叙事。那么基本的支点在哪里？我们的着眼点在哪里？或者说我们可以充分分享的那个宏大叙事的基本架构在哪里？什么叫宏大叙事，如果一个人一个叙事那叫宏大叙事吗？那不叫宏大叙事，那叫每个人的私人梦想，或者叫私人的乌托邦。宏大叙事，或者这个总体性本身就是公共的、分享的，它包含着认同，包含着共同的历史感和现实感。

有一个词叫"中国"。这个词我们太熟悉，以至于我们很少对它进行充分省思。但是，不知道大家注意到没有，这些年来，近十年来，在史学界，在社会科学几乎所有的领域，何为中国？变成了一个重要的学术热点。中国何以是中国？这是我们在这个时代自我认识、自我界定的起点，是当下思想界的核心问题。这当然是个现代问题，从晚清到"五四"，这个问题被持续提出，也就是说我们中国人实际上从1840年以后面对的就是一个何为中国的问题。现代以来，我们的文学、文化乃至于我们的整个历史，都在寻求解决这个问题。这个问题在新世纪里，在现在这个新时代有了新的历史迫切性。

所以，学习总书记的讲话，我的体会是，首先要理解为什么我们现在要讲"中国梦"。总书记把"中国梦"作为一个大的历史叙事，十八大一结束就提出中国人民1840年以来的这个梦想，中华民族伟大复兴的梦想，这也就是从1840年以来持续至今的历史斗争。这确实是构成了我们现代中国全新的巨大的历史视野。从1840年以后，一个大问题是，何为中国？中国人要重新认识，也要重新建构，中国应该是什么？1840年以前大家知道中国是个自明的东西，不用特别去想。当然我们古代传统中也有"华夷之辨"，我们古代从春秋战国就开始处理这个"华夷之辨"，什么叫"华夷之辨"？我是华夏，我是文明的。夷，四边的那些蛮夷，他们是野蛮的。这个图景和1840年以后的世界图景是完全不一样的。"华夷之辨"讲的是什么？讲的是我们是天下的中心，天下是围着我们转的。但是1840年以后，世界取代了"天下"，我们发现我们仅是世界的一部分，而且是落后的、边缘的那一部分。这是一个大危机、大变局，接下来的问题就是何以中国，我们要成为什么样的中国，我们何以在这样一个世界之中安身立命。从1840年开始到1949年新中国成立，然后又到1978年开始改革开放，一直推动着我们的大焦虑，就是中国何以成为一个现代化的中国，革命、战争、社会变革都向着这个方向而去，经过各种各样的试验，经过四十年的改革开放，我们走到了现在，变成了世界第二大经济体，我们在这个过程中也获得新的坚强的自信。

这个自信很重要，我们看一看晚清的时候，那时知识分子有巨大的焦虑，中国人有巨大焦虑，我们面临着亡国灭种之祸。然后到了新中国成立以后，到了改革开放之初，我们看到毛泽东同志、邓小平同志，他们反复讲：落后就要挨打，再这样下去就要被开除球籍了。就是说这个世界上没有你的位置了。现在经过近七十年、四十年的奋斗，我们已无开除球籍的焦虑，我们获得了强大的自信。但是，中国的现代化进程到了现在，我们取得了这么大的成就，获得了这样强大的自信，但同时我们也有新的巨大的挑战。这个挑战和以前不一样了，所以，何为中国在新的历史条件下重新变成了问题。前面的挑战和焦虑简单说就是要被开除球籍的问题，这完全是一个民族的生存乃至个人的生存问题。我们1840年以后的奋斗，首先解决的就是一个在现代世界上的民族生存以至于个人生存问题。这两个问题是互为表里的，什么叫个人生存？饥饿，我估计你们都没饿过肚子，从我们这一代人往上，多少都有饥饿的经验，你看看我们的当代文学，在莫言、刘震云那一代作家那里，饥饿和匮乏是一个基本经验。

在这个意义上说，那个时代就像我刚才讲的，宏大叙事是深入每个人的经验最深处的，饿肚子就涉及宏大叙事，民族的生存危机和我们个人的生存，直接在身体上发生联系。但现在时代变了，由于匮乏而致的饥饿经验我估计很少了，现在变成了节食的经验，是减肥瘦身的焦虑，当然从中国总体上来说，贫困人口也还是有，两年后，2020年全面建成小康社会，一个不能少，要全面脱贫。不知不觉间我们所身处的，确实是中国现代以来乃至中华民族历史上从未经历过的一个新的、既是总体性的也是个人性的新的局面。这毫无疑问是历史的巨大进步，是我们这个民族一百七十多年艰苦奋斗的结果。我们已经把我们现代化进程推进到了这个程度，对于这个民族来说，你不用讲 1840 年，1840 年以前，五千年我们作为一个农耕文明，绝大部分人的基本经验是一个求生存的经验，是一个怎么活着的经验，所以余华写《活着》，他那个活着是在历史风云中活着，但也是在"天地不仁"的自然限制下活着，这是我们民族的基本经验，现在这个经验变了。

所以，2020 年要全面实现小康，要精准扶贫，这不是个小事，用一个总体性眼光看，这真的是我们民族生存经验的大变，而且是根本性的大变。那么，说到了现在，何为中国？重新在一个新的历史条件上获得新的意义。在现在这样的历史起点上，我们要的是一个什么样的中国？这样一个中国和世界的关系是什么样的？什么是世界的中国？什么是中国的世界？

我觉得，对我们此时来说，所谓总体性，所谓宏大叙事，根本上是面对这样的问题。是要在这样的问题结构里去理解个人经验和命运，去理解我们周围的巨大变化和运动。

所以我想，什么叫作中国故事？什么叫作中国经验？这确实是我们这个时代的作家应该高度关切的问题，或者是我们这个时代的作家处理经验、认识现实的一个出发点和目的地。我们的作家要把我们的思想水平提到与我们的社会科学、人文科学的很多学科同样的水平上，要站在时代思想的前沿，以一种中国立场思考我们的文学，思考我们的创作，思考我们的现实和生活。

我记得上次我在鲁院讲课时就说过，肯定大家也不爱听。我说想想也是蛮可怕的一件事，这五六十个写东西的人天天熬在一起，天天在谈论文学。说老实话我觉得这挺变态的。文学这件事如果是就文学论文学不需要这么谈，不需要五六十个人熬在一块，熬四个月在这儿谈。如果仅仅是这样的话，这四个月谈完，你们要么就恶心吐了，要么到最后把你们都弄拧巴了。我觉得要害不在这儿，要害不在谈文学，到鲁院来主要不是为了谈文学。在中国，尤其是现代以来，文学的问题从来不是仅仅靠文学自身、在文学内部就能解决的，文学不是封闭的知识生产，不是自我繁衍的经验谱系，有的时候不要被人家忽悠了，有的大作家往那儿一坐开始讲，阅读特别重要，文学创作起于阅读，这个话很正确，但基本等于没说，任何创作，肯定是伴随着阅读，但这个话绝不意味着，文学或者创作是在文学经验的封闭的谱系里就可以不断演化的，绝不是这样。天天研究，到底是沈从文更厉害还是汪曾祺更厉害？还是柳青更厉害？等等等等，重要吗？很重要，但是我觉得要害绝不在这儿。

　　文学不是一门手艺，也不是一门知识，文学一定是向着人类经验开放的东西，对于中国人来说，文学更是一个向着历史开放的东西，是一个向着中国的现代性进程开放的东西，文学本身就是中国现代性进程的产物。所以文学的问题哪里仅仅是文学呢？所以我是一向反对纯文学之"纯"的，纯文学这个词是从日本弄进来的，这个词的所指其实也特别复杂，但是现在大家约定俗成用这个词，你们都是搞纯文学的对吧，但是文学一定不是蒸馏水一样的纯，文学是江河啊，是浑浊的，磅礴的，容纳一切的江河，不是蒸馏水。现代以来，文学问题的解决，为文学开出新天新地，这个办法到哪里找？绝不是在纯文学自己的衍化里去找，根本上是要在文学之外的天地里去找，在时代和生活中去找。

　　这个天地是什么？从根本上说，就是现代中国之命运，是现代中国之命运里的中国人的命运，或者说是中国人所创造出的这个现代中国之命运。一定是要在这里找办法。所以在这个意义上，我倒是觉得大家在这里四个月，除了谈论文学之外，如果能够建立起一个这样的总体性视野，可能比你获得了一点文学的知识、圈子里的八卦，以及拉了一些人际关系什么的更为重要。

　　面对中国，面对我们这个巨大的时代，说句实在话，文学界现在就是 low，没有站在时代思想的前沿，比不上史学界、电影界、美术界，比不上很多界。我们还自我陶醉，自以为了不起。总的来说，我们的文学是靠着一些陈旧的文学经验来处理现在的现实，好多文学经验早已失效了。有些话其实说了等于没说，我们张嘴就说：这个时代太复杂了，超出了文学的现象，我们没有办法去把握它，更难从整体上去把握它。但哪个时代简单过呀？哪个时代对于当时身处那个时代的人简单过，以至于一伸手就能把握得住？活在1937年你以为简单吗？活在1956年你以为简单吗？没有简单过，现代以来的时代和世界都是超出我们个人的理解力、超出个人的感知范围的，从来如此。我们每个时代的人都要以我们的力量、智慧，以我们的主动性去不断建构出各种各样的理解模式。正因为这样复杂，这样难以把握，才需要我们这些人。

80年代的时候，或者说自有现代文学以来，文学应该说一直是走在中国思想、中国精神的前沿。这个前沿是什么？这个前沿就是不断向身处复杂、激荡、混沌的时代的人们提供认识的模式、情感的模式，表达他们那些无以言喻的东西，使得他们获得自我意识，使得一个时代的自我意识得到艺术的和思想的赋形。那么我们现在文学的无力感来自哪里？不就是我们没有能够提供这样的东西，我们没有能够走到这个前沿上去，我们没有能够对这个时代提出真问题或者做出真的回应。然后大家觉得没劲，看的人觉得没劲，写的人其实也不大觉得有劲。

我刚才讲了，四五十个人凑到一起，如果就是互相说你写得好，他也写得好，互相按摩了四个月回去了，都是精神抖擞地回去了，这没什么意义，不要自己骗自己。我觉得如果这四个月回去了，我们清晰地知道我们差什么，清晰地知道我们面对这个时代的盲区在哪里，这可能是更好的一个结果。一方面是时代和生活复杂的急剧变化，另一方面，我们的世界观是浅薄的、无根的。你每天把微信朋友圈打开一看，你就会对我们这些文人、作家共享的世界观有一个直观的感受，那种相互传染的视野和情绪，我们深陷其中，没有什么警觉和反思。

所以我说这个朋友圈是很害人的。你想想，一帮读一样的书、做一样事的人，搞文学的，都有一个文学经验做背景，都有一个文人的传统做背景，都有一个80年代以来形成的所谓知识分子的身份意识这样一个背景在这儿共享着，我们很容易形成一些对世界的刻板、狭隘的看法。天天把自由之思想、独立之精神挂在嘴上，一看朋友圈我觉得哪里有什么自由独立，全是人云亦云，还觉得真理在握。

实际上我们对中国，对这个现实和生活知道多少？我们对这个急剧变化的世界的复杂性领会了多少？所以微信有一个功能很好，就是你可以选择不看这个人的朋友圈，有些人就被我这么屏蔽掉了，因为受不了他。每天早上一起来看这个，晚上还看这个，年深月久就要中毒，就要陷到一个沾沾自喜的小资产阶级文人的世界观里，动摇性、狂热性、轻浮和脆弱，这些毛病都要染上。我希望自己不要陷在里面，希望自己有一点格物致知的精神，为自己建立一种总体性视野，既以中国为出发点，又以中国为目的，认识中国、理解中国、认识中国的复杂结构和变动不居的现实，这样的一种研究的功夫，我觉得对这个时代的作家来说特别重要。

所以我们的眼界要更开阔，在文学之外去看中国，去研究中国。我听说你们开了一些非文学的课，谈谈经济、谈谈大数据，听说有人不大感兴趣，我刚才跟祁媛说，美术界早就明白这个道理，美术的问题、现代艺术的问题绝不仅仅是自身谱系的繁衍，绝对是和各种各样的认知视角、知识进展的对话过程。美术和艺术要在这个过程中获得新的动力。如果文学是把自己包起来，不和当今我们对于中国、对于这个时代、对于这个现实的各种各样的认识视角深入对话，或者说你根本没有对话的兴趣，你也没有对话的能力，我觉得这样的文学真是要死掉的。

关于何为中国，关于中国特色社会主义进入的新时代，关于现代以来中国的历史命运和前景，中国人正在做出探索，做出各种各样的回答和回应。历史学、经济学、法学、社会学，各种各样的社会科学，更重要的，中国人在实践中创造自己，搞 IT 的人，搞快递的人，种大蒜的人和种大豆的人，都在以各种各样的方式做出回应。文学能不能足够地开放，我们要像个雷达一样，雷达先生已经去世了，我们能不能像个雷达一样和这个世界保持充分的、有效的、有力的对话。实际上对话是很不充分的，不用说和生活、和其他的知识与艺术对话，文学自己也不怎么对话，搞小说的人和搞诗的人都不对话，你都不知道搞诗的人在忙些啥，然后散文界对搞小说的人也没什么概念，你说说我们把文学搞成一个多么狭窄无聊的事情了。

所以我觉得，当我们承认我们正在经历前所未有之大变的时候，就意味着，我们真的需要非常新的、前无依傍的各种各样的认知模式来认识这个时代。而文学，它和科学、社会科学的不一样，它本身并无太多自身的规定性，或者说你不能把它的艺术自律。你比如社会科学，我搞历史学的，我只能是从历史特定的路径去谈，哪怕是我搞大数据的，我搞大数据我只能是从大数据这个特定角度去谈，它自身的规定性是非常强的，但文学的特点是什么呢？文学说老实话，文学的特点是没学问，做得好的叫大学问，做得不好叫没学问，什么叫没学问？就是你自身文学应该面对着是整全的人类生活，你自身是没有给自己设定边界的，所以文学这件事有时候也挺窝火，我们这些人，我经常参加各种，你比如什么什么评审，如果是文学的评审，或者是限于文学这个圈子还好，那我很权威，但如果是一圈人，既有文学也有社会科学，也有那个什么的，这个时候我就发现这个场面会很尴尬，为什么很尴尬呢？咱们现在来谈法律吧，现在说到法律问题，这时候哪敢说话啊，我赶紧就不吭声了是吧，法律我哪敢说呢，一会儿说我们现在这本书是研究农村问题，研究农业问题，这我也不敢说，我也知道这个啥，现在说我们现在开始，这本书是文学，我以为总算轮到我了是吧，结果我还没说话，法学家一下站起来，这个事我说说，这个书是吧，一二三四五六，法学家刚说完了，社会学家说了，这个书是这样，一二三四五六，我说合起来，文学这事上我也没什么发言权，他们有充分的发言权，有没有道理？有道理的。文学就是个整全的东西，就是个要向所有人开放的东西。但同时意味着文学是要和所有的东西和人类的整全经验，和各种各样人的认识角度对话的东西，你没有这个对话的东西，你把自己收缩成了一个说，那不叫文学，那叫词章之学，那不就是说我有技巧，我会写文章，我会这个角度，我懂语言，我懂文学史，那你把自己搞成了词章之学了。

所以，正是在这个意义上，以我的看法，就是在对这个时代的人性，对这个时代的经验和生活了解之深、之准、之透上面，文学绝没有站在前沿。我们的了解依然是浮泛的，我们依然是靠着固有的、已有的文学经验的回想和翻炒来应付事，很多时候是这样。我不是否定固有的文学经验，这是常识，我们的任何写作都是在固有的、原有的文学经验基础上，在原有传统基础上是往前突破的。但是文学有它的特殊性，绝不能仅仅是在这个基础上，变成个自我循环的东西。

所以，我都不知道我扯到哪儿了。所以，我们说获得一个总体性，或者一个文学的对于人类生活的整全的观照、整全的把握，这真的第一在这个时代大家强烈地有这个焦虑；第二真不容易；第三这绝不是在文学自身能够解决的；第四就是文学一定是要向这个时代的各种知识、各种经验充分敞开的。所以什么叫大数据？上次他们跟我说你们有个大数据的课，我说我都想听，你知道大数据现在都厉害到什么程度？我要根据大数据抓人，一抓一个准的，现在中国公安机关破案率，别看朋友圈里天天说警察不干活，警察这案子破不了，一副承袭下来文人的牢骚是吧，实际上现在公安机关破案率高得不得了，基本上到了命案这一层，基本做到命案必破，一定能破，不是说他们本事忽然长了，就是新技术手段，就是这大数据。因为我这次，我刚从党校回来，我们同学有河北省公安厅那个厅长，我就跟他探讨，他说这个，我们现在只要是命案，那就是这个案子足够大了，我是一定能破的，不过是时间问题，为什么？我已经能够以现在大数据，你一个人在这个世界上留痕迹是一定，你是做不到不留痕迹的，而且你这个痕迹一定能被我抓住的，这是技术问题嘛，是吧，这是文学问题啊，这是人如何在、如何被相互感知、如何被看到的问题。这仅仅就这么一个例子，已经都远远超出我们原来固有的经验，远远超出我们原来原有的那个想象力，原有的我们还觉得是有个茫茫天涯，哪有什么茫茫天涯现在。

关于一个人如何自我隐匿？对于一个人的逃亡、流浪和不被记住，到底在这个时代意味着什么？很大的变化，真是很大的变化。当然，这绝不意味着文学没有自身，文学是有自身的。是在你充分的对话基础上，文学寻求和确定这个自身。文学绝不仅仅是一个，我们也绝不仅仅能够说把文学变成一个高度真实的东西，哪些变化是暂时的、偶尔的，哪些变化是真正人性中的深刻的变化。在这里都需要我们这个时代的作家深长的斟酌。我们现在其实也有另外一个倾向，就是经验的崇拜，越新鲜的越好是吧，恨不得我这个小说里啥都写上，所有的心事，你看这个我写了，这个我都能够是吧，当然话讲回来了，那个是不是就能够靠得住，我觉得也两说着。我就自己编我自己的这个文集、文章，我最近有编我一个文章我就感慨，什么感慨呢？就不说别的，就说这个语言的层面，我有的文章是写在 90 年代或者二〇〇几年，写的时候爽，写的时候我就觉得也要显示我是跟得上时代的嘛，我经常会把一些很时髦的词、很时髦的东西写上，在这个新闻中用什么？当我现在我就觉得当过了十年，或者过了五年，过了几年之后，再编这个文章的时候，我就发现我不得不把那些时髦的那些词给拿掉，为什么呢？就是你再过了五年，再过十年你看，这个东西变成一个很怪的东西了。这个东西你不得不再把它删掉。

所以我觉得这其实也在提醒我们，文学是有它那个自身的，在这样的巨大的变化中，什么是我们必须回应的变化？而什么又是那些转瞬即逝的东西，是那种你留下来迟早要后悔的东西，迟早要想办法把它删掉的东西，这个其实同样是对我们的考验。所以我觉得我们实际上是两个层面的功夫，第一我是要开放的，我是一定要接纳新鲜的、巨大的、复杂的、经验的。我一定是要和这个世界的新的认知方式和各种实践方式相对话的，但同时我也一定要努力成为自身的，这个自身就是说我们也一定，仅仅是一些词句被删掉倒也罢了，像我干的那样，十年前我那时髦的话，行文之中，十年后我不得不删掉。但如果说我们整个这个东西十年后都应该删掉吗？这一篇小说或者这一本书十年之后你自己都不好意思。所以我们是这样两个方面的，两个方面的考验。也正是在这样两个方面考验中，我们才说第一文学是面对人类的，面对着整全的，但同时它又确实是它自身。

所以总的来说，当然就我今天主要倾向来说，有时候讲话是要东也得讲，西也得讲，A面也得讲，B面也得讲，我今天讲A面讲得比较多，确实希望大家有这样一个开放的胸襟，有这样一个自我的开放的训练。说实在的，面对这个世界的世界观的问题上，总体性的问题上，文人现在确实是，我为什么说对我们这个朋友圈不感兴趣呢？其实你们所谓的这个世界观，你们所谓这个啥，两个字就概括叫作牢骚。你不信你们自己去翻翻去，除了牢骚就是风凉话，然后我们觉得这叫文人之风骨，但是你自己想一想，你是一个作家，或者你是一个艺术家，你始终是站在人生的边上，发的是如此轻易的牢骚和风凉话，有多大意思呢？这个就是你对这个时代最伟大的贡献？这时代不缺牢骚，也不缺风凉话，但我们就是陶醉其中，日日地在这个牢骚和风凉话的自我训练里，这就又涉及了我要说的另外一个问题叫作作家的主体建构、作家的自我建构问题。我每一个作家我自己到底是谁？我到底是干什么的？我工作的意义到底何在？我在这个世界上到底是对谁负着责任？这个问题其实自80年代以来越来越变得空虚了，我们都知道从80年代后期一直到90年代是吧，发展出个人化的这么一个论述，都说我就是个个人，我是个多么伟大的个人，我是多么一个什么的个人，我作家就应该在这个世界上成为一个人，希望你们好好想想你们这个成为一个人到底是啥意思？修辞上和这个所谓的哲学意义上可能都说得通，现在你们拿出自己所有真实经验来思考一下，你们成为一个人到底是什么意思？我觉得我们不要骗自己，那个哲学意义上的，绝对的所谓一个人，是一定会是空虚的，一定是空洞的，一定是不能够逃脱具体的社会历史内容的，更不能逃脱一个作家在特定的时代，特定的社会历史语境下，你的艰难的选择和判断的。

我觉得我们90年代以来一直到现在，如果说文学中有问题，有各种各样的问题，其中，我觉得可能特别根本的一个，就是说我们作家几乎放弃了自己的主体建设的责任。我们有这么一套修辞，觉得我很伟大，我是一个人，你们都是那个啥，这一个人到底走，行走在什么地方？到底站在什么地方？还是说你是在骗自己，你明明不过是个城市小资产阶级，你有城市小资产阶级的利益，你有城市小资产阶级的世界观，你有一个城市小资产阶软弱性和狂热性等等，但你骗自己说这些我都没有，我有的是我作为伟大作家的那一个人，你一定是在骗自己。我们一定是一个作家，一定是在这个中国现代以来的这个巨大社会历史进程中，你不得不面对，问题是我到底站在哪？我的这个位置的具体性在哪？你把这个问题全部扔到一边，然后给自己搞出一个修辞性的、哲学性的那个来，我觉得这是虚伪的。虚伪倒不是别的，主要是你把自己骗了，把自己骗了的结果是什么？使得我们作家的这种主体建设的意识和责任变得都严重地匮乏。真的是个人吗？即使是你作为一个写作者，你不是也是在一个非常具体的社会结构和文学结构里运行着呢吗？你不是也天天在琢磨着说最近流行什么，我要上鲁院，我的工作，我的前途，我的事业我要啥啥，你所有这一切是吧，是多么的带有具体性，而这个具体性又是多么的未经省察。

所以，旁边就是现当代文学展，中国现当代文学展，现在正在重修，在重新修订，因为这已经开展十多年了，有的地方也破了，有的地方也坏了，有的人早死了，在那展览上还活着呢，所以最近全面重修一次，可能你们也进不去，也没看。但是我们看一看，现当代的作家，他们实际上是经历过几乎现当代的每一个重要作家都经历过的一个艰苦的、自我省察和主体建设的过程的。他们可能也不像咱们这么幸运，他们是处于历史的大颠簸中，有时候你自己骗自己，你倒是能想骗自己，世界不惯着你，逼着你要面对说我到底要成为什么人？我在这个世界上我到底站在哪儿？我到底对谁负责？逼着你回答这些问题，我们是赶上好时候了，这个世界可能不那么逼着你回答这些问题了。你看看现当代文学展那些作家，丁玲，丁玲为什么文学史地位那么高？为什么到现在，我现在编新的文学丛刊研究丁玲的论文还是很多，就是因为像丁玲这样的作家一生她都面对着这样的问题，她也以一生做出回应，艰苦的、勇敢的、悲壮的、有力的回应，做出了回应和选择，一生都在建设"我"这个主题。我们再举那种例子，像沈从文，同样是如此啊。他也是在时代的这个历史的大命题面前不得不重新、不断地回答，到了关节上他就要回答，我是谁？我是干什么的？我要什么？我对什么负责？你必须回答。就是在这样的回答，既是对外面的回应，也是对自己的建设，对自己一个塑造，才会有这些作家，才会有这些作家的力量所在，都经历过这样，那些大作家，柳青，他是回答了，他是做选择了。这种选择在当时也是，在现在不可想象，在当时也是了不起的，他选择说我就是个农民，我恨不得把关系都迁到乡下。你也不要说是那个时代，那个时代他也可以不这样，那个时代像他这样的人也不多对吧，这个选择不仅仅是他生活的选择，也是他作为一个作家的选择。

所以什么叫主体的建设？这才是一个作家面对时代、面对历史、面对社会的大变要下的一门功夫，要做的一个回应，现在我们是太平盛世，可能不像我们的前辈那样，有的时候事事逼到你那儿了你要回答，你要选择，但是如果因此我们就拒绝，我们意识不到我们有一个选择，意识不到我们有一个作为一个作家自我塑造问题，主体的塑造问题，意识不到说，我们还是除了我们现在，说老实话蝇营狗苟的这点说，我写个什么东西，谁给我发，然后我得个什么奖，然后谁给我写个评论表扬我一下，然后我再得了这个奖，我最后还得了鲁奖，这难道就是我们这个时代的作家这一辈子的选择吗？就是这辈子的自我塑造吗？就是这辈子唯一操心的事吗？恐怕我觉得这还真是个问题吧。

所以，没有一个这种主体的自我建构的自觉性，没有这样的一个主观战斗精神，也许这种自觉性，这种主观战斗精神，在我们这个时代，没有人逼着你的这个时代，可能对一个作家真是尤其重要和宝贵，作家的高下之分可能就在这上头分出来了。所以，我想站在这个中国，站在这样一个历史大变，就是说这样变革，我们面对这样历史形态确实是与当年的革命和战争不一样了，革命和战争我没说嘛，天天你不选择都不行，你想躲都躲不了。现在我们和平时代，你可以躲，你可以不想，你可以觉得这都是和我没关系，我就是要写，我没说嘛，我的理想就是得了鲁奖，你在这个时代完全做得到的，然后研究最近什么时兴，什么流行，什么被评论上榜的机会比较多，我不是说这些都不该想，文学生活有它世俗的一面，这我一点都不否认，但是我想，作为这个所谓的作家的主体如何建设这是根本，需要大家想，这就又回到我们前面所说的那个总体性来，又回到我们前面所说对世界、对历史、对中国的整体把握上来，就说你这个作家自身是一个自己都不知道自己是谁，对自己是谁，对自己在这个世界上我是谁，对谁负责，我爱谁，我希望这个世界怎么样，我对这个世界承担一份责任，你对这些全无定界，全无思考，那你说你的那个总体性，你那个对于世界、对于中国的看法是个什么看法？那不就是说，这朋友圈里的这个自然运转的那一套东西吗？有什么新鲜的呢？你不可能有什么新鲜的看法，就你这个看法的立足点都不存在。你这个世界观架构的着力点，你这个基础都不存在。

所以，我们真的可能和可以在这个时代成为无根的人、无根的作家。所以无根是既无出发点又无目的地的。所以正是在这样的意义上，我想说我们都能够意识到说，中国文学现在面对这样一个伟大的时代、巨大的时代，我们有无力感，我们不知道该怎么办？我们高峰攀登是何其难，然后我们大家一起天天在讨论说，灵丹妙药在哪里？我觉得没什么灵丹妙药，不是说有一剂药下去马上就管用，没有的。有的是什么呢？有的真的就是一个，我们从每一个作家，每一个写作者自身的主体，从这个主体对这个世界的感知、认识，从这个主体自身的是否足够地充实、强健。有的是一个整体性的状态，我觉得我们这个所谓的整体性状态是不好的，是谈不上好的，出了这个门去讲话的时候，我肯定，那我首先还要肯定是好的，是不错的，但是我今天是在鲁迅文学院和这样一些写作者来谈话，我们是写作的同道，我们来谈话，我觉得我要说真话，真话我认为状况是不好的，就是在这个意义上，总体性对我们是问题，中国对我们是问题，现实对我们是问题，但这些问题都是看上去是外在的问题，但其实根在于一个内在的问题，就是我们主体性的建构和选择问题。

中国没有奢侈到那个阶段，没有奢侈到那个程度，我说的什么意思呢？就是说真的像总书记在有一次讲话里讲的说历史没有终结，对中国来说历史更是没有终结，1840年到现在这个宏大历史还没有终结，所以我说在中国说一个作家说，我什么地方都没站，我就站在全人类，那我说是骗人，你一定是在自己骗自己，你一定站到全人类，一定是哪个地都没站，是给自己找了一个极假极虚的地方，况且，你还真可能没站在那儿，你不定站在哪儿呢。你一定是底下还有一个皮袍底下使劲诈，诈不出来一个秘密的地方，一定站在那儿呢。那么我们到底站在哪儿？或者说我们到底要把自己塑造成一个什么东西？我们真的天天批判社会，我们天天说看这个不顺眼，看那个啥，我们真的没有，这么多年来，作家们几乎都不习惯下一个面对自己的功夫。我们已经失去了这样的精神习惯和思想习惯。但是你看看，是因为我最近看丁玲的东西比较多，其实我真是丁玲在 80 年代的时候，大家都说老太太左派什么什么这一路大家还不太那什么，但是我现在真是对他们那一代人满怀敬意，他们那一代人，丁玲从二十多岁年轻的时候出来开始是经历了非常真诚的，既与世界对话又与自己对话的，非常真诚的这种煎熬和斗争。然后她也做出了选择，由这个选择她也做出了说我应该写什么，这个世界对我来说应该是什么样的，那一代作家，包括鲁迅先生，那一代作家都是下了这个功夫的。我们现在下这个功夫吗？我觉得不能说绝对说没人下，但我觉得现在下这个功夫的真是少啊，大家已经越来越把写作真是当成了一个说，我不能说是一个手艺活，但是写作不是身外之物，我们的作品在这样一个巨大的历史进程中，我们的作品和我们的每一个人其实是一回事。

所以我今天针对总体性、现实与作家主体建构拉拉杂杂说了这么多。你下午再给我开一下午，我现在好像话又冒出来了，打住吧，谢谢大家！

文学新趋势及世界性的可能

阎晶明

主持人：今天上午邀请到中国作家协会副主席阎晶明老师来为大家授课，我建议大家以掌声对阎主席表示欢迎。

阎晶明：各位学员大家好，能有机会跟我们文学翻译班在一起进行专业上的交流，这对我来说也是非常好的机会，这个班非常有特色。

我在中国作家协会负责对外文学交流工作，负责协调国外的作家来访、组派中国作家代表团出访等等这些事宜，对对外文学交流方面的情况相对了解得多一点，但主要还是工作层面上的。

从文学翻译这个角度来说，我是外行。在座的各位朋友，到底是一个怎样的状况，比如说从事过怎样的翻译，有哪些作品，什么语种，我们也没有事先交流过，所以所讲的针对性也是没有任何把握的。但是我想总之我们都是从事这个行业的，大家交流一下，我觉得也无妨。

一、对文学翻译的理解

说到翻译，其实从作家协会这角度来说，我们所说的翻译，就是把中国文学作品翻译到世界各国，翻译成各种语种。包括我们现在，比如说大家知道《人民文学》杂志社办的外文版，现在已经达到了九种语言，马上就十种之多，主要的语种基本上都有，包括和中国临近的国家，像日语、韩语的版本。

包括我们的《民族文学》杂志社，也有五种少数民族文字版，这五种少数民族文字其实有的也是跟周边一些国家相通的，比如说哈萨克的、维吾尔的、朝鲜语的，实际上跟周边一些国家都有一些关联。

这几年，中国作家协会已经举办了四届国外汉学家文学翻译大会。在这几次活动当中，对我个人来说收获启发还是很大的，中国文学走向世界，一个很重要的任务就是如何把中国作家的作品更好地翻译到国外去，我们也有很多的措施手段。

当然我知道我们在座的各位，从事的是把外国的作品翻译到中国来。这二者之间是有关联度的，像我们现在翻译中国文学作品到国外去，基本上仰仗的都是国际上所在国、作为母语的那些汉学家来翻译，那么由中国的翻译家把中国文学作品翻译成外语推介到世界上去，现在实际上已经不太主张，这种情况也越来越少。

那么实际上也就是说，要翻译外国文学作品，成为中文版本，在中国来发行，那应该说依赖的就是中国的翻译家。母语是中文的翻译家，在这方面我们也是有深厚的传统，也有很多经典的代表人物和代表作品，大家也都是耳熟能详，我们也读过他们很多，包括我们读过的世界名著。

从新时期文学这四十年看，中国在翻译外国文学作品方面做出了巨大努力，与之相比，中国文学翻译出去，长期来是不平衡不对等的，这种不平衡不对等，就是我们读到的翻译过来的外国文学作品数量，远远大于中国作家作品翻译到国外其他语种的其他国家的数量。这二者之间是一个严重、长期的不平衡的现象。所以我们这几年努力把大量的中国作家作品，特别是当代作家的作品翻译介绍到国外去。现在这个成效已经越来越显著，有很大收获。

从现在文学传统开始的拿来主义，到今天的中国文学要走出去，走向世界，应该说现在呈双向并举之势。特别是最近十年来，中国文学的世界影响是实实在在地在增强。

外国文学翻译成中文，在国内出版长盛不衰。但是我们也都知道，其实我们的翻译人才现在也是很欠缺的，中国作协举办文学翻译班，目的就是要注重培养优秀翻译家，确实能够提高文学翻译的质量，现在我们应该这么说，翻译的外国文学作品到中国来的比过去成几何级数的增长。但是优秀的翻译家，著名的翻译家，让人非常钦佩的、特别认可的翻译家，还是少的。现在我们创作界也有这个问题，就是有数量缺质量，有高原缺高峰，翻译界也有这个问题。大家能有这个机会来这儿学习，这本身就非常难得，通过这样的学习，也一定有助于人家今后的创作和翻译工作。因为翻译家本身其实也应该是作家。

我们中国现代文学以来优秀的翻译家基本上都是作家出身，在这一点上，我认为我们其实还有很多需要提升的地方。

中国现代文学史上，比如说像鲁迅，他就是一个著名的翻译家，现在大家谈关于鲁迅的翻译观，鲁迅翻译的作品，鲁迅翻译作品的质量，都有很多的看法，但是从鲁迅这一代翻译家身上，我们今天的翻译家到底应该学什么？我认为翻译就像是文学批评一样，首先是一种选择，就是你选择什么样的作品翻译，翻译之前已经代表了趣味。

鲁迅这一代作家，从翻译这个角度来说，最重要的就是社会责任和时代使命的担当。

选择什么样的作家作品介绍给中国的读者，今天的人跟昨天的人其实是有差距的。我们今天可能会把文学翻译理解为一个语言和艺术之间的嫁接，是一个技术活儿。事实上很多人也是这么操作的，但是在中国现代文学史的起点上，比如在"五四"时期，鲁迅他们那一代不是这样，他们首先考虑的是拿来主义，拿来主义是什么意思？就是从思想上，从现实需要上到底翻译哪些作家和作品。

我们看鲁迅的外国文学观点，有时候也有偏激的地方，但是他的偏激并不是说他不懂，而是说他从中国现实的责任出发去那样做的。比如他对莎士比亚、对托尔斯泰这样的作家，经常并不是以那种五体投地的崇拜口吻去谈，有时候还常有一种调侃的姿态。

而他所注重的是介绍那些和中国当时的社会状况一样的国家民族，是弱小的、受欺压的国家民族，又表达这种抗争的作品来翻译。所以他对波兰、匈牙利，对苏俄文学更加看重。俄罗斯文学里边，他看重的也不一定是托尔斯泰，而是果戈理、屠格涅夫这些作家，他热衷推介的也是这样一些作家，他不是一个纯粹的艺术态度，而是出于一种社会的需求。

当然在鲁迅那里，对于翻译艺术本身他也有自己的看法，比如说关于信、达、雅，其实信、达、雅并不是鲁迅提出来的，应该说是严复提出来的。但是鲁迅有自己的理解，在信、达、雅这一个翻译的三个要点当中，鲁迅最强调的一条就是信。他认为最不应该的是因为要"雅"而失去了"信"，在鲁迅那儿宁愿要直译要硬译，但是也不一定追求"雅"，在直译和意译之间，它的原则应该说是直译，这里边也有很多很复杂的问题，但是我在这儿讲的就是，那一代的作家在从事文学翻译的时候，完全是从另外一些角度、一个更高的角度上去思考文学翻译的问题，而不是简单把文学翻译当成一个技术活儿。

二、当前中国文学发展趋势

当前，中国当代文学最大的特征，一个是作家的队伍庞大，文学作品非常丰富，艺术风格非常多样，文学出版发表发布的渠道，包括读者的阅读选择、欣赏方式，都有了很多新的样式。

总的归纳起来，从创作的角度讲，有以下几个方面的特点。第一是当代中国的现实生活，是最受关注的创作题材。这是一个很大的亮点。今年是中国改革开放四十周年，改革开放给中国带来了千年未有的巨大变革。当代中国正处在一个全面开放、全力改革的进程当中，出现了很多值得作家去书写的人物和故事。

现在中国作家创作的题材领域越来越广泛了，无论是历史题材还是国际背景，还是科学幻想，都成为创作的热点。网络文学出现和成熟以后，写作的概念就已经有点全民化的趋势了。所有这些当中，最受关注的表现对象，还是当代中国社会已经和正在发生的变革，是改革开放的中国呈现出的生活画卷和复杂多样的心灵情感。

当然了，这其中包括了矛盾、冲突、喜怒哀乐，什么都有，就是人类的情感都在这里有所表现。中国现在每年出版的长篇小说至少有几千部，现实的中国生活，中国人的情感，还是创作的主要题材，也是读者最为关注和追踪的创作领域，甚至也是国外的汉学家翻译中国文学作品的主要选择。

现在我们经过这几年的文学翻译家论坛的举办，其实可以看到翻译家翻译的选择对象，过去就是翻译李白、杜甫、《红楼梦》，最多翻译到鲁迅，那么现在变了，更多的翻译家愿意翻译中国当代的正在活跃地进行创作的作家的作品。他们选择作品的时候，更愿意选择那些把中国当代生活、当下正在发生的人物故事介绍给国外的读者，这些变化其实都是很重要的。

第二个趋势，中国文学创作当中，科学精神和专业知识在文学创作中逐渐成为热点。翻译到世界上的中国作家作品当中，现在我们知道的，有两个作家的作品特别突出，一个是刘慈欣的《三体》，还有一个就是麦家的《解密》。这些作品，首先在国内是一个热点，翻译到国外去以后，这些作品发行量据我所知都是相当可观的，而且他们是把这些作品作为优秀的文学作品来对待的。那其实这也反映了一个文学的世界性潮流，而且这种世界性潮流正在中国逐渐地显示出来，那就是科学精神和专业知识在文学作品当中的这种渗透。

我们都知道文学是靠想象力来完成的，那么传统的中国文学，比如我们的古典文学，在想象力方面也是毫不示弱的，也是无比丰富的。而且这种表现想象的手法，夸张手法也是有着悠久的历史和实践传承的。

在当代中国，特别是改革开放以来，中国经济社会迅猛发展，科学技术日新月异，社会公众文化的素养也是普遍提高，所以文学想象力的内涵也在发生历史性的变化。最近这十年来，有一个现象非常值得我们关注，就是科幻文学正在中国文学界迅速崛起。这种崛起的速度和影响力的扩大，远远超出了我们的预想。

在中国文学格局的变化当中，科幻文学变成了非常有爆发力的，甚至最有国际影响力的这么一个领域。这些作品在艺术水平上跟我们已经很成熟的著名的当代作家的作品相比，到底怎么样，有多大的优势，这还需要深入研究。但是它的那种社会影响，包括国际影响已经很大。

今天的科幻文学不同于以往的科普写作，不是《十万个为什么》的升级版，也有别于传统文学的文学想象，科幻文学创作中的想象应该说是基于作家的科学知识，同时在创作当中也渗透着科学精神的一种想象，是作家努力用科学发展的成果，用自己掌握的科学知识，对世界以及宇宙的未知领域进行遥想和追问，是对宇宙未来和人类命运攸关的诸多问题的一种探索和思考。而读者对于科幻文学的热衷，在很大程度上也超出了我们一般的对文学阅读的这种认知和预想。

科学精神深入作家的内心，成为他们认识世界和人心的重要资源和出发点，这种科学和文学的结合，正在成为中国当代文学创作当中的一种新的现象。我觉得这一点是非常有启示性的。也就是说现在的文学写作，包括特别是读者的阅读选择，已经不再单纯的是一种文学写作和阅读欣赏了，它变得更具复杂性、综合性、知识性，甚至有深奥的科学知识在里面。

一个时代有一个时代的文学。改革开放四十年，发展到今天，读者发生了很大的变化，那么在改革开放初期，我们知道在中国刚刚结束十年"文革"，人们普遍的知识水平、文化水平，相对还是很薄弱的，那个时候我们的作家只要你能写作、能发表，那就是当时时代的精英，就是先进文化的代表。如果你再能把外国的东西更快地译进来，那就是更了不得了。

记得在 1978 年的时候，有一篇报告文学，即徐迟的《哥德巴赫猜想》，写数学家陈景润的，在当时引起全社会的轰动。我觉得那样的作品就只有在那样的时代产生，也只有在那样的时代引起那么强烈的反响。因为那是中国改革开放的刚刚开始，甚至还没有开始的黎明期，处于知识就是力量，对知识无限崇拜，至于说是什么知识都没关系，需要大量的阅读，非常饥渴地去寻找知识的那个年代。所以能够有一个作家写出一个科学家如何的钻研，如何从事学术，把这种精神写出来就是全民的榜样。

如果在今天再由作家写一个数学家，或一个物理学家，在道义上礼赞非常重要，非常必要，但是作为文学作品来说，当下读者会有新的多方面的需求，现在的读者需要得到更多的东西，比如说写一个数学家，读者就想获得一定的数学知识、专业知识，你写一个物理学家，可能就需要从中看到在一个物理学家的眼里对世界、对宇宙有怎样的看法、怎样的态度，甚至对它的未来有怎样的预测。

其实像刘慈欣的《三体》不就是这样一种写作吗？包括我们看过的美国好莱坞的电影，比如说《星际穿越》，包括现在欧洲的话剧《哥本哈根》，这些创作都给我们一种启示，就是科学的专业的深奥的知识，正在变成人们文学阅读的一种诉求，而且还不是一种附带性的选择，是一个复合性的选择和要求。这就对作家的创作也提出了更高的要求，就是你一般得有点艺术的表达能力，你可以写小说，也可以写散文，但是你想获得广泛的读者，已经很难了，因为今天的读者已经非常挑剔。

那么除了这种科学的知识，其他的专业题材，现在也变得成为热点。比如像网络文学，过去大家就觉得网络文学是言情、武打，后来变成玄幻、穿越，现在我们知道了，很多人追踪网络文学，是因为这些小说里边有很多专业领域的生活，那种专业性在吸引他。所以现在在网络文学里边，题材的划分千奇百怪，非常多。

文学阅读现在已经不是一个简单的文学欣赏活动，而是一个综合的，包括对知识的探求过程，当然应该是一种艺术的表达。

这是一个审美变化导致的结果，麦家的小说《解密》，在国外发行的语种有三十多种翻译版本，一个很重要的原因，就是这个小说里边所包含的那种智力上的因素，使得它有更强的流通性。

那么也就是说，像这样一种创作和阅读，变成一种趋势的时候，对我们选择怎样的作品，外国文学作品来翻译，这其实也是一种启发。我想，包括前些年像丹·布朗，类似那样的作家作品能够在中国引起那么大的反响，实际上与这些都是有关系的。包括日本文学里面，我觉得有一些我们能够感觉到。都可以说是当前中国文学和中国读者阅读审美上正在发生的一些变化。

第三点，我觉得就是现在在中国文学创作当中艺术探索中也呈现出向中国传统的文学经典致敬，但同时又要努力体现现代性的融合趋势。有一段时间，上世纪80年代初中期的时候，文学界对西方现代派文学的那种追踪充满热情。所以当时流行的小说，或者是大家心目中的文学高度是什么？就是先锋文学，代表作家就是余华、苏童、格非这样一些作家，当然这些作家今天仍然是活跃的，是中国文学的中坚力量。

那么对西方现代文学的那种热情的追捧，现在从我们这个年龄角度来说是记忆犹新的。但是我们看现在这种热情，逐渐地不能叫冷却，但是大家已经越来越理智了，至少作为一种社会热点，已经不复存在了。而中国传统文化在全社会的这种倡导和热潮，又反过来影响到了文学创作，一方面就是我们的作家也慢慢意识到西方现代派文学的东西，可能不能完全支撑中国文学的发展。另外一方面就是我们中国自身的文学传统，也逐渐地受到了大家的重视。

所以在80年代的时候，那个文学风气跟今天真是不太一样的，比如说像路遥的小说《平凡的世界》，他是创作于上世纪80年代的，在那个时候像他那样一种以《创业史》为模本，以柳青为他的精神导师，用传统的写法写一个西北乡村生活的那样一部长篇小说，在一个先锋文学为主流主潮的文学时代背景下，他肯定是一个弱势的一种创作。所以他甚至连发表都会遇到障碍，连出版都是很难的，首次印刷只有三千套。但是到了2015年，随着电视剧《平凡的世界》的热播，《平凡的世界》这部小说也再一次成为畅销书，而这次畅销超过了他当时创作出版之后的任何时期，一年内发行量就达到了一百五十万套之多。即使在他获得茅盾文学奖之后都没有这样的数字，而且这几年一直在不断地出版印刷发行。

这就很能说明一个问题，就是在当年大家觉得他是一个传统的小说，现实主义小说，今天在我们的读者已经发生了这么大变化的情况下，他却仍然有那么强的热度，到底为什么？其实是值得我们思考的，一个方面就是我说的，其实现实题材是表现中国现实的，可能路遥的小说在很大程度上表现那种真实性，是不可替代的。

现实主义的创作方法，在今天变成了一种回归。我们也可以看到，其实这些年我们过去的很多先锋作家，也渐成现实主义作家。像格非、苏童这样的作家，1985年左右，他们是先锋文学的代表，而在今天他们的创作已经发生了很大的变化，也就是说他们也加入了现实主义创作的潮流当中，而且大量借鉴了中国传统文学创作的一些艺术手法。

这几年中华优秀文化传统在整个社会上已经成为热点，所以传统的文学经典，也变成了读者阅读的自觉选择。《朗读者》《中国诗词大会》等电视节目，确实反映了一种文化趋势，就是中国的传统文化现在也越来越得到关注，包括我们很多作家比如说像王蒙这样的作家，一方面继续从事自己的文学创作，另外一方面也成为中国传统文化的一个传播者、阐释者。

中国传统文学的艺术成就，让许多曾经是先锋文学的代表性作家，也开始诚意学习和借鉴。一些创作活跃的作家，也在研究中国的古典文学。当然我这儿所说的传统经典，除了古典文学，几千年的古典文学之外，还包括"五四"以来的中国新文学。总之对中华传统文化的这种当代阐释，对经典作家的人生经历及其精神世界的理解，正在成为当代中国大众文化生活中的热点。

当代作家的创作也自觉地从传统经典中汲取营养，并不是一次简单的向过去回归，中国当代作家在向经典致敬的同时，现代性、国际视野，也同样是中国作家努力追求的创作品格。也就是说，可能这种中国风格和国际视野，现在正在寻求一种合流，也就是说我们传统上所说的中西合璧、传统和现代的融合，正在成为趋势。

要实现完美的结合，还需要一个过程，还需要时间，但是这种融合的要求已经成为很多中国作家的艺术自觉。其实对当代的国际上的一些作家，比如说土耳其著名的小说家奥尔罕·帕慕克，可以说他的作品都已经译介到中国来了。他的作品之所以在中国流行有很多原因，其中一个原因，我认为就是在帕慕克的小说里，我们读出了一种既有国际视野又有民族的这种特色特点，既有严肃文学的艺术上的尖锐性，但同时又有流行小说的因素。他是一个综合。比如说他最著名的小说《我的名字叫红》，我认为其实就是这么一部作品，他是把严肃文学和流行文学很好地结合起来，又是执着于写自己本民族的传统文化艺术的里边。比如关于细密画的了解，就是对当下的当代的现实生活的一种观照。

回顾中国新时期文学，过去那种非此即彼的现象现在有一种合流的趋势。科幻文学，谍战小说，包括谍战剧，都在向我们说明这些问题，把小说家定义为一个讲故事的人，以及先锋文学作家正在变成向现实主义创作转换，那么这些东西其实就是当前文学界非常值得我们去思考的一些新的化。

另外，就是作家创作在艺术上，在接受了将近四十年的外国文学的熏染之后，实际上现在又有一种向传统回归，以及把这种现代性和传统性之间互相结合的这样一种趋势。而且，现在读者的选择也在朝这个方向努力，这也就是说一个时代有一个时代的文学。

就文学翻译本身来说，这在中国，也不过是一百年的事情，在中国的古典文学发展过程当中，专业的文学翻译，应该说几乎没有，在宗教领域可能比较发达，但是文学翻译应该是现代文学的产物。但是在现代文学领域当中，翻译一直受到时事的影响。从鲁迅那一代开始，他们对翻译的选择，应该说经常体现出是出于文学之外的诉求，出于对中国社会的关切，是为了其他文学欣赏之外的需求来做的。

我们都知道鲁迅有个名言叫剜烂苹果，就是希望批评家做剜烂苹果的人。但是鲁迅写这句话的出处，实际上是在谈文学翻译的时候提到的，他关于文学翻译其实有过很多很重要的论述，比如说鲁迅曾经写过一篇文章叫《为翻译辩护》，其中有一些很重要的观点，就是关于翻译的看懂和看不懂，这个看懂和看不懂实际上也涉及了直译和意译之间的区别。鲁迅是坚持以信为本的。

鲁迅认为翻译的不行，大半的责任固然该在翻译家，但读书界和出版界，尤其是批评家，也应该分负若干的责任。要救治这颓运，必须有正确的批评，就是指出坏的，奖励好的，倘没有，则较好的也可以。信、达、雅之间鲁迅最强调"信"，即一个翻译者不能为了满足让读者去懂而失去"信"。而且对于懂不懂他也是很辩证的，比如说对于康德的哲学著作，在鲁迅看来，其实我觉得他讲得很有道理，就是这样的书即使你让德国人去读它的原文，如果不是专家，他照样也读不懂，所以如果说拿到第一行就开始译，那当然是译者的不对，但是要求一个翻译作品从第一行读起来就能懂，其实也是一种不负责任。

今天的文学正在发生新的变化，对我们来说也提出很多新的挑战，当然我们从事这个专业，不管从事的是创作研究评论，还是翻译与编辑，我们都有一个共同认识分析我们当前面临的形势，以及继续努力下去就能够做好的这样一种义务。谢谢大家！

如何评价中国当代文学

吴义勤

　　大家好，非常高兴有机会跟鲁院的学员们一起交流，我知道这次是一个翻译家班，当时鲁院赵老师跟我说的时候，我说翻译我又不懂，不知道讲什么，然后她说讲当代文学就行，后来给了我这个题目，关于中国当代文学怎么评价、怎么认识，因为我们要向海外介绍中国当代文学，对中国当代文学现状有一个基本的了解认识，我觉得还是非常有意义的。那么关于中国当代文学，我觉得大家肯定都有一些了解，而且我觉得从事翻译工作的话，应该是对很多具体的作家作品都有接触。那么关于中国当代文学，可能大家都有一个共同的感受，可能我们最深的印象，就是缺乏共识，就是我们对中国当代文学整体的评价，现在面临着一个基本问题，就是巨大的分歧，就是我们可能每一个人，人与人之间，或者每一个读者之间，每一个批评家之间对于整个中国当代文学整体的判断有巨大的分歧，对于某一个具体的作家作品的评判也有巨大的分歧，可能每一个人会觉得我们不是生活在同一个文学场域，我们好像不是面临着同一个对象。可以说，观点的、认识的分歧、对立，甚至是撕裂，有的时候是比较严重的。

　　因此面对中国当代文学，我们进行一些讨论、思考，我觉得还是有必要的，确实有必要的，有的时候我们经常会说中国当代文学的真相是什么，我们究竟是处于一个最好的时代还是最坏的时代，现在文学是一个最繁荣的阶段，我们是世界上最好的作家，或者说我们有经典、有大师，还是没有呢？我觉得确实这些问题都值得思考。习近平总书记在文艺工作座谈会、在十九大都谈到了文化自信的问题，我们觉得中国当代文学实际上是最能够支撑我们文化自信的一个方面，我们今年是改革开放四十年，改革开放四十年中国文学成就究竟在什么地方？今年中国作协也举行了很多庆祝改革开放四十周年的活动，现代文学馆还有一个展览，然后也进行了改革开放四十年文学的采风活动，作家出版社还在编一套《改革开放40年文学丛书》，《小说选刊》刚刚在青岛还发布了改革开放四十年的四十部小说，应该说改革开放四十年这个文学，其实也是我们中国当代文学的重要组成部分，怎么评价？我觉得也是需要我们有一个整体的认识的。

我觉得改革开放四十年文学成就，不谈具体的作家作品，我觉得它的基本成就，至少有五个方面值得我们高度重视。第一个方面就是文学从"文革"时被扭曲、被异化的状态，回归"五四"启蒙的现实主义文学传统，这是改革开放给我们中国当代文学带来的第一个大的成就，我觉得这个成就是非常重要的，扭转了整个文学发展的方向。特别是"文革"时代，中国文学可以说是面临巨大的灾难，只有八个样板戏、一个作家一部小说，文学的整个面貌、方向都被扭曲了，因此我们讲说空白也好、断裂也好，但是改革开放之后，就是文学回归"五四"现实主义传统这一条，我觉得已经很成功地扭转了局面。第二个方面就是文学从对跟世界文学的隔绝、滞后、追赶的状态，向同步发展转变。我们是翻译家班，这一点大家应该印象特别深刻，中国文学跟世界文学的关系，封闭的、隔绝的、滞后的、追赶的状态，到今天同步发展的状态，我觉得这一点大家应该印象特别深，因为百年中国文学有两次向西方学习的高潮，一个就是"五四"时期，郑伯奇说中国新文学用十年的时间，把西方两百年的文学思潮演绎了一遍。然后就是80年代，我们也同样用十年的时间，也把西方的我们过去没有的、一直到后现代主义的思潮也都演绎了一遍，也都学习、模仿了一遍。因此这两个阶段，我觉得是拿来主义的阶段，但是我们到今天，到了新世纪之后，我们现在已经不仅仅是拿来主义，我们是要走出去了。为什么我们现在文学翻译这么重要，就是走出去比什么都重要，走出去的任务现在从上到下热情也很高涨，各种各样的工程也很多，现在缺的就是我们在座的，就是翻译，翻译的问题是我们现在走出去的巨大的障碍，中国文学走出去，可在世界范围内翻译中国文学的翻译家也就二百多人，专职翻译的也就六十多人，因此应对中国文学走出去的巨大需求，现在就有很大的问题，翻译现在面临的问题比较多，关于走出去，一个是我们有的时候走出去就是走到大使馆为止，我们很多作品翻译的，实际上都到了外国大使馆，这也叫走出去了。那么还有就是随机性，靠私人关系翻译，因此外国的翻译家在中国很走红，而且养活了很多外国的那些小的出版社。我们现在每次评这个走出去项目的时候，就会发现什么尼泊尔、不丹、印度这些小的国家，现在成立了一大批的出版社，来申报我们走出去的项目，为什么？就是要我们这个翻译补助，这些出版社唯一的项目就是中国走出去项目，就是中国文学翻译项目，拿到了它就生存，拿不到就关门，这个我觉得其实是很不正常的一个现象。

但是我们现在的投入量确实非常大，翻译项目的资助翻译经费每千字有六百到八百元，这对国外的出版社，对很多人还是有吸引力。但是不管怎么说，虽然存在很多问题，但是我们应该相信走出去的成果确实是非常显著的，我们很多当代作家在国外已经很有影响了，包括像麦家、余华、苏童不要说了，莫言不要说了，贾平凹不要说了，像一些年轻的作家，在国外也很有影响，包括像盛可以这样的作家，都是有影响的。因此我想这确实是同步发展，不再是我们过去说，现在要追赶一个西方的后现代主义、女性主义，什么后历史主义、新历史主义这些思潮，现在已经没有这个问题，现在西方有什么思潮，我们今天都是同步的发展。中国文学走出去要什么？就是文学价值的建构，就是价值认同，就是对世界文学我们中国文学的贡献是什么，这个是我们的最高目标、最高阶段，而不是说满足于我今天作品又被翻译成尼泊尔、印度、越南、缅甸、柬埔寨的文字，这个数量没有什么意义，关键是我们关于文学的价值，过去世界对中国文学的认同，是什么认同？不是认同我们的文学价值，读中国文学、翻译中国文学是读中国，满足他们对中国的一种想象，都是把中国作为奇观化处理的文学作品在西方受欢迎，就是这个问题，实际上我们在多年前就发现了这个问题，在 2009 年第一届中美文学论坛的时候就发现，美国的专家学者看中国文学作品的时候，他不是说你这个作品文学价值有多高，文学探索、文学创新这些，而是说你这里面的中国，你们的中国的那种落后、愚昧或者你今天的现实政治、经济这些状况，作为一个社会的政治的一个材料来看待，而不是从文学意义上来看待，因此他读的是中国，丢掉的是文学。我想这一点现在正在逐步转变，我们追求的还是文学价值的走出去，这是我们观察改革开放文学的第二个线索。

第三个线索就是文学从政治学、社会学、历史学等外部价值，开始向文学本体价值回归，就是追求所谓的纯文学的价值，特别是 80 年代先锋小说之后，这一点最明显。从"五四"以来，"五四"的作家文学观上重视的都是文学的这种社会学、历史学的价值，他追求文学为国家、民族救亡图存做贡献，因此说为什么鲁迅没有长篇小说，不写长篇小说？为什么老舍在抗战时候要写街头诗、鼓子词这样一些通俗文学读物？就是为了抗战，因为救亡和图存，启蒙、民众，是他文学观的主体部分，所谓对历史的追求大于对文学的追求，因此文学性对"五四"作家可以说是第二位的。那么在新中国成立之后很长时间我们也还是这样的一种文学观，但是新时期先锋小说之后，开始文学向本体性、主体性的回归，就是追求文学本体的价值、主体的价值，这个观点的变化应该说对中国文学的品质有巨大的影响，因此今天中国当代最优秀的作家，都是从先锋小说出来的，像莫言、余华、苏童、格非，我们很难想象，如果没有先锋文学，我们会有这样一些今天在世界有巨大影响的作家存在。

第四个巨大的变化，完成了从计划经济时代的文学向市场经济文学的成功转型，这个也是非常了不起的一个变化。因为我们讲 20世纪中国文学受到的影响，最大的两个影响，一个是政治对文学的影响，就是政治对文学的压抑，"文革"是最典型的，中国文学在"文革"一片凋零。那么第二个就是市场对文学的影响，就是 90 年代市场经济时候的文学，包括文学期刊推向市场的时候，就有短暂的不适应，就是我们文学期刊在 90 年代的生存有巨大的问题，没有办法生存，纷纷转向办一些时尚的刊物，办一些娱乐刊物，把文学刊物转成那个别的，但是我们看到今天，这个市场的阵痛很快就消除了，现在中国文学在市场化时代也是如鱼得水，已经适应了市场化时代的气氛，现在的文学出版、文学期刊，比如说现在期刊的稿费千字千元的已经很多了，上海所有的刊物，都是千字千元，南京的《钟山》杂志、《雨花》，《北京文学》《十月》，都千字千元。我想市场时代，这个在逐步改善。过去我们讲一个作家靠稿费生活是很难，但是现在我觉得靠稿费生活很多作家生活得很好，比如说余华，他现在新作品不多，就是老作品在我们作家出版社出版，余华他那些作品，半年结算一次，半年五百多万，一年就是一千多万，《活着》这本书，当当网和京东每个月都有五六万册的发售量，这个量特别大，市场走得非常好。比如说贾平凹，一部《山本》，他在我们那里拿了四百五十万的稿费。因此我想对于作家来说，提高了稿费之后，这个是非常大的一个变化，一个中篇小说也好几万块钱。因此文学适应市场的能力，我觉得逐步在提高，计划经济向市场经济的转化应该说非常成功，这是观察改革开放文学的第四个线索，第四个视角。

第五个视角，我觉得是文学完成了向高科技、全媒体时代的转变。传统文学形态向高科技全媒体时代文学的这个转化，我觉得也是非常成功的，这个成功主要就是网络文学，现在说世界有四大文化奇迹，那么第四大奇迹就是中国的网络文学。跟美国的好莱坞电影、日本的动漫、韩国的韩剧相提并论，就是中国的网络文学。网络文学在世界上都是一个不可思议的现象，就是说这种巨大的产业化的成功，网络文学为什么会成为一个财富的制造机，包括产业的前景，对于国外是很难想象，国外对网络文学是非常好奇，我们去东欧或者是去东南亚，那些国家都好奇，你们的网络文学怎么能这样地繁荣，实际上网络文学不管怎么样，它现在确实是成了中国当代文学一个非常重要的维度。我们经常讲网络文学巨大的神话，我们经常讲唐家三少一年挣一点三亿，大家说这个钱怎么来的，怎么挣的，都很好奇，而且很多大神都是年入几千万。我们前一段开全国青年作家创作会，也请一些网络作家座谈，他们也说这个其实也不是所有网络作家都能挣钱，所以网络作家现在一个巨大的队伍，但是真正的挣钱多的，就是说能养活自己的，也只有五万人。但是我想五万人也很多了，中国作家协会会员总共才一万多人，一万多人还不是都能挣稿费养活自己的，网络作家有五万人，甚至还有那种金字塔尖的挣几千万、一亿的，确实是很大的一个奇迹。

因此我想我们观察讨论改革开放文学，这五个观察的角度，我觉得可以去判断我们改革开放文学成就的。而对于中国当代文学的整体来说，很多人评价确实非常高，认为今天当代文学发展的成就巨大，超过了世界文学，我们有很多的著名作家、评论家高度评价中国当代文学。举几个例子，比如说王蒙先生，他认为今天的中国当代文学是有史以来最好的、最繁荣的时代，他是在 2012 年法兰克福书展上说这个话的，因为当时莫言还没有获诺贝尔文学奖。在莫言获奖之后，在艺术研究院举办了一个庆功会，那个庆功会人不多，但是规格很高，是中宣部、文化部、文联、作协联合举办的一个庆功会、座谈会。在会上，余秋雨有一个很短的发言，这个发言的中心意思只有一个，就是中国当代文学的成就，超过了中国现代文学。我们想想，在座的都是对文学史比较熟悉的，说当代文学超过了现代文学，那是革命性的观点，可以说是一个颠覆性的观点。

因为我们大家都知道，现代文学三十年，是百年中国文学最好的时期，为什么是最好的时期？那是改变了中国民族性的一个时代，就是从古典向现代转化，对任何一个民族都是巨大的一个时期。然后是一个呼唤大师，也产生了大师的时期，我们现代文学产生了一批文学大师，鲁、郭、茅、巴、老、曹，我们不谈别的，这六个人，那就是无法替代的。社会上很多人可能不了解文学，但是鲁、郭、茅、巴、老、曹都知道，哪怕是一个普通人，他对鲁、郭、茅、巴、老、曹都是清楚的，但我们当代有没有这样的大师？过去我们不要讲说当代文学超过现代文学，就是说你拿当代文学跟现代文学比较，大家都认为是亵渎了现代文学，亵渎了大师。我们记得过去很多人研究当代文学，把莫言跟鲁迅比，余华跟鲁迅比，很多人都很生气，说你怎么能把他们跟鲁迅比，鲁迅是很神圣的，在我们的这个观点里，现代文学大师某种意义上是被神圣化的，觉得他是不可触碰的，不能比较的。但余秋雨发出这样一个观点，那是惊世骇俗的，余秋雨他说我这个观点不是今天才有的，他说我一直都有。他真的认为中国当代文学成就超过了现代文学。

余秋雨这个观点发表了之后，出乎寻常，2012年之后没有被围攻，没有被批判，反而在学术界、文学界得到了很多的呼应，这个呼应有很多当代文学研究专家，你比如说上海复旦大学的陈思和教授，他是研究巴金的，从现代文学到当代文学，他著名的研究成果是中国新文学整体观，他主要是搞现代文学起家，余秋雨说后他也说，他认为中国当代文学的某些方面已经超过了中国现代文学。过去这些声音都很压抑，大家也不太会说，但是现在都公开说。然后是北大的陈晓明教授，他就说中国当代文学从汉语叙事的水平来说达到了有史以来最好的时候。我们观察当代文学过去有两个维度，一个是古代文学的维度，一个是外国文学的维度，我们讲从古代文学我们没法比，唐诗宋词你怎么比，西方文学我们更不能比，西方文学都是当代文学的老师，实际上我们过去当代文学是很惨的，古代没法比、现代没法比，西方也没法比，但是陈晓明教授说从汉语叙事水平来说、审美叙事能力来说是最好的。再比如说青年的一代学者谢有顺，中山大学的，1972年出生的，优秀的评论家，他在四川的当代文学会上也说当代文学某种程度上被低估了，他认为当代文学的成就也是在某些方面超过了现代文学，就是说我们过去觉得比都不能比，现在是可以比。

再比如说著名作家曹文轩获得国际安徒生奖之后，他认为中国文学的所谓走向世界是一个伪命题，他认为中国文学就是在世界中，从汉语叙事的角度我们就是世界的中心，因此他提出一个命题，就是中国文学的高度就是世界文学的高度，就是我们今天当代汉语，我们文学的高度就是世界文学的高度。80年代很多时候，我们不是文化自信，反而是文化自卑，80年代有一段时间，需要外国人来认同之后，我们才理直气壮。大家想想确实有这么一个阶段，跟现在走出去一样，我们觉得我们走出去了，被翻译了，我们才觉得我们成就高了，这一点也确实有这样的问题，包括在80年代后期刚刚出现盗版的时候，我们现在大家都要维护版权、打击盗版，那个时候作家被盗版了很光荣的，我被盗版了证明我受欢迎，你看我连正版的都不能满足了，我们很多作家那个时候没有人追究盗版，都是说你看，我的作品都被盗版了，没有人生气的。但是现在不一样，现在大家说要维护版权，我们出版社要组成一个打击盗版的机构，给人家签合同打击盗版。

莫言获奖之后，余秋雨讲了这个之后，这一点在整个学术界关于现代文学、当代文学这么一个禁区的话题，不再是不能碰了，而且得到了呼应，更大的呼应来自什么？来自刘再复先生，80年代轰轰烈烈的很多文学活动，背后的操盘手都是刘再复先生。他应该说是搞文学理论的，而且我们说80年代文学思维变革，刘再复先生有一本书在 80 年代非常走红的，就是《性格组合论》这本书，一个是他颠覆了"文革"时代关于人的、关于文学的很多看法，告诉我们所有的人物都有两面性，正面人物他也有人性的弱点，也有性格的弱点，那么反面人物也有人性善的一面、性格好的一面，比如说《雷雨》，他分析《雷雨》，繁漪不是一个反面形象，周朴园也不是反面形象，他也有人性的合理的正常的一面，都有性格阴阳两面，所有的人都一样，不是说只有反面人物的。因此，这样的一本真正的开始动摇我们过去的文学思维、文学本质的东西的书，为什么受欢迎？因为告别一个时代，最根本的还是思维习惯的改变，认知习惯的改变，语言习惯的改变。这些年刘再复在海外为中国当代文学做了很多的工作，他确实是一个很有文学情怀、赤子之心的人。他在余秋雨这个观点之后，也写了一篇文章，在《当代作家评论》发表的，强烈支持余秋雨的观点，当然他主要是批判另外一个否定中国当代文学的德国评论家顾彬的观点，他批判顾彬，他也认为中国当代文学成就超过了中国现代文学。因为他是一个搞文学理论的、比较严谨的学者，他也能够从这个角度来发现问题，这说明我们至少从余秋雨发言之后，我们发现当代文学与现代文学比较的话题，不再是禁区了。

禁区被打破之后我们会发现当代文学跟现代文学的比较，至少两个方面现在有成果，一个是文学语言方面，语言成就，就是当代文学和现代文学比，语言是一个最重要的角度，观察、研究、比较的角度，我们讲现代作家，鲁、郭、茅、巴、老、曹，周作人、朱自清、郁达夫这些人都是大师，都了不起，但是从语言的角度，你知道这些人都不是现代汉语的很成熟的使用者，他们都是文言文的大师，是在文言文的染缸里泡大的，他们精通的是文言文，他们的血液里流淌的是文言文，这些作家你会发现，他们表达个人情感的都是旧体诗，包括鲁迅、胡适、周作人、郁达夫、朱自清要表达自己最真实的情感、最私人的生活的时候他一定用旧体诗，不写新诗。但是他们又提倡新诗，提倡白话文，这说明什么？我们现在说"五四"这一代作家有很多的痛苦，有家国之痛，有爱情之痛，他们都是这样的，封建包办婚姻，有追求自由爱情这种痛苦，但是还有一个痛苦大家过去都不讲的，就是语言的痛苦，实际上语言的痛苦是他们最大的痛苦，就是他们是一个文言文里成长起来的，但是他们主观上又强烈地追求使用白话文，因此现代文学，我们大家搞翻译的可能会发现，你翻译现代作家的作品，难度要比翻译当代作家大，因为他的语言的痛苦，就是说三种语言的混合，文言文、白话文还有欧化的语言，三种语言的杂糅，构成了他们语言的风格。因此现代作家的语言，也有人叫过渡性的语言，就是说语言这种挣扎冲突的痕迹非常明显，因此我们现在有的时候看，为什么现代文学这些经典大师，说都是经典，为什么当代人不愿意读，这是一个很大的问题。在大学里，我们开了那么多鲁、郭、茅、巴、老、曹的作品必读书目，现在的大学生不读，当然原因可能是这些大学生素养下降、整天玩游戏，可能也有这个原因，但也确实要看到，现代作家的作品的语言，确实是一个问题。

前一段社科院的杨义的一个博士，写了一个博士论文，他比较我们现代的文学大家的白话诗和旧体诗的成就高低，最后得出的结论是，现代文学大师的旧体诗的成就远远高于新诗的成就，这个颠覆了文学史的认识。过去文学史从来不讲这些文学大师们的旧体诗的。现代文学大师的旧体诗，可不是我们现在老干部体的旧体诗，他是真正的旧体诗，平仄押韵，那都是规范得很。

胡适是现代白话新诗的开创者，那么胡适写《尝试集》的时候，他的那些朋友们，因为胡适写完一首诗就要寄给他们看，他们从美国给他寄信回来，给胡适的忠告就是你千万不要发表，这发表是丢人现眼的，但胡适为什么还要发表？胡适是个坚定的文学革命者，就是要用白话文来写作，就是要让贩夫走卒能看得懂，就是普通老百姓能看得懂，我就不能写文言文，文言文老百姓看不懂。因此我觉得语言的比较，现在出了很多的成果，有的时候你空洞地说谁更强，没有说服力，我们也不是一定要比较谁好谁坏，一定要得出一个结论，而是重视比较的角度，从这个过程里看到文学本身的发展。

再一个，当代文学跟现代文学比较的角度是什么呢？就是文学观念，我刚才讲的文学观念的变化，文学观念这个巨大变化，在今天 20 世纪现当代之间可以说是空前的。因为"五四"一代作家，文学观念我们讲都是一个社会学的观点，就是文学是干什么？文学都是功利主义的，工具论的观点，从鲁迅开始就是这样，鲁迅他们为什么要写作，说穿了就是为了启蒙，就是为了唤醒在铁屋子里沉睡的人们，就是怒其不争、哀其不幸，震惊于国民性的愚昧，国民的劣根性。鲁迅是学医的，看到日本放一个动画片，看到那些中国人围观杀人，他就痛心疾首，因此他的短篇小说第一部叫《呐喊》，喊醒在铁屋子里沉睡的人们，就是中国人太愚昧了，他觉得文学就是一个拯救国民性的工具，改造国民是他一生的使命，因此李泽厚就说我们整个现代文学有两个传统，一个是启蒙的传统，一个是救亡的传统，中国现代文学就是启蒙和救亡的双重变奏，救亡是因为整个国家民族生死存亡，抗日战争，文学干什么？文学也是一种武器，战斗的武器，唤醒民众投入民族救亡图存的使命中去。

因此我们现在看鲁迅在上海的时候跟梁实秋吵架，打笔仗，鲁迅当然是很厉害的，在现代史上没有人跟鲁迅打仗赢过，都是败的，就是从陈西滢开始，从"五四"一开始到最后，到鲁迅死之前，所有跟鲁迅吵架的都失败了，鲁迅太厉害了，绍兴师爷尖酸刻薄，这是谢冰莹后来写了一个《鲁迅传》把鲁迅丑化了一通，但是鲁迅确实太厉害，你现在看鲁迅在 30 年代末，跟梁实秋在上海打笔仗的时候，为了什么呢？梁实秋说文学与抗战无关，梁实秋的观点，梁实秋说文学可以写抗战，但是文学也可以不写抗战，写抗战的是文学，不写抗战的也是文学，那你说梁实秋有什么错，梁实秋很辩证。但是鲁迅就不行，鲁迅说在这个时候你说不写抗战那就不行，那就是乏走狗，把梁实秋从上海骂到青岛去了。我觉得鲁迅在那个时候，国家民族存亡的时候就不是说你风花雪月是文学，是说没有这个条件让你风花雪月，没有办法让你去讲人情，没有这样，他说文学使命是什么？就是激发民族的这种斗志、情感，要干这个事。因此我想这个观点，对于现代作家，那些文学大师们是根深蒂固的，这也是他们伟大的地方。

但是这个观点到了解放后，很多时候，它也会变异，变异到最后就是极端的功利主义，工具论、工具主义，纯粹成为一个工具，或者是一个口号、宣言。在这样的情况下，我们可以看到整个现代文学阶段，就是那些唯美的文学流派，为艺术而艺术的文学流派都很短命，就只有这种为人生的现实主义文学成为主潮，可以说这个是文学观决定的。但是新时期之后，你会发现这个文学观点发生天翻地覆的变化，特别是先锋小说，我们刚才讲的强调文学的主体性、本体性、纯文学，就是纯粹的文学，不是说为了社会、为了历史这样的一个文学，我觉得在当时，在80年代之后极大地改变了中国文学的面貌，就是中国文学的面貌由此发生了巨大的变化，现在看为什么今天的中国文学会是现在这个面貌，为什么会跟世界同步发展，这个文学观的改变发挥了重要的作用，我们想这个文学观如果不改变，我们还是一个工具论的文学、功利主义的文学，那我相信不会有现在的地位，也不会产生今天这些世界级的作家，不会有莫言获诺贝尔文学奖，不会有曹文轩获国际安徒生奖、刘慈欣获雨果奖这样的局面，这个局面我觉得是观点转换决定的。从这两个角度来说，我觉得当代文学跟现代文学，可以有比较的空间，比较不是为了一定在做一个是和非的判断、好和坏的判断，而是说要打开我们观察文学的一个角度，看到文学究竟在哪些地方进步、哪些地方变化。

因此从这个角度，我们会看到，肯定中国当代文学，应该说在我们文学界，整个社会是有很坚定的声音的，就是我们能听到对中国当代文学的这种，你说欣赏也好、肯定也好、赞赏也好，而且我觉得每个人，肯定中国当代文学有各自的理由，我就是充分肯定，我就是喜欢，当然有每个人的理由，但同时我觉得应该说也有一些普遍性的背景，就是为什么我要肯定，为什么对中国当代文学这么有信心，这么高的评价，每个人角度不一样，但也有共同的背景、共同的东西支撑这种判断的，我觉得至少有两个方面是可以支撑我们这种判断。一个就是中国当代的文学生产力和文学创造力，我们现在文学生产力、创造力的繁荣，是空前绝后的，全世界没有我们这样的文学生产力，我们说中国是世界第二大经济体，但是我们文学生产方面，我们绝对世界第一，第一文学生产。因为总书记在今年的宣传思想工作会议上，他发布了几个数字，我觉得对于我们应该说是很有鼓舞力量的，他说我们现在中国的年产长篇小说多少部，大家知道是多少部？九千部！是什么概念？过去我在文学馆的时候，我们每年搞一次《中国文学年度发展蓝皮书》，我们每年在《人民日报》发一个整版的蓝皮书，那时候也做了一些统计，那个时候统计每年长篇小说从三千部到后来五千部。这是最高的，到五千部，但是今年总书记讲话是九千部，那我想肯定是准确的，中宣部提供的数字要相对准确，九千部是什么概念，我们从纵横两个角度来看这九千部。在1949年新中国成立到1977年粉碎"四人帮"将近三十年，中国总共生产了四百二十七部长篇小说，新中国成立近三十年，才四百二十七部长篇小说，现在一年九千部，你说从纵的比较，是一个什么样的变化的数字。

　　然后横向比较，我们讲这个文学自信心，我觉得足以让我们高度自信，我们很多人可以说都是在俄罗斯文学传统的滋养下成长起来的，而且都喜欢俄罗斯文学大师们的创作。俄罗斯现在一年生产多少长篇小说？一千五百部，他才一千五百部，我们九千部。再比如说法国，法国我们大家知道是现代思想和现代文学的发源地，我们讲现代主义，那些哲学家、思想家、文学家都是从法国诞生的，但是法国现在产生多少？七百部！年产七百部长篇。再拿亚洲来说，日本经济社会很发达，文学也很发达，两个获诺贝尔文学奖的，村上现在每年都还在排行榜的前面，日本现在年产多少？四百部长篇。你说这个数字，你说中国文学的生产力，确实是很惊人的一个数字，这是从单纯生产来说。另一个方面从文学阅读角度，那也是一个很大的负担，在座的每一位都是劳动模范，每天不吃饭、不睡觉天天看，你能看几部？在座的一年看九十部长篇小说的肯定没有，看九部的可能有一些，看九部那也是千分之一，因此说实在的，对于一个时代文学的判断，有时候是很难的，究竟怎么样，你又没有看，你说这个好，说那个不好，这个确实有很大的问题。但是不管怎么样，这个数量多总是好的，我们有的时候就讲数量和质量的关系、高原和高峰的关系，关于高原和高峰，总书记在文艺工作座谈会讲话之后我们一直在讲，中国文学要努力从高原走向高峰，现在缺的就是高峰，那么现在呢？这一次宣传思想工作会议，黄坤明部长做了一次讲话，他对高原和高峰有最新的、最权威的解释，他说高原十分有限，高峰非常稀缺，现在就是高原也非常有限，高峰更是稀缺。过去好像高原很多，现在看来高原也不是这样。但是我觉得没有数量也就没有质量，你不能单纯的就是说数量就是坏事，我想数量也是好事，说明我们创造力、生产力，作家的创造力解放的程度。从时代的角度来说，文学的繁荣也不是一部作品能繁荣的，我觉得我们不能够简单地排斥数量这个问题。

这还是一个传统文学这一块，九千部，但是今天的中国当代文学还有另外一块，就是作为世界文化奇迹的这一块，就是网络文学，这一块的数量更庞大。关于网络文学数量，也是总书记在宣传思想工作会议上讲话中讲到，到 2017 年 12 月份为止，网络文学发表的作品是多少呢？一千六百四十六万部，2017 年一年是多少？二百三十三万部，总书记在宣传思想工作会上讲的数字，我想都是有依据的。因此这么一个巨大的生产力，我觉得能支撑我们对这个时代文学的信心。当然你说网络文学现在水平怎么样，那是另外一回事，我相信现在网络文学也在想走出去，在座的翻译家，可能翻译到网络文学会比较头疼，网络文学泥沙俱下，而且它对于出版也好、翻译也好，都是巨大的挑战。但是我觉得这个数量繁荣终归是好事。同时，我们有世界上最大的作家队伍，我们这个作家队伍是非常庞大的，现在中国作协会员我刚才说了一点一万多人，大家知道是经过严格评审之后才是一点一万人，每年申报中国作协会员的人很多，每年的评审通过率一般都是五分之一，申报五个只批一个，申报的都是符合条件的，因此每年评完了肯定有人没入会，这个严格评审的情况下，每年百分之二十通过的这个比例，评选下来中国作协有一点一万多会员。省级作协会员有多少？有八万多人，然后还有大量的业余写作者，新兴文学群体的写作者，这是更大的一个数字，因此这个作家队伍是非常大的，更不要说网络作家队伍，在网络上写作的有多少人呢？一千三百万人！网络文学为什么是奇迹，因为有一千三百万人在网络上写作，然后签约的作家是多少？一百三十二万人！在网络上签约作家，我觉得估计是跟我们中国作协会员差不多，或者省级会员差不多，后来他们说不是这么回事，网络上随时都可以签约，什么人都可以签约，但是不管怎么样，这个数字还是很可怕的，有五万人能够写作挣钱养活自己，那也不简单，确实不简单，这个作家队伍肯定是世界第一的。我想这是我们讲的第一个是生产力、创造力。

第二个，就是我们巨大的制度优势，就是文学制度支撑我们对文学肯定性的评价的，制度是很重要的方面，我们讲文化自信、文学自信，我们的制度自信应该说是最强烈的，我们可以很自信地说，我们有世界上最好的文学制度，全世界都没有中国这样的文学制度，而我们的文学发展纳入了国家制度设计的，就是国家制度设计里面文学是有地位的，那在世界上其他国家是没法想象的。比如说总书记关于文学做这么多讲话，从 2014 年开始的文艺工作座谈会讲话，十九大报告也谈到，宣传思想工作会议、网络信息工作会议，做了很多次的重要讲话。我们有完善的作家协会制度，从中国作家协会到省级作家协会、地市级作家协会，作协制度就是中国特色社会主义制度的一部分，中国作协的改革方案也公布了，改革干什么，去官僚化、衙门化、贵族化、娱乐化，去四化，改革的是这个，是把这个制度更好地运转、更好地服务文学、更好地服务作家，你看鲁迅文学院这样的培训机构，原来是两个班，上半年一个班，下半年一个班，四个月，现在办十几二十几个班，在全世界哪有这样的，全是财政的，各个省作协的文学院现在也办，估计一年下来得上百个。而且各个省的作家班，过去只是培养本省的青年作家，现在都是小鲁院，我去浙江作协讲课、山东作协讲课，都不光是他本省的，有其他好几个省的作家搞合作，你派我们到你这，我派人到你们那，都不是纯粹的地方文学院，再比如说重点作品扶持，从少数民族文学到现实题材文学，到重大题材，多少扶持计划，包括深入生活都是扶持的。有人觉得说你深入生活还给钱，跟过去完全不一样了，我觉得整个完善的配套机制、扶持机制，在全世界也是没有的。

再比如说文学评奖，我们现在四大奖，很规范的，一年一个，就是四年一次，一年一个评奖，鲁奖、茅奖、儿童文学奖、少数民族骏马奖，已经完全机制化运作了。过去奖金很少，过去茅盾文学奖是茅盾在 80 年代捐了二十五万块钱，用它的利息做奖金，过去奖金三千块钱，现在茅盾文学奖的奖金是五十万，鲁迅文学奖和其他奖每一个奖金也都十万。因此从文学生产、传播，整个过程都是有政府支持的，可以说这个制度上的优势，是世界上其他任何国家都没有的。我觉得在这一点上，我们这个自信是有的，很多国外的代表团到中国作协参观访问，看到文学馆、看到鲁院都很羡慕的。因此我觉得这个中国文学巨大的制度优势，也是支撑我们很多人对中国当代文学有一个很高评价的原因。

但是真实的对于当代文学的评价，还有另外一种声音，就是极端地否定中国当代文学的声音，就是当代文学都是垃圾，不值得一看，这个声音也非常大。关于否定的声音，我觉得大家肯定就更熟悉，或者更吸引人的眼球，而且媒体也更热衷地报道。从2007年以后，关于中国当代文学的垃圾论，就一度很盛行，就是中国当代文学都是垃圾，几千部，人家说你就是生产了几千部垃圾，他的道理就是说你没有人看，没有人看你生产了干什么，你出了就是自己看，然后浪费了国家纸张，浪费了国家的资源，他就说当代文学作品没有思想高度、没有精神高度、没有文学高度，有作品没有经典，有作家没有大师，你当代文学有什么呢？顾彬，一个德国的汉学家，他就发表了一个中国当代文学都是垃圾，所谓垃圾论，是2007年接受日本一个媒体采访的时候发出来的。他发出这个声音之后，引起了整个文学界的一片哗然，但顾彬后来也不断地修正他的观点，他最初在凤凰卫视跟窦文涛他们《锵锵三人行》的时候，他修正了，他说中国当代文学是垃圾，主要是讲的美女作家，美女作家主要是指卫慧、棉棉这些人，当然他还说虹影，说了虹影之后虹影很愤怒地抗议他，说我的名字有版权的，顾彬不能随便说。他后来又说我说中国当代文学是垃圾主要说的是小说家，中国当代的小说全是垃圾，说小说家没有思想，只会讲一点故事，又臭又长，然后他说中国当代文学有好的诗人，就是当代诗歌不错，诗人不错，有思想，因为他接触了很多诗人。本来我们就觉得像顾彬这样一个人，一个海外的汉学家，他对中国当代文学的了解是很有限的，而且他的意识形态偏见也是很正常的，就是他说中国当代文学垃圾，其实无所谓，应该作为娱乐新闻看待，但是没有想到，顾彬的话搅浑了整个中国社会，甚至整个文学界对文学的某种情绪，顾彬实际上说出了很多中国人的心声，当代中国的一些读者、媒体人、作家、评论家，很多人的心声，可能过去只是一个潜流，现在这个暗流被激发出来了，一方面很多人在批判顾彬，另一方面很多人在为他喝彩，可有一个人把真话讲出来，认为顾彬讲得好，再加上顾彬这个人他又喜欢跟莫言较真，他特别说我一直批判莫言，他批判了莫言，但他也批判了高行健，他也批判了阎连科，顾彬这个人有的时候比中国人好在什么地方，外国人相对单纯一点，就是他说什么就是什么，怎么想的就是怎么说的，中国人可能不是这样，想的跟说的不一样。

莫言 2012 年为什么会成为聚焦点，是因为那一年莫言上了西方的诺贝尔文学奖的赔率榜，就跟西方赛马一样，押宝一样，赔率榜莫言上了前几名，因此那一年好了，过去每年一会儿说是王蒙，一会儿说是余华，一会儿说是北岛，一会儿说是谁，不断地换，不断地有人炒作。但是那一年因为上了赔率榜，大家就集中在莫言身上，莫言就很痛苦，大家就是说媒体整天追着他问，莫言你今年会获诺贝尔文学奖吗？莫言说我苦不堪言，我说我不想得，你这个人虚伪，你说我想得，那你太骄傲自大，因此他说后来他没有办法，他就躲到高密老家去把手机关了，谁也找不到他了。但是实际上虽然是这样，文学界、评论界没有人会觉得莫言会得奖，那个时候，很多人都觉得不会得奖，但是等到晚上 7 点，宣布了莫言获奖后，评论家很快改口了。

中国人在这方面表现得跟顾彬就不一样，顾彬一直批评当代文学，莫言获奖之后，当天晚上 7 点宣布，他就接受德国之音采访，他上来就是一句，说我觉得莫言不该获奖，我一直在批判莫言。你看这个德国人，你说天真吗？而且他说莫言为什么不能获奖，一二三四的理由，他说如果要给一个汉语作家，应该给北岛，不应该给莫言，然后他说莫言，给了四点理由，第一点他说莫言的小说，从艺术上落后西方现代小说一百年以上，这是他的第一个观点，当然是他的傲慢和偏见，他是一个德国人，因为他说西方小说从 18 世纪后半期以后就已经是一种关注人的心理、精神的小说，不再关注外部世界的长度，不再说一个小说写了多长的生活面、写了多少的人，不在这个，那是西方过去的传统的畅销小说的写法，现在都关注一个人内心的片段，一天的、一个小时的或者说很短的时间那种精神生活，巨大的精神生活，是西方现代的，向内转，关注意识、潜意识、直觉、感觉这样的东西，梦幻的东西，他说这才是现代小说。

他说西方现代也有这种追求情节长度的小说，但那是地摊文学，不能进入课堂，不能进入精英的研究视野，比方说大学，西方的大学不能够研究这种小说，西方的文学研究机构不研究这样的小说。他说莫言恰恰就是这种小说，莫言的小说都写得很长，写几代人，从爷爷写到孙子，一部小说几十个人，甚至几百个人，他说一个小说看完他名字都记不住，他说这种小说怎么能行，这是他的一个观点，当然这是他的西方的那种精英学者的傲慢和偏见。第二个他认为莫言不能获奖，跟在座的有关，他认为莫言在西方世界的成功，不是莫言本人的成功，是文学翻译家的成功，他说莫言在英语世界的翻译，主要是葛浩文翻译的，葛浩文我们讲可以说英语世界翻译中国文学最好的翻译家，最伟大的翻译家。葛浩文的翻译是整体式的、改写式的翻译，莫言写的他认为还有毛病的那种语言，都被葛浩文改造成流畅的、优美的英文，因为西方英语世界接触的就是葛浩文改写的莫言，而不是莫言本人，他说这是翻译家的成功，不是莫言本人的成功。莫言也觉得他的作品走出去，不见得没有翻译家的功劳，因为翻译是很艰苦的一个工作，翻译确实是很了不起的，因为我们过去讲巴别塔，语言之间的翻译是很难的。莫言也认为，离开了葛浩文，离开了陈安娜，他在西方世界没有这么成功。而且我觉得西方的翻译家，说实在的，确实是敬业的非常多，是真正的好翻译家。比如说在美国，我们不谈葛浩文，比较年轻的翻译家，可能在座的都认识，比如说白睿文，大家都叫他小白，他娶了一个韩国的媳妇，小白他翻译的敬业程度，我们就很感慨，比如说他那个时候翻译南京的著名作家叶兆言的《1937 年的爱情》这个长篇小说，应该说国内评价也很高，批评界、读者界，这些优秀的编辑把了多少道关，然后到小白白睿文翻译的时候，他就发现这个小说里面前后情节矛盾、冲突，硬伤有十几处。我说你一个翻译家，你就翻译这么一个小说，发现我们这么多中国人自己都看不出来的硬伤，情节细节的前后矛盾，他都要挑出来，我觉得特别让人敬佩，了不起。

再比如说贾平凹作品的翻译，他的作品很难翻译，现在很多人读都不愿意读，一个英国的女翻译家要翻译《废都》，那个西安话确实很难懂，里面的那些方言什么的，女翻译家从英国跑西安，为翻译这部小说跑了三十多趟，为了翻译一个作家的作品，一个不懂她就过来。因此我想翻译确实是非常了不起、很崇高的一个事，因此讲我们在座的翻译家，做翻译也确实是很崇高、很了不起的事，但是确实非常艰苦。谈到翻译，有的翻译确实是很有问题，我们翻译的质量有时候很有问题，80 年代翻译西方文学那些作品，有很多经典的翻译译本，后来的大量的翻译西方文学作品，有时候确实是很不认真、很不负责的，因此顾彬后来就说，中国作家外语那么差，还说受了西方文学的影响，他说你不懂外语，你受到了福克纳的影响，受到了马尔克斯的影响，这是顾彬很不满的，接受的马尔克斯已经不是马尔克斯，接触的福克纳也不是福克纳，都是被扭曲的、变形的，被改写的福克纳、马尔克斯，我想这个是他讲的第二点，我觉得有他的道理，但是也有极端的方面。

第三个方面，他说莫言的小说缺乏思想性和批判性，这也是西方人对中国文学、对中国文学制度长期的一个偏见，这个确实是他们的偏见，他认为中国的作家协会制度，认为中国作家都是体制内的产物，体制内的作家怎么批判体制呢？你怎么去批判社会呢？所以没有什么批判性，没有思想性。多年来西方人就这么看中国，包括铁主席刚当选作协主席的时候接受西方记者采访，记者也是提这个问题。实际上我觉得这其实是对我们文学的一个巨大的偏见，因为我们现在的中国当代文学，大家说写作的自由度是非常高的，如果没有这个自由度就不会有这么多的作品，对文学创作应该说这个自由还是充分保障的。说我们没有思想性、批判性，我觉得不是的，我们过去很多现代文学学者，他都认为当代文学跟现代文学比差距在哪里？其中有一条也是批判性，鲁迅他们对现实的批判是很强的，但实际上当代文学的批判性，我觉得可以说跟现代文学相比毫不逊色的，我觉得莫言在当代作家是排在前面的，《檀香刑》《生死疲劳》《蛙》这样的作品，如果还没有思想性，什么作品有思想性？《蛙》这样的作品，获得第八届茅盾文学奖，说实在的，是我们的评奖机制保证了它，第八届茅盾文学奖的评奖改变了大评委制，六十一个评委实名投票，等于是现场直播，每一人投票都在《文艺报》和中国作家网上公布，一个表格，评委投了谁一目了然。因此过去有人批评鲁奖、茅奖说是暗箱操作、不透明，实际上我们是在全世界最透明的评奖，没有一个奖像茅奖这么透明，诺贝尔文学奖也是实名投票，但是它要五十年才公开，保密期五十年，我们是当天投当天公开，每一个人都公开，公开的结果当然是很好。

就是这样一个非常透明严格的评审制度，保证了莫言的《蛙》获奖，我们知道过去西方社会攻击中国社会人权什么什么，主要是四个理由，宗教、民族、劳改犯，再一个是计划生育，过去西方社会说中国人权问题，长年攻击中国就是这四个方面，计划生育是很重要的一个方面，说我们计划生育违反人权。那么《蛙》这个作品尖锐的反思是什么？说中国文学没有思想性，应该说是顾彬的一个偏见。

第四点，顾彬反对的就是语言问题，他说莫言的语言泥沙俱下、芜杂不堪，太不精致了，太有问题了。当然说莫言的语言有问题的也不是顾彬一个人，国内批评家也有批评莫言语言的，说莫言的、地、得不分，其实这批评有一定的道理，但实际上也还有另外一个问题，就是文学的语言不是教科书的语言，它是有区别的，文学更多的有一个风格的要求，有一个修辞的要求，因为我们有的时候讲莫言，你可以把莫言的语言改得非常精致、精炼，符合语法、修辞的规范，但可能那就不是莫言。我们有时候在想，我们这个文学语言的最高成就怎么评价？有的时候一个作家的语言的辨识度是一个重要的方面，就是辨识度，你一个作家语言的风格、辨识度应该很高，但是今天的中国当代作家辨识度高的很少，就是我们能不能把这个作家的一个作品拿来，没有他的名字你就知道是谁的，我想莫言是其中的一个作家。有很多作家，实际上是没有辨识度的，语言是没有辨识度的，因此我想顾彬他有他的道理，但也有偏见。不管怎么样，我们觉得顾彬这样一个批评家，或者说一个汉学家，他对中国当代文学的这种否定，他有他的学科背景，西方的这种意识形态背景和学术背景，因此我们完全可以不把他当回事，但他之所以会成为一个事，是因为他在中国社会得到了一个非常深层的呼应，这个呼应是很明显的，表面上有的时候我们在公共场合批判顾彬，但是转过身去就在夸奖他，而且顾彬在私下场合从来没有听到，基本上都是称赞他、给他竖大拇指的，而且顾彬说中国当代文学垃圾，是你们中国人告诉我的，本来他研究中国古代文学，后来他研究中国现当代文学，他说他见到中国的现当代作家、诗人，都跟他说你千万别研究，说那都是垃圾，他就天真地都相信了。

顾彬这个话，实际上让我们警惕的不是顾彬，而是我们整个中国社会那种内在潜藏的对于中国文学的否定的、抵制的，甚至是敌意的态度，因此我们会发现，莫言获奖之后，你看看网络媒体这种舆情，我觉得我们在今天，面对中国当代文学，我们可以看出就是这么一个现实，就是尖锐的、对立的观点和评奖，导致了在从事当代文学研究的时候，我们可能会比较迷茫，不知道文学的真相是什么，当代文学究竟是一个什么样的真相，可能是看不清楚了。我想这应该说是我们一个真实的当代文学的处境，因此我们要习惯于在这样一个处境里从事文学工作，我们不要幻想今天还有一个对于中国当代文学的统一的看法，统一已经不可能了。

因此我想讲的，就是怎么看待中国当代文学评价的分歧，就是我们要习惯这种冲突分歧。也要习惯在这样一种分歧里从事文学、面对文学、看待文学，我们不必把这种分歧看得多么严重，其实这是很正常的一个状况。当然我们对于怎么造成这种分歧的原因，也要有一个清醒的认识，关于中国当代文学的分歧的原因，我觉得可以从时代和社会两个层面来看。从时代层面来说，我觉得有两个原因，是对我们看待评价当代文学影响非常重要的。一个就是全社会的信任危机，信任危机，我们大家所有人都能感受到人与人之间的那种信任，包括读者对作家的信任、读者对文学的信任都丧失了，现在整个社会，任何一个事都是撕裂的，不仅仅是对文学是撕裂的，你想想我们每一个公共事件，都是对立的观点，这种不信任、这种对立已经成为社会的常态，面对文学和面对社会的其他任何事件都是一样的，我想这一点我觉得大家都能感受到，我不再多讲。

第二个我觉得就是高科技带来的文学危机，高科技的发展改变了我们的生活，但也改变了我们对文学的态度，就是我们整个生活因为高科技时代的到来发生了巨大的变化，现在人工智能发展已经到了什么程度，就是下围棋的，阿尔法狗人已经下不过它了，它已经宣布不跟人交手了，不屑于跟人去比了，你看李世石赢了它一盘，柯洁当时说李世石太差了，还输给它，他肯定能赢，柯洁是0：3，一盘没赢，这还是阿尔法狗1代，阿尔法狗2代那计算就更快了，人根本就没有办法跟它下了，因此现在阿尔法狗已经宣布不跟人下了，因为后来一些顶尖的棋手，跟阿尔法狗打车轮战，没有一个人能赢它的，现在已经封棋了。再比如说我们今天的电子化、娱乐化，改变了我们的消费方式、精神生活方式，因为我们过去都是看书，读书是一个精神享受、精神娱乐的方式，但是现在电子娱乐、声音图画这些取代了文字对我们的重要性，文字对于我们的重要性大为下降，因此我想这个也导致了我们时代的巨大转型。包括阅读方式，现在很多年轻人，都已经电子化阅读，有时候许多大学生上四年大学没有教材，我们很难理解，我说你四年大学就白上了，书都没有，你读了什么大学，现在人家就是这样，全部是电子化的，已经不用教材了。那么文学阅读，过去说我们还是比较保守、传统的，觉得读书不捧着一本书读那有什么感觉，古代文人还要红袖添香营造阅读气氛，现在连书都没有，捧着手机在读，当时觉得不可思议，现在已经成为一个现实了。真正拿书读的还是很少的，因此我想这个电子阅读，在我们看来是对文学性、文学感受力有很大伤害的。我们读一本书要去体味、感受文学的精妙之处、细微之处，但是电子阅读都是加速度的阅读，是要快马加鞭地奔着情节、追着情节走的，为什么网络文学都那么长，几百万字，与阅读方式相适应的，因此我想对文学性的流失，我们其实是很担心的，当然我们也可以说，将来发展的程度，就是我们整个文学审美方式都会跟电子化相融合，那也是有可能的。但是至少在现在这个过渡阶段，我觉得文学受到的伤害、冲击是非常大的。科技是一个好东西，但是对文学既有好的一面，也有不好的一面，就是文学感觉的钝化我觉得是很明显的，对于文学消费的粗陋化也是很明显的，现在有很多网络文学那么火，但等到把它拿来出版的时候，你会发现没法出版，就是它整个的语法、修辞、用词，这个网络文学语言更不行，更没法弄了，科技时代对于我们的冲击是非常大的，这是第二个，时代的原因。

第三个原因，就是全面阅读危机。我们讲阅读，你不管是电子阅读还是读书，阅读危机在今天应该说对文学的冲击非常大，有的时候我们也经常说，就是我们的文学如果有什么危机的话，不是创作危机，而是文学阅读危机，这个阅读危机表现在很多方面，一个是阅读量严重下降，我们现在一年九千部长篇小说，文学生产力这么繁荣，按理来说需要的是阅读量上升，要与这个生产相配的阅读量，才能对应我们这个时代。但是我们现在这个时代是阅读量下降，过去几年中国的人均读书，一个人一年读六本书，过去是这样。

现在这个阅读，对于文学的现状跟 80 年代有很大的区别，因此我们有时候说，从高原到高峰，都在讲作家应该怎么创作，但实际上有的时候我们忽略了一个重要的维度，就是读者的培养，就是我们这个时代，最需要的就是读者，有的时候我也经常讲，可能是读者的高度决定了文学的高度，你说从高原到高峰，高峰有多高，以什么来丈量，作家的创造力固然是一个方面，但是读者我觉得是一个重要方面，读者的高度是怎么样的，文学的高度就是怎么样的，我就想到 80 年代，为什么大家说 80 年代文学有高度，80 年代的高度，是由 80 年代读者铸就的，现在想想 80 年代那些文学，寻根文学、先锋文学，今天很多作品还是读不懂的，马原的、洪峰的那些先锋小说，余华的、残雪的，特别是残雪的，能读懂吗？到现在还读不懂，但是 80 年代的读者有谁埋怨过这些作家，就是 80 年代读者从来没有人埋怨作家，从来是对作家充满了崇拜，而且 80 年代甚至是说，越是我读不懂，我越是崇拜你，我读不懂，我自己的修养不够，产生自己在文学上的自卑心理，而不会去埋怨这个作家，你写这个读都读不懂。

而今天的读者是什么样的？今天的读者开始埋怨作家，包括我们专业的读者、批评家、大学教授都在埋怨作家，比如说贾平凹的作品，在有些研讨会上，批评家都说，这个作品读不下去，太沉闷了，节奏太慢了，因此才读了前面一点点，贾平凹就发表一个感慨，当时是他的一个新长篇《极花》出版，他看有些年轻读者看他的书，拿他的书，一会儿就看完了，他说我的感觉就两个字：心痛。为什么心痛？因为他写出的作品是用手写，钢笔写，写一部长篇小说，前面的纸篓里要好几篓子的笔，写完一支扔一支，几篓子的笔，费了老长时间写完了，最后读者十分钟就看完了，这是他的心痛，现在就是这么一个现实。我们过去指导研究生、博士生，如果写论文，我说你要写一个长篇小说评论，我说你读三遍再写，就是一个长篇小说一定要读三遍，不读三遍把握不了，你写不好评论。现在不要说三遍，一遍也读不下来，因此我想这个时代这种阅读危机，阅读的变化对文学的冲击是非常大的。我们过去进行文学研究，分析这个细节描写得怎么样，场景描写怎么样，心理描写怎么样，现在你说电子阅读谁有时间去把玩这些东西、品味这些东西？就是文学最精细的东西都被流失、忽略了，我想这个是我们今天文学面临的很大的问题。阅读危机导致的最大的后果是什么？就是全面的审美能力的下降，文学审美能力、文学审美判断力的下降，就是你不知道一个作品好坏，无法对它进行价值判断，这是我们最大的一个问题，因此我们经常讲，现在文学界也失去了话语权、判断力，为什么失去话语权？因为现在很多文学热点都不是文学批评家发现的，都是媒体炒作出来的，因为没有阅读做支撑和判断。从时代原因角度来说，我觉得这三个原因导致了我们面对文学的巨大分歧，没有阅读做支撑，你就没有办法进行说理的批评，没有办法去弥合分歧，我们大家可能都能感受到，比如说在这个房间里，我们是各种各样的人，我们在这聊天，可能会说，你是干什么，你是搞金融的，你是搞工业的，你是搞建筑的，然后另外一个人说你是搞文学的，搞文学的？大家就会说你这个文学很差，当代作家也写不出什么好东西，怎么写的作品这么差？搞文学的就说，你读了哪一部作品觉得不行，他说你们写得那么差谁去读？问题就在这里，就是没有办法去讨论，这个观点的对立就没法讨论，比如说你读了某一个作品，你觉得这里不好，那里不好，那可以，你觉得太差，没法读，根本就没有读，就形成了这样一个观点。

因此我想这个阅读危机对于文学的冲击，从文学内部来说，我们也有责任。如果从文学内部来说，当然首先就是创作本身质量，作家的追求、能力这是一个方面，更重要的方面，就是文学批评失去了它的权威性、公信力，失去了它的力量。文学批评家，文学批评干什么？文学批评应该是把作家作品推荐给读者，就是引导读者热爱文学，这是一个方面。同时，文学批评应该把当代的作家作品引进文学史，在文学史之间搭一座桥梁，也就是说经典化，让他们有一个走向经典、走向文学史的道路，搭建一个道路。还有文学批评干什么？要把这个时代文学的价值发现、呈现、阐释出来，我们这个时代文学的价值是什么，这是文学批评的使命和职能，你要把它发现和阐述，但是我们今天的文学批评，在这方面的能力失效了，我觉得在今天文学批评要改善的当然有很多方面，但是最重要的有两个方面。第一个方面，就是文学批评家要把自己从代言人变成普通的读者、合格的读者、称职的读者。现在批评家身份模糊，批评家认为自己掌握一种话语的权力，认为这个话语权力是天生的，他天生的就可以代表这个时代，对于一个时代的作家作品做出判断，但实际上他们忘了批评家的话语权建立在哪里，建立在他比别人更多的阅读、更专业的阅读的基础上。就是现在批评家他本身就不是一个合格的读者，那你怎么能做一个合格的批评家？因此我们讲现在的批评家，我觉得最主要的放下身段做回一个普通人、普通读者，你不是法官，不是裁判官，如果说你普通读者都不是，那你就什么也不是，没有天赋的权力。我觉得对于批评家来说，首先就是没有人给你发一个代言人的证书，让你去代表这个时代对这个时代文学做出判断，这是我觉得第一个方面。

第二个方面，文学批评中道德的批判取代了审美的分析，我们这个批评界热衷于道德伦理批判，而缺少审美分析，就是对于一个文学文本细读、审美分析，这个能力严重下降，因此现在很多批评家对一个作品，就是找到一个道德制高点，从整体上，从一个道德的角度、伦理的角度对这个作品进行分析，比如说作品是消极的写作，或者是落后的写作等等这样的分析，而对文本本身的判断我觉得失去了，这一点跟我们过去的批评家有巨大的区别。过去的批评家都是文本阅读方面显示自己的才能，文本分析上产生才能，但是我们现在是抽象的批判角度显示自己的才能。今天因为热衷于道德和伦理判断批判，批评能力也发生扭曲。扭曲是什么，是讲真话都出了问题，我们文学批评要讲真话，文学批评要剜烂苹果、讲真话，但是什么是讲真话，现在已经发生某种扭曲，扭曲到什么？就是认为否定中国当代作家，否定中国当代文学就是讲真话，有的时候在这个之间画等号，而肯定中国当代作家、当代文学就变成讲假话，变成小心翼翼。今天一个文学批评，对于一个时代文学价值的肯定反而变成了一个负面的东西，我觉得这个是批评伦理的扭曲，有的时候很多畸形的社会心理影响了文学批评，很多人就觉得，什么叫文学批评，对莫言、贾平凹这些名家批判一通，就是文学批评，就是讲真话，就是勇敢，就是正义。我觉得我们不是说不能够批判名家名作、当代文学，但是有个前提我们应该坚守，如果背离了这几个前提，对作家的否定和批判就是有问题的。一个前提就是对作家劳动的尊重。作家的劳动，我觉得我们搞翻译也好、创作也好，大家都能感受这种艰苦，精神劳动、文字劳动的艰苦，你要相信一个作家，他在写一个作品的时候，他本身一定是想写好一个作品的，他的出发点一定是好的，一个有理想的作家，他一定是要写一个好的作品，有益于世道人心的作品，有文学追求的作品，而不是为了诲淫诲盗去写作。因此我想这一点，这个出发点应该相信。

第二点我觉得要有对文学本身的尊重，就是文学，你要有一个公平的文学观，就是文学价值，要有普遍的价值观，你不能说以一己的观点强加于别人，因为我们讲这个文学作品，不同的人喜欢，我觉得是很正常的，就是说不可能是大家都喜欢，就是在文学界、批评界，文学批评要尊重审美差异化，这是我们今天要解决的问题，就是我们学术评价的、文学评价的民主化，文学观点的尊重，怎么尊重别人的观点，怎么尊重跟你个人不同的观点，我觉得在文学批评界是要解决的一个问题。现在有些批评家，本来他是对这个作家作品不满，到最后他是愤怒都发泄到肯定这个作家作品的批评家身上去了，就是他不能够允许与他自己不同观点的存在，我觉得这个武断的倾向，很值得我们警惕的。我们举一个例子，比如说我们对莫言的一部作品，你否定它，你可以说你是很勇敢、很大胆，我们可以承认你，但是肯定莫言这个作品的人，你认为他就道德上比你低一等吗？审美能力就比你低一等吗？这个是我们在今天要解决的问题，文学观点本身它是平等的，有的时候批评家自我神圣化，自我真理化，把自己扮成一个真理的化身，这导致了批评界的气氛、氛围、生态受到某种程度的冲击，文学批评为什么不能发挥力量？我觉得就是有这个原因，文学批评我们讲是让一个时代的读者，更喜欢这个时代的文学，还是让这个时代的读者讨厌我们的文学，我觉得也是检验批评力量的一个方面，但事实上现在批评界所做的，所达到的，可能是让我们这个时代的读者逃离这个时代的文学，而不是热爱这个时代的文学，在这个角度上，文学批评确实是需要反省和反思，我觉得也是一个原因。

文学自身还有另外一个原因，就是我们对于当代文学经典化的滞后。我们讲为什么现代文学和当代文学这么多年，现代文学都要压制着当代文学，当代文学成为现代文学的尾巴和阴影？就是因为现代文学完成了经典化，当代文学没有完成经典化，而不仅仅没有完成经典化，而且在我们的文学观念上，是阻碍这种经典化的历程，不愿意对它进行经典化。这使得当代文学在评价上的分歧也是一个原因，我们很多文学观点，很多人说当代没有经典，而且当代文学跟经典要保持一点距离，经典要由时间去沉淀，这种观点某种程度上阻碍了经典化，而且我们不自觉地把经典这个概念神圣化、绝对化，因为我们有的时候在谈当代文学的时候，我们就说你这个文学有很多缺点，经典是什么？经典好像是十全十美的，经典是所有人都喜欢的，经典是神圣不可侵犯的，但是大家想一想有这样的作品吗？这个世界上有十全十美的经典吗？有所有人都喜欢的经典吗？没有，所有的经典都是有缺陷的，都是有它自身的问题的。《红楼梦》是所有人都喜欢吗？《红楼梦》不要说本身就不全，后四十回谁写的还没有搞清楚。那我们当然认为它是经典，但是有人不喜欢它，这很正常。实际上我们把经典这个概念神圣化、绝对化的时候，甚至把经典这个概念乌托邦化的时候，我们想干什么呢？就是拒绝当代文学，拒绝当代文学跟经典这个概念发生关系，说穿了就是这么一个心理，我觉得把一个东西想象得遥不可及的时候，我们身边的这些作家、这些人就不会跟它发生关系，在这个方面，文学界、学术界、文学史界这个观点，对当代文学也会造成评价分歧，造成了很大的影响。因此我想我们不管从时代角度、从文学界内部角度，我们都有很多值得思考、值得分析的地方，因为时间关系，我今天主要跟大家交流这个方面的一些话题，因为讲得比较随意、不系统，有些观点也没有展开，有些观点也不一定对，欢迎大家批评指正，课后可以进行交流，今天就到这里，谢谢大家。

文化的力量

白庚胜

主持人：大家学员坐到座位上，把手机置于关闭或者静音状态，今天是我们本届高研班的最后一课，可能对大家来说都有重要的意义，从以前历届高研班作家后来的回忆或者谈论中，他们都会记起他们在高研班很难忘的一堂课，我相信今天这一课也会是大家非常难忘的时刻，我们首先以热烈的掌声欢迎白庚胜主席。我来为大家介绍一下白庚胜主席的学术履历，白庚胜是中国作协副主席、纳西族、文学博士、研究员，他曾经担任中国社会科学院少数民族文学研究所研究员、副所长，中国少数民族文学学会理事长，中国文联主席团委员等等。他长期从事大文化领域的研究，包括文学创作、文学评论、文化学、民俗学研究，以及文学、文化学术的组织工作，2011年调入中国作家协会担任领导职务，他的著作有《空谷传响》《文华中国》《白庚胜作品选集》《东巴神话研究》《滇云文化实践录》《文心滇云》等几十部，还有多部译著。今天白主席为大家谈谈十九大以来的中国对于文化力量的一种新的认识，我们掌声欢迎白主席开始讲座。

白庚胜：今天是小寒，大寒一过马上春节就要到了，我受鲁院的邀请，来给大家送行，这是咱们的报告文学班最后一次课。我也想起刘伯承在给南京军事学院第一期高级指挥官毕业的时候说了一句话，今天大家毕业就是送虎归山，虎就要到山里去，龙就要到海里边去。我们报告文学作家，我们作家的山和海在哪里？在生活当

106

中，在人民当中，在我们伟大的时代当中。再回到我们生活的土壤之前，在北京经过了好几个月的高级研修班的学习，我坚信大家在这几个月的时间里边，已经听够了，听惯了大作家、大评论家、大编辑们在高深的文学理论、文学创作方面和大家的交流，今天我是作为文学之外的一个文化人、学子的角度，给大家谈一谈十九大的文化精神，十九大以前习近平总书记对于我们文学的一些要求等等。结合我们文学创作的一些实际，大概是这个。

我是昨天从海南归来。十九大以后，我将近有两个月的时间走了五六个省，参加的文学活动是名目繁多，有微电影的、微小说的、报告文学的、诗歌的各种各样的活动，全国各地一片欣欣向荣，一个新时代的气象在哪个地方都可以强烈地感受到，的的确确十八大以来，我们党和国家空前地、高度地重视文化建设，文化里边文学是其中最重要的部分，因为文学在文化里边是最具有情感的，最具有想象的，也是最敏感、最前沿的部分，所以全国各地在重视文化建设的时候，不由自主地把重视文学艺术放在了首位。

我现在开始进入正题，就是十九大已经开过差不多两个半月了，这次十九大有几个重要的成果大家都知道，包括我们文化的，一个是习近平总书记作了一个重要的报告，宣布我们进入了一个新时代，另外一个选出了一个以习近平同志为核心的，我们新的一届党中央的领导，第三个是我们修改了《中国共产党章程》，还有一个很重要的就是这次会议提出了习近平新时代中国特色社会主义思想的体系，这是我们这次十九大非常重要的收获。

十九大的报告通篇都充满了文气，文韵贯通，在中国共产党的思想纲领的基础之上特别重视文化，所以从头到尾每一章、每一节都有文化的内涵，其中第七部分还专门提出新时代文化的目标，文化建设的力量，文化建设的原则等等，文化的性质、文化的结构、文化的功能等等，提出了很多新的思想、新的理论，我想可能有的课有的老师已经讲过，中国作协党组可能已经有党组的领导专门作过这方面的报告，我今天就和大家做一个梳理。第一个就是中国共产党第十九次全国代表大会的工作报告当中，提出的一个非常重要的文化方面的成果，就是提出了我们建设社会主义文化的一个目标，要有方向，要有目标的，一个国家、一个民族的前行，我们这次提出的是这个目标，那就是走中国特色社会主义文化建设的道路。请大家一定记牢，我们是要走中国特色社会主义的道路，要激活全体人民和全国各族人民文化的创造、创新的活力，这是第二个。第三个就是明确提出我们要建设社会主义文化强国，提出了这样一个庄严的目标。总书记在这个讲话当中又一次对文化的重要意义做了很高的判断，说文化是一个国家和一个民族的灵魂，文化兴则民族兴、文化强则国家强，所以现在面临的问题就是我们怎么样让文化强大，适应我们国家今天在国际上的政治地位、经济实力，让我们的社会发展得更加和谐，让我们的文明发展——物质文明和精神文明和谐地发展，这是一个非常重要的任务，党和国家的领导同志都不断地强调文化的重要性，但是这次提出了很重要的目标，这是第一次。

关于我们文化的结构，这次有一个明确的说法，过去在座谈会上也提到了社会主义文化的结构问题，我们这个社会主义的文化结构，就是在马列主义的指导之下，我们的文化是来自于中华民族五千年优秀的文化积淀。另外，党和人民在革命建设和改革开放时期创造的革命的先进的文化，这是第二个部分。最后是立足于我们今天正在进行着的社会主义现代化的建设，在这个过程中创造出来的文化，这是三块。然后还结合了当代世界建设发展过程当中创造的文化，四个大的板块构成了我们今天的社会主义现代化的文化结构。过去我们谈三块比较多，这次我们谈出来是这四个部分结合在一块，是我们今天的文化四块论，大家可能都知道。社会主义现代化建设当中我们要建设的这个文化的性质，是一种什么样的性质，过去我们一直沿用毛泽东同志在《论联合政府》和《新民主主义革命论》等著作当中的说法，我们要建设的就是一种民族的、科学的和大众的文化，这次我们继续了这三个概念的情况之下，我们还强调了三个面向，面向现代化、面向未来、面向世界，这三个方面，然后是民族的、科学的和大众的社会主义的文化。这样一个结构，明显多出来一个三个面向的重要任务，而不是很封闭的、很单纯的文化。

宗教文化是文化的一个部分，宗教的文化，已经有几千年的，先后不同，但是都融入我们的世俗生活当中，如果像基督教圣诞节这样的活动，我们都没有胸怀去包容它，我们还包容什么呢？我们说今天是 2018 年的 1 月 5 号，但是这个 2018 年是一个什么年，那就是基督诞生到今天已经 2018 年了，而且如果丢掉了我们节日当中的一切宗教的因素、宗教文化，我们几乎就没有什么节日文化，我们只会是剩下二十四个节气的大寒、小寒等等，几乎没有任何文化内涵、信仰内涵、审美内涵的纯粹的对物候、对太阳地球运转之间关系的一种确立的节日存在于我们的生活当中。我们说我们马上就过腊八，腊八是什么节？腊八也是宗教的节日，我们老说过端午节，端午也是来自佛教节日，我们来自藏传佛教里边和伊斯兰教里边的节日更多了，各种各样的节日，所以对于信教的教民来说宗教的节日更重要。我们很多节日正在淡化它的信仰的功能，我们已经强化了它的审美的、世俗的、生活化的功能，成为我们今天生活的一个部分。所以我们建设社会主义现代化文明的过程当中，不能忘了祖宗，不忘我们是从哪里来的，所以我们要继承优秀的，适宜于今天社会主义精神文明建设、社会主义现代化设计的一些古老的文化，我们一定要保护它、传承它，还要转化它。

转化是今天对于我们各族人民，对于我们物质生活，对于我们的社会主义有用的文化营养而存在，而并不是简单的排斥，当然我们也有一个抵制三俗的问题，但是这个三俗的问题由谁来定它是俗的，它是圣的，这个我们也不是靠一两个地方政府的文件，就能够确定什么是优的，什么是俗的。这需要人民来挑选，需要这种文化自然地和今天的现代文明结合的程度如何，需要我们有正确的心态，所以我们现在今天的中国人，绝大部分的中国人已经变得越来越成熟，文化的定力越来越强大，所以我也看到，尽管有了舆论在吵，尽管有的地方在说不得过圣诞节，但是人们还是自由地选择着。而且春节被澳大利亚定为国家节日了，所以这就证明全世界各国的文化遗产是可以共享的，不在于节日本身，而在于节日文化的内涵和我们自己对它的态度。

过去我们文化的"二为"方向，文艺为人民服务，我们的文学艺术是为人民大众服务的，首先是为工农兵服务的，为工农兵而创作，为工农兵所利用。到了改革开放之初，邓小平同志在第四次文代会上提出了文学艺术除了为人民服务，还应该加一条为社会主义服务，因为为人民服务这一条是在新民主主义革命时期提出的，我们现在已经进入社会主义现代化的阶段，所以变成现在的"二为"，文艺为人民服务，文艺为社会主义服务。这次我们十九大继续坚持了文艺的"二为"的方向，继续"百花齐放、百家争鸣"，继续强调坚持"双百"方针，适合我们社会主义文艺的繁荣，继续得到坚持和弘扬。

这次主要是增加了两个词，就是刚才所说的创造性转化和创新性发展，这是我们在文学艺术过去的"二为"和"双百"方针之上，加了一个可以叫"两创"，创造性和创新性，这两个词，是这次所加的部分。这次还加大了一个文艺的功能，除了继续强调过去我们文艺的功能之外，有效、很好地协调物质文明和精神文明的关系，这是这次新增加的内容，所以这一次十九大报告里边既有继承的部分，又有发展的部分，十九大的报告当中关于文艺，总书记专门有一段论述，就是我们文艺要坚持以人民为中心的创作导向，继续为我们的社会主义核心价值观的建设做出我们文艺的美学的贡献，这是一个。要继续深入生活，扎根人民，在生活和人民当中表现我们新时代的精神的跨越，然后提出了三有和三抵制的问题，有品位、有格调、有责任，这都是大家记得的，三个抵制，抵制低俗、庸俗和媚俗，这些在我们在座的各位作家的笔下，都得到了很好的贯彻、体现。能来我们这个班学习的同学是非常不容易的，层层选拔，我们层层地在政治上、业务上进行审核以后，才能到作家班里面来，大家都是在这方面做得很出色的、很优秀的作家。然后我们继续为建设社会主义的文化强国，增强我们文化的凝聚力，做出文学的贡献。除了这几个部分之外，还专门谈到关于文化自信的问题。文化自信过去总书记谈了好多次，最早一次是在 2012 年 3 月份参加贵州省两会代表的座谈会上总书记专门谈到了，后来在和哲学社会科学工作者的座谈会上，在和新闻工作者的座谈会上，在建党九十周年的讲话当中，在文学艺术工作座谈会的讲话当中，总书记先后六次谈到文化自信的问题。四个自信，就是理论自信、道路自信、制度自信，还有一个自信就是文化自信。

文化自信是比前三个自信还要重要的自信。文化自信既孕育于前三个自信当中，它还是一个根本性的自信，文化自信在我们整个总体的文化当中有它特殊的价值和意义。然后在中国作协九大、中国文联十大所作的报告中，总书记专门提到为什么要文化自信的问题，他说文化它融入了一个民族的智慧、理念、气韵、气度、神韵，文化是一个民族和一个国家的灵魂，他说文化是最深刻的、最基础的、最广泛的国家认同、民族认同，都存在于此当中。它还是最基本的、最深厚的，所以文化的确是无处不在的。从它的深度来说，从有人的那天就开始有文化，人同动物最本质的区别就是有没有文化，文化有不同的阶段，文化有不同的主体，文化有不同的程度，文化进入到文明，又具有一个非常重要的标志，大家都知道，我们经常都说我们是文明古国，这要比我们是文化古国要强得多，因为文化和古国基本上不在一个层次上，而国家的层次才是文明的尺度之一。什么叫文化？大家都知道中国古代有我们很多祖先圣人，我们的经典当中谈到过文化，有的说是单独谈文，有的是谈文化，有的时候是谈人文，有的时候是谈文明，总的来说文化在符号学的意义上被认为是一个符号，比如《易经》卦辞里边就说所谓的文者就是一个爻，就是一种文明的一种符号。有的说到文化就是治国理政的经纬天地的一种方略，《尚书》里边说文者经纬天地也，我们从事文化工作就是在做经天纬地的工作。《周礼》里边说到礼退则进，继以为文，在我们过去的时代文化层次低就靠礼，行为性的、制度性的东西来约束人，但是这个衰减了，春秋战国到处纷乱，礼崩乐坏的时候到来，那怎么办？就靠文化，就是文化的理念、文化的方式、文化的精神力量凝聚力等等来重新整合社会，所以礼崩乐坏的时代就要继以为文，由文来取代礼，来提升文明层次，建立新的文明秩序。

关于文化的自信，自信这个词大家都知道的，自信就是自己相信自己，没有什么很复杂的。还有人说在西方的社会心理学里边来讲，自信就是一种主体对于自己价值的认定，对于自己现时的认可，和对于自己未来的一种愿景，它表现的就是积极的、主观的一种愿望，一种行为，这就是文化自信在西方社会学里所做的比较简单的一个表意，所以我们文化自信的主体就是我们中华民族，我们中国共产党人，我们中国人民，对于我们自己五千年所创造的文化，对于刚才所说的革命的、建设的和改革时期所创造的文化，我们的精神财富，我们具有充分的价值肯定，而不是自卑，文化自卑，也不是文化的自恋，不是文化的沙文主义，更不是文化的自暴自弃。它是在这两个文化的两种极端的主观主义的对于文化的态度当中走出来，走出自己的自主自立的对于文化价值的认可，对于我们文化成果的积极的肯定，加在一块形成了一个文化自信。

至于怎样才能获得文化自信？有一个社会心理学家提出，大约需要这三种手段能获得文化的自信，一个是文化需要，文化的语言激励，你天天说它不好，天天讽刺它，天天糟践它，再伟大的文化也不能很好地成为我们的精神力量，它会被否定。另外一个它需要情感的唤起，文化既在我们创造当中，很多还在我们的身外，在我们之前，在我们民族之外，在我们的域外也存在着文化，所以要建立起对这种文化的情感，打通我们和它的联系，转换它的各种功能，成为我们今天的一部分，才有可能转化成我们今天的文化的自信。除了文化的激励，文化还有很重要的一种关系，就是我们对于文化要有一种信仰，要提高到一种信仰的层次，我们很多时候，只是把文化当作一种不自觉的存在，甚至认为文化是远离了我们这样一些文化人所进行的文化，没有意识到文化它的存在的广义性，所以广义的文化是无所不在的。文化自信，这一次在《党章》专门提到了今天的文化自信是我们党和国家人民来之不易的一种认识。对文化的认识，我们大家都知道从五四运动以来，我们对于文化的态度曾经出现过很大的偏激，对于文化进行冲击，甚至我们一些今天被认为是文化大师的人，都曾经对汉语的存在，对于汉字的存在，对于我们黄皮肤的，超越文化的关于人种的问题，对于黄色文明和蓝色文明进行比较以后，都对黄色文明的评价问题上，在我们的文化里边，对于汉文化以外的少数民族文化的方面，对于我们民族文化里边，对于底层的老百姓的文化的蔑视程度方面，都曾经出现过不同程度的冲击、批判、诋毁。

我做文化遗产的保护和调查，很多地方都是大东巴、大巫师，他们本身就是精神贵族和政治方面的贵族，所以斗他们的结果是文化都扔掉，这种情况比比皆是。

在我们文化重新得到了尊严、重新重视文化，文化人有思想的自由、创作的自由，所以改革开放四十年来我们在过去文化发展和建设的基础之上有了空前的发展，我们对过去很多极"左"的，对文化的认识，文化的政策措施得到了很大的纠正，所以今天我们坐在这里边是幸运的，是在文学被作为国家和民族的灵魂来对待的今天，我们坐在这里来谈文学，来进行文学的创作，所以的的确确我们非常有幸。今天习近平总书记提出我们又进入了一个伟大的新时代，关于这个伟大的新时代，各位作家可能认识得比我深，我就简单地谈一谈这个时代。我前两天到广东一个地方去讲课，有的人告诉我说，这个时代的起点在哪里，终点在哪里，这个时代和时期，过去叫社会主义改革开放新时期，新时期和新时代是什么关系。从总书记的讲话里边来看，是不是可以这样认为，我们进行社会主义、共产主义这样一个伟大的社会理想的实现，是一个很完整的过程，在这里边分为社会主义阶段和共产主义阶段，马克思、恩格斯所界定的比较发达的社会主义，那就是共产主义，我们一般的初级阶段的社会主义理论，邓小平理论也是从这里边出来的，所以这个伟大的时代是在社会主义和共产主义这样两个阶段里边，我们又处在社会主义的初级阶段，社会主义初级阶段很长，在这个伟大的社会主义、共产主义的初级阶段里边又划出了若干个它的时代，它的时期。

所以我们总书记讲的这个新时代，从时间的起点大约可以把十八大以来，习近平作为党的总书记以来开始算起，已经过来的五年，其实它的很多部署、思想、战略、方针都在这个过程当中已经实施，没有这五年就提不出这样一个伟大的时代。但是这个新时代是以十九大为标志提出来的，进入这个新时代是以前五年的各种努力，作为准备。那作为这个时代，那到底要到什么时代，光从这个时间上说，两个一百年的实现，在此之后还算不算这个新时代，要有一些标准的，标志性的领导人物、标志性的思想体系、标志性的奋斗目标，等等等等，所以至少我们这个时代，起始于十八大。然后总书记他在讲话当中谈到，到建党一百周年只有几年了，然后到2035年是一个阶段，到2050年是一个阶段，而且这个时代还会影响我们未来的中国社会很长的时间，所以，指的是我们实现共产主义的这样一个阶段当中的社会主义初级阶段里边的一个时代，在这样一个时代当中，我们有奋斗目标，我们有纲领、原则、方略，有它的动力问题，在这个伟大的时代里很重要的特点就是社会主要矛盾的划分，过去我们说的是人民群众日益增长的物质和精神的需求，和我们不能满足这些需求之间的矛盾，所以我们社会主义前几十年主要就是解决这个矛盾，而现在这样，总书记提出了我们新的社会的矛盾，就是人民群众对物质和美好生活的追求，和我们满足这种需求当中出现的不平衡不充分的问题，而在民族革命时期我们主要是以阶级斗争、阶级矛盾和帝国主义、封建主义、官僚主义、资本主义的矛盾来实现新民主主义革命，我们新中国成立以后，主要是要将阶级矛盾居于次要的地位，而解决人民群众的不发展、贫困、落后，建立一个全新的社会主义国家的政治体制、经济体制、文化体制成为我们首要的任务，而今天我们已经基本解决了衣食住行等等，基本的国家体制建设和人民群众基本的生存问题，现在关键就是我们要在精神文化和社会发展的"五个全面"这样一个格局里边来考虑这个新的时代，可能会精准一点。

现在我们文学艺术也有很多不能满足人民群众对于我们文学需求的问题，尽管我们的文学艺术取得了很辉煌的成就，我们中国作家协会就肩负着在党的文艺政策的领导之下，团结凝聚全国广大文艺工作者，特别是文学工作者，为社会提供最好的精神文化方面的服务，这样一些重要的任务。大家都是搞报告文学的，我现在结合中国作协的情况给大家谈一谈。报告文学在中国作家协会的工作当中，是一个很重要的力量，我们有一个报告文学学会，还有一个纪实文学学会，还有一个国际报告纪实文学学会，所以中国作家协会所管的团体，报告文学就占了三个。

作家协会这几年和全国各个省部单位进行合作当中，最受欢迎的可能就是报告文学，在中国作家协会党组和书记处，我是分管创作联络部工作，我们现在有那么几项大的活动，人家明确提出，我们只需要报告文学，因为大家都知道报告文学的特性，它的及时性、真实性，都很适合反映我们当下活生生的生活，惊天动地的生活。所以有那么几项，比如我们和中国科学院正做一个很大的合作，科技报国七十年，就是写现在还活着的科学家，他们七十年以来和他的老师、团队，为中国科学技术做出的重大的成就，白春礼院长和我是主编，我们这套书要献给新中国成立七十周年。这几年正在做一套重要的报告文学的丛书，每个部委推荐了几百个项目，现在初选是四十部，这项工作现在已经完成了十部，到了2019年就要结束。到任何单位的采访，由部委和中国作协联合发文，让大家的采访更顺利一些。另外是每一部书的写作，我们分三次提供补贴。

所以我们每一种文学题材，在中国作家协会都得到同样的重视，但是我们现在急需报告文学作家的成长，急需报告文学来描写我们这个伟大的时代，为我们这个时代谱写伟大的、活生生的、现实的史诗。这是第二个，对于报告文学在中国作家协会的工作状况，受重视活跃的程度。

中国作家协会在鲁院连续办了好多期报告文学作家培训班，感谢鲁院老师精心地设计、安排课程，然后我们很多报告文学的作家，从这毕业回到社会以后，成绩辉煌，有的不是中国作家协会会员的加入了会员，在我们各项获奖的比例当中，报告文学是最活跃的一支力量，获奖的名额很多，参评的数量很多，质量也很高。

这几年我带领中国作家协会的会员进行采风活动，这些采风活动，有部分诗歌的作者和小说的作者，但是绝大部分的成员都是报告文学的作家。我们这几年搞的南水北调中线、东线几次活动基本上都是报告文学的作家，这几年我带着团去戈壁丝绸之路、草原丝绸之路、森林丝绸之路、海上丝绸之路搞了四大团队活动，还有国际丝绸之路，我们走了好几段，参加活动的人也基本上都是报告文学作家。所以在中国文学的重大选题活动当中，报告文学和报告文学的作家发挥了巨大的作用，我们现在还要组织更重要的活动，所以特别期待着在座的各位同志，以后多参加中国作家协会的重大主题活动，这个主题活动我们一般都是这样的，按照党和国家重大的当年的宣传文化主题来设计我们的活动，跟着主旋律走，经费由中国作家协会来支出，要求同志们按照这些主题写出有关作品，来回过头来申报每年 2 月中国作家协会的重点作品的征集活动。我们再进行推荐、研讨，影视剧改编，推荐对外翻译和出版的整个工程在后边跟着，今天中国作家协会的任何工作都没有单打独斗的，都是我们通过层层递进的方式、环环相扣的方式，我们要用全覆盖、全方位的方式为作家服务，这个请大家多注意中国作家通讯里边每年每个月都在不断地发布这样的公告，几月几日有什么活动，要组织什么活动，多注意中国作家网。更积极地、更主动地来参与描写我们的时代、描写我们的生活、描写我们人民的当下的一切的这样一些重大活动，让我们的写作跟上时代的主旋律，跟上时代的步伐，比起你单打独斗，你还是在一种氛围当中、结构当中、体系当中活动，要成功、要快一些。曹雪芹可能一辈子一部，慢慢地几十年磨一部，报告文学就要报告当下最紧急的、最新鲜的、最震撼人心的、我们人民最关心的问题，你们的回答，你们的思考，给予社会影响，我们期待的是这个。

所以中国作家协会在这方面有足够的力量为大家做好服务，所以请大家继续和我们中国作家协会创联部和创研部保持密切的联系，多参加中国作家协会的活动，这是我的一个期待。

关于文化，这一段时间我发现我们作家的文化品位是当前需要解决的一个很重大的问题。我们在座的人在文学上有语言驾驭的能力、情节设计的能力、人物塑造的水平，基本上都没有问题，在省市和在全国都是很有影响的人，我们现在重要的是要补文化课。

你们这一代好多了，各位都是 70 年代、80 年代生人，我们 50年代这拨人，我的老师跟我说，庚胜，别看你拿了博士、博士后、日本留学，冠冕堂皇，你们这一代人，先天不足，后天失调，是不是，脑子里边缺乏整体性，缺乏梳理，所以我们文化欠缺的东西太多了。我原来是搞物理的，后来上了大学必须学文学，为了给县里边当一个高中老师，缺一个会说普通话的老师，就让我来，又搞文学，后来又去搞语言学、文字学，后来我到日本学的是人类学、色彩学，回到国内再做博士后去做民俗学、文化遗产学，什么都懂一点，什么都会一点点，什么都不深，所以我自己好像什么都能插上话，什么都说不深，很惭愧，所以像我这样的人肯定不在高原，更不在高峰。所以我很惭愧，但是好在我只是一个领导干部，大家不一样的，要多写流传后世的东西、影响别人的作品，所以要自己先丰富起来，要让别人有知识，自己首先要有知，后边还要有识，知和识是两个东西，学历和学力也是两个东西，有这个经历不一定有这个力量，有这个实力，今天说了我们要讲文化的实力，所以希望大家在现有的知识、基础之上，不要满足，不断地学，越学越无知，越不学觉得越满足，自己觉得懂得很多。这几年我在做一个大的节目，五百集，中国地名文化电视剧，我走遍全中国差不多，中国两千八百六十三个县，我现在走了差不多两千个县，每一个地名的发现才让你感到你对中国是那么无知。满语怎么说、朝鲜语怎么说、蒙语怎么说、汉语怎么说，今天我们的现代汉语的地名和过去的地名怎么样，历史故事、民族迁徙，各种宗教斗争在那个地名里边，这个民族走了地名留着，那个民族来了，又在这个地方重新布局新的地名，我们九百六十万平方公里的地名，就是一个活生生的中国文化版图，里边有政治、军事、民族、宗教等各种各样的丰富得不得了，一个小小的地名，有科技、有道德，什么都有，深厚无比，民政部要我去当中国地名文化大使，看地名志，看地方史志，一个一个的老百姓访问，前两天我为了搞清几个地名，跑一天，全民族都不知道这个词是什么意思了，但是你就得去大量地查书，有一天我搞清两个地名，每个地名搞清回来都是非常高兴、满载而归的感觉，所以大家需要学的东西太多，先从急用开始，从身边开始，由远及近，由近而远，不断放大知识的领域，然后这些知识的分类体系，全部搁在你的脑子的抽屉里边，一格一格全分好，几个层次，几个类别，有很多办法可以把知识储存下来。

知识爆炸，有的人说用不着记，用不着读，电脑的时代太简单了，一打开磁盘里什么都是，我告诉大家，我们现在很多人手中有电脑的都是神仙，离开了电，电一旦有问题，手机一旦丢了，有毛病了，你简直就是猪脑，什么都不懂了，所以不要过分地相信电脑，最核心的那个知识，就是要储存在自己脑子里，电脑里边的知识你没法合成，咱们写作当中可能常常有这样的经验，他是他，你是你，我不要的怎么又来了，我要的部分怎么也调不出来，人脑不一样，人脑可以把所有的知识都能在一个时间全部组合成你所需要的那点精华出来，所以要坚定自己的记忆力的重要性，知识储存的重要性，大量地背诵。我现在已经是六十岁的老头，每天早上起来还要背背古文，毕竟上过中文系，汉赋、楚辞、唐诗、宋词，我自己又是纳西族，你说纳西族的民间长诗、短调你还得会背，有的时候半夜醒来就复习复习，只要脑子里有满满的知识，你写出来的文章就灵动、丰富饱满，就怕干瘪、瞎编乱造，那个东西都不能感动人的。所以知识的高度没有，我们到不了高峰，实际高原都到不了，我们就在低原。

所以作家肩上承担的责任是非常沉重的，用总书记的话说我们不忘初心、方得始终，我们现在改了叫牢记使命、不忘初心，所以希望大家回到全国各地以后，为我们中华民族的人文精神的重构，实现两个一百年的奋斗目标，建设我们社会主义现代化的强国，做出我们的贡献。在总书记的报告当中，在回顾五年来的工作，谈到十三个方面的工作的时候，对于我们的文学艺术也给予了高度的评价，对于文化工作给予了很充分的肯定，但他这个文化是比较广义的，包括了思想建设，党对意识形态的领导，党建工程，马克思主义中国化、大众化的成果，大众化、现代化、生活化的结果，还谈到了科学技术、教育卫生，都包括在里边，总共十三条，里边谈到了文化的体制改革，文化机制改革，公共文化服务建设，我们的文学艺术，总书记做了很高的评价。在新的伟大的时代当中，文学将会继续有大的作为，他在谈到少数民族的时候，专门谈到要继续"四个认同"，我们也要贯彻文学和文化当中的国家认同、民族认同、文化认同，这几个认同非常重要。在谈到国际文化交流的时候，谈到很重要的三个超越，第一个就是文化，我们尊重文化的多样性，所以要用文化的交流来超越文化的阻隔，要用文明的共建来超越文明的冲突，要用文明的共存并存来超越文明的沙文主义、大国主义。提出中国要继续坚持文化的多样性，尊重文明的多样性、多元性，现在世界上有些国家它不太坚持，不太愿意，甚至反对文化的多样性，他们要的是西方化，甚至美国化，哪一个国家你是一元，你也是一样，那么这个世界不就乱套了。

正因为有了多样的文化，人类的智慧、情感、经验才可以分享，才让我们可以重新组合再造出新的文化，只有一种精英的文化，这个物种就要灭亡，所有的精英，不同的精英在不断地交织着，不断组合着的那一天，我们就有可能产生人类新的出路、新的可能、新的文化，文化没有形态、形象叫无样，没有特点、没有特征，文化只有一样行不行，文化只有两样行不行，文化只要少样行不行，中华民族就是文化多样性，是让我们生存和发展的，未来充满生机勃勃的愿景的最根本的原因，世界上五大宗教我们全有的，世界上七大语系中五大语系中国都有的，光佛教我们有小乘佛教、大乘佛教，大乘佛教里边我们还有藏、蒙藏传佛教的体系，我们还有汉传佛教，从六祖达摩开始以来，汉传佛教里面又有五大宗、九小宗，又分各种不同的宗教，按照它的时间和地理条件不断变换着它存在的形态，而宗旨是一致的。现在世界上存在六千种语言，到这个世纪末将只会有六百种，灭亡的速度很快，五千四百多种没有了，中国正在进行大规模的地方方言的保护工作，这个工程搞了差不多二十年了，我们要做民族语言的保护工作，中国的文字库的建设，我们的语言文字都非常丰富，强大的伟大的中华文化，认同感越来越大，越来越和谐，世界上哪个国家有本事把十四亿人，几十个民族，那么多的宗教结合在一起，形成一个美丽的精神家园，没有的。所以总书记在这个讲话当中，明确打出了我们要保护文化多样性，尊重文化多样性，来抵制这种文化的沙文主义。孔子儒家的理论当中，它是四海之内皆兄弟，孔子的理论、儒家的理论基本上没有把全世界变成一的概念，它是和而不同，大家都要存在，但是大家不要吵架，小吵架可能有，不要有抵抗性的吵架，更不能拿出刀子。文明冲突论，亨廷顿、福山这些人过去提出这个，现在福山自己也在变，亨廷顿也在发生变化，在中国这些年巨大的崛起当中发现了中华优秀文化传统，特别是儒家文化传统的优越性，它柔、它广、它辩证、它整体、它重情，工业文明时代是最无情的时代，工业文明是最标准化的一代，千人一面、万人一面，都是模式化的生产，成批量的，而中国文化最重人的个性、民族的个性、地域文化的个性，今天这一切中国文化传统当中的优秀的东西，都在十九大的报告当中得到肯定，都在习总书记的报告当中得到了肯定。

我们要继承中华民族五千年来积淀而成的优秀的民族精神、民族遗产，也要把国外的先进的部分，不是囫囵吞枣，以地域来取代时间，或者以时间来取代价值，这种东西是有用没有用，对于我们民族的生存发展有没有用，符不符合我们美的原则，适不适合我们用文学的形式来歌颂它，或者抨击它，对不对。

今天最后一课，大家都还要马上吃饭，忙着回家整理东西，今天的交流也就到此，电子课件没有带，也没有文字的东西，就算是咱们毕业的最后一天，做一个简单的话别，我已经退出了一线，现在在二线，一线二线都是线，永远离不开为作家服务、为文学服务，所以请大家，中国作协有什么事需要我们办，需要给党组转达的，甚至我自己能力所及、能做到的，请大家回去以后跟我保持联系，我们也不遗余力地为大家做好服务工作，所以再次祝大家即将到来的 2018 年幸福、快乐、圆满，谢谢大家。

从唐德刚先生的一个疑问讲起

刘心武

主持人：今天下午我们非常荣幸地邀请到当代作家刘心武老师来给大家授课，我建议大家先以热烈的掌声对刘老师表示欢迎。刘老师 1942 年生于四川成都，1958 年开始发表作品，70 年代参与创刊了《十月》并担任编辑，后任《人民文学》主编，1977 年发表短篇小说《班主任》，开伤痕文学之新声，并被认为是新世纪文学的发轫之作，获全国首届优秀短篇小说奖第一名。短篇小说《我爱每一片绿叶》再获 1979 年全国优秀短篇小说奖。长篇小说有《钟鼓楼》《四牌楼》《栖凤楼》《风过耳》《飘窗》等，其中《钟鼓楼》获第二届茅盾文学奖。刘老师出版有《刘心武文存》四十卷，在海内外出版个人专著近三百种，作品被译为英、法、德、日、意等十几种语言文字发表出版。刘老师 20 世纪 90 年代以后开始转向《红楼梦》研究，出版有专著《刘心武揭秘红楼梦》以及《刘心武续红楼梦》等，对红学界民间的普及与发展起到了积极作用。今天刘老师带给大家的题目是《从唐德刚先生的一个疑问讲起》，大家都知道唐德刚先生是著名的史学家、红学家，那么今天刘老师带来的疑问是什么，下面我们以热烈的掌声有请刘老师。

刘心武：今天跟大家在一起聊一聊《红楼梦》——《从唐德刚先生的一个疑问讲起》，唐德刚先生是 1949 年以前从中国大陆到美国去发展自己的学术成果的一个人士。后来在美国哥伦比亚大学他就功成名就了，成为了一个著名的史学家。他的主要研究方向是中国近代史，他最著名的著作是《晚清七十年》，可能有一部分用英文写的，后面有的地方直接用中文写的，这个本子现在在中国大陆很容易找到。

他后来又专门从事口述历史的整理工作，像一些近代史的历史名人顾维钧、胡适他都做过他们的口述历史。他晚年做张学良的口述历史，可惜由于一些客观原因，这些事情没有最后完成。唐先生虽然主攻方向是中国近代史，但是他也研究《红楼梦》，他对《红楼梦》的文本就提出了一个有名的疑问，有心人才能提出这样一个疑问。有人读《红楼梦》读了也不止一遍了，却从来没有产生过这样的疑问。这个疑问就是说：请问《红楼梦》为什么写女不写脚、写男不写头？你读《红楼梦》产生过这个疑问吗？当然他提出这个疑问以后很快就有人校正他，说唐先生，您对《红楼梦》读得不够细，应该对《红楼梦》进行文本细读，先说《红楼梦》写女究竟写没写到过脚。那么有人指出是写到过的。我们现在讨论《红楼梦》主要是讨论传下来的古本《红楼梦》，就是可以确定为曹雪芹所写的前八十回，今天我对《红楼梦》讨论就基本上是跟大家来讨论这个前八十回。

前八十回里面写没写到过女人的脚，其实是写到过的，但是你仔细读的话，很明确地写到这个脚的大小的话就有两句，一句是后来讲到在贾母的院子里伺候她有一个丫头是傻大姐，说傻大姐的一双大脚，这是一句。明确就是写女人把她脚写了，说她是个大脚。还有一句是写尤三姐，就是尤二姐被贾琏偷娶以后，就在胡同搞了一个小院子，贾琏在那儿包二奶。那么这种情况下，贾珍也到那儿去揩油，主要是想揩尤三姐的油，想调戏她、玩弄她。最后有一天贾琏和贾珍两个人同时来调戏尤三姐，尤三姐反抗，于是就有一句，就是尤三姐为了反抗他们，把他们当作调笑的对象，嬉笑怒骂，这个时候尤三姐一双金莲或敲或并，很明确写到了金莲，金莲就是女子缠足所缠成畸形的那个形态。

那么你再细抠的话，间接写到女子脚的地方也还是有。比如说写晴雯，晴雯是宝玉心爱的一个丫头。说有一天怡红院一大早晴雯她们起床以后就互相大闹，说晴雯穿着红睡鞋，睡鞋大脚妇女、天足妇女是不会有的。晚上睡觉天足的妇女一般是不会穿着鞋睡觉的，但是缠足的妇女基本上睡觉都要穿一种睡鞋，那么就写到了晴雯穿着红睡鞋，可见晴雯是小脚，是三寸金莲。还有一个佐证，你读得细读到后面晴雯被王夫人迫害死掉了，死掉以后宝玉就写了一篇诔文悼念她。这诔文里面有两句你有印象吗，叫作"捉迷屏后，莲瓣无声"。就是回忆他们在一起生活时候有时候捉迷藏，在屏风后头躲着，晴雯躲着以后莲瓣无声，莲瓣就是三寸金莲，就是小脚的意思，就是她静悄悄的不出声音，所以也写到了小脚。书里面写后来王熙凤趁着贾琏出差就把尤二姐骗到了荣国府，而且带她去见贾母。贾母为什么见她啊，因为王熙凤不生男孩，在小说故事发展到那个阶段之后她始终要贾琏生下一个儿子，所以作为一个封建大家庭的家长贾母，虽然她很宠着王熙凤，但是她觉得这种情况下贾琏纳妾还是可以的。顺理成章地，所以就接见了尤二姐。接见尤二姐的时候你注意那个描写，贾母说让这个丫头走近我看，一看这个容貌很美丽，然后看手，而且贾母那个时候就有这个老花镜，因为在小说所描写那个时代，清代已经有很多地方引进了西方的东西，像这个小说里面有玻璃镜，有西洋的药，有好多西洋的玩意儿，西洋自行船都有了。所以这个贾母就戴着老花镜看，这手也不错，然后丫鬟就把尤二姐的裙子提起来让贾母看，什么意思啊，看什么呀？看脚。就是说尤二姐是一个汉族妇女，那个时候看汉族妇女是不是一个完整的美人儿，要从头看到脚，最后贾母很满意，说果然是一个整齐的孩子。就是也写到了脚，可见尤二姐和尤三姐是汉族妇女，她们都缠足。

另外里面有一个角色叫邢岫烟，邢夫人的亲戚，邢夫人的侄女，宝玉在园子里走动，看对面邢岫烟是颤颤巍巍走过来，这就说明岫烟很可能是缠足，而且缠得很小，所以她走路才会颤颤巍巍。这些地方就说明不是完全没有写脚。所以唐先生这个疑问提出来以后，就有人跟他较真。说您主攻方向是中国近代史，那么中国妇女缠足史您研究得还不透。而且对《红楼梦》里的文本细读不够，《红楼梦》里面写女的不是完全没有写到脚。即便有人这么提出来了意见，但是唐先生还是坚持自己的疑问，因为这确实是值得我们琢磨的疑问。

在明清往前咱们就先不捋了，明清两代的通俗小说当中，写女性，写汉族女子，写三寸金莲，不但是不去回避，而且会成为描写的重点。比如说产生在明代晚期的《金瓶梅》，这个女子的脚是全书文本当中非常重要的组成部分，一定要写。其中男主人公西门庆，他对女子的欣赏，很多时候他是要集中在女子肢体当中的这个部位，就是小脚，他要把玩，而且认为是最能够引起自己性欲的一个身体的组成部分。《金瓶梅》这种文字就很多了。

那么到了清代，和《红楼梦》产生的时间差得不太远的比如说蒲松龄用文言写的《聊斋志异》，《聊斋志异》他回避写女子的脚吗？不回避的，它里面写狐仙变成女子很多地方都要写到三寸金莲，写这个男性玩弄女子三寸金莲，不但不回避，有时候还当作一个很重要的情节来展现。其他明清一些通俗小说都不回避，写汉族女子缠足，简直就是题中之义，是不可避免要写到的。这样一对比的话就发现曹雪芹写《红楼梦》确实他是在回避，他真是不怎么写女子的脚。像刚才举的例子是好像迫不得已，一不留神写出来的，他一提起精神来掌握这个文本时他就一定要避免去写女子的脚部。上半身写得很充分，女子的相貌，头饰，服装，包括服装上的花边，以及一些附带的比如说手帕、汗巾子，他都写得很仔细。但是一到脚，对不起，现在我请问大家，咱们讨论一下，林黛玉是大脚是小脚，薛宝钗呢，史湘云呢，贾氏四小姐呢，你明确告诉我大脚小脚。那么当然有人就说了，说满族妇女是不缠足的，汉族妇女是缠足的。那么因此这个问题就进一步，你告诉我林黛玉是汉族还是满族，薛宝钗呢，史湘云呢，贾氏四姐妹呢。作者你写一部长篇小说你回避什么呀，你干吗呢，曹雪芹你什么毛病啊，就是不写。他一不留神写了一个尤三姐，一不留神他说了一个傻大姐，大脚，小脚，明确写出来就两句。八十万字，咱们不说八十回后丢失的文字，就是他传下来八十回差不多八十万字文本里面就两句写到女子的脚，能不写就不写，他怎么了？他什么创作心理？不值得探究吗，唐先生这个问题难道没有价值吗？很有价值，而唐先生问题是两部分，第一部分是为什么写女不写脚，同时为什么写男不写头。

说写头的啊，贾宝玉他写了头，但是贾宝玉作为一个男性，他头部的形态是满族男子的形态吗？不是的。是明代的汉族男子的形态吗？也不是。他为贾宝玉设计这个非常特殊的一个发型，他说他是把胎发，一说胎发这就是汉族男子的做派。满族是不留胎发的，要把前面半个头的头发完全剃光，剩下的头发留起来以后编起一条辫子甩在脑后，这是满族男子的形态。那么汉族原来就是留胎发，但并不是把它编一条辫子，留胎发以后，就是到了成年了，其实他们说的成年就是咱们的少年时代，他就认为是成年了，就是要总角，就是头发比较多了以后要把这个头发在头顶拿布把它开始第一次扎起来了，就说明这个孩子开始长大了。再大以后头发就要盘在头上。所以你看看明代以前那些古代达人的画像，包括咱们这个文学院那些古人的画像都是一个很大的冠，那冠是空的吗？不是的，就是把头发套着。说为什么会有两个翅子啊，其实就是套上以后要把它捆紧，然后把它加以美化，形成翅子。当然做了官以后，官帽有翅子就设计得特别夸张，代表他的威严，成为一种另外的意味。汉族男子在明代以前是那样的。

满族是要把胎发剃掉，前半个头一定要是光的。正面看有时候觉得就是光头，一转过身来后面一条辫子。宝玉是怎么设计这个发型啊？作者写得很清楚，他把胎发都留着，然后把周遭胎发都先编成小辫，然后汇聚到头顶。然后再汇成一条大辫子，用四颗珠子装饰，最后用一个坠子，八角坠把它坠住。作者为贾宝玉设计一种中国古代男人前面没有后面没有的特殊的发型，是他个人一种艺术想象、艺术创造。非满非汉。但是这个发型很好看，也为后来把《红楼梦》改编成其他艺术形式提供了很好的一个资料，所以后来舞台上、电影上、电视剧里面，宝玉化装就很省事，因为小说里有现成的指示。还戴一个小冠，很美丽。但是这不是在写清代男子的发型。他写其他男子的头部的发型就一个字都没有。贾珍是什么发型，贾琏呢，贾政、贾赦、贾敬呢，想一想。所以从上世纪起就有人把《红楼梦》改编成舞台剧，改编成电影和电视连续剧，当然电视连续剧是上世纪后半期才有的。就都碰到一个问题，就是这个男性穿什么服装，做什么头形？都知道《红楼梦》虽然作者说这个故事的地域邦国、朝代系年都视若无考，但是都知道实际上它是以清代为背景的故事。那么我们要在舞台上，在电影上把它立体化、形象化、具象化，男的怎么办？想来想去，没办法，就全部采用明代的男子的服饰和明代男子的头部的处理方式。宝玉例外，其他男子全那么处理。

那么曹雪芹写男子留辫子怎么就不行呢？现在仔细一想，我听了唐先生的话以后我就大有同感，你怎么回事啊，你写小说能这么写吗？说是一部现实主义的剧作，你现实吗？清代男子留辫子为什么不写啊？包括男子的服装就非常含混。宝玉不含混，宝玉总是例外，其他就非常含混。说这个是明代的官袍的形态还是清代长袍马褂，清代贵族男子也戴帽子，镶一块玉，他都没有。他写男不写头，这是怎么回事？读《红楼梦》，研究《红楼梦》，你不解决这个疑问的话，说句老实话，你原来对《红楼梦》的那种欣赏和崇拜都可能轰毁。所以唐先生我是很佩服他，他提出这个疑问是有价值的。可惜唐先生提出来问题，他也试图解答，他解答了我个人认为唐突一下，不好，他没解答好。他也不把它解答好了，为什么？因为他提出问题不久就爆发了唐夏笔战，这件事大家知道吧。我第一次到美国，到纽约是1987年，那个时候我还没开始发表关于《红楼梦》的文字，当然我很早就是一个《红楼梦》的热心读者，我也知道唐先生那个时候已经提出这个疑问了。他那时候已经在海外发表了他的见解，他问大家为什么《红楼梦》写女不写脚、写男不写头。我是带着这个问题到纽约去的。

纽约到目前为止它的华人华裔的文化圈有一个好的传统，就是凡是大陆、台湾，海外其他地方去的不在美国定居的这些作家、文化人，他们总有人发起在纽约唐人街的聚餐会。那么在那儿的一些有影响的和一些热爱文学的人士都会出席。一般情况下像唐先生、夏先生夏志清，还有董鼎山大家都耳熟能详的这些人，后来像王鼎钧，他们都会到场。1987年我去的时候我就期待唐先生和夏先生都到场，因为这两个人是我在大陆就已经听得很多的。听得最多的还不是唐先生，而是夏先生，夏志清。夏志清比唐先生小一岁，也是1949年以前从大陆到美国去发展自己的学术事业的。他的学术成果直到今天大家还称颂的就是他在1961年用英文写的那本《中国现代小说史》，在座的可能都读过。他1961年就已经完成这部著作了，而且后来就在西方成为一个很权威的认识中国现代文学的书，在西方各大学，尤其在美国各大学的东亚文学系具有教科书的性质。但这本书很长时间在我们中国大陆不但没有影响，根本就不知道。

我到了纽约，我就很高兴地参加唐人街的这个餐聚，唐先生来了，我很高兴。他一口安徽口音的国语，不断地哈哈大笑，非常爽朗的一个人，见了我就跟老熟人似的，挨着我坐。我就盼着夏先生出现，因为夏先生我更愿意见到呀，因为那个时候夏先生的一本《中国现代小说史》的中译本就传到大陆了，夏先生直接用英文写的，他的英文非常好。有好几种不同的译本，其中我看了刘绍铭那个译本，我也见过刘绍铭先生。

现在一到咱们鲁院大厅就看见了，我就发现有张爱玲的像，我当年虽然是一个狂妄文学青年，我不但没读过张爱玲的作品，我没听过这个名字，那个时候张爱玲在中国文学界一点地位都没有，一点声音都没有，完全是一个不进入文学信息库的人物。直到改革开放之前都是这样的，沈从文也是一样，沈从文略好一点，讲中国现代文学史有的大学可能偶尔提一下，新中国成立以后他跑到历史博物馆去研究中国的古代服饰，那么讨生活。整个文学界他是进入不了的，他的书不可能再印。钱钟书解放以后待遇不错，把他当作一个懂多门外语的人，让他做毛泽东诗词的全世界语言翻译的一个高级顾问。他有学问，后来有《管锥篇》这大家也知道。但是我没有信息说他写过一个长篇叫《围城》，我都不知道，一般大街上的人谁知道啊，普通的读者谁知道啊。那么改革开放以后，凭借什么把沈从文、张爱玲和《围城》推到一线呢？就是夏志清先生这本《中国现代小说史》。而且因为你禁锢一旦解放它的热度就一定特别高，所以最后就形成了张爱玲热到什么程度，就是我到了上海，我稍微要对张爱玲表现一点意见的话马上就要围剿你，就是文学女神、文学女圣。后来传到台湾，台湾有一个记者叫季季，哎哟我见了以后，她简直要把我杀了，我刚要说几句张爱玲的《秧歌》啊什么的，不行，那时候张爱玲还活着，张爱玲在旧金山，她跑那儿以后在张爱玲住的楼外面守候。终于看到张爱玲扔垃圾了，她就从垃圾桶里面把张爱玲的垃圾整个捡出来，拿回家戴上手套拿着镊子一件一件地分析。在《中国时报》整版登出来，张爱玲用的那个纸盘，上面还有提拉米苏的痕迹，张爱玲都成这样的人物了，这都要研究啊，好奇怪哟。但是没办法，你压得太久了以后最后就爆发。现在在座的我说句张爱玲闲话恐怕也是有人要跟我拼命吧，或者说你算老几啊，你敢给张爱玲提意见。到了这个地步。谁造成的呀，始作俑者是谁啊，夏志清，他就使沈从文获得至高无上的地位，以至于他的学生汪曾祺，因为沈先生自己写不动了，身体不好，等于是学生帮他把沈派小说写下去，发了一个《受戒》一个《大淖记事》，叫好人太多了，觉得好得不得了，是好，但是就不能提点意见吗？作为一枝独秀吗，你写小说就非得那么去写吗？其实之所以好，还不是因为夏志清《中国现代小说史》说如何如何好，很多人学舌说好，我这个话有点刻薄，但是也不失我当年狂妄的那个文学少年，放在今天这个老头那个狂气还没有完全消尽。就是一向以自己的自我判断为准。但是夏志清的功劳很大，包括《围城》，后来人民文学出版社的韦君宜，她去世已经多年了。她很长时期是人民文学出版社总编辑，人民文学出版社在 1949 年以后一直到改革开放之前从来没有重印过《围城》。之前大学中文系讲中国现代文学史，讲长篇小说决不会讲《围城》。但是改革开放到 1980 年左右《围城》重新再版，一时洛阳纸贵，谁的功劳？首功夏志清。所以好多后来这些作家都重视夏志清，希望他能够写写自己，评评自己，一评的话就点铁成金，如果本来是金的话就成了铂金。所以我也不能免俗，我觉得要是到了纽约能见见夏志清夏先生多好。结果那一天的唐人街的聚餐唐先生来了，夏先生就没来。这两人虽然对着，可是我听说头一年他们俩不是和好了吗，有人就偷偷跟我说他们俩和好当时是碍于面子，说这个仇恐怕一辈子解不开了。

怎么回事啊？他们一个主攻方向是中国近代史，一个主攻方向是中国现代小说史，但是他们也都研究中国古典文学，也都有关于《红楼梦》的言论，也都有这方面的文字。唐先生他有一篇文章里面就抨击了夏先生，因为夏先生在他后来的《论中国古典小说》这本书里面有一个论断，我觉得这个论断你可以不同意，但是要尊重。因为他相对来说对西方文学是更通透的，学问更足的。他说《红楼梦》不如《卡拉马佐夫兄弟》，《卡拉马佐夫兄弟》咱们都知道，是陀思妥耶夫斯基的作品，我也是特别崇拜陀思妥耶夫斯基的，我到圣彼得堡，好多人游这游那，不去参观陀思妥耶夫斯基居住过的那个地下室，那个故居，我是怎么着也要找着去，我崇拜这个作家。

那么夏先生主要的论点大体是这样的，就是说《红楼梦》虽然写得很好，但最后这个人物的归宿好像都是放下即佛，好即是了，了即是好，最后宝玉也是悬崖撒手，好像就达到一个至高的境界了。他说这个让他很失望。而《卡拉马佐夫兄弟》，陀思妥耶夫斯基本身就是神经病，小说非常神经质，就是非常痛苦地要救赎，面对人间的苦难，面对人性的复杂，他说里面清白的灵魂都要拉出来拷问，这是鲁迅说的。那么最后他不甘心，说这事咱们就撂下了，就算了，就悬崖撒手了。咱们要赎罪，要让自己有一个升华，所以他就觉得陀思妥耶夫斯基的《卡拉马佐夫兄弟》就特别好，《红楼梦》相对一比的话就差了。那么他类似这样一些论断就激怒了唐先生，唐先生就发表文章，把夏志清批判一顿，就说他崇洋媚外，这种人就是吃西方饭吃多了，其实他吃西方饭也挺多的，他们俩前后脚去的纽约，一个在耶鲁大概是读书读学位，然后到哥伦比亚大学任教，一个在哥伦比亚大学本身读的学位留在哥伦比亚大学任教，一度是同事，当然一个是历史系的，一个是东亚文学系的，主攻方向不一样。这两人就拴对子了，唐先生就说夏先生，而且他把夏先生的哥哥什么都拉进来，把很多其他事情都扯进来，就把这个夏先生批判一顿。但夏先生也是一个直性的人，这两个人我后来都见过，是性情中人，哪能忍受你劈头盖脸这种批判呢。当时台湾有两大报系，一个是联合报系，一个是中时报系，我90年代初到台湾，当时还是这两大报系控制整个舆论和文化界。

《联合报》的副刊当时是一个诗人痖弦主编。那么如果你的文章在联副上刊登过，你基本上就被认为是进入了台湾的文学界了。那么中时的副刊也很强大，中时副刊叫《人间》副刊。那个时候《联合报》就支持夏先生，就发了夏先生，一版可能都登不完，一万多字，长篇累牍地把唐先生骂回去。就是不承认我自己是崇洋媚外，我之所以有这种观点，我是有什么道理，你那个不像话。那么唐先生看了以后呢，也拍案而起，《中国时报》又支持唐先生，

《中国时报》的《人间》副刊也登了大版大版骂给夏先生的话。两个人后来就伤了和气了，所以我在纽约时候跟我说唐先生来了，夏先生知道他来肯定不会来，我就有点失望了。但是这个餐聚结束之后晚上我就接到了一个人的电话，是夏先生助手，说夏先生还是想见你，能不能你单独见，我说太高兴了，不但能见到，还是单独见。我说这两个人都很有个性，唐先生、夏先生都是汉子，文化人应该是这样，应该有这种文化骨气，该争论就争论，咱们膀子抡圆了咱们干，别藏着掖着，真好。

夏先生见我就约在了唐人街的另外一家餐馆，真是我们两个人见，连帮他打电话的助手都不出现。约了以后我很快就找到他，那个时候我是比较早就到西方访问的中国作家，我 1979 年就出访过罗马尼亚，1979 年你想想什么年代。1981 年我去过日本，而且是日本一个很权威的杂志叫作《文艺春秋》的邀请，1983 年我去过法国，1984 年去过西德，所以我有一些到西方去的经验。那么我给他们这些见面的文化人带什么礼物呢？我都是带一些中国民俗的手工品，手工的布老虎，剪纸，杨柳青版画，甚至灶王爷那种木刻的很粗糙的版画，他们喜欢。我给夏先生准备一套礼物，我就拿出来了，是一个我 80 年代初在江南小镇上发现的锡打造的一种辟邪的小挂件，挂在门上。一面是菊花的形态，一面是有宝剑、葫芦一些辟邪的符码。因为夏先生也是江南人，我觉得他起码应该有怀乡的情绪，一个民俗品就拿出来给他。夏先生什么反应啊，把脸一拉：我最讨厌这些迷信的东西了。不失为夏先生，真棒，做人做到这个份上太好了，咱们都学不来，多爽快啊。当时我就好尴尬哟，我就把它收回来了。当然谈话还挺顺畅的，言谈甚欢，谈挺好的，当然他请我了，他做东请我。我站起来要告别，这时候他忽然说，他说心武啊，那东西你既然带来了就给我吧，挺有趣的。那我当然就遵命，因为他比我大二十岁，我就把那东西又给他了，他收下了，那么这是夏先生。

　　他们两个在《红楼梦》上是有争议的，但是我可以作证，夏先生绝对没有轻视《红楼梦》，他把《红楼梦》和《卡拉马佐夫兄弟》的对比在学术研究上应该是允许的，我们不能用狭隘情绪去对他做出这样一种判断。

　　我 2006 年去美国讲《红楼梦》，我在外头还挺受欢迎的。我 2001 年还得到过伦敦大学的邀请到伦敦去讲。而且有一场还是给伦敦市民讲，在伦敦图书馆。到伦敦图书馆那儿，我一看怎么才这么点儿人啊，人家就告诉我说今天来挺多，因为他们那个图书馆不断地举行各种各样的活动，伦敦市民自愿参加，三五个人也讲，十来个人也讲，那次三四十个人，他们认为是盛况了，咱们中国什么都大，天安门广场大，酒店大堂大，公园大，你到颐和园是一个公园，那么大。一到那个地方空间感立刻就变化了，我说人这算多了，他说来的人很多啊。我又不会英语，就需要翻译，他们就花重金请了一位华裔女士做翻译，结果刚讲几句那个女士就满头大汗，就不行了。我说《红楼梦》里有一首诗"春梦寻云散，飞花逐水流"。她就组织不好英文句子，那怎么办呢，底下那些伦敦市民就呆呆地看着她，我也慌了，图书馆的负责人也慌了。好在这个时候伦敦大学的一个教授，汉学家，他救场，他说我来。他就立刻用英语很流利地，我不知道他说些什么，反正说得底下人似乎听懂了，我就讲一段他翻译，你想给伦敦市民讲《红楼梦》多难啊。在伦敦大学给那些汉学系研究生讲那倒比较容易，但是市民对一部中国的古典小说感兴趣来听，我到后来就很感动，就很不容易了。那我到美国呢，一个很重要的邀请是华美协会和哥伦比亚大学联合邀请，在哥大的礼堂讲《红楼梦》。而且还分上午场下午场，每一场是每人二十五美元。比如今天我收费的话应该是二十五美元哦，这个挺有趣的。

　　结果开讲前第一排夏先生就坐在那儿，夏志清就来了，我又觉得很感动。他对《红楼梦》否定的话他不会听我这么一个人来讲

《红楼梦》，肯定对《红楼梦》他非常感兴趣，而且也愿意听一个晚辈讲讲自己关于《红楼梦》的见解。而且他是一个直性的人，坐在第一排吧，怪声叫好。挺提我气的。所以后来中新社拍的照片我是张牙舞爪的，跟夏先生鼓励有关系。然后某一个地方他说精彩，哎哟，这是多大的鼓励啊，可惜我没带录音机。那录音机录下来以后可以到处去炫耀。上午讲完以后我就立刻去跟他握手，鸣谢，因为不容易，他那个时候已经八十多了，那时候唐先生已经病得不行了，唐先生在 2009 年就走了。夏先生在四年以后在 2013 年也走了。我就跟他说下午您就别来了，他说下午我要来，不光我，周围几个人也劝，他年事高了呀，下午还真来了，还是这个做派。而且最后一起餐聚他还参加，对我特别好。所以我觉得夏先生对《红楼梦》绝对没有什么歧视的意思，只是他做这个中外文学比较工作，他有些他自己个人见解而已，这样的老先生是很值得尊重。唐先生和夏先生现在回忆起来，我跟他们的接触，都可以写成文章的，很值得回味，我也很感谢他们对我的热情款待和支持。

我跟大家说，我研究红学，有人给我贴标签说我是索隐派，索隐不是那个引来的引，是隐蔽的隐，索隐是百年红学当中的一个重要的派别，但这个派别后来就式微了，它的代表人物就是蔡元培。这一派主要的观点就认为《红楼梦》这本书的创作意图以及它所传递的信息是悼明之亡，就是一部，明快点说吧，要反清复明的一部著作。当时一度他们影响很大。因为他们提出这个的时候正是辛亥革命前后，那个时候排满反满的情绪在整个中国是高涨的，他们和这个社会运动是配合的，而不是书斋里的学问，它是配合社会思潮的、社会潮流的。

他们找了很多的例子来证明《红楼梦》这个红就是朱，朱就是明代皇室的姓氏，然后里面的人物。比如说谁谁就是影射崇祯皇帝，或者谁谁就是影射明末的哪一个著名人物。然后他们有时也是探微发隐比如说写大观园，说过节的时候院门上挑着大明角灯，角灯大家知道吧，羊角灯，北京还有一条胡同叫羊角灯胡同，你们可以去逛一逛，还叫这个名字。制作就是用羊犄角做的灯，怎么做的，我到羊角灯胡同那儿做过实地考察，我知道，这儿不细说。用羊犄角做成的灯就叫角灯或者叫羊角灯，在当时没有故意把它叫成大明角灯的叫法。但是《红楼梦》的文本里面写羊角灯你现在去查这个文本，就是挑着大明角灯，作者就是微言大义，他就是怀念明朝诸如此类的。那么这个研究的派别在1949年以前就被很多其他的红学学派给比下去了，比如说后来胡适，胡适也是受西方文学研究的影响，就是研究一个作品要研究这个作品的来龙去脉，作者是谁，作者是怎么一个家世，作者是一个什么情况下创作这部作品。在西方很早就有这种小说研究的流派。而且要做原型研究，里面这些主要人物有没有社会生活当中的人物原型，原型是什么。像西方不说别的作家了，光是勃朗特姐妹一个是写《呼啸山庄》，一个是《简爱》，那么这小说原型是谁，到现在为止有关的专著是一摞一摞。那么胡适从西方引进这种研究，形成了一个新的《红楼梦》的学派就是考据派，要进行考据，作者是谁，最后他确定是曹雪芹，那么曹雪芹是怎么一个家世，怎么一个经历，《红楼梦》在什么背景下创作出来的，小说当中这些人物有没有原型，起码里面写的四大家族有没有原型，他做这个研究。

胡适的这一派被发扬光大形成完整体系的是周汝昌，可惜他已经去世了，我是周先生的弟子。开头我是私淑他，后来他就等于把我收了，我们俩有通信，我到他跟前去请教，他有一些密授，那么我等于是从这一支传下来的一个角色，就是考证派的。

那么后来又出现了俞平伯，俞平伯这一派是唯美派，他主要是从审美角度来分析《红楼梦》，有时候做些趣味研究，比如说六十四回，在怡红院众小姐压着抽花签，那么是怎么一个座位，他有很长的文章来考据。另外他研究为什么宝玉爱喝稀的，因为第八回写贾宝玉到梨香院去拜访薛宝钗，喝了好多粥，又喝了好多酒，那么他研究这个东西，他进行审美和趣味研究。但这些研究到1949年以后就都不行了，因为在1954年毛泽东写了一封信给政治局的成员，肯定了两个小人物对俞平伯的《红楼梦》研究的书的批判。那么这两个小人物就是李希凡、蓝翎，他们两个是从苏联那边引进了一种研究方法，我觉得大家要中性地来听这个事，我也中性叙述。本来各种研究方法都可以并存的，百家争鸣嘛。他们就是一种历史唯物主义观，而且当时苏联的文艺体系是从马克思、恩格斯文艺体系来的，马克思在文学上的论述很少，恩格斯多。恩格斯文学，《哈克纳斯的城市姑娘》读过吗？《恩格斯致哈克纳斯一封信》我觉得还是应该读的。应该知道那个时候形成了一个很重要的对文学艺术特别是小说，特别是长篇小说评论的一个圭臬，一套衡量标尺，叫作你是否塑造典型环境中的典型人物。他们用那个体系来衡量《红楼梦》，他们就得出了《红楼梦》是认为中国社会发展阶段当中新兴市民阶层开始出现的一部书。其中贾宝玉和林黛玉就是典型环境当中的典型人物，诸如此类的，因此俞平伯那个《红楼梦》研究就完全是不对的。后来批俞又蔓延到批胡，因为俞平伯的影响不如胡适，而且胡适在1949年新中国成立前夕共产党一再挽留他让他留在大陆，他非要离开，去跟蒋介石合作，所以在政治上认为他是一个错误的抉择，所以就要批判他。那么后来就批胡，胡又是有一个传承者，就是周汝昌，所以火又烧到周汝昌这儿，火又搞得很复杂。最终占据主流的就是李希凡、蓝翎的这种《红楼梦》评论，叫作文学评论派。这个文学评论是从马克思文论和苏联的那个美学体系移过来形成的。只要它不是独霸《红楼梦》研究的这个学术空间，我个人认为今天也可以继续发展，各种都可以存在。

其实今天索隐派已经死灰复燃得非常厉害了，包括你划手机经常关于《红楼梦》说，哎呀你们哪儿知道，《红楼梦》就是明朝逸民写的，就是同情崇祯皇帝的，还有说就是崇祯皇帝写的，崇祯皇帝没吊死在煤山，是别人替他吊死了。他逃走以后就写了一部《红楼梦》，这都是索隐派的余绪，到现在还是有人相信的。我觉得他如果拿出证据的话，自圆其说的话，也无妨存在，都可以存在。

后来我在中央电视台《百家讲坛》录制播出了六十一集关于《红楼梦》的节目。那么就有一些红学权威说我是索隐派，其实我不是索隐派，我是胡适、周汝昌这样延续下去的考据派。我先把我的家门说清楚，可能啰嗦一点，但是有必要。所以底下我告诉你，我根据胡先生、周先生考据派的一种成果和我自己的发挥，我怎么来看待唐先生这个疑问：为什么《红楼梦》的文本写女不写脚，写男不写头？这就是因为作者曹雪芹，好像有人要打断我，说最近我从网上看见了作者是谁谁，还有说作者是谁谁，各种说法都有。这些说法都可以存在，但是我为什么认可胡适、周汝昌先生考据的成果，我是仔细读过相关的资料的。《红楼梦》作者就是曹雪芹，一个最硬的例子就是你到北京大学图书馆去问，说有没有一本古书叫作《绿烟琐窗集》，他一定说有，你说能不能借我看看，他肯定不能借你看，因为是原稿，这本书编出来以后在当时就没有排印过，没有印刷过。是乾隆朝一个没落贵族叫作富察明义，这个没落贵族后来当了一个很小的官，就在驭马园当了一个执鞭的官，很小的官。但这个人他喜欢文学，跟咱们一样，而且也敝帚自珍，自己写的东西自己喜欢，自己很珍爱。你怎么撇嘴，你怎么把我批，我喜欢我就喜欢到底，他就是这样。他把自己历年来的诗编出了一本诗集叫作《绿烟琐窗集》，现在还保存在北京大学图书馆。他绝不外借，但是你可以看影印本。也有出版社已经公开发行影印本，很容易找到的。它里面就有关于《红楼梦》的诗，不是一首，二十首，这不得了吧。

而你要抱着诗歌欣赏、诗歌鉴赏的角度去翻的话你就会失望，他的诗的水平不高，所以他编出来以后当时也要求那些书商给他刻成木板印刷的书，人家不给他刻，自费吧他又比较寒酸，又出不起钱，始终就是一个稿本。但是很珍贵，珍贵在哪里？就是他这二十首《红楼梦》诗他提到很多里面的情节，你就会发现他有一部分提到的情节是现在你所读到的八十回里没有的，也是你现在所读到的续的四十回里面也没有的，可见他读到的是一个咱们都没有读到过的《红楼梦》的完整的版本。他看到了一个有头有尾的《红楼梦》。更珍贵的是他这个二十首诗前面有一个小序，这个小序不得了，第一句我个人看了以后就觉得跟轰雷似的，被电击了一样。第一句是这样的，曹子雪芹出所撰《红楼梦》一部。什么意思啊，他对曹雪芹很尊重，所以称子，中国人尊重圣贤，都要加子，我小时候老觉得孔子是姓孔名子，不是，闹半天孔子、孟子、老子、管子、韩非子，都不是他的名字叫子，是表示尊重，我大了才明白。那么现在富察明义对曹雪芹很尊重，是曹子雪芹，出是出借，他看的《红楼梦》哪儿来的啊，曹雪芹借给他的。曹雪芹出处的，而且经过周先生的考据，富察明义活着的时候曹雪芹还活着，当然曹雪芹去世以后富察明义年龄比曹雪芹小，他还活着。生命是重叠的。所以他所看到的《红楼梦》是曹雪芹本人所撰。曹子雪芹出所撰，传咱们就很清楚了，只有一个解释，就是著述。曹子雪芹出所撰，《红楼梦》作者是谁清清楚楚。

而且进一步考据证明，《绿烟琐窗集》的那个诗的排序基本上是按年代排的。它最后一首诗的年代都早于一百二十回《红楼梦》出现的年代，早很久。一百二十回《红楼梦》是在乾隆朝末期北京的书商程伟元，他和一个文人高鹗，他们两个合作传出来的。但有人说他们也得到了曹雪芹的八十回后那个稿子，他们不全用，或者有人说他们虽然把它弄成一百二十回，但是真正执笔写的是不是他们俩还另说，所以现在红学所那个《红楼梦》的人民文学社的版本又叫作无名氏续，不管怎么样，一百二十回的《红楼梦》的出现是在曹雪芹去世差不多三十年时候才有的。是在富察明义写（题红楼梦二十首诗）很久以后才有的，所以富察明义根本不可能看到我们现在所看到的那后四十回，一点儿可能都没有。曹子雪芹出所撰

《红楼梦》。所以《红楼梦》作者就是曹雪芹。

我花很大力气来证明我们这一派的观点，我对其他的一些这个著述说那个著述说，我也都很尊重。像某某写很多书，发表很多文章，有很多粉丝，他主张就是《红楼梦》是洪昇的原著，我也很尊重人家。但是我坚持我自己的这样一个观点，这个观点来自于胡适和周汝昌他们的考据。我现在又延伸了，就是曹雪芹作品《红楼梦》这本书很明显，它具有家族史的这个特点，具有自述性、自传性，这个我不多说，我想多数人应该起码能够尊重我这种看法。

因为这本书写法太特殊了，全世界到目前为止空前的不想说了，到目前为止有点绝后，他什么写法，叫作"真事隐假语存"这个不得了。后来跟夏先生对话我也谈到这一点，我没有纠正他那个《红楼梦》不如《卡拉马佐夫兄弟》的那个意思，但是我跟他掏心掏肺地说，这个在西方没有过的。什么叫"真事隐假语存"，真事隐不细写，因为我们写小说我们有生活来源，有生活素材，然后我们把它升华变成一个虚构的文本叫假语了，小说都是这么写的。这么说也绝对了，也有的写作者他写小说不需要生活来源，说文学就是来源于生活，来源于个人生活体验，也不要把话说绝。您不是也经常读博尔赫斯，读过没有，《小径分岔的花园》有什么生活来源啊，它有什么生活积累啊。这个人是一个图书馆馆长，他全部写作来源于阅读，成天坐在图书馆读书，然后产生这么一种想法，他好多想法都是来源于他阅读的印象，也能成为一个伟大的作家，这个咱们别把话说死。但是多数人，我不知道在座的怎么样，反正我写小说基本上还是走写实的路子，或者写实为主，我也吸收一些非写实的小说的技法，什么荒诞、变形、时空交错、意识流啊，这些我在我的小说里边也都使用过，但是基本上我还是写实为主，基本上都有生活经历、生活积累、生活原型。我想很多作家都是这样写法，这种写法的作家应该是居多，我没有做过统计学上的精细统计，但我想我这个说法应该还是站得住脚的。

那么曹雪芹根据他的生活经历、家族史、自己的人生际遇，写成这部作品，他把它虚构了，这不稀奇。稀奇在哪里？假语存，他不是说真事以后，假语现，我们一般都是把真实的那个人生体会和我们的社会生活的原型推开了，我们形成文本以后，我们是一个假语的世界，是一个虚构的世界，我们用假语来呈现，它不是。他居然是真事以后还要假语存，好奇怪哟。这个写作真是前无古人，到目前为止世界上好像没有来者。最明显的例子就是第三回，你回忆回忆第三回写什么？林黛玉进府，你们说林黛玉进府这有什么稀奇的，这个电影电视剧、舞台演出都已经演烂了，小人书上都表现过，这有什么稀奇的啊。林黛玉她本来住在扬州，她妈去世了，她老爸说我也不再娶了，让家庭教师贾雨村把你送到京城投靠你的外祖母，北方叫姥姥，到那儿。这不是很顺畅吗？这不就是很好的小说吗？是很好的传统小说或者是常规小说吗？您虚构，您仔细看能这么虚构吗？他写林黛玉到了荣国府了，荣国府的这个建筑结构，东北角是大观园，中轴线的主建筑群高潮是荣禧堂然后有一个夹道，夹道北边有一个粉的影壁，影壁后一个小院子是贾琏和王熙凤住，再往西是贾母的一个大院落。是这么一个结构吧，那么林黛玉进府她就很清楚，林黛玉到了荣国府了，就去见她的外祖母，就先去到了贾母住的那个大院子，有记得垂花门吗，什么叫垂花门，你到了北京没去逛过恭王府？恭王府有垂花门看见了吧，垂花门是非常重要的北京古建筑的建筑构建。就是它在大门以外，在二层院子有一个突出来的院门，有一个很大的很沉重的罩子似的东西突出来，形成一个门罩。然后门罩的边缘会下垂两个门柱，底部雕成花的样子，一般是西番莲花的模样，此为垂花门。你这都不仔细看的话这就可惜了。趁还有工夫赶紧去垂花门。《红楼梦》就写了垂花门，进了垂花门以后是游廊，就是她进这个院子然后游廊通到主房，林黛玉到了贾母住的正房去了，见了很多人。我就不细说了，什么王熙凤，人没到声先到，宝玉摔玉，见到了贾府的小姐，元春进宫了当然见不到，但是贾迎春、贾探春、贾惜春都见到了。寡嫂李纨也见到了。这个文本现象你要不重视就是一般的读者，你重视你才是一个真正会写小说的人、会读书的人。

那么林黛玉到了这个贾母这儿拜见完贾母以后，她需要拜见她的舅舅。书里第二回冷子兴演说荣国府怎么说的呀，她大舅是谁啊，是贾赦，二舅是谁啊，是贾政。贾母有两个亲儿子，书里前头是不是这么虚构的。她的大儿子贾赦，而且贾赦还袭了爵，这个荣国府是荣国公的府邸，荣国公死了以后他的后代长子可以袭爵，但他不是铁帽子王，要一代一代地递减他的爵位，所以到了贾赦现在还是什么爵，还是公爵吗，不是了，叫一等将军。书里交代得很清楚吧，一等将军是贾赦，贾赦跟他弟弟贾政书里有明确的句子，他们没有分家。贾赦应该住在哪儿，当然应该住在荣国府了。应该住在荣国府的什么空间呢，应该住在荣禧堂，荣国公去世，你老子去世你继承了爵位，一等将军了，你不住进荣禧堂谁住荣禧堂啊。你的太太邢夫人不住荣禧堂，谁的太太能住荣禧堂啊。是这么一个逻辑吧。你虚构也得虚构得符合本身的逻辑啊。底下曹雪芹乱写，不带这么虚构的，他怎么写呢？他说林黛玉说拜见她的大舅，邢夫人是大舅妈，说好啊我带你去，就领着她出了贾府的院倒也罢了。出了荣国府，好奇怪哟，还坐了车，还坐什么车啊，还走了段路，车就停在一个大门这儿，另宅别院。书里虚构荣国公的长子贾赦袭了一等将军，却不住在荣国府，另外住去了。你不像话了对不对，是不是这么写的，他住在另外一个院子。然后这个贾赦还不见她，说见了彼此伤心最后就不见了，没见她。这倒也罢了，然后邢夫人就把她领回荣国府，她再去拜见她的二舅妈，二舅，她去见她二舅，二舅又不在，说斋戒去了，等于王夫人把她带到荣禧堂了。是贾母的二儿子贾政住在这么大一个府邸的中轴线的高潮建筑群里面，住在荣禧堂，挂了皇帝的金匾，老二怎么住在这儿啊，你凭什么呀。你袭爵了吗，书里交待很清楚，袭爵只能是长子一个人袭。皇帝开恩，问还有儿子吗，说还有，还有儿子就额外赏了他一个主事的头衔，后来派了一个活，给他一个官职，员外郎，官职也不是很高。他为什么住在荣禧堂呢，历来读者怎么少有起疑问的呢，学学唐先生好不好？别老从唐先生的疑问说起，赶明儿也从您那儿疑问说起好不好，是不是有疑问啊。有人说是小说虚构，虚构就可以这样。虚构得符合你虚构的自我逻辑，不带这么虚构的。你虚构这个稿子到了编辑部，退稿叫作情节设计不合理，是不是不合理？你封了爵位，大儿子又没分家又不跟你住，不在你边上住，平时不照顾你，你二儿子又没有袭爵位，大摇大摆住在荣禧堂，算怎么回事。曹子雪芹给您作揖了，您虚构，您怎么虚构成这样子。咱们说道说道，你会不会写小说啊，写小说你得情节设计合理呀。你就把那个贾赦写得那样有什么不可以呢，你偏不这么写你干什么呢。

他会对你一笑，我假语存。什么意思？就是他在他虚构的文本里面他故意要把一些他们家族生活当中真实情况记载下来，他成心。每当他虚构的逻辑和生活当中真实习惯发生冲突的时候，他和我们相反，我们写一个文本，虚构一个作品。当我们虚构的逻辑和我们生活当中的真实情况发生冲突的时候，我们就要回避，就要变通。他不，他宁愿牺牲情节的合理性，他要把他们家族真实情况记录在文本里面，你说这种写作手法是不是天下唯一的，读《红楼梦》里读不懂这个白读。例子多了，我现在只耐心地讲第三回。这是为什么，怎么回事。

刚才可能我太啰嗦，底下我就明快点。曹雪芹为什么他写第三回写成这个样子，为什么。他想通过他的这样一个虚构的文本保存什么他家族历史的真实？这就是因为曹雪芹他祖上原来是在关内生活，后来有一次曹氏宗族的人士从关内迁移到关外，在辽阳地区生活。这过程当中关外的满族人八旗兵，满族那个时候是不分男女老幼，都是军事的编制，分成八旗，就在关外先占领关外明朝那些土地。然后就进一步要打进关内，占据全中国。

这过程当中曹家的祖上就被八旗兵俘虏了，这些早期的俘虏就编在了八旗里面，和八旗这些满族人共同生活，共同战斗。所以在这种战斗过程当中关系就非常好。那么后来大家都知道满族八旗后来就打进了山海关，就打遍全中国，就建立了一个新的王朝清朝，满族就成了统治阶级，成为统治汉族和其他各民族的贵族阶级了。

那么大家也都知道满族打进关内以后，定都北京的第一个皇帝是顺治，顺治皇帝就开始建制为皇家服务的机构，就是内务府。不能让不可靠的人来伺候皇族啊，就把历次所俘虏的这些汉人，可靠的编在内务府里成为皇家可以依赖的一种服务精英队伍。曹家祖上也编进去了，这些人有时候还被挑出来去担任地方官员。那么曹家当时有幸在打进关内之前就编入了正白旗，满族八旗大家知道是哪八旗，正黄旗、镶黄旗、正白旗、镶白旗、正红旗、镶红旗、正蓝旗、镶蓝旗。他们祖上编在了正白旗。结果没想到形势发展以后，八旗就形成了上三旗、下三旗的这样一个不同的状态，上三旗就是正黄、镶黄和正白，地位就高于后面的五旗。那么曹家的祖上就编在了正白旗，所以不但编入了八旗而且编入了非常重要的一旗就是正白旗。

那么顺治后来他有他的故事，没活多久就死掉了。谁继位呢，就是康熙，当然都是用他们当了皇帝的那个封号来称呼，你不要跟我较真，当皇帝没有这个封号之前他另有名字的，借用这个封号。那么康熙小时候没当皇帝时候，他在哪儿长大成人呢，你要知道皇宫里面这些女子，她们是不扮演母亲角色的，从皇后到妃嫔到其他，你都不扮演母亲角色，你就是供皇帝享受的对象，皇帝随时可以找你来玩乐，跟你做爱，你就完成这个任务。你生孩子以后由内务府拿去另外地方去养大，去教育。只有在庆典的时候母亲才有可能和自己生下的孩子见面。那么康熙生下以后就被移到故宫外，现在叫故宫，过去就是紫禁城了，过去不是故宫，就是宫。移到现在故宫外面的北京的北长街那儿有一个点，来抚养这个康熙。

　　抚养他就需要有一个队伍了，就要派人了，一种就是奶妈，奶妈就是给他喂奶的，然后就有保姆，不是现在加女字旁的保姆，不是家政公司给你推荐的家政服务工，这个保姆就是保护的保，是一种代替母亲的角色，很重要。就是她不负责给你喂奶，她负责教给你，你要坐如钟、站如松、卧如弓，你吃饭时候米粒掉了以后怎么处理，你怎么作揖，怎么请安，就是替代母亲的一种很重要的女性角色。所以这些皇族小孩长大以后，他对他自己亲生母亲没有什么印象，而这样的保姆呢，就觉得是自己的妈妈。那么康熙他的保姆队伍当中的首席保姆就是一个姓孙的孙氏，就是曹家的祖上一个夫人。孙氏生下的儿子就是曹寅，就是曹雪芹的祖父。因为康熙成长当中他慢慢长大了，长大以后就读书认字了，就得有陪读，谁来陪读，就是孙氏的儿子曹寅陪读。太合适了，年龄也差不多，一块儿玩，北京叫发小，那个时候他们也不太懂得今后是皇帝，康熙当时也没有说就定下来以后他一定当皇帝，反正他就是一个皇帝的儿子，虽然很尊贵，他自己也不觉得自己好像就不得了。而且儿童嘛，就玩得很好，一块上课之余蹲在松树底下看蚂蚁窝，追跑打闹被保姆吼住，教训一番的等等，关系非常好。

　　后来这个康熙就当了皇帝了，其实顺治本身并不爱他，也并没有留下遗言说他要当皇帝。但是当时顺治的母亲，大政治家、孝庄皇太后她就做了一个决策，就是让康熙当皇帝。为什么？因为康熙在这之前得过天花没死，那个时候天花是没有办法抗拒的疾病，而天花一蔓延整个北京死一片孩子，皇宫的孩子也不例外。但是康熙得了天花，虽然是照顾得很好，最后渡过了难关，他留下了一点麻点，最后他健康成长，天花这个病大家知道，得过一次以后本身获得免疫力，不会得第二次。清代很多皇帝死于天花，包括后来同治，都死于天花。所以孝庄皇太后说这个孩子好，这个孩子当皇帝。最后这个孩子当了皇帝就是康熙皇帝了，他当皇帝以后就有人来保卫他了，谁保卫他啊，曹寅。他就有卫队，卫队有很多人了，包括纳兰性德一个大词人，也是其中的重要成员，那么曹也是重要成员。他保卫他还有什么说的，从小长大的，最可靠了。

但是内务府的官员又不能够委以很多的重任，满族作为一个少数民族统治汉族以后，统治全中国以后，他祖上定下游戏规则，对俘虏来的这些汉族的可靠的成员不能比如说当巡抚总督啊，那不行的，宰相不能当的。但是可以安排一些很重要的职务，比如说当时一种职务听起来觉得很不重要，叫作织造，就是皇家需要纺织品，皇帝龙袍，皇后的皇袍，妃嫔的这些穿着，皇子以及王公大臣，宫里面乃至于宫女、太监，都需要穿衣服，包括宫里边用的褥子、被子、窗帘、窗幔、桌上的垫子，这些都需要织造来提供。于是在江南，因为江南应该是主要有蚕丝，当然棉花运过去很方便，它本身也有种棉花，所以就当时设了四大织造。南京叫作江宁织造，苏州织造，杭州织造，首先是这三个地方，三大织造。扬州也是一个很重要的地方，也设了相关的官员，因为这个织造有时候要管盐政，这样的话就一些内务府的人被派去当织造。曹寅就被康熙皇帝派去当了江宁织造，看起来好像是给皇宫制作纺织品的，提供衣料或者做成衣的这样一个机构，一个官员。但实际上他是康熙的密探，是一个大特务。康熙经常跟他秘密联系，单线联系，一般官人上奏折都要逐步地上交，上递，他是可以给康熙写密折的。比如说当地那个明代遗民的动向，遗老遗少是不是想谋反呢，说些什么，做些什么呢，曹寅要跟他汇报。甚至他监督当地的大官，这些官是康熙派下去的，究竟表现怎么样，曹寅作为耳目给他汇报。还有一些特殊任务，比如说康熙他虽然已经有一些身边的女子了，多数都是满族和蒙族的，因为满族在关外进行战斗想夺取政权时他是和蒙族结盟的，所以叫作满蒙一家亲。很多满族的上层人物，包括皇后和他身边的重要女人，封下重要名位的都是蒙古女子，除了满族就是蒙族。

但是皇帝后来也知道汉族女子也很美丽，他们就希望身边有汉族，就是别的民族的女子，那这个就要通过内务府的选秀来产生，因为根据选秀的游戏规则，只有满蒙的女子，特别是满族女子才能参加宫廷选秀。那么江南的美女由谁来向皇帝提供呢，康熙就把任务交给了曹寅，以及曹寅的大舅子，就是曹寅的妻子李氏的哥哥，苏州织造，他们就给康熙办这些私事，当时是这么个情况。所以曹寅深得康熙的喜爱。喜爱到什么程度，康熙几次下江南，那当然当地的官员要给他准备行宫了，皇帝下江南。他有时候就不住，好几次不住，你甭跟我说行宫，曹寅住哪儿，说曹寅住那儿，织造府，我去那儿，直奔织造府，所以曹寅在江宁在南京虽然官位不高，所有官都怕他。他是皇帝的发小，跟皇帝从小一块长大，好得不得了。

有一次康熙到了织造府，那么这个时候曹寅的母亲孙氏还活着，就颤颤巍巍要给皇帝磕头，因为皇帝来了，她得磕头来了。康熙见到她就满脸喜色，这都见于正式文献，不是小说。满脸喜色，而且当时康熙立了太子，太子和随巡的皇族成员，然后说此乃吾家老人也，按理说康熙不该说这个话。说这个话是失态的，就是说这是我们家的老辈子，这可是我们家的老前辈，他不该说这个话，因为那个是奴才，是伺候你的人，你怎么能把她捧得这么高呢，他顾不得了，太有感情了。当时织造府里面萱花盛开，中国花你们有研究过吗，知道萱花吗，有没有木须肉，木须肉里面那个黄花就是萱花晒干了以后形成的，很多人一想就知道那个萱花了。萱花在中国的花语里面在古代是象征母亲的，萱花象征孝顺母亲。所以你们在座的应该有人专门去写一本书，中国花语，哪种花有它的象征意义，有它的故事。所以当时这个织造府，萱花盛开，康熙就高兴得不得了，就当场为曹寅挥毫，题了一个大堂的匾，叫作萱瑞堂。萱花盛开意味着我们共同的，他就把她当作他母亲了，你的母亲也是我的母亲的意思，我们都要孝敬她。萱花盛开是一个祥瑞的气象，萱瑞堂，所以我做原型研究是有道理的，不但人物有原型，物件也有原型。《红楼梦》写林黛玉到了宁国府的中轴线的主建筑，抬头一看一个金龙围绕着一个金匾，书里有这个情节吧，上面写着哪三个字啊，荣禧堂，荣禧堂的物件原型就是萱瑞堂。什么叫真事隐假语存呢，这是一例。

当时康熙皇帝对曹寅喜欢得不得了。但是这个曹寅后来就得病了，得了疟疾，那个时候没有屠呦呦，前些年不是屠呦呦获得诺贝尔生物学或医学奖，青蒿素说可以治疟疾。那个时候没有这个东西，但那个时候有一种西洋药叫金鸡纳霜知道吧，中国有没有人有啊，是有人的，谁有，康熙有。为什么？康熙当时接纳了很多外国传教士，他不允许传教士在中国传教，康熙是有开放眼光的皇帝，他接纳这些外国的传教士让他们给他做历书，外国传教士带来天文望远镜，康熙用它观过天象的，康熙使用过显微镜，康熙跟传教士学过画法几何和微积分，你会吗，康熙会。康熙这个皇帝虽然对我们汉族来说是一个异族的皇帝，但是确实他是一个雄才大略的帝王。所以这些传教士带来不少东西，其中就有金鸡纳霜，康熙就让驿马，换马不换人，或者叫作换人也换马，就是一站一站地把那个金鸡纳霜送到南京。但是曹寅特别没运气，这个驿马进了织造府，汗津津的那个人捧着金鸡纳霜，捧进去的时候曹寅刚刚咽气，死掉了。当然这个织造死了算什么呀，一个强大的康熙王朝再派一个人当织造不就结了吗？康熙不，康熙让曹寅的儿子，叫曹颙，让他接着当织造，这个是违反他父亲顺治定下的规矩的。顺治是定下规矩，像内务府这种官员是不能世袭的，外派官员都不能世袭的，这底下官员怎么能世袭呢，但是康熙当了皇帝以后他太喜欢曹家了，他就让他世袭。曹颙就当了江宁织造。对曹颙康熙留下了明确的文字档案，赞扬他说这个人能文能武，但是没想到曹颙当了没几天又死掉了，这一死的话曹颙没有亲儿子可以继承了。那这就算了吧，但是康熙就固执的，我就喜欢曹颙他们家，就把李煦找来了，李煦是曹颙未亡人的哥哥，李氏的哥哥。就说你从曹颙的侄子里给我找一个来，你给我去考察一下哪个侄子好，让他过继给曹颙的李氏，我接着让他当江宁织造。李氏后来就从曹颙的侄子当中选一个叫作曹𬱟接着当江宁织造。这太荒谬了。因为有了权位以后他爱怎么着怎么着，很任性，就接着当江宁织造。

那么小说《红楼梦》所写的人物的原型如果我们作为匹配的话，那么贾母的原型就是曹颙的未亡人马氏，贾政原型就是曹𬱟，就是过继过来的这个侄子。曹雪芹究竟是曹颙的遗腹子还是曹𬱟的儿子，现在学术界有争议。当然不管怎么样，曹雪芹确实是曹寅的孙子辈，那么曹雪芹写红楼梦塑造贾宝玉的形象，他很多是取材于自己，他有一个自传性。贾宝玉的原型就是曹雪芹，这么一个对位。所以这样一对位以后就明白了，他写的这个当时贾家情况是什么情况呢，曹颙死了，曹颙的妻子虽然还活着，叫马氏，姓马，就挪开了。曹𬱟带着他的夫人就住进了荣禧堂了，这个原型就是萱瑞堂，所以你考察《红楼梦》里面贾母和贾政的关系的话它又很写实，贾母一点不爱贾政。当贾政准备好多礼物参加元宵节猜灯谜，结果贾母把他轰走了，嫌他碍事，贾母只疼爱贾宝玉，这是符合当前中国人伦的习俗的。比如说一个人她没有儿子或者亲儿子死了，她过继一个儿子，她跟过继儿子之间的关系不可能很好，尤其成年了都娶妻了，过继过来，怎么可能容下呢。但那个人如果生下一个儿子的话，她就认为是自己的孙子，现在不光农村，一些城市里的过继过来的上门女婿的这种家庭，都还有这样一个伦理的心理。所以贾母疼爱宝玉，她对贾政淡淡的，特别是后来贾政痛打宝玉，你看那个情节描写，它也是假语存，按小说的逻辑的话你做母亲你生气，你不喜欢你的儿子打孙子，你也不能那么说话啊。贾母说些什么呢，可惜我没有生一个好儿子，什么话啊。准备轿子，我们回南京，这都是假语存，就说明小说里面这个贾政跟贾母的真实关系是过继的关系，不是亲骨肉的关系，什么叫我没有一个好儿子啊，就说明这个马氏很惨。她有一个好儿子曹颙就病死了，不得已过继一个，都被作者很巧妙地假语存在书里面了。

所以曹𬱟和他的夫人就大摇大摆地等于住进了上一辈传下来

的主建筑群的中轴线的高潮的房屋里面了。那贾赦怎么回事，那么我就不枝蔓了，据考据当时曹氏宗族分支很多，你把曹颙过继过来以后曹颙还有哥哥，他哥哥家有些有趣的事不能不写，他哥哥家有一个有趣的人物就是凤辣子，就是二奶奶，王熙凤的原型。《红楼梦》要没有王熙凤，你说这个小说还精彩吗，不可或缺。所以曹雪芹他就觉得我这一家，他的二奶奶我不能不写，我就合并同类项，听明白我的逻辑了吧，就是曹颙他有亲哥哥，这个亲哥哥并没有同时过继给李氏，也不可能那么过继。那么他写小说，他要把它都写进去，他怎么办，他就第一把曹颙的原型写成贾政，他继承了祖辈的江宁织造的职务，他当然住在这家宅院的主建筑群的中心殿房里面。他哥哥当然是住在另外一个地方。可是诉说起来他为了方便，他又说那就是贾母的老大，贾赦，跟邢夫人住在另外一个院子里面，他合并同类项。所以考据派是有功劳的，他帮助你读懂《红楼梦》这个真事隐假语存，没有考据派他们几十年上百年这种艰辛的考据，我们读《红楼梦》就少了一把钥匙。但是不这么读也行啊，可以不这么读，现在新流行蒋勋读《红楼梦》，还有白先勇讲《红楼梦》，这两个人我都认识，都有来往。我不评论，但他们基本上就是不考据，一点考据都不要，只讲自己个人审美感受，这也是一派，我也很尊重，但正因为他不考据就错误百出，蒋勋那个不是一个两个错误，什么王夫人是王熙凤的婆婆，王夫人是王熙凤的婆婆吗，什么贾赦住在宁国府，贾赦是住在宁国府吗，书里是这么写的吗，宁国府谁住着呀，他不管这个的。

但是我们这一派，考据派我们就不能那么来说事。这要跟你讲清楚它的原型是怎么对应的。这样就懂得《红楼梦》是一个叫作真事隐假语存。那么好，绕这么大一个圈子，我现在告诉你为什么他写女不写脚、写男不写头。曹雪芹下笔时候内心很煎熬，他有一点民族认同的问题，我是谁，我是汉族，我还是满族。刚才讲了他的家室，他最早是汉族，到了关外被满族俘虏了，就编入八旗了，而且是上三旗是一个正白旗了。就跟满人一样的生活了。进关以后深得满族统治者的信任，所以当时被统治的汉人看他们就觉得他们就是满人。而且他们也确实在很多生活形态上就已经满族化了。他这一支这种汉人就已经满化了。

那么满族进关以后，对男女的这个身体的要求都有过明确的法令，对女的甚至进关以后下过律令，禁止缠足，但是这个律令就没有能够认真执行，而且汉族的生活区域太大了，汉族妇女缠足的这个习惯延伸得太久了，扭不过来。到后来像康熙皇帝他也很欣赏汉族妇女，他既欣赏大脚的满蒙妇女，他也欣赏汉族的缠足的妇女，他也觉得这个缠足很有趣，有人在问你有根据吗，我有根据。有一个叫马国贤的人，不是中国人，意大利传教士。那些洋人到了中国以后都要取汉名，好多汉学家不就是汉名吗，马国贤是意大利人取了一个汉名，其实是一个意大利传教士。

他后来进入康熙朝的皇宫，他口译、笔译都很难得，康熙很喜欢他。所以康熙有时候允许这些传教士跟他一块行乐，比如带到郊外的园林里面去，当然康熙自己行乐的时候不许他们在场，但是他们可以隔着窗户缝，隔着窗帘观察外面，马国贤就有一次看到了康熙他也喜欢小脚的妇女，他让曹寅、李煦在江南给他找了一些美女，作为自己身边的女人。但是康熙是一个政治家，他讲政治，第一讲政治。他喜欢这些女子但是不给她们很高的封号，他给高封号都是蒙族满族那些女子，封为嫔妃，这些可能就是比较低级封号，甚至有的叫答应，叫常在，顶多叫贵人，他有他的统治者的警惕性。但是他很喜欢这些小脚女子。马国贤看康熙拿一个青蛙，冷不防地扔出来，他身边这些小脚美女就争相逃跑，尖叫吓坏了，有的就摔倒，有的就跑得很不像样子，康熙就哈哈大笑。当然在座有的人对心理学有研究了，从弗洛伊德学说看，就是性虐待，当然是轻微的性虐待，算不得了的。

那么马国贤回到意大利以后写了回忆录，这些内容被记录在他的回忆录里，而且他的回忆录近年来有了中译本，所以我说得是有根据的。后来因为康熙皇帝他也喜欢小脚妇女，顺治朝关于妇女不要再缠足的禁令就成了一张废纸了。直到清代末年，晚清乃至民国初年，乃至我小时候，1949 年之前，汉族妇女缠足的现象始终是存在的。但是中国男子对妇女身体的审美观的变化也挺有意思。早期的中国男子是欣赏三寸金莲的，如果这个妇女大脚觉得丑，脚缠得不好，缠得不够小，形态不够有趣，他也不爱。像西门庆，他专门玩弄潘金莲的小脚，玩弄其他女性的小脚，很多明清的小说里边都这么写。

但是到了 1949 年之前，早在 1919 年前后，鲁迅前后，新一代受到西方审美观影响的中国男子就开始厌恶小脚。像你们走廊里那些现代文学史上有名的男作家画像，他们都曾经有过这样一个审美转变，郭沫若在回忆录里写他母亲给他包办婚姻，他排斥女子的很重要原因就是女子缠足，鲁迅也是一样，鲁迅对他母亲非常孝顺，一看那个日记我看孝顺到我觉得不堪的地步，鲁迅是什么样的文学观，什么样审美观，他母亲识字，他母亲看小说，他给他母亲寄的什么小说啊？寄《金粉世家》，张恨水的，他本身看得起张恨水吗，看不起。但是他顺应他母亲的阅读趣味，多次给他母亲寄这种书，他能孝就孝，但是有一点他实在不能孝，他母亲给他找的媳妇儿朱安，朱安大家知道，朱安你应该专门去关注这个人物，一个很悲苦的人物。他娶过来以后，鲁迅对她反感的最重要的原因就是小脚，缠足，不能接受，一定要天足女子才能考虑。所以"五四"时期中国男子对于女性足部的审美趣味的变化也是一个很重要的学术课题。你写小说也可以作为一个参考，写当年一个男子内心的挣扎。朱安就很值得同情了，所以鲁迅去世以后很多记者跑到北京的鲁迅故居去围着朱安跟她讲什么要重视鲁迅的遗产什么的，朱安就淡淡跟他们说，用江浙话、绍兴话说你们说鲁迅的遗产，我是鲁迅最大的遗产。她是不是啊？没有一个采访者把她这么尊重，懂得她这个意思，所以朱安是一个悲苦的女性，插这么一句。

因此，在曹雪芹所写的那个故事背景的时代，基本上是清代，应该是康雍乾三朝，根据周先生最后的精确考据，书中所写应该主要是乾隆元年、二年、三年这三春的故事。三春去后诸芳尽，看过三春景不常，就是写的乾隆元年、二年、三年的故事。所以在那个背景下，汉族的妇女一定还是缠足的。可是你看他的书里面基本上不写，我前面说他淡淡地写了几句，比如尤三姐、尤二姐是汉族妇女小脚，晴雯是个小脚，他透露出来。其他的那些女子呢，金陵十二钗什么脚很含蓄。就因为他自己在民族认同上他有焦虑，你写作当中有没有焦虑啊，如果说刘老师我写作没有焦虑，我是快乐写作，快乐写作也是一种写作，我给你作揖，大佩服。但是我个人写作时候经常很焦虑，一提笔以后或者一构思一提笔以后有一个认同的问题，首先自我认同，我是谁，叙述者是谁。你不管什么人称，你哪怕用第二人称，叙述者是谁，这个很重要，你要先定位。我从哪里来，搞清楚了才能决定我往哪里去啊。所以自我认知、自我定位非常重要，对于一个作家来说是写作当中首先要解决的问题。那么曹雪芹也是这样，就是说他写作中他就要有一个定位，我是要写一个满族故事还是要写一个汉族故事，还是写一个满汉融合的故事。他要绕出民族的这个困局，民族认同的困局，所以你非要说曹雪芹的文本就是为了反清复明，就很牵强，他回避这个问题，他不想把它作为他文本当中的一个主要的元素，他要回避。所以他写女人不写脚，基本不写脚，写男人就更回避了。

那么清朝对汉族男子的政策很残酷了，推行就很严格了。就是满族进关以后所有的汉族男子要和满族男子一样，要剃发。有人说怎么他留着辫子要剃发啊，老不明白什么叫剃发，就是要把男子前面头发全剃掉，就叫剃发，然后把剩余的头发编成辫子。而且当时政策概括成很易懂的话，叫作留发不留头，留头不留发。就是一个汉族男子你说吧，你要留着胎发，留胎发因为满族统治时间太长了，差不多有二百多近三百年。而且后来包括电影电视，这个辫子戏太多，好多死搞不清楚满族以前我们这些汉族人的头发什么样，在座的男子应该有的也是汉族，你的祖上什么头发呀。有人读那个唐诗老读不懂，什么散发弄扁舟，过去都要留胎发的，男子头发都是要全留起来的，为什么最后你看古画都有一个帽子，最简单的是用一个布包住，打一个结啊，就因为要留发的，而且孔夫子就说了，你这些毛发都受之于父母，不能轻易把它去掉的。可是满族进关以后就非常残酷，有的汉族男子就坚决不改这个发型，就杀头了。而根据可信的文字记载就把人头堆起来，说嘉定三屠扬州十日，看过《扬州十日》吗，有人说恐怖小说西方写得多好啊，恐怖电影。扬州绝对是中国最恐怖的小说，而且纪实的，就是满洲入关以后，为了强迫汉族人服从他们，他少数统治多数人，所以给你下马威，对男人就是留发不留头，留头不留发，你必须把这个发型给我改掉。那么曹雪芹他下笔写到他的家族故事时候，他家族这些被满洲俘虏的这些祖辈老早就都满族化了，老早梳辫子了，但是本身又都是汉族的血统，所以曹雪芹本身汉文化的修养很高的。现在在图书馆经常借一部书叫作《全唐诗》，谁编的？曹寅，曹雪芹祖父，就是康熙皇帝给他的任务，在扬州书局编的《全唐诗》，他自己诗也写得很好，文章也写得很好。而且他还会写戏曲，他有《后琵琶》这样一个戏曲作品，这两年北方昆曲学院还把它排出来了，作者曹寅。不是光曹雪芹会写作，曹寅就是一个了不起的文化人。

那么这个曹寅文化水平很高，但是他忠于康熙，他为清朝统治者服务。写这样一个家族史对于曹雪芹来说是很痛苦的，他必须找到一个超越的解脱的办法，内心的挣扎，就在文本里边他文笔控制，如果说写女不写脚，他还有所泄露，有点一不留神写出来了，那么写男不写头，他坚守到底，除了贾宝玉，所有男子的头部他都不写。而宝玉这个发型本身就是对清代那个满族辫子的一种反叛，他在塑造一种社会新人，从这一点意义上来说，李希凡、蓝翎他们那种评论也有道理。贾宝玉是一种新人类，中国土地上出现一种新人，宝玉那个形态上就非常的特别，既不是满族的也不是汉族的。所以你把这些搞通以后，你再读《红楼梦》你就有了一把钥匙，忽然就贯通了。就知道书里说薛宝钗她哥哥带着她母亲和她进京城干吗，我们说避祸吧，他不是把冯渊给打死了吗，人命官司，还不逃啊。书里面交代很清楚，薛蟠对打死冯渊根本无所谓，打死人对他来说就是一个儿戏。他进京是既定的计划，他进京干吗，送他妹妹参加选秀，他没有用选秀这个字眼，但是他行文说得很清楚，是准备让他妹妹参加宫廷的那个选拔，希望能够最后成为，他举了一些例子，比如说成为女官，太子宫里面一种女官，薛宝钗进京是为了选秀。你看《红楼梦》看不懂，这一点你就很傻帽儿了，其实我有时候说话也有些爆粗，这也跟唐先生夏先生学的，就是说他们俩说话经常爆粗，文人有时候有点儿这个东西。

对有一些情节你看懂了吗，贾元春端午节节礼，贾宝玉跟薛宝钗那个份额是一样的，林黛玉他们都次一等，干吗呢。贾元春干什么呢，指婚啊。她没有明说，暗暗指婚，她希望她这个表妹嫁给她这个亲弟弟，所以独他们两个的端午节节礼是一样的。而且薛宝钗得到红麝串以后就戴上了，笼上了，有点不好意思，就羞笼红麝串，有没有这样一回目啊。那怎么回事啊，而且薛宝钗在前面交代，是非常平易近人的，非常和气的人，对丫头都非常好的呀。所以丫头都愿意和薛宝钗玩。但是她羞笼红麝串之后就非常失态，有丫头就来跟她玩了，有个丫头就说宝姑娘，我的扇子是不是你藏的，有这个情节吧。薛宝钗就大怒，什么平和啊，你要仔细，哎哟，那个社会一个贵族小姐跟丫头这么说话，那丫头就吓死了，你要仔细。说林黛玉尖酸刻薄有过这种口吻吗？从来没有过，她为什么呀，她干吗心情浮躁，她选秀落选了，她失利了，明白吗？为什么这个时候贾元春见缝插针去颁此节礼啊，你选秀失利了，我才让你不得已求其次，进不了宫也到不了那些太子或者是那些皇子身边了。那怎么办呢，你就和我的弟弟结合吧。你要看明白，看不明白你算看什么呀。有人说读《红楼梦》死活读不下去，你别死你活着好不好，我先给你一把钥匙试着读一读，你就明白这里边都是非常巧妙的文字。为什么周先生和我对高鹗所续的后四十回那么深恶痛绝，不承认他，而且周先生鼓励我续写《红楼梦》，为什么，就是因为后四十回不管是高鹗执笔还是无名氏执笔，总归它不符合曹雪芹的原笔原意，不符合的。当然他有的部分可以说写得非常好，比如说黛玉焚稿，魂归离恨天。有人说刘老师你别这么说，我看到这个我都哭湿好几个手帕，您再买一打手帕您继续哭去，我不拦着您。我只是告诉你那一段虽然他写得好，但是它仍然不符合曹雪芹的原笔原意。曹雪芹的《红楼梦》是写完了的，不是写到八十回就没有了。他是有过全本的，而且像富察明义这种人就读过，从头读到尾，他的《红楼梦》八十回后的文稿迷失了，并不等于说他没写完。虽然迷失了，根据现在留下的这些资料是可以探佚，红学有一个分支叫作探佚学，什么叫佚啊，丢了，探佚就是把丢掉的东西探索回来，找回来，叫探佚。我在周先生的辅导下也是干这个探佚的活。探佚是有根据的，一个最重要的根据就是古本《红楼梦》不光有曹雪芹的原文，还有大量的批语，许多批语有脂砚斋的署名，现在总称这些批语叫脂批，研究脂批也是红学当中的一个分支。那你看脂批时候，因为这个脂砚斋和曹雪芹不是一般的关系，他不是一般的评论者，他是合作者，曹雪芹一边写他一边誊抄，一边誊抄一边提意见，有时候曹雪芹根据他意见就改。个别地方他说你别写我帮你写，有些地方曹雪芹缺失，他说等你补上先。他来回来去统稿统过很多遍，从头到尾他全读过，所以他在前八十回批语里面有很多透露了八十回后的很多的情节，乃至于整个的回目，乃至于某些文字。八十回后是四十回吗，脂砚斋有他的批语说得很清楚，简单算术，大家起码都是小学程度吧。

他说了书是三十八回，已过三分之二有余，明明白白写的批语。他来回整理这个书稿，这个书到了三十八回的时候已过三分之二还有余，全书能是一百二十回吗，三十八回应该说还不足三分之一，怎么会过了三分之二还有余呢。全书多少回啊，不可能是一百二十回。那么根据周先生的考据，我跟上去加以细化，曹雪芹写完了《红楼梦》八十回后是二十八回，全书一百零八回，书中有两个常数，一个常数是十二，这不需要多说了，十二钗。包括为了元妃省亲，买个小戏子，多少个啊，十二个，红楼十二观。在太虚幻境警幻仙姑，让那些仙女为宝玉唱歌，大合唱，多少支曲啊，有十二支曲，十二是个常数。九又是另外一个常数，每九回是一个情节单元，前五十四回是前半的事，后五十四回是后半的事，一共一百零八回。当然我对一百二十回《红楼梦》我也很尊重，因为当时书商为了让这个书向社会广泛地流传，他为了避文字狱，找人修改了八十回后的内容，续上四十回，再和它一起活字排印，成本很低，卖得很便宜，就一时风行了。前八十回得以流传到今天，而且一百二十回的《红楼梦》到今天也是一部古书，可以独立存在，你喜欢一百二十回我给你作揖，您继续喜欢。但是我不喜欢后四十回，后四十回就说王熙凤搞一个调包计，先不说王熙凤她会不会搞调包计，就写这个贾母就同意，而且林黛玉还去求她，还被她冷淡，非常冷酷，前八十回是这样的铺垫吗？你看清虚观打醮有这么一回吧，一个大场面，贾母带着荣国府的几乎所有的女性，不光是主子，还包括仆妇、丫头，浩浩荡荡地去清虚观打醮去，谁抵制啊，谁不去啊，谁没去？王夫人。那个时代那个媳妇儿随时要在婆婆身边伺候的，小说里边多次写王夫人都是在贾母那儿她要站着的，婆婆啊。而且有一回还写让丫头进去，说老太太休息完了没有，休息完了以后告诉我，那边告诉他，赶紧旁边站着去。可是清虚观打醮王夫人公然抗礼，家庭斗争啊，你这看不出来你白看了呀。说看她们说话不都挺和气吗，是挺和气，微笑战斗。你现在在职场上混，会不会微笑战斗啊，你说得是啊。您说的真对呀。其实都是话里有话。微笑战斗，当时这个情势很紧张，因为元妃等于下了谕旨了，端午节节礼让薛宝钗和贾宝玉品种一样，王夫人肯定高兴得不得了。但是贾母装傻，贾母就没感觉，按说元妃娘娘都有表示，您怎么样，不知道，没感觉。到清虚观打醮是谁让她到清虚观打醮，是贾元春，书里明确说是贾元春的主意，贾母就成了自己要享福人人生还祈福，成了她自己的一个宗教活动了，都得去，她就考验王夫人去，王夫人就公然我就不去，王夫人不去有一个理由，说宫里头娘娘可能还有事呢。这就是在斗法呀，娘娘的谕旨你居然都不承认，不接受吗？

　　到了清虚观大家注意没有，有一些情节很古怪，这个曹雪芹文笔写得真好，清虚观有个张道士，跟贾母应该是同龄人，见了贾母以后就泪流满面，干吗呢这是？张道士什么身份啊，是当年荣国公的替身。所以有人就演绎出一段红楼前史，当史家这个小姐，贾母跟张家这个公子青梅竹马，但是这个婚姻不成功，史家的小姐嫁进了贾家，成了第二代荣国公的妻子了，张家公子就愤怒而出家成为张道士。但是他又顶了一个名分，就是荣国公死了以后贾母就认他，他就成了荣国公的替身，俩人见面以后，情人相见，眼泪汪汪，这种诠释挺有趣的，你没想到吧。你读《红楼梦》，你眼睛得有点自己独特的眼光，别一天到晚你给我导读导读，他给你导读什么呀，自己导自个儿的读。你看这个有人读出来，多有趣啊，是有一定道理。然后贾母充分利用清虚观这个舞台，因为张道士是她老情人，他说什么都没事，他们俩串联好了，张道士就要给贾宝玉提亲，这个时候贾母就一番表态，大意就是说只要人好就行，没钱没事，大不了给她点银子。贾母说这话说给谁听啊，说给王夫人听，这不王夫人没去吗，王夫人没去，贾母强调让谁去啊，薛姨妈去了，薛姨妈去不就等于王夫人去了吗。说给你们听，你们薛家怎么富，皇商，替皇帝采买东西，你们这个和尚预言了，你们这个戴金锁的姑娘要嫁给一个有玉的公子对不对。你们嫌林黛玉林家衰落了，寄养在我们贾家来了，以为她穷，把话挑明了，而且明确说宝玉现在说亲还早，有没有这个意思啊。也就是等于把这传给贾元春，你虽然是我大孙子，你虽然地位很尊贵，别横插一杠子，这个事我老太太不放权。

可是当时林黛玉就听岔了，林黛玉听说提亲的事，回去就跟宝玉闹别扭，结果就闹得一塌糊涂。贾母是怎么感叹的呀，是觉得她这个外孙女讨厌吗，贾母说了句什么话呀，不是冤家不聚头，贾母对宝玉和黛玉今后的命运走向，人事定局是什么呀？很明显嘛，王熙凤也懂啊。书里明明写的王熙凤和平儿商量事，王熙凤怎么会搞调包计呢，说王熙凤当着林黛玉开什么玩笑啊，你吃了我们家的茶你还不给我们家当媳妇儿吗，她怎么敢说这个话啊，王熙凤知道贾母才是贾府至尊无上的一个掌权人，说话算数的人，一言定理的人，而且跟平儿说了，她说今后这婚事，她说这个那个的，都不用花很多钱。说宝玉和黛玉这个老太太会拿出"梯己钱"来，有这话吧。所以你八十回后去叙述，写王熙凤搞调包计，贾母还同意，这不胡闹吗，你文笔再好，当然也是一个文本，也可以读，不符合曹雪芹前八十回里面的伏笔，不符合曹雪芹的原笔原意。

费这么大力气讲到现在，总算说清楚一个问题，就是曹雪芹写文章他如何把握他这个文本。他不去在乎是满族还是汉族啊，不在上面去多花笔墨。他的文本的主旨并不是他悼明之亡，夏先生说他看《红楼梦》失望，现在虽然他跟唐先生都已经驾鹤西去了，我现在要说句不客气的话，他是没有能够精读《红楼梦》。《红楼梦》里表面上有虚无主义的这些包装，好了歌，到后面宝玉出家，但是其实《红楼梦》的主旨前面说了，古本《红楼梦》前面有一段话，在一百二十回里有的被删了，简单来说佛教的一个基本的观念是什么呀，色即是空，空即是色。《红楼梦》里面有没有这样的句子啊，似乎是有，你读得仔细吗？它有没有变化呀，那里面是说了这个意思啊，叫作因空见色，这不稀奇，佛教从来主张这个因空见色，由色生情，任何佛经都不会有，传情如色，任何佛经都不会有。然后自色勿空。前后两句不稀奇，空即是色，色即是空。曹雪芹在干吗，他这个文本在干吗，他要通过全书的情境和人物告诉你，有一种救赎之道，当然他没有用这个词，救赎这个词是西方传过来的，是基督教的语言。当然他在一个黑暗的文字狱盛行的时代，他含辛茹苦地写作，他发出这样的声音，石破天惊，不得了。连呼伟大都不过分，他在佛教的这个色即是空、空即是色当中他相信这个情字，他告诉你人生最重要的是情，闺有闺情，他说了他不干涉时事，他前面讲这个书的宗旨，超政治。他不去评价皇帝的好坏，他有时候说到皇帝还说皇帝几句好话。他对权力斗争，溶解在他这个书里面了，但是他超越了，他就告诉一些那个社会里面唯一的光明存在于闺房，深闺的女性，因为她没有走向社会，没有受社会主流意识形态的污染。所以她们像花朵一样的美丽，无论是小姐还是丫头，他爱她们，他愿意为她们作奉献，他体贴她们。

他铸造贾宝玉这个形象，绛洞花王，一个红色的洞穴里面一个护花王子。他强调女儿是水做骨肉，男人是泥做的骨肉。什么意思，那个社会就逼着很小的小孩要读书，上私塾，去读四书五经，走科举，当官，仕途经济的道路，他对这个深恶痛绝。所以，高鹗续的后四十回里面贾宝玉二进私塾，学说八股文，林黛玉也附和，说八股文也有好的，简直是胡写。他不得了，贾宝玉这个形象，他就是抓住这部分声明我欣赏她们，今后怎么样我不想。然后他又三段论，通过一个丫头叫春燕说出来，贾宝玉的三段论，说这个女儿未出嫁以前是一颗无价的宝珠，嫁了人就开始失去光泽，再往后就成了鱼眼睛了，鱼眼睛就很快腐烂了。为什么他有三段论，闺中女子她没有进入那个社会的名利场，没有进入社会主流意识形态的严正的束缚。她浪漫，纯净，像鲜花一样开放，一嫁了人像王熙凤、李纨，就有毛病了，但是还好。到了王夫人那儿就麻烦了，当一些老婆子，宝玉就深恶痛绝了。

他为什么写这三段论，就是他努力地告诉读者你要珍惜青春，珍惜你的同窗，现在你们大家在这儿虽然是短训班，也算同窗了。青春一去不复返，这样的欢聚现在看来无所谓，今后回味起来你恐怕就要流眼泪的。懂不懂得珍惜这些东西啊，这些快乐的瞬间，大家互相之间没有功利，没有利害关系，没有买卖关系。存在一种纯真的情感，要不要珍惜啊。所以周先生说曹雪芹实际上是想创建一种情教，他说得很对，他最后是和陀思妥耶夫斯基一样，陀思妥耶夫斯基无非是皈依东正教，去追求一种在胜利面前的自我拷问，忏悔和救赎。

曹雪芹他比陀思妥耶夫斯基早，他是 18 世纪的，他要通过这个文本他超越了，他写女不写脚，写男不写头，他写什么？写青春，写情感，写友情，他写宝玉和秦钟的友情，宝玉和柳湘莲的友情。其实这种背离主流意识形态的，自由自在的人格独立，精神自由。好书啊，我是百读不厌，很多遍。

主持人： 我看时间也差不多了，而且刘老师也讲三个小时了，所以我们就不互动了。非常感谢刘老师，《红楼梦》自问世以来，关于它的言说似乎就没有中断过，"五四"以来的新红学研究也有近百年的历史了，数量很多，流派也多，可以说是说不尽的《红楼梦》。今天刘老师以小说家的身份，也有考据派的方法，从唐德刚先生的一个疑问谈起，着眼细节，深入发微，既追求于历史逻辑，又能体察作者的用心，为我们解读了他眼中的《红楼梦》，讲得神采飞扬。也再次向我们展示了《红楼梦》这部伟大作品它鲜活的生命力，今天是咱们这次高研班的最后一次课，刘教授以精彩的讲授为我们本次高研班作结，让我们再一次以热烈的掌声对刘老师表示感谢！

潘金莲时代的其他几个人

刘震云

主持人：今天可以说是我们"鲁28"的最后一堂课，我们非常荣幸地请来了震云老师跟大家做一个精彩的交流，他的题目是《潘金莲时代的其他几个人》。

刘震云老师作为同行大家应该是非常了解他，我就不详细地介绍了，时间是从4点钟到5点半左右，今天很有意思的是除了我们"鲁28"的同学，还有一些来旁听的朋友，让我们大家以热烈的掌声有请震云老师给大家授课。

刘震云：华栋是我读书的指导老师，二十年前我应该读什么书，包括读书遇到问题，我都请教华栋，我也曾经说过我读书有三个指导老师，一个是李敬泽，一个是李书磊，还有一个是华栋。他们指导我的时候都是知识分子，现在敬泽是作协副主席，书磊是刚出任北京的纪委书记。还数华栋的官小，官小是因为指导我的时间比较长。

刚才跟李一鸣院长和王璇副院长交流了一下，李院长是山东人，王院长是我当兵时候一个部队的，我们在一个部队的地方长大的，她是去年10月份去我当兵的地方拍的照片，还是很有感慨。华栋说让我来跟大家交流，一开始说出个什么样的题目，华栋说叫《创作漫谈》，最后我说改一个另外的题目，改一个另外的题目我不是想谈《我不是潘金莲》，我是想谈一谈《水浒》，因为所有的作家都说作者是一个讲故事的人，其实这种说法是对的，但是如果只是一个会讲故事的人，一定不是一个好作家。他这个故事的后边一定是有很深刻的对于生活的认识，包括对于文学的认识，对于生活和文学之间关系的认识，或者是叫思想认识，或者是叫哲学认识，或者是叫小说里边的学问，而这个学问的话不单单是文学的学问。

其实任何一个好的作者的话，他首先应该是一个哲学家，比如像《红楼梦》，而且《红楼梦》着重阐述和处理了几个哲学问题，一个问题就是大和小的问题。因为《红楼梦》的话大家都知道，它是从唐宋传奇以来，当然更早就是从《史记》，包括从《资治通鉴》以来，凡是讲人讲故事的基本上讲的是有名有姓的人，比如讲英雄人物，《红楼梦》开始讲日常生活，普通人的生活。

当然这种说法也是不对的，因为《金瓶梅》也是讲普通人的生活，包括林黛玉手里看《西厢记》，讲的也是普通人的生活。我觉得在说普通人生活的时候，《红楼梦》比那几个作品高明的地方就是它的哲学思想的含量。因为说的是日常生活，但是他的起笔并不是从日常生活写起的，说的是人的生活，并不是从人写起的，我觉得曹雪芹这个思想格局要大于他同时代，包括他前边的一些作家。写的是贾宝玉和林黛玉，但是他一开始入笔的时候写的是一块石头和一株草，这株草就是干枯了，这块石头从这儿过的话就是给浇了一点水，这株草又活了。当然谁把你救活了，对救命之恩，一般人的说法就是说邵丽主席对我特别好，又都是河南人那我下辈子就是做牛做马报答你，这是一般人的说法和一般作家的写法。

但是，曹雪芹他写的林黛玉这株草是说，下辈子我用眼泪来报答你，就是这一点一下见了哲学的高低，就是对于生活认识的高低，就是对于水的认识的高低，因为河里边的是水，但是眼泪也是水，就是对于水的认识的这种差别性，就反映了曹雪芹他对生活的认识跟一般的作者是不一样的。

还有就是对于清洁和肮脏的认识，这是《红楼梦》里从头至尾贯穿的一个主线。因为曹雪芹的理想人物是贾宝玉和林黛玉，贾宝玉是一块石头，那是一株草，这个草就是浇水活了，接着用眼泪来报答你，所以他认为世界上最清洁的东西是石头和水。所以他写荣宁二府都是肮脏的，但是门口的这个狮子是干净的，狮子是石头。

这块石头就是生活在怡红院里边，每天都在洗澡，就是这个洗澡到底这个晴雯麝月参与到什么样的程度，也是红学界一个特别值得研究的问题。怡红院是很干净的，但有一次刘姥姥曾经在特别干净的石头的床上，曾经睡过一觉，曹雪芹写的《红楼梦》通篇我都非常地欣赏，但当写到刘姥姥的时候，因为刘姥姥虽然是《红楼梦》里边阶级性差别最大的一个农村老太太，但她却对曹雪芹整个的构思起到了极大的谋篇布局的作用，因为每次进荣国府的话，荣国府的变化是通过刘姥姥的眼睛看出来的。因为人穷嘛，人穷确实容易志短，但人穷也不一定志短，但曹雪芹认定人穷是志短的。这一点我觉得曹先生的认识突然给降下来了。

一般去荣国府都是打秋风，所以王熙凤和鸳鸯为了哄另外一个老太太高兴，就捉弄刘姥姥，因为刘姥姥确实不知道这个菜是怎么做出来的，就是一个茄子不是茄子味，经过了十几道的工序。所以她吃撑了，穷人嘛，吃撑之后王熙凤和鸳鸯就给刘姥姥头上插了很多野花，就让她起来作了一首诗，这首诗我看了之后心里非常的心酸和不满。就是说老刘老刘食量大如牛，吃个老母猪不回头。这是曹雪芹在《红楼梦》里边作的诗，是最粗鄙的一首，比如讲他也作过像《葬花吟》，一大批的那种，那些诗是有质量的，这个诗是没质量的，没质量的话不是说它语言粗鄙，而是说他对一个农村老太太的认识。刘姥姥这么一说的话，贾母就笑了，所有人都笑了，所有人笑得像贾宝玉、林黛玉，都笑得揉揉肠子，我能看出来曹雪芹在写这个情节和细节的时候，对这种调侃他是有欣赏性的，这种欣赏性是我所不能容忍的，因为刘姥姥姓刘。

喝多之后就躺在贾宝玉的床上睡了一觉，但是被袭人和麝月发现之后就把刘姥姥给轰走了，同时告诉她永远不要说你到过这个地方。接着又用了一个词儿，我特别不满意，就是说刘姥姥屁滚尿流地逃出了怡红院。

但是就这样一个特别干净的石头，最后它的去处是去到哪里去了？去到世界上最肮脏的地方去了，因为它被世界上最肮脏的人给架走了，一个是秃头的和尚，一个是跛脚的道士，他们最爱干的一件事儿是在破庙前面扪这个虱子——身上寄生的动物。对于清洁和肮脏关系的认识我觉得是《红楼梦》里边一个探讨得特别特别和别致的一个思想体系。

比如还有《西游记》，我三十五岁之前我觉得《西游记》写得特别差，因为它的重复性，那就是九九八十一难，每一难都是相同的，就是师徒四人走到山冈上或者山林里边，遇到一批妖怪，反正最后孙悟空总能战胜，我觉得这个小说的重复性。但三十五岁之后我重读《西游记》，我就觉得它里边好就好在重复，里边的思想含量，包括吴承恩先生，首先我觉得他探讨了一个特别重大的问题。就是师徒四人之间的关系，这种关系是其他作品里面没有的，唐僧、孙悟空、猪八戒和沙僧，谁的本事最大？孙悟空，七十二变，接着是猪八戒三十六变，沙僧就是他有时候舞着扁担和禅杖也行，最没有本事的是唐僧。他不但没有本事，而且他是麻烦的制造者，任何的妖怪劫路，都不是因为孙悟空、猪八戒和沙僧，都是因为唐僧。都是想吃了唐僧肉长生不老。

一个制造麻烦的、最没有本事的人，为什么三个人给他叫师父？我觉得这个哲学问题探讨的不比黑格尔和维特根斯坦要简单。他在探讨这个问题的时候，给过一个浅显的答案，我觉得肯定不止于此，那就是在日常的这种往西行进的道路上，能看出来本事的高低，就是孙悟空、猪八戒、沙僧，接着是唐僧。但是在遇到困难，遇到历史重大关头的时候，境界的高低是另外一回事，当他们往西天取经的事业受到重大挫折的时候，第一个跳出来闹事的是谁？是孙悟空，本事最大，他说不行，我回花果山了，不干了。接着跟着起哄的是谁？是猪八戒，他说你要不干我就回高老庄了，他还有一个媳妇在等着呢。最后动摇的是沙僧，我还回流沙河呗。

小说写到这个时候已经不是在写小说了，他是在探讨人和人之间这种深刻的哲学关系，但当最困难的时候就剩唐僧一个人的时候，他仍然说我要去西天，既然都走了他一个人还要去西天，而且所有的妖怪都冲着他来，他没有战胜任何一个妖怪的本事，他还要迎着妖怪走。我觉得这是他能成为那三个人师父的最重要的原因，能成为他们师父最重要的原因不是因为他本事比他们高多少，而是他的目光到底能看多长和多远，这里就出现一个特别重大的哲学问题，我特别同意就是吴承恩先生提出来的，这个民族缺乏什么，他在写《西游记》的时候就说中华民族这个族群最缺乏的是目光长远的人，有本事的人比比皆是，有眼睛的人、有眼无珠的人也比比皆是，目光长远的人太稀少了。

所以我们现在生活在雾霾之中，难道几十年前中国没有一个人能预料到我们这么弄，将来大家吸收的全是毒气吗？没有。你仔细到农村看一看村里边，四处都被垃圾包围着，没有一条河流不是污染的，都没看到这一点？可能都没看到。

还有一个就是他们路上的困难是从哪里来的？这也是《西游记》里边探讨的另外一个特别重大的哲学问题。原来我以为白骨精这些人都是从山林里出来的，但你仔细考察，绝不是从山林里出来的，每次悟空拿着棒要把这个妖怪打死的时候，总是天上传来了一个声音："悟空，住手。"这人从哪儿来的呢？这妖魔鬼怪，是从菩萨那儿来的，从玉皇大帝那儿来的，包括从原始天尊那儿来的，包括他从释迦牟尼那儿来的。这个问题是你让我到你那儿去取经，妖怪又是从你那儿来的，为什么我要取这个经？取这个经又有什么意义？这个问题也很深刻，你难道自己民族就没有一个经吗？非到外面去取一个经吗？这时候吴承恩先生都预料到的，这个经全世界都不信的，为什么你还在信？所以最后师徒四人历经千难万险终于到了西天了，释迦牟尼说不容易，取经去吧。几个人来到经库前边，把守经库的、看经库的两个护法的使者，给唐僧递了这样一手势，大家回去看一看《西游记》，唐僧是个纯洁的人，他说这什么意思？猪八戒聪明，在高老庄混的时间长，师父，钱。唐僧说我要是李嘉诚，要是马云我能花两个亿的人，你给我比这个手势，他说我是要饭的，这和尚是化缘的，怎么见到一个要饭的比这个手势，可见这两个至尊看着这个经的人，从里边取了多少的好处。

为什么要信这个经？是因为这个经给好多人带来了至高无上的既得利益。他就给使者讲这个道理，说我一要饭的，这两个至尊就看唐僧身上的碗，那个碗是金碗，唐朝的皇帝给他的。他说我把吃饭的家伙都给了你，那我接着怎么吃饭？守经的人很厉害，就把你吃饭的家伙收走。悟空说师父给他吧，不给他，不白跑了嘛。他说行，把这个碗给了至尊，至尊又比了个手势，俩人，就是至尊是两个人，左一个，右一个，你给一个怎么办？唐僧说真没了，就这一个碗。说取的那个经是不全的，这是吴承恩先生先知先觉，说取的这个经是不全的，抱着一个残缺的经。

我觉得这种，就是说四大名著，这种哲学和思想含量的探讨，确实高于像三言两拍的这种市井小说，那就是讲一个故事，这里边确实有极大的哲学的探讨。

接着我想说一说潘金莲时代的另一个人，就是林冲。我觉得《水浒传》是对宋朝社会，这种哲学的社会的人性的分析，细致入微，施耐庵是个非常有思想含量的作者，《水浒传》里边写得最好的人物不是潘金莲，也不是武松，也不是西门庆，那是一个三角的故事而已，写得最好的是出场的第一个人，林冲。林冲的话是他一生犯过两个错误，第一个错误他娶了一个漂亮的女孩子当老婆，漂亮是一种社会资源，虽然长在了你的脸上和你的身上，但她是属于社会资源。但是林冲的老婆有一点小毛病，就是她不会生孩子，所以有时候我现在在电线杆上看到那种专治不孕不育的小广告，我就第一个想起了林冲的老婆林娘子。

当在人间没办法的时候，林冲跟林娘子想起来就是去求不在人间的这种人，就是到东岳庙去上香，上香的时候路过相国寺在郊外的一个菜园子，就看到一个和尚在里边舞禅杖，这个时候林冲犯了第二个错误，就是林冲第一找了一个漂亮的女孩子当老婆，第二他能力强。因为他是一个武夫，八十万禁军的教头，所以他的武艺特别好，能力特别强。就这个哲学观念跟宋朝的人和我们现在的人认识是不一样的，他觉得漂亮是不好的，这个人的话能力强也是不好的，正因为能力强，八十万禁军教头刀枪剑戟，所以他看到一个和尚禅杖玩得那么好，他就叫了一声好，然后鲁智深就停下禅杖问那是什么人。他旁边的泼皮，施耐庵这一点我也不是特别满意，他特别爱写河南人会有泼皮，会有无赖，牛二之类的。我们家就在开封边上，宋朝的话我也生活在首都郊区。所以他就给他娘子说，你跟那个锦儿你们俩去庙里上香，我来谈一谈工作，他工作就是武艺，武艺是要干吗？杀人嘛。

所以，他就跳过这个矮墙，俩人就聊。聊得特别 high，喝酒能喝 high，聊天也能聊 high。他跟鲁智深第一次见面，第一次见面俩人就聊得特别 high，high 的是什么呢？大家回去看一看那个《水浒传》，聊的全是江湖上的话，那就证明在宋朝有两套系统语言，一种系统语言是正统的官方的话，还有一个是江湖上的话，相当于一个是新闻联播的话，一个是微博上的话。正聊着江湖上的话的时候，现实生活中的事儿发生了，这个锦儿急急忙忙说官人你还在这儿做啥？你娘子被人侮辱了。林冲第一是不相信，因为他在东京是八十万禁军教头，他的娘子怎么能会被人欺负呢？就跟那个锦儿急急忙忙来到东岳庙。确实有几个这种少年，围着林娘子，说带你到一僻静的地方说话。那说的是什么话？林冲的话就是拔起拳头就要打小流氓和无良少年，他接着写得特别好，拳到半空先自软了，好语言，因为一看什么？官二代，高衙内，在高衙内的思想意识和看法中，漂亮是一种社会资源和公共资源，不允许个人独占，也不允许林冲独占。

接着就是不欢而散，当林冲第一次认识到自己的资源被别人侵占的时候，而自己的能力和武艺又毫无发挥之地的时候，他的心境是，施耐庵写的是叫闷闷不乐，就在家里边闷闷不乐，正在这时，他鲁院的同学去他那儿了，说别在家闷闷不乐的，喝酒去。这不酒能解愁嘛。林冲就跟他的同学陆谦去酒馆喝酒去了。正在喝酒锦儿又来了，说官人你还在这儿做啥？你娘子又被人欺负了。林冲说不可能啊，我把我的个人资源，你们认为的是公众资源的我娘子关在家里了，她怎么还能被人欺负呢？这是一种哲学写法，有的人他就可能会写成林娘子又出门秋游了，去打醋了，打酱油了，被高衙内欺负了，这是一种写法，但是他不是，再不出门了。她不可能啊，在家里怎么会被人欺负呢？就是把属于个人的资源关在了自己的牢笼里，她说是啊，你刚跟人出去喝酒，有一人又来了，就是你鲁院同学家里的人，说你在他们家正喝酒突然晕过去了，眩晕症，娘子匆匆赶过去，一看得，还是那男的。林冲的话就是三步并作两步到了陆谦家，三步又并作两步上到了二楼，这时候听到了屋里边高衙内和林娘子的声音。

林冲是八十万禁军教头，他这时候想把这个门踹开，我觉得不费吹灰之力，但是他的话是什么呢？说大嫂开门，他的老婆被高衙内摁在了床上，他老婆在下边，高衙内在上面，他怎么大嫂开门？这是不是一种哲学写法呢？康德探讨的就是这些问题，他分明是让上面的人跑嘛。个人属性让那人跑，接着就是大嫂把门开开了，大嫂衣衫不整，林冲问的第一句话特别好，不曾被那厮玷污吧？就是属于他个人资源的话，不曾被别人把她侵占吧？而且问得很心虚，愿意相信不曾，所以他就说不曾被这厮玷污吧。他太太的回答也很好，三字，还未曾。证明是在现在进行时，林冲带着娘子回家了，从此林冲也不出门了，资源和资源的占有者都关在了自己的牢笼里不出门了。

但是这个时候认为这个资源一定不是你个人的人认为，有时候我们经常觉得这个资源应该，我们的资源到底是被谁剥夺的，包括智力资源，包括剩余价值。认为这个资源一定不属于你的那个人的智商是相当高的，官二代的智商都不低，那当然官二代的干爹的智商也不低。他没有利用林冲的弱点，而是利用了他的优点，就他能力强，武艺好，好武艺的人喜欢什么呢？那就是武器，杀人的武器。所以宝刀要送给英雄，所以外边有人喊卖刀。林冲就买刀，就误入白虎节堂，屈打成招，发配沧州。这个时候林冲有一个极大的思想转变和思想认识，就是他的认识这个时候跟他的敌人的认识转变和相同了。他认为的话，确实这个漂亮的资源是不属于个人，而是一个公共资源，公共资源谁可以占领呢？就是掌握公共资源的人，我不知道这个哲学道理大家能不能想明白。公共资源是被谁占领的，谁就可以认为私人资源也是公共资源。这是一个哲学问题，而且这个哲学问题到一定程度的话，不这么认为的人他也这么认为了。

林冲去沧州做的第一件事儿是干吗？给林娘子写了一个休书，这个休书就是要告诉自己的敌人，我错了，你对了。林娘子她没转变，她就问林冲，我跟你说过多少回了，还未曾，你为什么还要跟我离婚？林冲说娘子，怨不得小的无能。大家能听明白这个话吗？怨不得，我很无能。他是本领最好的人，他承认自己我无能。这个资源我个人的资源我承认是个公共资源，怨不得小的无能，离了我，你好我也好。特别是最后这三个字写得好，那就离了我你可以认为，掌握公共资源的人认为私人资源是公共资源，他可以把这个私人资源变成公共资源之后接着又变成他个人的私人资源。这又是一个哲学道理。

另外林冲就说，当你由我的私人资源，经过公共资源变成别人私有资源的时候，你好，你好是为了什么？我也好，我就没事儿了，我再不会误入白虎节堂了。这几个哲学道理林冲认识得特别明白。当他发生这种认识之后，而且把这种认识变成行动之后，林冲认为自己是安全了，但他想错了，他的境界跟他敌人和对方的境界差远了，所以又发生了野猪林事件，差役董超、薛霸押着林冲。所以我在《我不是潘金莲》里边向董超、薛霸表示了我极大的敬意，大家看那小说第三部分的时候，押送上告者回乡的时候也是一个姓董，一个姓薛。

其实在野猪林的话，董超、薛霸只是一个押送犯人的差役，林冲是八十万禁军教头，如果他想反抗的话，我想那两个人不是他的对手，但是他被这两个人绑在了大柳树上。那俩人就说林先生，实话告诉你，确实咱也前无怨后无仇，但是上峰的差事，明年的今天是你的一周年纪念日，这时候林冲想反抗也可以，要想把他绑住，他震开都非常容易。这个水火棍要落下的时候，飞过来一个禅杖，把这两个水火棍给挡走了，这人是谁呢？是林冲见过第三面的人，鲁智深，大家回去查一查。害他的人是他的同学，救他的人是只见过三面的陌生人，熟悉跟陌生之间的关系，接着就到了沧州。

到沧州之后，因为那个时候没有高铁，由我们河南的开封走到沧州我估计也得三天三夜，就这个距离的概念在林冲心里边产生了极大的安全感。说所有我犯的错是在东京，资源的转换也在东京，我的弱点就是我的能力太强，也在东京，现在我是一个犯人，资源也没了，本领也没了，我可以在沧州的话苟且偷生，这时候他正好遇到了在东京曾经帮过的一个小偷，就是李小二，偷人的人不一定是坏人，现在在沧州开了一个小饭馆，找了一个女的也很贤惠，不过这女的长得不漂亮，但是会浆浆洗洗，小两口对林冲特别好，这时候林冲感觉到天上洒下了一缕阳光，但是他仍然低估了想置他于死地的这个人他的想法。所以就发生了火烧草料场的故事。

这时候施耐庵有一笔写得特别好，林冲没别的嗜好，他爱喝酒，所以到草料场，这个老军就跟他说，你要想喝酒的话就扛着我的花枪，有一个葫芦，到镇上八华里，到那儿去打点酒喝。林冲接管草料场，确实这个雪下得非常大，他也非常冷，用花枪挑着葫芦打酒去了，正是这个喝酒救了他一命，他回来路过山神庙，看到这个草料场是毕毕剥剥，风借火势，火借风势，烧红了半边天。林冲从山神庙冲出去就要救火，远处来了几个人，一个人就是他的同学陆谦，还有一个是管营，还有一个是差拨，几个人就在山神庙面前看火，写得都特别好，看火。一个人说林冲这次完了，烧死了，这差拨说的。管营说没烧死也不要紧，草料场是什么？是军粮，你把这么大一军粮库给烧了也是死刑，一样，这回去喝酒吧。邀请陆谦回去喝酒，这时候陆谦说了一句话，且慢，等火下去，捡林冲两块骨殖，拿回去让太尉高兴。千万你们别相信同学。

这时候林冲又悟到了另外一个哲学命题，当我作品有时候被翻译成各种语种的时候，好多汉学家会提出一个问题，你们汉语里面确实太暴力了，比如说有一个词儿叫你死我活，他说难道咱们不能共同活吗？为什么非你死我活呢？这个时候林冲就意识到这些个人有多么的凶恶，我如果想活着，必须有人死，要不然我就得死，所以林冲这个时候所有的弱点都发挥出来了，比如讲他的武艺高强，因为他是八十万禁军教头，起了杀人的心，那肯定几个人不是他的对手，敌人的鲜血像梅花一样在雪地里开放。这是林冲整个的这种他的思想、他的情感，他的哲学观、世界观、方法论，在《水浒传》里几个过程的演变。

如果只写到这个地步，施耐庵是个一般的作家，他接着还往下写，因为大家知道有逼上梁山的故事，其实后面还有一个逼下梁山的故事。当林冲知道这个正统社会容不得他存身的时候，他开始由这个社会跨入了另一个社会，就是江湖社会，江湖社会他曾经跟鲁智深在一起谈过话，谈过江湖社会的语言体系、思想体系、世界观、方法论是什么，大碗喝酒，大块吃肉，大份分金银，这个《资本论》之前的话这《水浒传》里都有，所以林冲满怀希望，他个人解放了，反正杀过人了，我跟这个正统的社会是决裂了，所以他奔上了梁山。

没想到梁山的话语系统跟正统的话语系统，特别是人性和为人，人和人之间的关系原来没有任何区别。因为梁山的领导是个心胸特别狭隘的人，谁要遇到一个领导是特别心胸狭隘的人，这算是麻烦了，王伦说林教头，这地方容你不得。林冲特别不理解，你不是要招江湖好汉吗？我就是江湖好汉，你不是就要摒弃正统社会的思想道德语言，我都摒弃了，我就是来投奔你的。对方说这个我都能理解，没问题，但是我们这个地方必须有行动证明。他说怎么证明？他说因为我们的山上聚集的都是杀人犯，他杀人。林冲说我杀过人，山神庙前我杀了十几个人。没看见。香港拍过一个电影叫《投名状》，真是不知道，他不知道什么叫投名状，就是一伙杀人犯的聚集，进来的标志必须你杀过人，林冲说我杀过人，但我没看见。这是维特根斯坦探讨的一个重要问题，我杀过人，我来投奔杀人的，杀人的说你没杀过人，我说我杀过人，我没看见，我没看见就等于是没杀人。那林冲我怎么才能证明我杀过人呢？去山下再杀一个，那林冲说我杀人原来杀的是跟我有冤仇的人，我再下山杀的话跟我没关系。行，那你就是没杀过人。我不知道里边这个哲学的盘根错节的证明，林冲说那怎么办？那因为你不是杀人犯，所以你得离开这个地方。林冲说我没地去，那你证明你杀过人。林冲最后无奈到什么程度？那好吧，那我去杀个人吧。从一开始到现在，林冲的这种思想，整个人格的分裂和转变，一开始就是说我全部承认你正统思想的这些荒谬的道理，包括对资源的认识，对于能力的认识，还要把林冲给杀了，所以林冲把他们给杀了。恰恰是另外一个本来能够承认这种价值系统的江湖社会，又把他给否定了。这个荒谬性，这个卡夫卡和加缪也不过如此，还没有施耐庵写得好。

那林冲说我去杀人吧，这个杀人和前边杀人是不一样的。第一天，后边跟了一个小喽啰，不是国庆节，到梁山泊旅游的人少，路上没怎么有人，突然来了一帮人，成群结队，第一天没杀着。王伦的话事先从哲学来讲是有期限的，三天，给你的期限是三天，三天杀人，杀了人入伙，你三天之后就再杀人又不算了，你能明白这个哲学道理吗？所以三天之内必须完成杀一个陌生跟自己无缘无故的人，所以有人说这个世界上没有无缘无故的爱，也没有无缘无故的恨，错了，这就叫无缘无故。

第二天，还是没人，第二天上来的时候王伦在山崖上站着，一看林冲垂头丧气的，就笑眯眯地问他，今儿怎么样？《水浒传》里说林冲兀自低头没有言语。冷暴力，这个冷暴力不比高俅和高衙内使人更轻松。

第三天下来的时候太阳快要落山了，要不是没人，要不是成群结队。林冲就对那小喽啰待了三天也有感情了，今儿我好晦气，我就别上山了，我没脸上去，我走吧。你看这个写的我没脸上去。什么没脸？杀一个跟他无缘无故的人就有面子，不杀就没面子，这又是另外一个层面的哲学道理。小喽啰说再等一会儿，突然出现了一个人，担着一个担子往前走，林冲一下子跳起来了说了一句话是什么？哎呀，天助我也。杀一个陌生人就是天助我也，让我能杀一个陌生人。上去杀的时候又跳出一人，杨志，俩人就打起来了，他俩武艺都好，这个时候王伦在山上看到，说了一句话，不要打了，你们俩都留下。

这又是说出来另外一个就是政治平衡，一个有本事的不行，如果俩有本事的，俩有本事的正在打仗，领导说这行。但杨志说不行，因为他说我是杨令公的后代，我到东京还办事呢。办什么事儿？是拿了一担金银要到汴梁去，要到东京去上下打使，恢复自己的官职。在宋朝如果想当一个官，我不知道我说明白没有。如果杨志是走亲戚跟林冲打是一个概念，担了一担金银到东京上下打使，他还想进入那个正统的社会，又跟林冲两个人给打起来。

第二天杨志离开的时候，就是林冲这个脚到底是上这个船还是不上这个船，非常的纠结和犹豫。《水浒传》写的是一群杀人犯，把一群杀人犯的世界观和方法论和哲学思想的这种转变写得是如丝如缕，如泣如诉。这里边写的这些杀人犯里边，就是写得最像杀人犯，最超越两个正统社会和江湖社会这个标准的人是谁？是阮氏三兄弟，就是他打鱼的时候唱的渔歌就是老子生来爱杀人。他跟林冲对比的话，非常非常，是第三个世界所以他自由了，我就是生来爱杀人，我也不说跟我有仇没仇，我也不说是不是陌生，他存在的自由感和快乐程度是当时那个社会里面是一个强烈的反差。

另外一个快乐的人也是一个杀人犯，就是孙二娘，他们最大的特点是什么？没文化，没上过一天学，自由，所以孙二娘，包子基本上都是人肉馅的，反正路过的人你到这儿吃饭的话你就别走了，大体是这么一个概念。我看美剧杀人的地方一般都是弄得特别阴森，但我看施耐庵在描写孙二娘杀人房的时候，好像充满了温馨，有时候也容易杀错，杀着杀着杀到朋友了，一看这不是邱华栋嘛，没事儿，已经给他喝下去麻药了，再给他喝个解药，他起来华栋又坐这儿喝酒。这个温馨的程度，一缕阳光打在了杀人房了，如果一个社会黑暗到什么程度才能从杀人房里边出来这种阳光呢？这是《水浒传》。

我举了这几个例子，只是想说明认识，不同的认识，不同的哲学认识，对于一个作者是多么的重要，他跟文学素养如果发生化学反应，又会出现多么伟大的作品呢？包括像《水浒传》是把一群杀人犯当成了主人公。还有就是像《红楼梦》，里边理想人物就是贾宝玉，贾宝玉是个什么人？他最爱干的事是吃女孩子脸上的胭脂，大家知道清朝女孩子胭脂是在哪儿涂着吗？在嘴唇上，纯粹是一流氓。你现在在街上任何一个人，说见一女孩子，见一个 kiss 一个，一定把他送到拘留所。我就讲到这儿，谢谢大家。

土地上的睡着和醒来

刘亮程

主持人： 各位学员大家早上好，请大家把手机置于关闭或者静音状态。今天的主角是我们远道而来的著名作家刘亮程老师，我们首先以热烈的掌声欢迎刘亮程老师来到鲁迅文学院跟我们学员一起交流。可能在以前大家会用比如说散文家、诗人来称呼他，但是我现在更愿意以作家这个身份来称呼他。因为他进行了散文之外的文体创作，比如非虚构，他最近刚刚推出长篇小说《捎话》。

刘亮程老师著有诗集《晒晒黄沙梁的太阳》，散文集《一个人的村庄》《在新疆》，长篇小说《虚土》《凿空》《捎话》等等，他有多篇文章收入全国的中学、大学语文课本，曾经获得第六届鲁迅文学奖。创办了菜籽沟艺术家村落及木垒书院，并任院长。今天刘亮程老师与同学分享的话题，叫作《土地上的睡着和醒来》，我们掌声欢迎刘亮程老师开始讲座。

刘亮程： 很高兴在鲁院跟各位一起交流文学。我今天的讲课主题是《土地上的睡着和醒来》，主要从我正在接手或打理的一个叫菜籽沟的村庄，以及我这么多年面对乡土文学写作作为一个参照，来跟大家聊关于土地上的衰老与死亡。因为这个题目也是我做的一个课题的一个主题。

先给大家看几张照片，2014 年的时候我偶然在新疆北疆行走中发现了一个叫菜籽沟的村庄，当时这个原有四百多人的村庄半数已空，我想这也是中国许多空穴乡村所面临的一种景象。那些有人住的房子里大半都住两个老人，过一段时间走掉一个，这个院子就空了。当时我们去的时候这个村庄到处都是无人住的空房子，都是荒弃的田野和院落。也正好赶上一户人家在拆卖院子，一个百年老宅院，几千块钱就卖了，被人拆成木头拉走。你想这样一个院落，这样一个延续百年生活的院落，被人当一车木头拉走的时候，剩下的就是一堆废墟，一个家族或者一个家庭延续百年的烟火就中断，留给那个村庄的就是一片废墟。当时看到这种情况以后我就连夜做了一个方案，第二天给县委县政府汇报，我说要不要把这个村庄交给我们去打理，怎么打理，就是我们先进入抢救性地把这些农民要卖要拆的老宅院全部收购了，收购了干什么？号召艺术家来居住，做工作室，当然这样一个计划得到了县委县政府的支持。我那时候有一个工作室，很快就下去收购农宅，我们没去的时候农宅还是几千块钱一个，我们一下去瞬间就变成几万块钱。即使这样也收购了数十个，现在有数十个艺术家正居住在这个村庄。我们收的最大一个院子是60年代的一个老学校，是中学，在十年前荒弃，当了羊圈，这个羊圈现在变成了木垒书院。

那么在这个过程中，我们在县上支持下设立了一个文学艺术奖，叫菜籽沟乡村文学艺术奖，每年一百万奖励一个艺术家，奖励的方面是对中国乡村文学、乡村绘画、乡村音乐和乡村设计做出杰出贡献者，第一届文学奖奖励了贾平凹先生，李敬泽是文学奖的权威评委。今年奖励了一个画家，叫王刚先生，他也是在菜籽沟待了好几年，我们在辟出的一块大地上，让他做大地艺术，这是他做的大地艺术。每一个图像都有上百亩地，中国最大的头像，我们把这些人像刻在那个荒弃的山坡上，想用这一山的人头把走远的人喊回来。其实现在这个村庄已经大不一样，我们进入的时候给这个村庄定的主题是我们要用文学和艺术的力量加入这个村庄的万物生长，因为这个村庄尽管衰败，尽管有一半人已经离开村庄在他乡生活，但是因为有作家和艺术家的进入，因为有艺术在这个村庄的召唤，我们想那些走远的人会回来，事实上那些人正逐渐地回来，这个村庄也因为作家，文学和艺术的介入，发生了一个根本的变化。当地政府也非常重视，给这个村庄投入一个亿做基础建设，现在这个村庄已经不同于其他村庄，菜籽沟旁边的村庄依旧还是那样一个衰败的景象，但是这个叫菜籽沟的村庄因为我们的入住已经发生了变化。这是我们和王刚先生做的大地艺术，整个一座山全是人，全是那些走掉的人，那些在这片土地上过往的人，那些从壁画或者从其他出土文物中隐隐约约浮现出来的人，我们想把整个这一座山做完。当这个山做完的时候，从什么方向看，这座山上都是一个荒凉村庄的荒凉山坡上被我们刻满了人。

那么这个是我现在生活的菜籽沟村，我们在这做的一点点我叫乡村实践，我们现在都在讲乡村振兴，中国乡村靠什么振兴，显然不能靠农民振兴，农民振兴不了乡村，如果农民可以振兴乡村，乡村早已振兴。但中国古代乡村是振兴的，那样一个乡村中，因为他有非常重要的一个衣锦还乡的传统，那些乡村的学子，少小离家，在外学习，取得功名，老了之后带着自己一身的文化和财富积累回到家乡，回到他的族谱中，回到他的祖坟中。这样的回归是让古代乡村变得无比振兴，而现在的乡村回乡之路早已被断绝。不管是外出打工的民工还是在外取得资本的这些乡村青年，都无法再回到家乡，回去首先没有宅基地了。第二吸引这些游子最终回乡的祖坟没有了，族谱变成了一本冰冷的书，这就是我们乡村的现状。在这种情况下，乡村需要用外力，这种外力或者是人才和资本的介入，或者是其他国家政策性的介入，才能让一个乡村真正地把它复兴起来。

我已经到了五十多岁，也有了在乡村生活的这样一种念想，回到了这个村庄，这也不是我的家乡，是别人的家乡，是我的异乡，我在此养老。虽然老还尚远，但是在乡村文化体系中，养老从来都不是老年以后的事，我们早早从青年时代就开始养老，琢磨着老，在中年时候就开始安排老。我记得我后父在五十岁的有一天，把我和我大哥叫到一起，很郑重地给我们安排一件事，我后父说，我已经五十多岁了，你们两个是家里的长子和二子，你该为我的老去做一件事了。我父亲让我和大哥去为他打一口棺材，早早地放在院子的柴棚下面等着，因为我们村里面那些人，一到了这个年龄，一到了自己送走父母，自己的前面再无老人，变得光秃秃的只剩下自己的时候，一个人就可以说自己是老了。父母在的时候我们没有资格去老，我们还是一个养老的儿子，一个孝子，一旦父母离世，人生的一个面，朝向未来的那个面就再无遮风挡雨的那堵墙，你迎面而遇的是那个从老年吹过来的寒风，这时候一个父亲就开始为自己准备老房，这个老房是儿子为他去准备的。当时我和我大哥都觉得不可思议，我们都十几岁，就开始为一个看上去还很年轻的父亲去准备老房，其实村里面家家户户都准备有老房，那个老房棺材摆在柴棚下面，还不时的有人会躺进去试一试长短、宽窄、舒不舒服，就这样从五十多岁准备棺材，一直到八九十岁，这些人可能还没死去，棺材在慢慢地腐朽，在慢慢地走形。我记得尽管我的后父给我们安排了好多次要为他准备老房。但是我们一直也没有如愿，我后父是在前年去世的，他去世时已经八十九岁，他走的那天下午我在乌鲁木齐，后来听母亲说到半下午的时候我的后父把所有的遗物打包，然后在那儿自言自语说要走了，说马车已经来了，在路上喊，我母亲说你活糊涂了，现在哪儿有马车，马车早都不让进城了。结果两个小时以后，我后父不在了。后来我就反复想他在临终前听到的那个马车的声音和他说出来那辆马车，尽管我们把他埋在了县城的公墓处，但是我想我父亲的灵魂一定是乘着那辆来接他的马车回到了乡村，回到了他的家乡。

后来我在菜籽沟第二年，还遇到了一个老太太的死亡，这个老太太住在我们书院后面的路边上，每次我开车经过的时候，都看着她面朝着西墙根在晒太阳，长得慈眉善目，干干净净，很清高清瘦的一个老太太，我想着哪天方便了，闲了过去跟这个老太太聊聊天，说说话，毕竟我们是一个村庄的外来者，这个老太太的脑子里肯定装着这个村庄所有的事情。但是，这样的机缘可能永远都错过了。那天我开着车回菜籽沟，突然发现那个沟里面停满了车，从车牌号看，有本县的，有州上的，还有县城，外地的，那么这么多的人来给一个村里面去世的老太太送葬，我想所来的这些人，在老太太生的时候可能从来都不会来看她，因为他们或许是这个老太太的亲戚，或许是儿子的朋友，或者是沾亲带故的早已忘记这个老太太的远亲，等等等等，这个老太太在村庄里面的生可能跟他们没有关系，但是当这个老太太在这个冬天去世的时候，她的死亡跟远远近近的这些人有了关系，他们远道而来，奔赴一个村里面没人注意的这样一个老太太的死亡。我们中国人讲究死为大，生是自己的，只有死亡才是一个村庄、一个家族、一个地方的事。只有死亡才能把那么多人召唤而来。那么当我站在这个老太太的葬礼上，朝她的一生去观望的时候，你会发现这个老太太在她的一生中，有许许多多的人生礼，从出生礼，成人礼，婚礼，等等等等，所有的人生礼可能都不如这个葬礼隆重而宏大，仿佛这个老太太一生所有的人生礼仪都是为这场葬礼而做的一个预演。人生的喧嚣，从落地的那一天开始，走过那样一个漫长一生的寂寞与喧哗，走过一生的贫穷和富裕，走过有儿女相熟的家景快乐和独处老年的漫长寂寞。当她断了那一口气的时候，她的人生，她最后的死亡见证和死亡礼成了村庄的一件事。那么这样的死亡还发生在村庄，发生在县城，似乎在乡村文化体系中或者在乡村大地上，所有的人都在这样生，也在这样死。

由此我想到我们逐渐衰败的乡村文化中，死亡文化还在起着作用，那些离乡的游子，或许带着家乡的风俗远走他乡，把对家乡的念想和我们乡村文化中至关重要的一些东西扔在家乡，在他乡生活。但是最后的死亡礼还是他们的。那些还在恋土的、在城市生活的乡人，那个叫家乡的地方还给他们留有一块墓地。那个叫家乡的地方还有一群人在默默地生，在等待死。那样的死亡突然让我这样一个异乡人感受到那是家乡，不管是那个老太太的家乡，还是那一村庄人以及远走他乡的那些人的家乡，它也是我的家乡。

那么对于我们来说家乡是什么，家乡住着你的父亲、母亲、爷爷、奶奶，住着和你一同出生、留有共同记忆的那一代人。还住着你看着他们长老，他们看着你长大的那一代人。还住着那些你只能在族谱和墓碑中找到名字的人，家乡就是这样一个场所，先人们在死去，一代又一代地死去，在这样一个周而复始的时间轮回中，只是你的时间到了，你醒来，接着祖先断掉的那一口气，再往下传。接着祖先留在这块土地上的那些文化习俗再往下过日子，每一代人都牢固地、可靠地重复着上一代人的生活。把这种乡村血脉一代一代地往下传承，我也是一个乡村的写作者，乡村文字的写作者。尽管我一直不承认我是一个乡村作家，或者是一个农村作家，因为现在我们对乡村、农村的这样一个界定非常模糊。其实在我的观念中，乡村早已成为一个文化概念，文化和精神理念。当我们说乡村的时候，说的是那个《诗经》中的那个乡，唐宋诗词中的那个乡，明清笔记以及中国山水国画中的那个乡，那个乡曾经存在于古代，曾经存在于我们的文学和艺术中。民国之后，把国家政权下设到乡一级的时候，以及新中国成立以后我们延续这种政权，现在逐渐往村一级延伸的时候，这个乡村已经不复存在了。现在中国大地上所有的仅仅是农村而已，农村是农民种粮食的地方，是生儿育女、养猪、养羊的地方，当我们说到农村的时候，已经是一个纯物质的概念了。

那么我们现在所有的乡村文学写作其实都只能说是农村文学写作。但是作家心中还怀着那个远去的文化精神中的乡，在现实的农村大地上抒写，这是所有乡村文学或者农村文学面临的一个困境。我们似乎在呈现这个坚硬的、真实的农村。但是心中又怀着那个远去的像云朵一样飘在远方的那个乡村，我们所有的农村和乡村文学都纠结在这样两种情怀中。前后不能顾及。

而我也是一个乡村写作者，二十年前我写过一本叫《一个人的村庄》的书，我写它的时候已经离开了那个叫沙湾县的地方，离开我的家乡，在乌鲁木齐打工。我记得或许就是在乌鲁木齐奔波的某一个黄昏，我突然回头看见落向我家乡的夕阳，因为我的家乡沙湾县在乌鲁木齐的西边。仿佛每个黄昏，每个黄昏的落日都落在我的家乡，没有被我看见，那一个黄昏的落日突然被我看见，我望着它沉入大地，几乎满眼泪水。我似乎就在那样的落日中突然地看见我家乡的所有事物，那些尘土飞扬的道路，低矮破旧的土墙，一早一晚的鸡鸣狗吠，漫天的星光、月光，以及孩子喊母亲的声音，或者母亲喊孩子的声音。所有这些都在那个黄昏被我一下看见，那个落向我家乡的巨大的落日把我家乡的所有事物照亮，我从那一刻开始，或者从那开始，写我的家乡，写那个让我度过了童年、青年，让我眼看就要度过中年，我把那么多的往事和记忆扔在那个村庄，在我心中复活，那是我的家乡，我的家乡给了我一本叫《一个人的村庄》的书，尽管这本书没有写到家乡的习俗，但是它写了那块土地上一个少年对着天空和大地，对着黑夜和白天，无边无际的梦想，这是我第一次对家乡的抒写。

但真正地让我理解和认识家乡是我回了一趟老家，《一个人的村庄》写完之后，我一直想给我的先父写一篇文章，我八岁的时候父亲不在，母亲带着四个孩子在村里艰难度日。我一直想写这个父亲，但是当我落笔的时候，我想不起父亲的模样，不知道他在我年幼无知的幼年对我做过些什么，我甚至想不起来他是不是抱过我。你想这样一个八岁前的父亲，被我忘得干干净净，家里面一张照片都没有，这样的父亲如何去写，但是又不能不写，每年清明到他的坟上去给他烧页纸，磕个头，女儿渐渐长大的时候也带着女儿去，指着那个墓碑上的名字说，这是你的爷爷，女儿更加不知道她曾经有这样一个爷爷，这样安睡在土地下。就这样的写作，直到有一年我带着母亲回了趟甘肃老家，我觉得我一下子知道故乡是什么了，知道家乡是什么了，我也从那样的关于家乡和故乡的思索中突然找到了那个沉入时间和遗忘的父亲。

我记得那一次是母亲逃荒新疆四十年后，我带着她去甘肃酒泉金塔县一个山下的村庄，那个村庄尽管已经经过了新农村改造，但是还保有着我们传统文化的那种样式，家家都是四合院，院门进去，一方照壁，照壁后面是堂屋，那是一间供奉祖宗的堂屋子，我们现在所有的新农村建设，城市建设也好，我们的建筑空间中已经没有这个空间了，所有的空间被设置为陈放物质。但是在我们的乡村文化这个院落中，它有一个很高很大的房子居于中间，它是供奉祖先和精神的，祖先的名位供在那个供桌后面，全是牌位。家谱供在那个供桌上，家里面做了好的吃食会端过来先让祖先品尝，祖先品尝完了再端回去。家里面出了什么事会过来给祖宗磕个头，念叨念叨，那个已经变成一个名字的祖先会听。还在活着的这些人会说。

我就是在这个堂屋中看到了我们家的家谱，从四百年前记起，我的刘姓祖先一个一个排列下来，排列到我父亲时候停下来了，那个家谱写在一张大白布上，整个那个名字的形状就像一棵大树，先由一个祖先开始，逐渐地开叶展枝，家族的更新越来越大。当我看到我父亲的名字的时候，我就突然停住了，我想多少年后跟在我父亲名字后面的肯定是我的名字，插在我父亲那个牌位前面的，那肯定也是我的牌位，当这个叫刘亮程的名字，有一天突然他断了呼吸，所有的喊声到达不了他那里，他再不回应人们对他的呼喊，人们对他的呼喊的劲头再没有哪怕那微弱的一声答应的时候，这个名字就归到了该去的地方，归到了我的祖先的序列中。他只是作为一个名字存在，跟祖先的名字排列在一起，时间再往后推移，这个名字会越来越后，因为前面不断有新的小辈的加入。等到厚到一定程度的时候，这个名字在族谱中就没有了，并入祖先了，多少代以后的祖先同称为祖先了，这个名字也消失了，剩下的就是他的子孙。这就是我们家的家谱。

　　看完家谱之后，叔叔带着我们去上祖坟。我们刘氏家族在那个酒泉金塔那个地方还是个大家族，后来家族太大，分成了两拨，一拨离一拨越来越远，我们家的祖坟也因为村里平整土地，让家家户户都把自己家的坟迁到自己的耕地中间，所以现在在我的老家，家家户户的坟都在自己家的地中间。因为没有单个的地方再让这些亡人去占地了，每一家的几亩地中间有一块不长庄稼的地方，长着一些荒草，起着几堆墓。家人干活的时候会把农具、吃的吃食和带的水放在那个墓地旁边，或者靠在那堆坟墓上。等到干活累了想歇息一会儿的时候，从那个长着庄稼地里走出来，坐到那块不长庄稼的只起着几个土包的墓地上喝水，吃馍馍，聊着天。那么叔叔把我带到这片坟地的时候就一一地给我介绍这些墓地的主人。叔叔说我们家的爷爷辈以上的祖先，因为太多不能单个起坟，只有归为一处，归到一个墓里面，这叫祖先的墓，有灵位，刘氏祖先的墓，然后上香磕头。还会指着爷爷辈以上的墓，后面这个墓说，亮程，这个是你二爷的墓，你二爷因为膝下无子，从另外一个叔叔那儿过继过来一个儿子，顶了脚后跟，以前我不知道顶脚后跟是怎么回事，经常听人说，经叔叔那样一指才突然明白顶脚后跟是这样的。父亲死了，他的脚后跟后面会留一块墓地，留给父亲的儿子的。等到父亲的儿子也去世了，会头顶着父亲的脚后跟下葬在后面，这叫后继有人。所以后继有人的那个人从来不是地上的那个人、活着那个人，是已经归入土中、头顶着父亲的脚后跟的那个人，当我们说子孙万代后继有人的时候，子孙万代是活着的人，那个后继有人是那个土下面的人。然后我叔叔又指着旁边我爷爷的坟说，你的爷爷也是你父亲一个独子，你父亲远走新疆，逃荒新疆，把命丢在新疆，但是那个地方还留着，那是你父亲，你爷爷后面就是你父亲的，那个脚后跟，你爷爷的脚后跟后面你父亲的墓还留着，你有时间把他迁坟迁过来，归入祖坟。我叔叔又把我往后带，带到给我父亲预留的那块墓地的后面，指着一片荒草地说，亮程，这个地方就是留给你的。这句话一说，我的头突然轰的一下炸开了，我从来没有想过死亡的事，也从来没有想过自己百年会归入哪里，因为那时候我四十岁，感觉生命还远，不断地看到别人在死，尽管经常给亲友去送葬，看到的一场一场的死亡都跟自己没有关系，别的人在死。家中的老人在死，从来都不考虑自己也会死。但是你不考虑的事你的家乡在考虑，你的那个远在甘肃酒泉金塔县的那个村子里面的那个刘姓家族在为你考虑。当他埋你的爷爷的时候，早已在爷爷的脚后跟后面留下了你父亲的位置和你的位置，因为那样的脚后跟是不能空的。

这就是我们中国乡村或者是在乡村社会中我们中国人的死，当你在那样一个村庄度完今生归到自己家的那几亩地中间的那块不长粮食的地下的时候，你就回到了一个类似于天堂这样一个地方。当时我想即使我百年之后回到我叔叔的那块地中间，葬在那样的土底下，跟祖先归为一处，这也是一个多么好的去处。坟头旁边就长着自己家粮食，粮食生长的声音会传入地下，那个地方离村子也不远，高高垒起的坟头跟那个村庄的屋顶和炊烟遥遥相望。鸡鸣狗吠时时入耳，听人们的脚步声，在四周走来走去，走着走着有一个亲人归入地下，顶在你的脚后跟后面。这是我们乡村人的死亡和归宿，这样的归宿它是如此温暖，它在我们还小的时候，还在青年、壮年的时候就通过那些老了的人和已经去了的人，把这样一个死亡的归宿告诉你，让你别无选择也无路可选。

你在那样的乡村文化或者生老病死这种文化体系中，你感到生活的开始和终结都是有数的，是可以想象但是容易到达的。我们这个民族可能没有给我们创造一个像佛教和基督教那样的天堂，但是她用乡村文化体系给我们在厚土中安置了一个祖宗归入的这样一个家，这个家已经近似于天堂了。这个天堂在地上，也在天上。

　　从这个老家回来之后，我也在很短的时间内写出了给我先父的那篇文章。我把那个被我遗忘了的容颜、被我遗忘得干干净净的父亲找了回来，从我老家的那个祖坟中找了回来，从那个族谱中找了回来，从我的叔叔对他的隐隐约约的言说中找了回来。我找到了我跟那个已经去世多年、已经想不起他的容颜的那个父亲，有了一种精神和血脉的关系。所以，先父这篇文章，第一，我比年少时更需要一个父亲。就这样开始写，写我中年时候，人到中年的时候对一个父亲的渴望，尽管很小的时候父亲不在，家里的顶梁柱断裂，一家人在那样一个村庄中艰难生活，那时候还感觉不到丧失父亲的这种痛，这种缺失。但是，当我到了中年之后突然觉得那个父亲给我留下的那种生命的空缺太大，我早早地就暴露在那个没有挡风墙的岁月和时光面前。我记得我三十多岁的时候就想把先父这篇文章写出来，尤其是到三十七岁那一年，我说我这一年一定要把关于父亲的这篇文章写出来。我父亲是三十七岁不在的，我想过了三十七岁这一年，我就比他都大了。那时候我会一年年地大过我的父亲，到我五十多岁的时候，再回想那个三十多岁去世的父亲，会不会就像回想一个早夭的儿子一样，他永远停在三十七岁，我为他去过那个老年。我把他没有完成的老年一点点地过下去，我给他长胡子，给他长皱纹，我给他长年龄，把他停下的那个岁数一直长到五十多岁，长到七十多岁。但是我的生命参照在哪儿，一般家里有个老父亲的时候，你会知道老是什么，你三十岁的时候你父亲五十多岁，你的父亲在把五十岁的你的生命给你演绎，你五十岁的时候你的父亲七十多岁。他是一个老的向导，他在前面引路，让你往老年走，他的老也是你的老。等到他终于老到该去那个世界了，作为一个儿子和女儿，你为他体面地做一场葬礼，父亲去世以后，剩下的岁月就是你自己的老了。家里面最老的那个人已经离世，你的老在一点一点地到来。你在前面又在替你的儿女在老，你的儿女在你的老中学会衰老，最终学会死亡。

　　我们就是在这样的乡村文化体系中学会了这些东西，那么我的文学写作中也浸透了这样一种生和死的观念。在《一个人的村庄》这本书中写到了许多死亡，在我新近出版的长篇小说《捎话》中，从头到尾都在写死亡。因为有这样一种乡村文化的死亡对我的教育，或者死亡对我的关怀，我写的所有的死亡都是温暖的，都是不恐怖的。一个作家需要去创造生活，创作生活，更需要去创造和创生出自己和他人的死亡。那样的死亡不是断气之后，闭眼之后，就把人生草草结束掉的死亡。我们从乡村的死亡里，从那个祖坟和族谱中看到的死亡是一个悠长的死亡，是一个接近于永生的死亡。当此生的生活结束，彼生的生活开始，那种生活是在一种族谱中和祖坟中的生活。是在那个黄土之下，时时被人念起，时时又回来参与我们生活的这样一种死亡。我记得我在《一个人的村庄》中写过一个孩子的出生，当这个孩子降生的那个夜晚，全村人都不知道的那个夜晚，因为一个孩子的降生，整个这个村庄，这片大地上的空气被重新分配了一次。多少年后这个孩子经历自己的生老病死，又悄然地离开这个村庄的那个夜晚，这个村庄的空气又重新分配了一次。他断掉的那一口气被一只鸟或者一头羊，或者被多年后再出生的一个孩子稳稳当当地接住，开始延续断掉的那一口气，开始漫长的呼吸。我还写过一个甲壳虫的死亡，在春天的田野上，我躺在一只四体朝天、眼看就要死亡的甲壳虫旁边，等待它一点一点地死去，它最后的挣扎是那样的漫长，它的什么都抓不住的黑色的那个小脚趾，一下一下地蹬着那个空空的天空，什么都蹬不到。它也翻不了身，那个甲壳虫，当它最后一动不动的时候，我写了一段话，我说在这个春天的原野上，别的虫子在叫，别的鸟在飞，大地一片片复苏的时候，在这颗小甲壳虫的眼睛中，世界永远地暗淡了。世界的光芒，世界的白天和黑夜，在这样一个生命的眼睛中消失了。

　　我还在这本书中写了一头牛的死亡，它被人宰杀的过程是那样的漫长，生命在被割掉头之后，它的肢体，它的肌肉，它最远的那个脚趾，不知道生命已经结束，还在漫长地生活、伸展。我也在我的第二部长篇小说《凿空》中，那个时代一种叫毛驴的动物的大规模地死亡，那个年代我所居住的新疆还有成千上万的毛驴在拉着驴车，在驮着人，在那个乡村大道上来来去去。那个年代驴是人最好的帮手，是人的亲戚和邻居。每家的院子里面都拴着一头和两头驴，驴圈挨着人的房子，晚上出门，家里的院子里会有一双驴眼睛在跟你打招呼，在星光和月光下泛着幽暗的光在跟你打招呼。从地里回来家里会有一个活畜在院子的角落里给你鸣叫，给你跺蹄子。但是那样一个家家都拥有的驴后来被三轮车替代了。政府倡导用三轮车替代毛驴车，说毛驴太慢，阻碍了当地的发展，然后一千头，一千头的驴都去了哪里？去了阿胶厂，被熬成了阿胶。现在时间过去了十几年，我又回到南疆那些乡村去调研的时候，那些农民开始怀念那些死去的驴了。现在家家户户院子里面都停着一个电动车，农民说几千块钱买一辆电动车，用两年变成一堆废铁。不像以前的毛驴，养几年生几个小毛驴，家里又多了一笔财富。电动车不会生小电动车。以前进到院子总是能看到家人之外的另外一种动物的眼光在跟你打招呼，在跟你问好，现在回到院子只有老婆和孩子的眼神在看自己。那个叫《凿空》的长篇小说，就写这个毛驴从大地上消失的那个年代。写驴的叫声在尘土中不再升起的那个年代。还写当人们把毛驴这种动物从生活中删除掉，人的世界中只剩下人的时候，人的这个生活变得是多么的荒谬和不可靠。人的生活只被人看见。而在那样一个毛驴遍地的世界，除了人的眼光还有一种非常重要的驴的眼光在打量人世，在侧着头、眯着眼睛在看这个人的世界，在竖起它那长长的耳朵听这个人的声音、那个时候人的声音，那个时候的世界是可靠的，是有见证的，是有第三者看见并记忆的。当这样的眼睛、这样的眼光从那个世界消失的时候，我们的生活中就仅剩下人和人孤单的相望。

我新近出版的《捎话》这本书，贯穿始末的死亡书写，是我从那样的乡村、家乡的书写中，那样的教育中得到的一种死亡的滋养。我把每一个死亡都写得那样的悠长，我不认为一个生命从闭着眼睛、断掉呼吸的那一刻，从我们习以为常的生命迹象的结束那一刻，死亡就变成了一个冰冷的存在。死亡依然有其生命，文学要创生出自己的死亡，要创生出那个生命之后的那个更加隐秘、更加温暖、更加璀璨、如花盛开的死亡。那样的死亡在我们的传统乡土文化中曾经存在。我们曾经有一个地上的家乡和归入祖先的那个土下的故乡，所以在我的观念中，故乡不在地上，家乡在土地上承载你的精神，故乡在厚土中接纳你的灵魂。在厚土中头顶着脚后跟、祖宗延绵不绝的那个才是我们乡土文化中真正的故乡，是我们把灵魂寄于此，当我们想着也会安葬于此的时候，内心充满着温暖、毫无恐惧的那个故乡。我的文字也是奔着这样一种家乡和故乡在抒写。讲课部分就到此结束。

主持人：我们下半场就进行一个交流，因为据我的经验来说，越是优秀的大作家可能让他讲自己创作方面，是不愿意那么多地去讲。提问的环节就变得异乎寻常地重要，这样的话才能更好地沟通。那大家根据上半堂刘老师的讲座，有创作中的问题，都可以来提问。

提问：刘老师好，我想请教一下刘老师，因为刘老师今天早晨给我们的讲座其实就是一篇非常深刻、有灵性的、有灵魂的文章。您所说的每一句话我全部记下来了，我就觉得这是一篇很好的文章了。我也是很喜欢这个乡土题材的，也是来自农村，来自大山的深处。也写了很多这方面的散文，但就是我的文章风格老师看的话，就说还写的有点小情感在里边，不是那么大气，也不够深刻。我就不知道要怎样才能够写得好一点，谢谢刘老师。

刘亮程：我想您面临的这种写作问题也可能不是大家面临的，写作的问题只有靠自己的写作去解决，一个停下来不写作的人永远不会碰到写作问题，也解决不了写作问题。写作肯定就是作家随着这样的写作历程一块成长的一个过程。当你成长到某一个阶段，你的文章就像长一棵树一样自然就长粗了，自然就有厚重感，自然就跟你所在的那块土地有那种血肉相连的关系了。其实作为一个写作人，我们肯定一直都在找这样一种东西，让我们的作品不至于太浮躁，不至于太轻飘飘，但是这不至于的背后是我们要找到跟这块土地的关系。它关系的根在哪儿，你跟它的血肉相连的那种联系点在哪里，许多作家可能一辈子都没有找到，他是这块大地上的浮叶，在空中飘，在树梢上飘，没有落到地上。但是有更多的作家他没有陷于跟土地的关系之中不能自拔。我们看到现在许多的乡村写作，乡土太厚，又太浅，对于写作者来说，太厚是因为我们陷入其中，从那个乡土中走不出来，写到最后依然是一个土得不能再土的文章，土得不能再土的小说。另一种就飘在乡土之上，现在最流行的乡土小说，其实我觉得摄入或者触动乡村文化之根的，或者乡土灵魂之根的这样的抒写也都很少，我们现在乡土写作，包括被编成电视剧的、电影的，这一批一批的作品，大多写的是乡土之上的一场一场的运动。写到生老病死就已经是不错的小说了。

但是作家可能不懂，也不知道在这个乡村生活的表面之下还有一种更深层的乡土，那个乡土在土里面，那个故乡，就像我刚才讲的，在土深处，需要我们去挖掘，把那些东西挖掘出来。现在编成电视剧的这些乡村文学，我们看到的仅仅是一个乡村生活的表面，作家们靠一场一场的运动去推动故事、制造事件，去改变或创造人物的命运，一个生命在所谓的乡村之上，在所谓的乡村题材中，从生到死就被结束了。

而我们的文化不是这样的，我们的文化是从生管到死，还要管到死后的。我们的文学当然也应该朝那个方向去延伸，延伸到那个土里面去，把那个中国乡村大地那个土灵魂找出来，把那种乡村叙述再往更深远的地方去延伸，而不仅仅是我们眼睛看到的这个浮面的，就是浮在村庄表面的这样一种生活，谢谢。

提问：我听了刘老师的讲座就好像是读了一本让我感触特别深的书一样，我感觉到其中有很多很深厚的东西，我们还在慢慢地领会。但是我今天想问的问题，我觉得现在我们这个社会已经从一个农业国向一个工业国、向一个现代化国家的转换过程当中，可以说是几千年不会有之的变局。现在城镇的居民也达到 50% 以上。在我们这一代，我们还活着的这一代，应该能见证这个过程。我特别感兴趣的就是当时刘老师到新疆乡村里面去做木垒书院，我相信刘老师也是在用一种现代商业的手法，你能够召集这么多的艺术家，几万块钱一个小院子，其实你也是在用现代的一种都市的生产方式、生产关系、商业关系来进入这个乡村，我对这个问题很感兴趣。我就想听一听刘老师在做木垒书院、在做这个乡村过程当中，怎么样来感受我们这个大的时代下面，城市和农村的这样一种关系。

刘亮程：其实我们做那个木垒书院，从经营角度做得很不成功，因为我们只是到那儿去养老，也不做旅游。但是因为不做旅游，反而招来那么多游客，这个小村庄现在已经变成一个旅游景区了，农民都因此受益。我们的书院有那么多人要进去参观，我们常年锁着门，要不然接待不了那么多客人。艺术家到村里面也只有一个目的，我们都是招去共同养老的，慢慢在这个村庄生活，等待老之将至，这是我们设定好的一个主题。并没有把它做成一个文旅产业，也没有做成一个乡村客栈等等，当然它有这种接待功能，也可以接待，我们每年也做一些文学艺术培训，每年全国各地的，一到夏季全国各地的艺术家到那儿很多，因为画家很多，村里面风光很好。在从跟农民打交道的过程中，其实也在不断地又在回到早年的那种生活中，又回到早年的那种麻烦中，其实也很麻烦。回乡其实是一件很麻烦的事情，乡村已经，或者那个农村已经不是我们想象的那样好了，一个过惯城市生活的人，到乡下去，重新回到那个炊烟中去，回到那个土房子中去，回到那个远远地听着吸引人的那个菜园子里面去，真正操持起来非常麻烦。乡村回不去，回去成本很高，路很远，即使回去也很难待着。好在我这个年龄可以待着，因为我是一个作家，可以坐在那样旧时光的鸡鸣狗吠中，坐在那样跟我早年一模一样的能够看到日出和日落的那样的白天和黄昏中，我觉得我能获得一种心境。中国文人这种情怀老了以后就是想归休山林，当然建一个书院更好，带三五弟子这样一种情怀。

你刚才讲到一个主题叫乡土和乡村，我倒想展开去讲一讲。其实大部分人认为中国乡村在凋敝，乡村文化在消失，但是我又不完全认可，因为我常年在乡村，我知道一个村庄即使剩下一半人，或者即使剩下三分之一的人，这个村庄的乡村文化还依然存在。你到每家每户去，他们还生活在那样旧时光的文化当中，用最现代的这种器皿在生活，但是那个旧的文化传统还在统治着那个村庄，就我生活那个菜籽沟而言，那是一村庄汉民，汉族人，从甘肃，然后从陕西，甚至从江苏远迁到新疆。而且他们活的那种文化形态跟内地的那些村庄完全一样，汉文化被他们一路携带到那个边疆，在那个小山村那个山坡上，当他们把房子盖起来，盖成了汉式的建筑的时候，他们的家就在这儿安稳了。那种盖房子讲究完全是一种汉文化的讲究。你看到他汉文化的一些风俗，被他在远迁新疆的路上一路丢失，但是一旦他把那个房子、把汉文化那种观念通过那个椽子、檩子，通过那个廊檐，通过那个门和窗以及那个房屋的格局，把它摆放在那块土地上的时候，他就完全回到了一个汉人的生活中，过着一个汉人的生老病死，你就会感到我们这种农业，或者农村文化的牢固性，他走一万里都不变形，他都会在那儿把这种文化繁衍下去。你说这种文化会在乡村消失吗？它不会。

而且我们每个走出乡村的人都是这个文化的携带者，乡村文化并不见得是你在乡村生活过你才具备这种文化。一个跟乡村完全没有关系、至少在农村长大的人，他心中怀揣着的仍然是一个乡村文化体系，因为这是我们的教育告诉我们的。我们从一年级开始，我们学《诗经》的时候是在学乡村，学唐宋诗词的时候在学乡村，学

《离骚》的时候，读古典文学的时候都在读乡村，我们的语文教育就是乡村教育，从小把乡村观念、乡村情怀、乡村知识、乡村理想灌输到我们心中。难道我们还有一个其他头脑，叫非乡村头脑吗？它不是的。只是有些在乡村生活的人只是获得了一种农村生活的经验，把大地上的事情跟头脑中那个情怀连接了起来，他变成了一个乡村文化的践行者，一个乡村文化在他身上又复活的这样一个灵魂。更多地作为这样一个大的乡村，一个大的文化，它归我们所有人所拥有。我们就是被这种文化塑造的一种心灵。

提问：刘老师好，我小时候父母会把我送到乡下去，所以我寒暑假是在乡下度过的。我想问一个问题，像死亡文化的话，在乡村里面是起到一个非常重要的教化的作用的。因为当一个人去为自己准备后事的时候，想自己身后事的时候，他其实对自己的一生还有自己的所做，当下的那个所作所为是有一个判断的，所以它是承担着一个很重要的教化作用。到后面的话，我到城市里面的话，我发现死亡这种教化的话好像是在城市里面微乎其微的，似乎大家都选择了一种选择性的回避，它好像并没有占到非常重要的分量。我想问一下刘老师您是怎么去看待这样一个现象的，这种教化今后是否能够在城市的生活当中起到一个比较重要的教化的作用。

刘亮程：城市从根本上来说它是人在大地上建立的第二家园，这个家园主要是一个身体家园，当我们在漫长的生活和文化中建立了一个乡村第一家园的时候，其实我们已经把关于生和死都安放在那儿了，所以我也认为乡村那个第一家园是属于故乡和心灵的，城市这个第二家园可能是属于我们的身体的。因为我们城市所有的建设，所有的规划，所有的它的功能性的这些东西都是为人们的身体去服务的，满足人们的身体，舒适身体之欲望。当然它有图书馆，有教堂，有寺院，但它更多的是医院，它更多的一个生命出口是火葬场。我们的文化的终结不是这样，不是一个灰飞烟灭的终结，而是在厚土中的一种安置，城市让人恐惧的可能不是生而是死，它让你用这样一种喧嚣，欢愉的生把最后那个死淡忘掉。我是这样理解的。

提问：我跟刘老师交流一下我的一个小困惑，我特别喜欢大家说你的那个词汇叫乡村哲学家，今天上午的讲座我也的确感觉到了是一个哲学家式的一段当众独白，恰如你的作品，我感觉就像一片从新疆而来的土地和星光在城市的一个角落里的一片孤独和尴尬。但是后半程我觉得交流起来又渐入佳境。亮程老师，我的一个困惑是当我们现在去乡村的时候，我们其实真的在那儿生活几天的话，是很乏味的，很漫长的，那我觉得您的写作，您给我们传达过来的内容，我觉得更多是知识分子的，更多是一个超越了那片生活的。我不知道您怎么看这个问题。

刘亮程：我在乡村这种生活中，当然我是一个知识分子，我用我所学的这些知识和文化在更深层地去理解乡村。但是当我写作的时候，我又否认我是一个知识分子，因为作为一个写作者他要忘掉知识，我尽管也在研究乡村风俗等等，但是我的写作中又从来不涉及这些东西，现成的风俗礼在我的写作中从来不曾涉及，即使我写到了一个死亡礼，也是我通过用文学这种方式创生的或者原创的一种死亡礼或者死亡想象。我不愿把一个知识分子的这样一个身份带入我所感受的那些乡村事物中去。你读《一个人的村庄》你会知道，一个人的村庄没有知识，全是一个人把知识放下，把心灵裸露出来，在那个村庄的风声中，在那个村庄的星光和月光中，在那个尘土落下又升起的那样一个循环往复中去聆听那些声音，感知那些事物。那我感知到的那些事物，我不希望它携带着文化，携带着我们曾经有的经验和见识，我是一个赤裸的把这些东西放下去，感受那个世界的人。我也希望我的文学不是受那个文化知识的隔障，我把那个文化知识也作为一种隔障去对待的。因为我们乡土文化沉淀太厚了，当你带着乡土文化的意识去书写一种东西的时候，你很容易被纳入它的那个体系中，它的那些集成的观念中去。你要出来，你要出来像一个婴儿一样，无知而天真地去听那第一声鸡鸣，去听第一声狗吠，这是我的这种文字的一种处理方式。在我写作中我也经常会遇到知识和这种经验，个人经验的一种纠结，每当这时，我觉得一个作家的天生感知就变得那样的重要。尤其当你在写那些草木的时候，你写那些乡村事物的时候，写那些月光下的阴影的时候，你知道你携带的是一颗可以感受它们的心灵，这就谈到了一个万物有灵，我也经常讲作家的一个基本信仰应该是万物有灵。作家首先要有灵。跟对面那个事物的灵去发生关系，去交流。其实这是一种正常存在的，每当我们写作着有灵感的时候，我们会不会想这个灵感是谁的，那个灵感是对面那个触碰了你、让你产生一种莫名情绪的事物的，那个事物的那种感觉传达到你的心上，你接收到了，所谓灵感状态无非就是这样。就像我写一棵草的时候，我天然地会觉得我会到达它，我会站在它那儿去说话，站在它那儿去看。我和草之间有一种无法言明的心灵关系，这是中国文学、中国文人感受事物的一种方式。我觉得我也讲到这个，大家都看过法布尔的《昆虫记》，我们把它当文学翻译过来，好多人当散文去看。但是我看完以后我说这不是散文，这是科考笔记，尽管文字再好，描写再细微，准确精细，内容再怎么丰富，它仍然不是散文。为什么不是散文，它不是文学，是因为我们在法布尔的《昆虫记》中只看到了一个作为科学家法布尔对昆虫的观察，我们没有看到他观察那个昆虫回望法布尔的一束目光。它只是一个单一的人对那个物的考察。而我们中国文学中不是这样的，我们的古人写一棵草木的时候，他首先发现的是那个草木回望他的那种眼光，他首先讲究的是他跟它的那种目光和心灵的沟通，完成了这一步他才进入文学写作。就像那首诗中所写，"我看青山多妩媚，料青山看我应如是"，还有"相见两不厌，唯有敬亭山"，等等等等，我们的文学跟自然的交流中，它最重要的反而不是自己的目光，而是对面那个事物的回望。那么《昆虫记》中显然没有这些东西，它是一个孤独的人对草木的审视。这样的东西我认为它不是文学，文学没有唤醒对方，文学需要唤醒他所写的事物，需要他所写的事物站出来自己说话，自己感受，他要把那个魂激活，激活以后才叫文学。

主持人：好的，非常感谢刘亮程老师的讲座，也非常感谢刚才提问的这些作家、朋友们。因为大家的提问打开了刘老师这个讲座和他思想对乡土认识的很多的面向。刘亮程在今天中国文化场域的独特性就在这，用学术的话叫反思现代性，对于乡土中国现代性的一个反思。但是他又是十分的不同，他留守的姿态，他站在西北大地上的位置，以及他明知山外有山、水外有水，但是我仍然站在这个土地上，我要深挖下去来为这种激进的现代性，时间观中找寻不一样的文化深度。所以我觉得这是刘亮程的文学创作，他的《捎话》和他的菜籽沟，他的木垒书院的意义之所在吧。很高兴今天能听亮程老师讲座，也很高兴他今天跟我们分享了这么多，感谢各位提问的作家朋友们。我们掌声再献给刘亮程老师。

建安风骨的历史内涵及其意义

刘跃进

　　主持人：好，大家上午好，我们准备开始授课。很荣幸我们今天邀请到中国社科院文学所所长、博士生导师刘跃进老师来为我们授课，首先让我们以热烈的掌声欢迎刘老师。我向大家简要介绍一下刘老师，刘老师出生于中国吉林白城，考取天津南开大学中文系获文学学士学位，1982 年 1 月，分配到清华大学文史教研组任助教，1984 年至 1986 年考入杭州大学古籍研究所，获得文学硕士学位，其后，回到清华大学文学系任讲师，1988 年至 1991 年考入中国社会科学院研究生院文学系，获得文学博士学位，1991 年 8 月分配到中国社科院文学研究所从事科研工作，现任中国社会科学院文学研究所所长，研究员、博士生导师，兼任《文学评论》杂志社社长，《文学遗产》杂志主编，中华文学史料学会会长等职，著有《秦汉文学地理与文人分布》《先秦两汉文学史料学》《秦汉文学编年史》《门阀士族与永明文学》《中古文学文献学》《玉台新咏研究》等多部著作，他今天为我们授课的题目是《建安风骨的历史内涵及其意义》，下面我们就掌声有请刘老师开始授课。

　　刘跃进：刚才介绍了这一大堆，其实用一句话把我介绍就行了，我的名字叫刘跃进，这个名字很有名，在作家班里头大家都知道，有一个小说刘震云写的，《我叫刘跃进》，为此又拍了一部电影《我叫刘跃进》，我在第一时间看的这个电影，是一个媒体的朋友，说我请你看电影，就叫你这个名字，我当时特别激动，我说我要开一个博客，这个博客叫我真的叫刘跃进，后来看了电影以后，我觉得这个影片的主人公、小说的主人公跟我有点距离，他也是叫刘跃进的，一个叫刘跃进，他实际上是写了一个叫刘跃进们的群体，我这一代人，这一代人的产物是，你们一看我脑门，我的生年都写在脑门上了，1958 年的产物，1958 年出生的，我们这批人，我是七七级上的大学，如果不上大学，基本上就全部下岗，或者是买断工龄，这是我这一代人的基本经历。小说写了一个叫刘跃进的小人物，在社会底层那种挣扎，然后无端地被卷入到各种是非当中，就这么一个小人物的无奈。在这个社会，我们知道这个社会它是有人的，小人物是很可怜的，就像我们今天看到文学史上经常写的那些著名的小人物，小人物在社会大潮当中很无奈，真的是没办法左右自己。

所以看了这个电影、小说之后，我想我好像跟他们比，我这个刘跃进还算比较幸运，幸运的就在于，我在 1977 年恢复高考的时候，我就幸运地从农村考出来了，因为在四十年前的这个时候，四十年前，1977 年的这个时候，我正在北京郊区，密云那个地方，现在已经是很美，昨天我还到密云去了，很美的一个山清水秀的地方，在那儿插队，做了一个实实在在的叫现代农民，而且大家知道，我今天来讲课，讲的是古代文学，但是实际上我对古代文学并不感兴趣，我感兴趣的还是写作，还是当代文学，就像你们一样，当作家，这是我们这一拨人，七七、七八、七九这三届人，三届大学生的一个共同的梦想，就是当作家。那么作家，当时我们认为我们心目中的作家是什么样的？我不知道你们现在，四十年后现在各位作家班的这些年轻的同志是怎么看作家，当时在我们那个年代，作家是一个非常非常神圣的职业，非常非常荣耀的一个光鲜亮丽的称号，我们那时候，我记得 80 年代初期，编了好多中国现代作家辞典，各个刊物杂志上都编什么作家专栏介绍，只要是能够写点东西，不论是写什么东西，都可以被称为作家。所以那个时候作家的荣誉太高了，我相信现在也还是很高，只不过我现在离作家梦越来越远了。

我就记得，当时我们所里的钱钟书先生是文学所的古代史的研究员，后来当了社科院的副院长，还有杨绛先生，两位应该是叫学贯中西、闻名遐迩吧，应该是名闻天下了两个大人物。你再看杨绛写的《我们仨》，在这本书里头，她说我们这些人，不会说豪言壮语，人们老问她，说你们当时在四十年代，你们条件那么好，为什么要回到这个战乱的国家？她说我不会说什么爱国，而且说我们这些人羞于说这些空话，她说我唯一的愿望就是，我喜欢我们的语言，我喜欢我们的文字，就够了，她离不开这种母语，母语是她生存的一个最基本的东西。

其实，我想叶嘉莹也是如此，离不开一个母语。所以你看老人家今年都九十四岁，还在讲课，而且不是给我们这些文学爱好者讲，她最后给孩子们、幼儿园的小孩去讲课，出了好几张光碟，给幼儿园的孩子们讲古诗，她没有别的愿望，就希望能够把中国的这个所谓的文学的种子，种在孩子们的心里头，这就是她的愿望。她跟我们讲诗，第一次讲古代诗歌的时候，她上来不讲我们司空见惯的，我们过去的文学都已经有一个框架，什么叫好的文学？《诗经》大家都知道，上来我们第一节课讲《诗经》讲什么？除了关关雎鸠，关雎之外，讲什么？叫"硕鼠硕鼠，无食我黍！三岁贯女，莫我肯顾"。这是现在中学都爱学的，揭露奴隶制社会、封建制社会如何如何，是吧，都是《硕鼠》啊什么这些东西。

可是叶先生讲课，她上来给我们讲《蒹葭》，"蒹葭苍苍，白露为霜，所谓伊人，在水一方，溯洄从之，道阻且长"。讲这个《黍离》，"彼黍离离，彼稷之苗。行迈靡靡，中心摇摇。知我者，谓我心忧；不知我者，谓我何求。悠悠苍天，此何人哉？"这一下讲的，这个诗写得这么好，"彼黍离离，彼稷之苗"，慢慢的一个孤独的人在原野上漂流，"行迈靡靡，中心摇摇。知我者，谓我心忧；不知我者，谓我何求。悠悠苍天，此何人哉？"那个时候，我正在大学二年级，二十三岁，正是一个最最痛苦的时候，莫名其妙的那种痛苦，青春的那种焦虑躁动，读了这首诗，一下子，这三千年前的诗，一下子就打动了我，虽然不知道打动的是怎么回事她都没说，知我者，谓我心忧，不知我者，谓我何求。然后讲什么？讲《古诗十九首》，"行行重行行，与君生别离。相去万余里，各在天一涯"。写了一个游子的悲哀，当时我们觉得诗怎么会这么好，中国古典诗词，一下子，叶先生就把我们吸引到了古代诗词当中。这是1979年前后，既有政治背景，也有当时的我们赶上了这一批最好的学者，把我们引到了这么美妙的一个天地里头。

所以从那个时候开始，其实我对古代的诗词，是从《古诗十九首》，东汉作品，也就是我们这里要讲的三曹作品开始的，我是最早喜欢这批诗。所以，那个时候我就记得我们背诵了好多作品，虽然完全不懂，我觉得文学好不好，怎么来评价？不是靠那些评论家来评价，不是靠那些官方授予的名号来评价，是靠你的作品，你能不能打动人，也就是没有你这样生活体验的人，也依然能够被你的作品所感动，这才是好的作品，真的叫人人心中所有、他人笔下所无的境界，一个好的作品是可以跨越时代，如果只是一些应景的文章，应景的作品，只是一个时髦的作品，大家知道，不会有好作品的，历史已经无数次地证明，好的作品是可以超越时代的，而不好的作品可以获得一时的名声，但是长久不了。所以我记得杜甫，老杜，老杜生前默默无闻，李白生前名满天下，所以杜甫曾经很感慨，他说"文章千古事，得失寸心知，作者皆殊列，名声岂浪垂"。老杜对自己充满了自信，"文章千古事，得失寸心知"，好坏自己知道，"作者皆殊列"，作者都不是一般的人，特殊的行列，叫"名声岂浪垂"，像浪花一样，有的名声转瞬即逝，有的名声在历史上留下了，杜甫是自信的，而且事实上杜甫的自信是有道理的，我们今天来看，杜甫是成了我们今天的诗魂了。

所以，一个好的作品，我想首先能够打动千年以下的人，这才是真正的好作品。所以，我当时在读建安文学的时候，我其实对建安文学一开始，我脑子中想象的都是曹操这样的人。我们读《三国演义》都知道，曹操给人的印象就是一个很奸诈的人，很聪明的人，但是曹操的真实的历史情况是什么？我们其实比较隔膜，所以我今天其实讲这个课，也是从我最初对曹操的印象，然后我想进入到讲一个真实的曹操，而且他自己的创作是什么样。他的创作，在我们今天来看，在文学史上有三类作品，一类是简单易懂，却是不可模仿；第二类是难看难懂，也不可模仿；第三类是看似简单，却深不可测。我觉得最好的作品是第三类，表面上看平淡极了，但是等你自己去写，你写不出来。比如说难懂难解的作品，在历史上，我们这样的作品特别多，你看不懂，需要别人注释才懂，这样的作品我想不会是好作品。还有些作品太简单，简单到像大白话一样，像儿歌一样，我想在座的都知道，也不是好作品。最好的作品就是看起来很好懂，可是你写不出来。

我不知道你们是怎么看这种作品的，比如说，我特别欣赏当代作家孙犁的作品，孙犁的作品为什么我觉得他了不起？当你们对这个文字感觉久了之后你就会觉得，那些真正的用白描的手法，用最简单的手法，表面上看来就是用大白话的写法，却是我们一般人都做不到的。在学者当中，我最欣赏的是杨绛的作品，杨绛的作品你闭上眼睛，你再复述一遍，这个事情叫你来写，你来把这个事情来叙述一遍，你写不出来，你最后想来想去最好的词汇，就是用她那个最简单的词汇写的，这叫豪华落尽见真纯，我们中国有句老话叫"豪华落尽见真纯"。所以，建安文学，陶渊明的诗，李杜的诗，他们很多好的作品，其实都是最简单的，简单到觉得我也能写，可是你试一试，你写不出来，这就是好作品的特点。

建安文学，我们说是东汉后期，我这里不详细讲这个背景，东汉后期天下大乱的时候，这个时期，整个东汉后期首都是在洛阳的，当时东汉后期，一个最大的矛盾就是外戚和皇帝之间的矛盾，都是皇帝很小，上台以后很小，为了辅佐皇帝，往往是外戚，也就是他母亲娘家这一派辅助，等皇帝长大之后，他为了夺回权力，靠谁？就靠宦官，所以最后东汉后期就是外戚和宦官的矛盾，就解决不了。你知道有的朝代为了解决这个矛盾，像北魏，为了解决这个外戚和宦官的矛盾，只要你这个儿子确定继位皇太子，第一件事把他妈给杀了，这是一个制度，像北魏就是这么干，就是避免外戚和宦官闹矛盾，这是历史的教训，外戚和宦官，这个宫廷内部矛盾。

因此，在东汉后期，外戚何进为了解决朝廷矛盾，把西北的董卓召进洛阳，董卓是个军阀，没想到进了京城之后，还没等进就泄露了机密，结果外戚被杀，整个东汉末年一片战乱，我们知道，公元 196 年，我这里写的是建安元年，这一年东汉最后一个皇帝汉献帝到洛阳，这个时候洛阳已经被董卓烧得是一塌糊涂。我们看这里，文章里说那些官员可怜得饿了都吃不上饭，靠到墙根底下去叫群聊饥乏，尚书郎以下是，这些人都是饿死墙壁间，或者被兵士所杀。这种感觉，东汉后期的首都竟然如此的惨败。这年八月，我们说曹操了不起，他接受了谋士荀彧的建议，将困于绝境的汉献帝控制在手中，这是曹操发迹的一年，特别重要的一年，中国历史上谁把皇帝抓住了，谁就占据了道义上的有利的位置，叫"挟天子以令诸侯"，叫"奉辞伐罪"，动不动就靠皇帝的名义说话。

这一年，在建安元年，我们这里叫建安文学，建安元年，孔融、陈琳、阮瑀、徐干、应场、刘桢、王粲，所谓建安七子，加上三曹，曹操、曹植、曹丕，这一年，还包括蔡文姬，蔡邕的女儿蔡文姬，都开始进入到了创作的活跃时期。而且他们绝大部分作品都是写在这个时期，在中国历史上，我们知道中国文学的黄金时代有两个，一个是建安，一个就是开元天宝年间，中国文学史的诗歌黄金时代就这两个时期，一个是建安时期，就是三曹七子，一个就是我们说开元天宝，李杜，以及后来的元白韩柳，李杜就是李白杜甫。我今天主要重点讲的是三曹，但是为了讲三曹，我们得把三曹和七子联系起来，一块儿介绍他们的作品。我们先看第一个问题，我讲三个问题，第一是七子的选择，第二是三曹的创作，第三个问题，我们讲一讲什么叫建安风骨，从他们的创作当中，我们今天应该有什么样的经验在这里值得汲取？

我们先看七子的选择。在建安七子当中，孔融年龄最大，他们相差好几十岁，这个建安七子，相差年龄比较大。孔融大家知道，孔融让梨的故事从小我们大家都听说过，孔融地位太高，他是孔子的第二十世孙，当然地位很高，曹操地位很低，曹操为什么地位低？我们一会儿还要讲，曹操不知道他祖上是谁，他是宦官养子的后代，他的爷爷是谁他都说不清楚。因此，一个是高门望族，一个是当时最被人看不起、最卑微的人，两个人在这个时候走到了一起，就是孔融和曹操走到了一起。为什么？因为曹操很聪明，他知道在这样一个时代，要想赢得社会的尊重，必须尊重这些豪门望族的人，那么孔融是他其中的依仗之一。还有一个刚才我说的那个荀彧，荀氏家族，在今天河南颍川荀氏家族，大家族，就依靠这些大家族，赢得了他的信任，而且他是以匡扶汉室为号召，叫恢复汉代的一个正统，这样的话，曹操、孔融就走到了一起。而且，这个孔融有好多文章都很有名，像《盛孝章书》非常有名，说匡扶汉室，就告诉曹操，你一定要把天下贤人拢在一起，这是你唯一的获取人们信任的途径。他说叫"珠玉无胫而自至者"，说像珠和玉这些好东西本来没有腿，但是它们都自己能到，以人好之，因为大家都喜欢它，更何况贤者都是有足的，你只要对他好，天下人自然就会跑到你这儿，这是孔融最初依附曹操，给曹操进的一个建议。

而且不仅如此，这个孔融为此还身体力行，把当时天下的一些名人，因为他是一个名家的后代，所以利用他的特殊身份，笼络了一大批人才，比如我们今天说的，这里头几个重要的人物，像赵岐、郑玄，郑玄就是今天的高密人，莫言的老家，都在这个地方。孔融为了推崇郑玄，还在这个地方给他专门建了一个叫正宫的村子，我们知道郑玄是东汉后期最大的一个学问家，把中国的五经全部注释了一遍，学问最大，赵岐也是注释《孟子》的，都是很有名的学问家。这个时候的孔融是百分之百地相信曹操，觉得曹操真的是要为天下谋太平。

但是曹操哪是这样的人呢？我们再看，到后来，这是在许都，这是在今天的许昌，许昌的汉魏古都都还在，在建安元年，曹操把汉献帝从洛阳弄到了许昌，许昌是曹操的第一个落脚点，这个古城今天已经都发现了，就是许昌许都。在曹操把汉献帝抓到许昌的时候，最大的一件事情，我刚刚说了，一个是利用孔融，还有一个利用当时颍川的荀氏家族，陈氏家族，钟氏家族，钟氏就是钟繇，大书法家钟繇，陈氏家族，这个叫陈群等这个家族，荀氏就是荀彧，这是曹操把他推举为自己的张良，给他出谋划策。这些大家族拥戴曹操，当然也是有他们自己的想法，他们希望借这个军阀混乱能够培植一下自己的势力。所以我这里说历史往往和人开玩笑，曹操最初发迹得益于这些豪门望族，最终他也被这帮豪门望族所埋葬。

曹操这个人很了不起，他是个英雄，他想怎么做就怎么做，可以，但是他的儿子没有这本领，曹丕继位之后，因为曹操可以打下天下，但是曹丕没有这个本领，他不得不依附豪门望族，这个一会儿还要讲，所以最后，这些豪门望族制定了一个政策，叫九品中正制，最后通过这个制度埋葬了曹氏家族。我们这里就想到，中国政治的微妙之处，不在于你怎么会打仗，而是在于你怎么出思想，中国历代的改朝换代都是理论先行，从来没有靠武力打下天下，是要靠武力解决问题，但是治理天下还是靠你的智慧、思想。这个九品中正制是什么意思？就是这个社会把人分为三档，上中下，各分三档，上上，上中，上下，中上，中中，中下，下上，下中，下下，叫三品九档，然后评价比如在座的这些人，我给你归为你是上档，上品，你是中品，中品里头你在什么位置，而谁来决定这些人的地位？当然都是那些乡党，地方的土豪劣绅，等于就慢慢地控制了当时地方的人才的选拔，最后，曹操，曹氏为什么被埋葬？为什么被司马氏，司马炎、司马昭这些人给埋葬？就是利用了这种制度，利用了乡党，然后控制了天下，把曹操这一派给拿掉，当然这是后话。曹操不会，曹操他毕竟是靠自己的武力。

孔融在这个时候，写了好多诗，这些诗有些不好，但是我这里提一下，比如这首离合诗，这个离合诗其实一点都不好，你们看就知道了，他就是通过这首诗，是首游戏诗，最后得出一个什么结论？叫鲁国，孔融，文举，就是个游戏诗，就像这个鲁国，孔融，文举，就是我们今天说的叫藏头诗，这是个文字游戏，我们可以忽略不计。那么像这种文字游戏诗，在中国古代很有市场，比如说，我们历史上有叫数字诗，一二三四五六七，一直写到十："一身事关西，家族满山东。二年从车贺，斋祭甘泉宫。三朝国庆毕，休沐还旧邦。四牡曜长路，轻盖飞若鸿。五侯……六乐……七盘……八珍……九族……十载……"这是文字游戏，像李白，三言诗，四言诗，五言诗，到九言诗，你像李白这个："秋风清，秋月明，高云聚还散，寒鸦栖复惊？相思相见知何日？此时此夜难为情。"这就是游戏诗，像白居易写一到七个字："诗，绮美、瑰奇。明月夜，落花时。能助欢笑，亦伤别离。调清金石怨，吟苦鬼神悲。天下只应我爱，世间唯有君知，自从都尉别苏句，便到司空送白辞。"这是个文字游戏，然后最有名的，叫吴文英的，"何处合成愁，离人心上秋"，这大家也都知道，愁字是个形声字、象形字，愁就是秋天，心上的秋天当然就是愁。

表面上来看，从文学角度来讲，它的价值可能不高，但过去在文学史上都是对这些嗤之以鼻，但是我这么想，文学是什么东西？文学除了要教育人以外，其实还有一个功能，文学应该叫人高兴，或者叫人家排解，文学有这个功能。所以有一种说法，文学是可以治病的，诗歌可以治病，文学可以治病，文学是可以让人家抒怀的。所以在中国古代历来有这种风气，叫文字游戏。

但是后来孔融发现不对了，孔融发现自己受骗了，这里最重要的一件事情，就是曹操慢慢地叫孔融看出来他有代汉的野心了，他不仅仅是为了匡扶汉室，他是想当皇帝。特别是官渡之战，我们知道这次曹操把袁绍的小老婆给抓来，据《世说新语》这样的野史记载，这个夫人很漂亮，当时谁都想要她，曹操也想要她，他的两个儿子也看上她了，最后曹操把这个夫人赐给了他的儿子曹丕，结果，这件事情本身没什么了不起，孔融出来说话了，他说当年武王伐纣，把商纣王的宠妃赐给了周公，曹操是个读书很多的人，曹操说我没有见过这样的故事啊，他说了一句话，我们今天说的想当然就是从这里来的，从今天来看，当年这个武王伐纣也是如此，这个当然是当众羞辱曹操，因为这个孔融是个大家族，比曹操还年长两岁。

曹操为了打仗，为了节省粮食，专门下了一个禁酒令，这个文章现在都在，孔融为了为难曹操，专门写难曹公禁酒，说酒的德行太好了，你禁酒，你要想禁酒你就禁酒，你干吗给酒说了那么多的不好，这个曹操的禁酒令文章也在，他说这个酒是如何如何的不好，他说了，酒很好，酒为什么不好？你不过就是为了省粮食。在座的可能有好酒者，这个好酒，一般的酒是三斤粮酿一斤酒，好像是这样，而好酒是五斤粮食出一斤酒，在那个战争年代，在那个天下大乱的时候，粮食是最重要的一件事情，所以你看曹操这个人，为了打仗，他专门成立了一个叫摸金校尉，去挖墓的，就是中国最早的盗墓的，官方盗墓的，摸金校尉，然后禁酒，禁酒是为了节省粮食。孔融说你说白了，你就是为了节省粮食，你别说酒那么多坏话。你看孔融对曹操就开始反感。

这个时候，曹操对孔融还能够勉强接受，最叫曹操不能接受的，就是孔融写了一篇文章，什么意思呢？曹操把汉献帝，最后一个汉朝皇帝控制在手中的时候，他把自己的孩子全分封到各地做王，虽然他没去，实际上在曹操活着的时候，曹操并没有叫儿子去，都是派大臣去，但是名义上都分完了。在这个背景下，孔融看出来，曹操有野心，要代天下的野心，专门写的这篇文章，这篇文章告诉说你不要这么做，你要学习古代的圣贤，要把那些能人派到天下。这个曹操不能容忍，所以在建安十三年——中国历史上的一件大事赤壁大战，就是在这一年开始。在这一年之前，应该杀孔融，是在大战之前杀了孔融，怎么杀？你知道在中国历史上，杀文人这件事情是挺难办的，文人不好杀，文人他的舆论能力太强了。曹操杀孔融，却一下子抓到了孔融的一个弱点，孔融有什么弱点？孔融在跟祢衡，这个祢衡是骂曹操的祢衡，两人在聊天的时候，说了一番伤风败俗的话，这个话是什么意思？说叫父之于子，这个话说得很厉害，父之于子，"父之于子，当有何亲？论其本意，实为情欲发耳。子之于母，亦复奚为？譬如物寄瓶中，出则离矣"，这话说得多么地叫当时的礼教治天下的人，多么地接受不了，他说父亲跟孩子没有什么孝的问题，不过你情欲来了，孩子就出来了，母亲对儿子也没什么关系，母亲肚子就是一个瓶子，儿子装到里头到时候该出来就出来了，言下之意，没有讲究什么孝道之义。

这个话，曹操本来应该是能接受的，因为他本来就是宦官养子的后代，没有什么社会地位，但是他为了杀孔融，拿这句话作为一个他的罪状，然后叫当年一个最有名的作家，叫路粹，这个人在历史上很有名，叫以笔杀人的代表人物，以笔杀人，这篇就是奏孔融，《路粹奏孔融书》这篇文章真厉害，把孔融的罪状说得真的是入木三分，以笔杀人从他这儿开始。因为曹操叫他写了个奏状，然后曹操紧接着宣示孔融罪状令，要杀他，两个人一唱一和，孔融是必死无疑，那年给他杀了。

孔融在临死之际写了一组诗，叫《临终诗》，这组诗不错，这组诗写出了孔融有点后悔，他怎么能得罪曹操？毕竟自己虽然是有名的文人，但是毕竟不能得罪当权者，叫"言多令事败，器漏苦不密"，言多败落，器漏苦不密，到处都漏网，"河溃蚁孔端，山坏由猿穴。涓涓江汉流，天窗通冥室"，这三句意思都差不多，冥室就是天堂了，马上就要死了，要上天堂了，要死了，冥室是属于冥帝。然后第三首诗说他自己是被冤枉的，三人成虎，说多了以后假的也变成真的了。但无论如何，曹操是不能饶了孔融的。这是曹操杀的唯一的一个文人。在三国时期，三国鼎立的时候，你们大家注意东吴巴蜀，还有曹魏，所有的文人全都笼络到了曹操的名下，这是他杀的唯一一个文人，你看东吴孙权这批人，他几乎挑不出一个文人来，没有，东吴几乎没有文人，巴蜀刘备那儿也没有一个文人，除了有个诸葛亮，写了一篇《出师表》之外，没有文人。我们说的建安文学，最鼎盛时期的文学，全在曹操这儿。

可是曹操不得不杀孔融，杀了孔融还得叫那些人认可，这就是曹操在这里用心的地方，杀孔融有杀一儆百的一个例子。曹操非常清楚，打天下必须靠人才，可是曹操这样的人，他怎么能笼络人才？本身出身如此卑微，靠什么来号召？所以只能靠人了。曹操他不敢杀人，我们说《三国演义》有一个很重要的情节，就是祢衡，祢衡骂人，骂曹操，这么当众羞辱曹操，最后曹操是借别人之手把他杀掉的，自己不杀。

我记得我们文学所有个老人家，《文学遗产》的第一任主编，我的前辈，他写了一篇小说叫《广陵散》，《广陵散》大家知道，就是杀那个嵇康的，当年我们知道，司马氏想杀嵇康，嵇康是曹操的亲戚，娶了曹操的孙女，司马氏为了夺权，要杀嵇康，也是为了杀一儆百，历史我想应该是真实的，历史记载三千太学生为嵇康求情，司马氏必杀无疑，一定要杀他，不杀他不足以显示他的权威。但是杀了嵇康之后，第二年，嵇康的最好的朋友向秀出山做官了，我们知道当时嵇康是竹林七贤之一吧，有这么一个故事，当嵇康被杀之后，原来这个竹林七贤常年在山间隐居，竹林七贤隐居的地方就在今天我们知道那个河南的山阳，司马氏想招这帮人出来做官，谁都不出来，没有一个人出来。杀了嵇康，向秀第一个出来了，向秀出来的时候，路过嵇康的故居，听到了远处有个笛声，写了一篇著名的《闻笛赋》，这篇《闻笛赋》现在保存着，很短，欲言又止，有好多话想说，没敢说，然后司马氏很强硬地问他，你们不是不愿意出来做官吗？你们今天怎么也出来了？向秀什么话都没说，只能是叩头求饶。但是从此以后，司马氏也不再敢杀这些文人了，中国历史上，从曹操再往前推，从李斯到三国，到西晋，到后来到明清，这个皇权和文人之间的这种矛盾始终是长期存在。

所以曹操杀了孔融之后，与此同时，就一次一次发布求贤令，而且这个求贤令说的是一次比一次彻底，他最后说到什么话？只要你忠于我，只要你有才，哪怕背负着不忠不孝的恶名，我也用你。这个曹操用人很厉害的，不忠不孝的恶名。杀孔融是用不孝的名义杀的，最后你只要忠于我，你看，建安七子的陈琳，陈琳是袁绍的著名的文人门客，当年陈琳在官渡之战前夕写了一篇著名的讨伐曹操的文章，这篇文章现在还在，就收在《昭明文选》当中，那篇文章是篇名文，把曹操祖宗三代都骂了，骂得真厉害，赘是掉下来的意思，阉是阉人，就是宦官，"赘阉遗丑"，遗留下来的丑陋的东西，"本无令德"，天生没好德行。但是，曹操在官渡之战后把陈琳给抓住了，就问他一句，当年你骂我可以，你别把我的祖宗三代都给骂了啊，陈琳能说什么？但是曹操没杀他，照样用他。当然也可能是文人无行，这个陈琳后来也为曹操写了好多的名文，这些文章写得真漂亮。我们说这些文人，他们文章写得漂亮，该在什么场合，该说什么话，那种战斗的檄文写得真是非常犀利，写的那些颂扬的文章，也写得非常感人，这就是建安七子。

所以，杀了孔融之后，建安七子的其他六人，在孔融被杀的前前后后都汇总到了曹操的幕下，所以当年他的儿子曹植就说，说大父亲，我的父亲真了不起，把天下的人才全拢到了这里，而且是人人自谓握灵蛇之珠，家家自谓抱荆山之玉，每个人都特别自负，但是都臣服在曹操门下，这是曹操了不起的地方，这么一个叫人看不起的人，最后把天下的人全拢到一起了。邺下，我建议大家去看一看，离北京很近，就在邯郸，曹操在这里经营了十几年，曹操的最重要的作品，都在邺下写的，在今天的邯郸，就今天我们说跟安阳挨着，安阳不是最近发现了曹操墓嘛，这个地方现在给分成河南河北了，实际上过去是一块地方，在这个漳河的两岸。

其他的文人在孔融被杀之后，其实也就开始慢慢地臣服，这里头我觉得，文学史上有时候叫邺下风流，非常有名，就是指建安七子，三曹，其实不仅仅七子，一大堆文人，大概有几十个，都跑到这儿来了，在今天的河北，从邯郸到许昌，这都是曹操所待的地方，这是我们今天看到的曹操的邺下遗址，现在古城墙还在，这是他的邺城博物馆，这几个人我就不再详细讲了，阮瑀，刘桢，还有这刘桢的作品，最有名的是第二首，"亭亭山上松，瑟瑟谷中风。风声一何盛，松枝一何劲。冰霜正惨凄，终岁常端正。岂不罹凝寒，松柏有本性。"这首诗经常有人讲，我们知道后来陈毅有首青松诗其实就从这里来的。应场，还有徐干的诗，陈琳，陈琳最有名的作品文学史都讲过，《饮马长城窟》，这个写得不错，这首诗确实写得不错，但是这首诗很多人认为很可能是当时的民间作品，后来附在陈琳的名下。

在七子当中，我觉得最没骨气的可能就是王粲，可是王粲地位最高，创作成就最高。王粲本来是一个高门望族，一开始是看不起曹操，最后依附湖北荆州刘表，刘表被灭了之后，又投奔到了曹操，投奔到曹操之后，这建安七子孔融是有骨气的，刘桢是有骨气的，我们刚说的《青松诗》，其他人要么就远离政治，而王粲是彻底依附到了曹操那儿，他的早期作品写得很好，王粲有一首最有名的诗是《七哀诗》，文学史都要讲的，这是在依附荆州刘表的时候写的这首诗，"西京乱无象，豺虎方遘患。复弃中国去，委身适荆蛮。亲戚对我悲，朋友相追攀。出门无所见，白骨蔽平原。路有饥妇人，抱子弃草间。顾闻号泣声，挥涕独不还。未知身死处，何能两相完？驱马弃之去，不忍听此言。南登霸陵岸，回首望长安，悟彼下泉人，喟然伤心肝。"写了一个在沿途的路中，看到那种白骨蔽野的景象，而这种景象在建安时期很多诗人都写到了，曹操"出门无所见，白骨蔽平原"，在当时这些作品曹操、曹植都写过，包括后来的学习建安文学的杜甫、白居易，也都写过类似的诗篇，白骨蔽野，包括我们一会儿还要谈到的蔡文姬，可见这个白骨蔽野真不是诗人的想象，是一个真实的写法。你像这些诗写到了自己看到一个妇人把自己孩子给扔了，养不活了，所以这种场景确实挺感人。

但是后来到了曹操的门下以后，他们的诗写得就越来越差，所以人们提出了一种观点，建安，到底是三曹培养的七子，还是七子培养了三曹，当然曹操不一样，曹操年长，这些七子都比他年轻，除了孔融，而一会儿我们要谈到的曹丕曹植，他实际上是比较年轻的，要比他们年轻很多，所以人们有一种说法，说实际上恐怕是七子培养了三曹。

那么再看蔡文姬，也是这个时期一个著名的诗人，蔡文姬她的生平太简单了，她的生平在《后汉书》里头大概也就是一百多字，董祀，她后来的丈夫，她的父亲蔡邕，很有名的一个大学问家，东汉后期应该是官做到了三公的地位，什么叫三公？三公就是我们今天说的应该到了总理、委员长的这个位置了，最高的位置了，做到三公。可是后来就由于一声叹息，由于当时董卓杀了一个高官，他发了一声叹息，结果觉得他有异心，把蔡邕给杀掉了。这一年，这个文姬其实很年轻，就回到了家乡河南，结果不久，我们知道东汉后期战乱，匈奴就打到了河南，把她抓到了匈奴这个地方，今天这个地方应该具体在哪儿？应该具体是在内蒙古五原这一带，在那儿生活了十二年，生了两个孩子。曹操跟蔡邕本来关系很好，知道蔡邕死的时候有一肚子学问，蔡邕有一个想法，想给东汉做一部历史，也准备了好多材料，一肚子学问，被杀了，所以曹操就想着把蔡文姬赎回来，所以就重金把文姬给赎回来，请她来把父亲的东西给传下来。

后来知道，蔡文姬被赎的时候就一个条件，你可以回来，但是匈奴说你必须把两个孩子留下来，作为一个母亲，要么回到家乡，要么就继续在匈奴待着。所以正是在这个背景下，她写了两首最著名的《悲愤诗》，一首是五言的，一首是骚体。郭沫若先生认为这两首诗都是文姬所写，因为郭沫若有句名言，叫发自肺腑的哭嚎，后来郭沫若写过一个话剧吧，其实大家看看挺好的，《蔡文姬》这个话剧，人艺好像现在还在演这个《蔡文姬》。诗写得确实漂亮，这是中国历史上最早的一首长篇五言诗，这个五言诗一共三个部分，第一个部分就是写她自己在汉末之际被抓到匈奴的经过，而且抓到匈奴，当时叫"汉季失权柄，董卓乱天常。志欲图篡弑，先害诸贤良"。董卓进京之后，把所有的大臣全杀了，特别是"逼迫迁旧邦，拥主以自强"。董卓进京之后，为了阻挡这个各地军阀来讨伐他，他把洛阳城给烧了，然后迁都长安，在这个迁都长安的过程当中，你看诗写到这儿，又赶上了董卓的部队当中有好多胡人和羌人，因为他是西北过来的，我们知道今天的西北尤其是兰州这一带，河西走廊这一带，过去一直是匈奴和羌人所聚的地方，今天我们谈到丝绸之路，就是打通了河西走廊，河西四镇，武威，张掖，酒泉到敦煌，打通河西四路。汉武帝一个最大的功绩，我们知道断了匈奴的左膀右臂，当时匈奴在今天整个北方，内蒙古到东北，东北这边是一大批的少数民族，然后正北方匈奴西北跟羌人联手，一块儿跟汉人打仗。武帝断了匈奴，河西走廊打通之后，然后匈奴往北跑去，然后羌人也慢慢地就臣服下来了。到了东汉后期，这些人又开始，这里说的，你看叫"来宾皆胡羌"，胡人就是匈奴，你看这里叫"马边县男头"，这个县就是悬，悬挂的悬，这是当年的战乱，"马边县男头，马后载妇女，长驱西入关，迴路险且阻。"这就是那种场面，多么恐怖的一个场面。就是第一个部分，谈到她整个被抓，最后这个，你看这个"失意几微间，辄言弊降虏。要当以亭刃，我曹不活汝"。你要再说话，我就把你杀掉，就是当年押送他们的。文姬的这首诗就把这个经历给写了下来。

然后第二个部分，就写她到了匈奴之后，过着和内地完全不一样的生活，"边荒与华异，人俗少义理。处所多霜雪，胡风春夏起。"到盛夏的时候，她那边能够起风，"翩翩吹我衣，肃肃入我耳。感时念父母，哀叹无穷已。"然后特别这里诗中说的，我们一会儿看到她骚体的《悲愤诗》，写到了匈奴的地方，吃的都跟内地完全不一样，其实文姬出身非常高贵，这么一个高贵的人，最后沦落到了如此的下场，她那时候想家，希望什么时候能够回来，每一次一听说内地来人了，赶紧出去拜见，一看又不是自己的亲人。最后突然听到了家乡人来接她，特别兴奋，你看这里说嘛，"有客从外来，闻之常欢喜。迎问其消息，辄复非乡里。"一开始很希望，然后，"邂逅徼时愿，骨肉来迎己。己得自解免，当复弃儿子。"自己可以回去了，可是必须得把孩子放下来，"天属缀人心，念别无会期。存亡永乖隔，不忍与之辞。儿前抱我颈，问母欲何之。人言母当去，岂复有还时。"孩子还抱着母亲的头说你什么时候回去？然后说嘛，"阿母常仁恻，今何更不慈。我尚未成人，奈何不顾思。"这是用孩子的话说，我还没长大，你为什么不要我了？所以"见此崩五内，恍惚生狂痴。号泣手抚摩，当发复回疑"。想离开，在离开之际又回来了，写了人的在那种迷恍之际的心理状态。这是第二部分，回到家乡之际的那种痛苦。

第三部分，回到家本来是抱着满腔的热情回到家乡，结果你看，"既至家人尽，又复无中外。"就是家中表兄弟都没了，家乡全没了，"城廓为山林，庭宇生荆艾。白骨不知谁，纵横莫覆盖。"到处都是白骨遍野，"出门无人声，豺狼号且吠。"家乡庭院全部荒芜，家人都死尽。这首诗很长，我没有办法来一一讲，一讲，我估计一个半天也就差不多该讲下去了，这是她的代表作。

在中国文学史上两首诗，一首是蔡文姬的《悲愤诗》，一首是《孔雀东南飞》，这两首诗它的场景性非常鲜明，就是给人感觉到它不是在抒情，它是描写了一个不同的场景的转换，是抒情，又是叙事，叙事、抒情兼而有之，这是这首诗非常难得的一个特点。

我其实讲了半天，还是在扫外围，我在给曹操铺垫，给曹丕做铺垫，他们能够把这些人能拢来，能够臣服在他们的门下，我想三曹除了他们的胸襟，还有他们的创作才能，他们的诗确实写得非常漂亮。就在孔融被杀的这一年，曹操五十四岁，孔融是五十二岁被杀，曹操五十四岁，风格苍老，他的两个儿子曹丕二十二岁、曹植十七岁，从这时开始，也就是建安十三年，赤壁大战前后，三曹，尤其是曹操的两个孩子，逐渐登上文坛，引领了当时的风气。曹操，这个大家都很熟悉，曹孟德，阿瞒，他整整用了二十年的时间平定了天下，特别是到了建安十三年，赤壁大战后基本上平定了北方，曹操这个人太复杂，不是简单一句话能够把他说清楚，但是我觉得了解曹操，用一篇文章可以理解他，就是这篇著名的《让县自明本志令》，这篇文章特别值得大家关注，《让县自明本志令》，这篇文章大概作于建安十六年，这一年我们刚刚说了，孔融被杀，一个重要的原因就是很多人发现曹操有篡汉的野心，但是这个时候，曹操又不敢把这个野心昭露出来，如果要是显示出这种野心的话，那些人肯定都要跑了。所以曹操为了平息天下的议论，写了这篇著名的《让县自明本志令》，就是我把我的封县让出去，而且要把我的志向说出来。你看这篇志向，曹操这人真是，他怎么想的就怎么说，我刚才说了，有些文章看起来很好懂，但是你写不出来，曹操的文章一般人写不出来，你看，"孤始举孝廉，年少，自以本非岩穴知名之士，恐为海内人之所见凡愚"，他说我这人出身很卑微，他从来不说自己，我们知道中国文人有一个传统，好吹牛，本来很穷，也把自己说得祖上如何如何了不起，然后说自己如何如何有才能，曹操不这么说，他说我本来就是一个山居乡间野老，本非岩穴知名之士，什么叫岩穴知名之士？就是隐居在乡间的那些名士，也就是唐代的所谓走终南捷径的这帮人，所谓的名士走终南捷径，他说我不是，我也担心怕别人看不起我，叫"恐为海内人之所见凡愚"，就是平凡，所以当时他最高的志向"欲为一郡守"，平生的理想就是做一郡守，一郡守，郡是很小的，郡，就是他最高的理想，平生最大的理想就是一郡守，"好作政教，以建立名誉，使世士明知之"，就让天下知道我。那么后来，我们知道他二十岁在济南做了官，这人做官还真认真，人都有这个体会，太认真了你就活不下去，到地方你太认真了你肯定待不下去，二十岁到济南做官，那些豪门望族他真的是抓了不少，可是没想到，你看这里说，"以为强豪所忿，恐致家祸，故以病辞。"得罪了那帮豪门，回到家乡了，这时候二十岁。

回到家乡的时候他就想，他就叫"顾视同岁中"，就是再看看周围这帮人，很多人都已经过五十了，他说我才二十岁，我急什么，所以说"内自图之，从此却去二十年"，我即便是待了二十年，"待天下清，乃与同岁中始举者等耳"。他说我再过二十年才不过跟我身边这帮五十岁的人也不过差不多，所以他说有足够的耐心去等在家乡，所以他说"故以四时归乡里，于谯东五十里筑精舍，欲秋夏读书，冬春射猎，求底下之地，欲以泥水自蔽，绝宾客往来之望"。这是曹操第一次出去做官，然后开始隐居，隐居以后呢，叫秋夏读书，冬春射猎，欲以泥水自蔽，就是把身上弄满泥水，就把自己给隐蔽起来。但是，历史又给了他一次机遇，就是黄巾起义，公元184年黄巾起义，紧接着公元190年，董卓进京天下大乱，这个时候，他被征为都尉，迁典军校尉，第一次掌握了兵权，这个时候曹操三十四岁，这一年，曹操说了，我的志向又升级了，他说我志向死后在我坟前立一块碑，这块碑上写着，"汉故征西将军曹侯之墓"，这是他的最高的理想了，这个理想对曹操来讲是不可能实现的，如果没有天下大乱，永远不可能实现。因为在东汉，人被分为三等，叫五等爵位，三公，就我们刚刚说的是最高的，司马司空司徒，这是最高的官位，他不可能的，因为三公都是那些豪门望族，一般的人分为五等，叫公、侯、伯、子、男五爵，这个男到某某某县男，这个男就到了县一级了，最低的了，他说我能够被封侯，公侯伯子男，被封为二等，就是我最高的志向。他说这时候我是第二个志向。

那么这个时候他能不能实现？在曹操隐居的时候，他能不能实现这个志向？我们说在今天曹操的老家，在座有没有安徽人？安徽亳州有一个曹家陵园，这个曹家陵园方圆十平方公里，在这里他隐居了十几年，然后，这里有一个曹操的运兵道，我们说曹操是个很有军事谋略的人，这个运兵道是在"文革"期间发现的，"文革"那叫深挖洞、广积粮，我们都干过这个深挖洞广积粮，居然在亳州这个地方，发现了这么一个墓道，这个墓道有一人多高，能够同时走好几个人。这个墓道根据专家的考证，就是曹操在这里挖的，他实际上在家乡，退居家乡，一直在做着准备，因为他靠家乡作为他的根据地，准备东山再起，曹操这个人，他的祖父是曹腾，东汉最大的一个宦官，在今天的亳州曹家陵园，最中心的位置就是曹腾的墓，这个墓的规格跟东汉后期的规格一样的高，那个墓的规格非常高。但是，这种人我们都知道，叫有钱有势没有社会声望，宦官，谁都看不起，但是曹操很有钱，曹操为什么有钱？我一直纳闷，曹操在起兵讨伐天下，包括打袁绍的时候，他最初的时候曾经从家乡招徕家乡子弟，然后据说又平定了山东，又征用了五千青州兵，曹操一定很有钱，否则他不可能，这些粮草养活这些兵怎么弄？到了安徽之后，你就会明显地看到他为什么有钱了。

亳州这个地方，在淮河的北岸，安徽阜阳这个地方在淮河边上，从来都是南北交通要道，我们看每年春运的时候，一般除了北上广之外，总要照一个镜头，就是安徽阜阳，这是一个南北交通的重要的基地，这个地方是目前为止依然还是中国最大的中药材集散地，商品集散地，华佗就是这个地方的人。所以我总觉得，曹操这个人一定是一个商人，靠经济发迹才有钱，他一个是靠他的爷爷有权有势，但是另外一个就是靠商人，你知道商人是重利的，叫不择手段，唯利是图，只要成功，他不管用什么手段。曹操从小就养成这个习惯，然后从小他有钱，跟这个有很大的关系。到那儿以后我才知道，为什么？你看曹家陵园十平方公里，那么有钱的地方，我一会儿再看曹操的诗，曹操把自己说得可可怜了，读他的诗你会觉得曹操这人可真可怜，其实呢，满不是那么回事。

这就是到了第二段，正赶上董卓之乱，又举义兵。然后曹操这个时候他说了，开始统领大军，然后逐渐地把北方平定。在这个时候，他说了一段话，这段话最有名的，"设使天下无有孤，不知当几人称帝、几人称王。"如果天下没有我曹某人，还不知道有多少人在那儿造反呢，这就是曹操，他说你们说我要篡夺天下，没我曹操行不行？最后第三段，我们说第二段我就不讲了，曹操这人对兵法非常熟悉，他专门著了一个《孙子略解》，这书现在还保存着，然后第三段，他就说，你们这些人，就指告状的那些人，他说你们这些人见我强盛了，又说我天生不信天命，曹操是不相信天命的，曹操是个很现实的人，从不相信天命，从没有什么理想、志向，他就很现实，"恐私心相评，言有不逊之志"，说你们以为我要篡权，然后"妄相忖度，每用耿耿"。他说当年齐桓公、晋文公，春秋战国时期的春秋五霸战国七雄，所以能够今天还在说他们好，就因为他们尽管已经占领天下三分之二，但是他们从来没有野心，必定维持周天子得天下，曹操从来都是以周公自居的，叫以大事小，这就是我，我现在虽然力量很强大，但是我依然要尊奉汉天子，虽然他很小。所以他就说嘛，他说我曹操是对历史非常熟悉，他说我读史书，我对这些历史人物非常的敬佩，然后呢，他又说我祖上一直得到了皇帝的宠幸，他说我对这个朝廷非常忠心耿耿，他甚至跟他的妻妾说，如果我死了之后，你们这帮人一个个都得出嫁，你们出嫁之后一定得把我这个心思告诉天下人。

但是曹操临死的时候又不是这样说的了，今天如果到了邺下，你们去看一个铜雀台，这个铜雀台曹操临死之前写了一封遗书，这个遗书说我死后，你们到每月十五的时候，你们要到铜雀台上跳舞，看我的陵墓，给我跳舞，英雄气短。今天安阳这个墓为什么确定是曹操的墓？就根据铜雀台和安阳的墓的方位来确定出来的。这曹操正得志的时候，正在气盛的时候，他说你们这些人将来早晚都得出嫁，出嫁一定要把我对国家的忠心耿耿告诉天下人。然后，特别是最后几句话他说你看，我的孩子都已经被封侯，我不会再要这些所谓的名和利了，但是有一点说得很清楚，他说，我可以让出我的封县，但是，我绝不让出我的兵权，叫《让县自明本志令》，他说我如果把我的兵权都让出去，你们很快就把我杀了，我不能叫"获虚名而受实祸"，兵权，一个国家兵权永远是最重要的，曹操绝不放兵权，所以他让出点名，让出点利。最后说嘛，叫"分损谤议，少减孤之责也"。我就把这些名利我给让出去，减少大家对我的责难。

这个就是曹操，所以，鲁迅对曹操评价非常高，鲁迅说，曹操是改造文章的祖师爷，什么叫改造文章的祖师爷？他怎么想的就怎么说，从来不说假话，这个是曹操最了不起的地方，这也是中国文学史上难得的一个东西，我说了，中国文人好说假话，包括李白、杜甫，说了多少假话，杜甫长安十年，沦落到了社会底层，为了生存，说了很多假话，给那些达官显贵上书，杜甫离开京城的时候，离开官场的时候，杜甫写了一首诗，说长安十年，叫"独耻事干谒"，最可耻的事情，就是向那些达官显贵去求情，叫独耻事干谒，《自京赴奉先县咏怀五百字》，就是"朱门酒肉臭，路有冻死骨"那首诗，其中一句话叫"独耻事干谒"，这些文人，当他们没办法的时候，为了生存的时候，杜甫真的写了好多诗，但是他们其实时时刻刻在反思自己。曹操不一样，曹操不说假话。

据说，毛泽东对曹操是极为推崇，这个大家都知道，"往事越千年，魏武挥鞭，东临碣石有遗篇"。据说这个不知道是真是假，我是到了许昌才听说，毛泽东最欣赏的就是这篇《让县自明本志令》，不知道这是真是假，但是我想鲁迅、毛泽东，那是非常欣赏曹操的，曹操这个人不仅仅是个军事家，也不仅仅是个政治家，我觉得在我来看他本色还是文人。《让县自明本志令》我用三个词来概括，一个是骨直，一个是悲凉，还有一个是霸气，这文章写得很有霸气。所谓骨直就像我刚才说的，曹操写文章不掩饰自己，你看我读了这首诗，我觉得一开始被他骗的，我没有到过曹操的老家，我觉得曹操真可怜，"自惜身薄祜"，祜是靠山，我从来没有靠山，"夙贱罹孤苦"，从小就孤苦伶仃，"既无三徙教，不闻过庭语。"什么叫三徙教？就是孟母三迁，我没有孟母这样的母亲，既无三徙教，不闻过庭语，过庭语就是孔子这样的父亲，《论语》中有一次孔子的儿子孔鲤路过他家，路过门口，好像无所事事，孔子问他你在干吗？孔子说你一定要回去学诗，叫"不学诗无以言"，什么叫诗？诗就是《诗经》，说你如果一个人不读《诗经》，你就不会说话。汉代和汉代以前，所有的官方文件，所有的外交场合，第一句话先念诗，念古诗，就是《诗经》——《诗三百》，然后叫不学诗无以言，不背诵你没法说话，古代就是这样，孔子说不学诗无以言，然后孔鲤就回去学诗，过两天孔鲤又到他跟前，孔子就问他，诗学会了？他说会了，好，要学礼，叫"不学礼无以立"，你不懂礼，在中国你没办法立身。

所以这里说叫"既无三徙教，不闻过庭语。其穷如抽裂，自以思所怙"，你想一想这穷到什么地步？像拿鞭子抽一样的穷。这个穷，被鞭子抽，我们在农村干过农活的人都知道，那赶大车的拿鞭子抽你一下子，可是不得了，疼得不得了。"其穷如抽裂，自以思所怙，虽怀一介志，是时其能与"，虽然我有志向，可是这个时代谁给他机会？与是给予的意思，"守穷者贫贱，惋叹泪如雨。泣涕于悲夫，乞活安能睹？"我什么时候才能实现我的梦想。曹操他的这种卑微的身份，就像历史上李斯，李斯有一句名言叫"悲莫大于贫困"，最可悲的就是人穷，还有那个叫什么，"悲莫大于贫困，苦是莫大于卑贱"，就是人生最苦的两件事，一个是没钱，一个是没有社会地位。所以李斯见到粮仓国库里的大耗子来回跑，没人管，到马路上看到耗子是人人喊打，他说你看连个耗子都处境不同、境遇不同，所以李斯发愤出来做官，当然，最后李斯也被腰斩。

曹操也是如此，他知道自己是既没有社会地位，同时一开始也是没有钱，我不知道他后来怎么发迹的，所以他说叫"其穷如抽裂，白以思所怙"，他的得志就在于官渡之战之后，他写了一组诗，《蒿里行》《薤露行》《苦寒行》，像这个《蒿里行》，"关东有义士，兴兵讨群凶。初期会盟津，乃心在咸阳。"关东义士，讨伐董卓的，一块儿讨伐，本来是在河南孟津这里，结果没想到最后人人都向着咸阳，咸阳是当时的首都，都想当皇帝，"军合力不齐，踌躇而雁行。势利使人争，嗣还自相戕。淮南弟称号，刻玺于北方。"淮南王叫袁术，袁绍的弟弟，已经自己称帝了，淮南，在今天安徽寿县的地方，居然称帝。那么，袁绍也开始磨刀霍霍，要称帝，所以叫"淮南弟称号，刻玺于北方。铠甲生虮虱，万姓以死亡。白骨露于野，千里无鸡鸣。生民百遗一，念之断人肠"，你看读这首诗，写了跟我们刚才说的出门无所见，白骨蔽平原，写得一样的。

这就是曹操的诗，和其他文人的诗不一样的地方，他作为一代豪雄，能够写出这样一些作品，确实有文才，你像《蒿里行》《薤露行》我就不详细讲了，他最有名的诗当然是他的《短歌行》，我最初的时候读曹操的诗，是被这首诗给吸引的，我觉得这首诗写得很真实，"对酒当歌，人生几何"，因为对这首诗我最早的印象，是听了现代京剧《红灯记》，那个鸠山"对酒当歌，人生几何"，好像有这个台词，后来我读，原来是曹操的诗，"对酒当歌，人生几何，譬如朝露，去日苦多，慨当以慷，忧思难忘。何以解忧？唯有杜康"。这个前头写的一个人生苦短，像露水一样很快生命就要失去，所以要及时行乐，慨当以慷，忧思难忘。何以解忧？唯有杜康，只有酒，靠酒消愁，杜康酒，关键是后面几句，"青青子衿，悠悠我心。但为君故，沉吟至今"，这四句诗是《诗经》的原话。

《诗经》里本来是首情诗，叫"青青子衿，悠悠我心，纵我不往，子宁不嗣音"，写了一个女孩子，非常喜欢那个男子，那个男子穿着周代的服装，学生装，青色的衣服，叫"青青子衿，悠悠我心"，"纵我不往"，即使我不去看你，"子宁不嗣音"，你为什么不给我个回话？曹操二话不说把《诗经》拿来，直接放到他的诗里头，按照今天来讲应该是侵权了吧。而且《诗经》是什么东西？《诗经》是中国的文学圣经，中国的经典，我们说汉代这帮文人，为了解释《诗经》，子曰诗云这几个字，可以用好几万字来解释，曹操不管，拿来就用，"青青子衿，悠悠我心。但为君故，沉吟至今"。这个君，本来《诗经》是一个她心目中的男孩子，而这里是指天下的人才，为了你们，我到今天都放不下心，"呦呦鹿鸣，食野之苹。我有嘉宾，鼓瑟吹笙"。又是一首原诗，《诗经》的原话，这个原话是写朋友之间相聚的快乐，就像小鹿见到一块好吃的绿地，大家互相叫唤把同伴招来，"呦呦鹿鸣，食野之苹。我有嘉宾，鼓瑟吹笙"。然后写到了，"明明如月，何时可掇？忧从中来，不可断绝"。想到了延揽天下人才，看到了天上的明月，想到了自己一腔的抱负，这也是中国最早的描写明月的一首诗篇，"我寄愁心与明月"，像李白杜甫，大量的唐诗，这里是比较早的，"明明如月，何时可掇？忧从中来，不可断绝"，明月跟人、跟我们的文学发生了重要的关系。

然后，他说，"越陌度阡，枉用相存"。存是指关照，照顾，这个关照爱护的意思，阡陌就是指小鹿，说这天下人才到处行走，目的都是为了彼此找到一个托身之所，"契阔谈宴，心念旧恩"，以前都是写他自己对贤人的渴望，紧接着作者笔锋一转，这就是曹操，"月明星稀，乌鹊南飞，绕树三匝，何枝可依"，说你们这帮人，换一个比喻，你们这些文人就像那月明星稀的时候，那种乌鸦到处翻飞，找不到落脚点，你最后还得要依托在一个地方，叫"绕树三匝"，在这个树上绕来绕去，是"何枝可依"，依到哪里？他笔锋一转，由他自己写到了这批文人，你们最终还要依托在我这儿，所以他最后说什么，叫"山不厌高，海不厌深，周公吐哺，天下归心"，山不辞去土，水不辞去水，所以才能够成就这个大气候，圣人不辞世，所以才能成为圣人，这是用了管子的话。而且用了周公吐哺，天下归心，这个话说得太厉害了，周公是什么人？孔子最佩服的人就是周公，所以叫周公为了怕怠慢天下能人，有时候吃着半截饭，看着来人了，赶紧把饭吐出来接待，不能叫客人等着，正洗头发，看着来人了，赶紧把头发拧干，叫"周公吐哺，天下归心"。曹操他不管别人怎么说，他就以周公自喻，他对你们这帮文人就是这样看的，他希望人才辅助他，同时他也把这帮文人看透了，这就是曹操。

在中国历史上能够真正地为人格独立，陶渊明是我们心目中向来的一个，真正的中国文人能够鳏寡归隐，永远告别官场，是陶渊明，但是陶渊明的内心，其实他依然希望能够有一个托身之所。刚才我说了，"月明星稀，乌鹊南飞，绕树三匝，何枝可依"，陶渊明写了，"栖栖失群鸟，日暮犹独飞"，一个可怜的小鸟，晚上还在那儿徘徊，叫"徘徊无定止，夜夜声转悲"，不是一天，而是长期的，"夜夜声转悲，厉响思清远"，那鸟悲鸣，希望天赶紧亮了，"厉响思清远，去来何所依"，天亮了又到哪里？托身在哪里？所以"因值孤生松"，突然看到远处有一棵大松树，"敛翮遥来归"，扇动着翅膀到这大树下，"劲风无荣木，此荫独不衰"，在整个狂风暴雨之下，别的树全凋零了，而只有这棵树，"此荫独不衰，托身易得所，千载不相违"。这个孤独的小鸟终于找到了一棵大树，这就是中国文人的一个永远的梦想，希望实现自己的梦想，但是，又必须得依托到一种政治的力量上，包括像陶渊明这样的人也如此。这首诗是陶渊明二十九岁隐居在家乡的时候，他在寻找机会准备出山，当然，他四十二岁永远的鳏寡归隐，再也没有回去过，一直到六十三岁。

曹操给中国文学创造了一种意象，一个是明月的意象，一个就是孤鸟的意象，中国古诗当中，你们以后读唐诗宋词，当写到自己孤苦伶仃的时候，经常用孤鸟、孤兽、走兽来形容自己。你像清代的大诗人朱彝尊，描写了一只孤独的燕，路过一个别浦，是一个小水洼，"惯惊移莫定，应怯败荷疏雨"，在天上飞着，想落下来，一看底下已经全部都败落了，叫败荷疏雨，有时候看那个荷花败落的时候就这种景色，"败荷疏雨，一绳云杪，看字字悬针垂露，渐欹斜无力低飘，正目送，碧罗天暮，写不了相思，又蘸凉波飞去"，那个小鸟老想落下来，但是落不下来，底下全乱了，然后又蘸着凉波飞去。这都是随着曹操来写的，用孤兽孤鸟来形容自己。

曹操的诗我们今天能够看到的就二十多首，他的文章很多，特别是求贤令，文章写的都是这样，就是把话说到了极致，文章也是怎么想就怎么说。可是曹操他到死也没称帝，曹操了不起的地方，他不要这个虚名，所以当时孙权说你已经把北方都统一了，你何必呢？当皇帝算了，你把汉献帝给废了得了，曹操说了一句话，说你想把我在火炉上烤，我才不干这事，说如果天命在我，我为周文王，武王伐纣的这种事是交给他的儿子去做，他才不做伐纣的工作呢，所以他到死都没称帝。

曹操死于建安二十五年，公元 220 年 1 月份死的，他的儿子曹丕那一年的 8 月份继位，继位在许昌，许昌那个地方有一个禅让碑，那个碑真的是国宝，公元 220 年立的一块石碑，今天还在，中国的历史真的是太叫人震惊，我们再看《三国志》，碑文完全一致。在今天的大兴安岭，在深山老林里一个洞里头，发现了一个石刻，北魏鲜卑族发迹的时候在那儿刻了一个石刻，后来鲜卑族消失在我们的洛阳，最后到西安，北魏民族分裂了，但是这碑文今天发现了，跟《北魏书》一模一样，中国的历史真的是叫人不得不惊叹，特别真实。所以，曹操公元 220 年死了之后，那一年他的儿子继位称帝，所以汉代到这个时候，公元 220 年以曹操之死为标志，汉代终于结束了。

在许昌的这个碑文，这个碑现在还在，这是国宝了，曹操孩子也多，二十五个儿子，但是，谁来接他的班？真的是挺难的，二十五个儿子，那女儿就不用说了，儿子要接班，谁来接班？曹操的长子曹昂，建安二年死了，他的次子曹冲，我们知道曹冲称象的故事，很厉害吧，很聪明，曹操这人就一个特点，谁有才他欣赏谁，就是爱才如命。第二个儿子曹冲也死了，在建安十三年死的。然后紧接着这个儿子，老大就是曹丕，曹植要远远靠后，而且曹丕曹植都是同母所生，他的母亲卞太后，等于这哥俩谁当太子，谁来当接班人，曹操始终放不下，整整考虑了十年，从建安十三年曹冲死，到建安二十二年确立曹丕为太子，曹操是建安二十五年，三年以后就死了，整整十年在这里犹豫，他其实最欣赏的是曹植，曹植太有才了，谢灵运说天下人才能十斗，曹植占了八斗，我谢灵运占了一斗，那一斗天下人共分之，你说这个谢灵运如此狂傲，谢灵运是被刘裕给杀的，太狂了，可见曹植在中国人心目中的地位，太有才了，曹操想用他。

所以这哥俩，他们俩的文学业绩，他们俩的生命，都跟曹操之死有重要关系，曹丕曹植两个人是同父同母所生，性格差别太大。如果用一个心理学的角度来讲，一个是从政型的，一个是才子型，我们知道才子，才子就是才华横溢，心里想就怎么说，而从政型的、社会型的人才是什么样的人呢？老谋深算，心机很深，所以不是人人都能当官的。我就想，李白、杜甫这俩人，老是自比尧舜，"致君尧舜上，再使风俗淳""仰天大笑出门去，我辈岂是蓬蒿人"，这哥俩都是以帝王诗自居，都是以宰相自居，可是事实证明这俩谁也做不了官，谁做官谁一塌糊涂，李白在长安待了三年被赶出去了，杜甫长安十年，混到了一个可怜的小官，看仓库的，正八品，最后没办法，离开长安，沿着天水到了陇南，进了四川，一路艰辛痛苦。

所以，人的性格决定人的命运，你是什么样人，你做什么样的事。曹丕是一个政治性的人物，而曹植是一个文学性的人才，可是这俩人又都把文学看得不值钱，都以政治为终身的目标，所以，《文心雕龙》说一个是思维敏捷、才华横溢，一个是考虑周详、做事稳当，这就是两种不同类型的人。那么正因为这种性格不同，所以他们的作品都不一样。你看曹丕《与朝歌令吴质书》，吴质是曹丕的死党，"岁月易得，别来行复四年，三年不见，《东山》犹叹其远，况乃过之"，文章写得真感人。《东山诗》，我们说《诗经》当中的一首诗，一共四章，"我徂东山，慆慆不归，我来自东，零雨其濛"，写了一个兵，在外面打仗打了三年，在回家乡的路上，回想这三年来的经过，最后一章写到了回家他老婆可能就等他，然后他老婆就回想他当年结婚时的情形，写得非常的哀怨，然后这里说，岁月易得，岁月很容易得到，别来行复四年，我们都四年没见了，三年不见，《东山》犹叹其远，况乃过之。用了一个典故，把他们两人之间的离情别意，书写得淋漓尽致。

你再看曹植写给杨修的信，他也是曹植的死党，我好长时间没见到你了，想你了，想你也差不多该想我了，就这么一个大白话，这是曹植，同样的诗，两种不同的性格，诗都不一样，曹丕的《燕歌行》，这文学史都要讲的，"秋风萧瑟天气凉，草木摇落露为霜。群燕辞归鹄南翔，念君客游思断肠。慊慊思归恋故乡，君何淹留寄他方。贱妾茕茕守空房，忧来思君不敢忘。不觉泪下沾衣裳，援琴鸣弦发清商。短歌微吟不能长，明月皎皎照我床。星汉西流夜未央，牵牛织女遥相望，尔独何辜限河梁。"写了一个思妇，夜不能寐，当走出庭院，看到天上的银河，想到我们人间遭受的离情别意，天上的牛郎织女为什么要被银河给隔为两端，由一己的感受想到了天上的牛郎织女。他没有多说，叫"援琴鸣弦发清商"，清商曲是汉代的一个古曲，这个曲据说是非常哀怨，如泣如诉的一种曲调，写得那叫一个形象。

你再看曹植，"明月照高楼，流光正徘徊，上有愁思妇，悲叹有余哀"，写这个思妇晚上睡不着觉，长吁短叹，"借问叹者谁，言是荡子妻"，荡是游荡的意思，"君行逾十年，贱妾常独栖"，你都走了十年了，"君若清路尘"，你就像尘土一样到处飘，"妾若浊水泥"，我像泥水一样沉沦，"浮沉各异势，会合何时谐，愿为西南风，长逝入君怀，君怀良不开，贱妾当何依"，把自己想象成一种春风，进入到他亲人的怀里。显然，你一比，哪个诗写得更好？不用说，一比，曹丕写得更好，曹丕写得更哀怨，更含蓄，而曹植这个写得就太直白了。当然，我们不能通过这首诗就说曹植曹丕优劣，哪个更好，这两个人对文学也都不一样，曹植认为是辞赋小道，不值钱，而曹丕认为文章有经国之大业，不朽之盛事，两人对文学看法都不一样。实际上，两个人骨子里是一样的，因为曹丕在写《典论论文》的时候，他已经当了皇太子了，他已经在政治上得到了他该得到的，他需要在文学上再留下声名，而曹植不一样，曹植是他自己太有才了，有才的人才不把文学当回事，觉得是很容易得到的，他的目的是政治。所以鲁迅说了一句话，鲁迅说，两个人都在说假话，其实骨子眼里都想在政治上有所收获，只不过站的立场不一样，一个是站在一个失意者的角度来看文学，一个是站在政治上的胜利者的角度来看文学，其实一样。

这个曹植，我刚才说了，因为他的才华横溢深得父亲的喜爱，"儿中最可定大势者，就是曹植"。按理说，这样的优势，曹植应该能把握住，可是，性格真的要决定命运，在这几个孩子当中，二十五个孩子其他不算，就这几个有文学才能的孩子当中，曹植真的是出类拔萃，特别是在建安十五年，曹操每一次大胜回来，总要把这帮文人、这帮孩子凑到一起来赋诗，各自来写，创作，写赋写诗，每一次都是曹植最好，所以曹操太欣赏这个儿子了，甚至有的兄弟说你这人肯定是事先作好了，根本不是你的，结果每一次考试，当场命题都是曹植第一个交稿，而且作得最好。所以，这个铜雀台的遗址，铜爵台，也有人叫爵位的爵，还有叫喜鹊的鹊，都是一个意思。那么这个铜雀台在今天许昌这个地方都还保存着，特别使我惊讶的是，我有一次在常熟居然看到了这个铜雀台的瓦当，我们认为它是用那个铜铸的一个亭子，所以叫铜爵台，铜雀台这个瓦当是个铜瓦当，曾经被明代的大宦官严嵩所收藏，这个居然在民间，而且这里头有很多名人的题跋。这是邺下三台，在临漳这个地方。所以建安文学所有的重要活动，都在这三台上举行的。

可是，曹植实在是不争气，在建安十九年，曹操东征，告诉曹植，说我当年二十三岁，我已经如何如何，今年你也二十三了，你应该懂事了，这次也还好，没有出大事。他一个最大的毛病叫任性而行，不自雕励，饮酒不节，就是任性，我们说在官场不能任性，当文人可以任性，官场不能任性，我们在总结中国文人悲剧的时候，都在这个问题上栽了跟头，他们又想做官，又保持着任性的性格，那是必死无疑，包括谢灵运这帮人，包括后来我们说清代被康熙杀的戴名世，都是任性。所以这个任性就很糟糕了，有一次，在邺城，这个司马门开了，本来这个司马门是不能开的，平常不能开，只有在祭祀大典的时候才能开，结果曹植一时高兴，开了大门去打猎去了，司马门是什么？就像今天的中南海新华门，任何一个一般人都是不能走新华门的，我们如果去过中南海都知道，你即便任何活动，包括这些今天的官员也得走旁门，新华门永远是在正规场合才能进入的，外交场合正式走新华门，平时都走两边进的。在这个场合，曹植就如此放肆，最后曹操把他看马的给杀了，自己把自己头发给割了，表示割头，他不能把自己杀了，他要治军很严的，结果这次曹操这样说，从此就是不再对他另眼相看。

而与此同时，你再看曹丕，曹丕在建安十三年，他的哥哥曹冲死，本来按照辈分他是老大，他应该继位皇太子，他在给曹操安慰的时候，曹操说了这么一句话，"此我之不幸，而汝曹之幸也"，他说我的不幸是你的幸运，因为你变成老大了，这个话，我们能看出来，曹操对这个儿子实际上不太看好，他也知道，曹丕内心很焦虑，我们说这人十年的焦虑，从建安十三年到建安二十二年，曹丕为了自己能够把这个皇位给夺回来，真叫处心积虑，我们看《世说新语》里，不管是真的是假的，有大量的材料，比如说他为了证明自己不能乱了家法，他说从古到今，凡是不用皇太子、不用长子为接班人的，一定是命运不长，然后他拉着死党，刚刚说的吴质，每次进宫到里头密谋划策。曹植也有他的死党，杨修，杨德祖。

有一次，这个杨修跟曹操告密，说吴质整天跟曹丕两个人密谋，叫曹丕很紧张，曹丕就说那怎么办？后来吴质说没关系，第二天我不进来。他每次怎么进来？内宫是不能进的，他是以拉货为名弄个大筐把自己藏到里头，拉到宫里头。第二天车又进去了，然后吴质没有在里头，杨修一告密，一打开发现是假的，结果反倒杨修成了欺君之罪。而且这个吴质很会出主意，比如每一次曹操带兵打仗，或者重大事件，都叫这帮儿子去写诗献赋，曹丕比不过人家，他说你这样，给曹丕出主意，说每次大王出征的时候，你就望城而拜，曹植每次都献赋，祝大王凯旋，而曹丕一到出征的时候就祝福父亲，最后曹操说，说论孝心，你曹丕确实不错，你才能不及子建，但是孝心却超过了曹植。就通过这样一次一次的、反反复复地用尽了各种手段，终于在建安二十二年，曹丕被立为皇太子，然后曹丕就搂着大臣的脖子，就说你知道吗？我此时此刻多么的狂喜，又不能表现。

这就是曹丕和曹植，以建安二十五年曹操之死为一个关口，两个人的生命划分了完全不同的两个阶段，从建安二十五年开始，曹丕的政治生涯开始了，但是，曹丕的文学生涯结束了，而从建安二十五年开始，曹植的政治生涯结束了，他的文学生命刚刚开始，这个就是文学这个东西和你的想法，和你实际的境遇，不是你想怎么样就怎么样，一定是跟你的境遇发生密切关系。曹植早年的创作，无外乎几个大主题，慷慨激昂、为国献身、建功立业这些东西，这些诗不是不好，但是总觉得太虚，人有时候说正面的东西反倒不会感人，人在说那些倒霉的事情的时候，文学往往这个方面是比较感人的，所以叫"国家不幸诗家幸，赋到沧桑句便工"，国家不幸的时候，可能是诗人的幸运，个人倒霉的时候，可能你创作刚刚开始，不知道这是不是一个普遍的规律，在座的都是作家，不知道是不是普遍规律，但是从历史上来看，如果没有安史之乱，不可能有杜甫，没有中唐的战乱，不可能出现元白韩柳，这个我是说诗歌，小说是不是这样我不知道。

曹丕上台之后，第一件事是把所有的兄弟全部赶走，不让在京城待着，而且曹操在世的时候，他虽然封了各地的王，这帮孩子都在他身边，曹丕上台以后，轰走，然后曹丕干了一件事情，要有个监国使者，什么叫监国使者？就像我们今天的巡视组差不多，每一个王那儿就派一个官，就是监督你，监国使者，定期汇报，包括你跟什么人接触，吃什么饭，做什么事，所以曹植到最后说嘛，叫"左右为仆吏"，左右只有奴仆，还不错，还有个奴仆，"左右为仆吏，面对为妻子"，没有别人，然后不断地被人告状。所以在这里，你看，曹丕上台之后，把他身边的党羽一个一个全干掉了，不断地改换他的封地。所以后期曹植最好的作品是《赠白马王彪》，这首诗作于黄初四年，曹丕上台之后，他们兄弟之间要见面，必须在每年的会节气，就是到四季的时候，到京城见面。在这之前，他的好多兄弟都被杀了，这一年黄初四年，白马王曹彪，任城王曹彰，都是同父同母兄弟，白马王，任城王，曹丕，曹植，同父同母兄弟，到京城洛阳会节气。

结果没想到，任城王曹彰突然死了，实际上是被曹丕药死了，这个任城王也是同父同母兄弟，当时《世说新语》记载，本来这次曹丕是准备把曹植给杀了，但是他的母亲还在，卞太后说你已经杀了曹彰了，你不能再杀曹植了，保了曹植一条命。这个曹彰是没有文学才能，会打仗，曹操管他叫黄须儿，很能打仗，当年曹操死之前，曾经发布诏令，叫曹彰从外地赶回来，他正在外面打仗，到了京城曹操死了，然后，曹彰进城的第一件事就是找大印，对曹植说，大王把我召回来，就是叫我来附着你，立你为王，就可见曹彰跟曹植是一伙的，而且曹彰又会打仗，所以，曹丕第一件事干的就是把曹彰干掉。那么在会完节气之后，兄弟回到各自封地，因为他们兄弟之间不得有任何来往，所以我们看曹植有好几篇著名的文章，就是给我点机会，叫我干点活，叫我跟兄弟之间通点话，不允许。而且不仅在彼此之间回到封地不许来往，就这次回到封地的时候，要各走各的，每个人都有监督，各走各的路，所以这里说，"黄初四年五月，白马王、任城王与余具朝京师，会节气。到洛阳，任城王毙，至七月与白马王还国，后有司以二王归蕃，道路宜异宿止，分开来住，意毒恨之，盖以大别在数日，是用自剖，与王辞焉，愤而成篇"。大别就是死别，他知道这次活不了了。

　　所以这首诗，我觉得它好就好在，具体内容我就不谈了。关键是这首诗用了七个段落，叫顶真格的写法，就是上一首诗和下一句诗的第一句就是蝉联而下，写了曹植三种幻灭，一个是生离之悲，一个死别之悲，生离跟白马王曹彪，死别是跟任城王曹彰，最重要的写了他自己一生的理想幻灭之悲。曹植是一个非常有理想的人，但是这个时候全没了，只有活着，活着是他最高的理想。所以这七章，你们去看一看。写了回家的路上，特别是有些诗，像最后这一段，"踯躅亦何留？相似无终极，秋风发微凉，寒蝉鸣我侧。原野何萧条，白日忽西匿，归鸟赴乔林，翩翩厉羽翼，孤兽走索群，衔草不遑食，感物伤我怀，抚心长太息。"跟我刚才说的，他父亲写的那个孤鸟走兽，写到了"翩翩厉羽翼"，有那么样的理想，而这个时候全没了。

　　特别像中间还有几句，过易水河，这个易水河诗里写了，当时河水很大，今天到洛阳，就在洛阳的龙门石窟前头，你看今年的易水已经没有了，当年这水是非常大的，过不去，所以叫"改辙登高岗"，最后选了山路来走的，这是今年的易水，龙门石窟前头。特别最后几章，叫"太息将何为？天命与我违，奈何念同生，一往形不归"，同父同母，同来的却各自回不去了，叫"孤魂翔故域，灵柩寄京师"，这是写曹彰，"存者忽复过，亡没身自衰"，活着的人很快就过去，死的人也就死了。我们知道杜甫的《三吏》《三别》，"存者且偷生，死者长已矣"，杜甫的好多诗都从曹植这里来的，从三曹这里来的。所以"人生处一世，去若朝露晞，年在桑榆间，影响不能追"，人生苦短，就像声音、像影子一样，影和响，是影子和声音一样，不能追，"自顾非金石，咄唶令心悲，心悲动我身，弃置莫复陈，丈夫志四海，万里犹比邻"，这就是那个"海内存知己，天涯若比邻"就从这里来的，"恩爱苟不亏"，说如果你们彼此之间大家感情很深，"在远分日亲"，朋友之间，亲人之间，越远感情越深，"何必同衾帱，然后展殷勤"，何必盖一个被子才表示亲热，这里实际上是无可奈何的分别了。所以，"忧思成疾疢"，疢是生病了，"无乃儿女仁，仓卒骨肉情，能不怀苦辛？"毕竟是生离死别，最后又告诫自己，"苦辛何虑思，天命信可疑"。原来，曹植曾经很信天命。

　　今天在山东东阿这个地方，发现了曹植的墓地，东阿这个地方，后来在隋代，他的十一世孙写的墓志铭，他的孙子是大书法家，现在还保存着。在东阿，曹植晚年死在了这里，写了大量的词，写了大量的佛教音乐，都是曹植作的，他晚年信道信佛，但也觉得这又是不可信，所以叫"天命信可疑，虚无求列仙，松子久吾欺"，他说这些都是骗人的，"变故在斯须，百年谁能持？"转眼就会死去，所以叫"离别永无会，执手将何时？"什么时候才能见面？像柳永说是"执手相看泪眼，竟无语凝噎"，就是从这里来的。所以叫"王其爱玉体，俱享黄发期"，离别之夜，咱们彼此互相珍重吧，俱享黄发期，黄发据说是人老了，人老了头发先变黄，变白，所以"收泪即长路，援笔从此辞"。这首诗是写了他的生离死别、理想幻灭之悲，我只是非常笼统地讲了一下，这个对后代影响非常大。

曹植的幸与不幸，他的悲剧是整个性格决定的，同时也正因为这种性格，育成了他的文学成就，但是他的幸运在于，在文学领域，他比同时代的其他人都活得久，他是一个历史的过渡人物，曹丕黄初七年就死了，建安七子也都在他之前早就死光了，曹植一直活着，应该是活到了四十二岁，这些人全部都死了，留下的后来一些年，就是曹植一个人在支撑着文坛，他的这种境遇跟杜甫是一模一样，杜甫在开元盛世的时候，一点地位都没有，甚至一点自信心都没有，可是，在天宝十四年，安史之乱爆发之后，非常奇怪地，一大批文人全部隐居，王维躲进辋川别业念佛经，李白到处去漫游，高适官越做越高，只有我们可怜的老杜，写了大量的作品，《三吏》《三别》。所以我说嘛，这个曹植是建安文学的参与者，是建安文学的总结者，就像杜甫，是盛唐文学的参与者，是盛唐文学的总结者。这两个人的历史地位是如此相近，叫"国家不幸诗家幸，赋到沧桑句便工"，说的就是他们。

在这个时期，在写《赠白马王彪》的同时，曹植还有一篇著名的作品《洛神赋》，这篇《洛神赋》写得太漂亮了，艳丽极了，他是以洛神为他自己的理想，以一个女子自居，中国古代文学有一个传统，叫以美女自居，香草美人是中国的一个传统。这个洛神，有人说是甄妃，就是曹操赐给曹丕的甄夫人，说曹植也特别喜欢她，这个甄妃墓今天也在邺城，我那天去到邺城去看，荒草凄凄，甄妃墓现在还保存着，有时候我想这个历史给人很多的联想，我记得到常熟我去找钱谦益和柳如是的墓，好多人都不知道，也是一个很不起眼的地方。到安徽去看戴名世的墓，也是在一个田地里头才发现，这个甄妃也是如此，传说是洛神的原型，不知道是真是假，姑且不谈。因为《洛神赋》确实写得漂亮，"恨人神之道殊，怨盛年之莫当"，写他自己，洛神是写他自己。

与此同时，这个时期他还有一些重要的作品，《求通亲亲表》《求自试表》，这都是曹植的一些重要作品，本来他的志向很高，他本来是有抱负，叫"勠力上国，流惠下民，建永世之业，流金石之功"，但是这些理想全破灭了。他最后唯一的愿望就是"骋我径寸翰，流藻垂华芳"，在文学上，留下了他的业绩。中国历史上，我们说"太上立德，其次立功，其次立言"，谁都不愿意立言为扬名而世，都希望立德立功，但往往是这些文人，他在立德立功不成的情况下，求下文学的声名。

那么这里头就涉及为什么建安文学感人？为什么曹植、曹操的作品感人？建安文学，我们说最为唐代诗人所推崇的就是建安风骨，李白杜甫、元白韩柳，都是以建安文学为自己最高的楷模，有风骨，有气力，有气象。所以我们说，它是整个影响了唐代的文学。我归纳出四个特点：第一，建安风骨是与气相关联，气，文人气为主，气之清浊有体，不可力强而致，这是曹丕的《典论论文》说的，什么叫气？气就是我们中医说的，人的这种最神秘的东西，是气，气就是个性，文学如果没有个性，文学就没有生命力。所以曹丕说得很清楚，说比如音乐，弹得都是很对的，节奏也对，但就是引气不同，发出声音不一样，这就是一个人的个性，对文学的理解，所以"虽在父兄，不能移子弟"，文学的个性，我说的是第一个，文学与气相关，这我就不讲了，包括气干有其气，什么叫气。

第二个，建安风骨是与力相关联，要有风力，有力量。我刚刚说的，孔融、刘桢，都是有风骨、有气度的人。那么建安文学也是，你读了建安文学最大的感受，就是这种强烈的震撼的力量，跟杜甫的感觉一样的，我读建安文学跟读杜诗感觉尽管相差了好几百年，感觉非常相近。这就是力的力量。

第三个，辞藻华丽，情思云集，文学发展到了这个时期，我们知道整个唐宋以后的文章的格式，都是建安文学开始，五言诗从这里开始定型，以至于逐渐形成了后来的近体诗，演变到词，都从这里开始。这是第三个特点。

第四个特点，建安风骨就是典雅与世俗的统一。这句话别人都没有说，我想我这里稍微解释一下，什么叫典雅与世俗，根据钟嵘《诗品》评曹植，叫"骨气奇高，词采华茂，情兼雅怨，体被文质"，什么叫情兼雅怨？雅就是文人色彩、文学色彩，而怨就是民间色彩、老百姓的生活。建安文学最感人的地方，不仅是它的力量、它的内容，还有它采用了老百姓所喜闻乐见的一种文学样式，所以成为时代的心声，他真不是他个人的，他写出了时代的心声，得到了普遍的欣赏，这是建安文学最感人的地方。

为什么会这样？这又回到了为什么会这样。比如说描写战乱，在中国历史上，战乱从来都不缺，为什么只有建安文学好？为什么只有盛唐的李白杜甫好？因为他们的诗歌用了老百姓最欣赏的一种艺术形式，获得了老百姓普遍的共鸣，这是他们一个共同的特点。曹植的妈妈地位很低，是个卖唱的，曹操老婆很多，曹操娶老婆从来不考虑门当户对，因为本来他地位就很低，他就两条，漂亮，忠实于他，就这两条，有才，还有才能。所以曹植、曹丕从小生活在一个非常非常世俗化的环境里头，所以他们的创作，除了我们刚才介绍的《赠白马王彪》《洛神赋》这些非常艳丽的诗篇以外，他们还有一些我们这里没有谈到的，描写非常世俗化的文学。那这里就给我们一个启示，文学，要想打动人，文学首先不是为了教育人，首先要打动人，文学的本意，就是本来最早中国的文学叫道听途说，本来就是这么起源的。如果文学脱离了大众，脱离了普通民众，文学没有生命力。我们想一想建安文学，盛唐诗歌，李杜，大家知道在李白杜甫的时代，有旗亭画壁的故事，他们的诗都被那些文人去吟诵的对不对？都要唱，那些歌妓都唱他们的诗，谁唱得多谁就有名，所以旗亭画壁，先是唱，每人写了一个唱谁的诗，就写一个正字，我们今天统计数字写那个正字，这个在唐代经常这么看到。像白居易的诗，那些市井的老太太都能读懂。宋词，柳永的词，那些歌妓都会唱。

所以这里给我们一个最重要的启示，文学还真不能离开老百姓，如果文学只是变成了个人一己的那些小东西，那也只是你个人的一种小玩意儿、小摆设而已，你必须赢得社会的尊重。所以我记得鲁迅当年对那些小品文，深不以为然，在整个天下大乱的时候，鲁迅他说把玩来把玩去，把自己都把玩没了，他欣赏的是那种大众的文学、时代的文学。所以我想，建安风骨留给我们今天的一个最重要的启示，要回到文学本身，要有文学的气象，这是最重要的结论。

主持人：刘老师的课讲得太好了，把中国文人都讲完了。那我做个简单的小结。今天，刘老师包罗万象，妙语如珠，深入浅出地从自身的作家梦、新时期的文学路，到古典文学之美的生命感悟，很自然地引导我们进入了古典文学建安风骨的艺术境地，对建安七子、建安风骨的深层意蕴做了深刻的解读，刘老师学术视野开阔、旁征博引、详实犀利的精彩讲授，使我们享受了一堂难得的精神盛宴的大课，所以让我们以热烈的掌声感谢刘老师！

小说的精神

何向阳

主持人：今天何向阳研究员来为我们授课，首先，让我们以热烈的掌声欢迎何老师的到来。

我向大家简要介绍一下何向阳老师。何老师是中国作家协会创作研究部主任、二级研究员、评论家，享受国务院政府特殊津贴专家，中宣部全国宣传文化系统"四个一批"首批人选，中国作协第六、七、八届全委会委员，中国小说学会副会长，她的著作主要有《朝圣的故事或在路上》《肩上是风》《自巴颜喀拉》《思远道》《梦与马》《夏娃备案》《镜中水未逝》《人格论》。她在《文学评论》《文艺报》等中文核心期刊发表论文二百余万字，曾经获得过第二届鲁迅文学奖的理论批评奖，第二届冯牧文学奖青年批评家奖，第二届全国青年社会科学优秀成果奖，第九届庄重文文学奖，《当代作家评论》评论年度奖，《南方文坛》年度评论奖等。何向阳老师是当前文坛非常活跃的评论家，我想今天我们会和何老师一起度过一个愉快、充实的上午。下面我们掌声欢迎何老师开始授课。

何向阳：很高兴！今天我和大家交流的题目是《小说的精神》。这个小说也可以说是一个大的文学概念，小说有没有精神，还是只是一种记忆，还是只是一种技术？小说应该具备一种什么样的精神？小说中的精神如何表达？或者说作为一个专业读者，我个人心目当中的小说精神所呈现出的图景是什么样的呢？

在讲小说的精神之前，我想和大家分享一下关于文学的一些看法。伏尔泰曾经说过一句话，工作可以免除三大害处：贫困、罪恶和烦恼。那么工作的结果，我们生产的物质的产品确实免除了生存意义上的贫困，但是文学作品作为文学家工作的物质结果，当然它更是一个精神产品，既是一个有形的产品，也有它的可领悟的精神性，那么它是否免除了伏尔泰所言的三大害处呢？

首先，贫困不因文学的存在而消失。文学存在了几千年，贫困仍然存在，我们没有因为文学工作产生的文学作品而使贫困消失。其次，文学也不能直接消除罪恶。其三，人类的烦恼非但没有因为文学的兴盛而消减，反而随着精神的丰富而增长。文学没有减去烦恼，甚至还部分增长了精神的烦恼。

那么伏尔泰这句话的意义在哪儿呢？文学家工作的意趣在哪儿呢？它既不能消除贫困，又不能直接消除罪恶，又给我们增加了一些烦恼，那么，文学存在的理由是什么？或者直白地说文学的功德在哪里？为什么我们还要从业于文学，从事于文学，把它作为一种事业，把它作为一种热爱，甚至把它作为一种生命？同时我们工作的意趣在哪里？我们工作的意义在哪里？

文学的工作的确不能给我们带来兑现的金钱，可以享用的奢华，可以支配他人的权力。但是文学不拒绝这些人性的需求，在不拒绝的同时，它对这种需求保有必要的警觉。文学，这种精神搭建的过程中，它诉说心灵对于真实的渴望，表达作者对于现实的认知，对于善恶的认识，对于潜伏在善恶中价值的选择，对于附加在具体人事之上的人类精神取向的把握和捕捉。对于人心灵中最幽暗的那一部分，人内心最底层的、最幽暗的那一部分沉沦与苦痛剖析，对于事实真相不加掩饰地揭示，并以人道之心去承担之洞明之和升华之。正是这些，我刚才讲的，对于人心灵真实的渴望，对于现实的认知，对于善恶的认识，对于善恶中的价值的选择，对于人类（表现在具体的一个一个人、一件一件事上的）精神取向的捕捉和把握，对于人心中最幽暗部分的苦痛的剖析，对于真相不加掩饰的揭示。正是这些使我们避免了心灵的贫困，就是说文学可能不直接去消除存在的贫困、生存的贫困，但是它致力并有效解决并避免了我们心灵的贫困。

同时文学的工作还源于一种相信，相信人心正直的力量大于并必将战胜外界的困境和内心的堕落。它必须源于这样一种相信，我们从业于文学的人、热爱文学的人，把它作为一种爱好、把它作为一种生命需要的这样一些人群，这种人群无论是创作者也好，无论是理论家也好，必须有这样一种相信，我相信这种力量它有一种对抗性，有一种溶解性，同时有一种提升力。这种力量，就是来自人心的正直的力量，就是必将战胜外界的生存的、存在的等等这样的一些暴力和内心的堕落。

文学家在创作的时候，他以内心的敏感去承受现实生活中存在的贫困、仇恨、疾病、罪恶和不公。现实生活中存在的这些，我们不能无视这样一些存在，生活中仍然有贫困，我们还没有消灭贫困，仍然有仇恨，我们无法说人与人之间没有仇恨、嫉妒，我们仍然还有疾病、痛苦、罪恶、不公，这些问题作为社会的疾病仍然存在，那么文学家用这样一些敏感的内心来承受，但是承受它们不是为了说它们合理，不是为了证明这些存在的合理性，而是证明还有一种大于它们的力量存在，并最终能够战胜它们。是为了证明还有一种力量，它大于现实力量的存在，这种力量就是文学家要创造出来的精神世界的力量，是为了证明仍有人鄙视这些贫困、仇恨、罪恶，正视他们的存在，并为此拿起了笔，以文字来证明仍有一种力量、一种信仰将被开发出来，将被开采出来，这种更开阔的、更宏伟的、更有力的力量，这种不致使人类下滑坠毁的力量，使我们保持着对于罪恶的认知和对于罪恶的远离，文学的工作不能够直接去消除罪恶，但是文学刚才我讲到了，它有更开阔的、更宏伟的、更有力的那样一种信仰，来保持对于罪恶的认知和罪恶的远离。文学的存在不是为证明罪恶存在，及其合理性。而恰恰相反，文学的存在是为证明它是不合理的，而且要远离它。怎么远离？我们首先要认识它，文学的工作就是不懈地发掘这种不屈从于现实困境的强大力量，就是表达在这种无情的力量之上还有一种有信仰的抵抗。这种有信仰的抵抗，这种真理和善的力量存在着，通过文学家在创作中以正直的心去印证这种力量的存在。

从事文学的人，必须有这样一种信念和信仰，信仰这种力量必将战胜和取代无情的力量——种种贫困、罪恶、不公，其实文学说到底是一种信仰的工作和有情的工作。所以当我们阅读或者是感知一位文学家在他的作品当中产生的烦恼和愤怒——我们经常读到不但是诗人的愤怒，也读到小说家的愤怒，读到他揭示不公时他那种强有力的表达——当读到这样一些文字的时候，当一位文学家揭示不公谴责罪恶，绝不容忍不平和无情这样的一种时刻，恰恰因为这位文学家怀有某种信仰、某种思想，他要建立高于第二世界的一个王国，他向往着一种大于无情事实的精神力量的存在。他的内心有另外一种关于生活的事实的图景。

帕慕克曾经说过小说是"第二生活"。帕慕克所引的法国诗人热拉尔·奈瓦尔，他曾经也说过这样一句话，"小说是梦"。无论是第二生活还是梦，它其实是和第一生活，就是我们刚才讲到的现实的、贫困的等等附加着很多因素的生活，它是不同的，它是有别于第一生活的，正如梦是有别于现实存在的。

有一个杂志曾经评价帕慕克的话：创造世界是小说家的真正使命，阅读也是如此。大家知道，小说家在创造世界，阅读也是在创造世界，评论也是在创造世界，理论同样。它以差不多忘乎所以的方式追寻我们赖以穿越生命旅程的智慧和捷径。它以一种忘乎所以的方式来创造，来追寻我们的生命、旅程，它是一种心灵的修炼。如果缺乏这种形而上的信念，就是忘乎所以的，要创造第二生活的、造梦的这样一种信念，一种近乎形而上的信念，那么"伟大的小说不但无法被创作出来，也得不到真正的欣赏"。就是说若没有这样一种形而上的信念，就是我刚才说的对于第二生活建构的，像建筑架那样的，你要建筑一种和第一生活完全不同的信念，当然不是在抛弃第一生活基础上，而是在第一生活的基础上建筑第二生活。如果缺乏这种形而上的信念，你只是作为第一生活的一种追踪、描摹，第一生活的一种跟随者，那么伟大的小说不但无法被创作出来，而且得不到真正的欣赏。我们可以回忆一下，这句话确实说了一个真理，我们现在看到一些伟大的小说家，比如托尔斯泰，比如雨果，其实都是在创造第二生活。我们现在理论家真正欣赏到的伟大小说也是在言说第二生活的一种精神图景。

由此我们看到一些小说家在文字当中表达的一些愤怒，表达的一些谴责，表达的一些不容忍，在这种表达的背后其实是有一种近乎形而上，或者是接近形而上的信仰，那么这种信仰就是他内心有一种大于事实的力量，也就是说他内心之中有第二种关于生活、关于事实的图景，他的内心有乌托邦。是这个图景，是这个乌托邦支持了文学家的言说叙事，支持了他的技术、艺术。如此文学家在诉说这种理想的存在、这种力量的存在，是想寻出一条将身陷烦恼的人们从不公的现实和无情的力量中挣脱出来的道路。文学的工作，我们当然跟伏尔泰所说对照它既不能解决贫困问题，也不能解决罪恶问题，也不能解决烦恼问题，反而平添了很多烦恼，文学家的烦恼肯定比一个从事非文学人的烦恼要多得多，因为他的精神世界太过于复杂，那么他所承受的烦恼，他所承受的那种细微度是更加多一层。如此，文学家还从事文学干什么呢？文学对于我们对于社会有什么意义和作用呢？我以为，他是想寻找一条将身陷烦恼的人们从不公的现实的力量，从这样的一种无情当中挣脱出来的道路，这样说来，文学家不像哲学家那样创造思想，也不像政治家那样建立制度，更不像经济学家那样提出规划、创造财富。但是文学家在文学作品当中，他提出暗示和倡导有关人发展的宗旨、目标，有关社会的发展的一种理念和使命，对人的潜移默化的作用是哲学家、政治家、经济学家所无法取代，无法替代的。文学的工作不直接作用于创造财富、提出规划、建立制度，甚至提出一种学说和思想，文学家的学说和思想隐藏在人物、细节等等当中，它不是直接去作用直接去提出，但是文学家的关于人的发展的宗旨目标，关于社会的发展的理念和使命，其对于人类心灵的滋养、潜移默化的作用是哲学家、政治家、经济学家等等都无从取代，不可替代的。

如果说财富、制度和思想的存在，使人们减少了贫困、罪恶和烦恼。我们有财富，生存意义上的贫困就减少了，我们有制度的保障，依法治国，罪恶就会减少，我们有思想，可能会抵抗一些烦恼，但是如果没有心灵的成长、心灵的滋养，我们就缺少一种信念和力量，文学的功德在于它通过立言创建了一种让人们对抗贫困、罪恶、烦恼的力量和信念。这种信念是文学家对人类的贡献。所以我们从事文学的人其实是对人类担负着这样一种责任，他们贡献出更重要的东西：文学家的贡献是，它通过某种看似虚妄的纸上的创造而完成一种实有的传递，他传递一种对于更加崭新的世界的信念。

几千年来，一代一代，不同的国度，不同的民族，不同的种族，这种文学家我认为也包含着文学创造者、文学工作者、文学理论家，他们对人类的贡献其实都是在创生和维护这样一种人类应该变得更好的信念。在创生和维护当中，首先他们是有这样信仰的人，或者是通过这样一种创生和维护渐渐变成了一种信仰者，我们在写作当中其实是一种传承和修行。这样的一种人类变得更好的信念，不断地加持和传播，最后通过我们的一行行文字、一本本书、一个个理论，把这个乌托邦的图景，也即第二生活的图景建造出来。

有这样一个基本的立言，我再来讲一些文学家的作品，看看他们是怎么来一步一步地把这个第二生活给创生出来。因为大家都是从事理论评论的，可能对文学作品当中近五六年来的当代小说比较关心，我举几个例子，有个叫袁劲梅的小说家，大家可能也比较熟悉，她在美国克瑞顿大学教哲学，现在是哲学教授。她在《人民文学》发表了一系列的中篇，她在 2008 年第 12 期《人民文学》发表了一篇《罗坎村》的中篇小说，《罗坎村》，小说题记就引用了约翰·罗尔斯《正义论》中的一段名言，"正义是社会制度的最高美德，正义是灵魂的需要和要求"。从这一点看，作家是比较古典的一个现实主义者，她用题记的方式一下子就把小说的意义给提出来了，这也很像哲学家写小说，就是她用一个《正义论》来提纲挈领的。

一般我们要写一个村庄，无论是罗坎村还是其他的村，如果是我们的一些常见的小说写乡村现实，一些乡土小说，角度可能会相对单一，相对封闭。就是写这个村，比如说罗坎村，同样一个题目，十个小说家来写，不同的背景我认为九个都可能是一样的，但是袁劲梅的罗坎村完全不同，它是一个双视角的角度。一开始，这个视角是双重的文化视角。这个作家在小时候，随着父亲有下放到江西乡村的经历，有亲历性，第二她现在是美国克瑞顿大学的教授，又有另外一个视角，一个反思的、省思的不同文化背景的视角，那么双视角来看这个罗坎村，我就认为小说获得了一种自由进出的能力，一种松散的结构，打破了这个村的封闭性，罗坎村在她的笔下，有些不同于众的意思。我举其中两个故事，因为这个看过的时间太长了，我记得大意是这样。

第一个故事写了一个父与子对簿公堂的故事。这个儿子到了国外读书，然后父亲来看他，在美国居住。但是有一天两个人就吵起来了，不同的争执，可能是一点小事，父亲一怒之下就上去扇了儿子一耳光，儿子就把他父亲告上了法庭。这个父亲完全不理解，完全是家事，怎么就变成一个案子，所以这个父亲也是一大段陈述，这个儿子来自于罗坎村，父亲也是来自罗坎村，父亲回忆他小时候在罗坎村的经历，他说你的爷爷打我，我趴在那儿，拿荆条打，整个屁股上打得全是印子我一声不吭，他把我教育成这样，我按照着这种方式，小时候教育你，你才能够考上大学，然后留了洋，你现在好像喝了几年洋墨水反而打起老子来了。他完全是按照一种中国的传统逻辑，君臣父子的逻辑，你不服从我，我就教育你，但教育你的方式可能不同，我只是教育你，我行使的是父教子的权利，怎么变成被告了？老子打儿子天经地义，有什么可质疑的吗？作家在此写出质疑，父亲与儿子是两个独立的人，所以这时血缘要让位于公民这样一种关系。父子对簿公堂，其意在此。这是罗坎村引出来的一个主题。

第二个故事是海归。有一个罗坎村出生的人也读到了很高的学位，博士、博士后一直在美国，突然有一天他想用科学技术来使他的家乡村庄人致富，他把一个项目带到罗坎村，跟当地洽谈能不能共同来做一个项目造福一方，这是很好的出发点，这个科技开发的出于爱国主义的想法，为村庄脱贫致富的意图，来到之后因为盖章的问题，几十个章要盖，人际的、人脉的种种关系，把这个人搞得焦头烂额。他归国之后，完全脱离了科研项目，他彻底陷入人事当中，于每天晚上喝酒，2008年的小说，每天晚上在各个酒场里，跟各种各样掌握章的人在那儿喝酒纠缠。这个项目是大家都很看好的项目，但是因为几年下来之后，这个项目已经从一个先进的项目变成了一个落后的项目，因为盖章的搁浅，他已没有了当初的热情。

所以作者在感叹生活于罗坎村，五十里内都是亲戚，不按亲缘关系活，几乎不可能。然后她又说了一句，现在是工业社会，可是不知怎么到了城市也没有用。人们折腾来折腾去，互相大姐大哥地叫，非把家族关系在一个没有血缘联系的生地方重新建立起来才善罢甘休，拉帮结派，互相送礼、人情世故，直到把以工业为标志的城市弄成从前过惯了的江湖。你一下就感觉这个罗坎村经过双重的文化的视角，而在纸上豁然开朗，它是腾挪自如的作家的叙事，进出有度，把一个村落的模式，或者是三千年的家族社会这样一个传统就勾勒了出来，而且这个罗坎村是一种放大的罗坎村，不是说我们就写一个村庄，就是把这个村庄封闭地写。它是给它放大，放大到工业社会之后的城市，整个大的罗坎村的框架。它把焦距拉开，以写一个人类生于斯的地球上的发展中国家的古老小村庄作为颇具人类学意味的样本，作家的取镜器决定了它的景别更大。那么这种框架就像一个家天下的江湖，这个命题，我们可以看出来不但是对抗现实的一种贫困的命题了，它还是一种对文化梳理的，我们这个贫困同样也是一种文化的贫困。这种家天下的密码何尝不藏在现代化进程当中的中国人的每个人的体内，就像一种基因，这种密码就藏在我们的身体当中。这种家天下在历史行进的过程中，我们不能不说在几千年来确实起到了凝聚的作用，但是到了现在法治社会之后，社会秩序如果还建立在这种裙带关系上，我们现代化的精神上仍然留有一条封建的尾巴。我们中国的现代化不是说只是高楼大厦、工厂林立，或者是每人一部手机、手提电脑、使用互联网等等这些外在的东西，我们的现代化首先是人的现代化、文化的现代化，如果人与人之间还存在相互拉拉扯扯、结帮营私，为了盖一个章，为了上一个项目，把一个搞科技的人搞得焦头烂额，做的全是外在的不得不做的无用功，最后项目搁浅，也没有致富一方。没有这种反思，我们物质的现代化也都谈不上，没有人的前提，人的现代化、意识的现代化、文化的现代化这样一个前提，物质的现代化，再搞得轰轰烈烈，也不是一个全面的现代化，我们现在讲全面深化改革，也包括人的现代化这方面，人的现代化在社会层面上言就是治理能力、治理体系的现代化的保证。这是 2008 年的小说。

所以小说家发言，她的发声是有预见性先声性的，当然她也意识到这是一个问题，不解决这样一个条件和前提，那么这种密码会影响到社会的发展。我们都是这种密码、基因的携带者，如果不从社会秩序这种现代化的角度去除它，那么我们的现代化仍然会留有一条封建的尾巴。这个尾巴势必会拖住我们文明的步伐。所以她提出了一个罗坎式的框子，从哲学家的一种思路指出，这种罗坎式的框子让我们滞后了这么多年。所以这是作家的因势利导，从村子开始，从父子开始，她直面现代化进程中人的现代化、文化的现代化，这是为中国现代化进程着急的一个小说。

我们写村庄，比如说父亲和儿子这样一个主题，在很多小说当中，包括莫言的《枯河》，我们都可以看到父亲的影子，那个孩子挨打之后，在河床上在太阳光下面晒屁股，那样一种痛楚，那样对于一种不平等的儿时的体验，我们在小说当中都可以看到。

关于父子之间的平等，我觉得在这个小说当中其实是有对传统负面价值批判的暗喻的。父父子子、君君臣臣，父亲说的话儿子必须听，臣必须服从君，所以关于平等的理念，仍没有深入人心。现在我们说社会主义核心价值的理念，其中最重要最基本的就是关于平等。如果介绍平等的话，勒鲁的《论平等》，我推荐大家读一读，作者是法国人。他这个《论平等》当中，其实有一段也讲到父子之间的关系，可以跟大家分享：

"事实上，你们不得不承认今天的司法并不在一个人和另一个人之间做出区别，既然这两个人都具有人的特征，他们在司法的眼中是平等的，不论是父亲和儿子，他们都具有人的特征。"那么人都有人的特征，所以父亲和儿子是平等的，父亲也可以扇这个人一耳光，但是他得到的结果是儿子会把父亲告上法庭。

勒鲁说，"如果说司法对于他们是公正的，不偏不倚的，唯一的理由就是他们都是人，父亲所以无权杀害他的儿子，因为人类的特征也体现在小孩的脸上，富翁所以无权强制可怜的穷人，因为人类的特征保护着可怜的人去反对富翁。因此，只要因为他是人，你得承认人具有某种权利。"创造权利的东西恰恰就是确认人们的平等，这种确认的平等先于司法，司法是解决问题的最后一种方式。但是文学对于平等的理念是先于司法的，不是司法规定平等我们才平等，是因为平等所以才有司法的保证。所以是平等创造了司法和构成了司法。

"如果一个生气的父亲，或者是一个嫉妒的丈夫，能够随心所欲地报复或者是惩罚，那是因为人类的平等尚未得到承认，也因为弱者在强者面前一文不值，或者说微乎其微。"所以勒鲁说了一句话："因此，什么都不能战胜你们对正义的感情，这种感情并非其他，而是对人类平等的信仰。"

所以《罗坎村》探讨了正义，探讨了平等，但是正义、灵魂、平等、美德、社会制度这样一些大词很难落在小说的纸上。最近五到十年的小说，你可以看到这些词从当代小说中有消减的迹象，他往往被看成是一种社会批判性的，或者是一种理想主义的等等。但是《罗坎村》的书写迎难而上。她把罗坎村放大变成了一个罗坎式的框子，这种罗坎式的框子其实框住了这个民族的精神发展，延迟了我们现代化的进程，制约了我们整个文明的脚步。作家不回避这样一个问题，她对父子平等、对家天下的密码做了个人的解释。这个就超出了儿时的体验，而使这部小说有了成人的理性。

所以我们一般看东方小说，都是从体验的角度来阅读，不但指中国，也指东方，比如说日本，可能有一个阅读习惯东方是提供经验、体验、心灵性的，但是它不提供反思性，不提供省思性，不提供回溯性，就是它不提供哲学，它只是提供经验。但是这部小说把儿时的亲历用另外一个角度，由于她双重的视角上升到了哲学，把儿时的经历有效地转换成了成人的理性。我觉得这是小说所呈现出来的一种新的素质。当然，这种呈现性，是通过一个有着中、美双重文化背景的哲学教授女作家完成的。

既然讲到法庭，讲到平等，我们再来看一部小说，也同样是2008年，但是发表得比较早，发表于《收获》2008年第1期，有一个叫姚鄂梅的，青年小说家。她写了一部中篇叫《罪与囚》。《罪与囚》也是从法庭开始，像袁劲梅的《罗坎村》一样，那个是父子对簿公堂。那么这个法庭是写了一个刑事案子，那个是民事，父子之间的肢体冲突，这个肢体冲突则上升到了杀人索命。优秀的大学生易清将他的上铺古铜用水果刀捅了几刀致死，古铜死后易清被抓。但是同样易清是一个非常优秀的学生，易清是一个本科、硕士、博士连读的学生，前程远大，为什么最终变成了杀人犯？他的同学、老师、辅导员，整个学校都无法解释。因为都非常看好他，无论是才华，还是人品，他乐于助人，还聪慧过人。但是大家也都反映他和古铜虽为同寝室上下铺，两人一直不和，几年摩擦不断，但是都是小摩擦，不至于上升到去杀他的一个地步。

所以我们从这个本身来看呢，这个小说刚一开端就给我们揭示了这样一个事件。如果一般的小说家来写这样一个案子，可能写教育的失范，少年心灵的扭曲，或者是同学竞争关系的紧张等等，我们可以得出这样一部小说，最后写出来可能终结于这样一个现实，最后归结于高分低能或高分低格，人的心灵变态了，这也是一部通常的小说。但是姚鄂梅是一个不从众的小说家，她给我们呈现了第二法庭，第一法庭是刑事法庭，第二法庭是什么呢？在这个法庭上无形地站着两个父亲，一个是易清的父亲，一个是古铜的父亲，易清的父亲是一个开卡车的工人（卡车司机），在数年前有一次车祸，雨夜车祸撞人逃逸然后被举报、现在仍在服刑的一个父亲。古铜的父亲是谁呢？他是一个以国家干部的身份私开小煤窑，小煤窑瓦斯爆炸之后，他给新闻记者发封口费的方式来掩盖罪行逍遥法外，现在已经是数亿家产的父亲，那么这个法庭站着的两个父亲不是来作证的，不是证人，而就是易清杀了古铜的直接动机，易清必须在两个父亲之间选择一个。如果我们再这样地写，我们一般处理素材可能还是一个平庸的小说，贫富的差距造成了易清的心理失衡，所以那个人不断地侮辱他，他可能就奋起反抗，作为一个弱者，最后强悍的一搏，那么可能还是落入俗套，但是姚鄂梅仍然是一个独特的作家。贫富不是他的动机，他的动机是荣誉。

在这个过程当中，易清就是举报了他父亲的那个人。他父亲现在劳改，与他有关。他为什么举报？当然中学的时候，那个雨夜有人模糊地看见一个车牌，有人报案，司机逃逸，但是他只是对那个号很模糊，他不能作证，但是由于这个模糊的车号，警察刑侦就调查到易清家，就问当时易清的父亲、母亲，他们都闭口不言。但是问到易清的时候，易清说那一天某年某月某夜，他把记忆到的全部说了。他的这种证据有力地印证了某年某月某夜，然后那个人看到的车牌号。再经过对他的侦查锁定了就是他。所以儿子的举报使之成为一个重要的证人。但是他的动机是什么？就是维护一种平等，说出一种真相。他所受的教育，使他没有考虑到他是我的父亲，我就要隐瞒事实。他是在第一生活之上，他有一个第二生活的图景。

所以他父亲因为这个原因现在仍然处于劳改状态。这个事情邻居慢慢也都知道了，后来也被他携带到大学，作为同学就经常拿此事嘲笑他，你还是人吗？你把你父亲送到劳改去了，你简直禽兽不如。所以经常讽刺他。那个人就炫耀他的父亲，我的父亲怎么怎么样，所以当易清说一个做了伤天害理之事受不到法律惩罚的父亲，和他相比哪一个父亲更应该坐牢？逍遥法外的父亲和一个正在默默服刑的父亲，是他的父亲还是我的父亲。所以这长久以来成为他内心的一种，一直像一个疯狗一样在追着他撕咬，对于他的良知，对于公平的信念，对于平等的这样一种理念，或者控制着他或者为他所颠覆。所以如果公平不能一视同仁，如果法律仍有疏网可乘，那么他所造成的人心的失衡和代价将只能用暴力来解决。所以易清拿起水果刀忍无可忍地要把这个人从世界上抹掉。因为他在宣扬一种不平等不公，而且洋洋自得于对这不公的认知，这完全跟他的第二种生活图景无法契合，所以他要处理掉第一生活。当然他处理的方式是决绝的，是暴力的，也是不可取的。

所以小说步步为营，这是一个非常优秀的小说家，她已经把第二法庭，从刑事的法庭扯到了道德的法庭，从两个儿子扯到两个父亲，两个父亲还不终止于贫与富，他终止于对于一种平等理念和做人的荣誉的维护，到此结束也已经是非常优秀的小说了。但是姚鄂梅笔锋一转给我们拉出了第三法庭，在第三法庭站着两个人，一个是易清，一个是易清的弟弟，易清的弟弟是一个残障人，智力只有三岁的孩童，现在已经十八九岁了，但是他的智力永远停留在三岁，他为什么停留在三岁？不是因为先天，而是由于一次事故，这次事故其实就是易清和他的弟弟搭了一个梯子在他家的墙上，要去摘一个喇叭花，这时候有一个蝴蝶飞来，当时也就几岁的易清，本来手在扶着这个梯子，现在他去抓蝴蝶，他忘了梯子的事情，弟弟在上面采喇叭花，梯子一斜，梯子和弟弟一同落下，弟弟摔成了脑震荡，所以他所有的记忆都是在三岁的喇叭花之前。这件事情易清的父亲不知道，母亲不知道，邻居不知道，只有易清和在场的弟弟知道，但是弟弟已经无法说话，之后的事情他也就无法记得了。那么易清携带着这种秘密，携带着这种原罪生活在整个他的成长过程中。他说我是用做好事的方式来为原罪秘密地服刑，我杀掉古铜被称为一个杀人犯。我在成为一个真正的杀人犯之前，其实我已经服刑了十几年了，我为我弟弟"服良心之刑"。这个良知的法庭是没有人知道的。我们可以说刑事的法庭，现在有陪审团也有公审，新闻一公布，大家都知道这个事情。道德的法庭，通过口口相传的方式，这个人怎么样，那个人怎么样，整个对人的看法也能呈现出来，但是良知的法庭只有易清一个人，他既是原告，又是被告，又是法官。他就站在这个法庭上，他说我是在漫长的服刑的过程当中，变成了大家眼中的好孩子的。他不断地帮助人，大家觉得他不但有才华还德性好，他说我是在服刑的过程中变成的一个好孩子，因为他的确背负了那么多的"罪恶"。

康德说过：良心就是我们自己意识到的内心法庭的存在。

易清活在他的良心的法庭当中，所以这个小说家让我们看到了文学的存在就是消除对于人心的败坏。说到法庭，刑事法庭是最后解决的方式，道德法庭对有一些人是不存在的，他没有道德、没有底线的话，这种法庭对他存在吗？那么良知的法庭更只对少数人存在。作为易清来说，他最后杀人偿命，在被枪毙之前，他把这个秘密用忏悔的方式说出来。我不带到坟墓当中去，我对我弟弟犯下的这些良心之罪。当然这个作为他来说，他当年还是一个孩子，事情更多是失误，而非罪恶。但是他就携带着这样一种东西一直在赎罪，一直在服刑。所以姚鄂梅用《罪与囚》写到了这样一个囚徒，囚徒在成为囚犯之前，他其实是一个长期服刑的囚徒，精神之囚。她也是在写血缘、文化、父子兄弟，她写到这些东西。一层一层地剥离真相，最后的真相就是他在人格成长当中的这样一个事件。

所以我们对于罪的认识，当然我们的很多小说当中，俄罗斯小说当中比如《复活》，比如说陀思妥耶夫斯基的一些小说，我们都可以看到这样一种影子。罪，沉沦到虚无之中，沉入无底的深渊，意味着界限的缺失，意味着破坏、冲破了那样一种底线，意味着对义务的违背。

作为一个哥哥，他应该照顾他弟弟，保护他的安全。但是这种义务他因一件事故而违背了，然后他就一辈子无法解脱。所以作家写了这一种良知之罪。

美国一个学者叫富勒，1963 年 4 月在耶鲁大学法院写有一个讲稿，这个讲稿后来出版了，叫《法律的道德性》。刚才我们讲到司法的、法律的，我们刑事的法庭、道德的法庭、良心的法庭，那么富勒曾经在《法律的道德性》这部书中，开篇就讲两种道德，一种是义务的道德，一种是愿望的道德。而且对这两种道德义务的、愿望的进行了学理意义上的界定和分析。他做了一种形象化的说明，他这样说，他说如果愿望的道德是以人类所能达至的最高境界作为出发点的话，那么义务的道德则是从最低点出发，它确立了使有序社会成为可能，或者是使有序社会得以达至其特定目标的那些基本规则。它的表达方式通常是你不得，有一些时候也可能是你应当。就是义务的道德是这样一种，它是使这个社会在最低点出发，使有序的社会成为可能的一种基本规则。我们的法律、我们的司法完成的，我认为就是一种义务的道德。你不能做，你不得杀人，你不得奸淫，你不得偷盗等等，这是一个基本的规则。

但是愿望的道德呢，是不同于此的，亚当·斯密在《道德情操论》当中，采用了一个比喻，也可以帮助我们来说明富勒的两种道德之分，义务的道德可以比作语法规则，主谓宾我爱你和你爱我也是完全不一样的，主谓宾的一种表达，这种语法规则基本上是大家必须遵从的、不可违犯的。

那么愿望的道德好比是批评家为卓越而优雅的写作所确立的标准。正如义务的道德，规定了社会生活所必须的条件一样，语法规则规定了维护语言作为交流工具的必要条件。我们看新闻，它呈现一种事实的语法规则，它维护了语言作为交流工具的必要条件，义务的道德是规定了社会生活所必须的条件。就是你不能伤害我，我也不能伤害你。我们爱护孩子，我们敬重老人，这都是一种义务的道德。作为人来说，作为社会整个正常的发展运行来说不可违背。

那么正如愿望的道德诸原则一样，一流写作的原则必定是灵活、模糊和不确定的，与其说他们为我们提供了达至完美境界的确定无误的指引，还不如说他们只是一般性地描述了我们应当追求的完美境界。我们可以看出来，我们的文学家也好，小说作品也好，其实都是在谈论描述一种愿望的道德。就像帕慕克那个，是第二生活。它不是语法规则，但是它建立于语法规则之上。愿望是建立在义务之上，不是不要义务了，然后只有愿望，它建立在现实的这种规则之上，还有一种愿望的道德，第二生活。第二图景、第二理想和这个第一生活、第一图景是不一样的，它对第一生活、对义务的道德进行矫正。

所以陀思妥耶夫斯基的《罪与罚》跟姚鄂梅的《罪与囚》比较一下。《罪与罚》中有一段对话，我也想把这一段对话朗诵一下，就是阿斯科林里诺克夫和拉苏米新（音）的一个对话，这个对话是这样的："流放监狱、法院侦查员、苦役，这一切使社会得到充分的保障，有什么可担心的呢？请你们去寻找盗贼吧。"这个我们看它所描述的都是第一种生活。有流放监狱、侦查员、服役，他能保证我们这个社会充分得到保证，还有什么可担心的呢？你们寻找盗贼就行了。"好吧，如果我们找到呢？""那是他罪有应得。""您的话是那么合乎逻辑，那么他的良心呢？""他的良心关您什么事？""是出于人道主义的考虑，有良心的人，如果意识到自己的错误他就会感到痛苦，这就是对他的惩罚，苦役以外的惩罚。"良心，使人痛苦。我们可以看到易清其实是一个痛苦的，在与痛苦搏斗的一种人。

"那么真正的天才，那些有权杀人的人，即使杀了人也不应该感到痛苦。""为什么要用应该这个词呢？这儿既没有允许，也没有禁止，如果怜悯受害者，那就让他痛苦吧。对于一个知识全面、思想深刻的人痛苦是必然的，既有精神上的痛苦，也有肉体上的痛苦。我觉得真正的伟人应该觉察到人世间极大的忧虑。"我们的作家、文学家、理论家，就是在觉察人世间极大忧虑的人。所以他们的烦恼和痛苦不可消除。

再讲一个小说，这个小说大家也很熟悉，小说家叫杨少衡，他曾经写了一个小说叫《湖洼地》，这个《湖洼地》写了一个教师和一个县长的故事。小说刚开始写的也是一个事故，一个孩子和他的奶奶去玩耍，然后看到树上有一个挂鞭，小孩们一看红红的，就去拽，一拽那个挂鞭是一个拉鞭一下子就响了，把这个小孩的手当场炸得血肉模糊，送到医院之后，整个小臂截掉，这个小孩永远残疾，上学、读书，将来写字就没有右手了。奶奶非常生气，怎么就把孩子生生地弄成这样，那么一个活泼的生命，变成一个残疾，就告。在这个过程当中，就了解到挂鞭为什么要在树上？原来是因为这个县长要来。那是乡里的人为了用一些野味招待县长，本来挂鞭是来炸野兽的，不小心让小孩碰上了。但是这个东西无法写到白纸黑字上，怎么办？所以这个时候就让一个曾经是乡村教师的人，他现在已经被县长提拔转正成公务员了（原民办教师），这个教师叫刘克服，让他去克服这件事情，你去带着这个调研组，你不是会写吗？你怎么把这个事情给解决掉，处理掉。刘克服就被推上了这样一个事件，一边是孩子，一边是县长。这个县长完全不知情，县长也是一个相对无辜者，县长完全不知道还有人为了讨好他弄了一个鞭要炸野兽，县长完全不知情，而且他们整个情况县长也都不知道，乡里为什么要这样做？但是县长有一次来这儿之后，那个奶奶就抱着孩子冲过去扑到县长的车子面前以跪相求。奶奶在跪到车轮子下面以后，车停下来了，县长要推车下来搀这个奶奶的时候，乡里人为了保护县长，就把这个县长给推进去，然后把这个奶奶给拉走了。有那么多围观的乡亲，奶奶无法面对村人，当晚自杀，这个事情就由一个致残的事故上升到一个命案，刘克服已经被安排这个调查小组担任主要事件的陈述。杨少衡写刘克服，在对他有恩的父母官、情同父亲的县长之间和受伤的孩子之间他要做何种选择，最后在这两种之间他选择了事实，他把这个原原本本的不加掩盖的报告递了上去。所以小说当中有一句话，他说因为有体验，痛感人应当平等，社会应当公正，人和人是不一样的，但是不一样的人不管是高官、平民、健康、残疾，有一点是共同的，就是大家都是人，人应当平等。他做了一个人应当做的事情。这是小说的灵魂。

这个县长，当然他是一县的父母官，他也是使刘克服的命运发生转折的人，就是因为县长提拔他、赏识他，最后才由一个民办教师转正，在文化传统上，在人情意义上，他们是情同父子的，但是刘克服仍然做了一个人，而不是一个儿子应该做的事情。

所以小说并不只是表达现实中无力的含义，而是一种以文字到观念到实践的功课，这也就是文学参与到改变弱者处境的能力的一种方式。就是它展现了这样一种信念，有这样一类人，有这样一种力量存在，那么这样的展现、这样的描写多起来之后，也可能会作用于第一生活。

我们来继续探讨今天讲的平等的话题，平等，作为社会主义核心价值观，它在作家作品中得到了强有力的表现。1755年，法国第戎科学院有一个征文，卢梭写了一篇论文——《论人类不平等的起源和基础》，商务印书馆也曾经翻译为《论人与人之间不平等的起因和基础》。我们就简称《论不平等》，刚才我谈到勒鲁，他这个《论平等》其实是向卢梭《论不平等》的致敬之作。卢梭在他的《论不平等》当中，曾经提到两种不平等，其中一种我称之为自然的、生理上的不平等，因为它是由自然决定的，是由于年龄、健康状况、体力、智力、心灵的素质差异而产生的。另外一种可以称之为精神上或政治上的不平等。因为他的产生有赖于某种习俗，是通过人们的同意，或至少经过人们的认可而产生的。这种不平等表现在某些人必须损害他人才能享受到种种特权。例如比他人更富有、更尊容、更权势，或者至少让他人能够服从自己。卢梭讲到两种不平等：一种是生理的，这是自然形成的，年龄、体质、健康等等原因。一种是精神上、政治上的不平等。这种不平等是人类社会依赖于某种习俗和认可同意而产生的，这种不平等是需要我们消除的。比如说以损害他人来产生的更富有更尊容更有权利，或者是让他人服从自己，这是这种不平等，这种不平等是文学一直反对的敌人。

恩格斯非常推崇卢梭的《不平等》，《反杜林论》当中，恩格斯说，卢梭此书和狄德罗的《拉莫的侄儿》同为18世纪辩证法的杰作。你在看这本书之后，会得出这样一个结论，卢梭同代人都在发现和讴歌人类进步不断上升的一个过程。但是卢梭却发现了人类历史发展本身所具有的两面性。卢梭认为贫困和奴役是人与人之间最大的不平等的产生原因，这种贫困和奴役，就是人与人之间最大不平等，它的产生是建立在私有制确立的唯一基础上的。他指出，人在追求历史进步的同时，人类既在进步也在退步。文明每前进一步，不平等就前进一步。它是一个辩证关系，不是说文明前进了，不平等会往后退，不平等也会往前进，而到了不平等发展到极端顶点之时，也必将使这一顶点成为转向新的平等的起因和基础，就是这种不平等发展到极端和顶端，又转向一种平等。那么新的平等必基于社会公约之平等，现在我们提到最大的社会公约数，其实也是在表明这样一种理念，要寻求社会的最大的公约数，寻求一种最大的平等。

卢梭在《论不平等》的序言中写：当我们用冷静的、客观的眼光来观察人类社会时，我们首先看到的是一种恃强凌弱的情景。于是我们的心灵对于一部分的人的冷酷无情感到愤慨，对另一部分人的愚昧无知感到痛心，而且由于人与人之间再也没有什么东西比被人们强与弱、富与贫这一类偶然的因素，而不是由智慧造成的外在的关系更不稳定。所以乍一看，人类社会是建立在许多流动的沙滩上的。只有经过一番仔细的观察，扫清建筑物周围的尘沙之后，人们才能发现它不可动摇的根基，才知道应如何尊重它的基础，什么是它的基础？就是这种最大的公约数，这种平等。

勒鲁，刚才我介绍这本书，19世纪的空想社会主义者，深受卢梭的影响。他这本书发表于19世纪即1838年，他认为平等是社会的基础，但是有两条道路通向平等，一条是互相协商和和谐的道路。另一条是纷争和混乱的道路。这两条道路我们都很熟悉，一种是对应于改革的道路，一种是革命的道路。改革，就是互相协商、和谐的一种道路。那么革命的道路，就是颠覆、混乱。革命，这样一种道路，我们国家也曾经走过这样一种道路。勒鲁，是一个空想社会主义者，他认同前一条道路，他认为应该通过社会进步来实现平等，通过改革的、协商的、和谐的方式来通向平等。文学，也可能是这种方式当中的一个。

勒鲁说：当卢梭精神传播到人们中间，并为我们定下法律的时候，由全体人民大声说出的"平等"这个词，就成为一种原则，一种信条，一种信念，一种信仰，一种宗教。他用了五个词来言说"平等"的含义，应该成为一种信仰、信念。他说必须承认"平等"

不只是人们眼前的事实，不只是刑法、民法面前的事实，"平等"在成为事实之前，也是一种概念、一种信仰，他已经引起和取得了某些结果，他必将取得更多其他的结果。平等，在成为司法条文之前，它已经存在了，它是一种信仰，我们信它，它就有。他甚至用诗一样的语言来描述平等，他认为一个原则就像一个征服者那样向前迈进，在前进中获取力量，一旦某种概念在人类的心灵中出现，他就开始萌芽发展日益壮大，最后升向穹苍。他就把"平等"作为像诗一样在前行获得力量，像萌芽一样在心灵中出现，最后发展日益壮大，最后升向穹苍。我们刚才讲的第一生活、第二生活，愿望的道德、义务的道德，其实也是这个意思。第一生命、第二生命也都是这样一个意识。

勒鲁《论平等》，在这本书的附录当中，他这样描写人类，我也和大家分享一下。他说人类是一种种类，人类种类是由一大群真实的有生命之物所组成的理想的生命，人是一种真实的生命，组成的理想生命，这些真实的生命的自身正是萌芽中的人类，处于潜伏状态的人类，这个大家应该很好理解。真实的生命，其实是人类的孩子，萌芽中的人类。我们其实只有真实的生命的话，我们还没有成人。每个人都是一个真实的生命，其中孕育着处于潜伏状态的称之为人类的理想生命。我们可以看出两种生命，真实的生命，生存意义的人类，理想的生命可能是存在意义的人类，是有了精神的，有了理念、信仰的那样一些人类，而且他认为每个人都是人类。每个人的真实的生命之中都活着一个潜在的、潜伏着、萌芽着一个理想的人类，一个理想的生命。

所以他说平等是一切人类所具有的权利，他们被置于同等的条件下，享受同样的财富，并在任何情况下都不受支配、不受控制，平等是一切人都可以享受的权利和正义。你可以看到这些无论是思想家也好，文学家也好，他们的这些言说都是在创生，创造人类当中的第二种生活。人类这种真实的生命身上包藏着潜伏状态的生命，来丰盈充实着这种真实的人类的生命。

纽约大学教授罗纳德·德沃金，最近出版了一本《至上的美德》。在导论中他讲，平等的关切是政治社会至上的美德，而且还提出了对平等的更高的要求，对于一个社会来说，保证人人有最起码的营养、住房和医疗保健，然后对一些公民是否拥有与另一些公民差别悬殊的巨额财富不再深究，这就足够了吗？这只是第一生活需要满足的东西。我们医疗保健、营养、住房、温饱，政府的一种保障，但是这还不足够，我们还要往小康走，还要有更高的目标。他在这本书导言中说：我们必须问一句，有的人对于他们的一些同胞，视为理所当然的生活，连做梦都不敢想。就是有一群人理所当然过着这样的生活，另外一群人对这样的一种理所当然的生活连做梦都不敢想。那好像不属于他们的生活，那种政策能够满足给予这些人平等关切的要求吗？那么这种就是精神意义上的平等。我们现在讲资源的、物质的平等，区域的等等这样的平等，这些都是第一生活当中种种政策、法律都可以解决掉的。但是那种心理的、精神上的平等，对于平等的需求，对于他人理所当然的生活我也可以过的那样一种梦想，那样一种满足心，这种平等不单单是政策、政府所能直接解决掉的，这个需要我们的文学思想，是需要我们的文学家去建构的。我们谈核心价值观，其实我觉得不是一种空洞的概念，平等、自由放在核心价值观里面不是干巴巴的一种文字陈述。它其实是在人对于人的理解、人的心灵的需求当中，也即文学家给予他们的应有的梦想、命运当中呈现出来的。正是一代一代的文学家，这些文学家的书写建立起来的这样一些梦想，我们现在是活在这个时间之上的层层叠叠之中，正是他们不断地把一种声音从微弱慢慢慢慢放大，然后变成了一种信念信仰，然后指引我们的。最终，我们也把自己的声音加入到这样一种声音当中，慢慢地轻言细语，然后放大、放大最后变成一种理论，一种现实。所以这个人类的一种声音对于第二世界的一种建构，一代一代人一直到今天，我们仍然在建筑之中。

我要讲一部旧作，方方有一中篇《奔跑的火光》，大家应该也都比较熟悉，这应该是十几年前的作品，现在重读仍然有其意义。我们写乡土有很多伟大的作家，但是写乡村女性，《奔跑的火光》当中写到的英芝应该受到我们的重视。《奔跑的火光》小说一开始也是从结局开始，英芝已经被抓进监狱了，是纵火杀夫罪，她在监狱里第一句话，小说这样写：英芝想我应该怎么说呢？方方可能是作为一个隐形的记者来采访英芝，那么英芝面对面要跟她讲一些什么，但是第一句话就是英芝想我应该怎么说呢？该从何说起呢？然后我们就看到了改革开放初期乡村的一个图景。英芝由一个活泼的、年轻的、单纯的女性最后一步一步地得到了这样一个结果。那么每一夜、每一夜英芝都觉得自己被火光追逐，那团火光奔跑急促、烈焰冲天，风吹动时火苗朝一个方向倒下。跃动的火舌如同一个血盆大口，一阵阵古怪的号叫从中而出，四周的狂野满是他惨烈的回声，这个是写她忍无可忍之下一把火烧了她的丈夫，她的丈夫在火光中奔跑，就是奔跑的火光，然后要来扑到英芝身上同归于尽。英芝一直在跑，英芝的母亲抱住了那一团奔跑的火光，然后90%重度烧伤被送进医院，那个奔跑的火光死掉了，留下了英芝和被称之为贱货的儿子。英芝由于纵火杀人也被枪毙，最后留下她的儿子，就是这样一个乡村的、现在复述起来相对比较惨烈的故事。那么面对这样一个故事，我们不同的作家，可以有不同的写法。这个当时也是一个真实事情，那么对于这样一个素材的处理，我认为在这里方方相对来说是女权意识不是很强烈的作家，但是她《奔跑的火光》当中，她确实站在了女性和男性平等地探讨的立场。我们看到英芝和她的丈夫贵清之间，一开始嫁给贵清就是由于谈恋爱的时候，当然是青春一种诱惑，或者是一种情感，在没有想清楚要跟他结婚的时候，就怀了他的孩子。那么这个时候呢，她也有一点后悔，但是贵清就说你已经怀了我的孩子了，你这个村里怎么来看你？然后这里有一段贵清的说法之后，有一段英芝的独白：英芝说她是一个女人，英芝有一些伤感地想，她不过是一个女人，所有风流债中都是男人起事，女人遭罪。她看着贵清扬扬自得的脸，她原本塞得满心的愤怒竟平了下去。涌在心里的却是一股淡淡的悲哀，只因为她是一个女人，这当然是作者插进来的一些话。我们可以看出方方站在英芝的立场上，她是一个女人，她反复说她不过是一个女人，是一个女人，大概短短的五行出现了三次。

当然在这种过程中，因为贵清一直赌博，也不做活儿，也不务农也不干活，所有的钱都要英芝来挣。她想走，但是婆婆又站出来有一段说法，婆婆说等你儿子娶了媳妇，媳妇给你生了孙子你就不用下地干活儿了，做女人就得这样，我这辈子就是这样过来的，你是女人，要像一个女人的样子，这是婆婆的说法。最后他们夫妻之间的冲突就变成肢体的冲突，贵清打英芝过程当中，踢得她捂着肚子在地上号叫，英芝的公婆坐在桌子的两边冷冷看着她的滚动哀号。英芝就活在这样一个处境之中。当然里面很多的暴力，她像狼一样地号叫，然后她在心里喊，总有一天我要杀了你们。英芝回到娘家，娘家怎么来说呢？英芝妈有一个说法，英芝妈说，是不公平，可是我们女人几千年来都是这么做的，你有什么办法？到了妈这个岁数你就不会这样想了，你就会把你婆家当成妈家一样，就跟妈现在一样。英芝妈就说你要认命，你是一个女人，要记得作为女人的命就是伺候男人，莫要跟他斗，你斗不赢的。所以英芝一直在反叛这样一个命运，当然她这个反叛两种路都走不通，娘家、婆家都回不去了，她就非常不甘。英芝爹又来了一种说法，说英芝啊，你的命是苦，但是再苦也由不得自己，你就认了吧，你不认怎么样呢？你要是离了婚，你先前辛辛苦苦挣钱盖下的房子不都丢在了水里吗？所以婆家也不能待，娘家也不能待，离婚也不成，她就要出走。所以在英芝的说法，英芝的婆婆的说法，公公的说法和英芝妈、英芝爹的说法都无法劝动她的时候，她要去南方打工。在打工要出去的时候，英芝的丈夫贵清来阻拦说要杀了他们一家，就是这一句话点燃了英芝的怒火，她说你杀我一家，我先把你烧掉，然后两个人就变成了这样一种结果。

《奔跑的火光》里，方方对于乡村女性的探讨中，其实植入了一种男女平等，乡村的男女，尤其是夫妻之间的一种平等，它在探讨这样一个命题。当然这里面，我觉得作家对英芝还是寄予了很大的同情，因为她一定要逃出去，她要奔着好日子去，因为她这里完全是一种家庭暴力。里面有很多抒情的心理描写，她说我要挣钱养自己，我要活得比谁都要好，我要没有人打我，没有人骂我，没有人给我翻白眼，我要过上自己的日子，我要用女人的力量和本事来养活我自己。当这个梦想最后也要被贵清来阻拦的时候，她就忍无可忍，她就做出了法律也不允许做出的极端事情。所以小说的第一句，英芝想我该怎么说呢？最后被枪毙的时候，我觉得这个描写，现在再重读感觉非常震撼。在英芝倒下的时候，她恍然看到一个小孩在花丛中奔跑，她轻轻地叫出了她儿子的名字，她所有的美好的愿望、图景，最后被第一生活给解构掉了，所以，如果我们现在把它再纳入到整个平等的主题下面去看呢，小说确实探讨了夫妻之间的不平等的状况，探讨了爱情与自由的。虽然平等这样一种理念和信念在英芝心里也是模糊一团，她内心也没有说是自觉地要追求一种平等，她只是想要过上好日子，在她心里是模糊一团，但是作者替她说出了这样一种原则吧。

男女的、夫妻的不平等仍然存在，城乡的不平等也存在。那么城乡的不平等原来我们只是从社会学的意义上来看，当然现在国家为了追求平等，原来是市民，现在也变成居民，对于农村的农民的一种应有尊重，改革在全面地进行。但是城乡的不平等，其实这种差异也是由来已久的。法国有一本书《农民的终结》，作者是孟德拉斯，这本书里说，二十亿的农民站在工业文明的入口处，这就是20世纪下半叶，当代世界向社会科学提出的主要问题。现在21世纪了，其实这个问题也没有得到很好解决。二十亿的农民站在工业文明的入口处，当然这二十亿农民里有中国的大部分农民，站在工业文明、信息文明的入口处，他们向社会科学提出的问题，同样也是向文学家提出的问题。他说农民在工业化最快的国家中消失，自维吉尔以来，农民的价值作为我们西方文明的核心所在，曾受到无数的赞扬，当然那种古老的稳定被动摇之后，这些价值无法幸免于难，永恒的农民精神在我们眼前死去。同时灭亡的还有建立在此基础之上的家族制和家长制。我们国家的情况是，农耕文明那样一种古老的价值观也在解体。刚才我们讲了，这是工业社会征服传统文明的最后战斗。这里面有非常矛盾的东西，就是我们在去除家长制、家族制之中，它们确实起到了社会进步的很多推进作用，但是有一些阻碍的作用。进入工业文明之后，把这些阻碍一一破除之后，农民精神死去之后，我们还有什么样的更有力的价值来支撑我们这个文明的进程、社会的进步。我们还能找到跟农民精神来相提并论的一种自发的，而不是自生的精神成为一种对于社会进程的推进力吗？

当然，我们走的现代化道路跟欧美完全不同，但孟德拉斯的话不能不引起我们深思。但文学不是社会学。它没有设计社会发展的一种职责，也不可能提出成体系的社会完善的理念。但是从某些侧面来看看作家对于文明的思考呢，其实可以给我们提供另外一种介入问题的角度，当然20世纪关于乡村、关于城市的一种探讨，我觉得在中国文学当中是属于重中之重，从鲁迅到沈从文、到赵树理、到柳青、到路遥，一直到李杭育，《最后一个渔佬儿》，一直到贾平凹，我们赞歌、挽歌都有。

前几年有一部作品叫《城里城外》，这部长篇延续了这样一种探讨。如果真有一种稳定的乡村结构——无论是道德的，还是族权的——存在的话，随着工业社会的到来，传统农业社会的自足性、逻辑性受到质疑之后，几千年的生存方式、文化传统遭受挑战，随之而来的作物园林、田园法则被打破。那么传统的农民的个性正在消失，他们甚至为这种个性的留存而局促不安，他们一方面渴望脱离过去、融入城市，一方面又留恋以往的自足性。现在融入城市的力量真是非常巨大。文学家其实面对着孟德拉斯的 20 世纪，在文明的入口处有二十亿农民要进这个入口，那么现在我们的城镇化的进程其实是一样的。农民在融入、涌入这样一个城市巨大文明的入口处，渴望融入城市。那么他们一方面渴望融入城市，一方面又对以往的生活和附丽于这种生活之上的恒定原则保有深深的眷恋，这也是非常矛盾的一点。我觉得这个时代真是到了应该出巴尔扎克的时代。

《人间喜剧》很多这种，现在贾平凹一年，或者是一年半写出一部长篇，他其实也在探讨这样一个大题，就是乡村的过去、现在和未来。农民站在这样一个入口处，他既是一种回望的，又是要往前走的，他眷恋过去的乡村伦理，但是他必须要进入城市，融入城市规则当中。没有一种人格会置于这样一种矛盾，农民的文化人格其实现在正在处于重塑阶段，没有一个人群像农民，他们在两种同样庞大的力量，一种是传统的力量，一种是现代化的力量，夹在这两种力量之间，承受分裂面临重组。这就是为什么我要向大家介绍《城里城外》这部书。小说写了一个人叫叶苋菜，这个叶苋菜，在某些地方我们其实可以当作哈代的《德伯家的苔丝》来读，就是这个叶苋菜，小说刚一开始就是一个案子，桥上突然一个车爆炸，经过侦探分析，这个爆炸里面死者之一是叶苋菜，而现在被称之为叶莎莎的前夫，他是一个乡镇企业家。再进一步勘探，车的后备厢安放了一枚炸弹，炸弹是非常先进的遥控炸弹，炸弹的另外一头经侦探，就是他的前妻叶莎莎（叶苋菜）引爆的，叶莎莎同样也是一个农民企业家。现在进入城市了，在城市买了很多楼房。那么两个曾经的夫妇到底是因为什么必须得以命相抵？然后一个记者出现，记者就沿着这样一条线来复述这样一个事情。如果我们有这样一个素材放到我们手里，也可能给它写成一个非常通俗的小说，好看。一种情杀？一种财产分配不公的仇杀？但是叶苋菜的供词让大家所有期待都失望了。她说这个乡镇企业家是她的前夫不假，但是没有人比作为他的前妻更了解他的发迹史了。他这么一个人，这么一种人品，他说他竟然要竞争村委会主任，而且他用他的钱已经买通了别人投票，一投就是他，她说只要不把他杀掉，他肯定就是村委会主任，她必须杀掉，她是为全村的命运、未来着想。赖妙宽是一个眼科医生，后来成为一个作家。小说切口是非常小的，她像做眼科手术一样，她要带出这个社会的气血、脉络、肺活量、循环系统，就是在叶苋菜这个小人物身上，她其实携带着乡土、农业、农转工、城市工业化，甚至有基层组织建设、人权、尊严、现代化等等这样一些的命题，诸多大题都要在叶苋菜一个人身上加以呈现和完成。小说写爆炸案的一波三折，刚一开始呈现凶案，其实凶手已经找到了，这个凶手已经破掉了，但是凶手的心理呈现过程却是非常的复杂。

作家变身为一个报社的政法版记者来求证叶苋菜的杀人动机。她通过叶苋菜的讲述呈现了想做村委会主任的乡镇企业家的人格一些变异。在发大水的时候，他的岳父说救一下我吧，他为了自己逃命自己跑了，然后是亲生母亲在水里不会游泳，他也不去救。所以叶莎莎向记者说，一个连自己的岳父、亲娘都不救的人，能当好村子的父母官吗？她说很简单，我只有杀了他才能阻止他。就是这个动机一下子就呈现了，但是这个动机里有很多很多我们想要通过文学来看到的第一生活，肯定是第一生活失衡了，不平等存在了，所以这个作家才有要写它的一种责任。如果写到这儿，也就是一个乡村正义的事件，为了维护乡村正义的事件，就是杀人偿命，这个事情也就结案了。但是这个作家还要往里去，她又转而一笔写叶莎莎。本来叶苋菜叫得好好的，怎么变成叶莎莎了？她要探讨叶莎莎的由来？叶莎莎是一个正义、正直的人。但她的内心也并不是一泓清水那么平静。

　　这个手术刀还要往深里去。叶莎莎做梦都想当城里人，她为什么想当城里人？小说揭示了一个细节，就是叶莎莎还是少女叶苋菜的时候，在当校队运动员，但是她的农民户籍身份遭到了质疑，她长跑永远是第一，本来她应该代表学校去参加整个全市的比赛，但是最后选择了第二去参加，因为这个学校就是城镇交接的学校，既收农民孩子，也收城市孩子。因为农民的户籍影响了她代表城市中学去参加比赛。所以她就是跑了第一，她也不能代表。从那一次她才知道世界上分两种人：一种是市民，一种是农民。以前她以为人只分男女，做男人女人不要紧，最要紧的是做农民还是做市民。她痛恨自己的农民身份，决心像白娘子一样电劈雷轰也要褪去农民那一张皮。所以这个自尊心的伤害改变了叶苋菜。以前她不觉得农民和市民有什么区别，虽然市民吃的是粮店里的米，农民吃的是自己种的米，但是都是米，农民的米更好吃些。现在她知道吃同样的米却有不同的身份，所以她把校服、运动鞋埋在了操场，永远不再跑了。然后还写了一个纸条：叶苋菜你是一个农民。就像黛玉葬花一样给它埋葬掉了。把农民的叶苋菜深深地埋在了她受伤害的训练场上，这就是她要成为城里人的动力。这个小说其实触及了一个很大的问题，户籍制度影响我们全面深化改革，现在户籍制度已经改了。但是在2012年的时候，国家政府还没有到这步改革，所以我们小说家是有预见性的，她是有第二生活的。她有自己的一种图景，就是对真实的图景之上，她要建立自己的一个精神图景。但是这个精神图景现在已经变成了第一生活，变成我们现在真实的一个图景，所以文学的这种创造力，它的这种改造能量，我们是不容小觑的。

　　小说《城里城外》最后一笔写得非常好，她的儿子最后拥有很多房子，因为母亲叶莎莎赚了很多钱，她要做城里人，而且让她的孩子衣食无忧，但是她的孩子最后变成了一个赌博成性的人。因为他没有农民的价值观，原来是务农劳动，现在也没地可种，他就整天赌博，一套一套房子赌出去、押出去。所以他们生活在一个价值观的空茫地带，她没有司法的义务的观念，所以她就不懂得用法律来解决乡镇企业家要成为村委会主任的问题。她不知道用法律，她只有动用田野法则。而田野法则却是违背整个现代文明进程的。所以她的身上是非常矛盾的，与生俱来的传统道德和现实的一种文明，就集中在这样一个叶莎莎的身心，那么我们也看到当时苔丝杀掉她的男人之后，她那种无路可走，我们同样也看到叶莎莎的无路可走。叶莎莎这个人物以其短暂的生命，向我们鸣了一个警笛，以一个自己从事的劳动身份为羞耻的社会文化，或一个社会使农民不能受到尊重，那么最应现代化的不是农民，而是文化。

李培林曾经在《农民的终结》这本书翻译中说：现在在中国的行政版图上，几乎每天都有七十个村落消失，七十个村落消失，每一年都有上万个村落在中国行政版图上消失，那么这些数千年的村落解体以后，农民怎样融入与他们文化背景完全不同的城市是一个亟待解决的问题，就是都堵在那个入口处，如何通过？所以城之内外是现代化进程中我们怎么来解决这些人的第二生活问题。第一生活通过打工赚钱。都可以实现，买房子在城市里都可以解决。但是如何解决第二生活问题，人的现代化，农民的现代化，文化的现代化，什么是现代化？现代化又是为了什么？是为了谁的现代化？所以这一系列的大题都需要去思考，去破解。

赖妙宽小说的题记当中说此书献给最后的农民。但农民是不是最后？我们还拭目以待。

农民，当然是在消失之中，但是没有农民的世界将会是怎样的世界呢？这句话值得我们深思？中国作家的可贵之处就像爱护自己的眼睛一样地爱护自己的作为父母的农民。不仅是因为他们是整个社会的基础，也是因为我们就是他们的一部分。所以，一个优秀的小说家，是一个深入浅出的社会学家，相对于这种复杂、多变的生活而言，小说的这种叙说所提供的可能未必是一个非常全面系统的对于社会、人格良性发展的建议，但是从细节和直觉出发，在真正关涉农民、关涉人的利益的这种决策之前，他们的书写值得引起我们的注意，事实证明已经引起我们政府、政策的关注，而且我们现在在深化改革过程中对一些问题已经开始矫正。

于此，我们文学对于平等这一项价值观的贡献，我先后讲了父子平等、贫富平等、上下级的平等、夫妻平等以及城乡平等在小说中的呈现，从中可见出这一时代的文学家的精神努力。哥伦比亚大学教授波莱恩·巴利一本书叫作《社会正义论》，在他的结语有这样一句：在我为什么而写作中，乔治·奥威尔指出，所有作家都是在四个混合的动机驱动下写作的。第一个动机是纯粹的自我主义，如果一个作家不仅愿意写作，而且也想出版著作，那么必然会在某种程度上表现为纯粹的自我主义。这是自我需要表达。第二个动机是审美的热情。奥威尔认为这表现为对作品的形式或外观的关注。它有一种审美的热情，动机当中，我必须用一种优雅的，或者是通过一种精神性的语言、形式来找到我的表达。第三个动机是历史性的冲动，或者是从更宽泛的意义上说，这是从事物所示的意义上观看事物的欲望，是历史性的冲动。不是割断历史。那么最后一个动机是政治目的。我说这个政治目的是从更宽泛的意义上使用"政治"一词的。这就是想要沿着某一方向推动世界，或者是改变人们对认为应当追求的那种社会的观念。我认为作家是有理想的，正因为理想他才成其为作家。他不是只是单纯地表现第一生活，而是在第一生活之上，就像帕慕克说的，小说是梦，小说是第二生活，是一种更理想的生活。当然这四种动机是相互交织的，并不是单一的。2005 年获诺贝尔文学奖的品特（英国作家），他说目前世界上弥漫着一种宣传，认为社会主义已经消亡了，但是成为一名社会主义者，就是要成为这样一种人，他确信公益和社会正义事实上是有意义的。如果成为一名社会主义者，就意味着不能容忍成千上万的人遭受掌权者、市场势力以及国际金融体制带来的耻辱。如果成为一名社会主义者，就是要成为那样一种人，他或她决定以自己的能力去消除这些不可宽恕的卑贱的生活。那么社会主义就永远不会消亡，因为这些渴望永远不会消亡。因此，我认为一个关注社会正义、平等，并致力于在文学书写中消除如不平等这样一些不可宽恕的卑贱的社会的作家，不能说都是一个潜在的社会主义信仰者，但是我可以肯定起码他是一个怀有社会主义渴望的人。因此，他的笔因为有这样一种渴望而在他的批判时从不忘书写自己的第二生活。同样，那也是人类的第二生活。

谢谢！

主持人：今天何老师的授课声音是温润娴雅的，而她的视野却是宽阔远大的。她首先与我们分享了她关于文学这一重大问题的理念，精辟地为我们阐释了文学的价值是什么，我们从事文学的意义是什么？强调了文学的形而上的信仰现实推动价值。她以具体的作家作品为例，旁征博引，又层层深入地为我们讲解分析了小说创造过程中思想内涵的深刻性、复杂性，强调了良知、平等观念在人性中的重要性。肯定了小说创作可以以创造的第二生活影响现实的第一生活的力量，认为文学可能是实现人类平等的方式之一。探讨了不平等现象在中国当今乡村现实生活中的存在，以及城镇化进程中农民如何建立新的精神家园等问题。

感谢何向阳老师所呈现给我们的她的细致入微而又鲜明有力的文学理论观念、文学视角、文学批评立场，让我们以热烈的掌声感谢何老师！

文学想象与生活阅历

格 非

大家好，非常高兴有机会来鲁院跟大家交流。我是最近两年很少来鲁院，原来鲁迅文学院，我刚才跟他们开玩笑，我说我都快成了他们兼职的老师了，原来是几乎每次鲁院有高研班，有各种各样的活动，我都会来。但最近这几年身体不太好，清华那边的事情也特别多，实在精力没有办法兼顾各个地方的课程。

前不久在作协开会碰到你们院长邱华栋，刚好在一个桌上吃饭，就被他抓住了，说无论如何这个班的同学都非常好，我们非常重视。我也不知道答应没答应，反正后来他们跟我说你反正答应了，我觉得我是担心我讲不好，主要原因是这半年我也没上课，最近这个半年我一直在写一个东西，写得也是昏天黑地的，大家在座的各位都很清楚，有的时候你在写小说的时候，可能投入多大的精力，跟这个作品的成色是有非常密切关系的，我自己一个感觉是，我觉得一部小说你投入百分之九十的精力，和投入百分之九十五的精力，那个差距不是一点点，那个差距会非常大。就后面的这个百分之五，这个百分之三，大家写小说的人都了解，这点力气是你不把最后的那点力气用出来，这个作品不会好的。

所以我有一个感觉就是说写作的时候，我们要让自己的大脑预热，要让自己的大脑能够进入适合工作的这么一个状况，这个其实需要花很长时间，但是如果你真的进去了以后，那你再回来，比如我来跟大家讲课，我脑子就乱了。所以假如说我这些时间在清华上课上得很溜,我在哪儿讲课都会觉得轻松。

今天跟大家讲的这个问题,就是一个基本的问题,可是这个基本的问题在我看来特别重大。我认为很多人可能写了一辈子作品,做了一辈子文学研究,连这个问题都没搞清楚,这个说老实话,说到最后可能有点悲惨,我认为这个现象是普遍存在的,就是我们不知道我们作为文学的阅历或者经历的这个东西,到底是一个事实呢,还是一个观念?

大家现在可以思考一下,就是我经历了那么多事情,这个事情是一个事实吗?这个事实跟我们文学作品、跟我们想象的一个文学作品当中,到底构成一个什么关联呢?这个当中会遇到非常非常多的问题,我觉得很多作家自己都会觉得很自信,写作嘛,就是把我的人生经验,我的人生阅历,很多的东西,我对社会的思考写出来就得了。但是在我看来,有的人一辈子从刚开始写作一直到他把笔放下来,他可能都没有办法抵达自己的经验。就是一个人要抵达自己的真正的重要的人生经验的话,有的时候非常困难,不是一个不言自明的问题,说我只要把经验写出来,把我的经历写出来就够了。为什么你没写好呢?这个当中为什么你会人云亦云,为什么你的思路,你整个的想象力受到那么多的控制,这个到底是为什么?

所以我觉得有一个小问题,比如说我在清华给同学们上课的时候,也经常给他们提这么一个问题。如果单单从生活阅历来看的话,比如说为什么鲁迅先生十二三岁离开家乡?然后他在城里边生活了三四十年,他五十多岁去世,那么他基本上没有写过关于城市的任何小说,他只要写小说,一定会写他十几岁之前的绍兴。为什么?这个难道不是一个大问题吗?就是他后面那么多的经历,这个经历难道就没用吗?为什么他不去写后面的经历,要去写前面的经历?到底什么原因?比如说莫言也是一样的情况,莫言先生他在十八岁参军,参军完了就到北京来了,现在六十多岁,你算算看他在北京待了多久,可是他到现在,最近我们参加他的研讨会,我看他写的那些短篇小说，都还是写的高密。我就跟他开玩笑，我说你什么时候能写写北京？他为什么不敢写呢？难道三十多年、四十多年的经历还抵不上那十几年吗？

所以由此可见这不是一个小问题，就是有的时候你有很多经历，这个经历没有用。什么样的经历是有用的呢？这个又不好说了。所以这个当中我跟学生说，我把这个问题布置给大家，我说你们回去思考一个星期，一个星期完了以后大家课堂讨论，你们说什么原因，为什么会出现这样的现象，在黑板上给我写答案。写了二十六个答案，他们学生很聪明，就是每次他们觉得这个什么原因，他们想了很多答案给我。但是我最希望看到的答案没有一个人提出来，就是为什么莫言不写北京，为什么鲁迅不写北京，为什么我也不写北京？很少写，我最近在挣扎着写一点北京。因为我觉得这个问题很多原因，比如很多学生讲到童年经历，讲到最初的经历，他者，各种关系。分析了很多很多原因，但是我觉得最核心的一个东西是什么呢？就是大家都没有说出来，他们不写城市，沈从文写过一些城市写得都不好，这个最重要的原因跟中国社会的形态有关。就是说中国社会实际上到现在为止，基本上还是一种传统的农业文明，这是最根本的原因。也就是说你的经历也好，你的经验也好，作为一个基本的事实，实际上受观念的影响极大，从整个国家来说，我觉得我们到现在为止，还没有能够完成这个转型，比如城市化的转型。

我现在问大家，你们大致这么判断一下，你说中国今天的社会生活，它是城市生活还是乡村生活？我们现在的伦理观念，它哪来的？我们说一个人应该怎么做人，应该怎么确立生活意义，我在作品里面所呈现的这些东西，我希望跟别人交流的东西是什么？它从哪儿来的？那么这些东西是传统的吗？当然我觉得跟鲁迅那个年代已经形成了很大的差别，但是你说它是现代城市的吗？为什么那么多中国人到了国外，很多人说到了国外之后，中国人说话声音很大，有很多的恶习，上了飞机以后还得把安全门打开看一看，什么事情外国不忍做的中国人都做了。那么很多人就说中国这个民族不行，民族性不行，应该让西方人来殖民。这个当然是极其荒谬。

其实我觉得就很简单的一个东西，中国现在既不是一种我们传统意义上的我们说在晚清"五四"之前的中国传统社会，中国传统社会我见过一点点，大家在座的人可能没有见过，因为我在农村生活的时候，乡村里面那些老人还活着，就是那些整天诗词歌赋，互相酬答，保持那种习惯的老人还活着，所以那个经历，就是我们讲阅历，那个东西对我个人来说影响极大，大到什么程度呢？比如说有一次我上大学二年级的时候，有一年回家乡，我祖父说我的文化水平到你上了大学我就教不了你了，小时候他还能教教我一些东西，他说我现在要带你去见一个我认为比我强很多的人。然后他就一大早背着一个包，我们早早吃了早饭，他就把我带着，我们步行，我记得是春天的时候，穿过一大片麦地，我们那个地方是丘陵地带，非常空旷，我现在印象很深，然后就穿过整个田野到了一个很远的村庄里边，一路上我祖父就跟我聊，说我要带你去见的人姓钟，这个人水平怎么怎么高。

我当时就出现了一个问题，我说你身边藏着这么一个很重要的朋友，你认为他的文学素养各方面都比你强得多，可是你为什么不早一点把他介绍给我呢？让我跟他去学呢？跟你学，学了半天学不到什么东西。我祖父就跟我说，说我要是早点把他介绍给你的话，你就会崇拜他，就不会崇拜我了。这个人比我要强很多，我就去见了这个人，他远远地在门口迎接你，进去之后跟你说话，跟一般人完全不同，这个人原来是保定军校毕业的，在商务印书馆也干过，水平极高，他后来一直跟我通信，一直到他八十六岁去世。

我就觉得我的生活中有这么一个古人，他跟我谈苏东坡，谈杜甫，然后谈文学理论，中国古代的文论，你想想看在一个乡村里面，一个种菜的老头他怎么可能呢？他随手写的诗集，送给我的那些诗集，我后来要给他出版他都不愿意。这样一个人给我一个非常大的刺激，就是说我到了三年级还是几年级的时候他突然给我来了一封信，说你已经在大学中文系读了这么多年了，在过去那都是不得了的人物了，说你写两首古体诗给我看看，这一下把我吓住了，我哪敢写，这个古体诗不是随便写的。我一想他什么意思呢？他是看看我这个水平怎么样？如果不行的话可能是不是不跟我来往了？我就请了我们古代文学专业的一个人，我说这个老头要叫我给他写古体诗，我说古体诗我不太会写，他说我帮你写，然后他就叫我描述一下跟他见面的过程，他就随手写了两首诗。

写了两首诗，我就把这两首诗附在信里边寄给这老先生，很快他就给我回信，很不高兴，说你读大学中文系读到三年级，连基本的平仄都不懂，说你还读什么书。他把那个两首诗从头到尾全给我改了，平声仄声，有些词用得不当，他全在边上改了，然后他又另外写了两首在边上，回来我们那个古代文学的老师就无地自容，一个劲地跟我说你能不能带我去见见这个人。

这个当中最重要的一件事情，我觉得对我影响最大的一件事情，我最后一次带我女朋友去看他，那是我最后一次跟他见面，看他的时候他已经很老了。他突然跟我说，说我可能是跟你最后见面了，说我周围的朋友都死光了，我就像地里的麦子一样到了快割的时候。说他最近有一个好朋友已经自杀了，自杀之前给我写了一封信，说我很想知道我自杀了以后你对我是怎么评价的。但是因为我死了以后我也不知道你怎么评价我，你在追悼会上怎么去评价我的一生，你能不能提前告诉我，提前告诉我我死了就没什么遗憾了。然后这老头说，我收到他的信，我就写了一幅字给他送过去，这幅字只有八个字叫"同气相求，同声相应"。什么意思呢？就我跟你关系很好，其他不做评价。就是说我跟你是一辈子的朋友，但你这个人的人品怎么样、学问怎么样我是不评价的。所以叫"同气相求，同声相应"。

这老头一听收到这个字觉得也挺满意的，这个朋友对我还可以，把我当朋友，就很放心地自杀了。当时我就问了他一句话，我说这个人他要自杀，你为什么不劝他呢？你为什么不劝阻呢？这个老头就很奇怪地看了我一眼，我当时心里一愣，他没说话，那个意思好像是说，说我们年纪这么大的人，如果要自杀的话你有什么好劝的呢？他又不是小孩，他有一个选择，你尊重他就可以了，你有必要那个吗？然后那一天我印象非常深，他一直送我到河边，送我到村头。

我爱人后来每次想起这个老头来她都非常难受，就是那一次好像她感觉到这个老头不对了，很快他就去世了。

所以我就说我了解一点古代社会生活的那些乡村的人，他到底怎么生存，了解一点，所以你今天看我们今天的乡村，比如说江苏浙江安徽，这些地方我是每年回去，你发现那个地方根本跟过去没有一点关系。但是反过来说你说我们现在的这样一个社会，就是现代城市吗？也不是。即便是在上海、北京或者广州这样的地方，我们很多的东西其实跟古代的乡村社会有千丝万缕的联系，所以郁达夫才会说杭州就是乡村，说杭州哪是城市，杭州是把乡村进行了模仿，造了很多的山水，那个西湖，那个园林，整个城市的构造是在模仿乡村。你说北京是城市吗？北京也不是，北京就是一个大村庄，南京也一样，是一个城市山林。

中国可能只有一个地方可以被称为是现代城市，就是上海。所以大家也可以理解说，为什么新感觉派只可能发生在上海。新感觉派的作品在其他任何地方都不可能产生，那么你要怎么判断我们今天的这个社会，刚才我说你有了经历，有了经验，可能我们在座的很多人从小是在乡村长大的，然后现在大家基本上都生活在城里，可能城市也一体化了，城乡一体化了。那么这样的经历经验在你呈现这个社会面貌的时候，我们会不会有这样一个疑虑，就是我到底要表达什么，这个观念本身就是我要呈现的是一个什么样的关系，或者简单来说它是以乡村文明，原来正在死亡的乡村文明，作为一个基本的蓝本，还是说我来描述城市生活的那种喧嚣，那种分裂，那种肮脏，那种无意义，就是我怎么来描述这些东西。

所以这些东西我觉得一开始我也跟大家讲，个人的经验和经历不是一个客观的东西，它跟社会话语之间存在着千丝万缕的联系，你千万不要以为说你写的那点东西是你的经验。不是的，你写的那个东西实际上是在话语影响之下的一种东西，你的经验可能你还没有碰到。我们很多大学生都这样的，我说很简单，你们文章没写之前我就知道你们要写什么，你们别跟我说你的经历跟他的经历有所不同，你们文章都一样。比如说到了清华之后，你们随便写篇文章，百分之八十学生都是写思念家乡，家乡的小河，母亲站在村头，要么父亲下雨天给我打着伞湿了半边肩，全是这种东西。然后你能够想象比如谈恋爱，恋爱当中也就是一琐事，我就让我的助教，我说你这样，你把学生的作文，我班上有八十多个学生，我说你把所有学生作文主题给他们归纳，归纳完了就三到四个很小，很局限。然后我说你们这样写作怎么行，这个东西你们都没有触碰到自己真正重要的东西，全是在社会话语的影响之下，你以为说我写的是我自己，你是吗？这个社会话语有的时候我们说起来，我今天跟大家第一个讲这个问题，说起来比较简单，或者说比较浅显，但实际上这个里边蕴含的东西是非常深入的。

我举一个很简单的例子，我们怎么来看待人的问题。我前不久刚读了一篇文章，这个文章是我的一个好朋友转给我，是阿根廷的一个学者写了一篇很重要的论文，这个论文的题目叫什么呢？叫《博尔赫斯与数学》。我过去在读博尔赫斯作品的时候，一直有一个猜测，我认为博尔赫斯的作品跟现代的科学，比如说物理学，比如说空间的概念，尤其跟数学有非常紧密的关联。

博尔赫斯的作品我反过来再问大家，博尔赫斯的作品，很多人，比如我们有些老前辈老批评我，说你怎么到现在还在谈博尔赫斯，博尔赫斯是一个观念型作家，然后我在年轻的时候被他这么一说，我觉得他说得很有意思。博尔赫斯为什么是一个观念型作家呢？因为他个人的生活经历非常简单，这个哥儿们足不出户，整天躲在家里看书，在图书馆当馆长，最后眼睛也瞎掉了。他的经历跟狄更斯，跟高尔基，跟沈从文，跟这些人没法比的，沈从文是二十岁左右跑遍了大半个中国，经历过那么多复杂的事件。这个博尔赫斯一生他没有做什么事情，就待在一个地方安安静静读读书就这么过了一辈子，你说他写的是个人的经历，他没什么经历可写，他写的是观念，有很多人跟我这么提醒。我觉得很有道理，可是后来慢慢地我发现不对，博尔赫斯因为他的经历很少，因为他对我刚才说的社会话语怀有强烈的警惕，他有很了不起的思辨能力，所以这样的人写的东西恰恰是他的经验，而不是观念。

所以我今天一开始跟大家来说一说这个概念，你不要以为一个经历很丰富的人写的东西就是经历，一个没有经历的人写的东西就是观念，不是这回事。

博尔赫斯一直在思考一些在我们看来很奇怪的话题，比如说重复的话题，空间的一些话题，比如不同时空之间的关联。他有一些小说诗歌，比如说镜子反射，所有这些东西都是跟不同时空的关系，他有一个巨大的想象在里边。我就不说这个了，我就回来，我说为什么我对博尔赫斯感兴趣，当中我觉得要真正了解博尔赫斯，我说得有一点科学的基础，然后我儿子好不容易学了物理，理论物理，我就跟我儿子说，我说你也喜欢博尔赫斯，我说这样吧，你什么时候回来跟我讲讲博尔赫斯跟物理学的关系。他走了以后，他到学校以后果然有一学期他就在研究博尔赫斯的作品跟爱因斯坦的狭义相对论到底什么关系，然后回来跟我讲了四个小时，就狭义相对论跟博尔赫斯什么关系，讲了火车上扔石子，讲了半天我也听不懂，因为我那个物理学的知识很差，根本听不懂，我跟我爱人两个人假装听懂了在那儿点头，我儿子讲了四个小时。

但是我在看阿根廷的这个论文的时候，就是《博尔赫斯与数学》这个论文的时候我大吃一惊，他这个里面提到了一个非常重要的概念，我这里跟大家讲一讲，数学里面有一个很重要的概念叫递归，我现在开始要讲到，就是我们个人生活，就是跟这些观念之间的关系到底怎么出现的。

这个递归是什么概念呢？我讲这个问题之前，我引用论文里边的一些观点，他说在亚里士多德那个时期，亚里士多德大家都知道，那个时期人类社会形成了数学上的特别简单的一个概念，这个概念是大家所有人都认可的一个概念。什么概念呢？就是整体必然大于它的部分。这个在数学里是一个简单的关于结合的概念。什么意思呢？比如说自然数一定是大于偶数和奇数的，大家知道自然数包含偶数和奇数，那么也就是说这个自然数作为一个整体，它是大于偶数和奇数的，这个大家能理解吗？没有问题。比如说"1234567"，那有"246810"，有"13579"，自然数它是所有的，偶数是整个自然数的一部分，所以整体大于部分这个概念是没有问题的。

然后到了1870年，出现了一个叫康托的人，这个康托通过数学严密的推导他把这个结论给推翻了，他什么意思呢？他说不一定，这个整体不一定大于部分，然后他怎么推导的呢？这个推导过程非常有意思。你不是说自然数一定是大于偶数或者大于奇数吗？他说不一定，当这个自然数趋向于无限的时候，这个情况会发生重大的变化，爱因斯坦的相对论也是一样的，就是在牛顿的那个概念里面，他是另外一个说法，但是一旦进入一个另外的空间，所有我们原来的观念就不对了。就是当这个自然数趋向于无限的时候，"1234567"一直到无限，出现一个什么变化呢？每一个数字背后都埋藏着一个偶数，比如1的后面有2，2的后面有4，3后面有6，4后面有8，5后面有10，既然每个数字都趋向无限，它背后的偶数也趋向无限，他们俩一样大，大家明白？这个推导非常无懈可击。任何一个自然数，它背后都有一个偶数，那么你自然数趋向无限，这个偶数也是趋向无限的，那么这两个不是一样大吗？不存在一个比一个大的问题，所以出现一个什么概念呢？自然数跟偶数概念是一样大的，那么也就是说部分跟整体是一样的。

当然数学界有一个很重要的概念，这个概念我觉得当然我们马上要讲到关于人文的问题。所有这个部分，能够呈现整体的这样的事物我们把它称为递归性的事物。接下来一个问题就是说，这个人是递归性的事物吗？比如说我们人生活在地球上，我们人是一个很小的部分，对不对？无论从空间来说，还是从时间来说，人都是一个短短的一瞬，大家读过苏东坡的《赤壁赋》，你们读《赤壁赋》的时候有没有体会到苏东坡的那种思辨，就是人在宇宙间就是一刹那，就像牟宗三说的，人生好比坐火车，你上火车的时候，火车已经有了，火车上坐满了人，而你上了火车以后这个火车往前开，对不对？那么你很快就下车了，你死了，但是问题是这个火车还在往前开，那么有人说我上车晚了一点，那么我下车是不是可以晚一点？不一定的，有的人上来以后他就不下去了，我有一个老师到了快八十岁得了癌症，得了五六种癌症，五六种癌症以后他居然又活了二十多年，到了一百多岁还活着呢，很难讲的，他很早就上车了，他还不下车。有的人上了车几分钟就下去了，就夭折了。所以这个东西，那么这个人他是一部分，他跟这个整体到底是什么关系？那么你下了车之后我们怎么解释这个人的东西呢？

所以我跟大家说一个很简单的概念，就是整个不管是中国文化、印度文化，还是说希腊的文化，都一样，我们过去都把人解释为递归性的事物。什么叫递归性的事物？就是《赤壁赋》里所描述的那个哲学上的思考。苏东坡向我们证明的就是我这一瞬间我所看到的清风明月，这个时候曹操、孙权，全已经灰飞烟灭了，我是很悲伤，觉得人生不过是过客。他为什么有高兴的呢？他实际上向我们证明的就是说我这个部分，我现在所存在的这个部分，这个瞬间他实际上就是永恒，他代表了整体的意义，所以人是递归性的，你知道中国的儒家过去是怎么界定人的？因为人生生不息，难免人有麦秀黍离之痛，你不在了，这个地球照样运转，那么我们过去怎么解决这个矛盾呢？在很大程度上中国儒家有一套自己的思路，比如大家都知道，中国人过去说所谓修身齐家、治国平天下，天下这个空间来说多么的大，很多事情你根本做不完，你跟这个整体之间他到底什么关系？

当然我可以从最简单的事情做起，修身。所以钱穆先生就说，中国传统的农业文明，如果我们说最核心的东西，钱穆先生认为就是修身。我的身修了，所以我跟很多同学都说，我觉得写作，大家要写好小说，千万要记住一句话，这句话我觉得是特别有用的，修辞立其诚，就是中国人过去文如其人，你有了诚意之后你的文章才会漂亮，你如果游离在外，如果你不是认真地去做一件事情，你根本不行，那个文章就成为游辞，它不可能感人的。

所以我们过去在做对人的解释，就是一个递归性的，你死没关系，因为你的这个部分是等于整体的，你的这个空间，你人很卑微，但是你实际上已经给人做出了很大的贡献，比如说中国人讲五伦，兄弟、君臣、父子、夫妇，还有友朋，五伦，这个五伦里边最后一个是朋友，朋友之间是没有血缘关系的，然后都是从基本的，我用对待爱人的方法对待兄弟的方法来对待一个陌生人，让世界太平，所有的事情都是从一个最基本的事情做起，然后把它递归，给它推，推向一个远的地方。

那么这样的话人的焦虑感在很大程度上是可以被消除的。所以我前不久在新加坡，我在新加坡讲演的时候也说到这个概念，中国人在过去何以不怕死？很简单的道理，《周易》里面说小人曰死，君子曰终。一句话，就是中国的传统哲学，把人的生死问题悄悄地转变成死终问题，既然这样的话你要死，那你有一个开始。所以一个人在任何时候死都是没有遗憾的，因为他终了了，他不是死了。所以对君子来说不存在死这个概念，他就是终，所以过去中国人死了以后他就叫，这个人终年多少。我们今天多说享年多少，过去就叫终，这个终的意义就是说你把事情做完了。比如说我们过去父亲死了我们叫先考，为什么叫考？考就是成，这个人完成了他的事情，那就可以死了。所以朝闻道夕死可矣。很简单，那么他把一个长度的，本来在我们数学里面长度的量突然变成一个强度的量，所以就有志不在年高，所以人在任何时候都可以抹脖子。

你看《春秋》里面看得非常清楚，说舍身取义，我们今天看起来特别特别难受，你看《春秋》，看《史记》，那些人动不动就自杀了。他为了某种强度，他根本不在乎生命的长短，所以我觉得我们今天看到无数人锻炼身体，就是为了多活几个月，苟延残喘，所以我看了之后心里非常悲凉，他们在干什么呢？你能活到两百岁，你在长河里面能占据多少东西呢？我待会儿再说现在人的观念，现在人不一样，所以过去我们就是传统的一个递归性的人，就通过一个部分，来呈现一个整体，通过一个瞬间来呈现永恒，那个永恒的安宁和寂静。所以你们知道中国人最高的目标不是幸福，是什么？中国传统里边对人的定义里最高的东西不是幸福，不是我们今天的快乐，不是这些东西，安适，你心里安静了就什么都好了，太平。

你们还记得马克思说的相似的一句话吗？人是一切社会关系的总和，从黑格尔那儿来的。什么意思呢？人没有贤愚之分，人，我们或许说你要做一个君子，你要时时刻刻做个君子，这是我们说传统社会的递归性的人格。我们过去人讲慎独，慎独是什么意思？就是你一个人坐在房间里，你都不能有杂念的，你一个人独处的时候，你的品格仍然是一个君子，你做的事情没人看见，你还得符合君子的规定，这叫慎独。就是你每时每刻都得像个君子，这个部分跟整体是一样的，你活一百年是如此，你活两分钟也是如此，这个不能走样。

那么这就是递归性的人，是对人的递归的一个解释，那么到了黑格尔，如果我们把人界定为说人是他所有行为的总和的话，你会发现是对传统的所有这种定义的反动。也就是说你今天可以做一个高尚的人，明天可以做一个卑劣的人，后天可以成为一个骗子，最后你还能当教皇。我告诉你，他不影响你。那么你怎么评价你这个人的一生呢？你做过所有的事情加起来，就是你一生的事情。那么这种事物我们把它称为反递归的事情，对人有了反递归的解释以后，用加缪的话来说，好这个概念就永远消失了。好就没有意义了，对不对？我们今天的人不可能生活得好，而只能生活得多，就是你生活得多是有可能的，所有行为的综合嘛，你可以尝试所有不同的经历，经验。

其实我们今天就是这样的，说我去过意大利了，去过法国了，可是波兰没去过，我要去一下。我们清华中文系有一个老师我特别佩服，这个人他有四不原则，其中一个原则就是不出国，他从来不出国，那么他的这个理由我觉得非常有道理，他说我为什么要出国呢？难道我们中国的这个部分不是整体吗？他就是整体，我干吗要去了解法国人怎么生活，法国人怎么生活跟中国人怎么生活不是一样吗？难道他们不吃饭吗？他们不谈恋爱吗？不用抽水马桶吗？一样的。我们那个教授我是特别佩服的，他是一个典型农业社会的，拒绝进入现代社会，特别了不起。

所以加缪就说了，说我们今天好这个概念，突然它就没有了，你比如说爱情这个概念，就是说在过去那个爱情它就是梁山伯祝英台，它就是两个人跑到一个地方读书，对上眼了，在今天看来这算什么呀，最后两个人，最后其中一个人结婚，然后殉情，所以梁山伯祝英台这个故事是不可能发生在当代的。你们如果今天在写小说的时候，还要去写梁山伯祝英台的故事，你至少得想一想，就这两个时代是不同的，你为什么还要去讲？我说不是不能写，因为在今天是什么概念？今天就是说你不爱我了，爱我的人多着呢。我根本不在乎你，在中国还不好办，那在西方就很简单，有的是妓院，有的是办法，当然今天我觉得，我不太了解，我这个人生活比较保守，所以我们今天很多人在追求这个多，用这个多来代替这个好，是一个新的时尚，我刚才说就是社会话语的一个部分。

我说了半天，递归也好，反递归也好，你们知道后来特别重要的存在主义的出现，存在主义里边最重要的口号叫什么，大家记得吗？存在先于本质。这个话，萨特这句话就是从黑格尔那儿来的。什么叫存在先于本质？人是没有本质的，没有意义的，那么他存在在那儿了，他这个是最重要的，你可以有无数的选择，人要有勇气勇敢地去选择自己，这个道德这个东西是不足惧的，你不要老担心道德，这是萨特的一个看法，存在主义的一个看法。他的目的是为了解放人，但是问题是你们知道这个东西他把人解放了吗？我们人在这个牢笼里边，被现实生活纠缠得越来越厉害。所以我就说这些当中博尔赫斯在这个论文里面他想告诉我们的一点就是博尔赫斯为什么要思考这些问题，这难道不是他自己的经验吗？这难道不是他自己的经历所促使的一个思考吗？那么博尔赫斯的小说，我们从某种意义上看，他是很少这种经验的特色，但是我个人至少是这么认为的，我觉得有的人生活经历很贫乏，但是往往能写出让我们大吃一惊的东西。有的人经历很丰富，没有用，所有的经验都在自己的意识当中沉睡，他没有办法唤醒。所以我就觉得这个是我说的经历当中的第一个问题，就是经验的跟社会话语之间，是有千丝万缕的联系的，其实我们自身的经验在很大程度上都是被掩盖着的。

我记得阿多诺在1941年写过一篇很重要的论文，叫《论流行音乐》。我觉得在座的各位如果说你们有兴趣，你们可以网上搜一下，这篇文章特别特别重要，阿多诺是法兰克福学派里面很重要的一个我所佩服的大师。他的《论流行音乐》这篇文章，看起来是写流行音乐的，实际上他是来分析整个社会的文化生产的。比如说我们今天的这个人，动不动就会碰到年轻人，在座的各位是80后，我的儿子是90后末，后面有00后，我在清华里我学生说，今天我们大家谈得比较多的说，我要保持我的个性，我得追求个性，我觉得我们今天的这个社会里边，其实是最没有个性可言的。这种个性阿多诺在 1941 年的时候他就说过了，阿多诺把它叫作虚假的个人性，标准化的社会，就是音乐为什么会呈现不同的形式？这个我就简单地说一下，因为要说的话太多了，所以我就点到为止。就是我们自身的经历经验，其实是被很多的社会话语所覆盖的，当你一拍脑袋说我想起一个东西可以写的时候，你千万别信以为真，说这个东西是我个人独特的经历，是我个性的产物，不是的，它是被高度文化化的东西，作家在写作的第一步，不是说直接奔向自己的经验，说把你的经验呈现出来。第一步要对你的经验跟社会话语之间的关系做一番辩证，首先得分析，在今天这个社会中，我觉得这是一个必须做的事情，你不要说我有一个经历我就去写，但是问题是你这个经历跟这个社会，我们刚才说社会的整体的意识形态跟他的话语到底是一个什么关系，你没有被别人绑架，这是非常关键的问题。

清代有一个大学者，章学诚。章学诚有一段话说得非常清楚，他说这个社会话语，他把它称为时尚，我们今天所说的时尚，或者把它称为时趋，叫时代的趋向，大部分人都有的观念，这个观念到什么程度呢？我是觉得我们这代人有一个非常可怕的东西，所以大家对手机这个东西，互联网这个东西一定要警惕。我看王安忆他们这些人，我有好几个朋友，包括西川他们拒绝使用智能手机。当然我不希望大家去效仿，但你要知道这个东西对你的损害是巨大的。章学诚在当年说过一句话，叫"时趋之可畏，有甚于刑曹"，这个话什么意思呢？就是这个社会时尚它之可怕，它比抓你进监狱的那个人还要可怕，有甚于刑曹。

所以如果我们不对社会话语本身进行分析说你想去表达你的个人经验，我认为没门儿，根本不可能。我讲了这么多废话，就是想给大家说第一个道理，就是说讲一个道理，就是说你要写自己个人的那点独特的东西，前提是你要分析我们今天这个话语，至少要对他表示足够的警惕。如果这一点意识都没有的话，那你的那个写作就变成一种自动化的东西，我看很多人的作品，我觉得他没有经过前期的思考，根本不知道怎么去表达自身的那一点可怜的东西，全部被这个话语裹挟在里边，我看互联网流行什么他就写什么，基本如此。他的观念修辞所有这些东西跟这个东西构成同构了。

当然还有一个问题我这里就稍微说两句，这个问题大家自己思考，时代的政治跟写作构成一个什么关系？这个当然也是需要大家去思考的。写作，文学写作当然是跟意识形态有非常密切的关系的。

实际上在任何一个社会，不光是在中国社会，都是难免的，福楼拜在写这个《包法利夫人》的时候，今天再看《包法利夫人》，你觉得那个里面有问题吗？没有任何问题。可是他当时被有伤风化这个罪行，差一点被抓起来，陷入官司。所以在这个意义上大家要记住，那个歌德的一句名言，歌德说，如果一个作家缺乏勇气，那就谈不上任何的才华。你就不要谈你的才华了，才华没有用。从作家来说，勇气永远是第一位的，就是你得有勇气表达你看到的东西。

我觉得在今天的社会当中，尤其是作家，作家在某种意义上要比批评家，比学者，心胸应该更开阔，应该看法比他们更深入，这个世界上为什么那么尊重作家？在国外的大学里边一个学者跟一个作家是不能比的，因为作家往往在很多方面是非常深入的，可是我们今天的写作者呢？对于整个社会的思想变化的状况缺乏兴趣，也不打算去了解。那么长此以往，我们说的跟现实隔膜，我说的意思大家以为说，我就坐在家里不跟别人接触，这个就是跟现实隔膜，我说的不是这个意思。我觉得一个人停止思考，不去思考，今天社会存在的各种各样的关系，那么这个我把它称为一种隔膜。

还有一个问题，我刚才讲了几个，社会话语、意识形态跟我们经验之间的关系。第三个问题，道德。道德这个问题当然可能看起来更小一些，我个人认为也非常重大。

大家也知道过去被认为是不道德的东西，在今天已经成为大家炫耀的东西，所以大家去看看马克思写的那个《共产党宣言》里边，我在写小说的时候用了马克思的一段话，马克思在《共产党宣言》里面说，今天的社会是什么样一个社会呢？所有的东西，所有的戒律都被打破了，所有神圣的东西都被亵渎了，新的观念，生产的持续的变革，使得新的观念、新的东西出来，还来不及固定就陈旧了。今天社会就是如此，新的东西目不暇接，所以我们这代人都已经被淘汰了，比如说我不喜欢用共享单车，我觉得共享单车是最愚蠢的发明，我觉得我自己有个自行车骑骑很好，为什么要有一个共享单车呢？那么多铁堆在我们学校那个地方浪费，中国人能发明这个东西有什么意义呢？我一直到现在都不去用，我觉得偶尔我就会走走路，我也不知道大家觉得这共享单车好在什么地方。比如说手机付款，我到现在还坚持去用人民币付钱，很多人觉得你这个人特别土。所以基本上我不是说叫大家都像我这样变成一个老土，而是说这个社会在非常快速地变化，这个变化当中道德这个问题也会出现一些巨大的变化，比如说同性恋的问题，动物的问题，种族的问题，背后有一个概念叫政治正确，对不对？

所有这些东西在过去，我们觉得过去杀条狗，说把它炖了吃天经地义的，那么你猪可以杀，为什么狗不能杀？很简单。我今天说这个话大家没有录音，不能放到网上去，那养狗的人可能要追踪我。

所以在今天你说一句很普通的话都会有问题，就是我这里说的这个道德在发生很大的变化，所以我就想起当年李贽他们几个说的那个概念，就是说以孔子是非为是非就等于没有是非，今天之是昨天之非，反过来说昨天之非是今天之是，一样的道理。什么东西好什么东西不好，什么东西符合规矩，这个时代是在不断地往前发展的，所以文学在这个当中跟道德也会构成一个紧张关系。几乎没有作家会在一个安全的道德所许可的范围内写作。

我不知道大家有没有这样的体会，比如说我作为一个大学老师，我有的时候在写小说的时候会受到很大的限制，就很困扰，比如说我要在小说里写性描写，我就没办法面对学生，学生就会觉得这个老头很肮脏，这么大年纪了还写那个，然后你写到那本能的你就不敢写了，因为你的身份，如果我不面对学生，说我就待在家里整天做一个专业作家，谁也不认识你，你爱怎么写怎么写，那么你每天在学校里跟学生见面，年轻的学生都很纯洁，看着你，有一次我儿子高中的一个同学，一个女孩，我有一次接我儿子，她跟我儿子在一块儿，我把他们俩一起接上了，清华附中的一个女孩，高一的一个女孩，上车以后那个女孩就叔叔叫了我一声，我听了挺高兴的。叔叔，我说啊，怎么了？她说我问你一个问题行吗？我说行啊问吧。她说你那个《人面桃花》里面写那么多的性描写有必要吗？我当时立刻就晕了，后来我只好说，我说你看了以后你感觉会脏吗？会觉得不舒服吗？她说那倒也没有。我说那你为什么要问这个问题呢？我说这个必要性有没有？你为什么要写啊？不写性，按照我的看法也可以表达感情。我被她问的，真是回去想了很久。

这些当中会碰到一些问题，这个问题，这个道德当中我刚才说，也不是说那么小。当年李清照你们知道，跟赵明诚两个人，你知道当年的那个社会道德就是这样的，就是金兵南犯，宋代嘛，赵明诚是当官的，当然他就去亡命，就开始跑了，因为他要去抵抗，男人嘛，就先跑了。跑了以后赵明诚他是一个金石学家，家里收了很多古器，就是古董，他要研究金石学，他当然要收藏很多东西。那么李清照最后给他运了好几大车，押着他的这些宝贝，一个女人，男的已经跑了，敌人已经过来了，这个女的赶了好几辆大车，从北方一路往南方进发，这是李清照。李清照一路上想了什么我们不知道，但是她后面写了一篇很重要的文章叫《金石录后序》，《金石录》是赵明诚的作品，赵明诚的《金石录》等于是金石研究的图录，然后李清照为它写了一个序，叫《金石录后序》，这篇文章很有意思。李清照一路上就把这些东西运到什么地方呢？运到南京，就跟赵明诚见面了。见面以后两个人见了几次之后，皇帝任命赵明诚到某个地方去做知州，又要去当官了，那么跟李清照夫妻俩就在江边送别，挥了挥手，那个船就远去了。可是这个船还没有走的时候，李清照突然向丈夫问了一个问题，说如果金兵一直打到南京来，再把南京攻陷了，你的那些东西、那些宝贝怎么办？赵明诚有一个回答，说你先把那个衣服被子这些乱七八糟的东西扔了，然后就把我的书画和卷轴这些东西扔了，扔了之后还不行，你就把那些我收藏的古器扔了，最后有一个东西不能扔，这个东西叫宗器，就是祖宗上留下来的宗器不能丢，"汝与之携亡"，就是你跟它共存亡。

这个话一说李清照就愣住了，我刚才为什么提醒大家说她在南逃，一路上她想了什么，一个女人她想了什么，她到了这个时候她脑子里咯噔一下。好歹说我的价值，就跟那个古器的价值是一样的，就是你跟我先扔什么，后扔什么，怎么就没想到还有一个大活人在这儿。可是在赵明诚的眼中，这个活人因为是个女人，她跟那个古器的价值是差不多的，就是汝与之携亡，就是你跟它共存亡。这个时候李清照在《金石录后序》里面问了一个问题，作为女人的问题，所以呢？后来的很多人谈这篇文章特别重要，有一句话说李清照问了一个问题，这个问题三千年没人敢开口，很简单的问题，这个涉及一个社会道德的问题，就是过去在赵明诚看来很简单，你就是干这个事儿的，你说女人就不是人吗？那这个问题要不要问出来？所以这个不得了，这是对道德的挑战，是对一个巨大的笼罩在女性头上的这么一个东西的挑战，李清照第一次非常了不起，她后来改嫁是很自然的，她才不理这一套。

那么这些东西都涉及道德的问题，所以我这里也是，我也可以引用托尔斯泰的一段话，托尔斯泰说，如果我们的生活就是一种自动化的生活，比如说有了这个再有那个，有了两室一厅的房子，有了三室一厅，然后有个别墅，这就是自动化的生活，所有人都在这么做的，我有了讲师，然后再奔副教授，然后当教授，然后当博导，然后我先得一个地区的奖，我参加地区的作家协会，参加中国作协，然后我开始获鲁迅文学奖，获茅盾文学奖，最后获诺贝尔奖，所有作家都这么想的，然后我的作品慢慢地翻到国外，然后有了译本，两个译本，所有这样一个序列，托尔斯泰把它称为自动化生存。托尔斯泰的一个结论是什么呢？如果你在这种自动化的生存里过了一辈子就等于一天都没有过过。所以我们的生活有两种生活，这是托尔斯泰对我个人最大的启发，一种他把它称为安全的生活，还有一种叫真正的生活。我觉得作家的作品好不好，你要看你生活的质地怎么样，你本身生活的质地都是自动化的，你还写什么东西，你本人的生活跟道德的关系都那么的驯服，不假思索。所以我刚才讲了三个方面，我再归纳一下，一个是社会话语，第二个意识形态，第三个是道德。这三样东西实际上构成了对我们经验经历阅历的那种非常巨大的威胁，所以我们一开始就应该在写作当中，应该对这些问题进行思考，我觉得要有一个认真的思考。

我总结一下，在这个前提下，你才有可能去说我要写什么，问题是我们可能很多人从来就没有思考过这些问题，在一种自动化的东西里边按部就班，这样的话我觉得一个人要获得自身的经验，很多的东西就浪费了。你经验再多，经历再丰富也没有用，而且我刚才也讲了一些例子，比如说霍桑这样的人，卡夫卡这样的人，博尔赫斯这样的人，都是生活非常单调的家伙，他们没有丰富的经历，可是为什么往往是这些人写出了那个社会最重要的真实？你们知道卡夫卡，他唯一的经历阅历就是他跟父亲的关系，可是后来他为了去描述那个社会，他脑子里突然想起了父亲的形象，衬衫的领子是脏的。你们看卡夫卡的作品，所以我觉得不是说一个人的经历有多丰富，他就能写得多深刻，我觉得没有这个道理，重要的是对我们的现实，尤其是文化现实，我觉得要有深入的考虑。大家要了解一个基本的概念，这个概念是什么呢？有些朋友可能会反驳我，说你这个说得不对，过去很多作家他们就靠自己的经验生存，经验很丰富，写出来的作品充满传奇性，历史上留下来了，很多人也没有读过书，比如说赵树理、高尔基，你举很多例子给我听。是这样的，靠自己的本能生活的那个馈赠，也能写出伟大的传世之作，但是我告诉大家，这个时代已经永远地过去了，在今天的这个社会生存，如果你没有一定的学历，如果你的阅读面不够广阔，你的视野不够开阔，你不要说写作了，你说你要写作，很难，除非你去写通俗文学是可以的，畅销书可以，你满足一般的大家的娱乐方面的需求，我觉得这个是可以的，完全没有问题，我们当然今天讲的是文学写作，是一种比较认真的写作。所以我是特别强调，在今天，我不是说你要去花很多时间去研究理论，我觉得倒没有必要，你去看妇科的书，没必要，但是我觉得至少有一点，我们对当今的哲学，包括一部分科学、思想史，尤其今天我们思想界的斗争，这些东西要有一个清晰的了解。

所以为什么我觉得实际上你写一个故事，写你个人的经历，实际上你所呈现给读者的，最重要的可能就是那么一点点东西，这个东西有没有？这是你的文学作品能不能成功的最重要的东西，而不是说这个基本事实，这个基本事实没有用。我刚才讲过了，这个时代发生了很大变化，由于社会分工，由于新闻，由于科技的发展，我们已经不需要你给我们提供那些事实，也就是说这些事实已经极大地贬值，没有用了。在过去不得了，过去一个人写得再没有意义，他就讲一个老掉牙的故事，你就会听。为什么呢？本雅明说，传统的故事里边包含有某种光晕，那种东西浸透在故事里边，是最了不起的，大家不要小看民间故事，民间故事全是在时间长河里面被磨得玲珑剔透。

为什么？因为民间故事经过无数人加工，无数人的智慧浸透在故事当中，就像这个河床下的一块玉石，它经过多年水的冲刷，它形成了特殊的质地，价值连城，这个价值是怎么来的？它是时间赋予它的，它是在历史自然的演化过程中，它有包浆，玲珑剔透，圆润，光泽，你说我把一个山石、一个玉石切开，用机器马上打出一个玉来，跟它能比吗？不能比。奥妙就在于它是经过时间不同的人，你们看《一千零一夜》，《一千零一夜》所有的故事都带有神奇的光芒。这种神奇是怎么来的？当代不是没有人在延续这种故事的方式，我前不久在珠海开会，碰到俄罗斯的作家我还问了他们这个问题，我特别喜欢本雅明所推崇的一个俄国作家叫列斯科夫，大家知道吗？这个列斯科夫是跟托尔斯泰同时代的作家，但是中国很多人不知道这个人，这个人是非常伟大的作家。在今天我就问俄罗斯作家协会的头儿，一个老太太，我一问旁边的一个男的老头也非常感兴趣，他们都非常崇拜列斯科夫，然后我就问他们一个问题，我说这个人现在在俄罗斯，他是什么样一个地位？他们就告诉我说，说这个人的地位跟托尔斯泰是一样的，最顶级的作家。当年托尔斯泰也评价过列斯科夫，列斯科夫是跟托尔斯泰和陀思妥耶夫斯基完全不同的作家。

我们先说托尔斯泰跟陀思妥耶夫斯基是描写当代社会生活的，把当代社会生活作为他表现的一个方法，社会性，社会问题，社会矛盾。这个列斯科夫不一样，列斯科夫是一个完全用民间故事的方法在写小说的，特别逗，如果你们有兴趣的话，可能很难找，在中国他的书翻译了大概有五本到六本，大概50年代以后陆续有一些翻译，我给大家讲一个他非常著名的小说，你们就知道他是怎么写小说的，特别好玩。他的作品，俄罗斯的这批作品极大地影响了马尔克斯这批人，包括后边的布尔加科夫，你们知道布尔加科夫的《大师和玛格丽特》，余华特别推崇的那个小说，那些方法都影响到《百年孤独》。列斯科夫也一样，列斯科夫的故事有《一千零一夜》故事的那种神奇，在当代社会里面它仍然能够存在，我觉得这个作家为什么被本雅明挑出来作为一个典范来进行描述，比如他有一个小说被翻译成《左撇子》，他写一个什么故事呢？说一个沙皇，俄国的皇帝接见英国人访问，访问的时候英国人送给他一个礼物，这个礼物是一个盒子，里边有一个东西，把盒子打开，装饰得非常精美，打开以后是一个普通的盘子。沙皇就觉得这是什么玩意儿？怎么送我这么一个礼物？给他送礼的那个人就说这是我们英国人一个非常贵重的东西，说你不要小看这个盘子，这个盘子中间有东西，你需要用放大镜才能看到这个东西，然后他就用放大镜一照，发现这个盘子中间趴着一个跳蚤，这个跳蚤是钢做的，英国人是为了显示其现代的工艺已经达到如此精美的地步，做了一个钢做的跳蚤，居然肉眼还看不见，还需要用放大镜来放大。这个沙皇拿回家以后把发条一转，这个跳蚤还会跳舞，然后这个皇帝回去就很恼火，说英国人了不得，说他们给我一个下马威，这么一个小跳蚤，我们俄国人大概是生产不出来的，工艺这么精美。他就把这个顿河沿岸的最后的一些工匠，全部召集来跟他们说，我很快要回访英国，人家给我送了这么好的礼物，你们也去造一个礼物，让我回去的时候也可以跟英国人炫耀一下我们俄国的能工巧匠能造出什么样的东西来。然后这帮人就回去造了，等了很长很长时间，这个过程我就不提了。

这个皇帝等得很着急，最后这个行期已近，就派了马队去问，说这些工匠到底造出来没有？最后带来一个人，说陛下我们造出来了。说拿出来给我看看，拿出来了，你们知道这个民间故事的特点，又是一个盒子，打开了以后里面还是一个盘子，重复，皇帝说什么意思？说当中趴着个东西，跳蚤，说你拿放大镜一看是个跳蚤，钢做的，皇帝说你们来点新鲜的行不行，英国人搞了这么一个东西，说你们还搞这么一个东西，发条一转还会跳舞。那个左撇子人就说，不是的陛下，我们没有造新东西，我们把英国人的这个东西给它改良了，还是原来的东西，皇帝说你们怎么改良的？他说很简单，我们几个人就给这个跳蚤，它有很多条腿，我们给它每一条腿上穿了靴子，我就是负责给那个靴子上锚钉的那个人。他这个小说非常有现实性，后面还有很长，大家回去有时间可以看，我这里没有时间给大家讲了。

他是表现当代社会生活的那种主题跟托尔斯泰没有区别，但他用的方法是民间故事。由于他用了民间故事，他显得更加珍贵，因为这样的作品在今天已经绝迹了，我们很少有人用这种方法来写作。我们往往小说上来就是社会发生了一次什么什么事件，他不是，他是完全带有民间故事的方法来写的。比如说他还有一个小说叫《姆岑斯克县的麦克白夫人》，一个非常有名的小说，你看那个小说，我觉得所有你们写过作品的人都会很震惊的，就没有人那么讲故事，讲故事的方法千千万万，他因为汲取了大量的民间故事的素材，然后把它融入现代生活，又对民间故事进行了重要改造，这个在今天已经被称为瑰宝了，这是列斯科夫。

所以我跟大家说，其实我们在面对经验贬值、面对碎片化的社会的时候，其实有很多东西大家都在使用，所以这个当中有非常多的变化，我一直觉得莫言写得最好的小说就是《透明的红萝卜》，我一直跟莫言说这个话，以前跟他说他很高兴，现在跟他说他不一定高兴，难道我只写过这一篇好小说吗？这个《透明的红萝卜》里面精彩的地方，我觉得太牛了，那个小孩在那儿砸石子，把手砸破了，然后有一个年纪比他大的姐姐，就拿出一个手绢给他包扎，他把那个手绢包扎了，包扎了以后他就把手绢带走了，因为这个黑孩，不穿衣服，所以他身体好了以后，这个手绢就舍不得扔，然后他怎么办呢？他就爬到一个桥上，就把手绢藏在桥的缝隙里面，然后经过这个桥的时候，他都要看一眼，有的时候会爬上去看看那个手绢还在不在。这是莫言当年写的爱情，就是一个年轻的少年，对一个年纪比他大一点的姐姐的爱情。非常之美，今天的年轻人可能不能理解说怎么还有这样的故事，所以莫言的作品里面也带有强烈的浓郁的乡村故事的这种风采在里边，我相信这些东西不是说他的社会经历编能编出来的。

所以我就是说，因为今天的经验我们都贬值了，在过去比如说诺贝尔奖获奖者里面有很多作家，比如在北欧很多人他写了一个作品就得诺贝尔奖了，你说他重要吗？他依然不重要。小说好看吗？不好看。可是他为什么在文学史上有地位？因为他写的那个东西别人没写过，这一个理由就够了。比如说南斯拉夫的一个作家得了诺贝尔奖，得奖的理由就是说世界有必要了解南斯拉夫，很简单，你写得再差你也可以得奖。

那么在今天不行了，今天这个世界已经融合成一个整体，当年我经常开玩笑，我说东城区的人上清华大学，母亲送他出门的时候都要流眼泪，因为太远了，从北京东城跑到海淀，将近三十公里，三十公里在过去是什么概念？民国时代什么概念？三十公里你要走的话一天都走不到，一个小时就走四公里，三十公里你算算看需要走几个小时。所以你看俞平伯跟叶圣陶两个人要去看朱自清的遗孀，朱自清死了，他们提前好几天就酝酿，说我们雇一辆马车还是牛车，说到什么地方吃中饭，怎么打尖，然后到傍晚才能赶到，起个大早，这就是当年从东城到海淀的距离，到清华大学的距离。你想想今天是什么概念？你像当年一个人从东城到了海淀他需要有多长的经历经验，这个过程在路上会遇到多少事情，在今天你打个出租车三十分钟到了。

学生写文章为什么写得大家都重复？因为大家都差不多，从小很早就开始上幼儿园，开始背外语单词，背中国古典诗词，然后要艺考，要学钢琴，然后从小学中学一直到大学，你说有区别吗？没区别。那么这个时候你要写作，你要写自己阅历的话，你不是开玩笑吗？这种阅历别人没有吗？但是在我们那个年代是不一样的，我上大学的时候，所有人的经历是完全不同的，从昆明来的，我们那个时候还有人带着孩子来上大学，有做母亲的，年纪大一点，我在班上是最小的，然后那些人有的人还在殡仪馆干过，那种人就很神秘，他跟你讲故事你就听得老老实实，你敢说那个不相信？你不相信你白痴啊。部队的，干过很多很多事情的，所有人五花八门，每个人的经历都是可以交换的，今天我们是不可交换，不可交换是因为大家都一样，那么在这样一个前提下大家注意，你还要去写你的这些没有意义的经历，你是在干什么？那么这个当中我觉得我们每个人对自己的阅历，比如说经验中生活中遇到的事件，我们如何看待和分析这些事实，就变得极其重要了。

我讲到这儿不知道大家明白我的意思吗，就是不要轻易地去把你的经历和经验提供给读者，这是没有用的，不要去做这种绝望的抗战。你这个战争是注定打不赢的，你应该学习博尔赫斯，学习普鲁斯特，普鲁斯特是一个得哮喘病的人，整天躺在床上胡思乱想，他没什么经历，可是人家写的每一个细节都具有震惊的效果，我觉得普鲁斯特给我们提供了一个非常好的典范，重要的不是事件，而是事件提供给我们最初的那个感觉，你要捕捉的始终是那个感觉，那个东西是造成你跟别人不一样的很重要的东西，而不是事实本身。我们今天把注意力全部放到事实上，放到遭遇上是没有用的，你要把那种特殊的感觉写出来，比如说普鲁斯特就告诉我们你要写炉火，炉子里面的火，那么你会有无数种感觉比如外面是不是正在下雨，你当时的心情如何，是在什么样一种状态，你有一万次面对炉火的时候，可能只有两三次你是会有灵魂出窍的感觉的。非常的静谧，你的心情恰恰又很好，旁边又有佳人陪伴，我说的佳人是美人，不是家里人。然后有美人在边上陪伴，你们在一起烤火的时候感觉是完全不同的。普鲁斯特就告诉我们这种细小的，生活是一个万花筒，它不断旋转，它的图案是随时在组合的，由于我们记忆的作用，当两个毫不相干的事情碰到一起，比如说当这个雨伞和缝纫机相遇的时候，你们知道这个典故吗？就是在一般情况下这个雨伞和缝纫机是不会相遇的，这个雨伞和缝纫机都是普通之物，可是你小说里面如果写出这个雨伞和缝纫机相遇了，那就很妙了。

连普鲁斯特这样一个整天躺在病榻上，在回忆往事的人都能写出传世之作《追忆似水年华》，你还用为自己的生活贫乏而担忧吗？你恰恰应该担忧的是另外一方面的问题，就是怎么来描述我们对生活的真知，那种直觉，那种感觉，那种不同一般的东西。那个东西构成文学里最重要的奥秘。《格萨尔王》流传了这么多年还在流传，是有无数的天才在里边倾注了大量的心血，这个作品才会神奇。

《水浒传》为什么那么好？他就是民间故事在流传，梁山泊故事流传了多少人，最后到了施耐庵手里，最后把它变成了一个小说。当然我们今天没有这样的便利，我刚才讲社会生活发生了很大变化，我们自身如何来处理这个经验，这是非常重要的，我觉得我们如何来面对贬值和同质化，尤其是这种相对主义的写作，我觉得是非常糟糕的。有一种论调就认为今天这个社会已经没有真实了，没有重大的价值取向了，我们写什么都可以，就是刚才我说的黑格尔的那句话，人是一切行为的总和，什么都可以干。什么是真正的自由？就当我们获取到这个自由的时候你的感觉如何？你的身心很健康，在某一个瞬间里面你觉得非常自由，所以这种东西永远是最重要的，就像海明威曾经教导我们的，说当你钓鱼的时候，说这个鱼在上钩的时候，你想想看带给的你是什么？是一条鱼吗？不是，是一种神秘，是那个鱼被你钓出水面，你当时不知道它有多大，什么颜色，那个声音在水面上滑出的那个纹路，你的那种喜悦，如果你能把这个喜悦写出来，那了不得，可是我们往往就会说这个鱼有多重，有多大。

最后一个问题是我们应该怎么去调整我们自己的写作姿态，跟我们今天讲的阅历有关系的。回到我们刚开头说的那个话，就是莫言、鲁迅他们为什么不敢写城市，老是在写乡村。

我的学生回答了二十六个答案，有几个答案我希望他们回答的他们都没有回答，一个就是刚才我讲过了，关于中国的农村生活的问题，中国是个乡村社会，所有价值理念都是乡村社会建立起来的，直到今天还是如此。我觉得在座的各位80后，我不敢说，但是90后往后的文学跟我们一定不一样，因为90后的这批人已经根本看不懂莫言我们这些人的作品，所以我最近在写作的时候我也在做调整。

为什么呢？我今天特别关注，就是我的作品 90 后的人能不能读。如果他们不能读，那这个写作就失败了，我觉得这个当中需要有一个技术性的调整，因为我在大学教书，我跟莫言也讲过这个事儿，我说 90 后的学生对你们那一代写农村的故事没兴趣。所以我就觉得在今天，我讲我们今天面临乡村在向城市变化的过程，既不是传统的乡村，也不是现代化的城市观念，我们今天的生活在这两者之间。我觉得我们需要同时关注这两方面的东西，你才可能对中国今天的现实发言。

所以我觉得读点古书是重要的，我一直跟朋友们聊这个问题，他们说为什么我们要去读《左传》？我说《左传》《史记》很重要，就是因为很多东西从那里来的，源头上如果你不读的话是不行的。这个就不说了。

我说学生没有提供的答案，第二个问题就是我们的经验，阅历跟他者是一个什么关系。我最后讲讲这个问题，讲完了我们就下课。

这个问题特别特别重要，你想想看，我说莫言他能成功能得诺贝尔奖，那是因为莫言天生有讲故事的才能吗？那么在莫言老家，比莫言会讲故事的人多的是，如果说莫言写的山东高密的那点经历，他的丰富性复杂性，了解程度超过莫言的人在农村比比皆是，为什么那些人没有成为作家？是因为莫言的文化程度高吗？也不见得。他也没好好念过书，最后到了鲁院北京师大作家班，这里边有很多很多原因，当然有他的天分，有他的阅读量，他的游历。最重要的是他者出现了，如果我们设想一下，如果莫言一辈子待在农村，他根本不可能，你去问什么是乡村生活的本质，你去问一个农民，农民不知道，乡村生活就这样。可是假如说这个农民有一天进了城，哪怕在上海生活过一个月，你再去问他，乡村是到底怎么回事？所有跟城市不同的都构成了乡村的东西。

所以莫言的记忆他的经验实际上是被城市照亮的，大家一定要记住这个问题，就是这个当中涉及我们的写作姿态的问题，就是说你对新的事物，比如说城市。城市对于乡村记忆来说是一个巨大的他者，那么在今天这个他者不像莫言那个时候那么地惊心动魄，今天一个农民从农村来到城市他很平常，因为乡村也有五星级宾馆，我们老家就有，也是六车道的马路，然后你就感觉到所有的这些东西，抽水马桶，自来水，甚至用的东西的品牌全国都一样，他到了城市也一样了。但是莫言那个时代你们别忘了，不一样。我那个时候不一样，我刚到上海的时候，自来水龙头是不会拧的，不知道哪边，老是拧错。就是你没见过这些东西，是一个绝对的他者出现了，这个当中你会觉得很不适，我到了上海之后觉得上海人简直可恶极了，老跟上海人发生冲突，冲突的原因是什么呢？就是因为他跟你不一样。我到了上海之后最奇怪的一件事情就是上海人把我带去，说我带你去见见世面，看看我们文明人是怎么结婚的，我就参加了上海的一次婚礼，他们带我去见他们的婚礼，里面的程序极其复杂，珠光宝气，看得我昏昏欲睡，最后来了一个节目，是把一个苹果吊下来，让新郎新娘两个人去啃苹果，最后把苹果一拿两个人就亲嘴了，然后他们就哈哈大笑，他们就向我展示这个东西。我就很不客气地告诉他们，我说你们这些东西在我们农村看来简直就是小儿科，你知道吗？他说为什么？我说农村要结婚，闹的可不是新郎新娘子，是新娘子的公公，你知道吗？扒灰你知道吗？乡村那种赤裸裸的性的东西在我小时候是很吓人的，我说你们上海人能想象吗？你知道乡村是怎么搞你们这些名堂的吗？你们做梦都想不到。

所以这个当中会有一些变化，所以他者这个概念，就是说我觉得一个人，如果我不到上海的话，我永远不知道乡村是怎么回事，乡村的东西原来这么重要，城里人那么无知，那个苹果吊在那儿，那个破玩意儿，还整天向我们得意扬扬宣扬，你不知道我们在六七岁的时候，对乡村生活的性知道的东西比所有城里人都要多得多，因为乡村的那些女的那些老头老太太，他们说脏话，他们讲那些荤段子，根本不避小孩。而且你在乡村，当然那个生活条件，各种各样的问题，我就不说了，乱七八糟的事情，每天都在发生。我觉得基本到今天你都很难想象的，所以我就觉得只有到了城里以后，突然发现我们乡村的那些东西他们都不知道。

第二，乡村那些东西的重要性，它的光芒开始在城市的对比之下散发出来，比如说你在乡下，我小时候碰到任何一个乡下人，他都会跟你打招呼的，不认识的人也会对你表示友善。你到了城里上电梯没人理你，当然你心里不舒服，你觉得人怎么可以这样呢，然后你就开始思考，到底文明这个东西怎么回事。所以我觉得莫言为什么开始写乡村？实际上是因为他是完全生活在城里，城里成为他的一个重要的参考，目的是重返乡村。这是构成他写作的一个很重要的动力。因为他发现了原来生活里边，他根本不可能发现的那种真实。

所以海明威不断地告诫我们，我有的时候也跟学生说，写作当中我们要心胸宽阔，这个心胸宽阔到什么程度？我觉得越宽阔越好，你不要先做结论，说一个人杀了人，一个罪犯，我们对他表示鄙视，那是新闻记者的工作，作家不是这样。作家的工作是需要从他人的立场上去了解你笔下的人物。我跟学生上课讲得最多的一句话，我说你不要想当然，你只要写一个人物，你就得无条件地尊重他，而不是尊重你。你别老用你的想法去限制你人物的想法，你应该尽可能像沈从文说的，你要贴着那个人物来写，你不要老是用你的观念去取代他的观念，什么道德不道德，什么好不好。

比如说陀思妥耶夫斯基那个《罪与罚》，我是前几年重新看《罪与罚》，仍然哭得不行，就流眼泪，就止不住会流泪。这个人杀了两个人，那么陀思妥耶夫斯基还需要为他辩护吗？这个人还有救吗？经历了那么巨大的一个灵魂的折磨，他最后到了西伯利亚，我看到西伯利亚这个地方我再也控制不住眼泪，陀思妥耶夫斯基他的作品，他希望重新来造一个上帝，这个上帝是无差别的，所有人都要拯救，这个罪犯是有道理的，他的行为是可以被原谅的，他是一个迷途的羔羊，然后巨大的爱心，我觉得那种神圣性，在陀思妥耶夫斯基笔下出现了。我觉得这一点东西，连托尔斯泰都没有，托尔斯泰我认为他的《安娜·卡列尼娜》可能是世界上最好的小说，但是从境界来说，我觉得托尔斯泰停留在虚无主义，托尔斯泰的虚无主义很了不起，一个人能够发现虚无，我觉得本身就很了不起。我觉得最可悲的是一个人活了一辈子连虚无都没有碰到，这个人还当作家，我觉得不可能的。

但是托尔斯泰就停在虚无这个境界里边出不来了，当然他也是一个好作家，陀思妥耶夫斯基提供了另外一个东西，提供了那种把上帝的博爱，就人能不能获得拯救，他通过他的作品呈现出来。所以卢卡奇认为，世界上现代小说被发明以来，可能有两个大作家，他认为可以跟荷马媲美的，托尔斯泰不在其中，歌德也不在其中，他认为只有两个人，一个是陀思妥耶夫斯基，还有一个人大家猜猜看，塞万提斯，塞万提斯了不起的地方在于他重现了喜剧的一个能力，就是说你任何人做不到的，你看《堂吉诃德》，《堂吉诃德》里面充满了苦难和荒谬，但是《堂吉诃德》是最后一个可以弥合人类的苦难，塞万提斯是把局部和整体融会在一起的最后一位作家。他以后就没有了。陀思妥耶夫斯基在另外一个意义上重现了塞万提斯这样的可能，达成了某种珍贵的和解。托尔斯泰那边是没有和解的，即便《复活》里我觉得也很肤浅，可陀思妥耶夫斯基完成了这一点，尤其《卡拉马佐夫兄弟》，我刚才讲《罪与罚》是一个很简单的例子。

什么样的东西相对比较客观呢？早期的照片，我告诉大家，照片，当然今天的照片不一样，今天的照片是可以修复的，可以 PS，可以怎么怎么做，我也不太懂。我们为什么在看照片的时候会本能地排斥？不喜欢。因为照片照出来的比你镜子里面照出来的要真实得多，因为拍照的人可不管你是什么角度。你当时的神态是不是已经准备好了，可能你正笑得把臼齿都露出来了。然后你脸上的各种皱纹，什么不太好的东西，照片里面一览无余，可是你在照镜子的时候，这个皱纹没有吗？有，可是你的眼睛会忽略掉。所以这个当中我觉得跟我们了解社会其实一样的，我觉得一个作家要有这个能力，文学其实就这样的，文学是一种，我刚才讲我们花了那么多的心血，呕心沥血，是为了在文学中呈现那么一点点的真知灼见，那么一点点的客观，其实那个罪犯没有那么罪恶，其实那个圣人不过是正人君子，这都是文学非常光辉的东西，非常重要的东西，他告诉我们，我们的观点可能跟一般公众不一样，因为我们特殊的观察，我们对人的体察，对人的尊重，我们可能不会轻易地把一个事情打发掉，通过过于自我的描述，受社会话语的控制，然后我们就匆匆在是非上做一个判断，下一个结论，这样的写作有什么意义呢？

所以我就想到陀思妥耶夫斯基在《卡拉马佐夫兄弟》里面所说过一个东西，就是当年那个阿辽沙要去寺院，他说这个世界已经肮脏到这个程度了，我的两个哥哥德米特里跟伊万，阿辽沙就说，当然他的爸爸也是一个老色鬼，整个闹得一塌糊涂，这个世界怎么这么肮脏，阿辽沙是一个纯洁的人，所以他跟佐西马长老说，说我把我的一生干脆交给上帝，我到寺庙里边来，我来修行，我来侍奉灵，侍奉上帝，我的一生就在修道院里边。然后佐西马长老没同意，佐西马长老的告诫也是陀思妥耶夫斯基的告诫，佐西马长老怎么回答的呢？说你不是不可以服务上帝，但是你现在主要工作不是到寺庙里面来，而是走进那个你不喜欢的世界，你去游历，你去了解那个世界，然后有一天我希望你能回来。就是你不经过中间这个你不喜欢的他者。比如说我们到一个地方，我为什么讨厌旅游？旅游的一个最根本的东西我把它概括一下，就是把一个他者转化成自我的过程，拍几张照片说我去过了，你去过了吗？毫无意义，我们的虚荣心觉得我到了一个地方我拍了一些美景，然后网上一晒，是为了肯定我的生活的，跟他者没有关系，你没有了解那个地方的人，你没有那么多的经历。

　　所以我觉得今天的文学越来越多地在这个层面上呈现我们自己的阅历，我们的这个东西。所以你们老师说你给学生们讲一个什么课的时候，我说我还是谈论这个问题吧，这个问题跟社会话语的关系，跟经验的贬值，跟他者的关系，这个东西我觉得讲一讲，我们都是同行，我讲的不一定对，我说希望大家能够了解我们如何去呈现作品，去构思作品，我给大家提供的这些背景，给大家提供一个参考而已。谢谢大家。

中国当代诗歌流变

西 川

非常高兴来这儿跟大家伙聊一聊文学和翻译方面的情况，来之前，问我说讲什么题目。我说我不知道讲什么题目，因为在座的各位朋友实际上都是翻译家，面对翻译家和面对不做翻译的比如说诗人、作家，我内心里面的那个感受是完全不一样的，我坦率地讲，我更喜欢翻译家们，我曾经这么说，我在文章里边专门写过，我说翻译家比诗人身上的毛病要少得多，因为你如果做翻译，翻译一方面说起来是为他人作嫁，但是另外一方面，你如果做翻译，你必须做踏踏实实的工作，比如说你至少得查字典。写诗或者是写小说，你就坐那儿闷头写吧，就是写诗和写小说的工作的客观性，远远没有翻译家的工作性质里边的客观性强。所以，翻译家们一直都是我特别尊重的一群人。所以我有点不太知道跟大家聊什么。

不久之前，在北师大，刚跟同学讲过一次课，是关于翻译的，在那个课里边，我大概涉及了翻译史的一些问题，然后由翻译史引出的一些话题，引出了一些比如作为思想史的话题，我没有专门讨论翻译，我知道当然也有的翻译家他关心的问题是关于翻译本身，这个翻译行为本身，这个词怎么翻译成那个词，或者这个风格怎么变成另外一个风格，怎么在另外一个语言当中找到一个近似的表述方式。我想，翻译这个话题对我来讲是一个比这种实践性的关于翻译的讨论要大得多的话题，我甚至认为整个人类的文明史是一个离不开翻译这个话题的一部文明史。所以在北师大我大概谈了这些东西，但是我觉着好像跟各位朋友聊这些，一个是对我个人来讲，是一个重复的话题，另外一个，咱们在座的每一位朋友做翻译，同时我想大家也关注当下的文学界的情况，所以，我就挑了一个题目，这个题目叫作《作为世界诗歌一部分的中国当代诗歌》，之所以选这样一个题目，也是因为我请严老师做了一个小小的调查，就是大家究竟希望我来聊什么？

我得到的几个题目是这样的，一个是让我来评价一下中国当代诗歌，就是让我评价中国当代诗歌，我可以评价，但是这个也不是我的一个工作特点，就是你估计大家，如果要是你们碰巧看到过我写的文章的话，你会发现我从不指名道姓地谈论当代诗歌，我会指名道姓地谈现代诗歌，但是当代诗歌我很少指名道姓地来说，我会谈好多问题，但具体的评论我很难，当然也有一些原因了，咱们私下里当然还可以稍微具体一点。

另外一个问题是活跃诗坛的诗人和民间诗人风格题材上的巨大差别。这个我有点不明白，就是活跃诗坛的诗人是指的谁？什么叫活跃诗坛的诗人？因为中国的诗人大概分三类，这三类一类是写古体诗的，现在也很活跃，写古体诗的这帮子人比写新诗的这个队伍还要大。然后还有一类人不是写古诗的，写现代汉语诗歌，但是写得比较……就是他那个光谱也比较宽，从比较鸡汤的那种诗这也是一帮子人。然后还有一帮子人有一个背景，我管他叫小杂志背景，就是他们做很多的文学实验，自己办小杂志，以前是办纸本的小杂志，后来在网络上自己开一摊，然后弄几个朋友在那儿发点东西，互相评论一下。这个又是一帮子人。

所以，这个活跃诗坛的诗人我不是特清楚指的是谁。这个民间诗人，我刚才说办小杂志那帮人里也可以说是民间诗人，甚至写古体诗的那帮人，你也可以说，当然他们有诗词大会，但是，他们中的有一部分其实也是比较民间的，中国永远都不缺民间，这个民间已经成为响当当的一个词了，一旦说我是民间的，就变成了好像有一种隐形的民间文化权力，我是民间的，我是大众的，所以你不能欺负我，他有那样一种隐形的文化权力，其实在诗歌界你说我是民间的，你可以理直气壮地说，你跑到别的地，比如说当别人说这人是一民间哲学家，完了，那就意味着没有哲学史背景的哲学家，就是全是自己胡思乱想，民间科学家，完了，那是没有经过真正学术训练的科学家，我以前遇到过这样的人，跑到北京来说我证明出了费尔马大定理，然后我去中科院，中科院不承认我，我去文化部，文化部不搭理我，说我没办法我只能找到你们报纸来了，帮我报道一下吧，人家说那你给我出个证明，证明你的是对的，没有，我是民间科学家。就是民科民哲还有这个民间的一帮军事家，那也是特不靠谱。所以在别的领域里你说我是民间的，人家觉得你民间就是特草根，但是你说我是民间诗人，特厉害。

第三个问题是说诗的不可译性，这个是一个老题目了，我现在把大家给我的一些问题跟大家展示出来，我后头要谈的话题里尽量把它们都包括进去。诗的不可译性，诗的不可译性相对的就是诗是可译的，那么在座的朋友里边，有的朋友是译诗的，我看了一下大家的简历，其实我看了以后，我觉着这帮人都很厉害，就是你们在座的朋友，当然你们这些译者也不一样，我发现互相也不一样，语种不一样，关注的内容不一样，怎么说？有的人译诗，有的人译小说，有的人译的既不是诗也不是小说，是哲学方面的东西，我看也有，但是不管怎么说，既然大家都做翻译，所以遇到这个问题，就是诗的不可译性，也有说是诗是不可翻译的。

这事又特别逗，比如说别的行当里面没有人说，小说是不可能改成电影的，米兰·昆德拉说我写小说就是为了让小说改不成电影，但是实际上也改成好多电影，做翻译的人是自己跟自己较劲，明明你是翻译诗的，但是你老喜欢思考一个问题，说诗是不可翻译的，那你干什么？你为什么要干这些事？然后你说我这是从哲学层面上考虑这个问题，一边在实践层面上做翻译，一边在哲学层面上推翻自己，说诗是不可翻译的。这就变成一个特别有意思的话题，诗究竟它的可译性在哪儿，不可译性在哪儿，而且这个可译性不可译性，如果你摆脱了后边的一些大理论家，像什么本雅明这些人的关于翻译的说法，那你总得干你的活吧。所以，这里边也涉及好多的问题。

第四个问题是当代中外诗歌的现状。这又是一个大话题，我后头可能都多多少少谈到这些问题。第五个问题是诗人翻译诗歌的心得，因为我自己也做翻译，所以大概是想问我对翻译有什么心得。没有什么太多的心得，当然，如果话赶话催出来，能有一些想法，但是，一会儿看看从一个什么角度来谈这些问题。第六个是如何避免诗歌在翻译中语音美感的丢失，可能跟诗的不可译性有关联，不完全是一个话题，但是有关联，就是说一经过翻译，好像语言的这种语音美感，我可以把它换成比如类似于诗的音乐性的丢失，会丢失，但是，丢失也没有那么可怕。就是说，你总会有一点别的招，所以，这个东西我尽量在我的题目里包括，我这个题目里边包括了中国当代诗歌，又包括了一个话题叫作作为世界诗歌一部分的中国当代诗歌，这个是我准备跟大家谈的内容。

既然各位朋友都是翻译家，我们就是同行，我们就是交流一下，因为我们每个人还有别的角色，比如我自己除了是做翻译，我也写我自己的东西，也做我自己的研究，也玩我其他的领域的东西，那么各位朋友，我相信也不光是在做翻译，你们也玩别的，但是有一部分咱们是交汇在一起，但是不管怎么说，我们交汇在这一起这个部分，我们就是同行了。所以我还是先从翻译谈起，然后进入中国文学的一个话题。大家既然是做翻译，我看大家的简历，就是那个表格里边大家干什么，从事哪个语种的翻译的时候，我当时就心想，大家虽然都是从事翻译的，但是好像在做翻译的时候，那个性质有点不太一样，就是各位朋友之间有点不太一样。其中，我就发现有的朋友做的翻译是中文翻外文，当然大多数朋友是外文翻中文，这个都是翻译，中翻外和外翻中这都是翻译，但是，从我个人的有限的认识，我觉得应该遇到的问题不完全一样，所以这个也是五花八门的岔开的东西，应该是遇到的问题不完全一样。为什么说不完全一样？我们大多数人的翻译是从外语翻成中文，实际上你要求的你的对于外文的理解力，对中文是要求你的表达能力，理解力跟表达能力不完全一样，挂钩，但是不完全一样。从这个中文翻外文，我自己一直都害怕，因为这是大能力，我本人并不把我自己的诗从中文翻成外文，我自己有译者，有的译者好一些，有的译者稍微有一点问题，就是他们的工作，好在我懂这么一点外语，所以我也观察我的这些译者他们怎么工作，这是一个挺有意思的事情。

如果我们干的活是把中国的作品翻成外文，这个就意味着你中文的理解力一定是没有任何问题的，同时，也意味着你的外文的表达能力是一个外国人的表达能力，这个对我来讲太过分了，不是太过分了，就是我做不来，我个人的能力有限我做不来。为什么这么说？因为如果是做文学翻译，外语就是说不是你的母语。外语，既然是外语，一定都是学来的，那么如果你是在中国学，你一定是跟着老师和课本学的，所以基本上，我个人来讲，比如说我学英语，我也学过法语，法语基本上忘得差不多了。我就拿英语说，我了解的这个英语，我管它叫课本英语，什么叫课本英语？就是意味着正确的英语，就是说我说一句话，我这个句子，应该这个句子结构是对的，然后我要说正确的英语，我怕人家笑话我，第三人称单数你加 s，你不加 s 的时候，别人说你这说的什么打工仔英语。

但是，如果你真是学外语的人，你对外语的态度就会认真一些，就不会仅仅用五十个词就要讨论世界大事，讨论天下大事，或者是一口打工仔英语在大家都喝着葡萄酒的地方就开始张嘴演讲，那个有点不太敢。由于我们学过这个东西，我们对这个东西有一点敬畏，就是你知道这里边的深浅。所以这样一来，对我们来讲就有一个麻烦，我们学的是课本英语、课本法语、课本俄语、课本日语，都是课本。课本是什么意思？是正确的。正确是什么意思？正确的东西不一定是文学的。麻烦在这儿，就是正确的东西它和比如说外国一个作家自己使用自己语言的时候，那个感觉是不太一样的，我们用中文说话我们知道在中文里，我们是可以翻跟头的，我可以乱说，我可以故意把话说得拧巴，故意把话说得磕磕绊绊，我故意把话说得不通，我可以说一句不通的句子。但是，依然能懂，在你的这种语言里面依然是有效的。做翻译的时候也遇到这个问题，如果我们把中文翻成外文，只是翻译成正确的外文，这个东西是没有表现力的。那么，也就是说，比如我们想介绍一个中国诗人到，我们随便举个例子，到格鲁吉亚去。你翻译成当地的语言，你翻译的是干巴巴的正儿八经的一个当地语言的话，文学的表现力就没有了。除非你是在当地生活了很多年，你已经跟当地生活完全融为一体了，他表达什么你表达什么，连他骂人你也跟着骂人。

有一次我是在英国参加世界作家大会，在爱丁堡，世界作家大会里其中有一个讨论的题目，全世界请了五十个作家，那么这五十个作家讨论的题目，其中有一个题目，文学需不需要一种民族主义，就是有没有一种民族主义的文学？大概是这样的一个题目。我以为这是一个给第三世界预备的话题呢，因为第三世界总是遇到民族问题、民族文化、民族矛盾。所以我就以为是那些来自第三世界国家的作家要发言，结果我没想到那个是在英国开会，所以首先是苏格兰作家在攻击英格兰作家，然后英格兰作家回敬苏格兰作家，然后两边就开始吵起来了，吵起来就开始骂人了。一开始我还听得懂，骂人，后来我就有点听不懂了，我就知道我这英文不够用了，就是说他那个骂人是考验一个人外语的，就是你究竟是什么水平的一个试金石，天底下最会骂人的人你们知道是哪儿人吗？印度人。有一次我在意大利，住在一个地方，然后也有各个国家的作家、艺术家，我们大概有七八个人，每一个人都把自己民族的那个骂人话拿出来教给别人，当然我的就是操，然后他们那些人全学会了，满园子的白人黑人都会说操，比如说每一次要吃饭之前，或者是拿东西之前，那个嘴里冒出一个字就是操，就是特别逗看着他们。轮到印度人，那个印度人说我这个教不会你们，我说为什么？他说印度人骂人太长了，他不是一个音，太长了，我说为什么？他说当他要骂你的时候，他是把那个动作给你描述一遍，我说那这个太费劲了，他等于给你讲一个故事，他骂人他说这么骂，如果印度人在街上开始破口大骂，他是长篇大论地骂人，那个长篇大论是在给你讲一个小说，一个短篇色情小说，讲出来。

所以，各个民族的情况有点不太一样，所以骂人真的是考验我们的外语水平的一个，这个不是做外语、不是做翻译的人一般不太了解这个。做翻译，你就会遇到这情况，你遇到小说，遇到翻译小说的时候，翻译小说尤其是那种比较、比较草根的生活状态当中长起来的那些小说家，他那个底层语言太丰富了，他那个土语，因为底层语言里面那个土语有许多实际上就是骂人话。有一次，我有一个朋友跑到加拿大去，然后他收集加拿大的某一个词，我就不说哪个词了，一个特恶心的词了，中文大概就是两三个表达同样这个意思，在加拿大有五十多个词是表达这个意思，他后来给我列了一个表，他给我写了封信，那个时候还没怎么开始用电子邮件，他给我写了封信，那封信整个是说这个词在中文里边没什么太多的表现，他是收集了五十多个这个词。我当时目瞪口呆，我想怎么会是这个样。还有一个词，这个当然是各种文化，比如在西方没有那么多的词，但是在中文里边这个词太多了，比如说"我"这个字，英文就是I，可是在中文里，你说我，吾，在下，俺，咱，反正就好多这个，阿拉，欧，欧也是我，反正有好多这个我，这个也特别逗，反映出文化，就是为什么在中文里边有那么多的"我"，而中文本身又不是特别自我的一个语言，那么西方人是特别的很自我，而且个人主义，他要求我怎么样，我怎么样，但是他就是一个I，而中文是一个讲究智人无我，或者是什么，实际上那个集体也会把个人给剥夺掉，但是关于我的这个词特别多。

　　这个东西，就是作为一个文化思考的对象，一个跨语言的文化思考的对象，你会觉得特别有意思。所以，我想说的一个东西就是，两种翻译，从外文到中文，从中文到外文，这个还不太一样。因为不论做哪种翻译，最终都是希望自己的翻译成为一个有效翻译，否则的话就是无效翻译，这个我也见过很多，无效翻译，翻也翻了，但是没有任何意义，白干活，就拿点钱，你就拿点报酬而已，这是一个情况，就是先区别一下中翻外和外翻中。

　　然后就涉及到，实际上我已经涉及了，我把翻译分为三种类型，哪三种类型？一种翻译我管他叫职业翻译，那么在国外这种翻译很多，出版社找你，说你能不能给我们翻译一本中国的小说？这个小说据说最近在中国卖得很火，翻译家经常是为了挣钱，他们就答应来做这个事情，这就等于是个活，这个东西叫行活，这个行业的这个活，行活。做行活这帮人基本上都是职业翻译，他们出手非常快，一本小说，一个长篇，大概不到一年就能翻完，几个月的时间就能把它翻完，长一点的时间一年左右时间翻完。这种翻译，我真见识过这种翻译，有一次我是在挪威参加一个中国文化周，那里边有小说家，中国去的小说家，也得在那儿做朗诵，中国的小说家读中文，边上有一个翻译是读挪威文，挪威文太小语种了，挪威只有四百万人口，太小语种了。背后的这个屏幕上是英文翻译，那么我就坐在底下听，其他的中国作家我也认识，所以我就去听一下，捧个场，我也在那儿听。我一边听中文的他读的小说，因为我看英文那个屏幕就在我面前，我就也看英文屏幕，我从没干过这种事，一个小说家他们的书，比如翻译成外文以后，然后我还给人家好像审查一遍看看他翻得怎么样，但是那天是一个特殊的情况，我坐在那儿我也没别的事，我又听不懂挪威文，所以我就这么，他读中文我看这个英文。

　　我发现这个里边问题很大。大概的故事是翻过去了，但是中文的那些细节，在那个英文里是没有的，所以那个小说也就是在那儿朗读一下还行，你要是说靠这样的翻译，忽然就能够在挪威成为一个让挪威的读者觉得这真是一本好的小说，那个门都没有。然后翻过头来，当然我也跟中国的作家说了，我说这上边的这个英文谁干的？谁翻成这样的？他说了一个名字，我说这可完蛋了，我说你要指着这样的翻译闯世界，基本上是闯不开的，这个世界你基本上闯不开，基本你拿到手里没有意义，这个书就是一堆废纸，真的没有意义。他的这个小说的表现力，小说的细节，小说的可感性，那些东西全都没翻过去。

比如我翻译施奈德的诗集叫《水面波纹》，这里边我有一个地方这个词是从法语来的进入英语，车库的意思，我没错，当然是车库，所以我就翻译成车库，后来我的英文译者说，可能不太对，我说为什么？他说这个词在英文里边还有一个意思，老百姓用的，就是离你们家近的那个房子，主要那个房子，不挨着，但是在另外一个地方，有一个放杂物的小屋，这个我自己知道我就完全没法避免这种错误，误译了。

第二类翻译是什么？我管他叫学术翻译，就是第一类叫职业翻译，第二类叫学术翻译，这个东西在大学里边的那些教授们，那些汉学家们，国外的不同语种的汉学家们，他们做的工作，翻中国的东西。中国的大学里边也做这个工作，比如我们研究19世纪英国小说的，又重新翻译一本19世纪英国小说，也可能你的博士论文写的就是这个东西，也有可能是这样。学术翻译就意味着你对你研究、翻译的这个对象做长年的学术研究，有可能你这一辈子也不翻译几本书，但是你围绕着你的翻译做的那个研究，那个功夫是下得很多。这样的情况，在国外的大学里边，你经常能够看到，比如这个人就是研究《三国演义》的，我碰到过这样的，纽约大学，以前我的一个同事他就是研究《三国演义》和《西游记》，美国人，你问他《西游记》，问他《三国演义》，他什么都知道，边边角角的知识他什么都知道，问他比如说孙悟空，因为孙悟空这个形象有可能是来自于印度，印度的史诗里边有一个猴王，然后之间的关系都门清门清的。他是做这个研究的，然后把它翻译成英文。

这种翻译当然是非常的可靠，但是他也有一个小问题，他的小问题是什么？就是他虽然很可靠，但是他的文采有可能不够，这个我们在国外的，比如说美国研究中国的系统里边，我自己知道谁，有些甚至是大名鼎鼎的人物，他们的学术研究很棒，他也做翻译，但是他翻译的比如说中国古诗，实际上文采是有限的。那么这就引出第三类翻译，第三类翻译只发生在诗歌界，就是我管他叫诗人翻译，有职业翻译，有学术翻译，还有一类是诗人翻译，没有小说家翻译，小说家在全世界都不翻译别的小说家，全世界的小说家都不翻译另外一个语言的小说家的小说，但是，诗人们，全世界的诗人们，不是所有的人，但是其中总有一些人是忙活着做翻译，翻译别的语言的诗歌，这也是一个特别有趣的现象。就是为什么诗人总是翻译别的语言的诗歌？而小说家们不翻译别的语言的小说？甚至可以说因为翻译这件事，使得小说家和诗人们的工作的性质的不同都展示出来了，小说家，比如说一个中国的小说家，你没有看到过中国小说家翻译别国的小说家的小说，中国只有一个人翻译小说，就是韩少功，韩少功他姐姐是专门做外语的，所以不是韩少功一个人翻的，那是他跟他姐姐一块儿翻的，除了韩少功没有别的，韩少功是一个特例。

但是诗人里边翻译其他语言诗歌的人也是翻译家的人，实际上是有不少，咱们这次来的朋友里边，我知道也有诗人翻译家。诗人翻译家在全世界都是一个没有被充分讨论，而又存在了很长时间的这么一个现象。诗人们，我们知道艾略特，那么艾略特翻译过谁？翻译过法国的圣－琼·佩斯，圣－琼·佩斯是他翻的，像苏联的帕斯捷尔纳克，翻译过莎士比亚，帕斯捷尔纳克也做翻译。保罗·策兰翻译过曼德尔施塔姆，好多人了，当然最典型的一个就是庞德，庞德又是一个有意思的情况，我们中国人感兴趣的就是庞德翻译了中国文学，他出版《神州集》，但是庞德实际上除了中国文学，他也翻译了《大学》《中庸》，也翻译了《诗经》，整个都是他翻的，当然好多人骂他说糟糕的翻译，很多是不通或者是错的，误译，但是他翻的英文，大家公认的那是最好的英文。然后他也翻译别的东西，比如说庞德也翻法国中世纪南方的一种诗歌，这种东西应该叫什么？游吟诗人，他是这方面的专家，他不光是中国古诗的专家，他也是这方面的专家，然后他也翻译了意大利但丁那个时期的一个诗人，这个人中文没有翻译过，就是实际上国外的很多历史上的大经典，在中文里还是没有译本，尽管我们中文做了很多的翻译，但是我们中文里没有译本，而这个人庞德把他从意大利文翻译成英文，然后你拿庞德的比如中国古诗的翻译做一个对照，你会发现特别有意思，他翻译中国古诗的时候是有点很天马行空的那么翻，他翻译意大利诗人的时候，是一个字一个字地翻的。那么这个时候你会发现，他对不同语言，面对不同语言的时候他的那个态度是不一样的，实际上我们自己给自己划了一个边界，就是当我们想了解庞德的时候，我们了解的是一部分的庞德。

所以为什么诗人们都这么勇于做翻译？这也是一个有意思的话题，我自己在做翻译的过程当中，当然翻译诗歌，一个是学习，你学习别人的工作。另外一个就是你通过翻译做的这种学习，是你那个皮肤跟他那个皮肤是贴在一起的这种学习，否则的话，因为我也读大量的翻译作品，即使是有英文的这个书，如果有中文翻译我也愿意看中文翻译，因为省事，所以我自己都读大量的翻译作品。读翻译作品的时候，你就觉得你离他还是有一定距离，但你做翻译的时候，你是贴着他，你是跟他纠缠在一起，就是他用词的那个小心思，你贴着他非常近的时候，你就可以感受到他那个小心思，为什么用这个词不用那个词，这个词跟前头的某一个词之间是什么关系，只有你做翻译你才意识到这个问题，你不做翻译你就会放过去。所以诗人做翻译这个事，当然还有一个可能，诗歌都是比较短，所以你不需要长时间地保持一个专业的工作状态，你可以三天打鱼两天晒网的那么翻，忙活点别的事，又返过头来翻，所以诗歌翻译可能有这么一个好处，就是对诗人来讲可能有这么一个好处，就是不必在一个月之内一定要干出什么东西来，你可以慢慢地来。

这个是诗人翻译，诗人翻译我觉着足够写一本书，国外也有人注意到这个诗人翻译，但是，怎么说呢？没有太成系统的理论讨论。当然一边做诗人翻译，你一边还可能对自己说诗歌是不可翻的，自己跟自己较劲。这是对于翻译的一个分类，就是不同的工作，我们每一个人可能都属于一个不同的类型的译者，译者和译者之间实际上也不太一样，就像诗人和诗人之间，实际上都叫诗人，其实都差着十万八千里，巴尔扎克曾经说过一句话，他说人与人之间的差别比人和猴子之间的差别还要大。

下边，就翻译这个话题，从翻译这个话题跳出来，我开始讨论一些关于中国文学的情况。中国当代诗歌，但是说到中国当代诗歌之前，我可以说一点更广的，从一个更广的范围来谈一谈翻译。翻译，首先涉及的一个，在他触及文学这个概念之前，在他触及诗歌这个概念之前，他首先他触及的概念当然是语言这个概念，然后，我们中国人现在使用的这个语言叫现代汉语，也有人管它就叫中文，在"五四"时期叫白话，在这个之前是古汉语，我们现在管它叫古汉语，但是在古代的时候人家不管自己的汉语叫古汉语，是因为我们有了白话才管那个东西叫古汉语，人家不觉得自己用的是古汉语。在中文从古汉语到现代汉语的转变过程当中，翻译在中间起了一个很大的作用，一个催化的作用，一个转变的作用。在中国文学界有过这样的讨论，前些年，关于翻译语体的讨论，就是你这个人写的东西，是一个翻译腔、翻译体，我们自己有翻译腔、翻译体的时候，有时候可能没有意识到，但是我们看那个 30 年代的电影，里边那个主角说的话，你觉着怎么这么别扭，那就是半生不熟的现代汉语，然后他那就是翻译体，就是从外国戏剧里边翻译过来的。

我们不得不承认，真正影响我们中文语言的东西，尤其是 20 世纪以来，影响我们的东西不是文学翻译，是什么翻译？是马列主义的翻译，马列著作的翻译。如果你们家有个老干部，你们家一定有一套《马克思恩格斯全集》，而且，你爹妈有可能对文学一点兴趣没有，但是他得学马列，你只要学过马列，你就受到马列主义的翻译的影响。

那个翻译的影响，对我们每一个人的那种影响，已经是说不清道不明了，现在已经很难区分你意识当中那种，比如说唯物主义，有神论无神论，资本主义，人的异化，你脑子里边就自自然然地表达出来了，但是这些全是翻译。比如我是美术界的，对不起，"美术"这个词是从日语里来的，根本就不是中文，中文有艺，有术，然后中国古代没有"美术"这个概念，"美术"是翻译的，这是日本人干的，那么，"革命"，中国古代有"革命"这个词，在周朝的文献里边，在《春秋》的文献里就有"革命"这个词，可是我们现在使用的这个"革命"，也是从日本人这儿来的，有一本《外来语大词典》，你一看那里边我们使用的多少词都是从外文来的，这个现代汉语里边，只不过我们慢慢地就没有意识了。

而且中国人做翻译跟比如说日本人做翻译，翻译态度也有点不太一样。日本人做翻译的时候，是经常直接就翻过来了，比如说电话，你跟日本人说，日本人他已经变成日语了。日语无所谓，日语全是横着的，就是横向的直接，就借过来了。

也就是说，我们做文学翻译的，我们总是考虑到文学和翻译，实际上社会生活里边的，社会生活政治生活历史生活，这里边充满了翻译。我们的语言就是被这些东西所塑造，既然我们生活的这个环境里边全是翻译，很多不是全是，但是很多东西都是翻译，比如说我们的日常生活当中，我们每个人都吃水果，吃粮食，那么，这里边哪些是翻译词？哪些不是翻译词？可能大家都没有意识，然后我的英文翻译他是往中文翻的，他也是做翻译，所以他有一次跟我说，他说你注意没注意你们中文里边，凡是一个字可以叫出来，都是你们本来就有的，凡是要两个字、三个字叫出来，全是翻译。他说你看吧，你们的水果，梨、杏、桃、李，这都是你们自己就有的东西。但是，凡是两个字的三个字的，黄瓜、西红柿、葡萄，什么这个凤梨，全是翻的，我说这是啊。中国古代汉语的的确确都是单音字，就是单音节的字，它叫什么东西一个字就能叫，然后变成词以后，所有用词才能叫出来的东西一定都是翻译。

所以我们的生活里边，你自己就会问，究竟是双音节的词多还是单音节的字这种情况多？现在我们发现双音节的东西要更多。所以在我们生活当中翻译的比重一定很大，我们每一个人都被翻译塑造，这个不得不这么讲，因为翻译他除了有词汇方面的影响，也有这个句法方面的影响，有不同方面的影响，刚才我说到的词的这个影响。句法方面，我们现代汉语，实际上是受到西方语言，尤其是受到英语的影响，所以，现代汉语翻译成英文，没有那么难，因为现代汉语那个句法、那个语法，实际上是受到英语的影响。这个东西你跟特别民族主义的人说，他们会跳起来跟你吵，但是你跟做翻译的人一讲都通，因为大家都明白这个情况，我们自己的这个生活就是这样一个被翻译塑造的生活。这个是无论好坏的，就是说有可能我们说这是一个好事，但也有些人觉得这是一个有点问题的情况。

如果是有一个有问题的情况，首先表现在哪儿呢？表现在其中有一个问题，就是一方面我们被塑造，另外一方面，我们也会被翻译，我管它叫带偏了，被翻译给带偏了。这个直接涉及中文阅读和中文写作的问题，这个事情特别有意思，有的时候我们读外国诗歌，我自己觉得最典型的一个例子，比如说读艾略特，我一开始读的艾略特是中文翻译的，艾略特有不同的人翻译过，裘小龙翻译过，赵萝蕤也翻译过，赵毅衡也翻译过，反正不同的人都翻译过艾略特。我读中文翻译的时候，我没有埋怨这些翻译家的意思，因为他们都是前辈，而且我觉得翻得都很好。但是我读中文的时候，我得出一个印象，就是艾略特是一个很难懂的诗人，后来又看那个原文，我很惊讶，我说怎么原文居然比中文还好懂，原文没有那么复杂，但是怎么到中文变得那么复杂了呢？你比如说我们在学术批评里经常用到的一个词，叫作文本，或者本文，"文本"这个词，它英文里就是"课文"，每一个学习英文的人都知道你的课文，但是突然进入文学批评，它变成文本，你以为是一个什么了不得的词，结果它就是个课文。然后你还会发现中文里还有个词叫"语境"，在今天这样一个语境当中，语境是什么？语境就是上下文，然后文本跟语境已经没关系了。你要是读中文的那些理论文章，读蒙了你，好高深这套理论。

所以，我听他们说，德国人感叹，说你们中国人怎么那么热爱海德格尔，中国人特别热爱海德格尔，全是中文的，海德格尔在德文里就难懂，在中文里那就更难懂了。可是这么难懂也吓不倒中国人民，全在读海德格尔，尤其是大学里边，一张嘴就是海德格尔。但是我听翻译海德格尔的人，他做过一点翻译，我就问他，我说这究竟什么意思？然后他就跟我解释，解释以后我发现它好像也没有那么难，因为德文，它涉及德文的一个特殊的造词方法，它可以几个词并在一起，它就成为一个词，它就形成一个概念，这个概念，比如带有了相反的方向的一个意义，但是在中文里你不得不把两个相反的意义给它拆开来，然后这个时候就特别地麻烦。尤其是哲学，哲学的一个基本的要求就是清晰，讨论问题要求那个清晰度，但是你读那个翻译成中文的哲学，那个译者已经是努力地清晰了，但你还是不知道他在说什么，你不能说他翻错了，他没错，就刚才我说的那个文本和语境，那个没错，可是，你连不到一块儿去，这个时候哲学对我们来讲就成了让我们头脑爆炸的一个东西。但是实际上原文没有那么复杂，而且原文是清晰的。

　　还有小说翻译也是一样，中国人做外国文学翻译的时候有一个特点，这个特点就是每一个做翻译的人都有你自己的文化记忆，比如说您是翻的艾略特、庞德，或者是翻了里尔克，或者是叶芝，或者什么人，可是你从小是背古诗的，这就意味着你的中文的原来的文学准备里，包括了一种文人化的表达，那么，你对于中文，你对于文学的理解，当你试图翻译外文的时候，李白杜甫白居易已经不在了，但是你翻外国诗翻到中文的时候，如果不符合李白杜甫白居易的标准，你就不满意，你就觉着他诗意不够，然后你就开始把他变得非常文人化，把这个外国诗变得非常的文人化。

　　这种情况已经屡次地出现了，这个情况就变成了，比如说莎士比亚本来是一个野蛮人，但是我们非要把他翻译成一个文人，于是有了朱生豪的《莎士比亚全集》，梁实秋的《莎士比亚全集》，梁实秋那么文雅的一个人，说话娘娘腔的一个人，怎么能翻得了莎士比亚那么一个野蛮人呢？莎士比亚多野蛮，一群好人在翻译坏人的作品，你怎么翻？你没法翻。就是说不一定是道德上很坏，你的语言上，比如我不相信梁实秋先生一天到晚骂骂咧咧的，不会的，梁实秋那么有身份的人，娶的老婆那么漂亮，不可能嘴里边骂骂咧咧的，但是莎士比亚可没准，莎士比亚那是斯特拉夫镇来的一个小瘪三，然后到伦敦混，人，伟大的精灵，人啊伟大的精灵后头，他就开始赞美完人，他就开始赞美女人，赞美女人的身体，那个莎士比亚的诗你要是读他的有些东西特别色情。所以我们已经不了解那个真正的莎士比亚了，我们了解的是一个梁实秋的莎士比亚，或者是一个朱生豪的莎士比亚，那是一个文人化的莎士比亚，不是一个真正的莎士比亚。莎士比亚是一个野蛮人，他野蛮到法国国王路易十四拒绝莎士比亚，我们法国有伟大的戏剧传统，我们有我们自己当时的新古典主义戏剧，我们为什么要这么一个野蛮的人物的东西？所以拒绝莎士比亚，根本就不让你来。德国也是，反正过了挺长时间的，莎士比亚戏剧才进入到德语，大家才接受。所以，如果不考虑这些因素的话，莎士比亚我们每个人都背，但实际上那个不一定是真正的莎士比亚。

所以我后来就建议，因为我读到一本很有意思的莎士比亚的评传，是英国的后现代主义的一个小说家，也是个学者，这个人叫安东尼·伯杰斯，安东尼·伯杰斯写《发条橙》那个人，就是《发条橙》里边有一个细节，一个人一边听着贝多芬的《英雄交响曲》一边强奸女孩，强奸的时候那个音乐是贝多芬，这是后现代主义，他写的一本《莎士比亚评传》。那本书里边讲了太多的莎士比亚的邪门的事，可能让你觉得目瞪口呆，莎士比亚那么邪门，就那么个人，他敢乱玩。

有一次我把咱们中国的一个戏剧导演给惊着了，我们俩一块儿旅行在美国，在美国的旅馆床头柜里边，你拉开总是有《圣经》，但是《圣经》有一种是詹姆斯王钦定本的《圣经》，一定找那个詹姆斯王钦定本，詹姆斯王钦定本《圣经》，我一拉开那抽屉，看见一本《圣经》，我说我给你看一个秘密，他说看什么秘密？我找到那一段，我说你数四十六个词，一数，四十六个，我说倒数再第四十六个，我说发现问题了吗？他说这儿怎么藏着个莎士比亚？我说是啊，我也不知道为什么这儿藏着个莎士比亚，莎士比亚把他自己的名字都嵌到英文《圣经》里边了，因为詹姆斯王钦定本《圣经》，据说是两个人润色的，一个就是莎士比亚，这一年莎士比亚是四十六岁，所以他把他自己的名字嵌到《圣经》里边，这简直是个疯子，他敢把自己的名字嵌到《圣经》里边，莎士比亚就干这个的人。

朱生豪哪知道这些东西，朱生豪做了很多的工作，很伟大，但是朱生豪不会像莎士比亚一样那么玩，那文学里边充满了这种玩的东西，充满了游戏，偶然性这些东西。但是我们基本上把外国文学翻得都很文人化，就是李白杜甫白居易，都翻成那个样子。还有一个例子，我前一阵子也举过这个例子，比如说乔伊斯的《尤利西斯》,《尤利西斯》上来有一个小孩上课的情况,那个老师问小孩,那个小孩答不上问题来,他转头看着,我一看中文的那个翻译,中文的翻译是两种译本,大概好像都把它翻译成了差不多是同样的翻法,就是小孩转过头来看着那白茫茫的窗户,白窗户,因为在英文里面显然那个小孩答不上问题嘛,说脑子里一片空白,他一定是看着一个空窗户,但是在中文里它变成了一个诗意的一个词,白茫茫的,一般我们说外头下了雪那是白茫茫的,那是有东西的,但是翻译成白茫茫的窗户,又是一次把它文人化。所以,外国文学进入中文以后,经常变得比它在原文里更文雅,是因为我们自己的译者的文化记忆,是唐诗宋词,然后我们让外国文学往唐诗宋词这儿靠,它就影响到中国的不懂外文的那些读者和作者。

比如说,由于他没有把外国诗歌清晰地翻译成中文,翻得很困难,会影响到中国诗人也写那种困难的诗,诗歌可以很困难,但是这并不意味着你没搞清楚你就弄得很复杂,国外诗歌的那个困难是清晰以后的那个困难,那么中文里你会发现有些人不知所云,这个不知所云一个好的说法,这个叫实验,不好的说法,就是还没弄懂是怎么回事,写作究竟是怎么回事你还不知道。所以,你读中文的文学作品你会发现,会读到一些吓唬人的东西,而这些东西都是从哪儿来的?都是从糟糕的翻译这儿来的,他以为外国文学就是这么吓唬人,就是从这儿来的。所以,这个时候你会发现翻译真是责任重大,所以有时候翻译我就是想说,翻译会把我们带跑,这是我说那个翻译他一方面塑造了我们的语言,另外一方面他又会把我们带跑。

即使在这种情况下,中国当代诗歌依然离不开翻译,当然中国当代诗歌写作的这些人,有一些人甚至攻击说你对外国文学的模仿,但是,这个情况还是存在的,就是说他的写作也受到外国文学的影响。下边,我就要更具体地谈一些中国的诗人,他们受到哪些外国文学作品的影响,然后我要谈一下整个从 80 年代到现在中国诗歌界的这些变化，以及这些变化跟翻译之间的关系。当然不光是翻译的关系，也有跟社会的变迁、我们意识的变迁的关系，那么现在我觉着前头这个话题主要是关于翻译的，然后我就开始下边那个更具体的话题。好的，我们来接着往下谈，刚才在外头抽烟，跟咱们同学，你们真的是很厉害，大学老师、博士、硕士，自己翻译，像李寒这都译《阿赫玛托娃诗全集》了，连诗全集都翻出来了，这都是非常专业的，我对你们肃然起敬，我还能那么胡扯吗这个？下边我就稍微具体地结合着我们的一些诗人，现代诗歌、当代诗歌和翻译这个之间的关系，我来跟大家谈一谈。中国当代诗歌对于翻译，也有一个接受的过程，这个接受的过程在不同的时代的情况也有所不同，从诗人受影响这个角度来说，诗人受影响这是一方面，到诗人拒绝受影响，就是有些诗人是愿意接受外国文学的影响，有些人经过了一些年以后，他拒绝这种外国文学的影响，那么这是一个过程。从一个大的历史进程来说，我们也大概经历了这么一个过程。

如果是近代以来的翻译，当然跟传教士对中国的文化的译介，跟这个有关系，然后又是《圣经》的翻译，翻译到中文，对中国文化的影响，还有一个就是外国小说翻译成中文，这个影响，就是从外边往中国翻，林纾林琴南，那些人做的，那是最早的翻译的努力。在某一个阶段的时候，外国的东西一直翻成中文，也开始有中国人开始把中国的东西翻成外文，我指的不是大经典，不是指的把中国古代的文化经典翻译成外文，那个传教士已经在干了，我指的是现代诗歌被翻译成外文，然后你发现一个非常有意思的现象，诗人们包括了穆旦，包括了卞之琳，这些人自己把自己的诗翻译成外文，好像要在国外出版发表，但是就我所知，他们自己翻的自己的诗的外文是没有什么意义的，我不知道为什么他们要干这个事，他们可以找一个外国人，找一个英国人或者一个美国人来翻译他们的诗，但是他们为什么要自己翻，那么这里边没有意义的原因其实也有很多的原因，我以前专门写过一篇文章，是讨论穆旦的，因为很多人都非常尊敬穆旦，我忽然跳出来说穆旦有一些问题的时候，别人对我就是很不屑，就是说你这人就喜欢说别人不好什么的，不是那样的。

因为穆旦的全集里边包括穆旦自己翻译的自己的诗的十二首英文诗，因为是他自己翻译的，所以那个东西也算原文，他的中文是他的原文，他的英文因为是他自己动手的，所以也算是他的原文。但是你通过看他自己翻译的自己的诗的英文，你会发现穆旦的文学意识里边的很多秘密都在里边，这个秘密，我在那个文章里边已经说到了，比如说他有一个词特别显眼，我们中文里边经常会说到"心"这个字，你老说那个心，我心疼，我心里难受，整个春天装满了我的心，你可以这么说，但是你在英文里你老出现 heart 那个词，就显得你特别浪漫主义，然后你在中文里已经把自己伪装成一个现代主义的时候，你在英文里忽然露了马脚，你是一个特别喜欢说到你的 heart 这么一个人。这个里边就露出很多的写作的马脚，我就讨论这些问题，当然我知道在中国的大学里边，穆旦已经成为一个那么经典的人，那么多教授博士们都在围着穆旦转，忽然我发现我是撞到人枪口上了，就是把人得罪了。卞之琳也是，卞之琳把自己的诗翻成外文，翻成外文没有意义。

新中国成立以后大家就不做这个事了，直到 80 年代以后又开始，大规模地把国外的东西引到中国来，我们中国翻译外国文学，那已经到了一个疯狂的地步，各位都参与了疯狂翻译外国文学的这个情况。我们大概有一个统计，中国每年从美国翻译到中文的书大概有一百本，而美国从中国翻译成英文的书大概是两本，这个比例就是这样的，就是 100:2、50:1 的比例。在这个情况下，你就意识到，美国人是多么不在乎你，而中国人是多么在乎美国人，50:1 的这种比例。当然，我觉得这个不是中国人的错，我一直这么热衷于翻译外国的东西，翻到中国来，说明我们积极努力学习，我们积极努力使我们进步，我们积极努力使我们想了解国外的情况，但是，在这个刚才我说 50∶1 的比例里，也能够看出一个当代世界的文化格局大概是个什么样，你总是看着美国人的脸色行事，尽管我跟美国的一些诗人们很熟，但是这个情况，我也跟他们讲，他们自己也乐。

还有一个我们不了解，我们翻泰戈尔都是从英文翻泰戈尔，泰戈尔的英文是泰戈尔自己的英文，但是泰戈尔实际上，主要是用孟加拉语写作，孟加拉语的泰戈尔比英文的泰戈尔要硬得多，很硬，但是他的英文，因为外语，虽然殖民地语言，但是对于泰戈尔来讲毕竟也算是外语，所以泰戈尔的英语就要软很多，就比他的孟加拉语软很多，孟加拉语真正的泰戈尔实际上是硬的，这个是我听印度两个作家跟我讲的，因为他们都在重新整理泰戈尔的孟加拉语的著作，一个是小说家，还有印度的一个很活跃的年轻诗人，他们两个人都在整理泰戈尔孟加拉语的作品。这涉及一个语言的问题。还有一个问题就是泰戈尔的成功又赶上了一个非常特殊的时期，这个特殊的时期就是，泰戈尔英文出版了以后，第二年就得了诺贝尔奖。

为什么？是因为正好赶上欧洲遇到大危机，欧洲遇到大危机，经过一战以后，欧洲人认为西方文明就完了，所以我们经常看到欧洲人、西方人自己唱衰自己的文明，尤其是经过一战，一下就蒙了，按说我们资本主义都发展到这个程度了，本雅明写的《发达资本主义时期的抒情诗人》写的是波德莱尔，而他所指的发达资本主义，那是 19 世纪中后期，就是 19 世纪中后期的西方资本主义已经是发达资本主义了，至少本雅明已经这么讲了，但是忽然遇上了一战，那你这个发达资本主义作为一个文明，就是一个巨大的麻烦。这个时候泰戈尔跑到欧洲去说，你们西方文明完蛋了，你们应该向东方文明学习，那西方的那些知识分子们，随时准备反省自己的文明的人，立刻觉得他说得对。然后他们就开始向东方文明学习，可是泰戈尔这一套在中国，中国人不吃这一套，泰戈尔在 1924 年跑到中国来访问，一上岸就说我们东方文明多么伟大，东方文明再伟大你这儿也是军阀混战的时候，你说那东西谁信你，只有现在的小资们非常热爱的人，一个是徐志摩，一个就是林徽因，把他请来，还有俩人特别热爱泰戈尔的，一个是溥仪，已经是废了的皇上喜欢泰戈尔，还有一个军阀喜欢泰戈尔，吴佩孚喜欢泰戈尔。所有骂泰戈尔的人全是左翼的作家，包括陈独秀、鲁迅、茅盾、郭沫若、闻一多，全在骂泰戈尔，不是骂泰戈尔，就是说我们不需要这个人，我们不需要他的那套说教，我们中国正要从这种军阀混战的状态当中走出来，正要向西方学习，怎么来了这么一个人呢？

可是泰戈尔这个时候在西方他就很成功，我们现在把泰戈尔翻译成中文，但是我们没有翻译过那些吹捧泰戈尔的文章，就是西方人写的，包括叶芝写的，包括弗罗斯特写的，庞德写的，吹捧泰戈尔的文章我们都没翻译过，如果把那些东西都翻成中文，你会发现太有趣了。泰戈尔在西方成为这么大一人物，那他必须成为这么大一人物，因为他正好赶上了西方的危机，所以他就得诺贝尔奖。还有一个就是以前，印度毕竟是英国的殖民地，这个帝国主义者们有一个优点，这个优点是什么？当他离开了他以前的殖民地以后，他对他的殖民地有一个特殊的情感，这个特殊的情感就是他有一点歉疚感，他老想补偿你，就是过去我欺负你了，现在我对你好一点，比如让你成为我们国家的公民，给你落地签，让你成为一个公民，或者是你是我们的海外公民，就是给你这么一身份。所以当时中国把香港收回来，英国也给了某些香港人，不是所有的香港人，某些香港人海外英国人的身份，你拿的是英国的护照，但是那上面也注着你是海外的英国人，你不是英国本土的英国人。

所以，这个殖民者们心里觉得对印度人有歉疚，于是出了这么一个人，一定是把你吹成花了，补偿他过去那个罪恶感。我们就知道，在翻译的背后，文化的差异，历史背景那个复杂性，你对于20世纪西方文化危机的理解，你只有把它搁在一起，你才能讨论这个问题，否则的话没法讨论这个问题。现在在印度，印度人还会跟你讨论泰戈尔，是因为泰戈尔是一个太大的话题了，跨不过去。当然你真正到泰戈尔你会发现他写作是有一套写法的，我也去过加尔各答，我也去过泰戈尔的故居，而且我在泰戈尔的故居我一下就撞上了英国得过布克奖的一个黑人作家，非洲的，后来跑到英国去，然后在英国写非洲的文化，然后他得了英国的布克奖，也在那儿逛泰戈尔故居呢。

泰戈尔他生活很好，大宅子，很气派，一看就是有钱人的家族，从他的故居出来走一百米到大马路上，就是一个破烂的印度，可是你在泰戈尔的著作当中，你只看到东方的好了，在他的诗里边，你看到是东方圣人的形象，但是，泰戈尔家门外的那个街上的破烂，泰戈尔选择不见，选择不看，选择不写，你要拿到中国来麻烦了，你敢不反映底层人民生活，你敢不反映草根人民的文化，你政治不正确。但是泰戈尔就敢政治不正确，然后他拿着一个高级的印度的圣人的东西跑到西方去，伟大的东方，泰戈尔就是这么干，你现场一看就知道他的那套策略是怎么回事了。所以这个东西里边，太有意思了，太复杂了，东方人怎么对付西方人，当然背后也有西方人怎么对付东方人的这一套游戏，人类的这一套游戏。这里边我是顺便地说到泰戈尔，因为这是一个太大的麻烦了，对于我们理解世界文学，所以说到这个。

把我们自己的东西翻成外文，这个任重而道远，其中最主要的一个问题就是，你得了解人家的文化现状，你才能产生这种有效的翻译，这就是一个过程，从外翻中，到自己翻译自己，翻成外文，然后到再一次的外翻中，然后到现在的中翻外，这是一个过程，大概一百年我们是这样一个过程。

那么在整个的这个过程当中，我们的诗人跟外国诗歌，现代汉语诗歌跟外国诗歌有着密切的关系，这个密切的关系里边，我就随便举一些例子吧，比如说鲁迅，鲁迅跟外国文学的关系，我们都讨论的是鲁迅跟中国的关系，我们很少讨论鲁迅跟外国文学的关系，我们也讨论比如鲁迅翻译了俄国的什么《死魂灵》，硬译，我们会讨论这个东西，但是鲁迅跟外国文学之间的他究竟有什么关系？他有一个小说里边，就说一个人在街上看见有人卖儿卖女，看见一个小女孩，说那个小女孩脏兮兮的，鲁迅在小说里说这时候一个财主走到边上，他看到这个小女孩，心里边就过了一下，他也没买这个小女孩，他说这个小女孩虽然脏兮兮的，但是长得并不难看，所以他总是在心里重复一句话，叫作咯吱咯吱洗一洗，就是说要把这个女孩洗一下，挺漂亮的，应该弄回家去，这是鲁迅的小说里写的。

　　然后，实际上这背后就意味着，鲁迅知道潜意识这个词，就意味着鲁迅知道弗洛伊德，尽管鲁迅翻译的是厨川白村的《苦闷的象征》，但是，因为鲁迅原来学医的，他多多少少会知道弗洛伊德的这套理论，只不过这套东西在讨论鲁迅的时候完全是个盲点，大家不讨论这些东西。现在也有很多人讨论鲁迅的《野草》。鲁迅的《野草》跟法国的散文诗之间的关系，也没有被广泛地拿来讨论，有些人提到，但是没有人广泛地讨论。这就意味着一个研究鲁迅的中国学者，按说你应该对法国的散文诗非常地清楚，而散文诗究竟是个什么东西，我们可能也不清楚，散文诗这种东西，它已经是一个现成的概念了，但是散文诗这个概念从什么时候诞生的？在什么样的条件下产生的？实际上这个我们不懂，散文诗的出现时间没有那么长，散文诗的出现就是一个翻译行为造成的结果。为什么这么讲？我们知道比如说但丁的《神曲》，翻译成英文，翻译成法文，翻译成中文，《神曲》是三联韵，一万多行，押韵这件事，说起来容易，想一想就能让你发疯，中国古代的诗歌也押韵，比如说你可以甚至押五百韵，押五百韵还能忍受，押一万行的韵，那人就疯掉了，天天你就押韵吧，四行押个韵，八行押个韵，这都可以忍受，五百韵也是可以忍受的，然后中间还换韵。

　　由于押韵，由于它是有格律的，所以翻译成另外一种语言的时候，很难永远满足它原来的这个条件，所以，押韵算了，那就不押

了，格律，算了，那就不格律了，于是就变成散文了，所以但丁的
《神曲》翻译成不同民族的语言的时候，经常变成散文译本，然后
我们看中文里边也是散文译本，而且我甚至觉得中文的散文译本是
译得最好的，就是王维克的译本，王维克是华罗庚的老师，王维克
译的散文我觉得是译得最好的，后来田德旺也翻译过，朱维之也翻
译过，而且田德旺是直接从意大利文翻译成中文的，我曾经在一个
场合见过田德旺老师现场背诵，大段地背诵意大利文的但丁的《神
曲》，了不得，但是这几个译本你比较一下，其实王维克的译本是
最好的，王维克那译本里边可能是有一点误译的地方，但是为什么
是最好的？因为田德旺老师和朱维之老师，他们的现代汉语比王维
克的更成熟，但是，恰恰王维克那个不那么成熟的现代汉语，翻译
一个大经典是对的，就像《圣经》的翻译，比如我们读中文的翻
译，我们读的最好的一个版本，一般我们接受的那个版本是官话和
合本《圣经》，官话和合本《圣经》的那个汉语，既不是古汉语，
也不是现代汉语，它是一个介乎于古汉语和现代汉语之间的一个人
造语言，不是日常用的语言。由于是人造语言，又用来翻译一本圣
书，是对的，是合适的，这个《圣经》是一个天上来的书，所以应
该有一种感觉，《圣经》那个东西叫微言大义，《圣经》的那个风
格，语言并不复杂，但是实际上不好翻，把握的那个语言的尺度，
把握在哪儿？一个什么样的状态上，才能够把一个圣书的感觉翻过
来？它可不是个世俗的书，那种感觉是不好翻。

中国的这些诗人，很多的诗人都受到国外的文化影响，鲁迅受
到法国散文诗的影响，而法国的散文诗其实也没有多少年的历史，
波德莱尔，从波德莱尔《巴黎的忧郁》开始，所以鲁迅当时使用散
文诗这个形式，他是一个很新鲜的写法，当然，如果一旦有了这个
概念，你可以回溯，我们说汉代的赋也是散文诗，这是回溯，你看
比如说英文翻译的汉赋，英文翻译的文选，国外有人做文选，巨大
的翻译工程，文选我那儿只有一卷，他们计划是出多少卷，这一卷

里边只包括了三篇赋，全是注释，三篇赋就出一卷，全是注释，那它整个文选得出多少卷，我也不知道，这疯了这个，但是国外他们的学术，有些人做这种工程真就做这种工程，人家的学者你就看吧，中文里没解释清楚的，英文的那个注释，因为我自己以前在学校里我讲课的时候，有个别地方我不懂，中文的注释我找遍了，不明白，我就看英文的注释，我就能懂，我就明白是怎么回事，他研究到哪个程度。

所以我们回溯，把汉赋也当成这个叫什么？散文诗，但是实际上这个散文诗的概念是一个新概念，所以对鲁迅来讲这也是个新概念，鲁迅等于在当时玩先锋派，但是我们没有人从这个角度来看这个鲁迅。除了鲁迅，比如艾青跟维尔哈伦之间的关系，他也翻译维尔哈伦，比利时的一个诗人，冯至跟里尔克之间的关系，那么，穆旦，典型的跟奥登之间的关系，现代诗歌里边，跟国外的这个诗歌的关系，翻译之间的关系，他们有些人自己就能做翻译，冯至也能做翻译，穆旦也能，基本上艾青、鲁迅、冯至、穆旦全都自己做翻译，卞之琳，都是诗人翻译家，鲁迅离这个概念稍微远一点，但是鲁迅也翻译很多东西。

我一直觉得，我没写过文章，出门我也没说过，保罗·策兰在中国有这么大的名声，怎么可能？因为保罗·策兰是没法翻的，我那儿有一本保罗·策兰的德文和英文对照的诗集，我就试着看他的英文，因为他那个英译者很好，那个人翻译了保罗·策兰，同时也翻译了荷尔德林，就是荷尔德林和保罗·策兰是同一个英语的译者，然后这个人在英语世界也得了好几个大奖，翻译的大奖。我就试着从英文看那个德文，他的那个节奏，那种大概的发音，我能够感觉到，我觉着那种东西，包括他在英文里的怪语言，基本上不可能在中文里呈现，怎么居然在中文里还呈现了，然后孟明出的保罗·策兰的诗集，王家新跟芮虎，也翻译了保罗·策兰诗集，但是从我个人的阅读经验我觉着，这里面一定充满了误会，我没写过文章，因为你也不能端别人的饭碗，我觉着这怎么可能？保罗·策兰的语言是抗拒翻译，你要说诗歌不可译，这还就一般而言，保罗·策兰的语言抗拒翻译，那不可能翻译的，不可能翻译是因为他自己把那个语言给改成一种，他把语言的公共性给改掉了，你把语言的公共性改掉以后那怎么翻？我懂你也懂才能翻，没有公共性就是自言自语。刚才说到王家新，王家新受到白银时代的影响，然后咱们这个李寒也翻译了阿赫玛托娃的诗全集，那么中国的诗人们有一部分对于俄罗斯的白银时代的诗人是非常迷恋的，不是所有的人都迷恋白银时代，但是有一部分非常迷恋，为什么？就是听上去相似的历史记忆，比如斯大林时代，中国文化大革命，俄罗斯的这些诗人们他们怎么面对他们的历史。但实际上我不得不说，俄罗斯跟中国文化的差异很大，而且我们中国人对俄罗斯人很客气，俄罗斯人对中国并不客气。

在美国，有这么一个小圈子，这个小圈子是东欧、俄罗斯流亡到美国的一个小圈子，这里边包括了谁？包括了布罗茨基，包括了米沃什、温茨洛瓦、扎加耶夫斯基，包括现在查尔斯·西米克，全是这个小圈子的人，然后跟这个小圈子挨得比较近的还有一个沃尔科特，沃尔科特实际上跟东欧这套没有什么太大的关系，但是跟他们私人关系挺好。这个小圈子的能量巨大，非常大的小圈子，这个里边布罗茨基和米沃什都得过诺贝尔奖，所以他们对于世界文学，甚至有一种控制，就是他们推谁，称赞谁，让谁在西方出大名，出版社直接听他们的，能量特别的大。然后这个小圈子的人在美国的文学界，因为美国有盎格鲁－撒克逊这个系统的，这是正宗的本土的作家，实际上矛盾很大，当然我也认识那个罗伯特·哈斯，罗伯特·哈斯一直翻译米沃什，他说起米沃什来充满了情谊，就是对米沃什的回忆。

那么不跟米沃什和布罗茨基一个圈子的也得诺贝尔奖，是谁呢？帕斯，帕斯和金斯伯格跟布罗茨基那个圈子没有什么太多的交集，那是另外一个圈子。然后北岛就是跟这个圈子的人好，就是跟金斯伯格、帕斯这都是老朋友，但是跟那个圈子就弄不到一块儿去。然后那个圈子那些人，东欧人，那是势力很大，东欧的作家在发达资本主义世界势力非常的大，中国不太清楚那边的文化局面，所以我们就直接翻了布罗茨基、米沃什，我也热爱米沃什，我没有说他们不好，我只是说他们这个圈子的问题。他们的影响范围是世界性的。

还有一帮子人是什么？全世界的犹太人，也是世界性的，就是你在阿根廷遇到的一个犹太人，有可能跟柏林的犹太人有密切的关系，就是他有国外他们自己的文化社区，互相之间都是穿插的。你要是个东欧人，再加上你是犹太人，你可了不得了你，你在国外文学圈那个势力不知道能大到哪儿去，这个不完全是一个写作的问题，这是文化政治的问题。你像纽约有一个地方我在那儿做过朗诵，就叫 92Y，这是美国一个出版社把我安排到那儿去做朗诵，我一看他们的名单都是谁来？全是那些大名字，但是背后是犹太文化和东欧文化，和东欧犹太人，如果各位去纽约，有几个地方值得一看，你就去三个地方，一个地方那块儿每星期都有朗诵，而且都是好诗人。我说你还可以去一个 KGB 酒吧，那是一个地下酒吧，你到那儿妖魔鬼怪什么诗人你都能碰到。还有一个就是 92Y，这个是更高大上了，是东欧犹太人的那么一个地方。

所以，因为我们对他的文学现场不了解以后，我们就是按照他的文字呈现出来那个序列，就开始翻译，翻译了布罗茨基，翻米沃什，翻了米沃什翻扎加耶夫斯基，翻了扎加耶夫斯基翻这个什么温茨洛瓦，全是一个小圈子里面的人，我们就跟这小圈子干上了，我们就以为他们就是一帮最厉害的那帮诗人，不是，这个东西你跟谁说也说不清楚，因为这个是整个的一个文化地图的情况。所以，有时候我们对外国文学的误会，里边包括了对于世界文学地图的误会，有时候没办法，文化交流里充满了这种误会。

　　比如说，我很熟悉海子，海子被认为是很中国化，喂马，劈柴，都是这个东西。可是海子喜欢谁？海子喜欢的，他写过一篇文章叫作《我热爱的诗人荷尔德林》，网上哪儿哪儿都是，每年到 3 月 26 号，蹦出来一次《我热爱的诗人荷尔德林》，你去德国，然后你去特里尔那个小城，别人就会给你指一个楼，那上面一个窗口，说你看那个窗口，我说为什么要看那个窗口？说那是大学宿舍，以前住着荷尔德林、黑格尔和谢林，三个人住一个宿舍，荷尔德林、黑格尔跟谢林住一个屋，那荷尔德林，他跟思想之间的这个关系是一个什么样的关系？当然荷尔德林没有变成黑格尔那样，他没有成为黑格尔那一套东西，也没成为谢林那一套东西。但是荷尔德林对于古希腊的认识，你在荷尔德林自己的诗里看到，他要返回到古希腊，回到古希腊成为希腊众神的一部分，中国人我相信都不具备这样一种理解力。所以，你看到的荷尔德林，就是荷尔德林还乡，就是荷尔德林有一种还乡意识，但是荷尔德林还的那个乡是古希腊的那个乡，然后这个时候就涉及你对古希腊了解多少。

　　我们又说起来古希腊是什么，萨福，或者是古希腊的那几个悲剧作家，再加上一个戏剧作家阿里斯多芬，古希腊的哲学家，柏拉图，亚里士多德，反正我们对古希腊的概念就是这样。但是，这个是纸面上的古希腊，这是书面上的古希腊，古希腊一定是一个立体的古希腊，那么他那个立体的古希腊才生出这些人物来，而且生出的是古希腊文的那个古希腊，还不是翻译的古希腊，所以这个时候，荷尔德林所梦想还乡回到的是那个古希腊。你真正到了希腊，你在希腊的街上走，希腊过去的石棺，不是雅典，就是在小岛上，在一个什么小破地方，就扔在那个街边上，也没人管，因为就像中国似的，我刚从陇南回来，然后你在陇南发现那个摩崖石刻，当地人说你快看这个摩崖石刻，宋朝人刻的，没人告诉我，就从那儿过去了，古希腊那些东西扔那儿。

　　希腊有一个法律，这个法律别说偷文物了，你移动任何古希腊土地上的文物，你把这块石头从这儿移到这儿，这就犯法，不许碰，有这么严格的《文物法》的保护它一个活生生的古希腊。然后这个古希腊也被忘了，后来是经过了一千多年，古希腊就从人类历史上消失了，希腊就从人类历史上消失了。我问一个希腊的作家，希腊有一个总理叫帕潘德里欧，帕潘德里欧的儿子是个小说家，我正好在希腊碰见他了，叫涅克，涅克·帕潘德里欧，我说你们这些希腊人，是不是真正的古希腊人？他说，出去可别说，我小声告诉你，我们跟古希腊人好像没什么太多关系。我说为什么？他说因为那个，就是在人类历史上消失那古希腊，时间那么久的时候，这里成一个商道，不断地有人过，哪儿的商人都有，然后跟当地的女孩生下小孩，然后又来了商人，混血，不知道混了多少血了。而且他可能跟附近的人混血就混得更厉害，所以希腊人的血液里肯定是混了很多土耳其人的血，就是现在的希腊人。你在希腊会看到一个特别逗的雕塑，骑马的将军的雕塑，所有抵抗土耳其入侵的将军们，都留着土耳其人的小胡子，全是小胡子。然后你看古希腊人可不是留小胡子，你在卢浮宫看到古希腊那个雕塑，男的全是大胡子，但是你现在在希腊看到的那个希腊英雄们全是小胡子，全是土耳其胡子，文化已经几千年，至少一千年、两千年以后，已经有了很大的变化了。

荷尔德林梦想的是古希腊，然后荷尔德林的那种宗教情感，他驾驭语言，他发明语言，他为了靠近这个古希腊，他把自己的德文修改得已经不是一个日常的德文了，已经开始靠近那个古希腊的那个德文了，靠近希腊文的那个德文，那个中国人哪儿懂啊，中国人不懂这个东西。所以有的时候我们就是讨论起这个文化问题的时候，那里的那个偏差真是太大了，德国人做翻译和美国人做翻译，他们有一个优点，这个优点是什么？德国人为了翻译古希腊的著作，他们发明了一套德语，这套德语不是日常德语，他用他发明的这套德语，就是靠近希腊文的这套德语来翻译古希腊的东西。那么美国人，加里·斯奈德开始翻中国古诗是怎么翻的？为了翻中国古诗模仿中国古诗，他尽量地使用英文当中的单音节的词，就是这些单音节的词，因为中文是单音节的，他认为中文是单音节的，所以他尽量用单音节的英语的词来翻译中国古诗，你能想象那个结果是什么样的？读那个英文的翻译，那个节奏感，就跟读中文的节奏感似的，非常好。当然他丧失掉一个东西，丧失掉什么？就是他虽然把节奏翻过去了，但是中国古汉语，古汉语是非常华丽的语言，非常有形式感的语言，那个翻不过去，完了，那个翻不过去，但是英语里的，凡是从盎格鲁－撒克逊系统下来的这个英语，都是短音节，从罗曼法语里下来的那一套，那是多音节，这不是盎格鲁－撒克逊的本土的过去的语言。那么所以翻译寒山寺，他就玩这一套，五言诗，我就用五个词来翻，你就觉着这个好像还挺好，感觉挺好。

所以，我至少在德语里边、在英语里边我知道有这样的翻译家，为了翻译你的文化，他要改造他自己的语言，这个是非常伟大的翻译家，就是他的态度，他翻译的时候做的，他对语言的态度，了不起，非常的了不起，我真是肃然起敬，我对他们的好的翻译家的工作。现在，美国有一个汉学家，他可能是受到他们的启发，这个人中文名字叫石江山，在俄克拉何马大学，他不是教翻译的，他教写作的，他带着一帮美国学生用单音节的英文字写诗，然后用英文写五言绝句，七言绝句，我读着觉得逗死了，太好玩了，他把翻译的这一套东西变成一套语言实验，变成一套新的写法，就是从翻译直接又回到创作了，太有意思了。我想在中国，由于我们对翻译本身作为一个文化的理解没有那么丰满，可能我们也就没有机会在我们自己的写作当中做那么丰满的实验。有时候我也觉得很沮丧，就是在大学里边，我也去不同的大学，他们做的那些工作，其实能够开拓的余地特别的大，但是如果，比如说我们在别的地方不能够使我们的大学教育有一个起色的话，至少我们在玩语言上我们是可以的，在你的中文系，在你的外文系，这是可以玩到这个程度的。

然后，从语言这儿，后头透露出来的问题，绝不仅仅是语言问题，也包括了文化问题，包括了社会问题，包括了政治问题，包括了思想问题，只不过就是以语言作为一个承载。

所以，各位朋友，虽然咱们自己是做翻译的，但是咱们能够做的事情绝不仅仅是翻译，翻译这种东西向一个社会的那种文化的延伸，一定是一个强有力的延伸。好吧，我也看看时间，我觉得时间也该到这儿了，今天我就说到这儿吧，谢谢大家。

文学翻译的三问题：查字典、注释与修改

余中先

主持人：今天上午咱们非常荣幸地邀请到著名翻译家余中先老师来为大家授课，大家先以掌声对余老师表示欢迎。余中先老师是浙江宁波人，中国社科院外文所研究员，研究生院教授、博士生导师，《世界文学》原主编，傅雷翻译奖评委，现受聘为厦门大学讲座教授。余老师是北京大学西语系法语专业七七级本科生，八一级硕士生，1988 年到 1992 年留学法国，在巴黎第四大学获得文学博士学位。长年从事法语文学作品的翻译、评论、研究和编辑工作，翻译介绍了奈瓦尔、贝克特、昆德拉、勒克莱齐奥等人的小说、戏剧、诗歌作品等八十多部，并有文集《巴黎四季风》《左岸书香》《是禁果才诱人》《左岸的巴黎》《余中先译文自选集》等，曾经被法国政府授予文学艺术骑士勋章，2018 年获得鲁迅文学奖的翻译奖，下面咱们就掌声有请余老师开始讲课。

余中先：各位同学大家上午好，来得稍微有一点匆忙，路上堵了一会儿，使我想起多年前在现代文学馆作讲座，说 20 世纪的文学有一个现象叫荒诞，什么叫荒诞？我们 80 年代的时候介绍荒诞，就觉得好像我们不荒诞，我们都很理性，但是现在荒诞是有的，就是说这一段距离，如果从三环这么走过来，这明明半个小时能到了现代文学馆，能到鲁院了，但是堵在路上了，那么你就要等待戈多，大家都等待，戈多来不了，怎么还不来，说好九点了，不来，明天再来，大家就是现代文学的好多东西都要自己去琢磨、去感觉，这

是题外话。那么今天我想讲的就是几个实际的问题，因为我听说你们也请了一些老师来讲理论的、历史的、翻译史的还有等等各种问题，我想今天就根据我自己的翻译的个人经验，来讲这三个问题，兴许对大家有一点实际的好处或者是什么帮助，但愿如此。

查字典、做注释、修改，因为说到注释，前两天傅雷奖的评奖、颁奖典礼，私下里喝酒吃饭的时候大家要谈得比较多，这三个问题完全是从个人经验来说的，我是绕着文本的翻译来讲一些。我们最开始的词汇量可能有限，那么查字典可以查相对简单一点的字典，慢慢地走向复杂，到用好几本辞典，这是做翻译，文学翻译所必需的，现在我问一下年轻人用什么辞典？手机里面的辞典，可能就不太管用，那么查字典的时候，那个辞典里头有很多意思，你必须要选，这个选当然是有讲究的。再有一个现在也说是网上的辞典，我们一查谷歌或者是维基等等都可以，这个有好处，也有坏处，根据我个人的经验，一会儿也会讲到。最后完全是我个人的一个做法，不一定管用。

我记得法语的老前辈许明龙先生，他译好多历史著作，比如说孟德斯鸠的《论法的精神》，严复先生曾经译为《法意》，法的意思、精神，那么许明龙先生这么教过我，他说小余，你那个查字典是怎么查的，当时这个词我完全不懂这个意思，我必须要查原文的辞典，我现在举的例子都是《法汉辞典》，当然你们有德汉、英汉或者日汉，同样一个道理，那你一定要查法文辞典，就是用法文来解释法文的，搞明白这个意思。那么有的时候碰到生词不理解，就去查原文，那么就查原文当中的确切意思。如果像我这样的年纪，学了忘查了忘，那你肯定有印象，这个字我学过，你不妨查《法汉字典》，或者《英汉字典》提醒一下记忆，《德汉字典》《西汉字典》，都是一样的，可以查双语字典。那么不是说我们不可以查英汉、德汉、法汉字典，是大致有把握的情况下，根据上下文语境的推理的情况下，那么你查这个字典是可以的，而且你有经验，你有逻辑判断，或者对于这个词有一定联想，或者说以前就是学过，就是忘了这种情况下，查汉语字典是通的。

为什么要拿好几本字典？因为我们翻译的时候，尽管是文学作品，但是文学作品它有话题，这个话题如果涉及我并不太熟悉的，比如说讲数学家或者音乐家的生平，那么这里头有很多数学的名词或者音乐的名词，你要查有关的字典。我自己的经验也是，就是人名、地名的辞典我一定要有，还有就是俚语辞典，就是咱们说的成语或者口语，比较口语化的这种辞典都是要的，那么这里头也有好多例子，我先举一个，比如说罗兰·巴特《哀痛日记》，他里头讲他母亲去世以后，他很长一段时间就出不来，哀痛，翻译的时候就讲到一个词，我们知道法国很有名的一家出版社，它的辞典是很经典的，我们要查，译者译的时候就提到悲痛的度量的时候，有一个为父母服丧十八个月的说法，我们中国以前也有，当官的要丁忧，多长时间辞官在家守着，那么这个词他说是提醒记忆，他会翻译成纪念经，好像是两本书，但实际上这是一本书，一本辞典，叫提醒你的记忆，就是说备忘录，这些词比较经常用的，你要经常记，即便围绕着字典本身，我们不知道有那么多辞典，就这本字典的名称是什么，我们也可能会出错，就是讲这个本身是一个例子。

我给大家讲的可能会拿好多我自己的例子，或者我学生的例子，或者我做评委的时候读的很多稿子的例子，有好的，当然主要给你们讲一些有欠缺的，或者不好的，那我们以后要避免的，在座的我知道也有做编辑的，编辑的时候，有的时候就干这个活。但是我原来干这个活只是记在心里，写在笔记上，那么现在当老师了，就把编辑的收获、经验传授给学生，所以做编辑、做老师，对于我们做翻译都是有帮助的。黑话辞典什么都要学，比如说我翻译热内的《鲜花圣母》，那么大家知道，读法语的人知道，这个是很有名的作家，涉及的话题都是同性恋，男同，就是咱们说的 gay，男同圈子里头有一些这个话，那你怎么办，就去查那个字典，查字典你懂了以后还不行，还要请教比如说李银河先生，或者其他的中国这个是怎么说的，因为我也不懂，那么还问郭宏安先生借过黑话辞典，那里头全是，有关的辞典还是要多收一点。

当然上下文的语境，我们说的就是在查字典，说到那后面，字典里头某一个词有很多意思，怎么判断的时候，那讲上下文的语境，譬如说外国人，我碰到外国人，外国人他也问我中国的语言怎么译，比如说方便两个字，大家看，对不起，失陪，我要方便一下，我们都懂，外国人不懂，他要查方便，那我就不勉强了，等你方便的时候我请你吃饭，这个方便，于是回家吃方便面去了，这三个方便，同样的道理，法文、英文，外文里头也有这样的，这三个方便都是不一样的方便，需要去根据查字典的时候，要根据上下文，当然要有一定的语言基础，你什么都不懂，语言本身很差也不行，外语要好，那么这三个在辞典里头应该是能够查到的，这个当然是一个很极端的例子，也是前两天我在网上扒了来的，我觉得对于翻译，对于我们这个也是挺好的，根据上下文，大家看一眼就行了，做判断，逻辑判断很重要，语言的逻辑，上下文语境的判断，比如说法文有一个词，当然是油的意思，我这提供的法文的例子，大家不一定全懂，但是我会挑出关键的词让你们学英文的、德文的都稍微懂一些，看看，这个是查字典，联合国驻黎巴嫩维和部队，要查专门的时事政治这方面的辞典，法语是油的意思，包括吃的油，还有车、飞机、轮船烧的油，还指油彩，就是绘画的时候的油，但是这么理解在上下文的意思，就是说不通是油的意思，第一句大家看，就是说法语联合国部队的那些油，大家看法文的头几个字就是，他们怎么怎么，他们害怕什么什么，联合国黎巴嫩部队的那些油，害怕怎么怎么下面就不管了，那么怎么会是油？那肯定不对，必须查字典，油说不通，查油，POP 就是这个用法，那是什么呢？大人物、权威人物，就是权威人士，根据联合国驻黎巴嫩权威人士的意思，那这个油在这就是黑话俚语查出来，翻译就好翻了，大家看那个译文，清楚了。

法文不懂，我们也能看出这个里头的一些奥妙，多义词的判断当然是要好好查字典，怎么判断，首先你上下文要懂，再一个逻辑一定要合理，另外知识面，确实要有一定的知识面，当然不是说我们译者什么都懂，就是你翻译某一个作品的时候，你肯定要读相关的一些，比如说我译毕加索，那么我对毕加索的生平要了解，毕加索在巴黎时怎么回事，后来他跟几个女人之间的故事是什么样的，都要知道一点，那么这样才能够联想、比较，合理比较和逻辑，我有幸拿了鲁迅老人家这个翻译奖。这两天说话很多，嗓子有点不舒服。因为我在想作家起一个篇名的时候，肯定是考虑到了，你看女主人公投入艺术活动，处于一种沉静状态，但是又居高临下的某种漠然的状态，然后赶到阿拉伯海滩去，跟水有关系，潜水，还有很多扎入的状态，男女主人翁第一次做爱，是在煤矿博物馆，煤矿博物馆就是原来一个废矿井里头完成的，后来在威尼斯，他们有了孩子的那一次做爱，那是在鲸鱼的肚子里头，想起《圣经》里头的谁的故事，那么这个法语怎么译，最开始是潜水，后来觉得这个水还不要，但是潜这个词能不能用在对艺术、对生命的琢磨，后来我想还是可以的，因为中国也有类似的说法，大家看。当然还有很多，很荣幸我在译这个作品之前，正好去潜了一次水，十米深的，就是背的那个肺，氧气瓶，感觉还是挺好的，杜甫的叫什么，"好雨知时节，当春乃发生。随风潜入夜，润物细无声"，也是一种潜，所以觉得那个潜还是可以的，我定名为《潜》，当然还有更好的译法也许。

那么说另外一个例子，我们有的时候会对某个东西发生误解，就是某个词猜不透，比如说菲里普·图森有一部小说叫作《逃跑》，菲里普·图森是比利时的一个作家，写过好多书，尤其关于中国、日本，最近他写了一本叫作《Made in China》，某人正在翻译，这里头据说提到了我们很多翻译家的名字，包括陈彤，还有，我是译了他的《足球》，因为他也是一个足球迷，《逃跑》里头有一段，大家看，就是鸡尾酒，鸡尾酒主要是看最底下的配方，大家看各种各样的，我初稿的是颜色、怀疑、眼泪，就是这个部分，那么法文的上面是怀疑眼泪，实际上不是怀疑跟眼泪，因为我们查的字典的第一层意思是怀疑跟眼泪，查了字典，写了以后就觉得眼泪跟怀疑是有问题的，这个问题回去再查字典，如果是眼泪，那真是一个谜，为什么眼泪，喝一点，大家不知道平时喝不喝酒，多一点、少一点、来一点，什么样的，在这看喝这个，配方配的什么，蓝色火焰或者巴拿马草帽，我就瞎说了，这个颜色、种类、配多少，如何形成的，蓝的、白的种种颜色，查字典发现一点点，后来我也看到过说你们老外，就是喝点酒，他们不会灌酒，一点点一点点，我觉得挺有意思的，后来我想中国也有这个说法，眼泪、水、一点点，你洗脸还是洗脚，眼泪水一点点，好像方言里头也有这个说法，这不是眼泪水，还怎么洗脚，我记得我小时候，我们家拿一盆水，妈妈、我、妹妹都一块洗脚的，不能说一个人有一盆水的，有人就讽刺了，这眼泪水一点点，就是一点点，翻译可能就好一点，也通过查字典查到的。

当然还有，这再举一个例子，也是《潜》里头的，这个词当然是通用的，包括日本人现在也是，好，整句话理解，我觉得都能理解，就是一个词不知道什么意思，结果在维基查到了，它的意思是不太对付的，就是不太合适的，那么我后来译成牛头不对马嘴，因为前面那个上下文我们就不纠结，因为讲了西班牙人们一个什么什么故事，不懂法语可能就很难琢磨，原来是你，女的就说，他用西班牙人的那种，西班牙女郎有的时候是啊啊啊，然后法语里头有那个你你你跟您您您的区别，英文没有，其他语言也有这样的区别，那西班牙，见面，根本就不认识，你你你就来了，那么就跟从牛栏里头冲出来的斗牛，西班牙也有斗牛，这个牛一样咄咄逼人，我知道这样的比喻有点不太恰当，不太妥当，有点牛头不对马嘴，一个牛出来了，所以我就把这个法语按照原来的法语翻译成牛头不对马嘴，毕竟这是我的第一个西班牙女人。另外还有一个词在法语里头很简单，就是栗子树，咱们吃的糖炒栗子，在新闻行业里头它有一个特别的说法，指的是小文章，就是每年碰到一定的日期的时候，这个话题会经常出来，谁谁谁对我说，人们所针对的只是这个主题，一年一度的话题，平时我们可以理解，比如说9月1号开学了，那么新闻报道，大学的时候新生报到，现在需要家长陪，旅馆已经订满了，然后孩子现在也不太懂事，家长提着行李报到、找学校，孩子在上面玩手机，到哪了，这种话题记者会报道，每年的9月1号会报道，每年高考的时候也会报道，附近的喇叭不让按，每年一度来临的这么一个话题，那么法国人就叫栗子树，那么你光一个栗子树不行，就是老生常谈，或者说这个意思。

八月十五送月饼，然后感恩节什么，每年都有一定的话题，双十一，欧洲人像法国战胜国是要有法定的节假日，那么不懂的人就会想这怎么是节假，他们去购物去了，一次大战战胜或者停战的时候，大家看，懂法文的像余嘉乐老师他们一看就知道了，就是说每年春天最初的那几天，有一棵粉红色花的栗子树会开花，是在什么什么坟墓上，这个坟墓是1792年8月10号那一天被打死的瑞典卫兵，法兰西最开始的国王，是国王还是教皇，他们是瑞典卫兵，就是最忠心耿耿的，纪念他们，到了这几天开花了，我们说到了那两天颐和园的紫玉兰开花了，就是那个意思。那么每年就会强调这个东西，老生常谈，栗子树就是老生常谈，需要知道一些典故，那么查字典的时候就可以。

还有要根据作家用词的习惯去查，那么有的作家他喜欢用某几个动词，比如说山西的作家用词的时候是这么用的，山东的作家用词是这么用的，读者去读山西的这个，可能会觉得这个词怎么这么用，比如说中国的打，现在有博士论文论打，写得很多，打有三十多种意思，打的、打酱油、打人、打一个谜，打哪说起，打打打，很多，有很多意思，那么有的人喜欢这么用，有的人不喜欢那么用，法文也是一样，其他语言里头也是一样。上下文是这样，就是马克往下瞧着一片海岸，看见底下有一个人，一定是有人从沙丘上往沙滩上跳，跳下去或者说掉下去，磕破了嘴脸，那么他用的那个词一般就是天平、平衡、摇晃这个意思，最初的意思是这个，当然他有第二、第三、第四、第五个意思，那么查的时候，作家在用法语这个词的时候，他的一个词组成里头就有这个意思，因为跷跷板也好、天平也好，一个往下，一个往上，老在那头动，是有这个意思在那里。于是译文要改成紧贴着礁石往下出溜，隐约猜到有人推下去，那就不是摇晃那个人。

　　我这么说打比方我觉得应该能懂，尽管找的是法文的例子，这说到机器翻译，以前网上有一个人他说我的诗歌在世界已经翻成了多少多少文字，五十种还是六十种，其实他是通过谷歌翻译，翻译了以后就在博客上贴一下，我的诗歌有多少多少的文字，他的诗是这样的，谁谁从镇上回来，提了一块猪肉，有几次什么什么，"这一次我是在看桃花"，你们可以自己谷歌一下，法文是这样的，但是我不知道现在谷歌改进了没有，我查的时候就是这样的，桃，桃树，大家看，法文读起来很逗，这个镇里头的人在后面，不是回来，是在后面，他放一块猪肉，放哪儿，也没有说，他也不通，也不是这么些的，就是这样稍微还懂一点，"我坐在门槛上有一次，看着那个桃"，也不是花，这个是说明什么意思呢？用谷歌有的时候开开玩笑还可以，但是有的时候查的好像确实有问题。那么就提出一个问题来，我们可不可以用谷歌？可以，我说的意思是什么呢，你猜到了，大约是什么意思，不妨证实一下，我要证实一下是不是，因为人的记忆有的时候会那个，谷歌它还有好，它有几层意思都写出来，一般五六层意思，英文也是这样，法文也是这样，那么可以用。但是关键的关键，你对这个词要有一定了解的情况下，你有发言权，然后你选它，而不是让它指导你，机器只是提供种种的储存在里头的一些材料、素材，已知条件放在里头，然后你来选择还是可以的。

网上查字典的可靠和不可靠性，我有的时候查的非常可靠，有的时候查的非常不可靠，那没有办法，但是条件是什么？我对法语有一定的理解能力，有一定的词汇量，有一定的语言能力这种情况下再去查可以。

就是说查字典时科技或者说各个领域的发展，我们有时是达不到非常精确的翻译的程度。但是要做得尽可能接近它这个意思，有的时候要精确，有的时候可能要模糊，比如说"潜"，就不能太精确到底是潜水还是沉浸于、沉湎于，有的时候是这样，回了一圈还是到了网络辞典里头。

昨天我在傅雷奖讲座的时候，有人说出版方在买入版权的时候，要跟原来的比如说英国的、法国定一个条文，说在得到原作出版方或著作人的那个版权人的同意下，中方翻译出版的时候可以加入一些注，这原则上是这样的，那么其中包括前言后记、译本序、译后记等等，原来原则上是不，原来原文怎么样现在就是怎么样，这指的是有版权的情况下，当然已经进入公共领域的版权，这就不算了，我不知道编辑是怎么理解的，但是作注，现在被认为是可行的。那么往往英语作品翻译到德语的作品，或者西班牙语的作品翻译成意大利语的作品的时候没有注，都是没有注，不需要有注，为什么？为了读者，读者就觉得不用，但是到中国来的时候，可能多多少少会有一点注，为什么？也是为了读者，那么在文学作品和其他的社科、人文、研究类作品还是不一样，那么社科世界名著往往注会很多，原注和译注会占很大成分，文学作品很少，很少有这个注，以前70年代要注，80年代就不注了，80年代要注的时候，21世纪的时候就可以不注了，为什么呢？因为有一些注的地方、人名、地名，或者历史上有些有名的事件，已经成为常识了，这个我们一会儿再讲，少作注。

方便读者，除了原文当中的其他原文，连原文当中的其他外语也不作注，比如说英语作品里头的一段西班牙语，不译、不注。我记得我小时候曾经读过大段大段这样的作品，因为也读不懂，托尔斯泰《战争与和平》，翻开一看怎么有那么多法语，我也不懂法语，大段大段的都是法语，那个时候我们的汉译本里头，可能觉得俄语作品里头的法语还要保留这个样子，或者是来不及翻译，托尔斯泰也没有翻，当然他的人物就是说法语的，19世纪俄国贵族很多都是说法语的，就是没有译，那么现在强调译出来，不要存在好多外语，出版社有此类的规定，你们可以仔细讨论，这个对不对，当然总的来说还是为了方便读者。所以还是要作注，但是要少作注。必要的注可以适当地放在翻译的正文里头，首先认为加注是必要的，因为东西方差得实在太远，我们不熟悉《圣经》，我们不熟悉希腊神话，他们头头是道，我们莫名其妙，我们不懂，我们是勾践被夫差打败了，勾践那个有范蠡什么什么，还有西施怎么怎么，外国人也不懂，需要一定作一个注，所以大家看吕叔湘先生曾经有一篇文章谈到注，鲁迅就常常加注，为了一个注，费很多时间去查，当然注必须正确，否则宁可不要。我自己做的就是文学翻译，今天也可以稍微讲一下社科、人文名著的翻译，原文当中的注一般应该保留尊重人家的版权，要尊重人家，人家已经有了我们要有，那么加原注，或者标明本身是译注，有原注的时候标明一下，那么注的内容是比如历史人物、传说、《圣经》、风俗，还有一些文字游戏，我们没法译出来，不妨作一个注，原文什么词跟什么词，这里有哪个文字游戏。

我有几点体会，注释一定要到位，注在点子上，另外注释少作，以前像特洛伊战争要注，现在就不用注了，我觉得，不然画蛇添足，谚语、成语、典故要注，当然作注要查工具书。现在很多网上比较好查，网上的资料很多，查不到怎么办，这个就考虑再版的时候，这个我自己也有体会。原文的注不能乱动，因为我们有时候的理解能力达不到原作者的能力，觉得好像不对，但实际上可能人家是对的，我们没有达到，就不要去动，好吧。

还有一个例子，就是说维也纳的保护者，咱们说的城市的圣徒，这位圣徒又是 12 月 26 号出生的人的保护神，相当于我们的十八罗汉，或者二十八星宿，我是在什么时候生的，哪个菩萨会保佑我，以前的迷信说法都有，他注西方基督教国家的习惯，孩子在哪天出生，以那天诞生的圣徒的名字给孩子命名，错的，这个是错的，就不一定了，因为女孩子有可能是她奶奶的名字、姥姥的名字，或者是她姑姑的名字，男孩有可能是教父或者是他爸愿意让谁，就是不一定是那天出生的圣徒命名日，叫本命日，我们说的本命日。孩子出生那一天的圣徒日，并不非得是孩子的名字，但是与孩子同名的那个纪念日是孩子的本命日，所以孩子有出生日、本命日，人在本命日就是我的孩子叫约翰，那么圣约翰日就是他的，所以这个注也是不妥当的，画蛇添足，不好。因为有的时候为什么会出现这样的情况，是译者觉得我不懂，读者也不懂，那么我要为他解惑，因为自己不懂，他查的时候也不太确信，所以可能就这么写了以后，也就没有达到原来的预想，或者他以为达到，但实际上没有达到。

上课，法语听不懂的，听得懂的知道，回来回来，回来说我们的羊吧，别东拉西扯了，回来说我们的羊吧，其实也是一个成语、谚语，它也有出处，回来还是说我们的羊吧，就是法国中世纪有一个剧，农民跟谁打官司，然后法官说你们家怎么怎么，说了半天，你们家怎么怎么，行了行了，回头还是说我们的羊，老师会说学生继续上课，还是谈我们的那个什么，因为我知道你们这没有黑板，我就基本上都做在 PPT 上，其实有的时候写写黑板感觉也蛮好的。对于一些成语、谚语，你假如要作注，那么最好稍微点一下这个典故到底是怎么回事，然后有兴趣的人会去查，没有兴趣的人也知道一点，既然作注了就是这样。那么我们看一个句子，就是当我们肯定什么东西的时候，必须拿出有力证据来，当然读者对我们有一些权利，然后突然加了一句，既身为贵族就得行为高贵，好像中国人读到这里，不知道为什么这么转折，当然我们的读者对我们有一些权利，既为贵族就得行为高贵，那实际上这一句是个非常有名的成语，法语高贵，迫使你做一些什么什么，高贵要尽的义务就在这，作注，法国谚语语出法语公爵的什么什么，意思不大，出处我们已经有了，出自于《庄子》什么什么《逍遥游》，但是这里头什么意思没有，那么最好是有注。

又回到查字典了，有的时候是需要有不详的，为什么？说既然不详，我就不作注就行了，但是问题是前后比如说刚才举的例子，就是奥斯维辛什么什么我都查到了，就是这个我查不到，那么不详待查，老实地讲一句，有方家、有人会给你指出来，我们以前曾经有打电话到编辑部，说某篇文章里头你们未详，我告诉你们是什么什么，有，有这种人，现在也有，网上比如说会留言，种种途径是有，这是中国的读者也有这样的传统的，不详。

有的时候查，这里就是说从网上的辞典出发，达到参考答案，有些参考答案再去查，因为你有的时候不知道该查哪一个最准确的，最有权威的书面的辞典，人名、地名尤其是，那么从网上开始查，查到一个东西，原来是这样，从这个再去查，跟鲁迅先生一样，使劲使劲使劲，下很大功夫、花很大时间、花很多时间精力去查，去查百度、维基，但是不要太轻易相信，网上辞典往往会某一个词做了，没有从这个词里头去考察源头，所以要从第一步找到第二步，从第二步再进去查。再版，现在问题是再版出版社不让我们有时间提供新的，说余老师你的什么什么东西再版，我说我有一个习惯，翻译完了以后，自己留一本，译者自留地，待修改，然后在上面改，听到什么反映，或者后面突然想起来了，以后在学习过程当中发现里头的问题，再做一些修订。

再看，原文的注释，在译文当中最好保留，不要删，否则会带来意思的改变，有的时候我们自作聪明，例子，大家看，原文是什么？法语这是生活为两个，七百个第纳尔每天，怎么译呢？他译的这就是两个人的生活，一天七百个第纳尔好像也没有什么问题，注，原文有注，注什么呢？1953年的时候出版人的注，原来的注，那好了，他把这个注译成约合七法郎这么简单，为什么不把1953年的瑞士加上去，没有加，法郎跟瑞士法郎是不一样的，因为英镑跟其他国家的镑是不一样的，那么译文没有问题，注文有问题，没有强调瑞士法郎，没有写明什么年代，这一切在原著当中清清楚楚写了，为什么不译，关键的关键，而且是误导人家，比价是随时在动，1953年时候的瑞士法郎是这样的，不能随便删掉或者改动，因为你觉得好像差不多七法郎，完了，括号里的东西没有了，要命，这很要命，要么你就别作注，让大家自由想象，一个人每天多少多少钱，不够，大家看看，改为约合七法郎，指瑞士法郎，1953年的，这个例子就讲到这，修改也好修改，修改的时候，两个人合译一个东西，你校我，我校你，也是，当然每一个人最好是修改自己的时候要有很多东西可做，这个是我标题，小标题，大家稍微看一下，一会要一条一条地讲。

放一段时间，凉快凉快，我的经验就是根据出版或者发表的日子，少则几天、一个礼拜，多则几个月，放的时候你去做别的事情，脑子就脱离这个，让脑子清醒，刚译完的感觉太热，热了以后不知道别扭不别扭，看不出来，别人说你这错了，错了吗？这没错，三天以后，再来，为什么，眼光不同，隔一段时间反复读，那么改正错误，通读一遍，因为译文刚出炉的时候，很难摆脱原有的思维定式，改动不多，如果时间允许放几个月都可以的，然后捡起来，用新的眼光看，这个冷藏的过程越长越好，当然太长恐怕我觉得也不好，可能就忘了，尤其像我这个年纪的人会忘得比较多，要有一定的时间，需要凉一凉，他说是冷藏，我用了另外一个词，歇一下，放一放，凉一凉，法兰西文明的智慧很大程度上体现在放一放，其实中国文明也一样，也是放一放，葡萄汁放一放，牛奶放一放，面包酵母放一放，他们的整个人间食粮就有了，放多长时间，出版社有的时候催得太紧，确实是，那么在这个时候我会拖到最后一刻。但是初稿当中自己觉得有问题的地方，现在好，原来是要手写的时候贴条，这个地方打折，现在好一涂红、一涂黄有问题，批注，随时改，改的时候会加倍注意，那么读的时候一般就不再去逐字逐句去对原文，为什么？因为我个人的经验，我在翻译的时候我是非常非常忠实的，有时候是直译硬译，用鲁迅的话来说是直译加硬译，非常忠实的，这个时候更多的是修改读译文，读译文的时候会针对不通、有疑问的地方，这个地方怎么不通，这个地方怎么有问题再去查原文，那么原文的理解会有问题，回头找，可能初译的时候先决条件，初译的时候你要忠实，你要对原文透彻地理解，修改的时候主要是语感，怎么读也有一个说法。

汉语读起来别扭，往通顺里改，尤其是诗歌的翻译，还有小说中人物的对话，还有剧本当中的台词，最好读出来，以前的人不知道，不出声地读，以前的人不出声地读那不叫读，必须出声地读，现在当然可以这么读，尤其在地铁里头，你不能念出来，阅读。朗朗上口最好，读来别扭的时候要改，当然有一些别扭，我要强调，有一些别扭是要保留的，比如说荒诞派、新小说，原文当中故意找别扭的东西，这不能因为它别扭你改，原文别扭你也得别扭，原文很别扭，你把它弄得很通顺，不好，翻译腔改掉，指的是我的翻译腔，不是说原文要求有的那种腔调，当然如果扭过来原文里头的文本或者文学的要素不能丢，这如果丢的话就不扭，大家看，法文，不要害怕，看那个画线的部分，都是讲座的时候的腔调，比如说老师讲的，这个那个于是怎么怎么，完全是这种腔调，那么这种腔调在翻译的时候，更何况看起来由此看起来因此并不是同样构成的，同样也不是什么什么，就是这种腔调，要不要？要，因为是讲座，它是一个讲座，讲座腔，那么我们在译的时候尽量保持这种东西，我现在给喜马拉雅做，他们要求有这种跟听众呼应，要保留这种，你该明白上次我跟你说，也许你猜对了，我么怎么样，这个腔调还是要有，刚才也说了，就是大声读。

读的时候会发现，我记得以前是郭沫若还是谁，写那个楚国的剧，有一个句子，一个女的骂一个文人，你是一个卑鄙无耻的小人，演员读的时候很别扭，演员给它改了，你这个卑鄙无耻的小人！突然发现就对了，然后作者，应该是郭沫若，一字之师，就改，因为读的时候感觉，你是个，跟你这个，马上就出来了，要读，朗朗上口。大家看这个是，读不通的时候可能就错了，但是也不一定，外国哲学著作，我们往往会跟一些哲学术语或者批评术语、思想的词有一些别扭，因为最开始读语言学的时候，包括现代研究生做论文的时候，语言学的所指、能指、定式这些东西，基本的意义要搞懂，但是如果都纠缠在这些名词当中，确实很难读，那大概是译文没有弄明白，有的是从法文译到英文，从英文再译到中文来，有问题。大家看杨绛先生的话，还有鲁迅先生的话，我就不念了，大家看一下，译文的错，没有办法，有的时候确实是无错不成书，阿狗阿猫身上的跳蚤，很难拿干净，鲁迅先生就说字典不离手，冷汗不离身，也涉及修改、查字典，就是这个。

我自己也有，修改的时候是这样，一定要用好的语言，而不是太翻译腔的那种语言，一定要有这个概念，我是译，但是我同事是在写，我替作者来再写，作者应该是怎么写才好，而不是说我译的过程从一种语言转到另一种语言的机械的某种对应，不啰嗦才是好的汉语，我自己以前也有一个法语句子翻译，"人们朝他们喊前进"，我译成"有人朝他们喊，命令他们前进"，号令前进就可以了，那我们的汉语应该怎么表达？你们自己写的时候会怎么写？不会那么写，奇怪，我自己为什么译得那么复杂、烦琐，想起来可能是抠字眼，修改的时候换了另外一种眼光，不太恰当的地方就看出来了。修改的重点，另外要强调一点，要考虑到读书，你如果不是文字游戏，一定不要学成会读成文字游戏的这种语言，为什么？我可以给你们看，听觉上、视觉上有的是这样的例子，法语有一部作品叫《跨越西伯利亚的铁路》，或者叫列车，译成汉语应该是西伯利亚大铁路，或者是横穿西伯利亚的铁路，与法兰西的小……但是他译成了什么？有人译成了穿越西伯利亚和法国的……马上产生歧义，就是这个小……穿越了西伯利亚，又穿越了法国，容易形成这样。那么法语实际上是"跨越西伯利亚的铁路"，翻译的时候要把它翻成一个词组，不要念成别的意思，中文里头有的时候尽是，这个也稍微挑剔一点，"鸟类根据翅膀上的花纹来区分蝴蝶，鸟类根据谁翅膀上的花纹来区别蝴蝶"，是鸟类根据自己的花纹来区别，当然是根据蝴蝶的花纹，反正我有时候太抠了，这种可改可不改，大家可以明白，但是有的时候死抠文字就会读成另外一种意思。我们做文学翻译，当然总结得上来文学翻译的要点，如果以后有机会，我还可以讲，文学翻译跟其他翻译的区别在哪里，当然更强调文学性，不是讲完一个故事就完了，主人公叫什么名字，他几岁，这个是文学当中的最简单的一些材料，那么问题是他是怎么讲故事的，他的故事里头讲的方式是怎么样，他的语系是怎么样，这个可能是文学里头最难的，并不是要把故事交代出来，而是要交代出作者是怎么通过讲这个故事，创作出他的世界和宇宙，你们自己写作都知道，就是文学的方式，文学的要素跟其他的科普、科技、性能不一样的地方。

我今天给大家讲的三个方面，也是我想来想去，因为文学翻译有很多很多的话题可讲，技巧、文学性，文学翻译大家的观点，信达雅等等，但是我具体找了这三个问题，我想可能对大家，大家都是在学习过程当中，可能比较实用一点，这个实用也是跟个人的经验连在一起的，解剖的时候会找一些例子，我觉得可能是共通的，即便是法文的，从其他语言译的可能也是一样。

提问：谢谢余老师，刚刚听余老师的讲课，非常有同感，因为之前我主要是做影视翻译的，还不是做文学书的翻译，影视翻译其实有一个特别大的特性，就是在电影院看电影的时候，不能够让你出注释，比如说当时在翻译那个《中场战事》这个电影的时候，它有一句话，突然间没有前后文的情况下，一个士兵他喊了一句说"圣战士从不冲浪"，圣战指的是他们在伊拉克，他们对抗的这些组织有一个组织叫圣战士，从不冲浪，但是这句话从哪来的呢？这句话是从野战排里的叫越南人从不冲浪，其实是要讽刺，意思很深刻，而且他是对着媒体喊了一句，大家要合影的时候，他喊了一句这样的话，他其实就想借自己的口来讽刺一下伊拉克战争，而且他又不是很明白，在他心里他认为他去伊拉克，去那边去当一个士兵，他是很骄傲的，因为他是一个战士，他都有这样的心理，他可能认为在这句话里他表达的是表明自己，用这样一个口号来表明自己是一个战士，但是这个里面又很深刻，又涉及很多复杂的问题，好像又涉及这是一个讽刺，然后这是一个好像讽刺美国伊拉克战争跟越南战争是一样的，而且他是前后都没有任何解释地喊了这样一句话，之后也没有解释，就是所有人都愣了一下，他怎么会说这种话？然后这个时候我当时就觉得，在我做了这么多年电影翻译里面，从来不允许加注释，我觉得这个地方必须加注释，你哪怕只写出一个野战排，观众就明白这是要讽刺一个什么事情，用这句话来讽刺这个电影里想表达的一个观点，最后我写了之后送上去，我说这个一定要加，但是被删掉，就是不允许加，所以我觉得，影视翻译可能受众面比较大，观众又会讲，这个翻译肯定是翻错了，这肯定是有什么东西在里面，但是你就直翻了一个，因为我们还涉及对口型什么的，不能够添加太多的词在里面，或者注释，我想这样的一个问题，不知道余老师怎么看，电影里的这样的一个情况，或者有什么更好的方法没有。

余中先：这个是你的专长，是我的短处，我曾经在先看了一遍电影以后，回家做功课，两天以后给电影配过音，配音就是直接口头配，你是做字幕，还是不一样。如果是字幕的话，可能好一点，像括弧，语自《野战排》，或者说源自什么什么，可能好一点，但是确实是，这只能是很遗憾的，让一个懂原文的人，懂原文他也不一定懂得这个典故，只能是非常遗憾的，我也知道，就是说片中的人已经讲完了，我还在这里讲，这是勉为其难，完全是两种翻译，因为我们所说的文学翻译，可能是坐下来，字斟句酌慢慢会做得很好，这个方面需要你们积累经验，然后以后我来听你讲课，可能是更好一点，我真的说不上来，我只能说这是两种不同，因为我尝试过一次，然后我记得我的同事也是配张艺谋演的《老井》，里头的法文，就是我们"这一代孬种"，他灵机一动，就是像孬种怎么讲，然后还有就是昨天同传的时候，"没吃过猪肉，谁还没见过猪跑"，结果他一个同传，不知道怎么译的，他们特别赞，说这个译得很好，我也不知道他怎么译的，昨天还点赞了一下，说一下咱们译的，因为同传有两个，这个同传说特别佩服那个同传，把那个谁没见过猪跑译得特别好，像你们做电影，也是有时间考虑，然后文字再配上去，这个还是不一样，跟那个马上的立即的反应还是不一样，有时间考虑这个问题，但是也没有时间在实践当中马上把它解决，存疑，这没有办法，因为碰到我这样的书呆子可能就不行了。

提问：余老师，其实不好意思，我在本科的时候就见过余老师，还是提一个问题，因为您译的《逆流》，你说是你自己的得意之作，然后《逆流》当中提到了理想，这个就算是我给学法语的同学们提的，您对《理想藏书》这本书评价如何，因为我们知道每个人的阅读品位不一样。

余中先：《理想藏书》是我 1997 年的时候译的，然后前几年的时候我修改，让我的女儿余宁帮我做了一些里头的花花边边的，一些稍微容易一点的译文，所以最后是两个人署名，《理想藏书》我就不做广告了，大家去找来看看就知道了，两千四百多个书目，分五十个选题，比如说文学方面有英、美、俄的小说、诗歌，历史小说、侦探小说、历险小说等等，文学以外的有历史、政治什么什么等等等等，五十个选题，每一个选题五十本书，但是它只选了四十九本书，第五十本书是译者自己去选藏书，这是专家皮沃的意见，专家意见明确地告诉了这部作品的出版情况，跟最简单的内容提要，有的没有内容提要，就是作品的第一句话，就是告诉你怎么去选书，我觉得首先要肯定，不肯定的话我也不会去翻，皮沃的观点非常精确，而且应该说是很文学，很有眼光，很周到，很有特色，尽管选跟评奖是有个人的观点，但是还有一些问题，如果涉及欧洲文学或者其他文学，他们选的那肯定是要百分之九十九选得对，我们是听你的，但是涉及亚洲文学，或者涉及其他历史什么书，我们可能会觉得这是欧洲人的眼光，我们作为中国的译者，中国的学者，对它还是要提出某种修正的，视角不同，我们在第五十本书里头可能会挑出另外一本放在那里头。

提问： 余老师您好，您翻译的很多书我都非常喜欢，像昆德拉的《告别圆舞曲》等一些书我都很喜欢，我现在想请教老师的问题，是您能不能简谈一下您喜欢的，就是这些作家里，您翻译的作家里，或者是您还未翻译的那些法语作家里，和你心心相通的几位，您个人非常喜欢的有谁。

余中先： 个人比较喜欢的，我翻译的里头，勒·克莱齐奥我觉得还是蛮通的，除了他以外，我曾经喜欢期待一个作家，就是我刚才说的这个基尼亚尔，他的《游荡的影子》有其他的老师已经翻译了，我觉得他文字非常漂亮，当时我也想，如果是那个时候，就是法国2013年、2014年的时候，说诺贝尔奖要来了，他们问我希望谁，我说如果是法国作家，一个是莫迪亚诺，果然莫迪亚诺，因为我们曾经给人民文学做21世纪年度最佳的时候，我们也选了他，2003年选了，2006还是2007年选的勒·克莱齐奥，后来在我们的影响下，瑞典人也选了他们，笑话，这我们是在之前，就是选了他们的作品，然后瑞典人也选了他们。

提问：余老师非常感谢，今天您讲的是都非常接地气，对于我们这些翻译者是首先受益，我也是诗歌写作、诗歌翻译。

谢谢，我在豆瓣上查您译的书，大概有一百多种，包括重版的，其中大部分是小说，还有一些诗歌也不在少数，我就想您觉得是您自己有没有一种，就是在内心有一种比较，自己是更喜欢翻译小说，还是更喜欢翻译诗歌，拿我内心来说，我更喜欢翻译诗歌，更有挑战性的，像您是去年、前年翻译了《毕加索诗集》，那是读起来也非常吃力的，据说还卖得不错这本诗集，在翻译这本诗集的过程中，像您翻译了这么多年各种文学题材的都翻译过了，像这样的您是怎么处理的，另外就是说您在翻译这么多部作品中，哪一部是对您挑战最大的，是诗歌还是小说，是哪一本？

余中先：谢谢关注，而且不光是关注了，谢谢。是这样，就是自己想译什么东西，我也专门有话题，当然今天不可能讲，我是怎么转到文学翻译上来，我也译过历史、经济跟哲学，其中译到一个《神话与政治》，比如说有那么一本书，法国很有名的一个学者，我译了其中的政治的时候就觉得很枯燥，译到其中神话的时候就觉得很兴奋、很好，然后编辑他说很肯定，读起来很通顺，这是从文学的角度来说，就是社科方面我不想译，我想译文学书。那么说到文学方面，为什么是诗歌少，或者是戏剧少，其实我戏剧也译了不少，剧本也译过，贝克特之前还有法国其他的诗和剧本也译过，我抽屉里还有几个剧本在里头，也跟孟京辉导演交流过，就是译剧本的兴趣。但是我为什么更多的是译小说，因为我觉得相对来说，我比较能够驾驭，比如说让我写一个什么虚构的，我好像也能写，但是让我去写诗歌，我就觉得困惑，就是不知道怎么写，写出来都像顺口溜，自己知难而退，像那个勒内·夏尔我就不敢去动，反正有人在译，但是我自己译诗歌的时候，就比较注重它的音乐，就是读，自由诗也是这么音乐性，但是在译毕加索的时候，更注意考虑色彩和大块的线条，我能感觉到他的线条有的粗有的细，色彩有的亮有的暗一点，比如绿从深绿、墨绿、黛绿，一直到鹅黄，像那个谁的诗，写剑桥的三分鹅黄七分嫩绿，这种色彩是能够感觉到的，但是没有本事把它把握出来，音乐性毕加索的诗里头可能不多，但是其他的一些诗歌里头是会有的，有些诗歌非常晦涩，确实是很晦涩，然后问问外国人，他们说这个也好像是不可译的，他们也觉得不可译，在他们的吓唬下，我就更不敢译了，诗歌不可译，大约是这个东西，但是毕竟还有人在做尝试。说到格律诗，我觉得法国的格律诗，我也译过一两首，但因为我自己小时候的古文功底不好，诗歌也没有怎么背，再说南方的口音跟北方的平仄调也不一样，所以就很胆怯，这是指的格律诗，因为有的时候读起来是应该这么读，就是吃不准北京话为什么这么读，这个跟那个格律诗，像雨果之前，波德莱尔之前的那些诗歌也难以驾驭，说来说去还是译小说，因为小说研究得也多一点，读得也多一点，但是小说里头有些对话，有些诗歌，我还是要下功夫译一下，至少押韵，音节还是要注意，四四三二，三三四二等等，这个还是要的，要学习，但是不一定自己特别喜欢，特别去进入，我知道你也译过诗，读过，在《世界文学》上发的那些东西，有的时候也是要多读别人的一些东西，感觉会好一点，包括自由诗也是这样，我不知道这么说是不是回答了你的问题，因为只是个人的一种感受和感觉，每个人的一种特点。

主持人：好，今天也快 12 点了，今天余老师从文学翻译当中的三个重要的环节给大家做了非常细致的、生动的讲解，他结合了自己多年的翻译经验，非常具有实用性，也非常具有借鉴意义，最后让我们以热烈的掌声对余老师表示感谢！

阅读与选择

施战军

我们在成长的过程里，文学翻译或者读翻译作品，给我们起的作用是特别大的。在座的很多人都是翻译过不少国外作品过来的人，这对于我们国家文学来说，是一个特别重要的部分。很多人的创作是从阅读翻译作品开始，这是一个很奇妙的过程。小的时候耳濡目染地听大人听老师讲一些中国故事，然后外国的很多故事慢慢地随着翻译作品的阅读，一方面是丰富了以前故事的那个库，还有一个作用就是可能是给一些作家的写作提供了新的思路，新的界面，甚至是决定了他后来创作的基本的特点。这是特别重要的一个事实，好的翻译作品它能够造成这样的事实，那不太好的翻译作品可能会让这个事实变成另外的样子，所以翻译是一个责任重大的事业，又是一个特别辛苦的事业。我们都说翻译是一个二度创作，在经过读者的阅读，然后和原文形成了一层又一层的这样一种照应关系。

可是，就是从我们阅读过程里发现，比如说阅读作品版本一多了，那几个版本拿过来对照阅读的时候你就会发现很多原来你所理解的那个最有意思的那些句子、那些段落、那些对话，居然出现另外一个样子，会出现这样的问题。所以翻译也是一个挺有难度的事情，甚至有的是大翻译家做的。比如说俄苏文学版本相对来说有权威版本也有后来的新版本，你要是不懂原文，比如说不懂俄文的人或者说有的作品是从英语、德语或者法语转译过来的，在这样的作品你读的过程里，作为一个阅读者是没有问题的，无论你是什么样的版本，反正我读的外国文学，对自己的创作影响取其中对自己有益部分。但是毕竟还是要有一个求真的过程，过去说信达雅，有这样的标准。但是翻译作品有的时候给人的甚至是爆破性的影响。

　　有一本小书，这本小书在座年轻人多，可能你们未必读得到，这本书叫《金蔷薇》，帕乌斯托夫斯基的，这本书我家里藏着六本不同的译本。当然最早的大家知道是李时老师翻译的那个《金蔷薇》，当时它作为内部资料，在上海文艺出版社出的。当年是在"文革"期间，在很多读者当中流传，就是刘小枫先生以"默默"的笔名写过一篇文章，叫《这一代的怕和爱》，发在《读书》杂志上，那是一篇特别有名的文章了。主要是谈他当年怎么读到这个《金蔷薇》的，里边就描绘了很多非常细微的场景，我觉得比他后来研究宗教哲学，比那些文章重要得多，很让人佩服的。

　　后来最著名的版本就是戴骢先生译的那个版本，书名叫《金玫瑰》，前面是《金蔷薇》，他变成《金玫瑰》，然后也有一些细微的差别。你就会看到原来李时老师翻译的过程里边他相当地抒情化，就是他用的语言可能美化了一些作者的原意，戴骢老师相对理智一点，就是他的语句里边理智一点，但是也有可能会有另外一种猜测，就是每一个翻译家他的才分是不一样的。有的作家是在实的方面，他的学大于才，那么有的翻译家他是才大于学，他更愿意把自己的一些悟性、灵性，然后置于或者植到这个作品里边去。那是真正的和原文产生一种对话关系，然后翻译出来的。李时老师就有这样的特点。但是深深地影响了甚至整整一代人，就是 40 年代到 50 年代出生这一批人当年的青年时期的阅读。受那本书的影响太大太大了，就包括我们 60 年代出生的这批人也是。最初都是大人推荐给你，说有一本这样的书你才会看，看了以后特别着迷。我也因此写过一篇文章，叫《童话落到纸上的时辰终于到了》，就是当时《十月》杂志有一个栏目叫《经典常谈》，这是朱自清先生的一本书的名字，然后就说你随便挑一本世界名著，对你有记忆的，我当时一冲动就说我写写《金蔷薇》吧，写得很辛苦。当时带着的那几个《金蔷薇》的版本辗转，正在出差。我那时在山东大学工作，出差先到南京，在南京开会两天，然后又到了苏州，从苏州然后又回到北京，在北京才回到济南，这一路走了一个星期多一点吧，路上边走边写。比如说开半天会，说下半天咱们去太湖吧，到太湖说你们去吧，我在宿舍里写东西，就这样。那时候是五百字的那种稿纸，手写的，写一页找一个地方传真传给编辑部，那时候写稿子是纸上写，还没有带电脑出来的，那时候都有台式电脑，没有笔记本，在那儿写完传过去，我感触特别深。就是这样的一种翻译作品，有的时候对人的影响不仅仅是文学观，它甚至是人生态度。

除了这个之外，对我个人可以说内心影响最深、最大的翻译作品是罗曼·罗兰的《约翰·克利斯朵夫》，是这本书。就是一个人到底应该如何成长，尤其是一个性格上有些偏、有些强、有些不合群，那样的人怎么来适应或者说怎么来去调试自己和世界的关系。我觉得那个《约翰·克利斯朵夫》给人这样的一种感觉。你看那里边对于不同国度的文明、不同国度的音乐、不同国度的艺术和文学，他是如何来看待的。当年像克利斯朵夫年轻气盛，在德国的时候把德国的音乐界得罪个遍，他瞧不起那些人，包括大师的音乐，除了贝多芬他都痛批，他是个特别厉害的酷评家。那些犹太人办的一些杂志，那些人跟他交朋友，他觉得遇到了知己，结果没想到事实上他们是利用他去做事情。他在那个杂志上连篇累牍地发表最厉害的评论，其中有一篇最厉害的评论，大家都知道，叫"音乐太多了"，这个"音乐太多了"我们完全可以移植过来，现在来评价我们的中国文学，"音乐太多了"，里边说的大家都是不饥而食，就是为了吃而吃，你本来知道没好吃的，但是就是个猛吃，太多了。然后他把当时德国从音乐的角度看到所有的毛病，批了个体无完肤。

他在德国是已经到这个程度，那必然是人家会还击他，后来他整个在德国无法立足。无法立足的情况下，还惹上了人命官司。他就只好到法国去了。他在德国那一段时间有一段完全活不下去了，因为他最后还有点希望，他写的一部音乐作品，终于有一位指挥家说我可以把你的作品排练好，然后去演出。那么在演出的过程里这位指挥家就特意让演奏家们按照没有音准的方式来演奏，错过节拍的方式来演奏，所以使他的作品漏洞百出、乱七八糟，非常难听。他当时就疯了，然后就跑出那个剧院，有田野上跑，跑着跑着，发现眼前那条河，就是他爸爸当年在那儿溺死的那条河。然后自己想死了算了，他当年是曾经有过这样的一个情况。但还是声音拯救了他，就是那一段的译笔，像傅雷先生那一段的译笔，我觉得真是非常非常的好，就是这部书，我们能看出一个翻译家，就是有真正懂文学的翻译家的可贵。有好多这样的地方，这是一个地方，这个地方有一句我们看来好像是完全是不起眼的那样一句。在原著当中我还特意找过法文版的那个原文对照了这一段，有一句话完全是一个不醒目的，完全可以越过的非常平常的一句话。

这句话就叫克利斯朵夫靠在一株树上，我前些天去暨南大学的时候我讲座的题目就叫《克利斯朵夫靠在一株树上》，当然我不是讲罗曼·罗兰，也不是讲这个《约翰·克利斯朵夫》，这句话我们看到是傅雷先生翻译的这本书的最平常的一句话，他精彩的话特别多。我刚才说到克利斯朵夫在气愤之下已经把人们所有对他的怨毒放大，他是这种性格。我们知道身边可能会有这样的人吧，就是比如有人跟他吵了一架，他觉得全世界都在与他为敌，他不想活了，他想杀人他想怎么怎么样，这样的人有很多。克利斯朵夫就有点这样的感觉，他过分地当真，把一切当真，那这个时候他就知道整个人类都像一个凶神恶煞，在这个时候他就上磨坊附近那个小溪旁边去溜达，结果几年以前他父亲就淹死在这个地方，他开始有投水自杀的念头。

这个时候小说里边就出现了另外的一个，使他生命出现转机的一个场景，或者说治愈他的一个场景，我们现在流行治愈文学、治愈小说，实际上早期那些文学大师就是小说里边那种治愈的成分非常多。你看托尔斯泰小说里边也很多。里边写到说正当他站在岸上俯瞰着清澈恬静的水光，感到幻惑的时候，一只很小的鸟儿停在径边的树枝上开始唱起来，唱得非常热烈。然后克利斯朵夫不声不响地听着，水在那里边低语，开花的麦秆在微风中波动，簌簌作响，白杨萧萧打着寒噤，路边的篱笆后面，园中看不见的蜜蜂散布出那种芬芳的音乐，小溪的那一边眼睛像玛瑙似的一只母牛在出神。一个淡黄头发的小姑娘坐在墙沿儿上，背上背着一只轻巧的藤篓，好似天使张着翅膀。她也在那儿幻想，把两只赤裸的腿荡来荡去，哼着一个全无意义的调子。远远的一只狗在草原上飞奔，四条腿在空中打着很大的圆圈。似乎是一个场景描写，事实上全是生命的动作和声音。

　　我有的时候真的是想，有的时候一个好的翻译家遇到了一部特别好的文学作品的时候真是一个极大的福分。我是做编辑，每天都在阅读大量的稿件，我们从中国文学作品里边几乎读不到这样的段落，几乎读不到。人间的美，人间的生动，我们中国作家很少有感应，这是特别奇葩的一件事情。我们不在意美好的背篓，更多是心中留下个"气囊"，就是恨，就是怨，尤其是怨，不少男作家写的都像怨妇，就是个怨，就是抱怨，自己全对，你们全错。克利斯朵夫实际上他是一个内心似乎很窄的人，有很多很凶的东西。但是这个小说告诉你所有这些声音，所有这些动作克利斯朵夫都懂，都看得见，都能进入他的内心世界。从一只小鸟突然热烈地唱起来开始，一直到小姑娘的样子，那小姑娘多细微，淡黄色的头发，她坐在那个墙沿儿上，背上一个轻巧的藤篓，像天使似的张着翅膀，然后两只赤裸的腿荡来荡去，哼着一只全无意义的调子。然后远处一只狗跑过去，草原上飞奔着，四条腿在空中打圈。这个时候我就说从这儿开始这个小说分了一段，就出现了这几个字，叫克利斯朵夫靠在一株树上。听着，望着春回大地的景象，这些生灵的、和平的与欢乐的气息把他感染了，他望着一切，突然他拥抱着美丽的树，把腮帮贴着树干，他扑在地上，把头埋在草上，浑身抽搐地笑了，快乐至极地笑了，生命的美、生命的温情把他包裹了、浸透了，他想到为什么你们这样的美，而他们人类那样的丑，事实上这时候他已经得救了，已经活过来了。他看见这些东西之后他开始生出决意，他说不管这些，他爱生命，觉得自己永远会爱生命，无论如何不会跟他分离的，他如醉若狂地拥抱着土地，拥抱着生命，我抓到你了，你是我的了。他们绝不能把你抢走的，他们爱怎么办就怎么办吧，便是要我受苦也无妨，受苦究竟还是生活。他终于明白了，其实生活就是受苦，可能就会有不被理解，所以这是克利斯朵夫在他成长过程里非常非常关键的一步，而这一步是人造成的，但是是由他听到看到的这些声音、动作，就是所谓的田野上的这些生命的动静提供给他的这个转折。

而且你看在傅雷翻译的过程里边，这一段我觉得他个人内心里边的激荡你完全能够感受到。他有可能意识到罗曼·罗兰当时的激荡，但是他内心的激荡绝不亚于这个原作者。同时好的翻译家他还注意控制，很多翻译家他不注意控制的。我曾经接触过意大利的埃科，他来过中国，有一年社科院搞活动时我跟他接触过，我跟他聊过几句。我说现在很多作家差不多人手一册在看你们另外一位卡尔维诺的书，包括《未来千年文学备忘录》等等，看这些书。我说大家知道您写了那个《诠释与过度诠释》，对于您的文学创作了解得并不多，他跟我说了一句我很吃惊，他说我的文学作品翻译成中文，后来又有人给我转回来照着这个读，他说夸大了我的实验性。就是我们很多看起来特别的深奥、特别先锋、特别怪异的，文风特别怪异的那些作品，翻译家有很大的功劳。遇到什么翻译家，那也是国外作家的命，真是他们的命。我也见过一些关于福柯的研究者，早期的福柯翻译过来的书，尤其是与文化人类学相关的那些书，我们是很多学者把它翻译得极其难懂，后来我们又见到了新的版本，发现并非如此。就包括后现代的那个理论，早年我们看到那些翻译，当时就叫后设文学，后来这个词在我们这儿没流行开，在台湾流行开了。然后就解释这个后设怎么解释也解释不明白。就是好多的名词概念或者是它的理论的那个逻辑，也许翻译家没有弄懂弄通的时候翻译了，或者是他故意地要把它搞得很难，展现某种新潮的气质，事实上所有的真理都是朴素的。

刚刚说到像罗曼·罗兰这种创作，就是遇到像傅雷这样的，起码才和学能和原作者基本上匹配的这样的翻译家，那确实是他的大幸福。这是他关于这一段成长的一个阶段，关于克利斯朵夫小时候，还有一段也很重要，那一部分也很特别，很长了，大概得有七八页那么长的一个篇幅，就是小克利斯朵夫和他爸爸的矛盾那一段。克利斯朵夫成长过程里他爷爷是对他最好的，但是他爷爷在他还没有完全进入少年的时候就没了，他很小的时候爷爷把他带到公爵的那个音乐会上，他对这个音乐产生了一种奇妙的深深的迷醉。回来以后就自己试图哼各种曲子，自己回去搞创作，小孩子连音符都不会记录的时候，他爷爷就把那些他哼的片断，他淘气的时候，高兴的时候，得意忘形的时候，哼出来的东西都悄悄地记下来，不仅悄悄地记下来，还给他做成了一个套曲。就是能够排练演奏的。有一次他爷爷最后把他拉到了那个公爵的舞台上，他一上台大家都笑，太小了，放在那个琴的凳子上脚根本就够不着地，太小了，然后就弹奏他自己的作品《童年遣兴》，真是产生了巨大的轰动。大人觉得他是个孩子，笑，结果当他再次出来谢幕的时候他坚决不出来了，他往后退，他不仅是害怕，他愤怒。为什么愤怒呢？是觉得下边那个笑不是对他音乐的赞赏，而是看到了一个可笑的孩子，长得又不好看，怯懦，就是那样一个孩子，觉得在侮辱他。克利斯朵夫这个性子从这一个小地方就完全刻画出来了，后来他回到家里，他有一个伟大的音乐家的梦想，但是家境贫寒，他爷爷去世，把家

359

里边的那个老钢琴留下来给他了，因为他爷爷算一个宫廷乐师吧，他爸爸也在公爵那儿工作。

那么这个时候他在外边当音乐辅导老师，每天给家里挣钱，他爸爸就是个酒鬼，光知道从他妈妈那儿诈钱，然后出去喝酒。他在公爵那儿得到的钱也很少，其实早早让自己挥霍掉了，是这么一个人。家里人是对他爸爸非常头疼的，开始变卖自己家里的东西。有一天克利斯朵夫本来有点儿高兴，回到家里，看着他爸爸，他爸爸眼神里边就是那种特别柔和、特别有慈爱心的那样一个爸爸，然后就跟他爸爸商量说你把酒戒了好不好，他说我会的，因为你是我的儿子，我是你的爸爸。说起他爸爸过去那些酗酒要钱什么这些事情，其实克利斯朵夫是很生气的。但是看到他爸爸那个样子内心里有些安慰。他在身体往后退的时候，发现那个屋子有一块空了，才发现是他爷爷给他留下最珍贵的钢琴被他爸爸卖掉了，家里没有了。然后他转过头来就看着他爸爸刚喝完酒的样子，就说了一句，你这个贼。然后就说你必须写一个东西，我要送到公爵那里，你先得保证不再喝酒等等等等，你要喝一点酒的话，这个公爵就把你开除等等，让他爸爸写这个东西。

他这时候已经真的是对自己的爸爸完全绝望了，你想想爷爷留给他唯一的一份属于音乐的遗产，那童年的所有的温暖和快乐都在这架琴上，他爸爸为了自己喝酒居然把这个琴给卖了。那他会如何呢，他爸爸叫麦西沃，麦西沃这个人物也很好玩。他爸爸这时候又意识到自己要完蛋了，然后克利斯朵夫走了一步说你把钱拿来。然后失魂落魄的麦西沃就把钱从口袋里掏出来交给了儿子，然后接着他快步走到门口，走出门口干吗呢，应该是到那个公爵家去，要把这件事情告诉公爵，就不能给他爸爸再纵容了，再这个样子了。结果他已经走到门口的时候麦西沃叫了一声说克利斯朵夫，喊了自己儿子一声。翻译家在这里用了个"却"字："克利斯朵夫快走出门了，麦西沃却叫了声：'克利斯朵夫！'"之后按下来另起一段："克利斯朵夫站住了。……"多平常的语言,但是包着汹涌的情绪。就是已经气愤至极的情况下一个孩子的举动,这种性格的举动,我们的创作,我们中国作家要写这样的场景的时候肯定我们就义无反顾,那个弑父之心就开始像火一样熊熊燃烧起来。你想想我们要写这个孩子时候会怎么样呢,就是比如我们60年代出生的那批作家,那时候的新生代作家,就愿意写弑父小说,这时候这个孩子说不定会骂出什么样的句子,说不定会拿起什么样的东西,甚至拿起刀子捅自己的父亲,会有这样的场景,那个凶狠劲儿,那个暴力劲儿,在这个时候一定要过这把瘾不可。我们没有那个收敛的习惯,心中几乎不会建设起那样的习惯。但是你看,在这部书里边刚才说到他已经走到门口了,麦西沃却叫了一声说克利斯朵夫,小说这个时候也出现了一个自然段。这句话就叫"克利斯朵夫站住了",也特别朴素,然后麦西沃声音发抖地又说"我的小克利斯朵夫,别瞧不起我",这是他爸哀求他。然后克利斯朵夫扑上去钩住了他的脖子,哭着叫道:"爸爸,亲爱的爸爸,我没有瞧不起您,唉,我多痛苦。"然后他们两个都大声地哭了,然后麦西沃又自怨自叹地说:"这不是我的错呀,我并不是坏人。克利斯朵夫,你说呀,我不是坏人。"就是让儿子认为他还不是坏人,然后他戒了几天酒,过了没几天又故伎重演。

但是,这个地方,出现了"克利斯朵夫站住了",这几个字,这是非常关键的地方。关键在哪里呢,就是我们看到一个像克利斯朵夫这样的人的成长,他尽管有很多偏执,但是这个孩子,小小的孩子,他那么小的时候,其实把整个家庭的重担都背在了自己的背上了,他是承担整个家庭的这样的一个责任的孩子,他不是那种我们眼中那种所谓屌丝少年,什么游荡童年,小流氓,绝不是。所以他不可能做出我们惯常的想象里边的那种过激的对他爸爸进行一通谩骂或者是凶狠地拿起东西把他父亲打一顿,那不会有的。我们看到这儿的时候,我觉得真是有的时候为我们很多年轻的中国作家，他写这类题材的时候为他们感到惭愧，真是感到惭愧。这是真正的人性的、人心的力量。克利斯朵夫站住了，他站住了，我们要写的话，他就头也不回地一溜烟就跑了，直接跑到公爵处告状，说我爸爸是坏人，你赶紧惩罚他，这是我们喜欢的，我们愿意的。他没这样写，我们的翻译家，他把这一小段，他在作品里边的这样的处理，我觉得也是非常好的。他为了不破坏原意，那么他把麦西沃声音发抖的又说和克利斯朵夫站住了放在一行里，所以这是特别艺术的。

那如果我们比如说特别突出了一些关键性的这样的细节的话，又觉得过分了，就是你翻译家的权力行使得太大了。它是这样的一种处理方式。我刚才举这个例子，克利斯朵夫的两个动作，一个是他站住了，一个是他靠在一株树上。就是这样的处理我觉得特别关键。这是什么呢？其实这就是一个人的素养，就是一个人的文化素养造成的，或者说他对人类的感情造成的。克利斯朵夫后来从德国，在德国完全就是被这个音乐家要笑等等，因为他发现他并没有什么后台，可以往死里弄他，那么他就边缘化差点死了，然后他到了乡村里边去，他依然内心里边有对人类的公平感，看见那个大兵在欺负村民，他上去帮人打架，结果把人家其中一个人打死了，把一个士兵打死了，在这个时候市民就悄悄把他送上火车，运到了附近的法国。他到了巴黎去找了一个朋友，他在法国一开始是极端的不适应，发现法国的风气跟德国的风气确实不同，他以为他找到了一个最好的地方，他还是带着一种挑剔的、批评的眼光进入到那个世界。

但是他发现的东西非常重要，因为克利斯朵夫他就是一种天使人格，就是完全的赤子之心，这个非常重要。他面对一种新生活完全是用一张白纸似的、最纯洁的心来感应这个新鲜的世界，而那个世界生活的大多数人已经完全染上了那个世界的各种颜色，各种风尚都在他们身上。他看见一切都是新的，但是他有他的判断，天使般的判断。比如说德国人是端庄、笨重，就是包括音乐会等等，套式什么的各方面都是很严谨的。德国人精神的庄重性他是有的，但是到法国他发现他完全是反庄重的，法国这个音乐从柏辽兹才开始有了真正的章法。过后法国从很多的艺术方面破除了过去的一些坚冰，比如说古典的那个绘画，法国的印象派，我们从画里面看到了细碎的光，过去那个光只有上帝的光，后来看到了细碎的自然的光，波纹等等，这是法国人给我们的贡献。

可是音乐呢，克利斯朵夫看到，从音乐角度体现出来，他还接触了很多作家，他发现法国人注重的都是形式的花哨，还有就是内容上以生命为借口，然后放肆地展览欲望。你想想法国文学确实曾经有一度是这个特点，是那种东西，它没有实质性，生命在哪儿，温度在哪儿等等，不在乎。所以所有的法国高级的沙龙上聚会的那些人，高谈阔论的那些人都以为这是一切的正宗，那克利斯朵夫跟他们又格格不入了，那么他自己又孤独了。一直到大病一场，大病的过程里边其中一个他楼上那家人家里边的类似于保姆吧，就是家政服务那样的人来照顾他。完全乡村里边出来的一个人来照顾他，他试图了解这个女孩，她的生活，她的世界，结果那是一个特别沉默，不愿意说自己的生活，但是对克利斯朵夫特别崇敬，经常脸红，崇拜的一个人。克利斯朵夫就以为他们之间会有什么故事，但是在他病稍微好的时候，她突然就走掉了，克利斯朵夫这个小说里经常出现类似这样的人。我读这个小说确实有的时候会有对读的感觉。比如说张贤亮老师要写这样的故事，像《男人的一半是女人》这个小说，还有像《绿化树》，写的都是一个人在受难的过程里，就是人已经到了一个最倒霉的时候，然后出现了异性，对他很好，对他照顾有加。克利斯朵夫在法国的生病的遭遇里边，我们可以看到他和这个人的交往，他内心里边不是没有涌动，而那个女孩对他也不是没有倾慕，但是那一段的描绘的分寸感，那个分寸感和内心的鼓荡之间的那个均衡关系，真的是特别的棒，可能我们翻译的版本也特别注重这方面，可是我们中国作家要写这个时候，它是不可能不发生那种关系的。他一定要写，而且要以那个为主。也就是说克利斯朵夫应该是靠在一株树上的时候，我们的想象习惯和虚构习惯，恰恰是不让他站住，让他狂奔，恰恰不让他靠在一株树上，而是直接投河。有的时候名著让我们，尤其翻译过来的名著会给我们很多这方面的借鉴和启示。这是我关于《约翰·克利斯朵夫》，从这个书里面看到的一些感触吧。

这最后一节课了，谈谈我们中国文学创作思潮等等，为大家翻译的时候给些背景性的东西，也是参考性的这类东西。但我还是没有忍住，谈着谈着就到翻译小说的感觉。那我下面就介绍一下目前我们中国文学创作这个角度上大概的一些特点和问题。

当然第一个现在特别关注的，特别重视的就是现实题材创作。我们现在经常看见开会的时候有个大标语，甚至是有些报纸发文章的时候直接就在上面写上现实主义题材，我每次看了以后心里很难受。这个现实主义和现实题材完全不是一回事，怎么还叫现实主义题材了呢，题材比主义还大了。经常会看到这样的，而且有的是国家级的这种会议和报纸，经常这样来做。我们现在就是汉语不规范，然后思路也不规范，经常会有这种情况。

所谓的现实题材就是和当下生活之间的关系比较密切的那种文学创作，就是它的基本故事是现实的，是当下性比较强的这种是属于现实题材的创作。而现实主义这种定义，比如说到马恩他们，马克思恩格斯，我们主要是接触这方面的现实主义。起码有几条原则，其中比如说典型环境中的典型人物，这是现实主义非常重要的原则。真实性、倾向性，尤其是细节的真实，这是"马列文论"里边提到的，这些东西是好的，确实是非常棒的东西。但是我们从尤其是马克思有些零散的记录里边，比如像《巴黎手稿》里的记录里我们发现他对现实主义的分析当中，他有巨大的包容性，比如说艺术生产和社会或者叫历史进步之间的关系，他在《巴黎手稿》里提出一个论断，叫不平衡论，就是一个历史在猛烈地往前走，社会财富产生了巨大累积，比如说人的基本的生活水平，类似像 GDP 这样的东西非常大的情况下，他说有可能恰恰是文化比较低迷的时候。他说历史证明西方是这样的，产生这样的波浪前进的一种趋势，但是文化、艺术和经济发展、历史进步之间往往产生一种不平衡，这个不平衡事实上也是一条真理。比如说"五四"期间，"五四"早期，那时候我们把封建帝制打坏了，然后建立了民国，历史的运动轰轰烈烈，那时候大革命，一个接一个地打倒军阀等等，整个中国都沸腾起来，沸腾如锅那时候。那时候有好文学吗？在那个阶段，几乎没有。然后沾点边的是"五四"文学的早期，用鲁迅的话说叫遵命文学，《呐喊》就是遵命文学其中一个成果，那是最高成果。那个阶段，"五四"早期的文学作品虽然经典化了，但是从艺术的角度，或者说从更具人类性的这个角度上看，那个时候的文学创作没有那么高的水平，有的时候为了某种概念，就是某种历史的概念，而不是永恒的概念，就是为那个历史的概念所下的功夫远远大于为永恒所下的功夫。所以鲁迅那时候的作品我们可以举一个短篇小说，大家都熟悉的例子，叫《药》，这个小说是《呐喊》里边的一篇。里边主要的人物就是华老栓，华老栓忙着干吗呢？他要给儿子治病，儿子得了肺痨，得了痨病，咳嗽。那么为儿子治病然后就到处找药方，求医问药，人们就告诉他说活人的那个血蘸着馒头吃了以后就会好。他是为了儿子的病什么也不顾了，然后去结识那个刽子手，然后就把那个药引子弄到手，它外边看是这样一个故事。鲁迅通过这个故事，是我们后来都知道的那个论断了，就是老百姓是多么的愚昧，多么的麻木，我们的国民性是多么的低劣，那些革命志士被杀头了，他们是为了你们的幸福生活的，你们却蘸着他们的血来吃馒头治病。这是当时启蒙主义者，就是我们以启蒙精神为使命的那批作家们他们的创作。当时人们就是要开启民智，梁启超近代时候提出来的，就是革命性的这个话题，鲁迅是他们文学上的践行者。就是要开启民智，叫立人。是为了这样一个概念，因为中国人他个人性没有立起来，就是个性精神没有立起来。那么担当这种东西更没有，怎么办呢，用小说来教育他们。

当然在教育的过程里面，我们就发现这部小说里我们几乎是读不到鲁迅对于华老栓的和华小栓的同情，因为批判是他的第一要务，是为了批判。按理说，比如说我们这些人想到自己家的孩子，比如说你有一个儿子生病了，病得非常厉害，每天在咳，而且能够看出他在咳的过程里边小脖子下边的骨头缩进去的那种非常痛苦，你当爹的肯定痛不欲生。就想赶紧给孩子治好病，但是在这部小说里边华老栓的苦和华小栓所受到的痛，鲁迅几乎是没有怎么着笔。就是他对人的体恤是有限的，是有选择的，他更多的是描绘华老栓多么的愚昧，多么的糊涂，是这些东西。然后后来是有了一个新坟，就是革命者被杀了，然后描绘一个乌鸦在那儿，在上边贴了一个新花圈，然后乌鸦呀的一声飞到空中去了，写这个展现那种革命者死后的寂寥。当然还有一点微茫的希望，还有人送花圈，那是微茫的希望。他把所有心思用到那个上面去了，而永恒的追求，比如类似像罗曼·罗兰他们那一拨如果写这种主题的话，我觉得他们会处理成另外的样子。他既有对于开启民智这方面的想法，同时真正地通向永恒的文学他会体恤他笔下的每一个生命。他不会轻易地去贬低一个什么，然后忽略一个什么，他不会轻易这样做的。

后来到了《彷徨》时期，就是可以说历史运动那个高潮慢慢地往下落的时候，文学艺术才开始出现了高级的作品。鲁迅收在《彷徨》里边的小说，就是从艺术的角度，真正从文学的角度，比《呐喊》里边的文学，从这个角度看要高得多。我们后来大家都愿意谈论比如《孤独者》《在酒楼上》，这一批作品。当年在《呐喊》里边的每一个小说它都是不一样的故事，但是每一个小说的概念都是先行的，你看《祥林嫂》写的是什么我们都知道，封建社会如何把一个妇女的命运糟蹋成那个样子。然后祥林嫂也是跟华老栓一样，也是一个糊涂虫。但是《祥林嫂》所关注的东西鲁迅无意中触碰到了一些永恒的东西，祥林嫂就是一直在惊恐，害怕，一直在问我死了以后到底灵魂能不能跟我那些亲人在一块啊，到底能不能啊，问这个。那么鲁迅在那个时候是以一个很轻巧的，以一个无神论者的批判态度，就把它忽略过去。其实灵魂的终极追问这也是文学的永恒的话题之一。还有鲁迅在《呐喊》里边有一个很短的小说，叫作《鸭的喜剧》，俄罗斯的盲诗人，眼睛看不见的爱罗先珂到东南亚跑了一趟，然后回到了北京，他是住在鲁迅家里，鲁迅和周作人那时候还在一起，他们一起都在北大教书。回来以后爱罗先珂先生就整天唉声叹气，唉，看人家那个地方，说一条大蛇吱吱就过去了，然后就描绘各种声音，就是植物的声音、河水的声音等等，他说那是美妙的乐曲。诗人嘛，喜欢这个。可是北京呢，北京冬天什么也没有，一片寂寥，没什么可听的、可看的，所以爱罗先珂就觉得挺无聊，挺没意思的。结果开春了，想办法吧，说春天马上就到了，爱罗先珂你别着急，很快你会听到北京的动静了。结果有一天外边传来卖货的，就是周作人写过的。卖什么呢，卖蝌蚪的。现在北京这个民俗已经没有了，老一代人都知道，街头巷尾经常有人推着小车，然后桶里边装着从河里边捞出来的蝌蚪，这个蝌蚪卖给你，北京人干什么？直接生吃，喝了它。我也不知道那个东西喝了以后会怎么样，肯定不会在肚子里长出蛤蟆。然后这个卖蝌蚪的在外边，家里边仲密君夫人大抵是周作人他媳妇儿羽太信子，是日本人，鲁迅一直不喜欢她。后来也是因为她嚼舌头把鲁迅撵走的，鲁迅和周作人在日本留学的时候，就是在那家房东里边帮工的一个女孩，后来周作人他俩好上以后就带回来了。不仅带回来，因为她家太穷了，把她妹妹也带到周家来了，后来她的妹妹羽太芳子就嫁给了鲁迅最小的弟弟周建人，他们家是两兄弟娶了两姐妹。

就是这个蝌蚪是非常好玩的东西，每天爱罗先珂先生下了课以后，仲密君家的孩子就围上去，就围上去给他讲说你看今天这个蝌蚪它长脚了。爱罗先珂，因为他眼睛看不见，这个孩子给他描绘脚长什么样的，每天都很高兴，说长尾巴了，很高兴。结果这天家里边又买来了小鸭子，这个羽太信子就比较俗，鲁迅就不喜欢她，小说里边也贬损她，这个仲密君夫人，听到这个以后就跑出去了。然后就去跑出去买东西。结果发现在卖什么呢，卖那个小鸭子，就是北京刚刚孵出那个黄黄的那个可爱的小鸭子，买小鸭子来养吧。结果这个小鸭子来了以后看见有水池子，直接就撞入那个水池里边，在里边玩，翻跟斗，过后水池子里边只剩下一点小小的草。也就是说蝌蚪都让小鸭子吃了。

然后接下来到爱罗先珂回到了家里，孩子们又围上去怯生生的，其中有一个孩子肯定是掉牙了，大舌头，然后就说爱罗先珂先生，孩子说不清楚，死了，蛤蟆的儿子。这个小说写得很可爱，孩子语气完全出来了，死了，蛤蟆的儿子。爱罗先珂特别失望，他想听到蛙鸣，蝌蚪长大以后变成青蛙，他想听蛙鸣，觉得那是最美妙的音乐。哎呀，这时候彻底失望了，然后鲁迅小说里面写他开始不断地叹息，怀念伟大的俄罗斯母亲。不在这儿待了，我要回去。很短的一个小说，超短篇，那么一个小说。

那么这个小说那个时候鲁迅是什么样的概念呢，其实是多概念的小说。其中最重要的、最关键的一个概念是对进化论的思虑，进化论没错，但机械进化论应批判。鲁迅的每一个小说背后都有一个东西，我们知道近代来影响我们最大的是达尔文的进化论，也就是赫胥黎的《天演论》，从日本翻译过来，对我们中国人产生巨大影响，觉得历史完全是进步的。下一辈就是比上一辈强，鲁迅当时也写过杂文，《我们怎样做父亲》，说老子就是不如儿子，儿子不如孙子，一代一代的好，对青年娇惯，娇宠，都是这种。但是这一部小说里边他不自觉地看到了进化论的荒谬性。进化论的一个达尔文主义里边有一个食物链的这样一个原则，你看你不是要听到美吗，听到蛙鸣吗，但是鸭子出现以后，蝌蚪一吃，你的诗意你的美都没有了。所以进化论在某种程度上从人文的角度上看，而不是从自然科学的角度上看，它是对美的某种毁灭。鲁迅看到了这一条，鲁迅也确实非常了不起。但是他后期到了《彷徨》阶段的时候，他看到了人生和人性的很多荒谬性，那些对革命、对社会变革怀着巨大热情的人发现是人其实本来就像苍蝇一样，起飞，转了一圈回来又落到了原地。就是发现了一个人圆形的困境，这是一个很大的发现。像茅盾他们后来用长篇小说来阐述鲁迅的这个发现，就是用他那个叫《蚀》三部曲就是《幻灭》《动摇》《追求》来阐释这种道理。他才发现机械的进化论有的时候干不过历史的循环论，周作人一直是奉信历史循环论的，奉信这些东西的。这是一个对现实的某种判断和看法，就是有的时候我们对现实的判断，现实已经出现的东西未必就是真相本身，未必是这样的。但是我们不能闭着眼睛不看到社会的变化，人的风俗的变化。这个社会表层的变化，社会层面的变化，比如说财富、比如说人的穿着等等这方面，那确实是文学不能不写到，这是文学的基本材料。但是文学它有一个另外的功能，就是透过这些东西去看到里边的那些可能也并没有多少变化的或者说变异了的东西，看这些东西。所以文学它不是一个廉价的歌颂的载体，它永远都是一个发现的载体。

当年你看法国大革命以及大革命所带来的那些震荡，三个伟大的法国作家，一个是巴尔扎克，一个是司汤达，一个是雨果，他们全都写到。司汤达的那个《红与黑》，巴尔扎克的《人间喜剧》，雨果《悲惨世界》这样的小说他们都写到。他们并没有对历史的巨大进步有那种极端的反对呀，极端的批判呀，并不这样的。他们只是囊括，他把它囊括进来。囊括进来呈现在他们的作品里边，但是作家有他自己的另一种判断，社会发展层面之下的判断。比如说巴尔扎克的小说，当时银行资本的膨胀是他非常重要的一个抓手，那么围绕着这些东西他就塑造了一系列的人物，欧也妮·葛朗台，高老头，年轻的以拉斯蒂涅为主的这批外省青年进城打工的这一种城市外来人口。然后还有已经取得了初步财富的小财主们的下一代，比如像高老头的女儿，欧也妮·葛朗台的女儿小欧也妮等等这些人，成为很庞大的这样一个群体。

而这个群体里面，巴尔扎克看到了好多，他一方面为青年的要掌握这个世界的雄心而感到激动，他看到巴黎是一个巨大的城堡，说无数外省青年向它流水般地冲去，他们往上爬，有的跌下来摔死了，有的人踏着他们的尸体冲进去了，巴黎城早已被他们所占领，你们是巴黎真正的主人。而那些小年轻读到这些段落的时候非常昂奋。就要往里去，因为他知道那些旧的要换成新的，它囊括这些东西。所以你看，他对拉斯蒂涅这样的向上爬的人，就包括司汤达对于连的描绘，他决不像我们中国的道学家所评价的那样的，他是道德的败坏者，一心往上爬，然后完全为了自己的利益不顾一切。你去读作品，必须读作品，你知道作家对他的态度非常复杂，他一方面有这种感应，就是确实这样做不太好，不对，似乎不对的。但是作家一方面让这个人物自然伸展，他给这个社会带来很多新的秩序。人们指责于连的时候，就说他是一个没有宗教信仰的人，所以他能做出这么下作的事情等等。当夫人最后还决定要救他、要和他在一起的时候，于连内心那个属于人的东西，才慢慢地复苏，临死的时候在慢慢复苏。这是作家大于历史学家，大于伦理学家，大于金融家的地方。这才是文学家所做的事情。

比如说积累财富，人们一代代、一辈辈都是为了能够让家人过得好。一个老头儿，一个家长，这些子子孙孙的，子承父业，然后最后几代同堂，或者是把这个日子过得越来越红火，老人都有这样的、家长都会有这样的念想，高老头儿不是吗？他肯定是的。老欧也妮不是这样吗？是这样的。可是这个社会分化了，下一代出现了两种对待这样的态度，因为社会的震荡使得很多人开始参与了撕裂性的成长，小欧也妮突然对一切都不感兴趣，对财富等等都不感兴趣，她只是想要爱和美。最后只能单身。你看拉斯蒂涅他爸爸觉得他们很合适的，还有另外的人骗他的人等等，他也不选择记仇，当老欧也妮死时，那么也只有拉斯蒂涅来送，拉斯蒂涅又着腰，在半山坡上，在那个墓地的地方，冲着巴黎城，就像一位伟大的人物挥着手对着巴黎城喊，说你，他妈的早晚是我的。他那时候还在写这种东西，里边你也看不出是讽刺还是夸赞。你读者去分析去吧，你不管他有没有道德有没有什么的，但是他确实促成了那个社会新的样子。

可是到了高老头他的女儿呢，就是我们说的完全是个啃老族，自己的任何一点进取的东西都没有，反正老爸给我的足够了。而且因为高老头对她溺爱，还得哄着女儿给钱。女儿不高兴他还难受，心肝宝贝儿的是吧。但恰恰越这样，女儿越不领情，根本不在乎，完全另一种人格出现。也就是说人类历史在所谓的进步、社会在往前发展的过程里，所谓的现实题材，那么这是一个现实题材的内容，可是现实主义告诉你，在巨大的社会历史进步的过程里，有很多人类最珍贵的东西在迷失和丢掉，丢了。比如说亲情，甚至是父女，父子之间的这种感情，人和人之间那种最珍贵的互助等等，它都在走样，都在变成另外一个样子。但是作家并没有说那个东西就死了，就没了，往往我们中国作家会走一个极端的，就认为彻底没有了，我们中国人特别爱写的叫最后一个什么什么，最后的什么什么。然后你发现写完最后已经出书十几年了，发现这个东西有的是。最后一个知识分子，什么最后的什么什么家，最后的藏书家什么等等。

上次有一位江苏的朋友，确实是一个非常大的藏书家，他去世了，当时《文汇报》上就有一篇很长的文章，中国最后一个大藏书家离世，我看了他藏的书的丰富性都不如你们邱院长，真的，那样的藏书家太多了，民间太多了。但是我们经常就会以这种所谓最后的，很决绝的样子，那句话说得特别好，"事实上因为你知道得太少，所以你爱说"。一般来说知道多的人他不愿意扯这一套的，往往都是那个特别少的夸夸其谈。有一年就在这个课堂上，是网络班还是哪个班，突然有一个学员讨论提出来，他说我一写就几百万字，那是真正的创作的文学作品，我瞧不起那个写得太短的人，他没能力。哎呀，我觉得可能人家也是挺不容易的，写那么多，身体肯定也累得够呛的。然后接下来他又很奇葩的，说就我们瞎搞，说居然还造出一个文体叫中篇小说，说造这么个破文体，然后把整个中国文学品质彻底打坏了，或者你干脆就长篇小说，或者短篇小说，哎呀，没办法。后来我就直接把那个英文单词写在这里，我说你认不认识这个词，他说这是什么，我说这是中篇小说，我说你知道吗，海明威很多中篇小说，包括像美国的写《遗产》的那个，菲利浦·罗斯，我说老罗斯他们写的所谓长篇小说基本上是属于这个文体的。然后我说还有不少这样的，他说我看很多批评家文章都这样写的。我说你看的文章太少了，我说你以后少说。事实上就是我们刚才说到现实题材和现实主义的这种关系，就是现实主义的文学创作往往是从现实的，往往是借着现实这样一个故事以后发现一些可能是永远存在的谜，或者是一些魅，发现这些东西。而这个东西它可能是人类的永恒困境，所以你带着某种现实主义的精神进入到现实题材的时候就不至于让你写的东西成为过时的作品。

我们当年伤痕文学时期的时候有很多是现实题材，但它并非现实主义精神的作品，不少后来几乎就没有人再提了，就因为这个。新时期文学已经四十年了，回头看，有很多作品当时被我们忽略，捡回来从头看的话它确实非常有味道。我们再重新发现那个时候的创作上的好东西，因为人们那个时候只有一个从历史角度来看文学的习惯。也就是说只有从现实题材的角度来看文学的习惯，而没有现实主义的习惯。现实主义是综合的，是向着永恒之谜去的。

比如前一段时间阿来把他的以《空山》为主的几个小说重新出，叫《机村史诗》。我们回头看就会很惊讶。阿来几乎没有写过过时的作品，这是个奇迹。其他很多大作家，我们知道大作家都写过现在没法再看的作品，那个时候完全趋时性的写作，那个状态是很严重的。阿来他为什么能达到这样呢，他为什么会这样呢，阿来他的创作的维度比所谓的现实题材里边它的维度、内容、层面，它天然地比别人多，这是一个很奇怪的现象。他老家那里，那片坝子，那片草原，从小他就是在那个地方，有森林，有高山草原，有湖泊，在那儿长大的。就是所谓的自然的东西，对他来说不是景物，我们经常写小说说加一段景物描写吧，特别笨，它不是景物，它就是生命、生活、人物、故事本身。这个本来是我们中国人几千年以来的一个原始思维，本来是这样的。你看先秦早期的文献里边，哪有那种分别啊，从《老子》《庄子》然后到《诗经》，我们看看没有这些分别的，那自然事物和人是一体的，庄子叫物我为一。早年他们概括叫天人合一等等，其实那个概括太大而化之了，但是物我合一，庄子这个说法是很有意思的。《诗经》我们会背好多，比如说我们完全是所谓现实题材的倾向的，现实题材就是对社会的批判，对社会问题的揭示，我们教书，编教材，从《诗经》里边找的全都是这类的。比如说《硕鼠》《伐檀》，大学教材里边把那个《氓》放出来，为什么呢，是因为它们是批判现实的。《硕鼠》是说那些大老鼠吃粮食，批判官府、地主、奴隶主，把我们种的粮食吃了。然后《伐檀》也是征兵服役这些东西，把老百姓害苦了。《氓》是写这种家里浪荡子弟，骗女孩的这种故事。我们都愿意编这样的东西给中学生看，然后给大学生看。以为我们的传统文化、传统文学里边全都是这种所谓的现实批判的内容，根本不是的，那个世界是太小了。它在《诗经》里边占的比例非常重。《诗经》首篇我们都知道，《关雎》，"关关雎鸠，在河之洲"。前几句，前面那些诗我们过去大学老师按照所谓的现实题材的这个思路给大家串讲的时候就认为这是景物描写，甚至忽略过去。然后直接进入到"窈窕淑女"，认为那才是现实。缩略性的、缩小性的、缩水性地把我们缩到那个现实里边，其实不对的。我们古人的这种意识思维，它就是一体的，"蒹葭苍苍，白露为霜，所谓伊人，在水一方"。这四句里边就伊人这两个展现了人，其他都不是人，都是自然事物。但是从这里边所有的情绪全出来了，都在这里头。"昔我往矣，杨柳依依。今我来思，雨雪霏霏。"你没有这些你怎么来表达呢，怎么出现呢，所以我现在看到小说来稿里边写的那种，说谁谁，他很愤怒，他大叫了一声，他哇地哭了。我看到这样的句子，作家怎么这么笨呢，怎么会这么笨呢。

你看契诃夫他们写小说哪会这样来写啊，那个愤怒的情状是什么，他的语气到底是什么，怎么能这么直接，这么没水平。就是这不是文学的语言，就是我们的教育从古代文学教育开始，就开始所谓的从现实里边找故事，直接去和现实对号造成的。这是一个关于现实题材的问题。那么后来我们发现现实题材有很多的样式，我们这几年经常会说到的一个现实题材或者说和现实精神结合得好的文学作品，就是路遥的《平凡的世界》，前两天我们还专门开了一个改革开放与《平凡的世界》研讨会，那个会大家开得非常认真。

就是路遥事实上，他自己不断地说柳青是他的老师，他在难受的时候到柳青的坟上去祭拜，跟他倾诉，是有的。事实上他读的更多的文学作品还是苏俄文学，加上英法文学，以那个为底子来写作品。那么他说到他这个老师柳青，柳青也是一个外语特别好的作家。过去他虽然在皇甫村住了这么多年，大家真的以为他是农民，绝对不是。他在生活里面是跟农民打成一片的，他要好好地去了解农民具体的生活，但是他绝不是一个知识上的、见识上的、文化上的那个真正的农民，他不是。

他的一个朋友写他的印象记就特别好玩，他到北京来开会，好像是作协开代表大会之类的，因为他级别还是挺高的，老革命，延安时期就已经成名的作家，那时候写《铜墙铁壁》《种谷记》等等。给他买的是卧铺，是软卧车厢的票，他一身农民打扮，一个黑棉袄，一个大裤子，那个裤裆很大，坐在这个软卧车厢里。那服务

员一直觉得不对，这肯定是溜进来的，几次试图把他赶走。然后他
报告给列车长，列车长就笑了，说领着他，说来来来，柳青正好是
跟别人聊天去了，不在那个车厢。他拿开柳青在软卧上的枕头，拿
开一看，底下有一本黑皮的书。而且那个皮是羊皮的，他说这是什
么。然后列车长说我问过他，他说这是德文版的歌德的《浮士德》，
路上看书看这个的。然后就告诉他说这是一个很有名的大作家，叫
柳青，这么一个人。但是他完全是农民的打扮。就那一代的作家，
不像我们想象的那么土，和他齐名的还有另外一位，我的老师宋遂
良曾经写过一篇文章，叫《秀丽的楠竹与挺拔的白杨》，这个挺拔
的白杨就是柳青了。秀丽的楠竹是谁呢，周立波，湖南作家，周
立波先生。周立波当时在鲁艺，是差不多唯一的外国文学教员，他
专门讲外国文学思潮的，他外语也不错。后来写《暴风骤雨》，写
《山乡巨变》，完全的现实题材。所以十七年文学出现的现实题材文
学作品是不容忽视的，我们在上大学的时候老师，尤其中文系的老
师，特别容易贬损十七年文学和"文革"文学，尤其十七年文学，
没什么好的。十七年文学那些创作者都了不得，大家经常举例子
说，比如说有一些很多都是文盲，比如说高玉宝，那确实是文盲，
编辑老师帮他写的，他有很多字都是画的符号，一部分是这样的作
家，但是他的基本力量都是从现代文学那儿过来的。土生土长的文
学家也不得了，赵树理从民间过来，你说他学问小？一点儿都不
小，他对民间戏曲那个熟悉一般人赶不上，完全是个有系统的作家。

　　巴尔扎克的伟大就在于他写的是巴黎的风俗，写的是风俗，风
俗之变，人和人之间的关系，还有各种风物，各种人和人之间交往
的这些规则的变化。这是文学要表现的东西，而不是所谓的积累了
多少钱、你是一个什么身份等等，不是这样的。我刚才说到路遥，
路遥他创作的历程是非常具有启示意义的，为什么大家不断在提
他，为什么《平凡的世界》现在卖了那么多册，每年好几百万册一
直在卖？就是他一开始他的成名作是叫《人生》，《人生》里边塑造

了一个人物叫高家林，这个高家林就是我们比较俗气的阅读，是认为他就是一个现代陈世美，当代陈世美。他不满足于现状跑到县城里去了，结果把刘巧珍抛弃了，找到另外一个干部子弟的女子，结果也没成，活该。那时候是这么看。结果回到了乡村里面，乡亲们还是接受了他，这么一个故事。这个故事是不是它的基本故事，是，但是这个小说事实上是路遥当年他那种巨大的无奈，但是同时又看到了巨大的希望，写的这样一个故事。比如乡村这个地方过去连水都不干净，他后来用漂白粉往井里面放等等。然后他又写到了陕北乡间那种巨大的道德包容，按理说高家林是道德瑕疵的患者，但是最后乡亲们还是包容了他，回到自己的乡村去。那个这样的一种乡村的乌托邦气质的写作，《人生》是写得最充分的，他小说后半部分完全是一个抒情散文。那部小说当年特别感人，也拍成了电影。但是路遥意识到自己创作的未来，就是他知道这是个局限，他怎么办？他的一个办法，我们看《平凡的世界》，作为一个创作者，其实是他想得是非常准的，抓得非常的准的，他把高家林一分为二，像劈柴一样地把他劈开，一半叫孙少安，一半叫孙少平。他不是走了一圈又回来了吗，那么他让孙少安留在村里，让孙少平出去，哥俩。就是创作有的时候在结构上的一些想法，他可能出自于最朴素的一个想法。我刚才说到回到那个天使的境界，他就会有办法，把自己的创作开始做大，做大。我们经常看到人是很蒙的，创作一辈子都在稀里糊涂地创作，他不知道自己内心所求的到底是什么。一辈子创作思路非常混乱，这样的作家太多了。但是路遥他有这一条，他是用最质朴的方式，像劈柴一样的拿个大斧子咔嚓一下把高家林这个木头劈成了两半，一半叫孙少安，一半叫孙少平，分身为两兄弟。在他们身上一个是要有根性的提醒，陕北我们伟大的中国文化、中华文化，那么根是非常重要的，根性的提醒。我们不能游荡起来以后这个根性就不要了。那么在孙少安身上体现了这种，他在家里面对着那么盘根错节的矛盾和问题，那故事也非常充分。那么孙少平身上带着某种理想气质，所以当现实主义和理想主义产生一种奇妙化合的时候，路遥就收不住笔了，一写写那么长。《平凡的世界》，完全就铺展开去了。一方面可以说他是一个属于时代的，但是是有根性的，就是孙少平身上有根性的现实主义，而这个现实主义就像路遥自己所说的，他要创造的是一种关于苦难的诗学。中国农民过得太苦了，世世代代，太苦了，这一代人照样苦，但是这种苦斗他是有一种向前的，光向前是不行的，它会很浅，然后向远的。《平凡的世界》就在于不仅向前，还要向远。所以他带着一种伟大作品气质的这种光晕。这是关于他现实主义，带有根性，然后时代性非常明显。他用苦难的诗学去诠释这种向前向远的奋斗。

那么在孙少平身上呢，他是一种关于新人的，关于建构的理想主义。孙少平肯定是一个新人，他是我们新时期文学，就是 80 年代以后过来的新时期文学当中出现的一个最成功的，也是最早的一个打工者形象。后来深圳打工者比他晚了十好几年，而我们塑造的打工者的形象没有一个能够超出过孙少平的。孙少平他是新人、建构的、理想主义的形象。在他身上体现的是什么呢，如果说孙少安身上是一种现实主义的，带着苦难的诗学的向前、向远的奋斗精神的话，那么这位新人，孙少平身上主要体现的是一种犹豫，犹豫是文学作品的几乎是永恒性的。犹豫就可能带来迟疑，就不那么仅仅傻了吧唧地往前乱跑、狂奔，不至于这样的。凡是那些傻了吧唧狂奔的作品往往那个文学人物画廊都留不下，恰恰是犹豫的，有迟疑的，有一定挫败，但是绝对不服的这样的人，他会留在文学史的画廊上。这在中国现实主义文学当中有很多，比如说刚才说柳青先生的《创业史》里边，它给人印象最深的人物不是梁生宝，是梁三老汉，是他爸爸。梁三老汉为什么能留下，就是他一直在不信，行吗，合作化行吗？人民公社行吗？他什么都要晚半拍，他信他儿子，赞赏儿子，但是总觉得儿子那一套可能够呛。他处在一个旧的时代和新的时代中间代上，在这中间来回错步就把自己错进了文学史那个人物巨大的光辉画廊里头去的。但是孙少平的身上他是一种理想主义的，但他是犹豫的性格，他如果没有犹豫的性格，他完全成为一个历史主义的狂奔者，或者说是一个在历史的进步条件下的一个狂奔者。就是一直向前，向前，最后到悬崖跳下去，这样的英雄，那就不是孙少平了。所以，他的成长如果说他哥哥是向前、向远的奋斗的话，他是一种最内向的人，开始向外、向上的一种伸张式的成长。所以当年这位对贫穷特别敏感、自尊心已经到了一种病态的敏感的人，在黑板上写下两个字，世界。中国曾经那一代人对世界充满了好奇，孙少平成长的世界的时候，也就是我们在小学的时候，还在中学的时候，当时有一套书，那套书叫《走向世界》丛书，就是一群翻译家翻译的，和介绍国外文化思潮的作品，让中国人迫切地了解世界的样子。而在那个时候孙少平的形象在他的笔下成熟。

那么我们看到在这个小说里边，路遥写的经常会出现的就是孙少平的一些内心独白，比如说活着不只是活着，我不甘心。他看到黄土地上那些人就是为了活着，祖祖辈辈只是为了活着，孙少平不甘了。一看见铁路什么的内心里边就不断地打滚。但是他面对这个世界又不是一个盲动者，他知道自己的本分是什么，也知道底线是什么，所以孙少平这种人物真是太有意味了。他第一次出去揽工，大概是在路遥的老家，清涧那边吧，就是已经到了大城市榆林一带了，在那个城市边上是有一个叫曹支书的这一家两口子经营着这个企业，就把他留下了。他当时是看他体弱，那么单薄，他说我只要一半工钱，和工人在一块儿住，他晚上住那个窑洞特别差，给他放在门口，大家欺负他。关键是他头下边就是一个尿盆，晚上那些人就站着往里撒尿，他还借着那个微弱的灯光在看书。那么孙少平成长过程里他把工头救了一命以后大家开始另眼相看，一点点的孙少平这个有一定文化的人在这些工人里边就有了自己的地位、影响。这个曹支书还把他请到家里给女儿辅导功课，要高考。然后特别想撮合孙少平和他女儿能够成婚，但是曹支书的女儿瞧不起这一个土包子，那么穷的地方来的，我怎么能瞧得起你呢，那是不可能的。那么孙少平当然也不喜欢那个女孩了。在他家最后是有一个亲戚使坏吧，孙少平不得不离开。孙少平的每一步成长，一个农村孩子成长，往外世界去试探每一步的成长，他都写得非常细微，特别的细微。比如说他对于亲情的判断，过去是农村人往往都是起码我有亲戚，有亲戚靠着，出门靠亲戚这样的。后来他发现亲戚并不都是好的，说人和人之间的友爱，并不在于是不是亲戚。我在山大教书那十几年，我每年都搞一个调查，上课的时候。第一节课一个人一张纸，填写上五本对你影响大的文学作品，然后你有印象深刻的话吗？请写下来，给他十分钟时间。结果收上来以后，几乎每一年高居榜首的都是《平凡的世界》，都是这本书。然后记得的话五花八门，其中我大概起码有五次看到过，就把这句话记下来了，就是在《平凡的世界》里边看到最清晰的话是人和人之间的友爱并不在于是不是亲戚。这句话对我们印象会那么深。路遥在这个小说里边最常用的话就是刚才说到的活着不只是活着，也不甘心。那么更多的在每一段起头的时候会有这样一句话，叫生活告诉你。这才是现实的态度，对现实的态度，生活里到底有什么。有的时候对现实的你的理解太片面了，太狭隘了。

　　我们回到乡村里面往往注意的都是村长怎么着，是不是欺负人，首先是设定这个，然后你回头看写的小说里几乎没有一个好的乡村干部，只要是个干部，都是王八蛋。然后村民几乎没有错，过去还写过很多刁民，很多狡猾的农民，包括鲁迅他们写了很多这种。二元对立，只要干部，只要有钱的人全是坏蛋，然后只要没钱没权的人什么都在理，突然变得这么脑残。这个在这个小说里，在路遥笔下，他是生活告诉你的一切真相他都想写到这个小说里边来，所以当孙少平在黑板报上写下世界这两个字就发现他所有的认识在不断地伸张，不断地打开。孙少平第一次揽工失败，亲戚把他坑了，关键是那家人还把他的户口从农村户口变成了城镇户口。那个时候户口非常厉害的，吃红本粮，那就不是农村人了，你就是城市人了。城市人每个月可以到粮店领一次粮食去了，那个过程我们还赶上，那就太知道了，我家里就面临这样的情况。我爷爷是在供销社，然后我爸爸是中学老师，那时候往下是家里边只有一个人，是可以继续领红本的，我是老大，就给我了。我那时候弟弟妹妹都不能领红本粮。后来经过多少努力，包括我家里边姑姑等等都为了那个红本，因为你吃红本粮的人算城镇人，就可以堂而皇之地找到城市里的一份工作。那是命。而这个时候孙少平，曹支书家里帮他办成了城市户口，这是巨大的人生机遇。但是他亲戚作梗这件事，他不得不离开这个地方，临走的时候到他们家去告别。告别的时候曹支书和他的夫人拿出他这一个月的工资付给他。他看了看，退出了一半放下，说我这个月没干完，我只能拿一半的工资。对方说你做了那么多事，这钱是你应得的，你必须拿走。他说不，我不拿，又还回来。然后接着鞠个躬，走了。他往院子外走的时候，曹支书两口子从窗户往外望，看着他越走越远，曹支书就嘟嘟囔囔地说了一句，说这啥人呢，都农村来的，咋知道这么高的礼义呢。这一句话在小说里是非常重要的。我们确实看过新世纪前后很多进城文学，进城文学里边的礼义都是要求给工头的，写的都是工头不按时给钱的故事，我们如何造反，城市里边如何憋闷，然后人生受到多少侮辱和欺负等等，城市一片黑暗。自己是受害者、受损者，这个情况。但是并不对打工者自身的某种礼义廉耻方面进行反思。写到乡村里边的所有的道理都握在农民工手里的，但是你不知道，我刚才说到好的作家一方面对每一个生命都体恤，另外一个，对每一种生命都进行深刻的剖析。你是个全人，每个人物他都是一个完整的而不是抽象的人，就是什么样的性格、什么样的东西都有的，他不可能是单面的人。孙少平身上有软弱，但是他也确实有底线，就是礼义廉耻的底线，他有这个底线。所以这是在孙少平身上这个理想主义者身上，依然有孙少安一样的根性，他有根性。

《平凡的世界》怎么留下来的，就这么留下来的，它是一个简单的励志故事？它绝不是。所以我们看到这个小说一方面，作家是心里怀着最质朴的老百姓的一个作家，就包括那个过去年代耍滑头的、告黑状的那些人，他们如何在孙少安手底下慢慢地转变那种故事，他一方面确实是心怀着最质朴的老百姓的；另外一方面他确实是创造着一些新的平民英雄，就是不甘心的这些平民英雄，这是所谓现实主义精神的一个最伟大的东西。

你看我们刚才又举到法国文学、俄国文学，好多作家他笔下都出现过两种类型的人物。一种类型我们现在叫多余人或者零余者这个形象，在社会潮流里边他突然成为一个毫无意义的、毫无作用的，只能颓丧懒散地处在灰色地带的那些人。《奥勃洛莫夫》还有像《父与子》，还有一系列吧，这种作品里边都出现这样的人。包括最昂扬的革命作品，像库普林曾经有一个小说叫《阿列霞》，上世纪 50 年代翻译过来的，也是影响很大的一部小说，现在很少有人提了。那个小说事实上影响了很多中国作家的，小说里边就有一个小的二号男主人公，他是一个完全不知道怎么来适应新的社会状况的人，完全无法适应了。过去每天起码要喝一杯咖啡吧，晚上还要来一杯伏特加酒，这时候生活完全变了，没有这样的时间，也没有这样的心情。他无法适应。比如当时王蒙二十岁写出长篇小说《青春万岁》，看来好像一代人的欢快青春开始了，但是《青春万岁》里边就有，他们有一次到一个同学家里，去帮助他们家人转变思想，这些人到那个人家里去了，他发现这家人过去在北京是一个大户，可能是资本家之类的吧。那家有一位公子，在楼上，很寂寞，满脸苍白蜡黄，头发比较乱，能看出来他穿的衣服，里边衣服领是很精致的这样一个人。说你哥哥呢，我们跟他聊聊啊什么之类的，他哥哥下来以后就淡淡地看他一眼，然后就接着转身到楼上去了，就很像多余人的形象。就面色苍白的，就不知今夕何夕的那种年轻人。而在早期的像王蒙这样的小说里边居然出现过，我觉得他肯定是受过苏俄文学的影响，他也许看过库普林的《阿列霞》。所以你看那个小说，当年二十岁的小革命，人家写的小说，跟我们后来看到的那个单纯的、完全随着时代去跑的小说不一样，现在还可读。就因为它丰富，丰富从哪儿来的呢，综合影响而来的。孙少平的这个形象综合了多少我们看过的那些比如说漂泊少年、漂泊青年，那些漂流记那些历险记的小说，路遥去世了我们不可能跟他交流了。他不仅看过苏俄作品，肯定也看过别的作品。我敢担保他肯定看过《哈克贝利·芬历险记》，那部可以说奠定了美国文学基础的作品。没有《哈克贝利·芬历险记》，就没有美国文学，那是肯定的。海明威和福克纳在获诺贝尔奖的时候都感激过这部小说。那个就是以少年漂泊的形式，所谓历险记的这个形式，其实把美国那个黑奴制度取消前后的那段历史全都囊括其中，但是囊括的并不是说要歌颂这个历史进程，不是的，从一个孩子漂流过程里面发现一个民族的成熟过程。就是自由，对自由的最大珍爱，漂流、历险就是自由精神的一种体现，自由，然后平等，就是他和一个黑人同伴，那个黑人一路上都在念叨自己的妻子和孩子，而小哈克从小从来没有过亲情，从小没有妈妈，他爸爸又是个酒鬼，但是从黑人身上发现人间是有温情的，平等和爱。

就是这些，整个在漂泊的过程里边全都完成了，在一个有趣的、多声部的小说里边完成，而你从那个小说里面才发现我们过去的很多认识是有误的。我不认真学英语是不知道的，你去读《哈克贝利·芬历险记》或者读《汤姆·索亚历险记》的时候，你过去认为中国语言是最丰富的，那我们汉字谁能比呀，不得了，确实是我们从表意的角度上看可能是有这样，能琢磨，一个字能分析出好几本书，是不得了。但是我们对于声音的质感表达，就从这一条我觉得我们汉语确实不必歧视英语。你看一个昆虫的那个叫声，翅膀发出的声音，那个描绘，在马克·吐温的笔下写得那么细微，有那么多词可以来形容它，来描绘它。而那个词看起来就是一个交响，一个混声，你立刻就知道原来这个蜻蜓的翅膀或者蜜蜂的翅膀是这样发出声音的。那个孩子哈克在一个废旧的啤酒桶上，眼望着天空，在树林子里边，密西西比河边上，他从白天到晚上在那儿发呆，听周围的动静的时候那种描绘，哎呀，真是棒极了。

我们上研究生那时候，研究生英语的第一课就是《汤姆·索亚历险记》当中那个关于自然界各种声音和情状的描述的那一段。我们真是不得不服。这就是人和周遭的关系，这些东西它天然地在一个文学作品里面呈现的时候，你就会发现它的世界是大的。刚才说到这个美国文学，当年以波士顿一带为中心，《大西洋月刊》杂志为中心那一批人，那里边的伟大人物很多，最伟大的就是爱默生先生，他当时演讲录出了一个集子，最早翻译到国内来叫《自然沉思录》，他实际上就是从美国的整个的东部悟到了美国的精神要从自然中生长。因为那时候英国是想把自己的价值尺度输向全世界的，更想影响美国。美国那个时候内心里边其实对法国感情可能更深，要不然自由女神怎么运到这儿来呢。但是他们要长出自己的文化，波士顿这批知识分子以刚才说爱默生为中心的一批人，大庄园太大，他们的朋友也来到这样，比如像梭罗，梭罗住在爱默生家里，就是他家一个食客，后来他观察植物，观察自然，爱默生把家里边的一块地让他过去做这种实验和观察的地方，就是瓦尔登湖这个地方。就是他们这些人慢慢地形成了所谓的美国精神，从哪儿来，从自然当中悟出来的。所以爱默生那时候就不无讽刺地说一个木材商到了这里，到了一片树林子里边，他说在这里面看到商品，他说我们美国人应该像诗人和哲学家一样，从中看到的是森林、生命，看到这些东西。

他有很多这样的妙悟到处演讲，带着大的一种世界认知，他的现代精神的成长当然要把那些衰朽的国家要超出去很多很多，要高出很多很多。所以世界这个词，孙少平他在黑板上写世界这个词的时候，其实是给我们的启示非常大的，在那个情况下一个乡村题材的作家，一个乡村题材的一个作品，为什么到现在依然还有琢磨头，就在于他写出了世界，但是又不是一个夸张的世界，它是平凡的世界。所以我们现在把它作为一个蓝本来分析是非常有意思的，可以说它一方面是装着最质朴的东西、老百姓的东西，另外一方面还有那种对于平民英雄的一种创造。孙少安也不是一个成功者，他并没有把他写成一个廉价的成功者，出去以后当大老板了，没有，他也失败，但是孙少安一直在，这样的青年一直在。像高家林那样回来了一样，其实是高家林出去的那一段是这个小说给人印象最深的那一段，他回来的那一段尽管非常让人感动，看起来泪水涟涟，但是他绝不是路遥内心里边最看重的那些东西。他给孙少平的失败，或者孙少安的回返，这也是必然的安排。他让你看到人生并不是必须的、一定的，就能够实现你的理想。就像维特根斯坦曾经有一句话说，这个世界不是为你而造的。谁都要知道，你往这个世界去的时候，内心里要清楚一条，就是这个世界不是为你而造的，不是为你一个人而造的。所以当我们看到一些偏执狂，当我们看到他想要一件东西而没有得到，在撒泼打滚，甚至是贪财害命的那些病人出现的时候，实际上他就不明白哲学家所说的那些东西，就是世界不是为你一个人而造的。

孙少平、孙少安都有所妥协，但他妥协的绝不是现实当中的那些具体的人和事，他是向世界的那种困境探得更深，这个妥协刚才我说到，知道这个世界不是为某一个人而造的。那么比它更大的东西，比这个世界更大的东西是什么？是自然。所以我们可以说中国文学过去就过于陷到了这个所谓的现实里。我们往往不愿意思考世界对于现实的框定，或者说面对世界的时候现实的可能和限度，我们想得很少，我们想得非常少。那么我们在对世界这个词有所了解的时候，又突然忽略了另外一个。我们古人就是从老子开始告诫大家的另一个大词叫作自然。人法地，地法天，天法道，道法自然，人和自然差那么多呢，人地天道自然。当年你看那些人，我们先哲对于世界的认识，对于宇宙的认识，都从自然那种最高法令开始的。天地有大美而不言，都是从这个角度来说话的。

所以我刚才说到阿来，阿来为什么他的作品写得能够不过时呢。就因为他早早地就把自然和人物放在一起写了，他把自然当成生命来看待的。所以这几年中短篇小说那么多人在诟病，在说不好的情况下，他拿出了"山珍三部"，就是《三只虫草》《蘑菇圈》，还有《河畔柏影》这三篇。其实是最拿人当回事的小说，我们现在的中国文学，最拿人当回事的文学创作恰恰不是太那么现实题材的创作，现实题材的创作很多，恰恰不是现实题材的创作。是哪些呢，据我观察，可能有点儿偏见吧，一个是自然文学，一个是科幻文学，真拿人命当回事，真拿人的处境当回事。我们写现实题材，写关于人的生活的这些文学的时候，往往就忘了，根本不拿人当回事的，不拿命当回事的，而恰恰我觉得在自然文学里，在科幻文学里边，他们是很把命、很把人当回事的。

其实我们刚才说到《平凡的世界》，也说到罗曼·罗兰的这个《约翰·克利斯朵夫》，我们会发现文学事实上是非常有意思的一种东西。有的时候一个人物性格的推动，或者说这个人物之所以能够立起来，可能恰恰是因为他的某种性格的弱点。这个性格的弱点存在于哪些地方呢？举一个例子，比如说人的虚荣心，人的虚荣心是建立在某种现实的或者是人生目标设定当中的某一个实在物质上的。比如说我要做一个了不得的大翻译家，内心里肯定有些榜样，比如说像傅雷、李健吾这样的大翻译家，包括像周扬这样的大翻译家。那么在通往这个大翻译家的路上我们需要心理动力，不仅是需要你自己下功夫，要做事情，那当然是特别重要的。但是更需要一种心理动力。这种心理动力往大里说是理想，是某种信念，往大里说是这个来鼓舞着我们。但是在具体的人生过程里边，它可能化成另外一种东西。另外一种中性的东西，比如说虚荣心，很多的表现比如说病态的自尊的某种表现就是由虚荣心驱使的。比如一个贫苦的孩子，他面对一个富庶的孩子的时候，他内心的某种情结被激发出来的时候我们表面上看他是因为对于富贵孩子的某种嫉妒，由嫉妒沉淀的某种怨恨，他希望那个富贵家的孩子倒霉，这个状况是经常会有的。比如还有你是完完全全的平民子弟，当看到干部的子弟在你面前有些表现的时候，他可能是比较正常的表现，比如说他比较快乐，你内心会非常不舒服。就是这样的一种状态，它往往对你人生来说是一个刺激，这种刺激走向比如说慢慢地你建立某种正面价值的时候，走向正面价值的时候，他这个动力是重要的、积极的。它使得你慢慢地在这样的基础上强调了阴面的价值，使得可能会最后成为毁灭你的力量。

我们说像于连这个形象，他事实上就是带着某种实际的目标，然后他是从虚荣开始的，也是从探索到对方的虚荣的需要开始的。他是虚荣的那个虚和要达到的那个目标的实结合在一块。这是人生的常理，你说孙悟空如果没有巨大的虚荣心的话，他怎么可能成为一个占山为王的猴子，然后上天空去耍呀。那么生活，用路遥的话说就是"生活告诉你"，然后就给他教训，压在五行山下，压在两界山下。慢慢地成为从在天上胡闹的人成为在地上走的行者，然后利用他自己的本事，七十二变，把自己的七十二变变成工具，度过八十一难，最后立地成佛，这么一个成长小说这样得以完成。像孙少平，他当年出走的时候，当他在黑板上写下世界的时候，他内心里的骄傲是有的，他有了世界意识，别人没有。那么他在那些比他家庭更富庶的、生活更顺畅的人里边他有这种虚荣心的满足。这个满足给他人生带来巨大的推动力，这是虚荣心给人带来的某种力量。虚荣并不是一个坏东西，与虚荣相关的事实上还有很多，比如说自恋，自恋只要是不伤及他人，也不算坏东西，谁不对自我更欣赏呢。比如说还有像犹豫、忧惧等等这些都属于中间物，往往从中间物出发这个文学作品才有它真正的价值。比如说它的阳面是努力，积极，认同，满足，容忍，谅解，和解，救助等等，但是你们可能会有一个发现，凡是经典的、真正经典的伟大作品，它最后要达到的或者说它最后的精神依靠还是阳面的东西。比如说救助，比如说体恤、宽谅，还是这些东西。

那么《悲惨世界》这部法国大革命背景的小说，在这个背景下，人与人之间的生活都出现了一些新的震荡。然而让一个最低端的人，一个人以小偷的方式被抓起来了，当时的现代法律开始建立，他就成为这个现代法律枷锁套着的人。他出了多少苦力也不行，他出来以后继续还要有警察跟着他。他最后通过那么多的个人努力，甚至当上了市长也不行，你是一个前罪犯，那么也是一个潜在的罪犯，是这样的。雨果就质疑这一套社会的尺度，看到人性的光辉，而在这时候让各种各样的心理都暴露。他饿得实在不行了，出狱以后，他原来那些流浪汉同伙儿也不认账，你进过监狱，我吃的也不分给你，所以连吃的都抢不到。他急了，在一个教堂里边，那个神父好心地收留他，但是他把人家教堂里边的法器给偷了。偷了以后，警察终于发现他又犯罪了，又可以以小偷把他抓回来，先到神父这里边认错、认罪，天生就是个小偷。所以你得给这个神父道歉，东西还给他，然后我把你揪回监狱去。而这时候神父的表现就完全拯救了冉阿让，他说兄弟，你忘了吗，这是我送给你的礼物。后来他要出去的时候，神父告诉这个似懂非懂的冉阿让，他说你往上看，你看那是圣母像，其实你走到哪里她的眼光都在看着你。你要记住这一条。这就是很好的一个例子，其实就是一个内心里边其他复杂的这些东西，当人性的那个恶一旦出现的时候，会有另一种力量来制衡。这是一个非常典型的例子吧。

也就是说人性的阴面是什么呢？比如刚刚说到嫉妒，从嫉妒到嫉恨，到仇视，然后受辱，这都属于阴面的那种。我们作家也特别愿意表现的另一种东西，叫作自虐，现在这个自虐的小说也很多。

但是有的时候中间层的这些东西，比如虚荣、自虐、窥探、犹豫等等这些，往往是在写作的过程里有些作家把握不太好的情况下，容易滑向仇视、嫉恨等这种记忆。掉到坑里边就出不来了，而伟大的作家他是不会在这坑里边没完没了的。我们重新去读陀思妥耶夫斯基的《罪与罚》《白痴》《卡拉马佐夫兄弟》，你去读读他的作品你就发现他还是一个伟大的人道主义者。当年就是托翁和陀氏这两个人，一个是在人类历史最高的那个高台上建立了一座高塔，就是托尔斯泰，不可逾越，作家中的作家，顶尖作家中的顶尖作家，他把人类一切东西都涵盖了，太厚实了，太高远了。他可以写任何失败的小说，但是你仍认为他是一个伟大的作家。就是不可逾越的伟大的高峰，无论哪一个发达的文学国家，你去做一个调查，包括教授做调查，你要填作家，最牛的作家往往托尔斯泰都是在第一位。像美国也是这样的，他们自己出了多少人，但是他们最认同的还是俄国的作家，托尔斯泰，然后就是陀思妥耶夫斯基，再加上一个契诃夫，这三位一般来说都在前三。他们不会把福克纳、海明威，甚至不会把马克·吐温放在第一的。原因就在这里，那么他是这样一个高远的作家。那么陀思妥耶夫斯基往哪儿去？往暗处去，往深处去，往那里去走，在那里发现人道的微光，他是这种路数。

那么陀思妥耶夫斯基他最后事实上是开启带动，甚至他回答了一切关于现代主义文学的那些难题。好多后来的现代主义的创作都没有超出陀思妥耶夫斯基，他是往那儿走的。但是他的身上，就是他的伟大的气韵就在于他虽然是往那儿走的，往那儿去的，那个究竟他探了个遍，但是他写的故事还是拯救的故事，最终是拯救的故事。那个拯救也不是那么明显的，不是概念的，就是人类内心里边最深的那个精神层面上需要救助，是这样的一种观念。所以这些作家可以说是伟大的作家，其实作家之间的区别确实是非常大，有的作家我们可以说他是名作家，大家都知道他。就像艾略特所批评的那个样子，《传统与个人才能》里边说，说很多人我们知道作家的名字，但是对作品大家不太知晓。这样的人可以叫作名作家。

那么接下来是大作家，大作家的作品都不错，在某一方面开启了一种创造思潮或者一种创造样式。比如说像卡夫卡这样的作家属于大作家。还有一种是伟大的作家，刚才我说到像托尔斯泰，像陀思妥耶夫斯基这样的，契诃夫，这都属于伟大的作家。为什么？他所呈现的那些东西人类永远都绕不过去，他所提出的难题人类也永远绕不过去。他的解决方式未必是每个时代都适用，但是他试图解决的那股劲头每个时代都需要，这就是伟大的作家。所以有的时候我们做翻译的时候选择其实很重要的，你可能选择作品的时候，优秀作品及时地翻译过来，这个很重要。你看现在提到的伟大的翻译家，就是特别厉害的翻译家，无一不是因为他翻译了名作。可能这个作品跟他同时代，罗曼·罗兰几乎就是和傅雷同时代的作家。但是傅雷他就可以作为我们伟大的翻译家留在这里。你看他们不仅仅是翻译他前代人的作品出来的，同代人当中同样需要发现，新鲜的东西我们可以去介绍，包括鲁迅当年也翻译了不少弱小国家、弱小民族的文学作品进来，完全是在那个小的低的那个世界里边的那些被侮辱与被损害人群的故事。

那么也有一些大的，像李健吾这样的翻译家，我们知道福楼拜，法国文学的我们的翻译真是太强了，太多大翻译家了，了不起。像李健吾翻译的《包法利夫人》，不可逾越，真的不可逾越。为什么？他自己本身的底子太厚了，他完全可以从一切最根本的问题上和福楼拜对话，他是这样一种储备。李健吾他不仅是一个翻译家，不仅是一个戏剧家，不仅是一个小说家，也不仅是一个散文家，他就是一个立体的巨大的文化存在。韩石山老师写过《李健吾传》，确实写得特别好，你看李健吾是一个什么样的人。李健吾是我们中国现代文学史上最好的批评家，他薄薄的小册子叫《咀华集》，后来又补充了一个叫《咀华二集》，那个小册子是京派文学的经典。就是当时京海派之争的时候，没有他的文学评论，没有后来的巴金。没有他的文学评论大家也不会对林徽因的文学作品有感觉，包括很多人都读不懂的废名的小说，是他和沈从文两个人解释出来的。巴金当年出了《家》《春》《秋》《雾》《雨》《电》他还沉浸在一个读物作者的兴奋里。就是《家》《春》《秋》我们现在回头看，我们从经典文学的要求来看它就是青年读物。我们刚才说过像罗曼·罗兰这样的，他们是同代人，像他们这样的作品。巴金那个时候写的跟这个一比的话非常浅，情绪决定了一切，用他自己的话说他最迷的两个字就是热情，就是热情导致，我就要冲出封建大家庭，我就要进入革命，革命之后怎样我不管。那么在他笔下就是封建家庭一切都是可憎的，可恶的，可恨的，可杀的。年轻人怀抱这种，我要冲破它，因为你吃人，我要去革命，我要反叛你，所以有了《家》《春》《秋》《雾》《雨》《电》这样的小说，极力地去展示旧社会的恶和新人的可贵。完全是在冲动的状况下用柔情。他当时就是说我从来不是用文学来要求自己的，我就是写下来给青年看，所以他特别迷恋"热情"这两个字。他那个时候是无政府主义者，克鲁泡特金、巴枯宁对他影响太大了，他是有社会理想的。文学只是他的一个倾诉的抓手。

但是李健吾告诉他，他说热情是重要的，一个作家没有热情怎么可能把自己的热传达给读者呢，这是重要的。但是要注意，不要把人烧伤，就是社会有的时候也不要把人烧伤。他说我还告诉你一个词，叫限制。这个审美或者说文学它是需要"限制"这两个字的。我刚才举的例子，比如像罗曼·罗兰的《约翰·克利斯朵夫》，克利斯朵夫站住了，克利斯朵夫靠在一株树上，这都是限制的典型，没有这种限制这个作家的形象、立体的巨大的形象无法塑造。巴金当时是不服气的，当时在北京的报纸上两个人展开笔战，就是给他通信，公开信。但是过了没几年，巴金从一个青年巴金转向了中年巴金，巴金开始拿出他的人生三部曲，《第四病室》《憩园》《寒夜》这三部作品，这三部作品使巴金成为伟大的中国作家。

你想想从《家》到《憩园》的变化也太大了。《家》是完全要打烂、打破过去那个家的，《憩园》是回到他那个老家，那里边的那种甚至带着某种迷醉的怀恋，对于安生的生活的珍爱，而且由于当年的那种所谓的热情的燃烧，对那些灰烬的怀念，面对着灰烬的怀念。我们的年轻作家很多都走过巴金的路，一开始就是闯，就是凭着这股热情打拼，往死里作。到了中年以后，才成熟起来，才知道真正的好的、真正的大东西是什么，很多人这样的。

张爱玲当年也是写人性的凶狠写得很厉害，她到了抗战的时候，香港整天被日本的飞机炸。我还去过她住的那个宿舍，港大的那个宿舍，当时葛亮领着我去，看，说就这儿。她那时候写的长篇随笔叫《烬余录》，你回头一看，你看那时候张爱玲对人生的想法，真正想到底处去了。当年写曹七巧的时候根本没有这些。曹七巧那时候真是可以跟鲁迅的革命性批判放在一起的，写刁蛮的成年妇女，成年妇女是很少有受人欢迎的形象的，几乎都是很令人讨厌的、很刁蛮的那种形象，写得是非常狠的，内心里边是没有温度的，那个创作，《烬余录》里边事实上是从那个灰堆里找到了生命的剩下的那点温度。

那么我们刚才说到这些，比如说像巴金的这个路，像《寒夜》，写身上最冷的时候，但是巴金的抒情终于找到了最适合他自己的那个渠道，原来它的真相是这个样子，很多作家都是这样的。当年那种凭着激情、凭着写作的畅销书太多了，比《家》卖得好的书也很多。比如说蒋光慈的那个什么《短裤党》《少年漂泊者》，那个畅销书比郭敬明的书卖得好，但是文学史上只是一笔带过，那个时候革命文学草创时期的作品最后留不下来的。但是恰恰这两部作品留下来的，为什么呢，一方面是李健吾对他的点拨，还有一个是巴金那时候开始大量接触国外作品，他一生都一个目标，没有最后完成。比如说翻译赫尔岑的《往事与随想》，他没翻译完。这些人，巴金翻译过很多特别好的外国文学作品，比如屠格涅夫的很多散文，散文诗是他翻译过来的。那些人大部分都做过翻译工作。我不知道他们外语是什么时候学的，都那么棒。

刚才说到像巴金等这一批人，都是后来渐渐地知道文学那个永恒的真谛是什么，从哪儿来呢？事实上一方面是同代人的提醒，同代人当中也是那种像刚才说的像李健吾这样的学术、见识、语言的这种基础，非常丰满的、非常整全的这样人才能做得到。在社会上呐喊的那些轻薄的批评家们是做不到这样的。我今天早上看朋友圈里边，大家都在讲《扬子江评论》组织的新的一轮的小说排行榜，那些青年作家在那儿做了一个讨论，《新京报》今天登出来了，然后做成了微信，在朋友圈大家都在给它点赞，说年轻人不满于现在的文学创作，然后就说现在因为没有大佬在座，所以他们说话就很放松。说有一位大作家某某小说写得真差怎么怎么样。然后对现实的小说，说现在没有共识了，都是一些大家统一不起来的意见，没有好作品。我看了以后就真的是看了就笑了，就这样的意见，这样的现象，甚至是里边那些语言，那些腔调，往往是每隔十几年就会出现一次，这个事我们在二十年前都干过的。当年我们还是在高校里边二十多岁，开始做文学评论的时候就是这样做的，否定先锋文学，也否定那种太现实的文学，所以和我们同代成长起来的那批人叫新生代，毕飞宇、韩东、朱文，这一批我们同代人一起长，长着长着然后他们出来了。后来又是现在这一批人，他们开始又这样来说话了，而且说的那种差不多都是我们当年说过的意思，你说不说它都在。所以搞创作的人看了以后你也不要生气，我觉得我写得挺好的，怎么连提都不提呢，根本没必要在乎。他们现在读作品的那个可能性比我们微弱得多，当年我们是真的跟读，现在见他们以后，他们重要的作品都是随口可以说出来了，甚至是情节。

我那天见到麦家，我跟他说，我说麦家你当年在《花城》有一个短篇叫《成长》，真是写得非常好，你后来没有走这条路子，挺可惜的。他自己似乎都忘了有过那样一个小说，因为这些年他主要是做那一类小说了。他中间曾经恢复过一段，写过《两个富阳姑娘》等等，写得相当棒，相当精彩。我说其实你现在已经做到这个程度了，你可以专心致志地回到艺术上来，可以做这些了。那时候我们真的是认真读的。现在这一代人他们肯定也有认真读的人，但是普遍的可能是读的细微度还是不够。

抱怨一个时代没有好作品，这样的话咱们是不要听的。因为一个人的阅读有限，而且关键是大多数研究者阅读都有限的情况下这种话就更不可信，不要去信这样的话。其实认认真真写东西的人还不少，真的还是不少，认认真真改作品的人也不少。你看这个教室里后边那两位，杨遥和曾剑，咱们这儿老学员了，我在这儿带过的学员。《人民文学》发他们的东西都是在退了很多稿的情况下，然后选出一个我们真正中意的东西再发的，真是认真地在想，在写，一篇篇，一个字一个字的，一个人物一个人物，一个情境一个情境地在琢磨着，想着，最后很忐忑地拿出一个东西，我们也很欣喜，这个就留下了，这个时候出来的。不是那么轻易地就能够走出来，在这么认真的情况下出来的作品能差到哪里去呢。不是轻易的某一个批评就可以带过的，那么你可以讨论，他说老舍先生之所以成为老舍先生，可以说是长篇小说在中国的作家里边首屈一指的，因为老舍最朴素。你要看这句话的时候觉得哎哟这个好平庸啊，批评家怎么这么不会说话啊，你得用一个新词啊，用个大词啊，才能觉得他好，但是他就是最朴素。他朴素到什么程度呢？就是老百姓的日子和打扰老百姓的日子的势力之间的矛盾、摩擦，甚至是斗争。他说就构成了所有老舍的小说故事的动力。老舍，你就看他的小说吧，无论是做小买卖的、开小店的，还是耍功夫、拉洋车的这些人，再就是大院里边的，甚至是在某个洋人机构里边做个小买办的那些人，形形色色的人物，他都是一心把自己的小日子过得像个样子。可是时代，历史这个世道就是不让你好好过。老舍就很生气，写作时候你就看他的潜台词，就是谁不让我们老百姓好好过谁就是坏人。比如说牛天赐捡来那个小孩，他自己生气时候对着墙角吐唾沫，说狗蛋，都是。用这个来作，但是老舍绝不把人心最粗俗的东西写到小说里去，他用这样的东西，《四世同堂》里边写了多少复杂的人物，特别复杂的人物，但是老舍特别不忍心把他们写得极坏极坏，他把每一种坏都找到了原因和道理，老百姓的日子和被打搅的这个日子，它是一个层面，它还有一个重要的层面，前面这个层面叫如此，老舍还找到另外一个层面，就叫何以如此的层面。好的小说家事实上挖的是后一种，当然你自然要呈现出如此这般，但是一定要知道如此这般的来由，就是何以如此。我们现在小说习惯就是把社会的表面现象堆一块拉倒了。写城市就是城市匆匆忙忙，人们之间互相隔膜、钢筋水泥，然后地铁里边都是疲惫的面孔，然后就是公司里边全都是不和谐，彼此之间全是矛盾，什么感情上也受挫，老板什么都是对员工不好。然后同事之间互相拆台、互相斗心眼儿等等，全是这样的故事，以为这就是城市文学，其实这是城市文学的头皮屑，根本就不是城市文学，写了多少故事你看，那个公司干吗的你根本不知道，那个公司做什么买卖的，不知道。因为他瞎编的，他不知道那个买卖的秘密是什么，你看巴尔扎克写的每一个小商人，高利贷者，那个流程、数目等非常清楚。福楼拜写一个东西里边的陈设都是写得非常清楚，你置身其中，非常精微，就这样。而现在我们写的城市全是大而化之，只留下表情，然后就说城市就是飘忽的，为什么飘忽？因为你写的东西本身就飘忽，也没下过功夫。把所有的故事，把城市的所有故事都写成了宫斗故事。所以现在就是这个套路，你看电视剧全是这样的，还获奖，美滋滋的。然后出现一个神秘男人，一天天游手好闲地整天给人上人生课，这种东西居然成了艺术，太可笑了也。

就是这样的一种文学艺术的想象方式，确实是不足取的，还是要回到经典上来。外国文学经典是翻译家们再创造的，不仅是它自身的，就是它原来就是那个样子，不是人人都懂外语的，我们中国文学读者还是需要有一个好的中文，汉语传达给他们。你们能翻译成什么样子，对人太重要了，真是太重要了。现实的时代质地是坚实的，不是飘忽的存在，我们的创作和翻译其实从行为上都是时代产物。新型的新鲜的文学需要同步地往这儿引进，但是在新兴的文学里面注定会有类似于像罗曼·罗兰这样的作家，肯定会有的。那么你们当然肯定会产生像冯至，像傅雷、李健吾他们这样伟大的翻译家出来。今天说到这儿吧，谢谢。

略谈翻译家对中国现当代文学的贡献

陆建德

主持人：各位学员大家上午好，今天给我们授课的是陆建德老师，我给大家简单介绍陆老师，陆老师 1982 年毕业于复旦大学，1990 年获英国剑桥大学博士学位。先后就职于中国社会科学院外国文学研究所，文学研究所，既担任过外文所的副所长、党委书记，又担任过文学所的所长，既担任过《外国文学评论》和《外国文学动态》的主编，又担任过《文学评论》的主编，这在学术界比较少见。现为中国社会科学院特聘教授，陆老师著作有《破碎思想体系的残编》《英美文学和思想史论稿》《高悬的画布》《自我的风景》《海潮大声起木铎：陆建德谈晚清人物》等等，还主编有《艾略特文集》《现代化进程中的外国文学》。下面我们以热烈的掌声来欢迎陆老师。

陆建德：非常高兴，在座的诸位我知道都是来参加翻译班的。翻译班鲁院还是第一次办，所以可见现在鲁院对翻译这一块也是特别重视。我自己翻译过泰戈尔，后来在复旦读书的时候也翻译过一篇短篇小说，但是我不知道后来那篇小说自己怎么处理的，稿子我也找不到了。是很有趣的一部短篇小说，是英国有一个作家叫吉卜林他写了一个短篇叫《园丁》，这篇小说回味无穷，我们在这篇短篇里会看有一个人，她说她的兄弟因为欧洲几次大战出了些事情，然后兄弟留下来一个孩子。然后她就说她自己把这个孩子带大，但是读着读着我们后来就觉得越来越奇怪了，就是这个孩子跟这位女士究竟是什么关系，因为这个女士说她曾经一度从英国到法国去是因为什么什么原因，在那里住了多少时间，后来她把那个孩子带回到英国，然后她说是她兄弟的孩子。最终我们会看到那个孩子长大了，长大了参加第一次世界大战，他死在了战场上。然后她要到公墓上，然后她每年都要去看他的，我们假定就算他是侄子。

但是她在找她侄子的一路上也碰到其他人，也是去公墓扫墓的，然后她最终找到了她侄子的坟，就是有一个墓碑。但是这个时候她又看到，这个短篇小说我觉得是回味无穷的，她又看到在这个墓地里面有一个人是园丁，我们知道其实国外的很多公墓是很漂亮的。

然后那位女士她在墓地里面看到有一个人，就是他在照顾墓地，是墓地里面的员工。突然这个时候这位女士她有一点不能自持了，她本来是一个人，每个人都是要体面的，尤其是在公共场合，公共场合如果碰到不要体面的人我们会很鄙视，不管这个人受到怎么样的委屈。但是她这个时候不能自持了，为什么呢？就是她突然看到这个园丁，因为她从这个园丁身上看到有些东西，因为她把他当成了耶稣，然后她突然看到耶稣，然后这个故事最终就这么结束了。

我们再回过头来看的话，就是这个短篇里面其实有大量的内容，就是我们要问这个女士她跟她这个侄子究竟是什么关系。然后最后她是不是有一点悔悟或者是意识到自己的罪过，有一种忏悔的意思。因为那个园丁肯定不是真正的耶稣，但是她从园丁这里，就是她一看到这个形象，我觉得她心理有点崩溃了。有时候人的这种真心的崩溃是最值得让人敬重的，大哭大闹地装出来的崩溃是最让人讨厌的。我是翻译过那个短篇，我想什么时候我要去把它找出来，我觉得其实也是非常值得发表的。因为在我们的写作里面，你要有一个比较克制的手法来写东西是最好的。

然后写东西不要写得像发泄性的，然后要有纪律，我们这个英文大家叫 discipline，其实在 20 年代的时候，那个时候像梁实秋，梁实秋其实也是翻译家,他因为接触外国文学作品多了之后就比较强调文学要有纪律。他其实就是说的一种克制的美。然后这种克制你要怎么样把它分出来,我觉得这个是很不容易的,因为有时候翻译出来以后,它里面克制的妙处,因为我们叫 restraint,就是克制的妙处后来到另外一个文化里面,它可能修饰掉了。在座的其实大家都是有经验的翻译者,然后来怎么翻,都很困难。

因为我在想我们大家是翻译班的话,尤其要注意到语言文字它并不是说我有一百个文字,这个是一套,然后那里也有一百个文字,是另外一套。然后都是搬起来,然后都是阴阳,可以合成一块,不是这样的。语言文化背后它有大量的文化内容,然后大量的文化内容是非常难翻的,但是这些文化内容里面你会看得到有一些文化内容的特点。那么做翻译,我在想在座的我估计可能做外国文字翻译成中文的比较多,我不知道有没有从中文翻译成外文的,这个可能少一些。中文里面比如说有大量的概念真是很难翻的,就是文化不一样。

到了 19 世纪下半叶的时候,中国当时面临着一个艰巨的问题,很多国家希望跟中国建立外交关系,在国和国平等的关系上建立外交关系。但是那个时候中国的士大夫是不愿意去作为大使到外国去的,他们觉得这个事情很丢脸。大家想一想,千万不要以为我们原来派大臣出去这个事情就是好像很自然,不是的,我们是你来朝贡,然后我派一个大臣到你那里去成何体统,所以当时派出去的中国最早的大使是一个了不起的湖南人,叫郭嵩焘。当时是慈禧太后,她压力特别大。她就觉得派很有气节的人去做使臣,他们都不肯的。然后慈禧几次见郭嵩焘,我如果没记错的话,是三次,而且都是哭的。但她的眼泪是真心的眼泪,不是号啕大哭。她说你要为国分忧,所以郭嵩焘后来他去了,这是中国最早的外国使节。然后郭嵩焘去了以后,我就觉得他看到的大量的东西,他是原来不习惯的,但是他变得习惯了。比如说他到了英国去,后来他还到法国,湖南的岳麓书社出过一套叫《走向世界丛书》，这套丛书钱钟书先生也是评价特别高的。大量都是讲中国走出国门怎么看世界。正是有了这批人到外国去了，直接地来体验那里的生活，然后他们又通过各种方式把它写下来。然后在中国出版，慢慢这个经历多了，那个时候中国还不可能派很多人到外国去，只有少数人有这种经历写下来，这种特别好。

郭嵩焘是一个彻底的传统读书人，他到英国去之前一路是有所准备的，因为他也到过南洋，那个时候的南洋就是我们现在的新加坡，那时候南洋人素质是特别差的。妓院，还有赌场特别多，而且不少是中国下三流的人移民到那个地方去，他很看不起的。但是他后来到了英国，他就发出一个呼声，他说这个是三代之治。在外国的传统里面把最美好的世界是放在未来的，基督教的想象都是这样的。中国的最美好的时代都是过往，但这个过往其实是虚构的。大家查一下，要说三代之治，就是说远古的时候那个治理，那个治理是完美无缺，是最最好的。所以郭嵩焘去了以后他就不断地说，他是看到了三代之治。然后他看到了老百姓跟官员的关系是怎么样的，那个时候还是维多利亚女王，老百姓跟女王的关系是怎么样的，他把大量的他看到的世界写下来。这套书我是特别喜欢的。

最初 80 年代的时候《走向世界丛书》精装十本一共只印了五十套。岳麓书社给了我一套。我是觉得特别好，所以我看得也特别细心。后来他们还不断出，不断出什么呢，就是更多的中国人到外国去了。这里面我们会看到他们把很多东西写下来。然后出去的人里我们也知道他们对国外是有一种特别的急切的要了解这个世界的想法。而且那个时候中国人已经开始派留学生了，郭嵩焘到英国去的时候严复在那里读书，我觉得严复真是了不起的人，我自己对严复是特别敬佩。严复后来回国以后他也做过北京大学的校长。当时他也是有一些很不顺心的事情，比如说他到安徽去做校长的时候，后来闹学潮把他赶出来，然后他到北大去。北大曾经一度是钱不够不办了，但是严复给当时的管教育的大臣写信，他说京师大学堂不可不办，后来坚持办下来了。

严复主要是位翻译家，他做过北大的校长的，这是什么样的地位。他翻的《天演论》实际上后来也有很多的批评，说他翻的《天演论》存在这样那样的问题，这个都可能的。但是我们不要谈这些问题，我们要看看他实际上起到的影响是什么。因为他实际上最终是要让中国人意识到这个世界实际上是在不断往前的，他有这么一个词 theory of evolution，天演，我们叫进化。进化实际上对 19 世纪所有的思想家都有巨大的影响。进化论还对哪一位了不起的思想家起了巨大的影响？马克思。马克思他在 19 世纪，他是反宗教，但是背后实际上又有一个基督教文化的背景。所以严复把进化论介绍到中国来之后，有一个物竞天择的观念，其实是给大家起了一个警告。你不能吃老本的，这个世界是在变化的，而且严复有一点特别要注意的，严复的古文是特别好的。那个时候中国的读书人实际上并不是很保守的，严复他翻的《天演论》，他请谁来作序的？吴汝纶。吴汝纶当时在中国是学界领袖，那个时候中国新设的大学堂很少，就是北京大学那个时候办起来了，其实吴汝纶我觉得是特别可惜的一个安徽人，他实际上是桐城派的最后的代表之一。但是他的思想是开明的，是开放的，是愿意把世界上大量的东西介绍给中国人。而且吴汝纶还有一点了不起的是，我今年要出一本书，今年是戊戌年，叫《戊戌谈往事》，然后里面有一篇文章专门讲到吴汝纶到日本考察教育。

他记了大量的日本教育方面的这种新的发展。因为他要回到中国，要来带动中国传统的教育，带来一种新方式，要有新的制度。我们大家是看科举制的，所以慢慢地吴汝纶他到日本去考察，过了两三年，我们知道 1905 年就废除科举了。废除科举以后我们完全来了一个新式的教育，我们千万要意识到中国所有的成就，我丝毫不夸张地说，包括我们现在在航天、航海，所有的这些进步离不开晚清的教育改革，离不开像京师大学堂，清华原来是留美的预备学校，后来变成大学。所有这些其实都是晚清的教育改革带来的，然后就是中国的大学越来越多。

我们能够想象我们现在取得的科学成就没有那些大学，没有那些研究机构，我们原来还是在那个科举制度下，然后我们会取得这些吗？不是的，完全不可能。所以吴汝纶实际上是一个很开明的、很开放的旧文人的代表，桐城派传人，然后他来给《天演论》写序。在座的我不知道有没有来自河北保定，大家如果到河北保定去，保定有中国传统的学校，很有名的叫莲池书院，实际上那个时候吴汝纶是曾经做过那个莲池书院的院长。但是中国那个时候这么大的一个国家，特别出色优秀的书院不是很多的。但是很快这种书院文化面临新的挑战，后来新式学堂出来了，然后书院衰落了，后来书院没有了，它被大学所替代了。

这个设置离不开当时最初的这些晚清优秀的代表人物，他们去出国考察，并鼓励翻译事业。吴汝纶就是，另外还有一位罗振玉。罗振玉的学问是非常好的，罗振玉也到日本去考察，因为那个时候到欧洲考察路比较远，不方便，然后最简捷的办法就是到日本去考察。所以他们考察了以后都写成报告，写日记什么。然后就是开始在中国推广。很快地我们就发现中国原来女孩子是不读书的，中国的女孩子一直是到 19 世纪的中期都不读书的，当然有一些人在自己家里读书，就是你真的要办女学是很难的。因为很多人觉得女子到一个公共场合去读书，这个有点不合规矩。我们看中国传统小说的话，就知道原来有很多女性喜欢住在大院子里面，她喜欢荡秋千的。就是她要看看院子外面，她要出去一次不是很容易的。是这样的，所以女性真的是变化很大。

从 19 世纪中期开始，在有的地方，大家去查考一下，就开始出现女学了，然后有一些女学是教会学堂，但是慢慢就普遍接受了。然后到了 1876 年，那时候有一些留学生出去了，他们到美国去了。那个时候清朝要派小学生去留学，这些人留学以后中国又觉得不应该让他们忘本，他们又回来了。但是他们起到的作用是特别好的，沟通中西，英文也特别好，他们很聪明，这些人真的是百里挑一、千里挑一的。然后开始向中国介绍外国，也向外国用他们自己的在国外的学习经历和国外的成见来显示中国人应该是怎么样的。比如说我们现在大家都坐过高铁，中国造铁路最厉害的是谁？詹天佑。詹天佑就是留美幼童，小时候就是在美国长大，我觉得像他这样的，当时我们要看晚清和民国初年的时候有一些厉害的人物，其实都是留美幼童。那么还有一些我刚才说到了，因为是在一些沿海地区，尤其是在福建这种地区，比如说福建原来的船政学堂就是特别重要的。福建的船政学堂大家如果有机会的话，到福州去看看，这个实际上是中国现代化进程的一个起点。这个船政学堂有了以后，就有大量的新式的教育，这种教育里面包括数理化。这个船政学堂教出来的人，一方面他们学问很好，懂西学，另外一方面我又觉得让人钦佩，很爱自己的国家，对自己的国家有一种沉重的责任感，严复就是。

所以严复翻译了几部作品之后，在他的翻译基础上慢慢中国开始大量地引进外国的思想，马克思主义就是在这个特殊背景下传进来的。没有这个背景就没有马克思主义在中国。我们的传统文化固然有很多好的东西，但是因为文化要有活力，必须跟其他的文化有一个积极的互动，然后不断地给自己带来新的化学因素，然后这个新的化学因素到了这个地方就发生一些化学作用，然后形成新的文化。我们的新文化就是这样来的，明年大家就要开始纪念新文化运动一百周年。马克思主义就是在这样一个特殊的背景下进入中国。

像严复他从事翻译的时候，我还请大家注意，大家如果感兴趣的话要练练自己文字的话，严复的翻译，他的古文真是非常非常好，大家可以去读他的翻译。而且他翻译的作品里面是各种各样的，我刚才说到了比如说他翻译了《天演论》，严复还翻译亚当·斯密，他翻译亚当·斯密的《国富论》，其实他这两本书我都有最初的老版本。但是拿出来显摆显摆也不大合适。《原富》是南洋公学影印馆出的。那个时候影印馆里面有一些老派人物，他们做得出色得让我肃然起敬。南洋公学影印馆当时是张元济在负责的，张元济这个人大家一定要去了解他，他办商务印书馆，可以说是商务印书馆的主心骨。然后有了张元济以后，我因为参加过好几次商务印书馆的纪念活动，就知道它一年一年对中国现代化转型，它的贡献达到何种程度。但是张元济他又是一个老派的文人，所以我就说我们千万不要把老派文人简单地脸谱化。

我刚才提到吴汝纶，我现在还要提到张元济。这些人都是翰林，就是原来在晚清的时候，这些翰林有很多他们思想是很开明的，很开放。包括南通的张謇，他是一个大翰林，但是我们看中国很多现代化的转型，它的发生点是在南通。南通有好多年了，因为跟上海在长江上没有直接的桥连通，所以有一阵好像从公众视野里面出去了，其实南通是一个非常了不起的城市，现在南通到上海有长江大桥了，然后南通人到上海是非常快的。

我们会看到在那个时候有一些传统的国学非常好，同时又不断地意识到我们自己的文化还需要大量的新的因素来充实，然后来引起新的一种化学反应。所以张元济后来在商务印书馆，我们去看看他们出的大量的其实都是辞典这些，然后他们还出什么？除了出社会科学方面的著作，他们还出大量的西洋的小说。商务印书馆出的西洋的小说是特别多的。我们如果看商务印书馆原来它是怎么赚钱的，它有很多的翻译外国小说，还有严复的同乡林纾，我等会儿再讲。林纾给他们翻译了大量的外国小说，所以它是卖得很好的。然后商务印书馆又不断地出各种各样的辞典，当然我也承认商务早期也有一些辞典实际上是盗版的，不是很规矩。但是商务出的这些东西给我们的知识结构带来一个变化。

比如说严复开始翻《天演论》，他另外有一本东西在中国思想史上是特别重要的，我觉得这部书其实还没有充分的吸收。就是严复翻译过 19 世纪维多利亚英国文化的代表人物之一 John Stuart Mil MILL。他是特别厉害的一个人，他的著作很多，他也写过政治经济学方面的著作。他有一本书，这本书严复的翻译特别好的，这本书名字就是《论自由》。商务"汉译学术名著"经典里面也有了《论自由》，这是小小的一本册子。这本书是 19 世纪的英国文化的经典。然后严复把它翻译过来，我就觉得这个词值得我们反复回味的，他叫《群己权界论》，我就觉得这个真是太好了。John Stuart Mil MILL 他说《论自由》的时候并不是说你一个人可以在公共场合乱来，所以严复他就知道这个问题，他想怎么样来翻。大家的英文肯定都是非常好的，liberty 这个词实意义是非常复杂的，跟我们说的自由有一点不太一样。因为我们中文这两个字就是说自由，我要怎么样怎么样做，实际不是的。liberty 这个词还有一个意思叫特权。我们在座的，我是建议大家自己在翻译的时候，读书的时候，学英文的时候，有一个工具书是特别好的，如果是英文的话叫 OED，这个 OED 是 *Oxford English Dictionary*，简称就是 OED。

这个书好在哪里呢，我就觉得那些辞典书就比不上它。就是它的定义非常细腻，我们不能说这个词好就是好，坏就是坏，这个等于没有解释。就是要对好、坏这些词定义，这是最最考验你学问和智慧的。然后 OED 的解释特别好的，它的每一个词会有很多意义，然后在讲历史的沿革，然后讲历史上它有一些怎么样的一种例句。就是大家如果要对一个语言文字了解了，尤其是英文，OED 是不可缺少的。然后 OED 我觉得是全世界最好的辞典，没有其他语种的辞典可以跟它比。所以如果可能的话，我建议大家如果要有一个 OED，就放在自己的电脑的桌面上，然后随时随地就可以去检索，这个是非常实用的一件事情，我建议大家马上去做。

我再回到刚才说的，"商务"在中国能够站得住脚，其实也得益于我们的文化转型，得益于巨大的翻译事业，所以"商务"现在是中国的第一家。然后它还出大量的汉译经典。"商务"恰恰是由张元济这样的翰林带出来的。所以我刚才举到三个人的名字，张元济、吴汝纶、张謇。这些人对中国早期打开国门，然后走向世界贡献都是特别巨大的。

然后再加上我刚才提到的比如说像福建船政学堂，那里走出来的人当时特别多，就是他们早早地到国外去读书了。像严复在英国读的是海军学院，是在伦敦边上一个地方，那个海军学院当时的两栋房子，严复他们读过书的房子还在那里原封不动，有机会大家一定去看看，这个是世界上最有名的景点之一。

我刚才又介绍了中国最早的驻外使节，像郭嵩焘这样的人。郭嵩焘他们又把自己在海外的经历记录下来出版，出版后不断地让我们看到大量的事情，所以像郭嵩焘到了英国之后，他非常惊讶的，他发出一个感叹，他说这里是三代之治。因为大量事情有比较才能有认识，比如说在北京宫廷里面路是铺得很好的，我们没有公共事业的，公共的路是不铺的，北京原来的路就是泥路。到了干旱天，一刮风是满天的灰尘，都是泥路，你要去看老照片的话都知道，是不铺路的。一下雨就是泥泞不堪，小城市里面的有很多小的市政、小的村庄，这些都是当地的乡绅在做事情。乡绅在地方上有影响，然后又有一点钱，他造一座小桥，然后他来铺一点石子路，这个是在小县城里做得到的，但是城市一大之后，像北京，原来它的公共设施特别差，或者是没有公共设施的。没有公共设施这一点，有些东西是让我们惊讶得不得了的。

天津的公共事业后来有一些细节我就不说了，最终是通过征税，向老百姓收税，然后有一笔公共基金，然后有一个委员会来管理，管理了以后，用这个公共的基金来开始造公共的事业。比如说来造厕所。比如说来造输粪池，比如说来造城市的下水道。因为所有的事情都是公共事业，比如说国民党的元老之一叫吴稚晖，他曾经跟蔡元培一起在法国。吴稚晖说过一个名言，介绍外国文化，他说你只要把这个厕所文化做好了就好了，就是有公共厕所，然后把这个跟厕所相关的，这个地下管道做好了才是做好了。他是到了法国去以后，他才意识到这一点。他没到法国去，这点他是意识不到的。所以说我们一百多年来的巨大的变化，很多的成就其实都是来源于这种比较，翻译家起到的作用特别大。翻译家也需要有一个特定的环境给他。比如说像严复他们也正是因为在福建这地方，当时福建的地方领袖叫沈葆桢，他是个很开明的人士，他知道我们有很多东西应该要有新的成分。所以严复出去留学。而且在福建船政学堂当时还有个什么好处呢，就是很多传统文人跟那里的工程师有着一个积极的互动，所以其中有林纾。林纾我们又知道他是翻译《茶花女》的译者，林纾后来是成了 20 世纪贡献最大的翻译家，因为林纾翻译的作品好读，我这本《海潮大声起木铎》，里面有几篇都是论及林纾的。

林纾我觉得他不是一个文化虚无主义者，他是特别热爱中文的。他在 1919 年的时候还跟蔡元培辩论，他相信古文不变，他说你们现在堂堂的北京大学怎么有人要来废汉字。然后他写了短篇小说《精深》，他对新文化运动当时的一些口号有一点反感，我说这个话绝对不是完全要否定新文化运动，根本不是这样意思。新文化运动我刚才开始也是说到了，其实对我们的促进也是非常巨大的。但是有一些人当时提的口号是有偏颇的，因为现实经常证明林纾是对的，中国踏上现代化的进程并不是说中国就要废汉字。所以林纾是用他的古文来翻译外国的小说，然后他翻译了大量外国小说以后，他翻译得太好了，吸引了无数的中国读者，包括像鲁迅他们。然后开始走上创作道路，而鲁迅他自己又是一个翻译家，鲁迅的翻译成就是不得了，鲁迅的翻译作品比他创作的作品多。那个时候我们的文学最看重的是什么呢，写诗和文章。小说的地位是不重要的，但是我认为这个是不对的，我认为小说其实是对人的影响太大太大了，就是有很多我们潜在的价值观念是从我们阅读的小说里面得到的。所以林纾的这一点了不起，他翻译了大量的小说，他在小说的前前后后有时候写一些序跋，这些序跋就很有趣，我们会看到实际上他是在做比较文学的，他自己是个翻译家，但他是带着问题去翻译的。所以他在序跋里指出传统文化大量问题。

比如说他翻译的《鲁滨逊漂流记》，他就觉得中国传统都是没有冒险精神的，乡土观念太重。然后要守在家里不走，还要来照顾祖坟。林纾就觉得这样的人最终是非常的平庸，所以他说你要有一点冒险精神的，所以他对鲁滨逊的这种冒险精神很欣赏。但是绝对不是说他欣赏鲁滨逊的殖民主义。所以林纾面临的问题是什么呢，他一方面会谴责帝国主义和殖民主义，另外一方面他又看到为什么有的国家成了征服者，而有的国家被征服。这个道理在哪里，生活习惯上是不是可以看一看，比较一下。所以他译的《鲁滨逊漂流记》，他这个前言就写得特别好，比如说他还看到有一点，我就觉得一般我们读书人也不会想到的，我是不信宗教的，但是我要提的一点，就是林纾看到有时候宗教也有它的一个奇怪的力量。他说鲁滨逊这样的人一个人到了海外之后，就是他有了本事，他这个人不是惶惶不安的，他心里是宁静的。所以，有了这个心里的力量，他能够接受难以想象的挑战，就是他心里面是平静的。然后是某种东西让他心里平静，林纾是这样来看问题的。所以他在想如果是按照有一些传统的读书人那样，我一肚皮学问，我怎么到这种地步啊，而且他又没有切切实实的这个生活的能力，那么老早死掉了。

所以这点我就觉得像严复他们也是有深刻体会的。因为严复他们就意识到什么呢，他到海军学堂去读书，他就发现海军学堂里面有很多事情是需要学生自己来做的，比如说要打仗，你马上拿几个铁锹到地上去挖一个坑。然后中国读书人这一点就是不太好，我自己书也没读好，但是有着读书人的样子，太瘦了。所以他说读书人没有力气，你要让他去拿着一个铁锹一下子挖出一个一米五深的坑，他挖了几下就没力气了。如果一批学生在一起的话，这个挖不动的学生就很丢脸，如果他再挖下去，他休克了，那更不好了。就是读书人要有力气，这也就是为什么民国年间大学里面的体育教授地位极其崇高。大家想一想清华大学这个马约翰厉不厉害，我们现在的大学我觉得这点是不对的，现在大学就是大家太看重分数，考试成绩，然后大家来比分数。以后这个学生又要变成文弱书生是不好的，早期的时候像马约翰这样的，他是非常神气的，他要强迫学生去从事体育锻炼。浙江大学体育教师最有名的一个叫舒鸿。这个舒鸿名声非常大的，为什么呢？他是1936年柏林奥运会的篮球决赛裁判之一，是个中国人，在奥运会是做篮球决赛的裁判，这个是不是为国争光？他是在美国留学的，读的是体育。然后他在浙大是非常有威望的，有一次我听我哥哥说，他说有一次舒鸿要打某一个教授，这个教授是太有名了，我不说。然后我说这个舒鸿怎么可以这样，他说舒鸿当然是有资格打了，那么我想这个是民国年间。体育老师有一种特别地位。

我刚才说到林纾从鲁滨逊身上看到他身体的强健，而且看到他心里是平静的，就是宗教给他力量。然后他面对各种各样奇奇怪怪的挑战。林纾那个时候还翻译了很多通俗小说。曾经有人说翻译这些通俗小说是不好的，我是为他辩护的，我在这本书里面有一篇小文章——《文化交流中"二三流"者的非凡意义》。因为林纾翻译的小说里面有一些是属于通俗小说，其中有一些作品就是在维多利亚时期，一直到20世纪在英国非常流行的大量冒险小说，就是一个白人然后到非洲去了，到一个蛮荒之地去了。然后他会克服无数的困难，最后存活下来。就是这么一个人、两个人，他变成一个部落的首领。这些一般的普通的"二三流"的通俗小说不是文学经典，但是实际上非常有意义。就是他会让人看到19世纪的英国当时有一个运动，它是叫强健的基督教，我一看我自己肌肉够发达，就是应该是非常壮的一个，要强健的身体，强健的基督教。就是讲勇气，就是你要勇敢。所以林纾不断地在看这些东西，他希望给中国人一个教育意义。从而你要振作起来，你要改变你的社会。所以你看他翻的《黑奴吁天录》给中国人的触动多大。因为那个时候晚清的中国人就是从黑奴身上看到了自己的命运，然后希望要改变、要反抗。然后黑奴在《黑奴吁天录》里面，他是有反抗者的。Uncle Tom，汤姆叔叔他是不反抗的，但是里面有一个乔治，乔治他是带着自己心爱的人、孩子，然后他们去寻找自由，他们要到加拿大去，到北边，没有奴隶制的地方去。这个故事对当时的中国人触动是特别大的。

像鲁迅先生他们也正是读了这样的书以后他才想到，我必须来写小说，我必须来翻译文学作品。就是鲁迅本来想做医生了，他就觉得比如说像我们这样的人太瘦弱了，你怎么样让这些人强壮起来，但是他觉得你光是让人强壮起来还不够，你还需要让他心智要有所改变。所以他走上了创作的道路。鲁迅的创作我就觉得在 20 世纪几乎还不大有人超过，20 世纪上半叶，恰恰是鲁迅这样的人对中国文化的转型起到了一个根本性的贡献，起到了一个根本性的作用。他一手是靠创作，一手是靠翻译。

我们的翻译家，尤其是我们现在的翻译家，我就觉得面临着一个极其巨大的挑战。一个就是自己的外文要过关，不管是西班牙文、日文、俄文、英文。另外一个我就觉得好像是同样的困难，就是怎么样提高自己的中文表达能力，我觉得这个是特别难的。我也认识一些老的翻译家，我今天带来一本书《翻译论集》，这本书是罗新璋先生翻的，我前几天还去看他，到他家里去。他最近身体不太好，动了手术。他是翻译《红与黑》，他翻得特别精致的。罗新璋先生他编了一本书，叫《翻译论集》，这本书大家如果做翻译事业的话，最好备一本，现在还有新版，他的文章更多一些。

我们翻译的时候其实会碰到大量问题，这些问题没有简单的答案，比如说前几天我到上海去，还碰到一些教授，他们专门是做译介学，就是没有一个现成的答案，你怎么样翻译得好。但是有一点我觉得就是自己的表述怎么样丰富化，这个是最难的。我在外文所工作多年，外文所我们有几位都是非常好的翻译家，他们自己也是作家。所以在座的我觉得除了做翻译，自己也可以试一试，有的方面是不是可以跟林纾一样，林纾原来早期自己翻译，他也创作，他也写小说。他除了小说之外还在 19 世纪末写过一些像白话诗一样的，他叫《闽中新乐府》，他是福建人，他用乐府诗的形式，其实都是讽刺诗。《闽中新乐府》如果是出成一本书就好了，里面有大量的对当时晚清社会的分析和批判。包括他嘲笑当时保守的读书人，他这个名词就叫"烂长衫"，他就觉得这些人没有与时俱进，然后他总是沾沾自喜，自以为高人一等，但是现实生活里面根本不是这样，对外国的知识排斥、拒绝，所以林纾那个时候就能够有这样的坚持。

翻译其实就牵涉到文化交流问题。而且这些怎么处理是没有一个现成的答案，就是要靠自己一个具体问题去具体解决，个别地解决。我最近还听说有一个例子，比如说中国人说有钱能使鬼推磨，这个意思就是讲钱的作用，那么英文里面有一个现成的说法，就是 monytalks，大概是 1960 年出来的一个美国短语，我曾经写文章的时候也说到过。这个 monytalks 的意思就是两个字，但是并不是钱说话，实际上就是说钱说了算，是这样的意思。但是就用非常现成的一个英文翻译出来，"有钱能使鬼推磨"，然后翻译成 monytalks 这就不一定很好。你如果要把中文原来的表述方式写出来，然后外国的读者就会看得很新鲜。这点牵涉到翻译的大量的理论，就是你怎么样要本土化，然后怎么样你在本土化的同时又要给读者一种新鲜感，然后要让读者读了翻译的文章以后，对自己已经习以为常的表述方式产生疑问。这个就是鲁迅说的直译的意思。因为鲁迅其实他中国国学的功夫是特别好的，就是我们看他写的杂文和信，你就会觉得中文到了他手里，他怎么样弄来弄去，都是非常妥帖，而且是回味无穷，背后有很多韵味，这种东西是学不了的，就是他的中文的这种表现力强。但是鲁迅他又觉得一个人如果习惯了自己文化语言里面这些东西，这个其实也会成为一种禁锢，成为一种局限。所以鲁迅他就看到，其实每一种语言都是看待世界的一种方式，一个存在之屋，因为不同的语言看东西是不一样的。我刚才就在想，我们中国里面"干号"这两个字，我就想翻译成英文，没有。因为这个跟社会文化进步一样，那里好像没有干号这个现象，所以有了文字以后，它会引导你的行动。所以鲁迅他就不断在说，他希望职业，职业背后有一个理念是什么呢，就是给中国人一种新的思维方式，然后新的象征、新的比喻，然后是新的句式，最终什么呢，就是带来新式的思维。但是鲁迅并不是说新式的思维只有单一的，因为他是翻译过不同的小说、不同的作品。

因为鲁迅他当然英文是特别好的，但是我们知道鲁迅尝试的东西是特别多的，后来他翻译俄苏的东西多一些。俄苏的东西就是跟他的政治转向是分不开的。有的人认为翻译就是提供消遣作品的，他认为翻译不是这样的。所以到了1927年、1928年的时候他就会专门来谈中国跟俄罗斯的中俄文字之交。所以他谈中俄文字之交的时候他对有一类文学作品就看不起。他就认为这个是小姐老爷饭吃好了以后闲着没事随便读读的。但是鲁迅的这句话我不太同意，为什么不太同意呢？我就说即使是二三流的小说，它也在一个新的语境下，也会有它非凡的意义。但是鲁迅这个用心不管怎么样，我觉得他是特别好。就是他带来了一种强大的一面比较的镜子，然后用这个比较的镜子来反思自己。

我想我们在纪念新文化运动的时候一定要记得鲁迅就是新文化运动的一个主将。然后看他对翻译事业的贡献。而且他翻译的过程里面我会觉得有一点，鲁迅对很多东欧这些相对弱小民族的文学作品非常关注。其实这个是跟他读了林纾译的《黑奴吁天录》很有关系，其实是一回事。就是他要看出那些国家他们的老百姓是怎么样的，他们的作家是怎么样的。所以鲁迅对翻译重视到这种地步，在他生命最后几年，到了30年代初期，他当时还想办本杂志，就叫

《译文》。就是专门登载翻译的，这个好像在全世界很少有这种情况。然后这份杂志鲁迅当时没能办下去，因为他后来身体不好。但是到了1949年以后机会终于来了，中国那个时候就有机会来做这样的一个事业。所以我们现在的《世界文学》杂志最初是叫《译文》杂志，就是在中国我就觉得外国文学、世界文学，它在中国的整个现代化转型和中国的现代文学的发生上起到的作用实在太巨大了。《译文》杂志当时刚创刊的时候是谁在做主编？茅盾先生。茅盾先生当时是中国最大的作家，然后这份杂志到了1959年还是什么时候，改成《世界文学》，《世界文学》现在还在办。所以在座的诸位，我在说除了翻译之外，真的你要有雄心壮志，自己也要试试笔，看看自己能不能创作。

我们外文所，外国文学研究所，做外国文学的很多都是作家，光是一个英美室，我是在英美室里面。英美室里面的研究人员有谁？有卞之琳先生，还有袁可嘉先生，袁可嘉原来也是"九叶诗人"，他也是做外国文学研究的，也做翻译。还有杨绛先生，杨绛其实原来是专门做简·奥斯汀研究的，当然她自己又翻译《堂吉诃德》，杨绛先生的翻译是特别好的。我觉得她的语言能力特别强。我觉得我们如果要去做好翻译的话，也不妨看看杨绛先生的集子，杨绛的翻译很好。她写的散文也写得特别好。就是一点不啰唆，语言非常干净，你会看出她背后这种表达力。除了杨绛先生还有冯宗璞先生，中国当代最有名的两位女小说家都是在英美室的。改革开放初期外文所的所长是冯至先生，冯至先生是鲁迅先生所看重的那个时候的年轻抒情诗人。

中国文学本来其实就是可以跟外国文学有一个互动，我担心有时候我们会用僵化的、停滞的观念来看中国文学和中国文化传统。实际上中国文化是灵动的，变化的。我为什么这样说呢？因为大量的翻译作品，就是它在改变原来我们的文学传统，最大的例子、最明显的例子就是佛教进入中国，中国的语言文字都不一样了，有大量的我们平时说的话，我们平时日常语言，我们以为缔造的中国的实际上是佛经翻译的时候用的，我们现在说某某人觉悟很高，觉悟，佛教用词，我们说这个人世界观如何如何，世界观，佛教用词。就是佛教的词汇是太多太多了，所以佛教我们原来有几百年的时间，我们翻译《佛经》。可能在座的是佛教徒很少了，但是《佛经》的翻译改变了我们中国原来的语言文字，包括我们的文化。当然佛教到中国又是有了一个中国化的过程，所以佛教给我们带来了大量的新气象。

最初日文的汉字是从中国去的，然后到了晚清的时候有大量的日本的词语又进入中国。这样进入中国以后，我们现在说的现代汉语，其实是跟古代汉语差别很大的。现代汉语最早我们没有一个语法的观念，中国原来没语法的。我们最早的语法的观念都是一些通外文的学生，或者是学过外文的人做的。比如说他们编出来的《马氏文通》，《马氏文通》作者其实是一个天主教徒，他是懂拉丁文的，就是很多带着国外的语言概念然后来重新看中国的语法。再晚一点就是吕叔湘先生编中国的语法，吕叔湘先生原来是外文系的学生。所以你这样一看，中文实际上跟外来的东西已经纠结得太深了，拉不开了。现在用的中文语言里外来语其实是很多的。

从林纾他们那一辈翻译家开始，大量的外国小说进入中国，这个时候翻译家在中国地位是很特别的。另外一方面林纾编了一些古文读本。他编的古文读本在民国年间是很有市场的，卖得也很好。所以一方面是对外面的开放，外国的小说引进。另外一方面是自己语言文字的坚持，但是坚持自己语言文字的时候，他的态度不是原教旨主义的，这个很重要。他总是认为中和西是沟通的。林纾是看重古文，但是他又希望通过外国文学的翻译给中国文学的创作带来新气象。也正是在他的这种示范下，中国后来小说创作的地位很高，中国的小说原来地位不高的，所以中国古代一直到现在很多小说作者到底是谁不大弄得清楚的。

古代文人正儿八经做的事情是什么呢？去写文章和写诗，不是写小说。小说的地位大大改变了。小说地位改变什么，这个是郑振铎先生总结出来，他也是福建人。林纾翻译作品多了以后，然后使得小说在我们的文学格局里地位是高了。所以现代很多人从事小说创作。这些人在从事小说创作时，我刚才说到像鲁迅先生他们，是一边创作小说一边进行翻译，周作人跟他的情况是特别相像的。周作人在晚年的时候做过大量的翻译，鲁迅先生我就觉得太可惜了，1936 年 10 月份就去世了。周作人后来在人民文学出版社出过大量的翻译作品。他翻译最多的是日本文学，我觉得他有一点，就是他的语言表达很丰富。这个跟鲁迅一样的，我们去看鲁迅也一样，就是他的表达力强，老一辈翻译家给我们留下很好的一个参照。

这些翻译家他们一方面继承了中国文化传统，另外一方面他有这种开放的格局。像冯至先生，我看到他很多诗里面有这种情绪，隐含的价值观，不见于传统诗文。比如说冯至先生他留德的时候到意大利去玩过，然后他写意大利的威尼斯。他写威尼斯我们就会觉得他有一个特别重要的主题词"每一个人都是相连接的"，为什么呢？威尼斯大家如果去过的话，威尼斯有很多的岛，威尼斯有很多的船、很多的桥。我现在还不知道威尼斯究竟有多少桥，有一次我拿着威尼斯地图想数一数，最终承认失败。好像跟泥沟一样，太复杂了。因为冯至先生写威尼斯最重要写什么呢，实际上威尼斯的岛就好像我们的人，人跟人总是相联系的，他有一个这么重要的主题，相联系的。就是中国传统诗文里面有两个字用得特别多的，一个叫孤一个是独，就是说到云也是孤云，说到帆也是孤帆，它形成了一个审美的定势。只有孤零零的才好看，一棵松树也是要孤松。还有独也是用得特别多，你看古代的文人，他好像都是以孤和独为美的。所以为什么晚清的时候突然我们意识到我们缺少群的概念，所以到了严复他们，到梁启超，偏偏强调群，因为一个国家、一个社会它要有群才能真的是强大，有群的意思。如果每一个人都是自视特别高的，都觉得自己是一条潜龙，是一匹千里马，这样的人，两三个人你把他放在一个房间里，他们很快就会打起来。但是一种更积极的心态，就是人和人之间应该是互相欣赏、互相容纳的。所以群的观念特别重要。

我再说到冯至他的这个十四行诗。比如说我刚才说到威尼斯他会肯定每一座桥、每一个岛都是相连的，然后他也会看到每一个人也是相连的，这个是特别重要的一个观念。后来我在想中国二三十年代开始，后来革命，一步一步，群体的概念就越来越重要了。但是我并不是说要用群体去抹杀个人，不是这个意思。就是个体是要存在的，但是群也是很重要，尤其是你写诗，写文学作品，最终做任何事情都要有一个群的观念。因为你写出来是给人看的，翻译出来也是给人看的，就是你作者还有一个读者大众，一个群体，这个背后大家形成了一个community，就是共同体。但是这种共同体的观念在传统社会是缺失的。

我们现在大家都知道有很多网站就叫什么.com，com三个字母特别重要，com就是在一起。翻译家其实做的事情就是让不同的人在一起，什么什么.com，然后我们要说到共产主义，英文里面有很多重要的词都是从com开始。community共同体，我们现在经常在说共同体的，人类命运共同体。community翻译成英文是什么，就是community，就是大家在一起。然后公社commune，共产主义者Communists，就是前面的com特别重要。com这个观念，大家在一起这种群的观念是完全开始强调。所以冯至先生，比如说他提到威尼斯这里面，我就觉得有一些传统的诗文里面不是常见的这种格局的。冯至先生有一首诗写旗帜，风中飘扬的旗帜。我就觉得他描写风里的旗帜，有的话写得特别精确，这两天这个台风很大，我不知道在香港、深圳一代有没有人，风吹过来，然后冯至先生他用的一个比喻是这样的，他说这面旗帜要把住一些把不住的东西。我觉得这真是一个诗人的挑战。就是要抓住一些不大抓得住的东西，我们想风吹过来一面大的旗帜鼓起来了，冯至先生他的意象是这个旗子要把风抓起来，但是又抓不住。就是这种意象用得多么鲜活。但是这种东西并不是说以往传统诗文里面固有的。我是随便举一个例子，这样的例子太多太多。冯至先生我觉得他的十四行好到这种程度，他写出来之后在中国成了一个现代诗的经典，而且有些人对中文比较挑剔的像北外的教授顾彬，比如说他对中国当代文学有一些话说得不太好听，这个不去管。但是他把冯至先生的这个十四行诗再翻译成德文。这个是特别有意义的一个文化交流。就是本来是一个外国的创作形式，中国人创造出来，然后又让德国人感到很佩服，然后再把它翻译成德文。所以翻译家是在不断地做着大量的这种互相的介绍。

这种互相介绍里面，我刚才说到比如说周氏兄弟，周作人因为他的年寿比较长，后来他晚年大量翻译。我们看一下比如说我们现代文学，像巴金先生，他用的语言文字不像鲁迅这么讲究，我觉得如果真的要说中国古文的话，鲁迅毕竟是章太炎的弟子。巴金的创作也是跟外国文学积极互动的，巴金的外国文学翻译的量是非常可观。比如说他写的作品《随想录》，我们就会看到他怎样讲自己的成长阶段，因为巴金早期跟鲁迅一样的，他是个 anarchist 无政府主义者，受法国影响太大了。就是早期的我们这些创作家，他都是有这样背景，鲁迅也是。鲁迅很早的时候就号称自己是个人无治主义，他也是个 anarchist，因为这个 anarchist 是我刚才上半个时段说到吴稚晖的时候我提到，吴稚晖他们这批国民党的元老，最早的时候就是在巴黎，他们都是无政府主义者。当然后来大浪淘沙，他们走上了不同的道路。然后巴金他自己也是。

巴金我们看他怎么样成长，他怎么样做翻译。巴金对外国文学了解的程度是让我感佩的。巴金原来很长时间在上海，你们如果到上海去的话，去看看巴金住的房子，巴金住在武康路的那个房子，一栋房子是很大很大，非常好的。巴金的藏书量是非常让人吃惊的。就是他自己是一个中国作家，有中文创作，但是他有大量的法文翻译。而且他的兴趣绝对不局限于法国文学。巴金有非常好的《莎士比亚全集》版本，去年英国到中国办了一个著名作家的手稿展，在国图有一个展览，当时我也去了，然后跟大英博物馆图书馆的馆长有一些交流。在那个展出上，英国人拿英国作家创作的这个手稿。然后中方也提供我们一些作家的手稿，而且我们也提供有些作家的翻译作品。我印象特别深的是那一次展出的一本是17世纪版本的大开本的《莎士比亚全集》是巴金的个人收藏，捐献的。所以我们会看出他对世界文学的这种兴趣。

我们来了解世界各国的文学创作动态。千万不要以为50年代的时候中国好像对外交往很少，不是的。中国那个时候的翻译家也是有表现他们的机会的。为什么呢，因为在第二次世界大战以后，当时苏联有一个很重要的活动，叫世界和平运动。世界和平运动又有世界和平大会，世界和平运动、世界和平大会里面有大量的欧美左翼作家，左翼人士，然后欧美的作家里的左翼人士还特别多。就是他们对传统的帝国主义有一个批判的态度。比如说像萨特这样的作家，萨特在50年代就访问中国了，我没有记错的话，可能是在1954年。

我有时候也买一些旧书，看看那时候的《译文》，那个时候的翻译介绍太重要了。那时候中国最优秀的年轻作家肯定都是读《译文》杂志的，肯定都是读外国文学的翻译作品的。比如说我们要去问王蒙，他创作的时候读过多少外国文学作品，多得惊人。比如说他当时的一些作品跟俄苏文学有紧密关系的。然后俄苏文学其实一直到五六十年代，我们介绍特别特别多，我自己是1954年生的，但是到了1960年、1961年这个时候也稍微认识几个字，然后也会看看这种作品，到了1964年、1965年就已经很会看了。

比如说看苏联当时的作品，他会讲什么拖拉机站的女站长，苏联集体农庄里面当时有一些开拖拉机的是女性，像这些作品翻译成中文之后对当时的年轻人，像王蒙他们的作用都是启发特别大的。然后王蒙写《组织部来的年轻人》，我没有比较过，但是我相信他那个时候受苏联文化影响特别大。所以我们的《译文》杂志那个时候就是这样翻译介绍，然后对 50 年代成长起来的年轻作家作用很大。

然后到了改革开放以后那就不得了了，1976 年、1977 年以后，《世界文学》杂志恢复了，恢复的时候它的订户里有很多都是中国当代作家。但是中国当代作家阅读外国文学实际上是读原著的翻译，鲁迅他们会读原著。我们的现代文学的奠基人基本上都是懂一门或者两门外语的，包括茅盾、巴金、老舍。老舍的英文非常好的，在英国教过中文，在美国生活过。冰心是燕京大学毕业的。其他像曹禺他们，曹禺是中国 20 世纪戏剧创作第一人，他是清华大学英文系的学生。然后跟曹禺一起在清华大学念英文系的还有谁大家想一想，是我们 20 世纪最好的学者之一，钱钟书。上过外文系那个时候的创作能力是很强的，包括像林语堂、徐志摩这些人。

改革开放以后我们的翻译文学作用太巨大了，中国当代作家的知识结构跟现代作家是不太一样的。现代作家我刚才提到的这些奠基人，大都很懂外文。但是中国当代作家不是，中国当代作家比如说像韩少功，其他我估计大概都不懂。他们对外国文学的阅读非常的精致。但是他们读的外国文学还不是读原文，是读中文，是读翻译家的作品。所以有的作家说起来，他说他特别喜欢美国小说作家福克纳，那么福克纳很多是李文俊先生翻译的。他说我的文字也许是受了李文俊的影响，李文俊是我们原来外文所世界文学编辑部的主编，他是做翻译的。他翻译福克纳特别有名。

福克纳是中国当代作家里很多人特别喜欢的。所以他受的影响实际上并不是福克纳的英文，而是翻译家的中文。这种例子我会觉得挺多的，因为翻译家现在也意识到，自己的中文一定要推敲，一定要考究。所以外文所当时像李文俊先生、罗新璋先生，他们都是外国文学研究所中文很好的人。外文所还有一位是法国文学的专家，是郭宏安，郭宏安翻译过很多法国文学作品。郭宏安的老师是谁呢，郭宏安的老师叫李健吾，李健吾是外文所的。李健吾除了研究法国文学，李健吾其实也是创作的。李健吾创作的戏曲非常好的，所以我有时候笑着说文学所创作的本事好像是比不过外文所，因为外文所这些人又是外国文学研究翻译，但是他又是直接从事创作。文学所创作的也有，比如说像俞平伯先生，钱钟书先生实际上最早的时候是在外文所的，他是被文学所借了去没有归还。因为借了去，他去编《宋词选注》，钱钟书是国学跟西学都特别好的人。但是他们那些人就是有这种特点，他开始到清华去念外文系的时候，在国学方面是童子功，有很多东西他没有怎么花力气学就已经跟他成长的过程一样，已经在他血脉里面了。

所以像《围城》这样的作品，说起来也是 20 世纪中国一个非常独特的作品。像《围城》我们真正去看看它的，它背后实际上跟外国文学的互动还特别多。我印象特别深的，比如说有一个人物叫曹元朗，然后钱钟书笑他，他还说到有一个美国人后来生活在英国的现代派诗人代表，最大的代表，就是《荒原》的作者，叫托马斯·艾略特，钱钟书《围城》里面他的名字出现是爱利·恶德就是爱好利益、憎恨道德。《围城》里面有很多东西其实还没发掘过，真正地要发掘会不断地有新东西出来的。

我们会看到外国文学跟中国文学在很多方面结合在一起了。有一个作家改革开放以后变得特别有名，原来我们这里是不大讲她的，像钱钟书、杨绛他们是不大喜欢她的，张爱玲。但是张爱玲我们要去看她写的东西，张爱玲英文是非常非常好的，张爱玲自己做过大量的翻译，她外国文学作品读得很多的。然后她也翻译过东西。我们去看她的作品里面当然她的大节有亏，但是我们真的要去看她的作品，里面还是很丰富的，其实有很多外国文学的成分。因为她自己毕竟是英文系出来的。

所以我们这样一看的话，我自己觉得现在当代的中国翻译家，跟那个时候的翻译家相比，好像在创作方面稍微逊色了一些。因为我们现在好像是分工越来越明确了，做创作的你去创作，实际上不完全是，我知道韩少功其实他也做一点翻译。但是我们的当代作家里面这样的人不多。即使是有一些作家写的话题是土得掉渣的，实际上他外国文学的知识惊人，每一个都是。他们读的外国文学让我敬佩。我们不要看莫言写的东西好像都是乡村话题，莫言外国文学作品读得很多的。莫言在很大程度上是受到了福克纳的影响，他是喜欢写一个小地方，福克纳就要写美国的一个小地方，然后莫言要写高密，他很大程度上是得益于他的福克纳阅读，很大程度上是得益于李文俊。

我也知道现在有一些中国作家，他还刻意追求地方风格，因为你要到世界上去，你一定要地方味道浓浓的。但是这个并不是一个真正的农民老老实实的想法，这是有着世界抱负的作家他们的一个世界梦的一个手段。但是我觉得这一点，并不是说最终会成为这些人创作的一个负数，最终是一个积极的力量。

即使是去看他的阅读，外国文学作品是读得很多的，因为我在想我们长大的过程里，虽然经过了一些非常时期，就是公家的图书馆不开，但是都有流动的图书馆。然后大家书都借来借去，然后流动的图书馆里有大量的翻译作品。我们那个时候读这些书的时候，大家说好的，这本书我借来，然后这个人说他只给我一天，你必须明天12点的时候就要给我，大量阅读是这样。

因为中国文学，我觉得我们也不要把它本质主义化，实际上从早期的文学开始，它一直在生长、发展、变化，然后不同的时期有它不同的文学创作形式。我们看20世纪文学的话，比如说像曹禺他们代表的中国新戏剧，跟传统戏剧是完全不一样的。因为传统戏剧是在传统社会文化里有一个基本的格局，有时候我自己读着读着也会觉得能不能打破这个框框。比如说我们要写戏剧里的男主人公，一般来说总是去赴考的，然后考又没考成，爱情也受到挫折，最终他必然是考一个状元，然后是很多人要向他抛绣球，或者是他又跟他的爱人相爱。科举是一个重要的话题，科举往往看重什么呢，有一天我得了一个状元了，我突然变了，有很多人特别在意社会给他的认可程度。我们做有出息的事情，大家要不太在意社会的认可程度，不要把它放在心上，一心做自己热爱的事情。这个事情是种田也好，翻译也好，用心去做。做得好了，也许某一天得到鲁迅文学奖了，那么也就得到了。如果没得到，自己照样很开心地做。因为做这个事情本身就是一个目的，不是用这个事情来作为敲门砖，这个就是我觉得中国现在很多人做事情跟古代人不一样，古代很多人读书是为了做官的，现在我们读书要乐在其中。你一旦读书乐在其中，背后有无穷无尽的创造力，大家就有好奇心，就会去探索，就会去追问，然后慢慢地就做出成就来了。不能太功利。

而且我说的这一点，爱自己做的这个事情是特别重要。我有时候在想，中国传统的文人会不会出现像白求恩这样的了不起的人格？白求恩他自己穿皮鞋还是穿草鞋，是无所谓的。占据白求恩心灵的是对象，这个对象是病人，所以让他最难过的是今天应该做手术我还有一个应该再咬咬牙把它做下来的，他看到自己忙了一天还有三个手术没有做完，这个事情是让他最难受的。这个背后它的精神是什么？他是为他人的。就是心里是想着其他人的，而不是说你八路军给我什么待遇，你给我什么头衔，我这个皮鞋有没有一个高力士去给我擦。他这些是不考虑的，就是他是为人。这个做事情的态度就特别重要。实际上我在想我们早期佛经的翻译取得如此巨大的成就，背后有一种信念在支撑着他们，包括像唐僧这样的人是了不起的。他就是要去取经，再大的困难他都不怕，然后要把这个事情做好。而且他实际上做的这个事情，从文化交流意义来讲是功德无量的。然后这种精神就一代一代传下来，也可能有一度，就是这种分心的、功利目的的东西吸引了我们太多的注意力。我是希望中国这个翻译界真的是要回到，哎呀，我要把这个事情做好。我并不是说大家就要听任出版社的剥削，这个现象我知道是存在的。我也希望出版社以后能够更大方一点，但是这个翻译真的是绝对不仅仅是为了钱。早期的严复他们，他翻译也是觉得自己是整个社会文化的一部分，然后他也有着用翻译作品来改变固有文化的一种向往，而正是这种向往后来慢慢地到了 20 世纪初，20 年代，大量的进步的思想进入中国，没有这个前提马克思是进不来的。然后有了这个前提以后，它成了一种解放性的力量，这种力量是了不起的。

我因为时间不多，最终再回到像马克思这样的话题，既然说到了。马克思在他早期很年轻的时候，当时他读书，他写东西，当时他就是做古典学的研究的，古典学的研究就是研究希腊罗马，而且他拉丁文功夫非常好，而且他积极地学习外语。马克思的外文是让我们感叹的，到了五十岁他还学俄文，这是怎么样的一种气魄。因为他觉得一个外文就是一个天地，他要了解了他才可以更深刻地了解这个文化。所以他对 19 世纪的国际时事，各个地方发生的事情，包括中国，包括鸦片战争，他写文章。所以他最初有一个世界主义的格局，他绝对不是说我只为德国，我是为德国说话，而且他特别好的一点，他是不断地在挑战前人，挑战他的老师，否定他的老师。他如果是看到黑格尔跪倒便拜，马克思主义不可能产生。我就以这个结束，希望大家要青出于蓝而胜于蓝，大家做翻译要做得比李文俊更好，比罗新璋更好，比严复更好，比林纾更好。所以深深地有望于大家，谢谢，我说到这里。

现实与主体及叙述的自由

宁 肯

　　我先稍微解释一下我今天讲的题目，这个题目的由来就是我最近正好在写一篇文章，文章的题目叫作《现实与主体》，是给《文艺报》写的一篇文章。他们做我一个专题，让写一个创作谈，我当时想谈谈什么呢？既然要谈我就要谈我当下这一阶段，或这一两年来，一直到今天我所面临的问题是什么，我在思考什么。我想把我在思考中的问题——不是答案，因为任何一个问题在思考过程中都不是一个确定的，都是在寻找一些方向，寻找一些触角，但是我觉得这个过程更有意思，可能跟大家更接近——跟大家谈谈。我这一两年一直在写一个长篇小说，这部长篇小说对我构成了特别大的挑战，在写作过程中我遇到了前所未有的问题。包括非常具体的写作中的一些感悟、一些经验，这些经验断断续续就写在了我的微博上。我是就我目前的创作状态以及我面临的这样一个有难度的长篇小说讲我在思考什么问题呢，我在思考现实与主体的问题。

　　最早的思考从什么时候开始，就从我的《天·藏》,《天·藏》是一个西藏题材，当然也有现实，是一个当代的西藏题材，一个内地的知识分子到了西藏去寻找自己内心的精神家园，不仅仅是外在的精神家园，外在的精神家园只不过是一个支持，在那样的环境下，上世纪 90 年代中国发生了天翻地覆的变化之后，一个知识分子怎么安身立命？所以写得比较形而上，放在那样一个自然、那样一个宗教的环境，甚至还有一个西方文化的哲学和宗教对话的背景。

这个小说写得也很艰苦，在形式上做了多重探索，小说写完之后我就开始思考一个问题，我的写作，我在写《天·藏》的时候写了三年，加上前面的，我就一直有一种焦虑，这个焦虑是什么呢？就是现实的焦虑。我写的这个东西和当下现实正在发生的那些震撼我的东西有很大的距离，一方面我生活在现实之中，我看到，我愤怒，我惊讶，一方面我的写作和我惊讶的东西和当下的东西是没有关系的，所以在这种情况之下我就一直隐隐约约有一种我要回到让我惊讶的现实中来。比如说权力，比如说腐败，这样一个重大的现实问题，我为什么不面对、一直没有面对？为什么很多作家都没有特别直接地去面对？最早我就在想这个问题。当然，比如说贪腐、权钱交换这些事情，有没有文学存在？有，大家知道大量的官场小说，官场小说写官场的那些勾心斗角，揭露得可以说是触目惊心，但是官场小说为什么不被纯文学所看好？当我们提到文学的时候，当我们指责文学缺席的时候，文学为什么不去反映这样重大的现实？实际上文学在反映，但是什么文学怎么反映呢，恰恰是地摊上的、网络上的通俗文学在反映，一系列的官场小说，它们在做反映。但是文学仍然是缺席的，也就是说通俗小说在面对这个问题，纯文学一直闪在一边，为什么？那时候我就在开始考虑这是为什么。确实是这种写现实的小说很难表达，我当时还没有现在这么明确，当我写这篇文章的时候，当时我想的是美国的两部电影，一个叫《教父》，一个叫《美国往事》，《教父》大家可能都看到过，《美国往事》实际上跟教父的题材也是一样的，美国的黑社会那么通俗的题材都可以写成经典作品，那么为什么我们中国人面临的这样一个巨大的现实题材不能写成经典作品？我发现《美国往事》，包括《教父》，他们是在黑社会这样一个题材上建构了一种人性的东西。这个时候我就突然发现了，我觉得贪腐权钱这样的题材也可以转换，我们在反映贪腐这样题材的时候，也可以在这上面建构人性的东西，这是我最早的一个思考。为此，我还列了一个创作计划，报给了北京作协，北京作协还把它作为一个重点作品来报到中国作协。我不正面去写，当时设想的是，我做了三个部分，第一部分是写一个企业的高管，我们企业的高级管理者既是这个企业的董事长，同时他还有级别，所以我就写了一个国企的高管在被双规后逃亡之路。他在逃亡的过程中结识了一个单身的女子，他寄住在这个人家里面，然后他和这个单身的女子如何如何日久生情。他躲在她家里面，两人一开始关系很紧张，一开始只是房东和房客，有比较高的房客收入，所以女方容纳了他，但是两个人日久生情，产生了恋情，但是不仅仅有恋情，在恋情之中还有很多过去的情形。我的想法是他在一个日常生活中，在一场类似恋爱的过程中，他的那种权力意识是否存在，这权力对他的影响是什么？在一个不在权力的场上考察权力，在日常生活中考察权力对一个人的影响，这是我的出发点。第二部分我又写了一个首长的秘书。第三部分写审讯这个秘书，我基本的一个构思是这个秘书被双规之后一言不发，谁也审不了他，最后不得不派出一个非常有名的专家来审他，第三部分是写这个审讯专家。这就是我当初一个非常初步的构思，也是我这两年一直在琢磨的。我的小说要面临一个转型，转型到这方面。当我跟朋友、跟很多人谈及这个题材的时候，很多人都非常惊讶，你宁肯能写这样的题材？你怎么会面对这样的题材？你能写好吗？我当时就有一种感觉，我说这样一个重大的现实，既然通俗小说可以碰它，纯文学为什么不敢碰？我就想用纯文学的方式去碰一碰这样的通俗的现实，或公共的现实，这是当时我的一种勇气。但是写作过程遇到了非常大的障碍。所以我就开始认真地想现实这个词，现实是什么？

这就回到我们今天的主题上来，《文艺报》让我写这篇文章的时候，我才开始考虑我写的是一种现实，我写的这个现实是什么，现实和主体的关系是什么，所以我过去应该说，在写这部小说之前，我从来没有特别认真地去研究过现实、思考过现实是怎么回事。我觉得现实好像是一种天然，每个人都生活在现实之中，那还用去想吗？不想不行，到这部小说的时候我必须要思考现实是什么。我先说一个结论，这完全是我自己想出来的，我跟好几个朋友，包括昨天跟陈应松兄也谈到了这个词。其实这个现实我前面应该加一个定语，叫作"通俗"的现实。因为很多问题就出现在通俗的现实之中。大家都知道，有通俗的小说、有通俗的文学这样的概念，怎么会有通俗的现实呢？有。我发现我们的很多问题就出现在这里，这就涉及我们如何看待现实，现实可不可以区分，可不可以做一个划分。我觉得有两种形式，在我反思我的作品过程中，当我在说我要回到现实上来的时候——那么我过去没有写现实吗？

这就产生了疑问。我过去也写了现实，实际上这就存在着两个现实，我写过的现实和我没写过的现实，我就在想我写过的现实是什么样的？是和我经历相关的，是和我人生的感触、个人经验相关的，我都在通过我的生活经历提炼出我的小说主题，提炼出我的小说故事。这是我写的一部分现实，但是我为什么又觉得我还要回到现实上来呢？这就出现了一个问题，就是还有一种现实，这个现实是什么呢？就是我开始说的，比如说我们生活在一个什么样的现实里面，我们这个社会一些重大事件每天都在发生，你只要一上网就能看到。这些现实震惊着我们，旋转着我们。这些现实甚至否定了我们日常生活中的现实，否定了我们内心很细腻的情感，否定了我们的审美，个人的存在被淹没在这样一个巨大的现实里面。我们的现实感已经不来自于我们自身，而来自于上述这些现实。面对这样的现实，文学界一直有争议，纯文学一直有争议，一般的观点认为这样的现实不应是文学所表达的现实，为什么呢？有一条定律叫作文学应该和现实保持距离。这个大家可能都听说过，文学为什么要跟现实保持距离呢？就是因为现实发生的你是看不清的，你看不清你还要写，能写好吗？现实是要经过沉淀，经过若干年之后，回过头来我们再看，才能够看清楚现实中那个最重要的东西，这个时候再去表现。这是一个在文学界，特别在纯文学界占非常主流的观点。我过去也是这样的观点。支持这个观点的还有一种观点，是说这些现实属于新闻，应该是由新闻去关注、媒体去关注，而不应该由文学去关注。对，这两种说法我觉得都有道理，但是这样一来文学等于在我们中国的现场之中处在一种旁观者的位置上，这个旁观者的另一个词就是无能。也就是说你无能面对今天这样一个现实。所以我也在思考：文学真的一定要和现实保持距离吗？不保持距离就不能写出有分量的作品吗？不保持距离写出来的作品一定有问题吗？问题的根源在哪里呢？这些都是我写《三个三重奏》这个作品时思考的东西，就在这个时候，出现了余华的作品《第七天》，我觉得来得非常及时。也就是说前面我们说的那种巨大的现实，通俗的现实、公共的现实，对这样的现实焦虑不仅仅是我，也在别的作家那里存在，余华的表达是一个标志性的表现，在这一点上我非常钦佩余华，但是这部作品出来以后反响出人意料，读者不满意，也就是当社会都在指责文学逃脱自己的责任，文学如此软弱、如此旁观的时候，当作家真的冲上去的时候读者仍然不满意，反而对作品进行了批判，说这是余华最差的一部作品。这是余华始料不及的，我甚至认为也是文学始料不及的。

我找来了《第七天》来看，我也在研究它为什么遭到批评。最典型的批评是说余华这个小说是新闻串烧，它通过一个叫杨飞的人，一个死后的人，进入地狱之后，他有他一段个人的命运。我觉得客观来说，首先我对这个小说的评价还是有相当部分的成功，并不是完全的失败，因为余华做出了巨大的努力，他通过这样一个事，死后叙事的视角来展示这个社会，他作出重大的努力。他小说里涉及了暴力拆迁，比如说商场着火隐瞒人数，比如屌丝青年，生活在痛苦之中，比如情人傍大款，比如弃婴，我们网络上经常见到的东西，通过他的作品都表达出来了，而且他也遵循了一定的艺术原则，即陌生化的原则。我们讲艺术面对现实的时候一定要有一个陌生化的处理。什么叫陌生化呢？就是这个现实他不直接去叙述它，他通过一个死者，一个人死后回过头来在地狱里叙述现实，这个就是陌生化。我觉得他也遵循了这样一个原则，写得神神兮兮，但是为什么读者读还是觉得不满意？还是觉得这个和现实没有区别。所以我觉得余华这部作品最大的一个问题，是向我们提出来文学作品反映的现实与新闻或网络上的现实的区别问题。其实读者不知道理论上这方面很明确的问题，但是读者有直觉，直觉非常好，这个直觉就又要你作家面对这样的现实，又要看出你的区别在哪里，要求既熟悉又陌生。我们过去说的文学要反映现实，要高于现实，但我觉得这还不是一个简单的高于现实的问题，那么余华的问题出在哪里呢？或者说卡在哪里呢？我觉得就卡在现实与主体的关系上。我也卡在这儿了，我甚至觉得整个中国文学都卡在这里，迈不过去。

当我们卡在这里的时候，其实，还有一种看法，就是认为实际上中国作家面临着最好的资源，我们这么一个澎湃的、这么一个光怪陆离的现实实际为文学提供了非常好的平台，国外，特别在西方，中产阶级整个秩序已经完全建立了，社会生活个人生活都趋同、都平庸化了，这对文学的伤害非常大。他们已经无法从现实本身吸取更多现实的素材了，而我们的素材是大量的，可是我们这么惊心动魄的现实却表现不好。我们的现实比小说还要精彩，我们的现实就像一个大片，拥有这样一个现实实际上是中国作家的一个幸运。但这对作家同样构成了巨大的挑战，小说写得过这么精彩的现实吗？余华的问题在哪里呢？实际上是面对了通俗的现实，这个通俗的现实和我们最顽固的创作观念是相关的。我们知道文学要反映现实，这谁都知道，现实主义的文学一个基本原则就是文学是反映现实的。这在我们的脑子里非常顽固，当我们说现实比小说精彩的时候，根源也就是文学是要来反映现实的，当我们批评现在文学如此软弱无力你逃避你自己的责任、没有反映这个现实、没有勇气面对这么重大的现实的时候也是这个观念在作怪。当我们所说的现实比小说精彩的时候，当我们批评作家没有面对这些现实的时候，我们指的不是个人经验的现实，而是重大的公共的社会现实。指的不是我们个人的经验，而是重大的社会经验。那么，当我称这类重大的社会现实为通俗的现实，是想说现实本身就具有通俗性，如果你还是按照反映论的观点去反映现实的时候，你写得越像现实你的作品也就越通俗。

通俗的现实是反映论小说的陷阱，如果说现实是小说的源泉又是小说的陷阱，那么在这个意义上说，通俗的现实就是小说的陷阱。我觉得问题出在这里。

我刚才说到了两种现实，但是另外一种现实你用反映论的方式就没有问题，也就是说文学反映个人化的现实没有问题，因为这种现实就是我们个人经验的现实，我们的喜怒哀乐，我们的恋爱，我们的婚姻，我们的房子，我们的单位，个人的命运，这是个人化的，个人经验对应着个人化的现实，社会经验对应着社会现实。个人的经验是什么呢？个人经验的特点是差异性的，因为每个人在生活中的感受是不同的，每个人经验的现实也就不同，在这个意义上说你去遵循现实主义反映论的方式写你经验的现实没有错，也绝对能写出好的作品来，但是如果你把这样一个反映论的习惯带到一个通俗的现实题材里面的时候，你就会一下子人仰马翻。当我们面对暴力拆迁，早晨一觉醒来夫妻两个人已经没有房间了，我们是愤怒的，这种公共的经验说白了就是通俗的现实。面对这样通俗的现实，你再按照这个反映现实的原则去写，你写得越像你就越通俗。我觉得余华的小说就是在这个地方犯了一个错误，他显然就是认为文学就是反映现实的，没错，过去他写的那些作品反映他的个人化的现实，这没错，但他把一种个人化的现实经验运用到反映公共现实、公共经验领域里面来，把各种震撼人的现实串起来，读者反而不买账了，也就是说读者没看到他的个人经验，即差异性的经验。所以我在给《文艺报》的那篇文章里面谈到主体的时候，我说"文学反映现实，文学不反映现实，这是两个截然相反的命题"。实际上这两个命题在面对通俗的现实的时候都不对，文学反映现实，不对；文学不反映现实，也不对。你不能因为它通俗你就不去反映，这就是我的观点。既不能反映，又不能不反映，那怎么办呢？

我提出一个词叫作涉及，我认为文学是涉及现实的，并且要勇于涉及现实，这是我的一个非常重要的词语：涉及。涉及这个词没有规定性，但是反映这个词是有规定性的，当你建立了文学是反映现实的原则的时候，它已经有一条指令，即你要反映它，这条指令有时候就把你落入陷阱。而触及不是反映，触及是我敢碰这样的题材，但是不是反映它，我写腐败，我写权力，我写暴力拆迁，但我反映的并不是一个公共的经验腐败、权力、愤怒，也不是为了谴责，不是惊讶，不是展示——看看这个社会现实都写到我的文学作品里来了、我写了多少多少种现实——不是这样的。我触及了其中的某些现实，在触及这个现实的过程中，我建立了超越这个的东西，建立了自己的东西，即读者想要看到的那个"区别"的东西，他们没有看到的在你的作品中看到了。换句话说，在现实与文学这两个关系之中现实不再是本体了，文学是本体，而现实是手段。这一点也是我个人特别提到的。过去当我们说文学是反映现实的，现实是主体，文学是手段，现在我们说文学不是反映现实而是涉及现实，那么这就反过来了：文学是主体或本体，现实是手段。说到这个我想起巴尔加斯·略萨，我记得 2010 年 11 月份，巴尔加斯·略萨来中国访问，他到社会科学院文学大讲堂作了一次讲演，当时我在场，来了很多嘉宾，现场有翻译。略萨讲了一句话我觉得对我后来触及影响特别大，略萨有一种观点叫同现实做不妥协的斗争，他是可以反映重大现实的，也就是我们所说的公共现实。他也获得了很高的文学成就，得到了 2010 年的诺贝尔文学奖，他有一个观点，他说文学不为政治服务这个话没错，怎么办呢？反过来让政治要为文学服务。那么在现实与文学上我们套用一句话，特别在针对某一种现实的时候，比如说在针对通俗现实的时候，我们也可以说"文学不为现实服务，但是现实要为文学服务"。这就是我的基本观点，我认为如果你在这样一个根源上去解决这个问题的话，那么你在具体写作过程中可能就会好一些。因为有些东西你观念错了手段上再好都是错的，按理说余华的《第七天》，无论从语言到结构，到陌生化，在他的作品中付出了很大的努力，也收到了效果，他的语言很干净，很节制，也很巧妙，以余华这样大家高手写这种东西，他写到这个份上相当不错了。但是他没有解决一个问题就是文学反映现实的观点，在这个问题上他没有穿透。特别是面对通俗现实的时候，他没有摆脱反映论的观点，如果他摆脱了反映论的观点，他不会用一种串烧的方式反映，不是用一种展示的，把现实生活中常见的东西展示出来，移植到文学作品中，他不会这么做的。那么连余华这样的高手，如果他的观念不改变的话，其他的问题也都免谈，也都会跟着错。只有前提解决了，其他所付出的努力我觉得才能得出果实来。

现在我讲主体，在讲现实的问题的时候也已经讲到了主体，已经在主体讲如何认识现实、如何反映现实，我用了一个中性"涉及"的方式。我说的都不一定对，是在抛砖引玉，你们可以沿着这个方向继续去想，是不是涉及就对了，怎么涉及？这些东西你都可以再去想。那么主体是什么？主体就是作家本身，是你的观念，是你对文学有一个什么样的观念，你对现实是如何认识的，这两方面构成了作家主体。它是一个相互的。我今天其实还想讲一个问题，在这个标题之下，如果我们在一定程度上解决了主体问题之后，解决了如何认识现实、如何反映现实之后，我觉得剩下的就是技巧、叙述，这也非常重要。

叙述——大家都是写作的，都有一个体会，我这么多年也有一个非常深刻的体会，就是我们写得难，写得费劲，写得艰苦，有时候作品呈现一种平面化的状态，单线条的状态，等等一系列的，比较平的叙述，我们无法像电影那样，叙述方式最自由的是电影，切换，几条线索，想怎么切换怎么切换。但是有的人就把电影里的叙述自由直接搬到了文学里面，不行，我发现很多都是失败的，甚至包括一些经典作品中的所谓电影手法的叙事，直接拿过来，我觉得都应该质疑，都很生硬。比如意识流，蒙太奇的东西，不自然，没解决叙述的问题。但是叙述的自由又是非常重要的一个心态，也是一个结果。怎么能达到你在掌控你的作品应付裕如，左右逢源，就像行云流水一样？我们经常形容一个文章就是行云流水，行云流水就是自由的概念。我对叙述的自由有我自己的理解，有一些经验，想把这个贡献给大家。

首先，我对小说现在有一个根本性的认识，我先在这里强调一点，我所说的小说都是长篇小说的概念，因为我这些年来都一直在写长篇，我基本上没写过中篇，也没写过短篇，我每天考虑的问题都是长篇，我谈小说也是长篇小说的概念。我对长篇小说有一个基本概念，我不希望长篇小说是一个线性的小说、一个单线条的小说，时间、地点、人物，慢慢就这么发展下去。略好一点的，里面有一点插叙，有一点曲折。我不希望是这样的小说，我希望的小说是带有一点立体的特点，就是它的叙事线索，在这个小说呈现出的面貌是立体化的，就像一个三维化的小说，而不是两维的，不是一个平面。我觉得平面的小说限制了人的叙述自由，一个单线条的小说、线性的小说，就像一条路，小说本身束缚了你，这条路束缚了你，任何一条单一的路都是束缚人的。换句话说，你写的故事是单线的它反过来会束缚了你，限制你叙述上的自由。作者跳不出来，人物跳不出来，与读者的关系就是一条路的关系。为什么我们在看电影的时候觉得它自由呢，有切换，还有旁白，画外音，实在没有办法，加一行字：五年以后他又来到了这样一个小镇，这个画面从这里开始。我们的小说能这样简单交代吗？我们的小说也能这样，但是不能像电影那样直接，有的作品直接这样，很生硬。实际上我刚才提到的略萨,略萨的作品在叙事上也是立体的,通常有两条线,但是略萨就有一个毛病,就是生硬、机械。略萨的小说,人们把它命名为结构现实主义,什么是结构现实主义,就是一二三章写一个故事,四五六章写一个故事,单数与双数的关系,你说两条线有联系吗?我们批评家和读者都可以阐释,它们有内在的联系,两个是精神上的、呼应的。但我通常不要内在联系,我要直接的联系。如果强调内在联系的话,什么东西没有联系呢?黑和白是一种对比的联系,什么东西不是对比的联系?你能说石头和铅笔没有对比性吗?所以说联系我认为就是要有外在的。这是小说家的任务,小说家就是让看起来没有联系的发生联系,通过表现让人看到世界的联系性。联系是什么?就是形式。在这个意义上来讲,我觉得略萨并没有做到特别好,就不用说其他的作家了,他的故事也不是一个故事,也是两种故事、三种故事,很机械。机械就不是自由,就不是行云流水,什么叫行云流水,行云流水是首尾相联、峰回路转,是我们中国人的概念,西方人,像略萨,是一种逻辑、几何,是很生硬的,他们就这么机械的构成认为就可以。我觉得这一点西方的文化不如中国文化,中国的文明是柔的,太极的,首尾相联,贯通的。但不够多元立体,往往历时单线,也有问题。因此基于中国的文化背景上,我们又太极、草蛇灰线,又要在结构上创造出立体小说,要达到西方的所谓的多元的叙事、多线条的叙事;同时避免它的机械性。这方面我的长篇小说《天·藏》做了一点我个人的努力,我想把一点心得介绍给大家,抛砖引玉,供大家参考。

《天·藏》有三条叙事线索——一般说来一个长篇小说有两个叙事线索就已经使读者有跳跃感,会产生一定的阅读障碍,或者说产生一定的不适,或者说呈现出一定的机械,如果再有三条叙事线索那就相当过分了。你怎么能把三条叙事线索给并置在一起,糅在一起,首尾相联,行云流水,用中国人的方式写出中国人的太极式的立体小说?这需要相当的努力。我看西方结构主义的小说,我有欣赏他们的地方，我觉得他们的世界观，看待世界的观点是高超的：一种小说的形式不仅仅是形式问题，也是世界观的问题，是你怎么看待这个世界的问题。当你这么看待世界的时候你是这么写小说的，你这么写小说的时候你也是这么在看待世界的，而总的来说我觉得世界本身是立体的，是多维的。过去传统的很多小说都是两个维度，那么从这个世界观来讲，小说和现实是有问题的。后来的小说发展成多条线索构成的一种空间，这个世界观是对的，和现实的关系也是对的，只不过就是在解决这个问题上东方和西方应该有所不同。我们东方应该解决西方小说中的生硬的，锐角的，直线的，逻辑的问题。《天·藏》里面三条叙事线索我怎么调度呢？一定需要作者跳出来，大家知道小说里作者很难直接跳出来，作者越隐蔽越好，这是传统观念，早就打破了。大家知道一个小说是有作者的，这是毫无疑问的，但是为什么还要说跳出来呢？怎么跳？

其实小说除了作者还有一个非常重要的概念，叫作"叙述者"，即小说的叙述者是谁？有时候叙述者就是作者，从小说的面貌上来看，比如说第一人称长篇小说，"我"是这个长篇小说的主角，又是这个长篇小说的叙述人，"我"来叙述"我"的生活、"我"的命运、别人、"我"的兄弟、"我"的家庭成员等等，都是以"我"为中心的，这时候叙述者和作者离得非常近，几乎看不出来，背后当然还有隐含的作者，这是另外一个问题。从表面上说就是叙述者有时候和作者看上去是一样的，是统一的。还有一种就是作者和叙述者是不同一的，它虽然用的也是第一人称，但是第一人称的"我"不是小说的主角，"我"就是来讲述这个小说，最典型的是莫言当年的《红高粱》，我爷爷如何如何，我奶奶如何如何，这里面有我吗？没有。这个我是一个虚拟的，这个我不在小说里呈现，但是他讲的又是我的事。这就是叙述者的问题，作者虚拟了一个"我"做叙事者。这种叙述者叙述起来感觉很亲切。还有一个比较传统的叙述者的方式，是余华的《活着》，有一天作者说遇到一个什么人，一个老头，这个老头给他讲了这么一个故事，这也是一种叙述。

但以上这些都不能解决我的《天·藏》的问题——三条叙事线索的问题。自然，我也自己创造了一个叙述者，这个叙述者有两大功能，首先，他要担任这个小说的叙述，他要叙述这个故事。其次，他要不能过度在文本的正文里面去干预小说的走向，因为他不是主角。他只是用来代表作者掌控这三条叙事线索。怎么掌控？在哪里掌控？传统的小说看上去没有地方，但实际上又是有的，只是许多人没发现，没注意到，我注意到了，这个地方就是注释。大家都知道，一部书，包括一部小说，都有一个注释元素，比如文中提到的莎士比亚，下面页脚就有一行小字：莎士比亚，英国，生于某某年，是英国伟大戏剧家等等。或者一句成语，也得解释一下，传统的注释功能是这样的功能。我改造了它的功能——当然这个改造也是受到一定的启发，并不是说我完全的首创，但是我发展了它、扩大了它。世界上很多所谓的创新都是在前人的一个基点上，前人只是一个点，你把它做成了面，你也是创新。前人也有用注释的，但是它的注释只是一个点，我把它做成了面，我的这个注释在我这个小说里就做成了一个面。我的这个改造后的注释已完全不是原来注释的意义，它有着各种各样的功能。首先，有了一个叙事的功能，在注释里面叙事，讲故事，其次是话语功能，讲叙述者写的这个小说的来源，他想怎样写这个小说，他对小说的认识，讲为什么要建立三条线索。注意，这个叙述者不是作者，而是作者也就是我创造的一个角色。换句话说，我创造的这个叙述者在注释里面掌控着这三条线索，这样一来这三条线就像三条龙一样舞起来了，叙述者举棒指挥，这个棒读者在正文是看不到的，但在注释里能看到，就像乐池一样。

这就造成《天·藏》叙述的复调结构，它看上去第一人称，同时又是第三人称，以及第三人称和第一人称的混合。这个小说的第一句话叫作"我的朋友王摩诘看到马丁格的时候雪已飘过那个午后"，显然是第一人称的角度，这里一句话就出现了三个人物，我、我的朋友、马丁格，我的朋友他在干什么呢，他看到马丁格。什么时候呢，下雪的时候。然后有一个雪景的描写，描写后插入一句话，这句话叫——一墙雪是不能覆盖整个高原的，就像阳光也做不到这一点，我的朋友说——这是一个间接引语，就是不加引号的话。"我"的叙述在这个小说里逐渐逐渐要过渡到"我"的朋友王摩诘叙述，"我"经常转述王摩诘的话，"我的朋友王摩诘说"，说着说着作品开头的第一人称"我"就没有了，换成了王摩诘来叙述，这就是两个叙述者了，就像开飞机的双机长一样。两个叙述者，第一个叙述者在引用王摩诘话的时候突然有一个注释：读者要到下面去看，这时作品开头第一人称的"我"在注释里说，王摩诘说他和马丁格像"雕像与雕像关系"有点夸张，他在注释里评论这句话说："王摩诘说得并不恰当，如果说马丁格像雕塑一样还有情可原，因为站的时间长，他是一个僧人，是一个悟道者。王摩诘像一个雕塑就是言过其实的。""我"现在开始变成了评论员了，开始质疑，构成了小说的一条线索。这个叙述者于是在注释里拥有了极大的话语权，他的话语权甚至超过了上帝。为什么这样说呢？因为我们有一种说法叫作第三人称的小说是上帝的视角，全知全能的视角。《天·藏》的这个"我"不仅是上帝的视角——上帝告诉你这都是真的，我这个叙述者有时候告诉你这是小说，是虚构，跟你交流小说为什么这么写，为什么要这么叙述，叙述和叙事的区别是什么，还从理论上去探讨叙事，探讨文学，探讨现实与主体，探讨怎么从现实到小说，即元小说。

什么叫元小说呢？就是关于小说的小说，就是在小说里谈小说，这就叫元小说。从第一人称叙述者落到注释里面以后，就像孙悟空一样大肆展开了神通，叙述切换的时候拉下一个注释即可，有些属于过去的事情，有时候这个注释长到什么程度？长到占了三页到四页，一个注释四五页，最后这个注释就把整页主体的叙述挤到一边了，边缘占据了中心的位置，直到注释完了，正文才开始。注释在《天·藏》里变成了第二文本，它在几条线索之间跳动，有时候讲故事，讲述他们的历史，有时注释里面还有对话，还有描写，还有解释，还有评论。我无限大地放大了注释的功能，但是这个注释怎么来的呢？不是凭空就有的，将来大家也可以沿着这个思路，不一定学我，但是可以沿着这个方向去创新、出新、求变。如果我没创造出这样一个叙事者，这个注释就不自然。

注释占《天·藏》大概五分之一的内容，有将近六七万字，自身是第一线索，又把另外两条线索舞起来，而读者并没有觉得这个小说切换起来机械，而是觉得很新颖，但又很自然。我觉得我作出了一个东方人在看待世界、在用小说的方式看待世界、在用世界的方式看待小说的问题上，作了一个东方人作出的努力。不是机械的，但又立体了多声部了，多元了。我们看待现实从世界观上不落后了，说实话我觉得原来我们的单线小说在世界观上是落后的，是平面的，现在我觉得我们的世界观也不落后，同时在技巧上又有我们太极的特色，这一点是让我自己感到欣慰的一点。

开头我在谈到小说的时候说，我写反腐小说时仍然沿用了这种创作方式，沿用了创造一个叙述者加上注释的方式。应该说这个小说在最初构思的时候，我没想再沿用《天·藏》的方式，但是当我写完第一部分之后，我就无法忍受这个小说的第一部分的平面性，第一部分我写了十万字，写高官和这个女教师，在他逃避、在被追捕过程中，他隐居在这个女教师家里，这两个人错综复杂的关系，我觉得写得也很精彩，但是我忍受不了单一性，是一个封闭的，就像高速公路一样，没有出口，只能先往前走，到了收费口出来了，我希望我的小说是在原野上，是可以分岔的，这个路不想直走可以绕一个弯，或者我跳到另外一条路上。我还有第二部、第三部，我想写成三部曲，后来我发现这三部又是平面的，不行，这三部必须糅在一起，怎么糅？这就是我写的第一部分遇到的障碍，我觉得第二部分无法写的，太平面了，我写的这个小说是第三人称的，杜远方，主人公，他某一天来到一个门前，敲这个女教师的门，这个女教师把他请进来，验了他的身份证，对他的年龄表示惊讶，就是这么说，这就是他在逃亡的路上人们给他介绍的房东。小说就是这么开始的，线性的叙述，一直到十万字，后半段我发现不能再这么写的，要把另外两部分糅进来，穿插进去，生硬地像略萨那样穿插，写到另外一部，给插进去，就像棉花秆一样，我不想这么干。

我想到了《天·藏》，我突然发现我这个小说缺少一个叙述者，我要是有一个叙事者，那我把这几个镜头调动起来就很漂亮了，我想叙述谁就叙述谁，我想讲谁就讲谁，第一章，第二章，在注释里可以再加评论，又回到了《天·藏》的方式，我觉得这是一个非常好的方式。我今天带来了我这个小说的开头，我把这个新写的小说开头给你们读一下，一般人不会把自己正在写作的作品拿出来给大家去展示，因为他正处在一个焦躁的状态，这个小说到底能不能成功，首先你不要认为我这个小说是成功的，你先看看它这样行不行，以及再看以后它真的出来是什么样，现在是什么样，可能还有很大的差别，但是我觉得我创造这个叙述者是对的，这条路走对了，我可以完成我的小说的构架，也完成了我对小说观念以及我对世界的观念。这里面当然不仅仅是一个叙述者，这个叙述者还要陌生化，陌生化创造一个叙述者，然后加上后面的注释。

《三个三重奏》开头是这样的："几年以前我有过一段走出书斋的经历，有九个月的时间我完全告别了我的书、电脑、茶、轮椅，过上了一段有铁栏杆的生活。我不是犯人，与犯罪无关，只是因为心血来潮，有人提供方便，我在死刑犯中生活了一段时间。（略）"

这是这个小说的第一章，是个序言。第二章、第三章是两个不同的故事，而第一章的叙述者以后便只在注释里出现，居间调动，让两条线索两个不同的故事交织、映照、成为一体。我希望我今天讲的能够给大家有所启示，谢谢大家。

诗歌翻译是二度创作

赵振江

主持人：今天上午咱们非常荣幸邀请到著名翻译家、北大西语系教授、博导赵振江老师来为大家授课，首先让我们以掌声对赵老师表示欢迎。赵振江老师 1940 年生，北京人，1963 年毕业于北大西方语言文学系，大学毕业后留校任教至今，历任西语系主任、外国语学院学术委员会主任，兼任中国作协对外文学交流委员会委员，中国西班牙、葡萄牙、拉美文学研究会会长。赵老师著有《西班牙语诗歌导论》《拉丁美洲文学史》等学术著作多部，译著有《拉美诗选》《西班牙黄金世纪诗选》以及米斯特拉尔、聂鲁达等多位诺奖诗人的诗集二十余部，译著有小说《世界末日之战》《火石与宝石》《金鸡》《红楼梦》等。鉴于赵老师卓越的学术成就，赵老师曾经多次获得国外颁发的学术勋章，比如智利 – 中国文化协会 1995 年授予的鲁文·达里奥勋章，西班牙国王于 1998 年授予他伊莎贝尔女王勋章，阿根廷总统 1999 年授予五月骑士勋章，智利总统于 2004 年授予聂鲁达百年诞辰勋章。今天，赵老师给大家带来的是关于诗歌翻译的，题目《诗歌翻译是二度创作》，下面咱们以掌声有请赵老师。

赵振江：好，大家好，我一看要讲到十二点，讲三个小时，但是我又想起来，有一个演说家人家问他，说如果请你作一个五分钟的演讲，你需要准备多少时间？他说要一个小时，说如果请你作一个三个小时的演讲，你要准备多长时间？他说马上就可以开始，因为时间长嘛。但是今天讲诗歌翻译，实际上我主要是讲讲我自己的一些心得体会，我自己对诗歌翻译的一些理解，没有什么理论，也没有多少学术含量，我们实际上是个教学相长，大家可以一起交流，一起探讨。新诗百年，实际上诗歌翻译也百年了。但是，我编那卷《诗歌翻译总论》所选的所有关于诗歌翻译的论文，实际上并没有一个结论性的东西，并没有任何一篇文章说诗歌翻译应该怎么做，只是每个人，或者对一个人他翻的一首诗，他的一些想法，他怎么处理的一些自己的做法。

实际上，因为诗歌翻译就我个人的经验来讲，主要还是靠你自己不断地实践，不断地深化自己的一些理解，然后就不断提高自己的水平，只有这样一个过程。并不是说你看了哪本书，你听了谁讲什么，然后你那个诗歌翻译就能翻得好，实际上不存在这个问题。来之前，我也想到也有很多别的问题，包括当前，比如我们中国诗歌创作当中的问题，因为中国的新诗跟中国的译诗关系太密切了，实际上我们想一下，我觉得诗歌翻译是怎么回事？我觉得不光是我们做外语做翻译的人应该知道，我觉得那些诗人，就是搞诗歌创作的人更应该知道。就是哪些东西是我们可以借鉴的，哪些东西是我们没法借鉴的，是吧。

我先讲讲我个人对于诗歌翻译的一些理解，或者我自己做这几十年诗歌翻译的一些心得体会。然后，其他有些问题，我觉得我们可以讨论，当然诗歌翻译可以讨论。所以今天我觉得这个讲座，实际上是大家在一起的一个聊天，不过主要先是我在这儿说一说我自己的一些心得体会，然后大家有些什么问题可以一起探讨。我这儿有一个稿子，其实就是这上面的稿，诗歌翻译，当然我自己的一个题目就叫《诗歌翻译是二度创作》，因为诗歌翻译跟小说、散文这个翻译还是不一样的，但是有一个前提就是叫作以诗译诗，实际上诗歌翻译最早有人提出来叫诗人译诗，但是现在也有人又重提了，实践证明诗人译诗有点局限，因为有些做诗歌翻译的人不一定是诗人，但是有些诗人他做诗歌翻译也不一定就翻得比别人好。所以后来就变成叫作以诗译诗，实际上以诗译诗难就难在，所以叫二度创作，就是因为你要以诗译诗，如果你不需要以诗译诗，我就一句一句地像翻小说那么翻，我觉得那个创作的空间就比较小。当然本身作为文学翻译，尤其是西方语言对汉语，就是说印欧语言对汉藏语言这种翻译本身，它就是有一个二度创作的问题，实际上就不可能直译，因为这两种语言不是同一种载体，它没法直译，假如你把西班牙语翻成法语，你可以直译，而且大体上你看那样子都是一样的，汉语就完全不同了，因为汉语是单音节方块字，我们是表意的，人家是拼音文字，二十几个字母，是表音的，那不是一个东西，你怎么可能说把它转换成另外一个东西呢？实际上转换的过程就是你看懂了那个原文，你把它用你的语言再写一遍，这本身当中就包含着创作。

所以，新诗跟译诗，当然我这个前边有一个简单的说明，就是众所周知，我国新诗的发展几乎是和西诗汉译同步进行的，西诗汉译影响了中国文学的现代性进程，所谓中国文学的现代性，即中国文学西化的问题，就诗歌而言，其现代性的集中表现就是去古典化，表现为文言向白话的转变，以及诗歌格律与意象的革新，这一变革始于明末清初传教士的翻译活动，至晚清传教士与中国士子合译西方宗教经典，并尝试用白话文翻译诗歌，胡适翻译的《关不住了》，与其创作的诗歌《蝴蝶》，算是新诗的破茧而出，苏曼殊所译的《拜伦诗选》1908年出版，成为第一本外国诗歌翻译集，与此同时，中国诗歌的外译则体现在精细、高雅文化层面，西方对中国文化的接受，以及对中国诗歌的凸现与塑造。从某种意义上说，西诗汉译成就了中国汉诗，但同时也伤害了中国诗歌的文化主体性。这个实际上梳理一下新诗百年和译诗百年，当中我们应该注意的问题。

诗歌到底可译不可译，这个问题，一直到现在还在讨论，说诗歌不可译肯定不多，但是，讨论还在继续，就在我写这篇东西的时候，我收到了一封邮件，是成都草堂国际诗会发来的邀请函，8月在成都和庐州两地举办的国际诗会，主题是探讨诗歌翻译的可能与不可能，世界现代诗歌的翻译与交流。可见，诗可译否，至今仍是一个议论不休的问题，说到诗可译否，我想起来有一件事，这个事是我自己的亲身经历，但是我有时候觉得，如果我不说一说，可能以后就没人知道。什么事？就是"文革"后期，我们北大那些我上西语系的时候的老教授，大概有二十几个教授，我本人是法语学了一年半以后，从法语又转到西班牙语去的。因为我本来考的是北大中文系，我上中学上大学的时候都喜欢中国文学，喜欢中国诗歌，而且是古典诗歌。但是，被西语系从中文系要到了西语系学法语，学了一年半法语，又改行改学西班牙语，改学西班牙语过程当中，还有一年半脱产，你们可能没赶上，当时"文革"以前有一批人，蒋南翔当时是教育部长，或者高教部部长，提出了要培养双肩挑的干部，所谓"双肩挑"就是既要搞业务，又要搞行政。我有一个中学同学，我在北大我们西语系做学生会主席，他在清华自动化系做学生会主席，他后来做了北京市委副书记、司法部部长，他就是清华的这种双肩挑干部。我是始终认为双肩挑挑不动，挑不起来，北大双肩挑的人大概没有一个真正挑起来的。

当时我们西语系有那么多教授，"文革"后期就把他们组织起来学习，就是不劳动改造了，天天组织学习，后来，中华人民共和国恢复了联合国常任理事国的席位，就发现联合国那儿有一大批英文资料是关于中国的，没有翻成汉语，后来就把这个任务交给了北京大学西语系这批老教授，大概朱光潜他们这批人，朱光潜、李赋宁、杨周翰，后来联合国据说对这批资料翻译的质量非常震惊，但是他们不知道那些翻译根本就不是普通人翻译的，都是些久经考验的、经过"文革"洗礼的这些老先生他们在那儿翻。有一次，召集人齐先生跟我说，他说他去问朱光潜朱先生，有一首王勃写的唐诗，只有四句，是个五言绝句，好像题目叫《山中》，原诗是说

"大江悲已滞，万里念将归。况属高风晚，山山黄叶飞"。这可能大家伙都知道。他去问朱光潜先生，说朱先生您说这首诗怎么翻译成英文？朱先生说没法翻。

那么好，没法翻，那诗可译不可译？如果从这个角度看，那它就不可译。所谓朱先生说不可译，是指你要把我们这个唐诗的形式翻成外语，它不可能译出来。是因为那诗歌的形式是不可译的，任何一个西方语言，比如《诗经》，你不可能把"关关雎鸠，在河之洲"，那么一句诗只有八个汉字，四个汉字就是四个音节，四个音节大概在任何一个西方语言里也就是一个单词，你怎么可能译出西语诗能跟汉语诗一样？这个不可能的。但是，可译，就是说你把那个诗的意境，把它译成外文诗，这是可以译的。所以，这个诗可译不可译，其实就是说既可译又不可译，有可译的部分它也有不可译的部分，不可译的部分你不要强求，所以反过来说就是，你看看把中国诗译成外文的那些诗，哪个能像我们中国原诗一样的？当代的诗是相对容易的，为什么？因为我们就是从外国那儿学来的，如果你译当代的一些诗，我觉得译起来并不是很费劲，尽管我可能不懂，这也是现代新诗面临的问题，一开始我以为有的外国现代派的诗我不懂，我发现现在我们中国诗人写的诗我也不懂，就不知道他要说什么，这个是一个很大的问题，这个我认为是我们中国诗人，当然外国诗人也一样，就是说诗歌这种私密化、个性化、碎片化，这也是当前的新诗我觉得有时候脱离群众，为什么？因为人家看不懂，不知道你要说什么。

我举一个简单的例子，比如我有一个学生他写一首诗，他写一次去山东的一次旅行，他里边用了一句话，说"淋了一场大舌头的雨"，什么叫"大舌头的雨"？这个翻译只能就直接给他译成大舌头的雨？那我没法翻别的是不是？后来我问他自己，我看他自己写的文章里说，为什么写"大舌头的雨"？他说他想嘲讽一些山东人说话大舌头，这个就没有普适性，就是如果你写诗，你那意象就是你自己这么想出来的，别人没法理解，没法引起别人的共鸣，那别人为什么要读你这诗？我译古巴诗人的诗集，我本来不怎么想译，但是没办法，人家就是需要，这个诗出得还挺漂亮，叫《五月中的四月》。其中比如说有一句诗，不是一句了，有很多这样的句子，但是我没法，我还尽量译，这个诗的题目是在马德拉斯，马德拉斯是印度的一个海滨城市，但是一开始他说了，我曾在马德拉斯海滨裸泳，但是下边说了，"深海里，预感到我的小活塞机要摆脱纲领性的兄弟情谊"。这是什么意思？按照他给我解释的，说白了，就是想在大海里撒尿他认为是。

我说你这个"预感到小活塞机要摆脱纲领性的兄弟情谊"，这个直译就是这样的，我也没办法，我只能这么直译出来，但是这个是当前新诗创作的问题。因为你要想翻译这样的诗，那怎么办？我个人始终都是主张，就是你首先要看懂，你要看不懂，以其昏昏使人昭昭，这是不可能的是不是，你都不明白，你让读者他怎么明白？那谁都不明白，那翻这个东西干什么呢？是不是？所以当然就有这样一个问题。现在我们翻唐诗或者翻古诗，没有这个问题，不可译是因为古代诗歌形式本身，我们汉语本身不可能像一般人所想的，把它一个字一个字对着翻过去就成了，那它不光是不成诗，它连话都不是。这个当然是另外一个问题，就是说当代诗歌翻译起来觉得没法翻，是因为他要说什么你不懂。

朱光潜先生在学界绝对是大师一级的。朱先生自己也有诗歌翻译，也有他自己的理论。那么诗歌可译不可译，反过来也可以理解，我们都知道学外语的人，写诗，写文章，非常忌讳同一个词的重复，可是我们汉语里边经常会有这种重复，因为我在翻译《红楼梦》的时候，翻《红楼梦》碰到很多问题，上次我可能说过，"花谢花飞花满天，红消香断有谁怜？秋风惨淡秋草黄，耿耿秋灯秋夜长"，像这种你怎么可能翻？你就不可能直接翻过去嘛。"桃花帘外东风软，桃花帘内晨妆懒，帘外桃花帘内人，人与桃花隔不远"，是吧，汉语你觉得这是很美的，但是外语是没法翻译的。你左一个桃花，右一个桃花，你那个外语就不成话了。那怎么办？实际上只有一种办法，一会儿我会读一段帕斯关于诗歌翻译的话，他说你看懂了这个诗，你再用你的母语写一首跟它尽量相似的诗，所谓诗歌翻译是二度创作，就是在这个意义上说的。

我们知道英文版的《红楼梦》，大家公认的有两个译本，一个译本就是国内杨宪益先生跟他的夫人联袂翻译的英文版《红楼梦》，一个版本就是大卫·霍克斯翻的《红楼梦》，那么这两个版本的《红楼梦》，这两个译者都是齐先生的好朋友，也是北大当年另一个美国教授温德的好朋友，温德早就去世了，因为他从 1930 年代就到中国来了，他好像活到了一百岁，我上学的时候他还在我们英文系当外教，那时候叫专家。齐先生去问温德，说你说杨先生跟大卫·霍克斯这两个《红楼梦》译本，谁译得好？这是齐先生跟我说的原话，说温德他要滑头，他不肯说，因为你说一个好就得罪了另外一个人，都是他的好朋友，他就不肯说。但是最后，齐先生说等我临走的时候他冒出一句话来，说大卫·霍克斯翻的《红楼梦》里边的诗，真是诗。那么这里就有一个问题，这言外之意，杨先生我是非常尊敬的，因为我也不懂英文，我也没有资格评价英文版《红楼梦》，而且，西班牙文版《红楼梦》首发的时候，杨先生还和国内外文局的两个人一起去参加过首发式，我们谈得非常投机，我非常尊敬，或者可以说是崇拜杨先生。

但是，也有一个问题，因为英文毕竟不是杨先生的母语，就是我们中国人把那个诗翻成外文，主要也还是根据字面翻译，这里边就有一个所谓翻译当中，这个译化和归化的平衡，所谓译化，当然是希望丰富我们的汉语，使我们的汉语能够更加丰富，能够从外语当中吸收一些有益的东西、有益的元素，使我们汉语更加丰富，这个当然是很好的，或者使我们翻译出来的那个译文带一些所谓洋味。但是也有一个问题，如果你处理得不好，它会对我们汉语本身，它不是一种美化或者一种丰富，它可能会使我们的汉语受到一些污染，这是我个人觉得。那么这就是这个译化跟归化的问题。为什么我会说这个问题？因为我自己也有切身经历，我在西班牙住了四年，跟我合作搞《红楼梦》的那个人也是个诗人，他比较年轻，我比他大二十岁，我四十八岁，他二十八岁，他在一个大学读博士，也出版过一本诗集。我们去一个书市，其中有两本唐诗译成了西班牙语，其中有一本唐诗是我在墨西哥的同学译的，现在还在西班牙，等于定居了，就专门译唐诗。还有一本是巴塞罗那的一个西班牙人，在北大留过学的，翻的一本李白的诗。

我跟他介绍，说这个诗集的译者是我在墨西哥进修时候的同学，然后他说一句话对我有点刺激，他说你的同学译的我也不买，为什么不买？如果他译的那个唐诗，译得很准确，一句句的，但西班牙人看，显然他认为那不是诗，至少不是什么好诗，所以他不买，他要买西班牙人译的译本。这就有一个问题，原来我们中国人自己译的唐诗，《诗经》译得也很多，但在国外往往推销不开的。可是我们都知道，美国人庞德译的唐诗，直接影响了美国诗歌的发展史，显然那个诗你要是让我们中国学外语的人看，绝对不能算好翻译啊。那么这里边就有一个这样的问题。

这就是诗歌翻译当中有这样一个问题，这是我经常讲，所谓这个译化和归化怎么协调，怎么平衡，是吧。所以诗歌翻译，我们反过来也可以看出来，哪部分是可译的，什么是不可译的？如果你把日本古典诗译成中文或者中国古典诗翻成日文，可能是不是要容易一些？我觉得越南语也可能，因为我跟北大越南语的老师交流，比如我们七言诗我们常用的，越南是八个音节，或者八个字的是他们常用的，这个大体你要转译，相对就比较容易。

诗歌翻译难实际上不是难在说我就把那意思翻出来，那并不难，难在要以诗译诗，难在我们把外语的诗译成汉语，在汉语里也是诗，如果是好诗那当然就更好了，难在这个地方。就是把汉语的诗译成外语也是一样，你把它文字意思译过去不难，把它译成外语也是诗或者也是好诗，对于我们中国人来讲我认为是比较难的，至少对我个人。所以我个人从来不把汉语诗译成外语，如果我译过两三次，那我一定是找一个西班牙语诗人跟我一起合作，我译第一稿，让他译第二稿。所以前一阵，一个朋友就死活非得把他译的李清照发给我，让我帮他，我说我改不了你的东西，道理很简单，我不是西班牙语的诗人，我用西班牙语不会写诗，我怎么能把李清照的诗翻译成西班牙语，我怎么改你的诗？我就建议他，我说你找一个西班牙语的诗人跟你合作，你译他校，或者你们两个人共同翻译，不要说找一个朋友帮我看一遍，没人给你逐字逐句花那个功夫，那个是不行的。

所以，我觉得英语、法语、西班牙语，我们现在基本上可以做到对应翻译。但是，中译西，我还是主张最好是由中国学西班牙语的专家和外国的汉学家合作翻译，还不一定是汉学家，就是你翻译诗你找西班牙语的诗人，让他跟你合作算俩人翻，而不是说我翻让人家给看一遍，朋友之间他不会那么认真，为什么？因为你也不署人家的名字，人家什么都没有。所以尽管诗可译否的问题一直在持续，而新诗百年和译诗百年几乎同步前行，但以诗译诗则是大多数人的共识。当年译诗的人的确以诗人居多，你看"五四"以后，新诗基本上很多译者本身就是诗人，胡适、徐志摩、卞之琳、戴望舒、冯至，这些人本身既是诗人又是译者。

但是后来就不行了，这跟我们教育体制本身有关系，学中文的跟学外语的，学外语的甚至是学英语的跟学法语的互相之间都壁垒森严。目前的情况又开始改变了，比如北大中文系念博士的时候，他们都在外语系学英文，学法文，学德文，甚至还有人学拉丁文。若干年以后，可能又会出大师一级的人物。我们这一代人，实际上是过渡的一代，我在西语系当系主任的时候，我经常讲，跟我们西语系的那些老先生我没赶上，比如翻译意大利但丁《神曲》的一位老先生是德语的教授田德旺，那时候我当系主任，他可能已经八十多岁了。那个老先生真的是不显山不露水，很和气，谦谦君子一个老头。但是如果你细想一想，他是清华英语专业的学生，他是我们北大西语系德语的教授，他是意大利佛罗伦萨大学的博士，你想想他那个拉丁文、希腊文，他七十三岁得了癌症，开始翻译《神曲》，翻译了十七年，到九十岁《神曲》翻完了，老先生走了。

所以我做外语学院学术委员会主任的时候，我就跟外语学院那些年轻老师讲，什么是北大传统？这就是北大传统。做学问真的是要冷板凳坐十年，文章不写板子空。德语系老先生杨业治，那是"文革"以前二级教授，"文革"以前二级教授就很了不起了，因为西语系当时只有两个一级教授，一个是冯至，一个是朱光潜，杨业治还是杨振宁的老师，在西南联大的时候，但是有一条，杨先生不怎么著书立说，杨先生就是传道解惑，教书、做学问是一种享受。这些老先生是这样的，你要看他写的什么专著、他翻译什么的很少，但是真有学问。有一次湖南人民出版社有一个老编辑，给我写一封信，里边有两句拉丁文，说我们湖南找不着人看不懂拉丁文，你帮着到北大找一个人请教一下。当时我家跟杨先生隔一条马路，他在燕东园一个小楼房里住，我去找杨先生，杨先生到书架拿下来贺拉斯的《农事诗》，拿来翻到那一页，你看就是这两句。你不服真的是不行，是吧。现在不行了，现在如果像杨先生这么做学问，连教授都评不上，你不发表专著，你不写论文，这种体制本身是有一定的问题。

有些事情就是说，我说一说你们就可以多知道一些，如果我不说，可能以后，你再问外语学院的那些中青年老师，他们认识都不认识老先生们。

关于诗歌翻译，帕斯写过一篇文章叫《文学与直译》，里面专门讲诗歌翻译，帕斯在这篇文章当中说，从理论上说只有诗人才应该译诗，而实际上，诗人成为好译者的情况寥寥无几。之所以如此，是因为他们几乎总是利用他人的诗歌作为出发点，来创作自己的诗歌。好的译者则朝着相反的方向运动，他的目标只是一首类似的诗歌，既然无法与原诗完全一样，诗歌翻译是一种类似于诗歌创作的举动，但它只能在相反的方向展开。

诗人沉浸在语言的运作中，不停地在语言中徘徊，选择词藻，或者被词藻选中，用词藻的组合构建自己的诗篇，一种无法替代与更换的符号创造出来的作品。译者的出发点不是运动中的语言，不是诗人使用的原材料，而是原作固定的语言，凝固，然而却又是完全鲜活的语言，他的活动与诗人的完全不同，不是用活动的符号构筑无法更改的文本，而是解构这个文本的部件，再将这些符号重新排列并返还给语言，直到这一步，译者的活动和读者、评论家的活动颇为相似，每一次阅读都是一次翻译，每次评论都是一次阐释，不过阅读是在同一语言内部的翻译，而评论则是对诗篇自由的解说，或者更确切地说是一种移位，就是转移的移、位置的位。对评论家而言，原诗是转向另一个文本的出发点，那是他自己的文本，而对译者来说，则是用另一种语言和不同的符号，创作一首与原作相似的诗。如此看来，在这第二步中，译者的活动与诗人的活动是相似的。就是二度创作，它也是一种创作。但有一个根本的区别，诗人开始写作时，不知道自己的诗会是什么样子，而译者在翻译时，已经知道他的诗应该是眼前那首诗的再现。在这两步中，诗歌的翻译与创作是类似的行为，尽管方向完全相反，翻译过来的诗歌应该是原诗的再现，尽管如前所述，他既不是复制，也不是转化，按照保尔·瓦雷里无可辩驳的说法，理想的诗歌翻译在于用不同的手段创造相似的效果。

我所以引用帕斯的话，不仅因为他是一位大诗人，1990年诺贝尔文学奖得主，还因为他也是一位翻译家，尤其是他还翻译了杜甫、王维、苏轼等人的诗歌。当然，他的翻译并不完美，主要是因为他不懂汉语，是从英文转译的。我举两首例子，就是帕斯翻译的唐诗，杜甫的诗，有一首诗是大家耳熟能详的，叫《春望》，"国破山河在，城春草木深。感时花溅泪，恨别鸟惊心。烽火连三月，家书抵万金。白头搔更短，浑欲不胜簪。"那么这首诗，他翻译成好像音节数大体上是一致的，尽管不是七个音节，你听他有一点韵脚。如果我把它直译成汉语，反过来，我不知道他为什么译成了"被俘的春天"，不是《春望》，他是被抓住的那个春天。如果直译，他译成这个样子，说帝国破碎了，山河还在，这个没问题，"国破山河在"，下边那句就莫名其妙了，"城春草木深"，他译成了"三月，绿潮淹没了街巷和广场，现实严峻，花上有泪水，鸟儿的飞翔描绘着别离，碉楼和垛口，说着火的语言，斑驳的黄金是家书家信的价格，我搔着头，头发花白而又稀少，已经留不住轻轻的头簪"。后边的意思还可以，差得最离谱的就是第二句，就是"这个三月，绿潮淹没了街巷和广场"。说帕斯是大诗人，他翻译的诗肯定是诗，这个是毋庸置疑的，而且他那个诗还是很流行的，在墨西哥很好卖，我在墨西哥进修回来，我一个老师送给我一本，就是帕斯翻译的这些诗。

所以正像帕斯本人所说的好诗人不一定是好译者，他这个诗也不能说是好的翻译，因为确实是。但是，就这首诗而言，问题并不在于以诗译诗，而在于误译，这责任不在帕斯，是在那英文的，因为他是从英文转译过来的，而且他不是这首诗，他译的所有的诗可能大部分都是从美国诗人温伯格译的英诗转译的。

所以，诗歌翻译是二度创作，就是因为实际主要原因是你要以诗译诗，但是你如果泛泛地说，任何一个文学翻译都是二度创作，都不是像一般人想象的那样，说就拿着诗对着字典，就一个字一个字地对号入座翻译就行了，显然翻译不是这么一回事。你知道这个诗歌翻译是怎么回事，所以我就经常会跟诗人讲，你要知道，你所读那个外国大诗人的诗，不是那个大诗人写的，是那个译者写的，你不要以为你在模仿诺贝尔奖得主，你模仿的是那个译者，这个我觉得要清楚。

实际上，刚才我们主要讲诗可译否和以诗译诗，实际上以诗译诗，就是诗歌翻译，我们所追求的也就是译诗和原诗的最佳近似度，就是它尽可能地相像，完全一样是根本不可能的，是吧，因为形式本来是不可译的，就不可能完全一样。这样吧，我先读一首我自己译过的十四行，这是一个秘鲁19世纪末20世纪初一个诗人，这个诗人本身实际上是个散文家，也是个思想家，我先读一下原文，然后我读一下我的译文，实际就是大家伙听一听，这首诗的题目叫《生与死》，那么把它翻成汉语，《生与死》："生的气息如烟雾茫茫，人鸟花都会死亡，爱情会奔向遗忘的海洋，快乐会躲进狭小的墓葬，昨日的灿烂，今在何方？所有的光辉，都会化作夕阳。所有的佳酿都蕴含着胆汁，一切都在讲出生的罪过补偿。享乐是一种甜蜜的痛苦，谁能只有欢笑而没有悲伤？情感似火焰，疯狂而又徒劳，焦虑即渴望，徒劳而又疯狂。何为生？身在梦乡而没有入睡，何为死？已经入睡又不在梦乡。"大概是这样一首，因为他们信天主教，所以他认为人生来就有原罪，所以他其中会有一句说，一切都在讲出生的罪过补偿，这个本身有宗教意味。但是如果作为一个人，回首自己一生的时候，还是有一定的哲理，有一定的道理。年轻人不适合读这种诗，年轻人还是要奋发，要上进，这个有时候会有一点恬然自安。

假如你要说最后两句，什么是活着？活着就是做梦还没睡着。什么是死了？死了，睡着了不做梦。这就是白话，这就不是诗的语言，所以如果说"何为生？身在梦乡而没有入睡。何为死？已经入睡，又不在梦乡"，这就永远地安息了，解脱了。所以，如果这样看待生死，我看对死也没有什么可畏惧的，死就是一切全部解脱、彻底休息，就是我们汉语说的安息了，这个就是。

这首诗我为什么念一下？我有两次跟他们诗人一起出去朗诵会，朗诵完了，有人上来，跑来跟我要这稿子，说老师你能不能把你那稿子给我？如果不能给他，他就用手机拍。我觉得它有一条，它是有点普适性，一个是他能懂，一个还觉得这里边有些可以参考的东西。相反有很多时候，我在去西昌诗歌周的时候，在泸沽湖那儿朗诵，我跟一个西班牙人一块儿去朗诵，那西班牙诗人一看下边马上就说，赵，我不朗诵那首诗了，我说为什么？他说你看底下的听众没人听，都在那儿说话，他说算了，我说个绕口令得了，就说了个绕口令，说得挺热闹，我说这没法翻译，这有什么好翻译的？就跟那吃葡萄不吐葡萄皮似的，这有什么好翻译的。

但是为什么会有这种状况？没人听呢？我就认为，我还是觉得那个新诗本身，有的诗不适合朗诵，有的诗是案头化的，你看还得琢磨半天才知道要说什么，你念一遍人家怎么听得懂？是吧。所以我就想咱们有的中国诗人去参加麦德林诗歌节，那个真的不得了，一周举行一百五十场朗诵，而且一个人要朗诵半小时，不是说你朗诵一首就完了，而且还没有翻译，比如汉语诗那儿没有翻译，哪儿有翻译？但是听众人不走，下雨，打着雨伞听着都不走，而且他们到各个地方去朗诵，到监狱里边、工厂里边去朗诵，我觉得那个才是诗歌节，我们这诗歌节往往好多都是诗人的自娱自乐，就是诗人自己在那儿朗诵，底下没有听众。

我们讲这个翻译诗歌，所谓追求最佳近似度，就是你在翻译的时候要考虑这个问题，我只想举我自己翻译当中的一些，我自己的一些经验，或者是我自己的一些想法跟大伙交流。我翻的第一部作品，我自己独立完成的就是一部史诗，是在1984年，我想跟大家谈一谈这个诗，我还带来了。就是这个诗集，《马丁·菲耶罗》，这是阿根廷的一部高乔人的史诗，我们知道阿根廷有一个大草原叫潘帕斯，草原上19世纪有一些游牧的流浪歌手，有人翻成加乌乔，有的翻成高乔，就是高乔斯，是一个阿根廷的少数民族。那么这个草原上流浪的歌手，他们这些歌手经常是到各个地方，尤其是到那些广袤的草原上有村落、有酒吧，到那酒吧里去演唱，结果就形成了一种民间歌手即席演唱的这样一类诗，就叫高乔诗歌。到后来，就有文人模仿那些歌手演唱写的诗歌，具有史诗规模的，其中的代表作就是这个《马丁·菲耶罗》。

我是上大学三年级的时候，我们有一个从阿根廷请来的外教专家，他让我们读这个史诗，但不是全部，当时我读，那时候学生就比较喜欢，喜欢嘛，有时候就自己学着把它翻成汉语，今天翻几行，明天翻几行。等到文化大革命的时候，就没事干了，那时候也不上课了，我就把它继续翻，它是分成两卷，我就把上卷翻完了。翻完了以后，1979 年到 1981 年，我到墨西哥学院去进修，在那儿碰到了一些从阿根廷流亡到墨西哥去的老师和学生，这个诗其实难在什么地方？难在它里边的那些土话，就是高乔人说的那些土话我看不懂，我在墨西哥的时候就想把这个诗翻完，就是下部，它分两部，下卷更长，在那儿我基本上把它翻完了，而且后来我在国内又碰到第二外国语学院有一个从阿根廷请来的外教，是阿根廷科尔多瓦大学文学系主任，就是专门研究高乔文学的，他自己还出版过这个《马丁·菲耶罗》研究，剩下为数不多的问题，他帮助解决了。

而且特别有意思，后来这个人就回国了，这个老师已经去世了。结果我 2010 年去阿根廷的时候，碰到他的外孙在那儿学汉语，结果他们老师跟他说，有一个北京大学来的老师翻译过《马丁·菲耶罗》，后来他那个外孙就跟这个中国教员说，说我外祖父也认识一个在中国翻译《马丁·菲耶罗》的老师，后来一看就是我，我回国就发了一个邮件，果然是他的外孙，结果他母亲第二年就到中国来了，所以地球也很小。那么这个诗翻完了以后，就在我抽屉里放着，因为从来也没想过要出版，我就是喜欢，就把它翻出来了，放在那儿。结果赶上 1984 年，是这个诗人，这个作者叫何塞·埃尔南德斯，他诞辰一百五十周年，阿根廷政府要把他的诞辰定为阿根廷传统文化节，就要搞一个展览，展览各种语言版本的《马丁·菲耶罗》。结果，台湾就先知道这个消息了，台湾国立编译馆就出版了这个《马丁·菲耶罗》，出版了这部书，把它运到阿根廷去了，就要参展。结果还剩三个月的时候，我们驻阿根廷大使馆知道这个消息，当时的文化参赞就去找阿根廷外交部交涉，说你们不能展览台湾的本子，说如果展览台湾的本子，就是制造一中一台或者两个中国，阿根廷外交部就说，那我们不管一个中国，两个中国，你要有我们就展览你的，你没有我们就展览他的。

在这种情况之下，结果张先生就给国内的西葡拉美文学研究会写信说你们赶紧出这个书，我们好拿来展览。但是1984年的时候，没有激光照排，就没有一个出版社肯出这个书，第一，诗歌不赚钱，而且《马丁·菲耶罗》中国读者谁也不知道，出了他也不赚钱，时间那么紧张，就没有出版社愿意出。结果我们那个文学研究会有一个副会长就给几位中央领导写信，就说希望你们能够促成这个书出版，好到阿根廷去参展。有一位领导人就写了一个批示，此事交某某某去办，结果那个人拿那个条找到社科院，我们那个副会长跑到我家里去背着我那稿子，就跑到湖南人民出版社，说你们把这个书一定要赶出来。结果这书八十天就赶出来了，就是这本书。

这本书，你们可以看看，当时是在1984年的时候，国内出成这样的书是很少的，当时是在国际俱乐部搞了一个很大的首发式，有六个单位，包括中国文联、中国作协、对外友协、外国文学学会、西葡拉美文学研究会，还有一个国际俱乐部。我当时还可能比你们大，1984年我四十四岁，那就是小字辈，我就坐在这个地方，开会的时候，台上那些人是冯至、艾青、卞之琳，都是他们这些老先生坐在上面，因为他们每人前面放一本书，我坐在那儿我都听得见那些老先生在那儿摸这书在那儿小声地嘟囔，说我一辈子都没出过这么一本好书，就这么说，当时就是这本书。所以今天我把它带来，你们可以看看这个书。

我自己在想，我当时其实也没有任何经验，而且没有翻译过这种大部头的作品，我是1981年才从墨西哥进修回来，而且我自己翻这个稿子根本就没想到它要出版，或者能出版，这个就是说运气，也就算运气好。这书翻的时候，当然我自己还是有些想法，我后来想，我的一些想法跟帕斯说的那个思想是吻合的，当时我想，翻这个诗，因为它是一个叙事诗，它是一个讲故事的，当时讲怎么翻，首先从形式上，形式上看它是谣曲，它是西班牙最流行的八个音节一句短诗，那么我想，我们汉语，民歌最流行的是七个音，是七个字，七言是我们最流行的，所以我基本上，现在想想就是，如果让我现在再译，也可能我不一定会把它这七千二百行全部用七言，这个是给自己戴一个镣铐，这是很难的，有些地方你不能不想办法处理，《马丁·菲耶罗》，这五个字了，是吧，如果它里边粘上去怎么办？那只能用人称代词代，要不然就直接用马丁，要不然就用菲耶罗，因为马丁·菲耶罗本身也没有这么一个人名，马丁是一个人的名字，菲耶罗意思是一个矛头，就是一个铁的，实际上词源是一样的，只有这样想办法。

实际上当时为了大体照顾它的形式，是大体上一样的，至于押韵，它原诗是押韵的，所以我大体也押韵，但是我有一条，我不按照西班牙语押韵的方式押韵，我是按照汉语的习惯来押韵，这个也是刚才我说那个译化和归化的问题，就是你按西班牙语押韵的方式，用汉语它又不押韵了。也可以，但是你可能费了那么大的劲，最后我们汉语的读者一念，反倒音乐感并不是那么强。那么这就有一个问题，包括从风格上讲，你如果译一首谣曲（音），像译十四行诗一样，十四行诗有点像我们的律诗，它是要求最严格，那语言一定是不能够过分地俏皮或者是活泼，它不是那种。相反，你译一个民歌，一定要译得特别流畅。

所以这个书出版以后，在阿根廷也很受欢迎，我带来这本书就是让大家伙看看，阿根廷出了三个语种的《马丁·菲耶罗》，就是西语、英语和汉语，汉语用的是我的这个本子，只是它排的时候，没有全排成像我们那种豆腐块，它按照原诗的排法排成这样，这个书在中国虽然知道的人不多，但是在阿根廷是家喻户晓，出版商告诉我说，这个书一出来外交部就先订了一千册，就为作为礼品送给外国人。但是尽管他们一分钱也没付给我，能把这个书在阿根廷印出来，寄给我十本我就很高兴。

所以这个书出来以后，阿根廷给我授了一枚五月骑士勋章，主要就是因为出这个书。阿根廷驻华大使是原来驻联合国的大使，我去看他，我就带了一本《马丁·菲耶罗》送给他，他就说，赵，你给我念几句我听听，这是第一次去大使馆，我就给他念几句，原文他们都能背的，所有阿根廷人都能背的，然后中文给他一念，"我在此放声歌唱，伴随着琴声悠扬，一个人夜不能寐，因为有莫大悲伤，像一只离群孤鸟，借歌声以慰凄凉"。他听了以后非常高兴，马上跑到柜橱里头拿出一把高乔人用的那种短刀，赵，送给你这个，我说我们中国人不送刀的，一刀两断，但是这是开玩笑，后来他就向他们外交部去申请，说我要给你申请一个奖，后来1999年，江苏人民出版社出第二版《马丁·菲耶罗》的时候，首发式上就给我颁了一个五月骑士勋章，因为阿根廷的五月就等于我们中国的十月，他们共和国就是五月革命以后建立的，所以叫五月骑士。

我从来就认为，翻译没有最好，没有说谁翻得最好，没有，只有相对而言，翻译只有更好，就是他比他什么地方更好一些，我觉得是这样的，你一个人翻了以后，你拿出个三年以前翻的，你今天再看，你就想改，是吧，为什么想改？就是因为它可以更好，没有说这个翻的、哪个翻的是完美无缺的，没有，包括前一阵有人写文章说北外董燕生教授翻那个《堂吉诃德》，认为说就不如杨绛先生翻得好，那我觉得都是相对的，是吧，杨先生有杨先生的长处，董先生有董先生的长处。而且当时本来找董燕生老师去翻《堂吉诃德》的时候，最先找的是我，漓江出版社总编刘硕良找我，让我翻《堂吉诃德》，我说我不翻，他说为什么不翻，我说中文比不过杨先生，西文比不过董先生，我说你要想超过杨先生，那你就得找董先生，为什么？杨先生西语不是科班，杨先生是自学的西班牙语，董老师那全国统编西班牙语教材是他主编的，他那西语的理解绝对是，我个人认为，如果你不超过杨先生，那你何必再重译呢？你既然要重译，一定要在某些方面超过前边的，你才有价值重译，是吧？所以后来给董老师译的《堂吉诃德》评上了鲁迅文学奖，我也是评委。

所以突然冒出来一个中文系的人写文章说董先生翻得不好，这都甭讨论，因为没的可讨论，你不懂西班牙文，你说那翻译翻得不好，我觉得这就没有什么可讨论的必要。但是如果我们讨论董老师那个译本，我现在就很希望，比如有人能把国内的《堂吉诃德》那么多个译本，能够进行一些比较，实事求是地写一些文章，说明哪个优劣、哪个长处，这个我觉得是很有价值、很有意义做的事情。但是这个事情可能比较费劲，而且可能还费力不讨好，所以目前也没人做。我是因为北大西语系梳理一下关于《堂吉诃德》在中国的译解和传播，我是感受非常强烈。强烈在什么地方？中西文学交流是很不对等的，至少在西班牙语是这样的，比如说《堂吉诃德》这部书，你们都不知道国内有多少《堂吉诃德》的版本，上百个！我都想不到《堂吉诃德》有各种各样的版本，小学生读本，初中生读本，高中生读本，什么青年读本，少年读本，绘图本，漫画本，你都不知道，什么小的地方的出版社都出版《堂吉诃德》，我数了数大概从林纾1922年翻译《魔侠传》开始，他最早翻译的叫《魔侠传》，已经有上百个版本，我非常吃惊。

相反，《红楼梦》在全世界那么多个西班牙语国家，只有一个版本，就我在西班牙格拉纳达大学跟他们合作出版的那个西语《红楼梦》，我们国内也出过一个西语《红楼梦》，就外文局翻译那个《红楼梦》，但是那个《红楼梦》根本流行不开，在国外没有人知道。我到王府井外文书店去买那个《红楼梦》的时候，碰到一个委内瑞拉的留学生，非要劝我不要买，说先生不要买这个书，这个书翻得很差。我说我买回去，我看看。但是我知道，当时外文局交给外国人翻译，是秘鲁人在利马完成的，而且那人不懂汉语。

所以这个事反过来说，不管你是西译汉还是汉译西，西译汉我认为主要关键是汉语，汉译西关键是西语。为什么刚才我一开始就说了，我个人从来不敢独立地把一首诗翻成西班牙文，如果翻成了西班牙文，我一定要找一个西班牙的诗人帮我来润色一下，尽管有的时候他改得多，有的时候他可能没怎么太改，我个人那个水平达不到，就是我那个语感达不到。

这也是一种，就是我们说你要追求译文跟原文的最佳近似度，但是至于能追求到没追求到，那是另外一个问题，每个译者，可能这首诗你觉得还满意，那有的诗你怎么追求也不行，尤其像我刚才一开始说的那种诗，我根本就不知道他要说什么，那你说让我怎么办，我只能照字面给他写出来就完事，这个也符合先锋派，所谓让读者参加创作，读者想成什么就是什么，至于他是不是这意思，跟我译者没关系，翻出来每个人怎么理解，那就是读者的事了。

《马丁·菲耶罗》是叙事诗，又是诗小说，在我们讨论诗歌时，一般指的是抒情诗，抒情诗跟叙事诗不一样，叙事诗有情节、有故事、有逻辑，抒情诗没有情节，甚至没有逻辑，靠的是意象、是比喻、是无限的想象力，当然翻起来有时候就会更难。

所以说翻译，以诗译诗实际上就是二度创作，那么我最后说一点，就是我在西班牙翻译《红楼梦》的时候，也有一些体会，本来是说叫我去帮助校一下《红楼梦》，1987 年，我突然接到西班牙格拉纳达大学的秘书长给我发的一封信，说他们到中国驻西班牙大使馆去找文化参赞征求意见，希望他推荐一个人去帮助他们校订西文版的《红楼梦》，那个文化参赞推荐了我，说他认为你是最合适的人选，其实那个文化参赞就是当年在阿根廷使馆当文化参赞，写信要求我们赶紧出《马丁·菲耶罗》的那个文化参赞。当时我很犹豫，我说不去，结果有的人从外文局那儿听说，说你去吧，没有多少事可干，说有现成的稿子，你给看一遍就成了，结果我就答应去了。

结果到那儿一看，那个大学出版社说，说外文局给我们提供的那个稿子不能用，你要对照人民文学出版社的《红楼梦》，一句一句地来改那稿子。我也就回不来了，已经到那儿了，没办法，赶鸭子上架，那就硬着头皮做。所以我就提出来说你要给我找西班牙人合作，一块儿来做这个事。那个西班牙人还懂法文，他可以看法文本的《红楼梦》，按法文本翻译成一个稿子，我再对着中文本校他那稿子，实际是这样的，法文版《红楼梦》的译者叫李治华李先生，他也是跟法国人合作，据说翻了二十七年。你想想，翻译《红楼梦》，四年是不可能完成的，曹雪芹都写了十几年，是不是？"字字看来皆是血，十年辛苦不寻常"，还没写完，你去翻译怎么可能，你要从头翻，翻不了，我们那个词汇量跟曹雪芹那词汇量比是不成比例的。

在那儿翻当中，最大的问题就是我刚才说的，就是里边那些诗词歌赋、楹联匾额，那个是最难办的，"满纸荒唐言，一把辛酸泪，都云作者痴，谁解其中味？"我先把这个诗一个字一个字写出来以后，一个字下边注一个汉语拼音，叫那个西班牙人知道，这个中文诗，那个味道和押韵是怎么回事，然后再把每一个字的西班牙文的意思写在那字下边，但是这样写完了以后，西班牙文是不通的，因为那词序完全不一样，那怎么办？再写一句话，是按照这句话的西班牙语法的规范再写一个意思，然后，把这个给那个西班牙人，那个西班牙人把这个意思顺成一首诗，然后我们再把这个稿子，交给我们认识的当时在西班牙格拉纳达地区一些诗人，大概有四五位，把这个分给他们，你们用西班牙文看看，这个诗你们觉得怎么样？你们觉得要改，你认为应该怎么改？他们再把那个稿子返给我们，我们再看这首诗，他们改的那个结果，再把它顺成一个稿子，最后再给我，我再看那里边有没有什么地方跟汉语有离谱的地方，基本上就是这么做的。

　　所以，那个稿子，像《红楼梦》这样的著作，说实在话，西语有个三五个、十个八个版本，都是不为过的，因为每个版本针对的读者可能不一样，因为是第一个版本，我们就考虑到尽量不要搞得太烦琐，不要让那读者每一行都得看注释，因为你有些东西汉语有外国没有，这个怎么办？比如一开始谁给谁叩头，这叩头，外国人没有这个，如果你翻成一个，像谁他问候谁，他不能理解这是怎么回事，后来我们干脆就发明了一个字叫叩头，然后加一个注释，告诉你叩头是怎么回事，告诉你要跪在那儿是怎么样，就是这样的，有些东西是中国有的，比如你把炕翻成床，外国人也不理解，那炕底下可以烧火，可以烧热了，那床是木头的，他不一样，经常会碰到这种情况。费时间比较多的，比如说《红楼梦》里香菱那"菱"，西班牙没有菱角，你不能查植物学字典，拉丁文什么的，西班牙文里边插上拉丁文也不合适，那个是我们转译了，转成了睡莲，这也不难听，加上那香菱原来叫英莲，她是那谁的女儿嘛，甄士隐的女儿。

　　所以，就像这些地方，是你要想一些办法的。但是有一条，就是你翻成了睡莲以后，下边加一个注释，那个注释里头告诉读者，原文里这个植物是哪个菱，那个你可以写拉丁文，那个注释他可以看可以不看，他看一看也能懂。比如像人名，因为《红楼梦》里那个人名几乎都是双关的，甄士隐、贾雨村，什么"千红一窟，万艳同悲"，那没办法翻译怎么办？好像法语是把人名按意思翻出来的，但是西班牙文按意思翻出来特别滑稽，贾雨村，那雨村变成了雨水下的村庄，这个也不行，那么长，人家会觉得中国人的名字怎么那么怪。但完全按汉语拼音，他们有的时候不会念，也有问题，最典型的就是把曹操念成高高，没办法，因为外国人他没学过汉语拼音的他不会，他大体上能念，但是那音经常跟我们汉语不一样，就变了。

　　我最近在翻加西亚·洛尔卡 1934 年在布宜诺斯艾利斯的一个

演讲，吉狄马加好像很喜欢，说把它翻译成汉语，看看《诗刊》能不能用一下。后来我就翻，那个演讲也不长，大概有九千多字，我翻了一个星期还没翻完。为什么？就是因为他说的那些东西我们都不了解，他举了很多，比如西班牙唱弗拉明戈的歌手，那些跳舞的舞蹈家，或者音乐家，或者画家，我们不知道，因为他那个演讲的题目，实际上是把诗人，不是把诗人，是把艺术分成三个层次，一个层次是缪斯，一个层次是天使，一个层次，我翻成精灵，就是这三个层次，就这精灵这个怎么翻？那个字原文我看了，有的人可能从英文翻过来了，翻成魔灵，就是魔鬼的魔，那个字如果西班牙本意，是鬼，它也可以是幽灵，也可以是魂灵，反正它跟鬼有关系，但是它又不是贬义，我觉得汉语里就找不出一个字，所以那个字本身又有魅力的意思，我们那魅力倒真是从鬼，魅力的魅你看这边是鬼字，但是它又是鬼，它又是褒义，我自己选半天觉得都不是好的，精灵我觉得好像褒贬都可以，褒义更多。实际就是我们汉语说这个人有没有灵气，你说那灵气是什么？实际上就是说有的写诗是天才，有灵气，有的人就靠功夫，靠功夫的他认为达不到精灵那个地步。

所以，有时候你找不到一个字跟它能够完全对应的，只有这种你选一个字，然后你再加一个注释，这种可能还是挺多的，我们汉语里边那种综合性的词汇太多，西班牙语不是，我们汉语说喝酒，有一个字叫酒，它包括所有的酒，啤酒，葡萄酒，什么黄酒都是酒，西班牙语里你喝酒，好像，你说饮料有，说酒这个字一般的你要说出来你喝的是啤酒、葡萄酒，还是白酒，因为这个语言本身它不一样，当然跟这个民族的思维方式、文化传统关系很大，所以翻译确实是个很复杂的事情。

还有一个《红楼梦》里，这也跟翻译有关系，值得我们思考，《红楼梦》里边比如那些女孩子有赛诗会，大伙都写白海棠，写完了有评判，选了说黛玉的最好，结果翻译完了黛玉的不是最好，因为没办法。为什么？比如你写律诗要用典，好的诗往往用典，用典翻译诗是很麻烦的，因为外国人不知道，特别滑稽就是，还有一次他们要出一本《红楼梦》诗词选，结果跟我合作那位诗人，坚持要把那个叫云儿的写的两首小曲选上，我说这个不能，他就说这个写得好，这跟我们那个谣曲很像，就那两个冤家什么什么的，都难描画，什么丢不下你又记挂着他，就是这种。翻出来的那东西就是，你本来以为是好的东西，你翻出来，不是最好的。一个是有翻译水平的问题，一个是诗那原文适合翻译还是不适合翻译。所以这里边确实有很多问题，就是我们在平常都可能碰到。

我今年在西南交大，他们有一个《红楼梦》海外传播的研讨会，其中有俄语的，我不知道你们这儿有没有学俄语的人，他说俄语里边没有猴子，所以他就把薛蟠那个女儿愁，绣房里钻出个大马猴，那马猴他就不知道怎么办，就翻译成了钻出个大种马，或者是大公马。这种的，我说这个当然，这个马猴跟他那个女儿愁也有关系，女儿愁就钻出个大马猴，你要女儿傻，就可以钻出个大种马，因为要押那个韵嘛。所以在翻译当中这个处理确实有很多问题，像我刚才说那个，比如说西班牙没有菱角，那香菱就没法翻，西班牙其实没有，中国有西班牙没有的东西还有很多的，有的好像你说有，实际上没有，所以有人写一篇文章说，你说我们中国人吃那饺子，你现在翻成面饺，那都是意大利语，意大利那饺子跟中国饺子根本不一样，这就看你怎么说了，你说我把比萨翻成馅饼，那馅饼馅儿不在外边。当然你要是为了就是翻译成一个吃的东西，为了某个中国人可能没吃过比萨的，你写成比萨也没用，他也不知道是什么，你就说意大利馅饼也可以。

所以我就说不同版本的翻译，针对不同的读者，你可以有不同的选择，你不能说哪个就错了，哪个就对，你们都是做了多年翻译的，也都是翻译家，这每个人都会有自己的体会。

还有件事很有意思，比如说我在西班牙的时候，我住那个地方正好碰到加西亚·洛尔卡的妹妹，叫伊莎贝尔·加西亚·洛尔卡，我当时快五十岁，第一次去西班牙，后来又去过两年，他们就有人问我，说你翻诗歌，翻聂鲁达，翻米斯特拉尔，你为什么不翻我们这儿的诗人加西亚·洛尔卡，因为加西亚·洛尔卡我知道，戴望舒早就译过，但译的很薄一个本子，因为加西亚·洛尔卡就是我在那个大学，格拉纳达那个地方的人，结果就碰上，他们就非常积极，其中有一个当地当时最有名的诗人，后来这人自杀了，他自告奋勇，自己打字帮我选一个洛尔卡的选集，还写了一篇很有意思的一个序言，这就是后来人民文学出版社出的那个《血的婚礼》。特别有意思就是我有一次去参观他的故居，后来我跟那个加西亚·洛尔卡的妹妹认识以后，我就说，当时还有版权问题，因为他是1936年自杀的，但是到我去的时候早就超过五十年了，但因为加西亚·洛尔卡的家族向西班牙申诉，说加西亚·洛尔卡是非正常死亡，是你们把他枪毙了，他三十八岁就死了，如果你们不枪毙他现在还活着呢，所以那版权不能五十年，所以就给他八十年，当时还有版权问题，后来我就跟加西亚·洛尔卡的妹妹说，我要在中国出版一个他的诗选，是你们这儿哪个诗人帮我选的，我说这个版权问题怎么办？她说我给你写一封信，我把版权送给你，这就是我译的那个版本加西亚·洛尔卡诗集在中国出版的情况。

后来我在参观他那个故居的时候，他们就让我留言，我还给他写了一首应景的诗，叫"一代诗魂在此生，书生勤韵育精灵"，因为精灵就是加西亚·洛尔卡给诗人的最高层次，就是他认为是有精灵附体，"魔屋轮转天地动"，因为加西亚·洛尔卡到各地巡回演出，他编写剧本的那个大篷车叫魔屋，是一个大汽车嘛，"魔屋轮转天地动，婚礼血溅鬼神经，谣曲声歌皆出色，世人纽约总关情，八月十九天垂泪，从此泪泉流不停"。因为他是8月19号这一天跟两千多人一块儿被法西斯杀害的，那个地方是一个阿拉伯语的名字，翻译出来的意思叫泪泉。写完了我就送给加西亚·洛尔卡的妹妹了，结果她把它放在那个，马德里有一个大学生公寓，就是加西亚·洛尔卡上大学时住在那个地方，好多"27 年代"诗人都住在那个地方，他的基金会也在那儿，就贴在墙上。结果 2010 年是西班牙汉语年，我去西班牙的时候，一个诗人陪着我去参观那个大学生公寓，一进门，那个基金会主席好像是洛尔卡的不知道是外甥还是什么人，看到我就说，先生，我们这儿有一个日文的诗，你给我们看看这是什么意思，我说第一我不是日本人，第二这也不是日文，这是中文，这就是我写的，就是我写的那张纸贴在那个地方。

总而言之，诗歌翻译，其实讲了这么长，大部分是我自己的一些想法、一些心得、一些体会，耽误大家的时间，就讲到这儿吧，谢谢你们。

致敬翻译家

李 洱

主持人：今天上午咱们邀请到著名作家李洱老师来为大家授课，咱们先掌声对李老师表示欢迎。李洱老师 1965 年生于河南济源，1987 年毕业于华东师范大学中文系，是当代重要作家之一。李洱老师著有长篇小说《花腔》《石榴树上结樱桃》《应物兄》，中短篇小说集《导师死了》《现场午后的诗学》《饶舌的哑巴》《破镜而出》等等。《花腔》2002 年入围第六届茅盾文学奖。曾经获得第三、第四届大家文学奖，首届 21 世纪鼎钧文学双年奖，首届华语文学传媒大奖，第十届庄重文文学奖等。李洱老师的作品被翻译为德语、意大利语、法语、英语、韩语等多国语言。今天，李洱老师带给大家的题目是《致敬翻译家》，咱们掌声有请李洱老师。

李洱：我想我简单说几句，然后我们做个对话，你们想知道的，我认为我在中国作家里边读外国文学作品算是比较多的，这是肯定的，对中国文学发展的现状也比较了解这是肯定的，因为我是负责这一块的，在文学馆负责研究部这一块的。还有就是中外的文学交流我应该也知道得比较多，我也亲自参与。但是让我跟翻译家们讲课我不知道讲什么，确实不知道讲什么，我只能够说我受翻译文学影响很大，有人不停指责说中国作家的小说受外国文学影响太大了，中国文化的主体性在哪？你的文本的原创性在哪儿？经常有这种指责，这种指责也不能说没有道理，但是在我看来基本上没有道理。

　　就我对世界各国文学的了解、主要语种的了解，除了英语国家的作家，有些人大家听到上次就是格非和麦克尤恩对话是吧，晚上我陪麦克尤恩吃饭，又聊起文学，聊得比较深入，麦克尤恩不看外国作家作品，麦克尤恩不看德语，不看西班牙语，不看法语，几乎一无所知，麦克尤恩。那么这种情况仅仅发生在麦克尤恩身上吗？你一定知道麦克尤恩是以学识广博而著称的，这在中国作家身上是难以理解的，简直不可想象，这么大一个作家他对外国文学几乎不了解，他只熟悉英语文学。如果再熟悉的话，那么他就熟悉《圣经》，熟悉希腊神话，熟悉罗马神话，除此之外的世界各国的文学，现代文学、当代文学他几乎不了解，我提了几个非常重要的人物他都不了解，包括获得诺贝尔奖的作家作品他都不看的，所以我为什么说美国或者英国作家走向封闭，我们知道有一本非常重要的书，叫《走向封闭的美国》。美国的衰落、英语文学的衰落是必然的事情，昨天曹元勇他本人是翻译家，他现在浙江文艺出版社，我跟他同事十年，他有什么书都会寄给我，他昨天又在微信上发了一个关于美国《纽约书评》推荐的十本书还是十二本书，我一看这种书，在中国作家看来完全是小儿科。中国作家，我不是自大，中国作家目前所进行的艰辛的探索，所取得的成就远远高于英美文学。但是我们仍然要看这个英美文学作品，因为它有一种能力，这种能力它能够处理现实。中国作家因为历史过于深厚，历史的负担过于沉重，所以中国作家在处理现实的时候，有时候放不开手脚，当然也有各种各样的原因，语境的原因、现实的原因、政治的原因、出版的原因，等等等等。

　　但是有时候我们读西方的作品，读英美的作品，我们仿佛是在读自己的作品，当我的手脚完全伸开之后，我的触角能到哪一步。但除此之外他的艺术性我不认为他们有多么高的成就，因为他们很少看翻译作品。报纸上一味指责、嘲笑，说中国作家作品在美国只卖了多少多少本，卖了很少，美国的书单上、美国书店的书架上，中国文学作品很少，这不能说明任何问题。我记得有一次在纽约我就看电影，看我的电影，就是《石榴树上结樱桃》，从拍完到放映持续了五年时间，五年时间的修改，最后男主角都换了，只是小范围上映。后来到美国去的时候，我看他们在放映这个，放了一个中国电影周我去看了，放的《石榴树上结樱桃》，我一看只有六个观众。我就跟他们电影院讲，通过翻译，我说怎么只有六个观众？你不要担心，张艺谋的《大红灯笼高高挂》也是六个观众。第二天我又去了，永远也是几个观众在那儿看，但是这能说明什么问题呢？这能说明中国作家没有影响，中国作家写得就比他们差，怎么可能呢？中国十几亿当中就出了这几个作家，比他一亿人当中作家的智商要低？可能吗？完全没这种可能，但是我们仍然要看他们的作品。

中国作家能够取得这样的成就，虽然不被外边认可，能够取得这样的成就，很重要是看翻译，看翻译作品。整个中国文学史上的作品，我们现在说《诗经》不受翻译的影响，《诗经》不受翻译影响吗？《诗经》也受翻译的影响，各国的，各个不同地区的，现在叫各个不同省份的文学之间进行大的交流。所有的合纵连横都是用文学翻译的过程，我们说中国的几大名著《红楼梦》，《红楼梦》不受翻译影响吗？如果没有佛经有《红楼梦》吗？有《水浒传》吗？所以整个中国文学尤其是晚近越到后面，中国文学的发展，受这个翻译影响太大了。整个中国文化的形成，我们说儒道佛的主流，整个三足鼎立，整个中国文化的形成，是在翻译文学的影响之下，不仅是文学了。

我们现在把沈从文当成是典型反映了，简单来说中国风格、中国气派、中国审美，确实如此。但是我们一定要知道他写的这个《边城》，写的这个湘西在这个世界上并不存在。他写这个凤凰不是凤凰，他写的是希腊小庙，希腊文化对他的影响太大了，而他看的什么书？他看的《圣经》。湘西如果像沈从文笔下那么漂亮的话，那么一个桃花源的景致，一条河、一条狗、一座塔、一个少女、一个老人，所有的情节、所有的人物都简化到最极端的地步，故事几乎不发展，没有故事，这是兵荒马乱年代的湘西吗？这是沈从文生活的湘西吗？沈从文之所以要从湘西出来当兵，九死一生要出来当兵，为什么？湘西实在待不下去了，所以他写的湘西不是湘西，那么湘西这个《边城》之所以能够完成，是因为他受到了外国文学影响太大了，沈从文原来不会讲汉语，不会断句，他是从《圣经》学会了断句，他从希腊神话里，把希腊小庙放到了湘西，然后他从《左传》和《史记》当中找到了叙述中国人物故事的一些基本的技巧。沈从文当然是天才了，很快地拼装起了一个人物。现在我们认为，不光是西方人认为，中国读者也认为，沈从文是中国气派、中国风格最有代表性的，当中的误读当然非常非常大，但是他说明一个事实，也是翻译文学影响了沈从文。

当然最近几年中国作家不断收到一些外国书展的邀请，参加一些书展，有时候中国政府也会拿点钱介入这个书展，所以中国作家跟国外文学交流越来越深入，你仍然可以感觉到西方作家在中国作家面前那个傲慢。这个傲慢不是因为他写得好，而是因为他的无知。你接下来对话你就会发现，对话只要进行你就会发现，他的智商有问题，简单来说智商有问题。为什么会有问题？我们只要想一下在中国 1960 年代作家、1950 年代作家，包括 1970 年代作家在成长的时候，在多少人当中出了几个作家，你都知道这些人不是，而且几乎是全民都把当作家当成是大事，我们知道 1980 年代的时候，几乎所有大学生都愿意当作家，都把文学当成是他的一个表达感情的出口，他的经验世界过于复杂，他有太多的话想说，这个时候出了几个作家，他们是从高校出来的，西方的作家是从高校一步步，几乎是一步步培养出来的，跟我们 90 后作家培养方式差不多，跟80 后作家培养方式差不多。

那么，他的文学之所以在世界上能够大行其道，很简单，就是因为他用的是英语，就是因为他别的语种很容易翻译成英语，简单地说就是因为语言霸权，除此之外不能说明任何问题，当然我的观点你们完全可以反驳我。但是在这种情况下，我仍然要强调，这个文学翻译太重要了，中国作家如果说他能取得一点成就的话，如果他在读翻译文学的过程当中不断地确定自身，不断地建立自己的主体性，很简单，如果没有文学翻译，不光"五四"以来所谓的新文学无从谈起，《红楼梦》无从谈起，中唐以来的文学无从谈起，整个中国文学可以说都可以看成是，除了先秦之外，都可以看成是在西方、在外来文化交流，在文学翻译、文化翻译、各种各样典籍翻译这个过程当中慢慢地丰富起来的，成长起来的。中国所有的文化，中国人的文化、人格，不管好坏、健康还是卑琐，也都是在翻译文学影响下变成这个样子的。所以我要说，我要对翻译家表示尊重，我也跟一些翻译家之前有过一些接触，一些很好的翻译家有些接触，我非常尊重他们，尊重他们的劳动。现在我们的翻译的人才越来越多，我相信这个质量会越来越高，他们早年的翻译很多人我们知道，鲁迅翻译俄语小说，鲁迅是不懂俄语的，通过转译翻译小说，但是他翻译过来的作品，他编的作品仍然非常非常棒，而关于翻译文学本身，关于翻译本身有很多值得探讨的问题，但是因为我是外行，所以我就对于自己外行的话我是不愿意说的，我就简单谈一点。接下来我们有什么问题我们讨论。

有什么话我们讨论，我们不要一个人在上面讲，呜啦呜啦，我相信前面那些人再牛，讲的事情你们都没记住，如果现在我在讲堂上一言不发你们都永远记住了。所以我们今天讨论，我们落到实处，不要我在上面夸夸其谈。

提问：李老师您好。我们在座的同学都是非常优秀的翻译家。我很想知道，像《石榴树上结樱桃》好像已经翻译到十几个国家了是吧，就是你在看外国人翻译《石榴树上结樱桃》的时候，因为你是作家，你可能会比较这两种文本，因为莫言的小说被翻译出去是被很多地改写，甚至叫重写吧，但是在中国，我们在翻译外国文学的时候经常被谴责说你改人家了，好像这是一种不合法性，但好像中国文学翻译出去被改写就合法了，这是一个问题。

另外一个问题我很想问一下，刚才您讲到的中国作家的这种自信，从您嘴里讲出来我就相信，但是我有一个疑问就是，可能从写作手法的各种技巧来讲我想中国作家肯定不输任何一个语种的文学，但是我觉得从价值观，从对人的描写，对社会，对人性描写上，是不是中国作家因为各种原因可能受一些限制。就从某种程度上我觉得中国作家在描写女人的时候，很多男作家就把握不好。

李洱： 第一个问题确实存在，但是我要说明一点，只在英语世界里面出现。因为英语的翻译家都不仅仅是翻译家，所有英语翻译家他同时又是编辑，只有美国的英语翻译家，主要是美国翻译家可以改作品，他不光改中国作家作品，他也改世界各国的作品。只有美国的编辑可以修改作家的作品，在世界各国，除非这是个年轻作家，比较年轻的作家，没有哪个编辑敢改作家的小说，只有美国敢。所以美国的编辑和翻译家他的权力大得不得了。为什么？他一定要符合美国读者的趣味，否则你的书卖不出去，莫言当然他的一些作品、一些章节都做了一些调整，这是葛浩文他干的，不仅是葛浩文这样，我们知道还有一个翻译家你肯定认识叫白睿文知道吧，在我看来非常杰出的。白睿文一直想翻译《花腔》后来没有翻译，他翻译了余华的小说，我举个简单例子，比如说在《许三观卖血记》当中，这我听白睿文讲的，有一个小孩好像掉井里边了是吧，掉井里边了，这时候他的后娘还是妈妈，就在房上还是拿着鞋子敲着这个房梁，敲着那个说什么大乐二乐什么醒来，什么醒来，然后一敲这孩子就醒过来了。在美国人看来不能够接受，美国人要求必须有一段，美国人必须知道这个人是怎么从井里面出来的，从井里面上来的。我们想一下，如果一个中国作家去写这个小孩怎么从井里面捞上来的需要写吗？我相信余华不会写，只要稍微成熟一点的中国作家都不会去写的，只要一写就是败笔，只要一写那个神灵何在？这个神灵它支撑了这个女性在中国农村能够活下去是她人生信条，就我们的宗教是不被他们认可的，怎么办？必须由白睿文来写，白睿文就写了一周，所以为什么《许三观卖血记》在英语世界里面那么厚，就专门让余华写，余华拒绝写，我相信余华也没有能力写，他想写也没能力写，他也不敢写，只要一写就是败笔，好了，白睿文只好自己写，写一个人怎么把这个小孩从井里面捞上来，请问，这是中国作家不如他们吗？这个事实又能说明什么问题呢？这种情况到目前为止没有人指出过。

人家为什么要改写？那个翻译家为什么要改写没有人说，不去研究。我认为需要研究这个问题，这个背后的原因非常非常复杂，就是按照美国人的阅读习惯这一点必须改写，这个背后是美国的强大，美国翻译家认为，你中国作家只要让我们看着你必须按照我们习惯改，这种情况只在美国，可能还有英国，我知道美国翻译家表现最为突出，他可以替作家改作品，这个事实不能说明莫言、余华写得太差了，必须经过翻译家改之后才能够发表水平，不是这个问题，绝对不是这个问题，一点都不应该往那边去想，这是第一个问题。

第二个问题，我简单地说，我跟翻译家在一起不需要藏着掖着，我话可以说得大一点，我认为《花腔》比《日瓦戈医生》写得要好得多。但是它的重要性仍然没办法跟《日瓦戈医生》比，《花腔》比《日瓦戈医生》处理问题要复杂得多，难度要大得多，那个艺术要精微得多，但是他仍然没有达到，在世界文学的范围之内不可能达到《日瓦戈医生》的地步，那不是因为李洱的才华不够，而是因为中国人所受的苦难在整个西方文学，在整个世界文学范围之内，这个形构的能力不够，你一旦塑形之后，你这种塑形你写得越真实，越不容易被西方所了解，你写得越好越不容易被他们接受。

前两天在北大开会，在谈作家的语言，我们知道托尔斯泰语言是很差的，陀思妥耶夫斯基的语言是很差的。他们跟普希金比起来那简直没法比。普希金、契诃夫的语言非常非常漂亮，在俄语世界里面，为什么我们现在无法理解普希金为什么那么有意义，在俄语世界里边为什么那么有意义，因为普希金重塑了俄语，没有普希金就没有现代俄语，没有契诃夫，整个俄罗斯灵魂就是爆裂的，是契诃夫给俄罗斯灵魂当中抹上了一抹忧伤，这个忧伤来自哪里？是来自他的语言，太漂亮了。但是，这个托尔斯泰、陀思妥耶夫斯基为什么那么重要呢？因为他对人性的把握，那种形构能力，他所抓住那个事，他要写出那个事情，那个事情那个精神能量很大，他看到了，他芜杂地看到，他像八爪鱼那样抓着了，而契诃夫的精致的文学没有抓着，托尔斯泰就变成非常非常重要的作家，不是表明他写得多好，当然他写的《安娜·卡列尼娜》写得非常好，那是他的极致。所以我们看他的《哈吉穆拉特》也好，看他很多小说，我们马上想到的是希腊神话，是《圣经》故事，是《荷马史诗》中的片段。那么当他这样写的时候是真实的，但是当中国作家这样写就是不真实的，所以我完全理解为什么沈从文他在 1940 年代，在 1950年代，1960 年代，中国作家完全坦率地说，如果我生活在那个时期我都看不起沈从文，只有在过了很多年很多年之后，中国人的苦难，那个纷纭复杂的社会现实渐渐远去的时候，这时候我们发现沈从文是个重要作家，而放在那个年代，沈从文他对现实的逃避，他不写这些事情，当时看不出来沈从文多重要，不是的，因为在那个时代他确实不重要。但是很多年之后，我们才会知道沈从文是个重要作家，因为我们不需要再回到那个历史现场了。

我们现在看，如果看托尔斯泰他翻译成中文之后当然很牛，因为周扬的语言要比托尔斯泰好，这肯定的。这个周扬翻译托尔斯泰，周扬的文化素质肯定高于托尔斯泰这是毫无疑问的。说到这儿我也顺便说一下，很多中国作家作品翻译成外文之后，人家评价非常高，语言非常好，那不是作家的语言好，那是翻译家的语言太好了。我的作品翻译成外文之后反响不是那么好为什么？因为翻译家的语言不如我的语言，他要打折扣，有各种各样的误译，这个误译非常有意思，这里涉及问题非常多，但是所有这些问题在翻译界都没有展开。

提问：《日瓦戈医生》我们这班李寒正在重译，我们还有一个王嘎老师是帕斯捷尔纳克专家。我自己感觉，因为我读过《花腔》，然后我读了《日瓦戈医生》，我是觉得你的语言是知识分子似的，但是我觉得《日瓦戈医生》是一种诗性的，因为帕斯捷尔纳克他是个诗人。至少从我的阅读理解来讲，我觉得那种动人之处，《日瓦戈医生》给我感觉更多从诗的审美。

李洱：帕斯捷尔纳克的诗我是会背的。我的流利程度要超过翻译家。我就来分析一下他最后一段跟中国作家的差别好不好。在《日瓦戈医生》最后一段，可以看出来中国翻译家在其中加了什么，他说："又过了五年或十年。"这个"或"字不得了，因为他把一段日常变成了传奇，"又过了五年或十年，在一个宁静的夏日的傍晚，戈尔东和杜多罗夫又聚在一起，他们坐在一栋高楼敞开的窗户前，俯视着暮色渐渐变浓中的辽阔无垠的莫斯科，他们手中拿着一本耶夫格拉夫编辑的《日瓦戈诗选》，这本书他们已经看过很多遍了，其中的一半篇幅他们都能背诵，他们阅读着、交谈着，天慢慢地黑了，他们看不清自己点上了灯。莫斯科在他们脚下的远方，这座作者出生的城市，他的一半遭遇都发生在这里。今晚，两个老朋友第一次觉得这座城市，与其说是这些故事发生的地点，不如说它就是一部长篇故事的主角，今晚这个故事已经走进了它的尾声。尽管战后，人们所期待的清醒和解放并没有伴随着胜利一起到来，但是，自由的征兆已经弥漫在空气之中，并构成了这些年代唯一的历史内容。此刻，坐在窗前的两个老朋友还是觉得，心灵的自由已经来到了，已经走进未来了，并且将永远处于未来之中。就在他们脚下的街道上，他们已经能够听见他的脚步声。一想到这座神圣的城市和整个地球，一想到那些没有能够活到今天的这个故事的参加者们和他们的孩子们，他们胸中涌起了瞬间的疼痛和一种持久的温柔而平静的感觉，他们就像无声的音乐在他们身边萦绕，而他们手中的这本书仿佛知道这一切，支持并且肯定着他们的感觉。"

我背错了吗？没有背错。那么，我看到巴尔加斯·略萨对他有一个分析，略萨不懂帕斯捷尔纳克，为什么？因为拉美人不懂帕斯捷尔纳克很正常。就是写《城市与狗》那个，他不懂。最懂帕斯捷尔纳克的是东欧作家和中国作家。帕斯捷尔纳克这本《日瓦戈医生》可以说是我非常非常喜欢的作品，但在我看来太简单了。一个三角恋的故事，在整个小说后半部分，我们当然可以用希腊神话，用各种各样的方式去阐释觉得非常有意义，整个火车就在西伯利亚这个辽阔的大地上走来走去，一走就是多少天，一写就多少篇幅，20世纪的作家，除了俄罗斯人敢这么写，没有人敢这么写，所以略萨说看了《日瓦戈医生》之后，发现《日瓦戈医生》写的是20世纪的故事，但不是20世纪的小说。帕斯捷尔纳克仿佛不知道20世纪的世界文学界发生过什么，他不知道。如果我们现在这样去写完全不能够成立，但是读者包括我仍然可以表达对他的爱，他的主题也很简单，中国的问题比他的问题要复杂得多，太复杂了，中国问题的复杂性像帕斯捷尔纳克用他的方法来处理捉襟见肘，不是捉襟见肘，但是仍然不影响我们对他非常尊重，不影响我对他的爱。

提问：我特别感兴趣您的新长篇长达十三年创作过程中怎么把外国文学广泛阅读跟当下中国经验相结合的？

李洱：当我写这部长篇小说的时候，我觉得《应物兄》写的是一部未来主义小说，因为我写的是个儒学研究院建立的过程。那时候中国还没有儒学研究院，你可以查一下，当这部小说完成之后，中国各主要高校里边都有了儒学研究院，或者接近于儒学研究院的研究院，当小说完成之后它已经变成历史小说了。这是一个奇妙的写作过程，我本人没有想到把它发表，我坦率说，很多人说你要有什么想法，我觉得我陪着一部小说慢慢变老是件很好的事情，我觉得这个小说永远写不完，它只属于我本人，我觉得很美妙。

所以这十三年时间多么漫长，这期间发生很多事情，我刚开始写这部小说的时候三十几岁，完成这部小说之后我已经变成五十二岁，马尔克斯说："任何一部小说后面都应该带上跟前面的正文部分篇幅相等的注释。"也就是说即便像马尔克斯这样牛的作家，他也必须去看大量的书，准备大量的案头资料，我相信《百年孤独》所准备的案头资料，或者是《霍乱时期的爱情》案头资料要远远大于小说本身。在中国是否有人这么做我不知道，但是李洱做到了，这部小说现在印出来是一百万字，我准备的材料，各种各样的准备要多两百万字，我认为这就是小说写作的正途。写作正途就是你需要做大量案头工作，然后小说的篇幅让它自然成长，它是该多长就让它长多长，我不会因为出版要求多长变为多长。有人说李洱小说写作技巧比较复杂，一会儿现代，一会儿后现代，按照批评家说法，其实我又是一个非常古典的作家，我写作就像帕斯捷尔纳克说："我写作是因为我有话要说。"我愿意和朋友们和睦相处，我愿意生活在平静的时候，我愿意安度晚年。

提问：李老师您好，您说要用后现代艺术精神处理前现代主义、现代主义问题。然后您说，一个人要应对不断异化的世界，所有人都是《应物兄》，您为什么会说所有人都是《应物兄》？

李洱：我说的不是《应物兄》本人，因为这本书写了一百多个人物，一部长达一百万字篇幅的小说，很多编辑、批评家和一些读者全部是一口气看完的。书中写了各种各样的人物，这也是我在文学馆工作的便利，我在文学馆工作要接触不同的人，这为一个小说家提供了丰富的素材，这个过程当中我相信所体会到微妙的东西，是每个敏感的人都会体会到的，所以我说每个人都是《应物兄》，或者每个人都是《应物兄》的一个人物，你放心，你也可以找到自己，其中我写了几个光辉的女性形象。

提问：李老师您刚刚提到了马尔克斯，提到了帕斯捷尔纳克，之前的讲座还给我们背诵过里尔克的诗，很好奇，这些别国文学的影响，因为我是日语系的，特别想让您谈一谈日本文学对您产生的影响，谢谢！

李洱：日本文学我看得很少。我很喜欢《金阁寺》，三岛由纪夫。日本文学跟中国文学有亲缘性，这种亲缘性来自于早年周作人和鲁迅他们的翻译，你在鲁迅小说里能看到日本文学的影子，在周作人那里看到日本文学的影子。而且对中国文学最大的影响，所谓的"五四"文学最重要的一个标志，就是人的觉醒，人的文学，这一点我们受日本文学影响很大，或者说我们从日本文学里面抽出来的概念就是人的文学，可以看成是整个中国新文学一个基本的主题，这个影响太大了，但是发展到今天，发展到今天之后，我觉得中国作家如果有志向的话，应该做出某种改变。

提问：李老师，我想问一下法国文学在您的阅读和创作中又占了一个什么样的地位？您能不能给我们讲一讲，您最初接受法国文学是怎样的感受？谢谢！

李洱：我说不清楚，花是不知道自己如何开放的。玫瑰是无法描述姓名的。我确实非常喜欢法国文学，早年像雨果小说当然我都看过，但是我自己心里比较贴近加缪，我觉得加缪比萨特要重要得多。后来的法国小说家我都看过，我也会背普鲁斯特的小说，我非常喜欢的法国作家，一个是加缪，一个是安德烈·纪德，安德烈·纪德他是写人的，在整个20世纪法国文学当中他是少有的写人的一个作家，但是你发现，他的人，他的《窄门》，他的《伪币制造者》，我个人的心性比较接近安德烈·纪德跟加缪，我不说成就跟他们比，就是我个人心性阅读思维要接近于安德烈·纪德跟加缪。纪德一辈子只写了一部长篇小说《伪币制造者》，为什么？他写得太困难了，《伪币制造者》实际上也是一部写不完的小说，但他最后也结束了，也把它写完了，他的最好小说在我看来就是《窄门》，当他写《窄门》的时候，写《背德者》的时候，他仿佛是在背弃宗教，当他背弃宗教的时候是因为他有一个宗教，在法国文学当中肉身的出现是很困难的事情，但是在纪德小说里边肉身一直在，因为他本人经受着情感的困扰，他本人同性恋，同性恋即便在法国，在那个时代某种意义上也是禁忌，所以他能够感觉到肉身的存在。那么到了加缪这里，加缪实际上他本人有受纪德影响，我感觉他受影响很大，虽然加缪几乎不谈纪德，是因为他太年轻了，他不知道应该谈纪德，因为他死的时候才四十七岁，加缪他是未完成的作家。

法国文学对中国新时期文学非常大的影响是丰富了艺术表现手段，负面影响也非常大。罗布－格里耶非常重要，但罗布－格里耶对中国作家负面影响太大了。大在哪呢？在罗布－格里耶小说里边人和物之间的关系被隔离了，人和物被隔离了，对西方文学来讲很重要，因为他是天地神人，然后到了罗布－格里耶之后，他隔离之后影响了中国当时尚未成熟的一批作家，至于名字不提了。然后这批作家在中国迅速建立起了经典地位，建立起了经典地位之后又引起了无数的模仿者。所以，法国文学对中国文学的影响，在技巧上丰富了中国作家的表现方式、表现手段。但是，中国作家的作品的意义，在越来越缩减，怪谁？法国的文学。但是法语在世界上太牛了，除了法国本土、非洲，还有很多国家，法语是仅次于英语、西班牙语在世界的分布范围，地理上的分布范围很牛，这使得法国文学只要写一部差不多的作品就可以成为世界名著。我去年参加《温柔之歌》的发布会，《温柔之歌》这部小说进了《纽约书评》的排行榜，前十部，这种小说在中国我认为80后都可以写出来，太简单了，这种小说。但是在法国文学当中已经是龚古尔奖的获得者，这是因为法语的强势地位这没办法。或许随着世界各国学习汉语，中国文学，中国作家以后在世界各国一部作品写得差不多也可以像他们这样，像《温柔之歌》也成为名著。《温柔之歌》这样小说在中国甚至无法进入《人民文学》杂志社的排行榜。

提问： 李洱老师，您刚才说到您特别喜欢加缪，因为我也正在读加缪的《局外人》，我就想问一个关于存在主义的问题。我在高中的时候，有一段时间特别喜欢存在主义，可能是高中生对世界有一种怀疑，或者是一种反叛吧，总觉得好像他人就是地狱。就像《局外人》中加缪他体现出来无处不在的冷漠和无动于衷，即使是在他母亲下葬之前，盖棺之前他都不愿意看一眼他母亲，体现出一种人和世界的分离，但实际上在写出《局外人》之前，加缪在二战中间他就很积极地参加了反法西斯运动和地下抵抗运动，包括萨特和波伏娃也是一样的，实际上这仿佛是一个悖论，就是存在主义哲学家在他们的文学作品中，反映出对世界是一种无处不在的无动于衷和冷漠。但是实际上他们会很积极去投入政治，我就想听您解释一下这个悖论，谢谢！

李洱：《局外人》这部小说的叙事有很大的错误，首先我要说一点。它的第一句话是："昨天妈妈死了，当时我在马兰沟接到电话，也可能前天已经死了。"你要知道他用第一句话是昨天。整个小说的叙述时间接下来出现极大的紊乱，所以加缪作为一个小说家他的技巧很多时候是不过关的。在这部小说当中时间的紊乱错误百出，但是他有一点是太牛了，他牛在哪？这部小说分两部分，小说的第一部分到现在中国作家用脚指头可以写出来，世界上很多人已经写出来了，但是没有一部可以和加缪相比，因为他无法写出小说的第二部。在审判当中，在第一部所讲出的故事被重新讲过，几乎被重新讲过，两者之间是可以重叠的，重合到一起，可以叠到一起，像一本书一样，上半部分下半部分重合到一起，他的叙述时间仍然是乱的，如果你注意的话，仍然是乱的。

所以他作为一个小说家，加缪不是一个纯粹的小说家，这个纯粹小说家他的技巧不过关。加缪可以处理非常好的短篇，他的短篇篇篇都是杰作，就是《流放与王国》篇篇都是杰作，是世界文学史上的精品，但是他写长篇和写中篇的时候错误百出。为什么他如此重要呢？因为他第二部分是审判，他要把第一遍故事重新讲过，而且对自己所讲过的事情要重新进行反省。所以加缪那句话非常非常重要，他说未经反省的生活不是生活，是不值得过的生活，那么这句话落实在《局外人》当中，在第二部分把第一部分要重新进行审视。判他刑的这个引起人们所有愤怒的原因，在小说第一句话体现出来了，后来抓他，审判他，各种各样的原因，其中一个原因是他没有哭泣，在母亲葬礼上没有哭泣，在所有西方文学作品当中，没有任何人提出要求，在西方的礼仪当中，没有任何人提出要求要哭泣，我们最近在看这个老布什葬礼可以看到，人们还在笑，这是西方一个礼仪，西方很常见的现象。

所以加缪这个小说里边这个莫尔索，莫尔索这个名字像牛仔裤一样干净、坚硬，莫尔索他未哭泣实际上并不构成罪行，莫尔索本人实际上怀着非常炽热的爱，在小说各种各样的悖论，他实际上对母亲怀着炽热的爱，这个炽热的爱他因为对母亲照顾不周，母亲一直住在养老院，在马兰沟，这里边感情非常非常复杂，各种各样的微妙，他只是表现出来冷漠人们都无法接受，而所有无法接受他的不哭泣的人都是虚伪的人，都非常非常虚伪，但最后他被判刑又恰恰不是因为这些原因，是因为只是地中海的阳光，只是沙滩上的阳光刺伤了他的眼睛，而地中海的阳光一直是加缪小说里最明朗、最明媚的段落，地中海这个词，因为加缪而成为一个精神性概念，地中海的阳光也因为他而成为一个《圣经》之后非常非常重要的概念，地中海阳光，但是在这部小说当中，让莫尔索最后杀人的，开枪的原因是因为，地中海的阳光在那一刻照亮他的眼睛，使他眼睛发花，他开枪，莫名其妙开枪。

到目前对《局外人》的解释都还非常浅显，因为这部小说太复杂了，刚刚提到悖论这个词我非常赞赏。

萨特的才华远远高于加缪，他的才华，他是世界文学史上第一流的人，但是他表演性太强了，精力太旺盛了，所以他一会儿在花神咖啡馆调情，一会儿又到红场，一会儿又到天安门城楼接受毛主席接见，同时脑子里不断想着类似于 3P 这样的场景，这是太复杂的人，但是他在 20 世纪影响很大，但这个影响在我看来到现在不存在了，对中国文学真正有影响的作家是加缪。为什么？他内敛，他非常内敛，而且我们最终会发现，加缪在他所有悖谬之上是他无限的仁慈，加缪最终是以怀疑的面目出现，他是个肯定性作家。也就是在加缪当中包含着无数的悖谬的经验，他所歌颂的那个地中海的阳光，最后造成了莫尔索的死，被审判。他是以怀疑主义的角度切入，但他最后创造了一个肯定性形象，他的身上包含了无数的悖谬，而这种悖谬经验又跟中国 20 世纪这些读书人、这些作家文人的经验有某种契合，所以加缪就很容易成为一个对中国影响非常大的作家。

主持人：今天李洱老师给大家讲课，题目是《致敬翻译家》，不仅仅局限于此，他从中国的当代文学、现代文学到传统文化，又从法国、德国、俄罗斯到日本文学，讲的既有丰富性又有深刻性，我想今天的课也让我们认识到李老师是有着超常的记忆力、敏锐的洞察力和思辨力的作家，实话说，这样的作家在当下中国作家中还是少数，最后让我们再一次掌声对李洱老师表示感谢！

发现滋育型文学经典

李建军

我讲一个大家可能都想过的话题，但是肯定也没形成理论性的表达，就像一颗种子，它总是在最肥沃的土壤里才会成长得很好，有充足的阳光才能向上生长。文学写作，任何一个人，哪怕他是莎士比亚，哪怕他是托尔斯泰，哪怕他是鲁迅，都需要别人的经验的支持，没有阅读的写作，是不可想象，所以我经常讲的一个观点，就是你写得如何，决定你读得如何，这当然是一个必要条件，不是充分条件，充分条件还包含着你的思想能力，对不对？你的这种社会经验是不是很丰富，你对你所生活的时代的认知能力，你对于人生的思考能力，这些都是构成写作的这种充分条件里面的构成部分。但我们先说一个必要的条件，就是你要想写好，你就要知道，就要读好，你尤其要知道该读什么样的书。我也经常跟一些作家朋友，包括一些大学里的老师聊天，我就觉得我们这个时代的写作状况大家都是了解的，肯定是不让人满意的，领导也不满意，没有高峰只有高原，说有高原也是鼓励大家，其实我们连高原都没有，而且连平原都没有，我们现在整个就处于低谷的状态，对不对？

原因在哪儿？原因特别的复杂，有很大的原因，有很小的原因，有社会原因，有个人原因，最大的原因就是我们这个时代的生活，或者准确讲就是我们这种现实，是反叙事的，我经常讲反叙事，为什么叫反叙事？因为一个人你要对一种生活、一个人物，你要展开叙事，他一定是可理解的，有逻辑线索可寻的，然后这个叙事才能展开来，如果生活本身它压垮了你的逻辑，压垮了你原来所依据的道德伦理，那你是没法叙说的，因为它压根是你的想象、你的语言完全支撑不起来的。我经常讲，我们的现实太像小说，于是小说无能为力，所以你看这是一个原因。大的原因也很多，我们不去讲它，我们只讲我们个体，我们作家个人，你应该解决什么问题，当然问题也很多，我觉得首先的一个问题就是学会阅读，学会选择最值得阅读的作品来读，这个恐怕是我觉得从作家个人的修养来讲，最迫切的一个问题了，因为我们现在的学校教育，如果大家在座的在大学中文系读过书，你就知道我们的学校的中文专业的教育是反人文的，而且很多文学系的教授、老师，他这个文学的鉴赏力、批评能力就很差，你经常会看到，这些教授学者基本上也都扮演着批评家的角色，你看看他经常谈论些什么样的作品，你看他怎么样评价那样的作品，你就会知道这个大学里中文专业的文学教育有多么差劲。

所以我们整个的学校教育，包括社会这种评价提供给我们的信息，可能都对我们的文学经验的成长，对我们的鉴赏力、文学写作能力的提高，没什么太大的帮助。我们在创作上缺乏托尔斯泰和契诃夫，我们的批评人也缺乏别林斯基，因为最终我们对一个事物的认知是需要可靠的判断来确定的，对不对？一个作品究竟好在哪儿，一个作家他有多伟大，你是需要批评家拿出可靠的判断，没有别林斯基，我们不知道普希金为什么伟大，不知道果戈理为什么伟大。

所以，我们现在就是反求诸己，我们要跟自己提要求，广泛地阅读，培养自己成熟的这种很高的眼光，成熟的判断力，雅正的趣味，然后最后对自己的写作来构成一种良性的推动作用。我讲这个滋育型经典，其实就关乎我们，对文学作品，那些伟大的作品怎么去认识的问题。大家都知道，名头很大的作品非常之多，有一些作品你读了可能一个是读不下去，就是你硬着头皮读完也几乎一无所获，甚至不知所云，非常多。你比如有一部小说，叫《尤利西斯》，在座的我基本上敢担保没有一个人把它读完，哪个同学读完，你给我举下手我看看，《尤利西斯》，有人读完吗？我估计在中国读完这本书的并不多，可是在世界，20世纪最佳小说的榜单上一定有它。所以，这个20世纪它是一个这种先锋的反传统的另类文学，声势很大，严重地挑战或者颠覆了我们对伟大的那种文学传统和文学经验的那种信任和信心，这个时候对我们自己来讲，你就更需要放出眼光，要有判断力，要有选择能力。所以我讲这个滋育型经典，不是一些很另类的作品，它可能很新奇，它可能在写作上体现出一种非常大胆的探索精神，一种先锋精神，但它太另类化，太特别。

我们新时期以来这样一些作家，基本上都属于这样的作家，就是一种极为特殊的存在，他们的作品，他们的经验中不包含一种普遍经验，也就是说不是滋育型的，不提供给你这种基于普遍人性的、基于有效经验的支持，你从他那儿吸纳不了多少有价值的经验或者是精神上的这种滋养。他们都是一种非常极端的方式，强烈的表达显示自己的个性，有一种先锋性，但是这里面，你看不到跟自己的经验，或者跟普遍的经验，能够有最大公约数，那个通约的东西。你模仿他，人家又一眼能看出来你在模仿，有的小说呢，基本上没有什么逻辑感，没有什么背景意识，就是我这个人物从哪儿来的，怎么成长的，什么样的个性，为什么这么去行动，他的情感是怎么形成的，一概没有，他出来的就是结果，就是这个人物在行动，就是固定的关系，他告诉你，这个人曾经跟他谈过恋爱，后来这个女的跟别人结婚，于是这个男的就对她充满仇恨，于是就要报复她，甚至让自己的孩子要强奸他前面的女友的女儿。他这个情感为什么要这样？他不告诉你。

那么有批评家讲过，他说一个小说家，如果没有告诉我他的人物的钱袋里有多少钱，我就拒绝相信他是真的，那么伟大的作家他是这个人物从成长开始，这个性格形成属于他的那种严密的逻辑，那种可靠的真实感，他一定要把他写出来，同样，就是人与社会、人与整个家庭、与他人的这种关系，这种合逻辑的冲突，也一定要写出来，于是你就觉得，这个是完全可信的，熟悉的，具有普遍性的一种生活、一个故事，你就会为它感动，你也会觉得它有巨大的说服力。对不对？《红楼梦》跟我们现在相距几百年，《史记》跟我们相距两千年，但是你读这样的书，你觉得那里面人物的痛苦，那种焦虑，那种绝望，那种对人情世故的感受，尤其对人的这种，身上的这种市侩的一面，势利的一面，最反感，我们现在社会上大量存在这样的，认识钱，只讲成功，中国人是一个拜成功教的国家，我们对成功的认识非常非常的浅薄，从绝对的讲我们其实都是弱者，我们最终讲我们都是失败者，因为我们最终都要死，我们没有这种低调的、谦虚的、朴素的、朴实的生活态度，我们特别傲慢，要战天斗地，我们要征服一切，我们要追求那种巨大的成功，获得奖励，获得认可。而文学，是一种非常低调的谦虚的、向着大地低下头来的事业。

所以，我觉得对文学写作，对我们的精神发展来讲，这不是特别有利，也就特别考验我们。所以我就接着讲这些伟大的作家写作，他都是要紧紧地贴住人物，紧紧地贴住生活。托尔斯泰，多么厉害的作家，多么伟大的天才的作家，但他在写作中比任何一个人都笨，对不对？托尔斯泰写《复活》，写那个玛丝洛娃和西蒙松，西蒙松是一个政治犯，其实就是十二月党人的代表，他们两个在监狱里就产生了爱情，最后玛丝洛娃本来可以不去西伯利亚，最后跟着西蒙松到西伯利亚。那么托尔斯泰要写一个政治犯和女刑事犯，俩人要相识，在监狱里有没有交流的机会，有没有交谈的机会，有没有可能？托尔斯泰他是在图拉省，就是图拉省有一个省监狱，去找那个监狱长，他就问，有没有可能一个刑事犯跟这个政治犯在监狱里认识、交谈，然后产生感情？狱长说断然不可能的，他们不可能见面。托尔斯泰一听傻了，因为他已经写完了，于是他就修改，改变了过去的结构，让他们两个在监狱之外，在押送的过程中看见、认识、交谈。后来他还不放心，又跑到莫斯科，莫斯科当然是首都了，又跑去问莫斯科的监狱长，说在莫斯科的监狱里面，有没有可能刑事犯和政治犯相识、交流？也不可能。托尔斯泰就坚决地修改，后来那个监狱长一看，《复活》出版了以后，他一看到写得跟图拉省的监狱是一模一样，所有都一样，监狱里面的建筑结构一样，整个生活严丝合缝，没有一丝一毫的差别、差错。像这样的，我把它叫滋育型经典的真实性原则，像生活一样，像真理一样，一点点一丝一毫的虚假都没有。

所以我讲的就是，有一些作品你看了以后，它就像母亲一样，给你安全感，如果说你还在哺乳期，还给你乳汁，总之她提供给你很多你精神成长所需要的东西，我叫母亲型的作品，或者叫滋育型的经典。这样的作品其实是很多的，这样的作品是每一个，不要说是作家了，就每一个读书人都应该读的，你不读你就不可能成为一个好作家，而这样的作品在全世界、在人类文学史上其实并不十分多，当然也很多，但是并不十分多，你比如我们就从世界范围来讲，一个作家如果你问他，有没有读过莎士比亚？一部都没有读过，那你基本可以断定他不可能写出很好的作品，因为莎士比亚的经验，我讲就是这种伟大经验，像杜甫的诗歌，像司马迁《史记》的叙述，像曹雪芹的小说，现在像鲁迅的这种文学经验，在外国西方的，你比如说像狄更斯的小说，雨果的小说，古希腊的神话和悲剧，莎士比亚，托尔斯泰，陀思妥耶夫斯基，屠格涅夫，像契诃夫，都是属于这种你不可不读的伟大的经典作家。

我再接着讲莎士比亚，我们中国的读者，我前面讲文学教育，包括社会提供的这种文学的判断都很成问题。当代作家你可以做一个问卷调查，就那些著名作家，包括现在做教授的著名作家，有没有人读过超过五部以上莎士比亚的戏剧，是个问题。其实莎士比亚的所有三十七八部，因为有一部不能确定是不是莎士比亚写的，就是三十七部，悲喜剧和历史剧、传奇剧，都应该一部一部读完，因为它很好读，朱生豪先生就讲过，莎士比亚的戏剧不是你要读、你强迫自己读，而是你一旦第一眼看见它，你就被吸引着，你不得不读下去，因为它有非常完美的结构，一开始就会吸引你，然后那种高潮，然后整个发展到最后这种结局，非常的紧凑，非常的美妙。当代作家，有一个作家把《莎士比亚全集》认真地读完了，就是路遥，就是我从作者谈自己的阅读经验的文章中，唯一看到的说我把莎士比亚的剧作全集完整读完的，而且你会看到很多作家谈创作，全是 20 世纪的作品居多，20 世纪当然从全世界范围来看，伟大的作家作品很多，但是 20 世纪也是文学价值观跟 18、19 世纪比起来，最为多元，甚至最为混乱的一个世纪，就是现代主义，先锋、后现代主义，它就是解构性的、对传统的价值提出一个巨大的挑战，消解，容易给我们带来重大的认知混乱。所以好像莎士比亚是过时的，好像传统的那些现实主义文学，你现在谈《红楼梦》，你现在谈杜甫，你现在谈《史记》好像很 LOW，好像很过时，是吧。

但大家一定要知道，文学没有新旧之分，你不要把先锋新潮跟传统对立起来，如果你对立起来，就说明对文学的认知，在尝试的意义上，在最基本的原则意义上出现了极大的问题，所以不要傲慢地觉得一千年、两千年，甚至三千年前的古希腊的，司马迁，我们《古诗十九首》，我们的《诗经》《楚辞》一定是很落后的，那你就是完完全全错误了。人的心灵越纯朴，人感受诗性的能力越强，现在也一样，一个好的作家一定是心灵很纯朴的、谦虚的、低调的、诚实的，越是显得很聪明的、傲慢自负的作家，越是不可能写好作品，因为他这种态度，限制了他对生活的正常感知。大家可以记住我这句话，我们像这种傲慢自负的、自以为是的、要小聪明的作家太多了，其实这是浅薄的、是自我设限的一种，很愚蠢地面对生活和文学的态度。

所以路遥，我经常讲路遥，他是这个时代非常难得的一个典范，你说他也不是什么天才，路遥你说是天才，他不是，但是他是一个悟性很高的人，而且他是一个经验和思想都很成熟的人，我们现在很多作家不太会思考问题，面对你的经验，面对你的时代提出一个问题来他不太会，但是路遥是会提问题的一个人，作家你要善于发现问题。同时路遥是一个很谦虚的人，尤其在阅读上、在吸纳文学经验上特别谦虚，这个成就了他。另外一个人，对伟大的文学经验，或者对那些不伟大但是有效的文学经验抱一种傲慢态度，那个后果是非常严重的。我前面讲路遥，他认真地读了《莎士比亚全集》，我再讲一个作家，我估计中国除了路遥之外，百分之百的当代作家都不知道一个苏联作家叫恰科夫斯基，我们翻译他的作品非常多，你到图书馆，如果这个图书馆很好的话，你看看恰科夫斯基的作品有多少，长篇小说像《围困》，基本五六本吧，很厚的一个多卷的长篇小说，写二战的，中短篇小说，他的作品特别多，没有人认真地关注过他。但是路遥把恰科夫斯基所有的作品几乎全读了，这多么厉害，就不要说艾特玛托夫，不要说肖洛霍夫《静静的顿河》。

所以，这个阅读一定，首先要多，面要广，不要说就像《尤利西斯》，我经常跟大家讲，《尤利西斯》特别的难读，我大概属于中国不多的读完了《尤利西斯》的人，而且读得很认真，不仅读了，还写了很长的文章，我就想找谁读了《尤利西斯》，这不是随便瞎写的，评论是需要，普希金讲评论是一种科学，我相信是对的，就是一种科学，你提出一个判断，那么你的判断就需要分析，就需要事实的支持，需要有说服力，你的判断跟事实要相对应，对不对？要有关联，要合逻辑，要合乎事实。所以，这种文学阅读你要广泛，要多，要观千剑而后识器，操千曲而后晓声，这是我们《文心雕龙》里面的两句话，《文心雕龙》距现在一千多年了，它依然是真理。操千曲，操就是弹奏、演奏，你弹奏、演奏一千首曲子，你自然会懂得音乐，观千剑，就是你看一千把剑，你这见多识广，你就知道什么样的剑是第一流的。

文学阅读也是这样，你只有广泛地阅读，你才有判断的能力，你才能识别出来什么作品是好的。所以阅读要广。另外阅读速度要快，尤其读小说，我告诉大家，你第一遍一定要快，你就是看热闹，你就是看情节，然后什么地方把你吸引住了，你不得不停下来，要比较，要深入地去阅读，而且要有速度，速度和效率，王小波一天读书读三本长篇小说，而且效率很高，效率高是什么意思？你们看里面的细节，他知道的，写了什么情节不用说他也能讲出来，所以大量地读决定了你阅读的提高，提高速度，提高效率。

然后就是你阅读面一广，而且理解力一强，那么你对我们这个时代的创作的整体的水平，每个作家他有多高，达到了一个什么样的水准，你有很好的判断力，你不会盲从，你也不会焦虑，你会给自己确定一个正确的方向，你会给自己选择一种可靠的写作的策略或者一种经验模式，我怎么去写。而且你更会明白一个道理，文学就是模仿，模仿中的创造，创造中的模仿，我们现在老对这个抄袭很敏感，歌德讲过一句话，我在《汤显祖与莎士比亚》里面也讲过一个概念，叫共创性，我们现在老强调独创对不对？这是一种傲慢，世界上几乎不存在什么独创的东西，歌德说拿掉了古人和前人的东西，我们自己的所剩无几，歌德讲的是对的。所以我们要善于模仿和学习别人，越成熟的作家越会模仿，模仿中创造。

所以，不要怕自己去模仿了谁，一定不要害怕，越是天才的作家，越会知道，你看莎士比亚很厉害吧，莎士比亚是上帝派来到人间写作的人，代表上帝来写作的，你看多高的天分，司马迁、杜甫、曹雪芹，我认为这三个人也是上帝派来的，因为他们太厉害了，要有时间我可以给你们单独讲讲《史记》，像司马迁，真的是放在人类文学史上他都是第一流的。我经常讲，作为一个中国人，我要排最好的滋育型经典，排第一我就会排《红楼梦》，如果再开阔一下，叙事作品里面，包括戏剧，我整个要排我就排《史记》第一，因为《史记》太厉害了，它是历史，是小说，是散文，是诗，而且最伟大的它还是戏剧，因为戏剧是整个文学家族中皇冠上的明珠，戏剧是最高形式的艺术，所以我一定推荐大家去看《莎士比亚全集》，你写小说的你就会从中间学结构，小说的结构其实就是戏剧化的，最集中的冲突，最吸引人的情节曲折，有张力，戏剧就是小说的骨骼、骨架，你写诗，你更要读戏剧，戏剧是诗的精华。散文也不用讲，总之就是广泛地阅读，然后，捉高自己的判断力，这些鉴赏力、判断力提高，写作能力随之提高。

所以，标准要高，判断力要成熟。所以我讲滋育型经典，就讲的是你要选择出来那种最能够给你提供经验支持、最能够给你激活你灵感的这种作品。现在《平凡的世界》，那么受欢迎，你可以指出它很多的问题，《平凡的世界》从技巧上、形式上，你可以批评的地方真的非常多，但是它为什么吸引那么多读者？而且路遥去世多少年了，这本作品写出来多少年了？为什么？它里面有很多这种模仿和学习别人的东西，最近的，你比如像柳青的《创业史》，柳青的《创业史》，大家都知道受时代的局限，写合作化运动，他对人与人之间关系的理解，比如像地主、贫农，男人、女人，对爱情的理解，梁生宝和徐改霞在草房子里面，不仅没有拉一下手，几乎连一句像样的、能够显示出男女之间这种两情相悦的话都没有，他们不是男人和女人，而是柳青不敢那样去写，后来不断修改还把那些东西都改掉了。但是，柳青依然是第一流的小说家，为什么？因为他善于写人物的性格，他善于写环境，他善于写一种史诗性的、非常宏阔的东西，他善于写细节，而且，如果这个人物是脱离了那个时代，特别敏感的那种关系，比如像政治关系，比如像郭振山与梁生宝那种对立的关系，像梁三老汉，他是一个中间人物，那么梁三老汉身上那种性格，那种情感，柳青把握得是非常非常的准，他就是千百年来一个中国农民，他的那个样子，他的愿望，他的生活理想，他的焦虑，全在他身上体现出来。有人的气息，有人的真实感的就是梁三老汉，梁三老汉最打动你的，如果你是个情感正常的人，他在他儿媳妇的坟上，他希望梁生宝，在清明节能够给他早死的童养媳上个坟，他就看着这个儿子，他能不能抛下工作来给这个媳妇上坟，结果等等等没有来，结果他自己就去给他童养媳，年龄很小就去世了，在她坟前，坟上开着黄灿灿的迎春花。那么他给她烧纸，作者一下就想起自己的伤心事，就哭出声音来了，那个柳青写的这个声，特别打动人，真是《创业史》里面最催人泪下的一个场景之一。所以，路遥和陈忠实都很虚心，很善于向《创业史》、向柳青学。

陈忠实向柳青《创业史》学了什么？描写人物和描写环境，描写氛围、日常生活情景的能力，大家去看《白鹿原》，你从这个角度去看那个《创业史》经验的继承关系。路遥向《创业史》学诗性的、充满激情的叙述方式，大家有没有感觉到，柳青的《创业史》里面，那种叙述里面是充满这种介入性，他的感情非常饱满，经常有一种代表自己感情的那种主观性的东西渗透进去，路遥的《平凡的世界》其实写的是他的主观情感，作者的主观情感表达得非常的强烈，非常真实和感人。所以，他们都向柳青学了自己，最打动他、最能吸引他的那一面，然后形成了自己独特的一个叙述的风格。

所以，这种成熟的作家，他首先是会向别人，学习滋育型的经典，对自己吸纳特别有用、有价值的经验。我们现在很多作家为什么很迷茫？找不到方向？就是他不会阅读，找不到从真正好的作品里面去跟自己的经验、跟自己的个性相对应，或者相匹配的这种东西。所以，钱钟书先生的父亲钱基博讲过一句话，我把它讲给大家听听，他就讲读他书千百，不如读《史记》一部，就是读很多很多书不如读一部《史记》，那这句话是什么意思？就是你要选择最值得阅读的、最有价值的书来读，就是滋育型的经典，能给你启示，能给你灵感，能给你非常丰富的经验，选择这种作品。

所以我们今天的这个出版是海量的，而且当代作家写作的作品，好像说现在是不是每年已经达到了五六千部，那多得不得了，就是搞研究，像我们这种非常专业的搞研究的，那都是不可能的，你一年，把你就是累死你读上六十部，不可能再多。所以你完整地去感受或者把握这个时代的创作的全貌，已经是不可能的。那么在这种时候，你就更需要有判断力，更需要相信我们人类千百年来所传承下来的一些伟大的经典，要对它怀有敬畏。所以我讲这么多，我就是想讲·个道理，就是自己写作这种态度要朴实低调，同时吸纳经验的时候要有眼光。

比如像我今天想跟大家着重去讲讲《静静的顿河》，我不知道大家，老师好像做了一个调查，说一共有三个人看过，我听了这话我心里特别难过，因为如果让我自己要列现在人类有史以来十部最伟大的小说，那我一定会把《静静的顿河》列进去，因为它确实太伟大了。它在有一些方面是可以和《战争与和平》相提并论的，或者水平是平齐的，非常了不起。如果这样的作品我们都没有读，我就不知道我们写作这个经验支持从哪儿来，我们的这种写作的典范性的东西从哪儿来？所以在自己的阅读中，一定不要有巨大的空白或者空缺，如果有你要立即把它弥补上，你只有看到最好的，你才能有一个可靠的判断的经验或者能力，才能形成你自己的，当然也是可以跟别人共享的这样一个评价标准，否则，你可以说非常盲目，而且非常容易被这些不成熟的经验所干扰，甚至所误导。

为什么我想跟大家讲讲《静静的顿河》呢？它是一个滋育型的经典，它滋育了很多作家的写作，同时它也是个被滋育的经典，所以它的经验既可以告诉我们它从哪儿来，也可以告诉我们应该向哪儿去。《静静的顿河》它的整个经验来源至少有两个，就是从俄罗斯文学的角度来讲，一个就是普希金，我不知道普希金大家熟悉不熟悉，如果不熟悉，也要认真读普希金，我曾经写过一篇关于普希金的文章，里面讲普希金是俄罗斯文学的四季，是它的春天，是它的夏天，是它的秋天，是它的冬天，整个俄罗斯文学，就是在他的四季里成长，他是俄罗斯文学天空中的太阳，他是俄罗斯文学这种辽阔的大地。如果没有普希金，俄罗斯文学完全是另外一个样子，因为他跟俄罗斯的文学，他本身是个诗人，但他也是个伟大的小说家和戏剧家，提供了成熟的叙述经验，甚至很多的意象，包括很多的主题，包括俄罗斯的小说中大家看一看，没有一个作家羞辱女性，没有一个作家在小说中写那种以非常缺乏教养的方式来写性，俄罗斯所有小说家面对这种人身体本身的激情，都有一种含羞的、害羞的感觉。

你看俄罗斯作家，几乎没有人写性。但是他们写的大量的婚外恋的、偷情的，这些故事全都有，托尔斯泰写了大量的这种小说，比如典型的像《克莱采奏鸣曲》，《克莱采奏鸣曲》就是妻子出轨了以后被丈夫杀死了，那么一个欲望、复仇，《安娜·卡列尼娜》也是第三者插入，然后安娜出轨，最后自杀，《复活》也是一样，一个公子少爷把一个女仆诱奸，然后抛弃，全部没有写到那种肉欲的，那种动物本能的细节的全部没有。俄罗斯被称为是最色情的一部小说是什么呢？叫《撒宁》，大家可以找来去看，我曾经怀着巨大的好奇心把它找来，我们中国至少有三个译本，其中有一个译本，我们故意加上去的，叫《纵欲者撒宁》，本来人名字挺简单的，就叫《撒宁》，里面是什么纵欲？你根本看不到，就他的哥哥喜欢他的妹妹，日常中的模糊的那种朦胧的暧昧的那种情感，没有任何的行为。

那叫色情吗？但是对俄罗斯人来讲，这种东西已经非常的出格，因为他们对这种道德上的害羞感、这种贞操感太强了。所以，这种感觉谁培养的？普希金培养的，普希金笔下有这样一个女性，她爱这个奥涅金，因为她是乡村姑娘，长得很漂亮，很有教养，奥涅金从都市来的一个，内心充满了迷惘的、颓废的这么一个青年，很傲慢，看不上，后来人家到了莫斯科嫁给了一个将军，后来这个奥涅金再次见到以后惊为天人，变化太大了，因为她这时候已经是少妇，而且都市的那种文明带给她另外一种气质，他就迫不及待又向她表达爱了，这时候她就告诉他，他说我已经结婚，我必须对我的丈夫忠贞，我不可能跟你谈恋爱。所以像果戈理讲过，俄罗斯女性伟大而光辉的美的形象，就是由普希金塑造出来的，而且是由普希金向全世界，通过作品展示出来的，此后所有的俄罗斯作家都是按照普希金所提供的经验来写俄罗斯女性的，《战争与和平》中的塔吉亚娜，屠格涅夫所有小说中的那种美丽的女性，有教养，含蓄，高尚，富有牺牲精神，都来自于普希金的经验。

　　包括《静静的顿河》这个小说的名字，我们如果熟悉普希金，知道普希金有首诗，诗的名字叫《顿河》，还有一首诗，《我曾经是顿河哥萨克》，所以像《静静的顿河》的这个意象在普希金的诗，就《顿河》这首诗里面出现了两次，所以，肖洛霍夫的这种意象，关于顿河的想象，对顿河的这么一个描写，都来自于普希金提供的灵感，包括对哥萨克生活那种浪漫的英勇的冒险，也跟普希金的诗提供的启示有绝大之关系。另外就是托尔斯泰，如果没有托尔斯泰的《战争与和平》，就不可能有肖洛霍夫的《静静的顿河》，他是写了十几年，一直到 1940 年才完成，才最终彻底出版，一共四部嘛，最早的时候，应该是 1924 年左右出版的，那时候他还是个二十二岁的青年，鲁迅先生看到了这本书的第一部的翻译，评价非常之高，确实是个天才。那么他这里面，既有一种人道主义的对于战争、对于和平、对于人类命运、对于爱情的描写，没有《战争与和平》，他是不可能描写那么完美，那是不可能的。所以，人类的经验，一方面是我们自己的直接经验，每天我接触到什么人，我承受过什么压力，我感受到什么样的痛苦和欢乐，你的直接经验，还有一种经验就是间接经验，就是阅读，我们没有跟一个意大利姑娘谈过恋爱对不对？可是你可以读《罗密欧与朱丽叶》，你会知道一个意大利的姑娘，她的感情可能是什么样的。就是朱丽叶那个样子，我们没有见过一个威尼斯的商人，一个犹太商人和本地商人之间的冲突和矛盾，你可以读《威尼斯商人》，在那个时代，一个犹太人、一个放高利贷的商人会受到那样的启示，然后他会那样地去报复，这就是间接经验。

我们的经验中，至少有百分之五十，我不多说，来自于间接经验。大家直接阅读从作品中会得到很多东西，那么我今天在这儿讲课，大家听到的就是间接经验，你没读过《静静的顿河》，你没读过《战争与和平》，你也不知道普希金写过一首诗叫《顿河》，我告诉你了，而且我告诉你他写的是什么，而且我告诉他们之间又是什么关系，所以间接经验有时候特别的宝贵，因为我们的领悟力、我们的经历、我们的时间、我们的认知范围都是有限的，离开间接经验，离开跟别人的交流，离开分享信息，我们可能变成白痴，所以听别人讲话的时候，要特别专注，要看着别人的眼睛，不要心不在焉，不要那种不当回事，对不对？所以我们中国人，今天不仅是我们写作面临的困境，中国人今天说话都面临严重的困境，对不对？因为我们今天已经不培养你跟别人交流的能力、说话的能力、演讲的能力，这个在古希腊是不可想象的，在英国的贵族教育是不可想象的，他这种教育是培养你什么？一个跟别人交流的能力，表达，自我亲切的表达和准确地理解别人。另外一个就是在任何情况下，只要给你一个主题，你就会根据大量的可靠知识，根据非常清晰有条理的这种叙述，跟别人构成交流关系，你不会有严重的错误。

我们现在普遍地缺乏一种开放的、低调的、谦虚地吸纳知识，获取间接经验的这种承受的意识和能力。尤其手机，我不知道现在有多少同学在看手机，真是害死你们，手机当然很重要，可以获取很多间接信息，但是手机不是任何时候都是一个好东西，跟别人说话的时候，听课的时候，就要专注，什么都拿到一边去，对不对？而且要注意关注你周围的环境，我刚才来的时候，我就先说一个题外话，那洗手间，男厕那个洗手间那个水，那么大量的水哗哗哗在流着，我不知道有没有男同学进去，有没有听到，我们中国是严重的水资源短缺的国家，我进去把那个稍微稍微顶一下，那个踩踏器，它就停住了，没有一个人去关注，这是很让我觉得费解的一件事情，好像跟我没关系。任何一个事情，这世界任何一个事情都与我们有关，因为它跟你的道德感受有关，你听了竟然进去出来就没理它，这是很不像话的。因为水太宝贵了。那么急促的、猛烈的那种声音响着，喷出来那种水浪费掉，能不心疼吗？

所以我们先从今天开始，你先学会低调地面对生活，谦虚的，努力使自己学会一种正常有效的方式，阅读、交流、写作、生活。这是个非常高调的时代，而又是一个特别迷乱的时代，我们首先学会低调、谦虚，伟大的作家全都是低调的，没有一个傲慢的自大狂，而且伟大的作家低调，然后他去学习吸纳，然后他就更有力量，更成熟。所以我们讲这个滋育型经典，其实就是以一种非常低调谦虚的，寻找一个最值得你去吸纳的学习的那么一个经典的作品。

我们今天就讲《静静的顿河》，我前面讲过，它首先是来自于对别人经验充分的吸纳，肖洛霍夫真的是一个非常伟大的天才作家，他十八九岁到二十二三岁之间，就完成了《静静的顿河》第一部，简直是不可想象的，因为写那样的作品，一个人不活到五十岁，几乎就不可能，因为我们有时候这种直接经验，你今天和昨天是不一样的，我相信听完我的课，同学们肯定跟听课之前也不一样，因为你此前可能没有听过这么一个人用这种方式来跟大家交流，他肯定就不一样，所以人的经验每天每天都在增长，都在变化，所以，一个二十岁的人想达到五十岁人的经验的成熟度，对人生理解的那样一个深刻度，几乎是不可想象的，但是肖洛霍夫就达到了。你看他写的不像一个年轻人写的，而像一个老年人写的，而小说是老年的艺术，所以大家不要焦虑，我看你们在座的恐怕超过五十岁的不多，你一定不要急，一定不要急，小说是五十岁以后出现大师的这样一种艺术。

俄罗斯、苏联时期一个作家叫爱伦堡，他讲过，如果很多作家在五十岁，伟大作家在五十岁之前死掉，几乎默默无闻，全世界都会把他忘掉，他举了很多例子，比如像司汤达，像雨果，包括托尔斯泰，他们重要的作品全都是在四十五岁到五十岁这中间写出来的，也有例外了，你比如像契诃夫四十四岁就去世了，这是他首先写短篇，另外他也是天才，非常勤奋的天才。所以，尤其是长篇的史诗性作品，特别要求人有丰富的成熟的人生经验，也就是对你的年龄有要求。所以，有人曾讲过，有青年的诗人，有年轻的诗人，但是没有年轻的小说家，这句话是什么意思？就是写小说需要丰富的经验，需要让自己成熟起来，人格、思想、经验，以及写作的能力，所以大家慢慢地，从容地，舒缓地，像一棵大树生长一样写作，不急不躁，别想这个今天得了什么鲁迅文学奖，那个得了茅盾文学奖，还有人得了诺贝尔文学奖，等闲视之，别太当回事，获奖的不一定是最好的，最好的不一定获了奖，对不对？很多第一流的最伟大的作家，全部没有获奖，托尔斯泰，契诃夫，马克·吐温，鲁迅，都是 20 世纪最伟大的作家，全部都没得诺奖，他们有的是机会，对不对？托尔斯泰 1910 年去世，马克·吐温 1910 年去世，契诃夫 1904 年去世，鲁迅 1936 年去世，我可以举出很多应该获奖的作家。

所以，与其说诺奖它有多大的功绩，不如说它有多大的罪状，我们可以列出很多罪状来，而且诺奖有很多这种黑暗内幕，非常龌龊的内幕，你们是不知道，知道你们吓死了，知道你们从此也不信任这个奖对不对？奖给法西斯纳粹分子，知道吗？汉姆森就是典型的纳粹分子，还有自己给自己颁奖，说给他们评委里面的某个人颁个奖，他们的评审委员会主席活着的时候就要给他奖，结果不好意思，还有条文说死去的人不颁奖对不对？结果这个评审主席 1936 年去世还是哪一年去世，一去世立马给他个奖，这大家都不知道的。所以问题蛮多的，所以我们不要为这种外在的炫目的、这种虚荣的东西所迷惑，老老实实，踏踏实实，包括短篇作品，你只要写出两篇有价值的，你作为一个作家可以无愧于你的写作。我经常比喻一个例子，就是谁善于吸收这种滋育型的经典，谁就能够成功。你比如像这个茹志鹃，王安忆的妈妈对不对？我经常讲她的好作品就两篇，一个是《百合花》，一个是《剪辑错了的故事》，我不知道大家看没看过，希望大家一定看看，那个《百合花》的经验从哪儿来？全部从《红楼梦》中来，没有《红楼梦》就没有《百合花》，就两个短篇，那个《剪辑错了的故事》稍微长一点，接近于中篇，我认为，无论她的文学成就，还是文学史地位，都高过很多人。这个茹志鹃在写作这一个短篇之前，会至少读了四十个她认为特别重要的经典作品，而且做笔记，特别懂得吸纳这种有价值的经验。

所以，这个文学写作，一个经验构成一个经验链，一个经验支持另一个经验，然后这个经验传承下去。我经常会举一个例子，在我们中国你看，《史记》是所有中国叙述文学的经验的源头，就像马克思讲希腊的神话和传说，希腊悲剧是整个欧洲文学的武库和土壤，那么中国文学的土壤当然非常的辽阔，非常的多，比如像我们的"楚辞"《诗经》都是，对叙事文学来讲，伟大的经验的源头就是《史记》，所以大家在座的，我一直鼓励大家读《史记》，而且我要是教育部长，我就会从幼儿园到博士做一个课程设置，就是《史记》，《史记》就是我们的文学圣经。它支持了《水浒传》，《水浒传》支持了《金瓶梅》，《金瓶梅》启发了《红楼梦》，《红楼梦》启发了无数的中国作家，最典型的就是张爱玲，对不对？现在很多文青拿张爱玲的作品当文学圣经，不知道张爱玲的作品是从哪儿来的，你拿掉《红楼梦》，张爱玲几乎就不存在了，是不是？张爱玲当然天分非常高，她是个天才，但是正因为是个天才，所以，会很低调地去学习。所以张爱玲学《红楼梦》是得其神韵，经验吸纳得特别的充分，有很多用词都是从《红楼梦》里边直接搬来。

所以，从中国文学的经验来看，一些伟大的作品，它也是构成一个经验链，也是互相寻找，也是在寻找最能滋育自己的文学经典，找到了，那么好，你就有生长的土壤，你就有巨大的经验上的这种支持和这种依赖，没找到，那你就是个流浪儿，你就是一个无根的浮萍，你依然是在茫然地写作。所以你先寻找，寻找这么一个东西，跟自己的气质，跟自己的经验，跟自己的这种写作的一种有个性的东西能够融合，或者能够很好地关联起来，寻找这种东西。那么，我接着讲肖洛霍夫，他就是成功地找到了这样一个足以支持自己写作的滋育型的文学经典。然后他自己又是一个，因为写小说我觉得有一个东西特别重要，就是始终保持一种非常真实的表达自己的习惯，而且从自己的经验，我思考了多少出发来写，不要写自己半信半疑、不确定的东西，贴住自己的经验写，贴住自己所了解的那些切实的人们的经验来写，所以也要学会听别人讲故事。

托尔斯泰，我老拿托尔斯泰做例子，因为他是太伟大的作家了，太牛的作家了，他到哪儿去都拿一个什么东西？拿一个小笔记本，拿一支铅笔，包括跟农民讲话的时候，如果听到一个很精彩的话，立即会记下来，所以越是天才，在有一些细节上比我们寻常人更笨，那不是更笨，其实是更聪明，因为记忆是靠不住的，很精彩，你一激动回头再想怎么都想不起来。还有契诃夫，契诃夫有一本作家手记，我们国家至少出了有两种版本，贾植芳先生就翻译过一个，你去看看那个作家的手记，就是日常生活中观察，他看见一条狗叼着个骨头，很孤独地从街道上跑过去，写下来这一句，然后在阳光下，树的叶子是不是在发光，他说会是一个问号，那他要去观察。狗肚子窝在地上的时候，眼神是要想哭的样子，狗是一个很忧郁的动物，狗的转世的前身一定是受过委屈的，所以大家看狗的眼神一般是比较忧郁的，猫是比较诡秘的。所以一个作家他日常会记录下来点点滴滴，他的印象，他的观察，他的疑问。作家就需要有这种低调的、朴实的、真实的依据经验来写。

我经常讲，作家首先要把自己还原到人物身上去，假如你是人物你会那么做吗？金庸先生就是这样子，虽然他写的那些神神叨叨的，充满了这种神话色彩的，但是金庸先生有一条，是按照人性来写他们，所以那里面美丽的爱情故事，我们看了都会觉得被打动。

所以我们现在的作家致命问题在哪儿？他没有过心，没有把自己放进去，我会这样，我是这样感觉的吗？你就是把人写成一棵树，你要写得有人性。

大家知道托尔斯泰有一个中篇小说叫《霍斯托米尔》，写一匹马，那这匹马的孤独忧伤，它自己的生活，过往的生活，它面对死亡的时候的那种恐惧，他哪儿是写马，他分明是写人，当然也不是写人，是写所有生命，从出生都可能面临那种生存的压力，那种焦虑，那种困境，那种孤独，那种对未来死亡的难以排遣的恐惧感。所以我经常讲，假如让托尔斯泰去写一株玫瑰的忧伤，写一颗石头的痛苦，他可能都写得出来，你看，理解所有生命的真实的感受，他会把自己放进去，对吧。所以屠格涅夫读了《霍斯托米尔》以后惊讶得不得了，他说没有办法，他说托尔斯泰前世肯定是一匹马，否则他写不出来一匹马，老马，在太阳下，在树下那种孤独的思想，那种情绪、情感。托尔斯泰写过一篇小说叫《三死》，其中写这个动物的死，一棵树的死，一个人的死。所以伟大的作家，用心去体会一切，然后要让自己感同身受，把自己置放进去，你写的这个东西，从你自己这个角度讲要能说得通，人的情感变化，思想变化转化过程是非常缓慢的，非常艰难的，非常痛苦的，非常纠结的，你要写这个过程，你不要把两个完全没关联的结果放在一起，这是对读者智商的羞辱，这是对读者的、对生活本身的羞辱，对不对？所以，贴着自己的经验来写。你看路遥，我经常讲路遥，路遥为什么他那个经验写得那么重要？就是路遥所有的小说，都是自己感受过的、体验过的，跟自己有深刻关联的，从最早期的《惊心动魄的一幕》，写"文革"期间的武斗，他自己就是参加武斗的，甚至有人说他还有命案在身，我们就不管他。所以他直接写这种武斗，他是写得最真切、最细致的人。《人生》，高加林，那就是路遥自己有的经验，他的弟弟有的经验，一个农村孩子很优秀，但就是摆不脱生来的那种非常卑贱的、让他屈辱的身份，农民的儿子，对不对？没有工作的权利，没有迁徙的权利，没有实现自己价值的机会，那种毁灭感，非常真实的，所以我经常讲《人生》里面的悲剧比《红与黑》的悲剧更严重。包括《平凡的世界》，《平凡的世界》也有路遥大量的丰富的人生经验在里面，所以我们读了会觉得亲切，能打动我们的心，富有人情味的东西，我们一般作家在想象中，你光凭想象是根本办不到的。

一个作家，你在写作的时候，应该有超越战争伦理的更高尚的人道主义的情感表达出来。像《静静的顿河》就写道，格里高利第一次去杀人的时候，用马刀把一个瑞典士兵砍得几乎要死了，就是他一刹那间非常的痛苦和难受，他说我杀人了，因为杀人对谁来讲都是一种巨大的心理上的痛苦，结果他就从马上很沮丧地下来，我们一般杀一个人很兴奋，我消灭那个敌人，我们从小都是这样子消灭敌人，冷酷无情的，巨大的快乐，对吧，然后敌人在我们的这种想象中就是一个抽象的数字，他不是一个生命体，他没想到那个敌人也是妈妈生下来，含着妈妈的乳头，吮吸着她的乳汁一天天长大，在姐妹们的陪伴中，在小朋友的游戏中，在父母的温柔的慈爱的关注下成长，他有他的爱情，他是个生命，他的情感世界一定也是很复杂的，除了极个别的杀人狂、杀人魔之外，更多的普通人的痛苦和复杂感受一定是有的，用人道主义那种怜悯的态度同情他们，就像肖洛霍夫，像托尔斯泰那样。

《战争与和平》也写到了罗斯托夫第一次杀死了一个法国士兵，他也很痛苦，非常痛苦，到他跟前去看看他淡黄色的头发。肖洛霍夫写得更绝，他走过去以后看着那个瑞典士兵的口袋里露出一个钱夹，拿起来打开，里面一个姑娘骄傲地笑着的照片，还有一缕金黄色的头发，这个让人非常的难受，就是你心里的感受非常的复杂，你觉得是一个人，一个被战争裹挟的无辜的人被杀死了，而不再是一个拿着武器冲上前的抽象符号的士兵，对不对？像这种战争对不幸的牺牲者的同情，在我们古典诗歌中，或者古代的文学中表现得是丰富非常，而且非常动人的。有一首诗，叫《悲陈陶》，什么叫"可怜无定河边骨，犹是春闺梦里人"，你看这种对战争的同情。

所以，写作像路遥那样，带着对底层人，对所有人的同情和理解。你看，在路遥的作品中，没有一个人是我要恨这个人，没有，你可能会厌恶他，但你同时也会同情他，伟大的文学一定要写出这种人始终是人，无论什么样的人，多么邪恶的人，他依然是个人，他的罪恶、罪过，都是他不幸的命运的过程部分，他既然犯了罪，既然杀了人，既然作了孽，所以我们今天的这种普遍的麻木，包括有的时候一贪官跳楼了，什么上吊了服毒了，我们好像都有一种莫名的快感，这都是不对的，对一切人都要同情，一切人，无区别的同情，因为他是你的同类，因为你蔑视他就有可能你被别人蔑视，因为你是他的同类，同类项是可以置换的。所以我们爱别人，同情一切人，就等于同情我们自己，我们要培养自己身上的这种，尤其作为作家和小说家，集中表现人与人的关系，表现人的命运，更要有这种成熟的对人的态度。

你看《红楼梦》里面几乎也没有对谁抱有绝对的敌意，它也讽刺，也嘲笑，但是更多的是同情和怜悯，这是非常伟大的态度，司马迁的《史记》他当然也批判，像对那些皇帝，从汉高祖一路到当朝的汉武帝刘彻，他都是讽刺和批判的，这是体现的正义。《战争与和平》的后面部分是托尔斯泰训诲、教训拿破仑，他那个文学代表着一种良心，代表着一种正义感，他对于权力，对于社会巨大的恶当然要对抗的、要批评的。但是尽管如此，你要写出你所批评的人，或者犯过错的人的人性的复杂性，比方说刘邦，大家看看司马迁怎么写刘邦，你就知道自己该怎么写小说。刘邦是个无赖，是个小流氓，但他竟然成了汉高祖，成了汉朝的开国者，这个不是偶然的，这里面一定有一些必然的东西，那么司马迁就不能够简单地只是把他写成个小流氓。一个真实的人，性格具有多面性，所以我经常讲就是说，你看完了以后你可能会厌恶他，但是你又觉得他有很可爱的地方，甚至有勇气，你比如在鸿门宴，一般人根本不敢去见项羽，结果刘邦非常谦卑的、非常这种低姿态的就去了，求项羽的理解，饶过自己，果然逃过一劫，对不对？所以他也有很多的这种优点，有他的复杂性，司马迁全部写出来了。另外像我们最恨的就是那种冷酷无情的酷吏，以杀人为乐，像司马迁的《酷吏列传》里边，张汤、王文书，都杀人如麻，而且杀人像割草一样，但是就是在这些人身上，司马迁都要写他们的一些优点，比如他们不贪污，不腐败，非常廉洁，但是有时候廉吏和酷吏是放在一起的，正因为他廉所以他酷，因为他没有道德负累，他就是个干净的人，所以我杀你不干净的人，没有一点点道德痛苦。是不是？

所以，你要读真正伟大的作品，你就会学到很多很多东西，你把自己那种简单的、幼稚的、苍白的、虚假的，写作的那些坏毛病全部都改掉，然后一旦别人觉得真实了，觉得亲切了，觉得可爱了，觉得有人情味了，那么就觉得很美，就觉得很有力量。读你的作品就像跟朋友见面一样觉得亲切，愿意接受你所讲的一切都是真实的。所以路遥我讲不是天才，甚至不是一个特别伟大的大师级的作家，但是他作品读了以后你会感动，你会觉得你的内心有一些很柔软的地方被他触动了，你会觉得他对每一个打开他书的读者充满了好意，充满了善意，他希望你活得幸福，他希望你有美满的爱情。所以你看见了他那颗特别热情、特别善良的心，看到了一个伟大作家应该有的那些写作上的道德感，他不是带给你侮辱，不是带给你对生活的一种非常混乱的、一种让你感觉到羞辱的感觉。

我们讲肖洛霍夫，他为什么对陈忠实影响很大？因为我们在过去的小说叙述里面，好人和坏人、敌人和自己的同志或者战友之间这界限非常的分明，所以我们是用一种可能是政治的而不是人道主义的态度来叙述。那么这个格里高利在肖洛霍夫的笔下不是这样，他是把所有的人、所有的生命，都抱一种同情的态度来写，比如写格里高利，他是一个哥萨克青年，他有力量，他可爱，他追求爱情，在马背上风驰电掣般地奔跑，是特别有活力的一个小伙子。肖洛霍夫他真正吸引我们的地方在哪儿？这个形象闪光的地方在哪儿？就是肖洛霍夫内心的一个那种仁慈的态度。比如有一次他写主人公在割麦子的时候，忽然感觉到自己的镰刀碰到了柔软的东西，那么他就刺一下，发现自己的镰刀上有血，再一看，身上刚长出绒毛的小野鸭，一窝小野鸭，一个已经被他的镰刀给割死了，身上在冒出一种细小的血泡，然后他就把这个小野鸭捧在手心里头，特别的难过，然后他的妹妹就以为他发现什么好东西，要看，结果他没让她看，他就走到另外一个地方挖了一个坑把它埋掉了，好长时间他心情都不快乐。像这个非常细小的地方，写了一个小野鸭被无意中镰刀割死这种态度，肖洛霍夫细细地写，其实就是一种对生命的态度，从人道主义态度延伸出来，对所有生命的一种很高尚的态度。

所以，我们要善于发现这些真正有价值的伟大的经典作品，而且要善于去读，要结合你自己的经验，要结合这个时代的文学的问题来读，这样子你读一部你就会有巨大的收获，选择值得阅读的作品其实就是选择可靠的方向。我特别希望我天天能用赞许的语言去谈论一个时代最伟大的作家，因为赞美是快乐的，我在写《汤显祖与莎士比亚》的时候，半年时间，你不知道那是一种初恋一般的感觉，每天都很快乐，我一遍一遍地去读莎士比亚的作品，读完一部我会特别感动，我会觉得特别幸福，世界上能有这么伟大的作家，能写这么好的作品，每一个句子我都觉得很好。汤显祖也一样，中国人那种情感的细腻、内心世界的丰富，以及表达情感的时候那种含蓄，那种诗意性你也觉得很美，觉得我为是中国人很骄傲。我经常讲我们这个民族，失败的、挫败的太多了，让我们沮丧、让我们自卑的地方很多，但是在座的都是搞文学的，我经常也跟中文系的学生讲，我说你们学中文专业在中国你比哪一个专业的学生都应该觉得骄傲、光荣、有价值，你们选择了多么高贵的专业，因为我们中国的文学太伟大了。

　　我经常看那些谈论俄罗斯文学的人说，世界上再也没有比普希金更伟大的诗人，再也没有像托尔斯泰无与伦比，我说那是因为你不读中文，你没有读过中国文学，假如你读过杜甫，你就不会说普希金是唯一，假如你读懂了《红楼梦》，你就不会说托尔斯泰是最高的，假如你读懂了《史记》，你不会说莎士比亚是最高的，对不对？我站在中国人的立场，我用中文来阅读，我觉得他们要么就跟我们这些伟大的作家诗人平起平坐，甚至还要低一些。因为什么呢？因为像普鲁塔克，他被称为是西方的司马迁，我们称司马迁是东方的中国的普鲁塔克，普鲁塔克写过《希腊罗马名人传》，很厚的，也很著名的，也是希腊、西方文学的丰厚的土壤，他们都从那里提取素材，莎士比亚很多的剧作都是从普鲁塔克这儿来。但是普鲁塔克的《希腊罗马名人传》，跟《史记》对读，司马迁肯定更伟大，因为《史记》都是用散文化写出来的戏剧，对不对？

　　所以我们有第一流的、杰出的文学成就和文学巨著。我们没有理由把文学让它停留在低水平，这是很让人害羞的，是很辜负我们伟大文学成就的一件事情，很对不起我们的祖先。我们有《诗经》、"楚辞"，我们有杜甫李商隐，最主要是有司马迁，那么高，两千年前的高度，我们今天在为没有高峰而在这地方焦虑，其实高原也没有，我刚才前面讲就是一个低谷状态。所以我们今天的使命是什么？回到那个伟大的传统，寻找那个伟大的坐标，然后真正认清楚文学，然后调整自己写作的方向，从而进入一种真正健康的成熟的一个写作状态。所以我今天谈这个滋育型的经典，想跟大家分享的我自己的一些看法，有些地方可能讲得比较片面，希望大家跟我能够有一个呼应、对话和交流，谢谢大家。

诗心、诗情与诗意

李少君

今天和大家交流交流诗歌，我想谈谈诗心、诗情和诗意。

我在武汉大学出版社出过一本诗集，书名是《我是有背景的人》，有些耸人听闻，其实我的意思是，人都有一个不断成长的过程。这个成长的过程就是自我建构的过程，而自我建构的过程实际上就是自我肯定的过程，自我肯定的过程其实就是对你的出生地、对你的父母，也包括帮助过你的人、你去过的地方，应该都怀着一种非常感激的心灵。正是因为这些才成就了今天的你，这都是你的来源，也可以说都是你的背景。我也经常跟人说，我骄傲我是湖南人。也包括我到武汉大学读书的时候，我出版了第一本诗集。那个时候的诗集，不像现在的这么好，那时是一种油印的诗集。因为我是大学生嘛！我当时在油印诗集的封面上是这么写的：上面是"李少君自选集"，接着是"湖南人李少君"。我为什么突然想起这个例子呢？因为我看到有篇文章介绍湖南人张枣，说张枣刚到四川的时候，特别喜欢自我介绍说他是湖南人。因为这里好像包括着一种非常骄傲的心理，诗人柏桦也对他进行了心理分析。张枣是从湖南走出的，而湖南百年来人才辈出，有一种非常骄傲的感觉。当时我这本诗集在武汉大学里面，引起了一些小小的轰动。就是因为我这个签字叫"湖南人李少君"。很多教授看着我说："哦！你就是那个湖南人吗？你名气很大耶！都说有个学生出了本诗集，封面上叫'湖南人李少君'，他呀！这个人厉害。"所以这些就是包括对家乡的热爱，前段我写过一首诗说"我是有故乡的人"。

我们年轻的时候，都想离开故乡，也觉得我们自己完全跟我们的父辈是不一样的。但是随着年龄的增大，特别像我，已经过了五十岁，我越来越觉得我很多的地方，越来越像我的父亲，也越来越像我小时候受的那些影响。比如说我妈妈，她是一个没有什么文化的人，但是她说的话很实在，她比如说很简单，每天三餐要吃饱。所以我一直坚持这个，不管早晨多么忙，我一定要吃早餐，所以一直有人说："少君，你身体还不错呀！"我们单位那些80后、90后都说我们单位我身体最好，我说很简单，一天三餐要吃饱，我妈从小就教我的。这些东西表面上对你没什么影响，但你回过头来看，这些都有非常深刻的影响。包括以前到外地去的时候，我经常吹嘘我的家乡湘乡。我说我们家方圆五十公里之内，伟人如云，这话把大家都吓坏了，都说什么意思呀？我说你们看嘛！我们家方圆五十公里之内，有毛主席、曾国藩、蔡和森、刘少奇、彭德怀、陈赓、谭政、蔡畅、陈天华，有伟大的艺术家齐白石，也有诗人萧三，小说家张天翼，还有戏剧艺术家欧阳予倩，音乐家黎氏三兄弟，所以说从小在这种氛围中，肯定会对你产生一个深远的影响。包括我的那首诗《我是一个有故乡的人》，我想了一下，因为我们那儿有一座东台山，毛泽东从小也去爬这座山，还有一条河叫涟水河，毛泽东从小在那儿游泳，当然这条河最后流到了湘江。那么，山是永远不动的，但河是永远流动的，一方面你要觉得你的人生要像一座山，坚守、坚持自己的价值和意志。但是在时代的不断的变化中，人也是要有变化的，这种变化其实也是就像涟水河，就像湘江，它一直在流动之中。所以这样的一些背景应该就会构成了一个深远的影响。

我概括我的背景，是湖和海。我是湖南人，在湖北求学，武汉大学珞珈山，所以这是洞庭湖的两边，湖南湖北。后来大学毕业之后，又去了海南，应该是在海边上。大家都知道，北京有个北海，所以我是从湖南到湖北，从海南到海北，到北海。湖和海把我人生的背景勾勒出来。所以我认为人生其实是一个不断自我肯定，不断自我建构，不断自我成长，最后成为了你，现在的这样一个你。所以不管你是站在哪里，是你之前影响过你的那些地方、那些人，对你构成了一个深远的影响，使你成为了今天的你。所以你应该对这些，心怀感激，心怀感恩。

诗歌可以抵抗死亡，抵抗遗忘。我觉得这个是很有道理的，因为文字的记忆力是最久的。江弱水前段时间在《诗刊》发表的文章中说过一段话，他说得相当好，他说"凡是没有记下来的，就是相当于从来没有发生过的"，这个说法是有道理的。大家想想看，我们都从来没有到过唐代，我们也不认识李白，不认识杜甫，但是我们读李白的诗，读杜甫的诗，就会被感动，或者激情迸发，或者黯然落泪。为什么呢？因为他们当时用诗保存了那种记忆和情感，永久地流传到现在。

哲学家维特根斯坦有一个说法，说人和动物的区别就是人能用文字保存情感。大家都知道，动物也有简单的语言、简单的情感，但是动物的语言和情感都是不能长久的，因为没有变成文字。你可以试一下，你把你们家的狗或猫丢到海南岛三个月，你再去找它，它肯定就忘记你了，它只记得它新的主人。但是一个人，就算是七八岁离开了父母，过了二十年三十年，依然记得有一个父亲，还有一个母亲，甚至会去寻找，这就是人和动物的区别。

另外有一个诗人布罗茨基，他有一个更加奇特的观点，也是有道理的，他说"其实诗歌就是人类的目的"。就像我刚刚说的我们都没去过唐代，但是我们为什么知道那是一个盛唐，而那个盛唐就保留在盛唐的诗歌之中，保留在李白、杜甫、王维、王之涣、高适的诗歌中，所以我们就能感觉到那个盛唐。那么布罗茨基更进一步地说诗是人类的一个目的。现代社会喜欢以有钱作为标准，但谁又记得唐代最有钱的人是谁？不要说唐代，谁又记得二十年前、三十年前最有钱的人是谁？除非文字曾记下他们的故事。但是诗歌保留的那些东西，文字保留的那些东西，会非常的长久。说到这里，我再说一个我父亲的例子，我刚才说了我父亲晚年的时候记忆力越来越差，首先是自己的媳妇们，他完全不认识。而我每次回去，他都要问："你现在在什么单位？"我跟他说我是《诗刊》的，但是过了五分钟他又要问，他说："你是什么单位的？"我说我是《诗刊》的。后来我就想了一个办法，我就拿了一本《诗刊》给我父亲。他每次问我，我就给他指着，你看这两个字叫什么？他说"诗刊"。他就开始翻里面的文字，让人奇怪的是，所有的文字他都认识，所以说文字的记忆是最长久的。文字显示和保存了人生的意义。

布罗茨基说诗歌是人类的目的，其实也道明了人和动物的区别，就是人要追求文明、追求美，那么你怎么来追求文明、追求美呢？就是你要去接受教育。包括我们今天这么多朋友，今天都汇聚在这里听诗歌，就是我们都希望自己变得更加文明，生活更美，或者说精神更充实。诗，是文字的最高形式，美，是人类生存的最高形式。所以人生的目的其实就是追求诗、追求美，所以在这个意义上，诗是代表人类文明的最高形式，在这个意义上，布罗茨基说诗是人类的目的。

我在上小学之前，就接受了很多的诗歌的教育。我是在冷水江长大的，那时叫新化，一个叫铎山的乡下，长到七岁。那时我叔叔是一个教师，我奶奶是一个大家闺秀，经常会讲一些故事。也是很偶然的机会，我就读到了《唐诗三百首》和《千家诗》。当时，我就在我家走廊里面走来走去，背这些诗歌。后来一次很偶然的机会，我完全记不得了，就是突然有一天，我在《文汇报》上看到目录，《少年文艺》上面发现了我的一篇作文，我完全记不得是我自己寄出去的呢，还是我爸寄的呢，还是我老师给我寄的。大家都知道，那时候发表作品会引起很大轰动的，特别是一个十岁的小孩，当时在我们家乡湘乡，在很多学校里面，我变成一个传奇。后来又在《小溪流》杂志得了一个全国奖。所以应该从那个时候开始，好像就觉得自己跟文学跟诗歌有缘，好像要把它作为一个目标。

湖南包括湘乡这个地方，它整个的那种氛围，使人从小志向就很大。因为身边都是一些伟人、名人，比如曾国藩的故事、毛泽东的故事、齐白石的故事等等都在影响着我们，所以对自己要求也很高。所以小时候就抱定要读万卷书、走万里路的这么一种志向，包括我去考武汉大学新闻系。其实在 80 年代的时候，只有一种人能走万里路，不像现在大家都可以随便走万里路呀！当时只有一种人能走万里路，那就是记者，所以我当时就想，我要走万里路我就必须去当记者，所以我是为了文学去读新闻系。而且小时候也对身体特别注意，毛泽东有句话叫作"文明其精神，野蛮其体魄"，所以我从小就坚持跑步，我经常是长跑冠军。现在大家肯定都看不出来，这个李老师个子又不高，但那时我确实在小学中学的时候，经常是一跑就十公里，而且不管刮风下雨，下雨天下雪天都会打着伞去跑，一直坚持到大学一年级。因为大家都知道，大学生就不一样了，基本上没什么人会早起。我大概第一年还坚持跑，跑到第二年开学的有一天，起床准备跑步的时候，突然发现我身边所有的同学都在睡觉，我突然想为什么要这么跑呢？从此就再也没有跑了。当然现在坚持散步。但是那时身体的底子还是打下了，一直身体都比较健康。我从海南到北京也没有什么不适应，基本上没有任何的过渡的阶段，所以这个可能是小时候打下的基础。像我妈妈基本是没读过太多书的一个女工，跟我说的那些话我都牢牢记住了，我当时觉得这对我没有什么影响，但随着年龄的增大，我觉得父亲母亲教育我们的都是真理，这就是人类延续的真正的秘密。我也觉得我的个性越来越像我的父亲，他是一个很固执倔强的人，不怎么圆融，我原来觉得我是一个比较宽厚大度的人，但随着年龄增大，我发现我骨子里也是一根筋的那种，是不轻易改变自己想法的人，这一点，越来越像我的父亲。

　　我在武汉大学的时候也经常参加一些诗歌文学活动，但是我特别郁闷的是什么呢？就是因为我是新闻系的，我们的诗社和文学社永远是被中文系的霸着。他们老是把社长的位置让给他们自己的小兄弟，我很不服气，我说你们办个诗社算什么，我要办个诗派。我就拉了新闻系三个人和中文系几个人，联合起来称"珞珈诗派"。当时可能完全是出于赌气的心理，也很有意思，后来发现整个80年代，大学生敢叫诗派的还只有我们。因为别的经常都叫"诗社""诗群"。所以也很有意思，为什么过了三十年，这个诗派又重新流行起来呢？后来发现那些诗社早没了，没想到这个诗派生命力还是最强的，而且诗派还有一个好处，可以把所有跟珞珈山有关的诗人全部囊括起来，往上一直延伸到闻一多，再后面一点就是王家新他们这些诗人。所以诗派的概括性很广，而且往后还可以延伸到00后，90后也可以加入，诗派这个东西是没有什么限制的。所以现在想起来，当时是很好玩的一个举动，现在变得非常有意思。

　　在武汉大学的时候，当时的风气特别的自由开放。我们那时经常开玩笑说：北大追求民主，武大追求自由。因为当时有个叫刘道玉当武大校长，是中国教育的一个改革家，他对学生特别好，他在学校里面提倡以学生为中心，就是一切为学生服务。当时有份《武汉大学报》，那时的报纸就四个版，第四版就经常被我们珞珈诗派几个人占着。我曾经有一篇文章，连续刊登了五个整版。你们想想看，那时的那个风气，大家就让着学生，让学生出头。而现在很多老师却跟学生抢这些版面。那个时候版面全部给了学生，所以我们名气很大，名气大到什么程度呢？第一大家都知道我是个湖南人，自己出了本诗集；第二就是因为经常在报纸上看到我的名字，见到我就说："哦！你就是李少君呀！"很著名的教授见到我都会这么说。所以80年代那种特殊的氛围，包括武汉大学的当时自由开放的风气，应该都是使珞珈诗派成长的一个非常好的条件。

　　我被评论家称为"自然诗人"，我想可能有几个原因吧！我原来生活过的地方，都是环境比较好的地方。大家都知道，像我们的涟水河应该是湖南污染比较少的一条河流。我当时读书的武汉大学珞珈山是中国最美的校园，也包括我后来去海南二十多年，现在也公认海南是中国生态最好的一个地方，前段时间中央提出来把海南建成一个生态示范区。那么这个过程中可能不知不觉会影响到你的创作，因为你永远是生活在这么美丽的地方，你对自然有一种认同，你会写得非常的多，当然更重要的是可能后来有意识地追求也会有一定的关系。

从我个人来说，第一可能与个性有关，我如果是坐在办公室，我一个字都写不出来，但是只要一出门，在路上我都可以写。以前会带着一个小本子，边坐在车上边写。那么现在有了手机，就在手机上写诗。很奇怪，一出去就有感觉，一回到办公室就两眼发呆，什么也写不出来，所以我也是一个喜欢到处跑的人。第二，当时我在《天涯》杂志的时候，当时我们属于国内最早关注生态的杂志，而这个生态就是个现代概念，当时我们生活在海南，觉得内地的污染特别严重，我们《天涯》杂志是一个思想类杂志，我们经常召开各种研讨会。有一次开了一个生态研讨会，应该是1999年，当时有北京、上海、欧美的一些哲学家、社会学家、文学家、评论家，大家都意识到现在生态开始出现问题了。在海南这么一个生态很好的地方，讨论内地的生态环境越来越恶化。当时就形成了一篇文字，叫《南山纪要——我们为什么谈环境生态》，这篇纪要后来产生了很大的影响，发表在2000年《天涯》第1期，有人称它是新千年的第一声绿色呐喊。这个影响大到什么程度呢？后来此文被翻译成十多种文字，一直到前年，在国家环保局的官网的首页上都还有。此文是最早对中国的生态问题提出了深刻反省、批判和思考的一篇文章。

因为这个原因，我就开始对西方的生态学关注起来。我想说，其实欧洲文学和美国文学有很大的区别，在某种意义上，美国文学的主流就是自然文学，或者是生态文学。因为美国第一个大诗人惠特曼、大思想家爱默生，都特别关注自然。大家知道爱默生就是一个自然思想家，他当时已经看到了欧洲资本主义出现的问题，环境污染的问题。所以爱默生有一个很有意思的说法就是"欧洲已经腐朽了，我们要让新大陆的自然之风来吹拂这个世界"，所以他当时就提出了一些很有现代生态思想的观点。爱默生还有一个著名的学生，就是写《瓦尔登湖》的梭罗，他也是大家知道的生态文学家。所以美国的文学实际上很多是自然文学，除了惠特曼、梭罗，还有美国海洋生物学家蕾切尔·卡逊写的《寂静的春天》、奥尔多·利奥波德《沙乡年鉴》，以及诗人加里·施耐德等等，他们不仅有生活和文学的实践，也提出了重要的生态思想，实际上美国文学的主流是自然文学，那么欧洲的现代文学，和美国是有很大的区别的，而这个却是被我们忽略的。

当时我们在《天涯》上比较有意识地呈现现代的生态思想和生态文学。这个可能也影响到了我的创作，还有就是一些评论家的评论。第一个把我称为"自然诗人"的是湖南评论家易彬，他写过一篇《自然诗人李少君》的文章，当时发表在 2009 年的《文艺争鸣》上，影响是比较大的。所以后来很多人写评论文章，会把他这篇作为参考，接着有位北京大学中文系的吴晓东教授又写了一篇，从生态主义角度写我，这篇评论发表在《南方文坛》上面。因为他注意到了《天涯》是国内最早关注现代生态思想，并提出很多生态观点和主张的一份杂志。他从这个角度来讨论我的诗歌，就是认为我的诗歌也可以放在现代生态主义的背景下来讨论。这两篇评论也对后来为我写评论的作者产生了影响，大家都会从这个角度来写。反过来，这样也使我产生了一种有意识的自然写作的意图，后来这方面的诗歌我也写得越来越多，有时候讨论问题和观点也会从这个方面来进行，所以最后大家都称我为"自然诗人"，其实是各种因素造成的。

如何读书，我觉得最好的办法是先博览群书。想要读的书就去读。像我们这代人，80年代读大学的人，一方面可能对中国古典文学、唐诗宋词都读过、背过。后来80年代整个风气就是读翻译的文学，西方现代主义文学基本上也都读过，就是囫囵吞枣读了一遍吧！当时是没有意识与明确的目的，但随着年龄的增大，阅读可能会越来越选择自己的兴趣，因为你会有意识地读一些自己感兴趣的内容，会有所选择。比如这些年因为对中国古典美学很有兴趣，我就会找跟这个相关的一些书来读，像当代的李泽厚、北京大学的朱良志、华东师大的胡晓明，我会比较注意读他们的一些作品，因为这些是你感兴趣的。当然你也会保持一种相对开放的心理，我也会读西方现代哲学的一些著作，比如我感兴趣的句子读得比较多的是巴迪欧、阿甘本等。巴迪欧的关于主体性的一些思想，关于世界关于真理和事件的一些讨论，也都是我感兴趣的。

说到这里，读西方当代哲学有时会有一些启发，比如以前我不太同意有人说没有批判性就不是文学。因为如果以这个为标准的话，那么中国古代的很多诗人，比如李白、王维、白居易、李商隐、李贺、杜牧等等，那么按这个标准，可以说没有什么价值。因为完全以西方现代性的一种观点，包括朦胧诗以来的一定要有批判性的这个角度。我比较赞成中国古代的超越这么一个观念，但是我一直找不到当代哲学的一个理论依据。前段时间我读巴迪欧，我觉得他有一句话说得特别好，他说"否定可以摧毁旧事物，但并不能创造什么"，他这话对我有很大的启示。所以最近我就集中读他的书，我希望找到一个现代的根据，或现代的一个分析，比如关于超越的观点，是跟整个中国的背景有关系的，超越性是高于批判性的，超越本身包含了一种否定，但不限于否定。

比如说对境界的追求，其实境界就是不断地自我超越自我提升，所谓的境界，其实就是一个认识水平、一个精神等级。你境界越高，就越有一个大的诗的格局。最早的那个"境"字实际上是指音乐的停止与意韵。音乐最终会有个停的地方，就是这个意思。后来用来指边境、边界、国境。到了唐代，在佛教里面，境界就变成了人的内在的精神空间。到了王国维这里，就变成了精神水平或者认知水平、思想水平，这个思想水平可以用一句话理解就是"欲穷千里目，更上一层楼"，你只有不断地提高境界，才能看得更远，自己的胸怀才能更开阔。但这种关于境界关于超越的理论，是中国古典文化背景下产生的，那么我觉得用巴迪欧的这个话来讨论这个问题，很有意思。可以说我现在的读书，都是在一种问题意识的引导下进行的，就是你碰到什么问题，你可能会去找相关的书来阅读。所以我不能准确地说有一个具体的老师，但我是不断地学习，希望自己不断进步的这么一个诗人。

长诗写作：诗意作为一种转化和扩展

欧阳江河

主持人：今天上午非常荣幸地邀请到著名诗人欧阳江河老师来为大家授课，我们先用掌声对欧阳江河老师表示欢迎。欧阳江河老师原名江河，1956年生于四川省泸州市，著名诗人，诗学、音乐及文化批评家，1979年开始发表诗歌作品，代表作有《玻璃工厂》《计划经济时代的爱情》《傍晚穿过广场》《最后的幻象》《椅中人的倾听与交谈》等等，著有诗集《透过词语的玻璃》《谁去谁留》《事物的眼泪》，以及评论集《站在虚构这边》等等，其写作理念和实践深具当代特征，在同时代人中产生了广泛和持续的影响，被视为1980年代以来中国最重要的代表性诗人。今天欧阳江河老师带给大家的题目是《长诗写作：诗意作为一种转化和扩展》，下面我们就掌声有请欧阳江河老师。

欧阳江河：我算了一下，我到鲁院来，跟高研班的诸位作家、诗人同行交流，这是第五次了，所以我也特别荣幸。能够把我作为一个诗人，我对写作的一些看法，还有我在写作中遇到的一些困惑、一些思考与大家交流。创作、写作的这样一个过程，有时候是一个从现实生活中、从自己的生命中消失一会儿的一种特权，但是根本地来讲，写作是一个显现，是一个发生。

在来之前，跟咱们老师聊到一个基本话题的时候，我就讲到写作跟这个阶段性有关，比如说日常的人，我们有几个很重要的节点，比如说上大学，大学毕业以后选择专业，是不是继续上研生、是不是留校等等是教育的节点。人生的节点，比如说结婚也是一个节点，结完婚有没有离婚，这又是一个节点，生不生小孩也是一个节点，就是人生中有几个节点，那么写作也有几个节点，也有几个转折点。

我今天想讲的就是每次写作本身的转折，它一定伴随着我们对生命的认识的转折，对自我认识的转折。因为写作各种定义，有的人认为写作是一种治疗，有的人认为是一种爱好，一种认知过程的一个显现。还有人认为写作就是自我认识的过程，当然还有一种更厉害、更超脱的，写作是一个自我泯灭的一个过程，自我幻化、自我蝶化的一个过程，就像庄子，那就是自我最后变成蝴蝶，变成鱼，跟自己对话，比如说变成大鹏，就是对时间的一种转化。

但是在自我转化的过程中，特别重要的一点就是我们要问，写作到底是什么？经常是我们写着写着根本不知道写作是什么，写作有什么可能性？就像我们在使用中文，一个作家，有可能到了一个阶段以后，我们使用的中文就麻木了，我们可能使用的我们都不知道它是什么，中文作为原文还在不在？你是不是用原文意义上的中文在从事写作？还是你用的只是别人的语言？

文学语言的纯洁性的定义，文学语言的原生性、原创性和原文的定义，因为你的使用它变得从未被使用过，这样一种东西是文学，而且这个使用和这个纯洁并不是干净的意义，恰好有可能是更肮脏的、更复杂的、更黑暗的东西，更痛的东西，更多死亡的东西，但是它是一个原文，是一个文学的写作中间的母语和原文，指的就是你写作过之后，你把你的理解，你把你的复杂性，你把你的文学性、你的生命放进去以后，它变得特别的独特，只有你能这样使用，这个是文学语言。

所以，在这个意义上讲，我在我的《大是大非》那首诗里谈到人必须重新学习中文，文学也是，我们必须重新思考，重新学习，重新问自己什么是写作。我在写作的时候，我使用的是什么意义的中文，有可能这个中文只是一个母语，但是更多的情况下，这个中文可能是一个混合的语言，它可能有时候是来自于改写，来自于挪用，来自于错误，来自于翻译，甚至是误译，有可能我们文学意义上最高的生活，可能来自于一种烂生活，这都没关系。所以这个里面存在一个基本的，要来到我关于文学的一个基本的定义，文学就是转化，我认为就是转化，这就跟我今天要讲的这个题目衔接上了。但是关于这个转化它是什么？它来自哪里？它的根本是什么？我先绕开一下，讲一讲我们最近正在热议的，我相信在座的每一个，只要你是作家，真正意义上的作家，你都不可能不关心的事情，就是这种关心有时候有一个被动性，因为大家都在关心，因为媒体、微信、手机短信上，你打开电视，电视上认认真真在播这个话题，朋友圈里不认识的人都在谈论这个，就是机器人这个事情，就是人工智能 AR 问题。

跟我们写作有直接关系的，除了阿尔法狗战胜中国的最牛棋手柯洁，还有一个就是机器人小冰已经出了一本诗集了，这个里面也包含了一种转化。这是一个新闻，我觉得我们来到这样一个关口了，这是人类文明的一个大的节点。所以它带来的对写作的启示，对什么是智慧，什么是语言，什么是转换，这个问题，我觉得来到这个根本的追问里面，这里面包含了很多困惑、很多质疑。

我在想，写作其实最重要的，比如我作为一个诗人，我不想给大家讲一些既定的，针对我们经典作品，已成事实的，已经结束了的，印成白纸黑字的东西放在那儿，然后经过各种学术研究，经过这么多研究生的，从这里面提供的布料里面拿出一些东西自己缝制一个博士帽戴在头上，它不是这样一种东西。乔伊斯当年在写《芬尼根守夜人》的时候，就有人问他，你写那么复杂干吗？你为什么要把世界的一万本书写成一本书？他的回答特别绝妙，当时他的回答很有意思，他说世界上那么多学这个的文学博士，他们可怜巴巴的没有材料，我总得给他们提供一些缝制博士帽的布料吧。就这个意思。

与此相同的还有庞德的《诗章》也是，因为它已经不是一个单纯文本了，是一种写作计划，也就是从这个意义上来讲，写作真的是本身它提供很多原材料，尽管它的转化是从各种各样的原材料里面提取出精华，升华以后变成文本，变成对这些原料和材料的使用，但从根本上来讲，写作本身又把自己恢复成原材料，恢复成生命的无助，无知和复杂性，和毫无意义，一定要知道这一点。最高的意义里面包含的毫无意义，写的后面包含的那个不写，不可写，不想写，不能写，写了也白写的，写作后面一定要包括这个。所有来自写作的转换的后面，一定要包括这个，这就是为什么我现在来谈谈机器人小冰的写作，不停地有人问我对小冰的写作的看法，我就讲了，机器人的写作也有一个转化，机器人写作的转化是一个什么转化？是来自于它的转化的思考的对象、起源，全是针对已经写好的诗句，输入到它的储存库里，进行各种各样的排序，词性的变化、搭配、选择、优化，是一个机械的过程。而这个选择机械的过程，它的判断最牛的情况可能把语感也包括进去，但是更多的是对词性的句法、句式，词汇的选择和搭配，进入一种句子搭配的修辞逻辑里。

因为诗歌特别重要的一点是诗歌逻辑，这跟哲学逻辑不一样，跟政治逻辑也不一样，跟我们刚才讲的阿尔法狗那个人类很难战胜的机器棋手不一样。因为阿尔法狗里这个转化的后面它有一个单一逻辑，就是下围棋，不管你再有生命，再有感悟，再有境界，下围棋它毕竟有一个终极目标，就是我要战胜你。所以，阿尔法狗有一个终极的目标，所有的训练、储存、计算和步骤的安排都服从一个最终的单一的命令和程序，就是战胜对方，战胜你的对手。而这个单一目标的存在，它把所有的关于围棋的规则、下法、定式、变化，都朝向这个目标，它所有的计算，它所有的程序应对，都是围绕着这个单一的最终目标在进行，那么在这个意义上讲，人类很难战胜它，因为它转化的对象和材料来源，是人类上千年的历史中几十万个高手下的所有的棋的棋谱，它从所有这些棋谱里找出来一个应对的方式和设计加上对围棋的理解，用来对付眼前这个人，而这个人的围棋生命只有二十年、三十年，它却用了人类几万个、几十万的棋谱提取出来的那个精确性，那个万变来对付你，对付这个刚刚在发生的东西，人类真的不是它的对手。

而诗歌，很难，要写得比人写的好，我觉得这个不是说来自于机器人智力还会不会生长，不是来自于比如说它学了欧阳江河所有的诗，它就一定比欧阳江河写得好吗？它把所有的已经死掉的人的诗，比如说庞德、叶芝、莎士比亚全都混在一起，随便怎么学习规则，不可能组合出一个李白来，我绝不相信。因为，机器人写作的转换，我们表面在讲机器人，其实是不是跟我们在座每一个活人的写作、真人的写作也有关系？到现在为止，我们所有关于写作的讨论、研究和学习，模仿的对象，都是已经成名的，已经被盖棺论定的，已经被认定为经典的那些文学作品，小说也好，小说的分析也好，诗歌也好，诗歌的文本、诗歌的翻译也好，等等，我们都是从已经变成完成品的文本的学习、研究、领悟和仿写，都是从这个里面，那更不要说机器人小冰，它所有仿写的对象的起源，不是它自己对生命的理解，不是它对自我的理解，它根本没有这个自我，不是自我和世界之间建立起来的那种影射、投射、变形、观望和困惑，它和世界之间对它来讲既没有世界也没有自我，它没有办法建立这个联系。它所有的转化都是来自于已经成了诗歌的诗，它的转化是在那些诗句之间进行完成品意义上的那些诗句的仿写，它的仿写和组合，只能是句子的修辞的训练。

我们真人的写作，绝对不能降低到这样一种层次，只是对已经成了经典作品的诗歌句子的一种修辞训练和仿写，不能这样。写作的转化，不能只是介于已经成了文学作品的那些完成品的一个转化和研究，文学的这个转化，一定要穿透文学的现成品，要进入文学还没有成为文学文本和完成品之前的那个状态，那种写作的可能性，写作的困惑，一定要进入这个意义上的转化，它就是前文学的过程，没有成文学的，有可能在我们写作中被写掉的，抛去了的，被抹除掉的那些东西，被改掉的那些东西，要进入这个。而进入这个之前，这个东西一定要进入生命本身。我有新的长诗集刚刚出版，就叫《欧阳江河长诗集》，因为今年新诗一百年，跟胡适的第一本诗集《尝试集》有个谐音。

里边我有一首长诗，一千行的，这是我写得最长的一首诗，那首诗就是无始无终，它只是一个中间片断，没有开头也没有结尾。我中间有一句说，说写法的问题就是一个活法的问题，人写得有多深就活得有多深，不是反过来的，不是说你活得有多深你一定能写得有多深，不可能的，有很多人他觉得他这一辈子活得非常丰富，一个人活了多少人的一生，多少启示，他就是写不出来。但是另一些人，你像莎士比亚，莎士比亚一生其实挺枯燥的，他也是一个演员，某种意义上讲，是给演出写台词的，赚一份工资的一个人，很枯燥的一生，但是他写的戏剧，里面上千个人物都是真人，有一个说法就是说，莎士比亚的写作，他发明了他还没有来得及活的那种生活，就把说英语的人的未来两三百年的生活，他还来不及活，但是他全写了，就是他的写作里面包含了我讲的未来考古学。

我们怎么把它还不是文学之前的那些东西，把它汇集起来，把它转化为跟我们自己的写作有关的一种东西？诗歌如何提炼这些东西？这个是我们大家要思考的，否则我觉得我们就愧对这个时代。

比如说，我有时候在想，为什么我永远要重新思考文学，我写着写着就要停下来问自己，写作到底是什么？我作为一个写作者，我是谁？我和其他的已经变成盖棺论定的文学，我和它们之间的对话产生了什么东西？我和它们之间的那种相互阅读，值得我们相互阅读的那个东西是什么？它在写作上怎么体现？它怎么还原我的真实生命？我写的这些东西，假如庄子还在这个世界上活着，李白还活着，庞德还活着，我写的东西他们有兴趣读吗？我写的东西配他们读吗？我老在思考这样一个问题。同时我也思考一个与此完全相反的命题，我写的这些东西，那些跳广场舞的大妈们，跟她们有什么，哪怕是特别遥远的含混的联系吗？

我今天要讲的第二个想讲的事情，就是写作不光作为一种转化，还要作为一种扩展，这个扩展里面包括了广阔性、复杂性、久远的东西、崇高的东西、圣洁的东西。但是，这个转化也包含了一个完全相反的东西，就是一个缩略，一个渐渐消失，一个盲点，一个局限性，一个失败，死亡，沉默，什么都不写，什么都不说，包含了这些东西，这才是一个扩展。在这种扩展里面，写作会成为一个认知，写作会呈现出它的只有写作和文学才有的一种逻辑，一种认知，一种绝对性，一种天才，一种愚蠢和黑暗，一种残忍。

你比如说，我讲到残忍的时候，我要讲讲，大家会觉得这是不是一个噱头。不是，比如说叶芝，写小说的同志们一定要去读读叶芝，叶芝是整个 20 世纪最重要的英语诗人，是两个，对我来讲一个叶芝，一个是叶芝的秘书，当过短暂的叶芝的秘书，庞德，当然庞德某种意义上救了叶芝，因为要没有庞德的话，叶芝按照他老路数写下去，就是一个后维多利亚时代的诗人，一个使用优美英文的人，他没有出现他晚期的坚硬性和残忍。而这个坚硬性和这个残忍，这个直接性来自于庞德，当然他跟庞德的交换，庞德说我帮你改诗，我给你提建议，但是你给我有个交换。叶芝问他什么？他说你教我击剑，庞德真的是跟着叶芝学击剑，不过庞德那个身体像熊一样的笨拙，他是熊的击剑，叶芝四十几岁，击剑优美极了，他没有击剑这一招的话，他写不出这个，在一首诗中间最后的那个舞者，不知道舞蹈者是谁，是这个风中的叶子，还是树叶的舞蹈，风吹树叶舞蹈，舞者和舞蹈本身，舞蹈是正在移动的舞者，还是更神秘的风的那个吹拂？就是这个舞蹈的动作的变化，没有形体，这么神秘的东西，跟当年杜甫，就是公孙大娘舞剑，是杜甫写的诗吧，李白的草书，就是舞剑，唐朝的三绝嘛，草书是张旭，不是公孙大娘，当时是裴将军，然后就是李白的诗歌，三绝。

我的意思就是说，叶芝的残忍就在他受到庞德影响之后，从古典时代的后意象主义诗歌写作、优美英文的写作，进入了一些不优美的英文的混杂，相当于是在给他的黄金般的诗句里面增加了一些硬度，放了一些杂质，其他元素的掺杂，让它变得不那么纯粹，但是更为高贵、更硬。现代主义诗歌特别重要的一个遗产，艾略特说过的就是诗歌只处理只有诗歌才能处理的东西。如果这个诗高傲得不得了，如果这个东西意识形态能处理，小说能处理，艺术能处理，电影能处理，哲学能处理，我们诗人不处理它了，让他们处理去。你们所有这些人处理不了的东西交给我诗人，什么都能处理，这是现代主义诗人的一种高傲。我个人认为现代主义最重要的遗产，是在诗歌里面被体现出来的，就像中国传统文学，最高的东西连哲学都没有，某种意义上讲就是西方意义上的宗教也没有，只有准哲学、准宗教，那么所有这些东西被什么东西给弥补了和取代了？也没有小说，除了最伟大的《金瓶梅》和《红楼梦》这样的小说，那跟诗歌一比真算不了什么。

最伟大的中国文明，我们不是从文学角度讲，从文明角度来讲，那就是诗歌。庄子也是诗歌，老子也是诗歌，老子的诗歌是在卡夫卡意义上的，把文学的语言弄到一种公文般的枯燥，弄得特别坚硬。在德语中间，我听顾彬我的德语翻译者他说，老子被翻译成了德语以后，整个德国人都傻了，说只有一样东西在德语中勉强可以跟他平起平坐，也只能说勉强，谁呢？尼采，其他的什么歌德，什么保罗·策兰，包括德语翻译的《圣经》，所有这些东西都不能跟老子比，老子是一个至高无上，卡夫卡都不如老子。听得我非常震撼。

我还听到法国一个教授讲，说老子就是一个硬核桃一样的东西，这个时候你手上没有石头，你读他你不可能有任何钉锤、任何石头，任何比这个东西更硬的东西都不存在，读老子你就是要依靠你的肉身，依靠你的意念，把这个坚毅的东西击碎、打开，然后内部是什么？是人类有史以来认识文明最温柔的东西，在这个不可敲碎的坚硬的壳体的内部，一个巨大的虚无，一个生死穿越，一个文学的最温柔最销魂的内涵，一个真正意义上的无意义的意义，最高意义。太有意思了，我觉得这是关于我听到的老子最好的一个理解。老子大家也知道，老子的语言枯燥得就像卡夫卡的语言，我有时候读卡夫卡，像读卡夫卡的《乡村医生》，还有《饥饿艺术家》《变形记》，他使用的那种语言就是老子般的枯燥的语言，这种语言我称之为文学语言，就是一种半神的语言，一种少数人的语言，这是我今天要讲到一个特别重要的含义，就是文学语言根本上来讲是一种少数人的语言。

那么诗歌使用半神的语言，是少数人的语言写作，但同时它又是一个诗意，什么叫诗意？诗意有公共性，我们诗歌写作里面最终体现出来的那个东西，那是一个无人，是一个集体无意识，是一个宗族的文明的东西，而这个诗意的公共性，不属于任何个人，但是，诗人要展现和提炼，和对抗这个公共性的时候，要升华为这个公共性，他使用的语言又只能是个别的，个人的，原文意义上的个人语言，这个中间存在一个巨大的宿命般的矛盾，一个对抗，一个不可协调。而恰好就这个不可协调，这个对抗性，这个扭结，这个扭曲，把写作的困难性，写作的能量，写作的广阔性，写作的转换力量，给赤裸裸地呈现出来。我们随便讲讲唐诗的诗意，注意看，有一些现在看来是很俗套的一种公共性的东西，比如说触景生情，比如说送别，比如说时光易逝，比如说怀远，比如说安静，比如说忠君，这都是诗意的公共性。少年游侠，醉酒，对月伤感，明月添愁，比如明月这个主题，明月添愁这个主题有怀远，想念，有"思君如满月，夜夜减清辉"这种不圆满，"海上生明月，天涯共此时"这样一种广阔的宇宙的时间，"对影成三人"这种醉意，月亮和酒的关系，还有影子和人的关系，月亮的寒冷，或者是月亮，或者是按照杜牧写的那个"凿破苍苔地，偷他一片天"，就是我在雨后的苍苔的那个地上，我挖了一个坑，凿破苍苔地嘛，那么雨水汇集到这个坑里来，就从天上偷下来月亮，偷到这个水里头。因为这个水就变成一个镜子了，月亮被偷下来了，月亮在这儿就是一种镜子里的东西。

就诸如此类的，杜牧的自然观里面很典型这首诗，就是中国自然观，中国的诗歌的自然观的呈现。

米沃什是一位波兰诗人，在美国待了很多年，米沃什有一个说法，就是第二自然，是他很重要的一个贡献。第二自然，就是这个诗里面的谁，就是第二自然，他还是自然，但是他的功能，他所反映在人的头脑里，他的功能性的东西起的作用是一个人工的东西。第二自然在史蒂文斯有一首非常有名的诗，就是《田纳西的坛子》，那个坛子又可以翻译成瓮，我去过那个田纳西州，专门为了看他写的那个地方，我去了以后也不知道他写的哪个地方，但确实他是去过田纳西以后写的这首诗。大概的意思就是说我在田纳西州的荒凉的山野上放了一个坛子，群山围着这个坛子，围着这个坛子涌起，就像波浪围着一个中心涌起了。等于是我赋予了这个自然一个秩序，它成了一个中心，成了一个汇集点，但是这个东西是一个假的，是人的一个幻觉，一个诗意。这个涌起过程中，最后他讲到这个坛子，它不是自然物，它不能生长，它不能孕育，它没有生育，它不能繁殖，它也不能像鸟一样叫出声音，它就是一个人工。这个就是我们说的第二自然了。

在这个里面，它起的这个作用，作为周围风景赋予一个秩序和一个汇集的中心，形成一个整体，诗意上的一个秩序，它是这样一个东西。那么跟杜牧在诗里面的水是一样的，起的作用，一个镜子，构成镜像，云，月亮，天都变成一个镜像，这个天就是降低了，就是这个诗歌很重要的一个方法，叫突降法，再高的东西我把你扯下来，把你偷下来，就是变成一个人的一样的高度的这样一个东西。我们读同一首诗，同一个文本，你一定得把你自己在前阅读的所有的东西带进去，把你在读这首诗，读这本书之前全部的自我的心智，和你的想象力，你的理解力，你对整个阅读思想自我的看法带进去，所以你带进去什么，你在这书里面读出了什么，这首诗里面，这个小说里面读出了什么，和你曾经在读之前是什么，或者有可能是什么，这个阅读只是一个触发器，它打开的是你自己，它只是一个开关，打开你自己。所以你在这里面读到的什么，就跟你在镜子里面看到的是什么是一样的。所以才会有那个格言说，当一头驴子在朝一面镜子里边看的时候，别指望会有一个天使从镜子里边在朝镜子外面看，就是这个镜像的合一。因为他在这个镜子里面看到了世界上最美的东西，而美在那个时代是最高的东西，这个也跟我们 21 世纪特别重要的一个成果有关，就是 21 世纪终于把美是最高的东西拉下了马，这个皇帝拉下马，按照庞德的说法，美变成一个次要的东西。而最重要的美是次要的美，庞德从来不直接处理美，但是庞德的诗里面充满了次要的美，这个是题外话了。

有的诗人的读者很多，比如汪国真的诗，励志诗写给好多好多学生们看，对不起，那是现代教育把他选到哪一个课本里面，然后我被迫读你的诗，但是我在读里面包含了一个根本不读，就是我只是被动的，你以为我在读的，没有读，所以他的诗，哪怕是几千万、几亿个人在读他的诗，我觉得也没有形成那个多数，诗歌中的少数人消失不了，因为诗歌中的多数人没有被命名过，我们用读者这个词来命名他，这是不正确的，诸如此类，所以在这个意义上我们要明白写作的根本的矛盾、困惑，没有被抹除掉，这也是写作为什么那么有魅力的原因。

我不知道写诗的朋友们有没有一个，跟我一样的体验，写作诗歌，不管它是怎么，历史的变化、语言的变化带来怎样的变化，包括未来可能人都变成机器人的合体的一个东西，人的生物学的事实，生物学的基因要被改写，会有新的写作形式来定义什么是人，因为文学说到底，你是人，你一定是人的语言的写作。但是，由于以后未来的人如果都变了，基因都变了，遗传密码都变了以后，会诞生什么样的文学和诗歌？我现在没办法定义，因为我还不是那个人。

未来我们的很多东西被改变以后，我们会成为什么样的人？我们很难界定，只有我们的写作，能够最终地界定和指认，我认为是事实，所以我一直认为语言，它不说只是对我们存在状况和世界周围状况的描写和表达，它直接就是这个存在本身，这是写作语言跟其他语言特别大的一个差别。比如说媒体语言，它一定先发生了什么事情，然后才对这个事情的报道，然后才有从这个报道里面生产出来的观点、意见、立场，没有那个事件本身，就没有媒体语言，所以它是对已经存在和已经发生的事情的描述、表达，而诗歌语言或者是文学语言，根本上来讲是存在本身，它一边表达已经发生的事情，和作为你的人的经验，你种种感受，你的疼痛，你的愤怒，你的困惑。另一方面，这个表达本身也在表达着诗歌到底是什么，文学到底是什么，人的存在到底是什么，我从哪里来，到哪里去，我是谁，永远在表达这个终极的东西。但是这个终极东西又跟每一瞬间是连一起的，是一些不连续性，一些碎片的一个显示。所以从这个意义上讲的话，这种转化它永远是一个存在的问题，但是又永远是语言的，文学语言的具体甚至是修辞的，怎么处理声音的，怎么处理图像，怎么处理错觉，怎么处理错误等等这些记忆，等等，它是这样一种问题，是一个特别具体的问题。

所以我讲两个例子，第一个例子是跟我刚才给大家讲的，就是写作中的不可转化有关的。第二个例子是跟我在转化的过程中，比如说听觉这个具体的一个东西，它在我的写作中变成了一个什么样的，最后在诗句中得到界定和体现的东西。

第一个例子是我在前不久，去江苏开过一个国际作家会议，有四个来自国外的作家，三个中国作家是苏童、余华和迟子建，我作为诗人有一个发言，会议规定了一个主题叫"梦与现实"。

我最后一个发言，我讲到梦和现实，我指的现实是文学现实，中间的这个转化，我又讲到转化问题，但是我讲到转化的时候，我讲到两个梦，一个是庄子的梦，就是刚才大家都已经听了，就是庄周梦蝶这个梦，人在梦的过程中把自己转化为一个动物，当然有各种转化了，我也谈到米沃什选了一个他个人的世界诗歌的选本，中国诗只选了一首，就是李白的《独坐敬亭山》："众鸟高飞尽，孤云独去闲。相看两不厌，只有敬亭山。"他只选了这一首，因为这首诗里边有一个对看，当我在看一座山的时候，山也有了生命，它反过来在看我。所以两相对看，在这个过程中，鸟飞走了，就是山永远不会厌倦我，我看它多久，它就会看我多久，就是这样一种万物有灵论的诗意里又有自然，又有自我的完全消失，然后又有只有我一个人的这种孤独感，就这种看的形式，是人的目光转化为物质性，这个山转化为自然，道家的东西等等。

庄周梦蝶的时候，不知道他在梦蝶还是蝶在梦他，这是中国文化史上最广为流传的一个梦，而这个梦里面，人都不知道自己是不是人，还很优美。我记得有一次我在纽约，我突然想起在过那条街的时候墨西哥的大诗人奥克塔维奥·帕斯，也是个诺贝尔奖获得者，他写的就是，在纽约曼哈顿大街，过街的时候，突然想起庄子的蝴蝶。诗特别简单，他说看到绿灯亮了的时候，我过这个绿灯，但是我走到一半，我突然站住脚步了，因为我看到庄子的蝴蝶。而庄子本人就用这个蝴蝶的眼光看着我，就这样一首诗。那么这种瞬间非常有意思，也就是说庄子的这个梦太有名了，他在所有的读过庄子的、略略熟悉道家文化的人的身上，这个梦不停地在转化，它永远不可能停止它的转化。

布罗茨基曾经讲，当代诗歌特别牛的地方在于任何词语都可以使用，他认为俄语里面没有任何一个字不能写，但是我们必须尊重诗歌，然后找一个词来让它不能入诗，他找到了一个词。好，那我就说任何梦在文学里面都可以转换，现实中都可以做精神分析意义上的转化，但是有的梦我承认在诗歌上，我没办法转化它。所以这是我一直在问自己的，我在思考的就是文学中有什么东西不能写？我老是用这个梦来作为一个，我觉得这上帝给我的一个礼物。我这个人讲着讲着就忘了我前面讲的什么。其实跟写诗很相似，诗歌经常是这样的，一首诗你写着写着，你原来想写的那个东西不在了，被你写丢了，写没了，但是另外你从来没想到要写的东西出现在这首诗里面了，是其他的想法又跳出来了，而原来你想讲的东西不见了，你比如说刚才我讲到叶芝的晚年出现的那个残忍，由于庞德的出现，带给他现代诗歌最重要的三个特征，第一是复杂性，第二是广阔性，第三是语言的硬度，坚硬的硬，那么这三样东西汇集在叶芝那儿，就变成了一个特别厉害的东西，就是暴力。你看他的基督重临，他其实预言了，就是从未来考古学的意义上，预言了还没有发生的东西，就是法西斯的诞生，就是二战，他在一战之后他预言了二战，要再度重临，因为第一次战争是基督的死亡，但是基督死亡以后换一个身体后要再生，而这就是二战，而二战的那种荒凉的景象，后来被达利画过一个二战，那个景象其实就是他从叶芝的基督再次重临，第二次降临这首诗翻译的画作，我不知道大家记得吗？就是一个很古怪的手拉着一个，把一个变形的狮身人面拉开，就是一个巨大空间里面，那幅画就叫《再次降临》，就是从叶芝的这个诗里面来的，一个特别古怪的形象。

这个东西是一个特别暴力的，而叶芝的那首《第二次诞生》写的特别的一个软塌塌的生物，一个动物，一个狮身人面的东西，一个非人非马怪物，懒洋洋的，沉睡了千年懒洋洋地醒了过来，看着这个世界，连毁灭都不屑于去做，在那个瞬间几乎要毁灭人类。它不是有意识的，就是打了一个哈欠就把人类给毁灭了，而且觉得人类连毁灭都不值得，都不配，在这种情况下，他的那种暴力的残忍和毫无人性，就是讲半人半狮的一个东西。那么当然，叶芝除了这个还有很多，就是跟那个暴力有关的，那么叶芝这么一个优雅贵族，他是贵族英语的最高代表，他写出这样一种东西，我认为是他没办法转化了，没办法转化的过程中，最后他就暴露出一种残忍的东西、暴力的东西。

我的第二个转化的例子，就是听觉的角度。这个会涉及我的社会学的理解，我的诗学理论的理解，我的对语音历史的追踪、学术考察的理解，然后怎么能够转化到我的诗歌写作中间来。好，这个转化，我今天有点像是把这个写作之间的前写作包括进来，做一个示范，不一定是大家要照抄和照搬的，但是给大家一个刺激和一个范例，就是我把我的欧阳江河式的转化，给大家暴露一点，这个可能也是写作的一个具体的一种秘密吧。

当代诗的写作，特别重要的是依赖于世界文学的诞生，很重要的一点是基于歌德所说，有世界文学了，在这之前没有，只有英语文学，法语文学，中文文学，没有世界文学，而世界文学一定要能翻译，而在翻译中失去了很多东西，比如说最大的损失就是声音。那么一个替代方案怎么办？就出现观看，就是出现意象诗，就是我们把语言中间失去的那个声音的东西，不同的语言的那个声音，在另一种语言里面找到一种对等物。没有办法翻译的，一定要损失去的，意义是诗歌中间最不重要的东西，它是一个伴随物。那么诗歌很重要的就是它的视觉和听觉的唤起，失去了听觉以后，我们就加强视觉，所以当代诗特别重要的一个成果就是意象，意象诗歌的出现，意象诗歌就是我们在意义的转换当中，语言的修辞学的打磨、考量和磨损之中，我们塑造出一种可以触摸、可以感知、可以看见的东西，而这个可以看见，闭上眼睛都可以看见，所谓的内视。它来取代声音中特别重要的一个东西，叫作内韵，韵是音韵的韵。就是诗歌写作有两种声音，它一定是有一个所谓的传达意义的声音之外还有一个只跟诗歌的声音有关的一种内韵，内在的声音。

弗罗斯特有一个说法，他说他最重要的一个贡献是对英语的内韵的提取和制造，他认为他的诗歌声音有一种内在的诗歌的戏剧腔调的呈现，而这是在翻译中一定会丢失掉的那个东西，翻译中没有办法被翻出来的东西叫诗歌，他指的是声音。还有庞德，庞德发明意象诗的时候，是为了做一个补偿，就为了在听觉中把声音中丢掉的那个东西用视觉的内视加强，在任何语言中，这个东西都不会被丢失掉，所以这是现代主义诗歌，所以我一直认为它也是翻译的产物。

就是什么是诗歌中的母语意义上的、原文意义上的原听、原说意义上的声音？诗歌的声音？它有点被我们那些有点才华不够的，心智不够的，有点偷懒的教授们、诗学批评家们想当然地从那些已经写成作品、已经流传千古的那些现成品的诗歌中间整理出来的一个东西，他们理所当然认为是诗的音乐性。诗的音乐性大家都知道，是制作以后写成以后的东西，他没有把制作之前的，我们对声音的倾听，我们对不可听、不可说的声音的倾听和表达，诗歌要处理这些东西，而它怎么通向这些东西的？诗歌所谓的音乐性，简单意义上的音乐性，没有包括这个状态，我们在写诗的过程中，我们在写诗之前，我们在社会学的不写诗的状态中，我们所听到的东西，我们所训练的听觉，这些东西难道不能包括进诗歌的内韵吗？不能进入诗歌的对听觉的处理和写作计划吗？我觉得不是这样的。

我觉得，我所理解的，除了转化以外，这触及到我今天一直想讲的，就是扩展。我们对诗歌声音，如果你只把它理解为音顿、节奏、诗歌语言的最小单位的切换、明暗对比、强音和弱音，你就会进入一种声音的定式，而这个声音的定式会反过来规定、影响、控制你的写作。

所以，我现在说我们要扩展，把对诗歌中声音的理解要扩展到没有办法被主流的朗诵方式接纳和处理，和春晚化的这种声音，把蚊子的声音，电视的声音，拖拉机的声音，电灯泡的声音，阳光照射的声音，青草生长的声音，开花的声音，都要包括进去，把聋这个东西要放进去。我当时处理的就是在一个较大的声音里面去听一个较小的声音，聋就是关掉声音里面较大的声音，而打开一个、扩展一个自然的声音，或者是月亮光的声音等等，想象的内听的声音，一个聋子的声音，然后把这些声音都包括到写作里面来，把沉默包括进来，构成我们对诗歌中的声音的考古学意义上的一种可能性，一种写作方案。然后呢，把我们对字词发出的声音理解扩大出来，然后让它扩大到我们，而这些声音，社会学的声音，有时候我们也把它放到我们的诗歌文本里面去。我举一两个例子，在这儿，其实已经把声学的东西，从只是美学的规定，顿、节奏、雅韵等等这些，声音的协调还有所谓的春晚的朗诵腔等等，把它从这种既定的声音模式里面解脱出来，我们把生活中我们认为不能进入写作的声音，能不能包括进来？

我举一两个我的例子，就是这里面的扩展，这个不是说它可能只能在我的诗里面，它是诗学的一种，因为它符合我这种写作方案，所以这里面是声音。我这首诗是一首长诗，当代长诗，我最近写的有三首，这本诗集里面最后三首诗大家可能都没看过，因为从来没发表过，这里面包含了我对长诗写作的可能性，这本诗集，我是把我一百二十行以上的诗都算作长诗，但是真正意义上的长诗是后面的三首，这四百多页的一本诗集，占了将近一半的篇幅，这第一首，五六百行的一首诗，实际上是一个片断，题目就叫自媒体时代的诗语碎片，诗歌的诗，语言的语。这里面就是我一小节一小节紧跟自媒体，所有的取材都来自于媒体新闻的东西，然后它们有时候是事件，有时候只是一种公共环境的投射和相互影响。那么这个片断就是非常，这个片断里面已经包含了所谓的诗歌的原写作，原写作是什么？一边写作，一边把对写作的思考放进来，或者是写作的处境，写作的具体环境，正在发生的非诗歌写作中的东西放进来。

比如说我举个例子，这个就像阿什伯瑞，美国一个诗人，现在活着的最伟大的诗人，比如他正在写诗，这个时候他特别喜欢有人打电话来，他可以一边接电话，把那个摁到免提，然后他就一边聊天，一边还写他的诗，就把聊天的内容经常写进去，他经常是写到不知道该写什么的时候，很多人叫硬写，他不硬写，他把等着谁来电话，跟他聊天，他把聊天的内容写进去，就这样，就叫自我相关。这首诗的这个片断，就是有这样一种自我相关，这是一个媒体的东西，我正好写这个的时候，电视里面在演一个我忘了是什么节目，反正是跟巴西正好在流行登革热有关的，然后那个电视里面在解释登革热的一些常识和原理，那么里面就拍到蚊子，登革热是一种传染病，就是被蚊子咬了一口传染上这个病，但是呢，这个蚊子叮了一口，然后，电视在讲这个的时候，当时一下引起我对蚊子的恐惧感，因为我最怕的就是蚊子。

那一次我本来是要去巴西的，赶快退了票，不去了，为什么呢？我就把蚊子的这种声音的联想，我把它写到我的诗里去了，不是它叮你一口的血液的那个东西，那个东西我不怕，因为反正它没叮到我，但是它引起我对蚊子的回忆和那种恐惧感，这种恐惧感和这种联想，它转化为诗意以后，我刚才给各位已经说到，就是这个蚊子它对我来讲是一个像炸弹一样的声音，而且我真的有这种经验，所以在任何情况下我不能忍受房子里面有蚊子，只要有蚊子，我真就睡不着，它可以咬我，如果是有无声的蚊子，消声的，就是无声手枪意义上的蚊子，随便怎么咬，你咬我一百下也不会醒，痒不醒我，但是闹得醒我，它在我耳边飞一下，我再深的睡眠我都会醒来，很奇怪，人有一些特别灵敏的，我对有的听觉这种灵敏，尤其对蚊子有效。这个蚊子的声音在我的梦中就是炸弹。

怎么转化它？我在这句诗里面转化成一个什么？接下来，关键我接下来的几行诗都在转化这个东西，首先它是作为一种声音的社会学，所以这种转化能不能转化成诗学文本？它跟你的经验也有关，但是最后又转化为又有经验的，又有社会学的，又有诗歌变形记的动物般的东西，又是高尚，又是粗鲁，又是暴力的这种东西，原生态的东西，原文的东西，我这儿把我自己的这样转换的，我的前写作的种种的，蚊子跟我前写作的考古学意义上的历史整个勾连了一下，然后我在这儿是这样处理的，这是第十九节。历史与时尚这枚钉子，将肉身往身体的深处和痛处钉，家具，墙，随手翻过的杂志，处处是嗡嗡叫的生活和星星。好，这句出现蚊子了，蚊子大到能操母鸡，我用了一个特别激烈的词，蚊子大到能操母鸡，鸡蛋升天，登革热的黄昏，天空如一口平底锅，有人正在煎鸡蛋。

这个转换，因为当时，第一，我太太正在煎蛋，鸡蛋，为什么我说蚊子大到，然后这个里面有一个字，操这个字。我要讲，这个里面讲到跟那个英语里面 fuck 这个字一样，在这儿，我写这个之前，它作为一种公共性已经变得更多的是，尤其是在美国黑人英语中这个字已经没有了一种行为和下流的东西，它已经变成一个音节，一个换气方式，一种语感，就有的人没这个字他已经没办法表达自己，没办法说英文了，就老有人说 fuck 什么，他老是在加重语气，变成一个声音词，我不知道大家有没有这个经验，我在美国待过，他们讲话，跟最亲密的哥们，跟恋人在一起，哪怕是最严肃的记者采访，没这个字他就没办法说英文，已经变成一个修辞的东西，一个纯粹的虚词，一个声音词，他的动作，他的那个原意已经不在了。我操，什么什么，都没有骂人的含义在里面，这个真实的含义不在了，它已经变成一个声音的词，一个语气词，一个助词，一个虚词，在这个转化我在这里使用了，我觉得蚊子大到能，咣，是一个声音词，我用了操字，但当然还有鸡蛋，你又可以把它回到先有鸡还是后有鸡，先有蛋还是后有蛋。

但是我又把我说的这个声音词，借助操这个，声音里面那个，音域里面最响的一个词就是咣，就是因为它是个声音词嘛，这个响亮里面含有一种炸弹一样的东西，这个声音的炸弹，我不认为这是一个下流的东西，但是它也颠覆了我们声音里面，诗歌里面的声学的一定要优美的东西，我对这个是一个颠覆，我把它转化到诗歌里面，我觉得我扩展了对声音美学，诗歌中的声音的一种既定的模式,我突破了。然后,因为蚊子在我的经验里我的一生中最害怕听到的,炸弹一样的声音,因为我们没有听过真正的炸弹,我原来当过兵,我听打枪的声音,我还是个神枪手,扔手榴弹的声音我一点恐惧感都没有,我听太多的古典音乐了,所以来自音响的那种噪音,我也不怕,但是蚊子的声音我真受不了。所以这跟我个人经验又有关,它可能有精神分析的层面,但是又把我对声音里面、诗歌里面的内韵,最优美的声音的聆听又衔接起来了,所以我认为我是扩展了这个诗歌的声音美学。

我接下来再念两段,跟声音没有直接关系,但是跟炸弹有关。第二十节我讲道:"我说适合废话的,也适合沉默,以颂歌,以赞美诗说出的真理,以废话和鬼话去说,竟更为崇高,坏话好听得像两只风铃碰在一起,其中一只是月亮,它没有耳朵,但听见了光在青草里嚼舌,因为暗喻的影子将纯如黄金,并滋生出人工自然,像半条命的中产阶级索命,新闻,拉着成千队的废字,出售自己。"就没有形体,没有肉身,没有生命在上面驾驶,也没有声音,完全隐形,但是它最后来一个大的炸弹。第二十三节我讲道:"无人机发射炸弹时,神的眼睛不在弹头上,杀戮令从无花自开的上将,直接下达到下士的生殖器,硬的感觉飞了起来,像是在驾驭烂醉和心软。这里边很多自相矛盾的东西,直升机看到一个目标以后,人在千里之外操作,像玩游戏一样,导弹发射之后变得抽象,因为只有被导弹击中的地点,并无发射地,核武库在海底,在观念中隐身,移动的鼠标如隐喻的鲨鱼群,不为波澜壮阔的海景所动,你得走到佛眼所见之外,才能面对这末日审判的逼视,人在人的外面,但神在其内。"这个里面已经从声音炸弹、从听转换为观看和看不到的内视。

我今天先讲了转换,本来还有另外两个例子,都是转换声音的,但是我没时间了,我没有遵守我的诺言,讲得太长了,烦琐了一点,对不起,谢谢大家!

现实题材文学的写作与出版

潘凯雄

主持人： 今天我们非常荣幸地邀请到中国出版集团公司副总裁，著名文学评论家、出版家潘凯雄老师来给大家授课。我建议先以热烈的掌声对潘老师表示欢迎。潘老师 1983 年毕业于复旦大学中文系，曾任《文艺报》理论部副主任，《经济日报》副刊部主任，经济日报出版社总编辑，人民文学出版社社长。潘老师著有《现象与沉思》《未来的梦》等文艺理论及散文集多部。今天潘老师授课的题目是《现实题材文学的写作与出版》，下面就有请潘总开始授课。

潘凯雄： 大家早上好。很高兴跟大家来做这么一个交流，但是也有点忐忑，应该我也不太怵讲课，但是这几年确实是忙。前五六年我还在人民文学出版社工作，每天这个文学社的不管是出书也好，还是《当代》杂志，或者《中华文学选刊》，反正都是我终审。所以每天至少都会接触到文学作品，能用的不能用的稿子都得看，当时经常说笑话叫看稿子看得恶心，所以至少有很多感性的东西可以和大家做交流。但是六年前到集团去工作了，所以整天就是杂七杂八的行政事务，而且到集团之后我分管都是自己最不会的东西，我分管新媒体，就是所谓数字出版了。然后还有资本运作、上市这些事情。所以，现在感性的东西也不如前些年多。就把自己的一些观察今天利用这个时间跟大家做一个交流。

选择这个题目也是拗不过邱院长的缠，最后答应讲这个题目也是有一个原因，去年 8 月份中宣部和中国作家协会在陕西办的一个现实文学题材培训班，当时是一百个人的范围。其中有一半是作家，有一半是文学出版的方方面面的人，包括领导还有一些编辑。所以这个题目就是写作和出版了。当时因为它的学员组成是一边一半，所以这个角度就只好两头兼顾，尽量找一些共性的问题，既是写作的共性问题，也是出版的共性问题来讲。

我想在座的，我刚刚也问了一下，多数也不属于专业作家，可能有的也有一份职业，有的人本身也是当编辑的。我想大家写作，对于出版的一些规矩、一些大的规则稍微有个了解也不是什么坏事，当然我们写作，我想作为一个作家的写作他更依赖于自己本人内心的冲动，不会为了你的出版或者刊物发表，为了迎合去写作，那当然肯定也是写不出好作品的。但是了解一下这些方面的基本情况、基本规矩，也没什么不好。所以今天是偏于介绍情况，偏于讲写作，同时适当地会插一点出版的规矩。

安排的是将近三个钟头，我肯定讲不了那么长时间。大题目是讲三个问题，讲了两个问题以后休息一下，最后再花点时间把第三个问题讲讲。

为什么要讲这个题目，其实也是一个被动的命题作文，但是因为我第一份工作就是在作协，在作协工作十多年，后来又断断续续的中间做记者去了。第三份工作是做文学出版，所以部里认为我在跟作家的联系和做出版的两头都跨得比较多，所以执意要我来讲，其实那个时候已经离开文学出版五年了，就找了一些材料来谈这个话题。

今天想和大家交流的是谈三个问题，从三个角度谈。第一个角度是说一下我们怎么看这个现实题材。第二个，一方面就是现实题材写作的量虽然增长，但是总体上来说，我不知道你们这些年轻的作家现在对这个问题怎么看，至少像我进入这个文学圈的时候，基本上是和 40 后、50 后、60 后，这一代一代作家打交道打过来的，到 70 后。那么 70 后以后稍微好一点，其实 60 后的作家现在也不年轻了，也都是中年以上了。当时这些作家对现实题材都有一点刻意在回避，那么在这个问题上确实观点认识上有它的合理的地方，但是也的确是影响了它在这一个领域的涉足。所以第二个问题是从这个角度来跟大家做一个交流。第三个，实际上今天跟大家交流主要是写作。当然我们这不是写作课，还是从大面上讲几个要注意的事情，就讲这三点。

先讲第一个大问题，现实题材是文学写作出版的一座富矿。这个问题从软的层面讲，一个是从接受层面，就是从读者的阅读，社会的反响，这个层面来看一下这个现实题材的东西。第二个层面是从理论层面。

先说第一个层面，这个比较简单，接受层面我想就是拿数据说话了，拿事实说话。习近平总书记从党的十八大以后关于意识形态工作，关于文艺、关于出版工作都有一系列讲话，包括他在其他场合的一些讲话，总会列举一些作品，总会提到一些图书。我注意了一下，总书记提到的图书基本上是两类，一类是传统文化的，有孔子、孟子、老子、庄子，包括最近在刚刚闭幕的两会，两会闭幕上又提到这些，加了一个中国的三大著名史诗，《格萨尔王传》《江格尔》《玛纳斯》。出访的时候讲得多的就是世界各国的文学名著，那我把这个名单统计，稍微看了一下绝大部分都是现实题材的。

当然，我想像五六十年代成长的那一代，那个时候我们能看到的阅读量最大的是俄罗斯和苏联的文学，然后再加上 19 世纪的现实主义和 18 世纪浪漫主义的经典作品。不像大家从 80 年代后半段以后，我们的整个出版业跟世界基本同步了，尤其最近几年，国外的图书有影响的文学作品出版两三个月以后中文本就上市了。有的甚至还提前约定，就是我们跟那家出版社提前约定，我们中英文同步出版。

第二个数据就是茅盾文学奖，这个恐怕是文学界比较看重的一个奖，分量也比较重的一个奖，这也是一个事实。因为我长期做出版工作，应该说至少说从我个人感觉来说，茅盾文学奖的影响力以及它的含金量，这个含金量不是指奖金，是指评出来的作品，就是总体来说在那个评奖时段里边还是最好的。它一共评了九届，如它一般一次评五部，也有评三部的，三到五部是每四年、每五年评一次。这个入选概率大家能看得出来它筛选的确是非常严格的，基本上就是一年才评一部，而我们现在年产长篇小说，如果不算网络的话，应该达到了五千种，有的说七千种。不管怎么说，是一个非常惊人的数字了。当时我在作协工作的时候，那个时候一年刚开始才五百部，后来到七八百部，现在都是七八千部这么一个速度，然后在四五年时间才评三到五部，所以说这个评审，应该说筛选概率非常小。如果说前六届大概是一个什么状况呢，如果评五部的话应该说有三四部都的确是公认的那个年代里边最好的，有一部比较差的，这也是事实。最近三届就是随着评奖规则的改变，实名制，几轮投票，这些改变之后，应该说这几届总体来说它的水平更平均了，就是那种明显有毛病的，就是你想象不到他的作品还能得奖的，那种现象没有了。

现在我们讲国家奖，国家奖有这么些层级，比如茅盾文学奖，中宣部的"五个一工程"奖，还有原来的新闻出版广电总局主导的中国出版政府奖。那么从实际上来看，在市场影响力最大的，在读者心目中影响力最大的，就是茅盾文学奖。这个我都是有数据说话的，就是说我们出版的图书如果得了其他两项奖的，对市场来说，当然对作家也是一种荣誉了，也不容易，都是好事。但是对市场来说，其他的奖项基本没有拉动，就是该怎么着怎么着，但是得了茅盾文学奖呢，那对市场的影响力还是非常大的。

比如说我还在社里最后那一年，当时文学社有两部，一个是刘醒龙的《天行者》，一个是毕飞宇的《推拿》，是上上届茅盾文学奖。那么在得奖之前，这两部作品的销售大概都是在三万册左右，得了奖以后，我当时印象中记得那一年的奖宣布是 9 月份，到年底，也就是才三四个月的时间，它的销售翻了十倍，当年就过三十万。而且茅奖的图书对读者的影响，对市场的影响，它既是一个得奖当年的井喷期，同时也是一个长效的影响。包括我讲的前面几届评出来的有些作品，坦率地说有的的确一般般就那个不怎么样的作品每年大概也能够销售五千到一万。就是茅盾文学奖实际上是继承了一个畅销作品，又形成了一个畅销作品，所以说这个品牌应该说是作协培育的最好的一个品牌，当然它时间也久远了，从 80 年代开始培育起，而且它评得少。其实是一个奖项就应该这样。像鲁迅文学奖，当然它是中篇、短篇这些，那就不是一个层级的问题了。所以我选这个茅奖作为我们看这个问题的一个选项，是因为它的影响力，而且它的影响力不是当期的，是持续的。

那么到 2018 年为止一共评了九届，评了三十九部作品，其中二十二部都是现实题材的，超过百分之五十。单品的销售有的也是从得奖之日起畅销不衰，基本上每年在畅销书榜的前三十名，有的更前面。比如说《平凡的世界》，在茅奖里面销售最好的应该是《平凡的世界》，大概每年销售将近一百万。所以大家看每年的畅销书的时候，排行榜肯定靠前的是《平凡的世界》。第二个就应该是《白鹿原》，每年销售大概有五十万册左右。再接下来大概应该是《尘埃落定》和《穆斯林的葬礼》，但是差的也大概一年有一两万本的销售。所以你看排名前两个基本上都应该说是现实题材的。这是从另外一个角度看，这是真实的读者反应了。

再拿一个更市场化的数据来说话，因为刚开始讲到茅盾文学奖，还有一个现在做出版的也好，还有卖书的也好，都比较关注你的销售数据了，所以大家可能注意到，每年年底就会有各种各样的榜，什么好书榜，什么前十名榜，这个榜单。那么到目前为止，现在那个榜单是越来越多，弄得榜单的公信力也很差。但是从这个人工智能，从未来讲大数据来说，就是要直接抵达所谓 C 端，就是终端读者来说，这些数据的收集会在未来越来越重要。到目前为止中国对市场监测比较靠谱的有一个数据叫开卷数据，开卷是个公司的名字，它专门做这个数据调查的。那么根据它每年发布这个榜单来看，在最近几年，2014 到 2016 年，因为我讲的时候是 2017 年年底的这个数据还没出来，文学类的销售前三十名排行当中，现实题材每年都占了三分之一，那就是说现实题材的作品大概齐占到十种左右，有时候多一点，有时候少一点，那么这是讲大文学概念。包括小说、散文、随笔，也包括网络文学。比如《从你的全世界路过》诸如此类的。就是所谓一些网络文学当中一开始是以玄幻、穿越这些，但是最近几年网络文学其实也开始有这种现实题材，比如说《他的青春》这一类的题材。现在这个比重也在不断地加大。也就是说，从读者接受这个层面来说，特别是一般的读者，对现实题材的接受力，阅读需求可能会比其他题材更容易接受。这不难理解，就是说你说你要弄个历史题材，弄一个所谓文化小说、科幻小说。就是说看那一类题材小说它恐怕是有一定的文学爱好，但是读现实题材作品，对一个普通读者来说更容易找到共鸣，所以我从三个角度，领导的、获奖的、一般阅读的，这三个数据来看，都是现实题材占优，都是现实题材放在一个非常重要的位置。

还有一个，最后再提醒一个角度，就是我们从近年来关于写作和出版的一个总体格局来看，我们现在每年只能这么讲，中国有些统计是做得很粗糙，我一直想找一个数，就是说我们每年从事文学写作和出版的体量是在不断地加大，这个结论肯定没错，但是支撑这个结论的数据我始终查不到。从题材角度的分类统计我们是找不到这方面数据的，一方面我们喜欢一些宏大的东西，另外一方面我们这些事不往扎实里做。比如说题材这个概念，从文学的角度上，从世界文学来看，只有中国是格外地讲究题材。你们看国外人写的文学史或者文艺研究的一些专著，很少把它分类成题材角度，但是我们中国学者的研究，我们相关部门的统计，题材往往就占了一个非常重要的位置，各种各样的。什么工业题材，农业题材，青春的，军事的，改革的，甚至这个题材是跟这个时政走。但一方面我们十分强调题材，但关于题材再细一点的研究，它的具体的量，就是定性，定量，对定性的研究还有点文章，定量的研究几乎找不着。所以我在这个层面来说，我说不出具体数据，但是可以肯定的是不管这一个现实题材的数量是否占绝对多数，但是从写作来说或者从出版来说，都是作家和出版方面高度重视的这么一个方向。即使是现在巨大的一个体量的所谓网络原创文学，虽然说过去是以穿越、玄幻、言情、历史类的为多，但是最近这几年我感觉也是现实题材在增多，至少它在影响力方面增强了。因为网络文学，这到底是一个什么东西，现在说的人多，说表面话题的多，能够把这四个字说实一点的人几乎没有，也确实很难有。比如说我们讲网络文学，讲它成就如何如何，很少讲作品或者几乎不讲作品，讲每天有多少多少上传，多少多少亿字，每年从网络文学这一块产生了多少富豪。

现在的现实题材作品确实在增加，就是即使在网络这一块，不管是传统的写作还是网络写作这一块，关于现实题材这一块确实在增加。这是从第一个层面，从接受的层面，就是你是绕不开这个的。它是一个巨大的现实存在在我们的周围，你的同行，你的读者，对这样一个现实题材有着巨大的需求，这一点是一个绕不开的事实，是一个确凿的事实。给大家从这个角度提供一些素材，提供一些材料，也算是给自己说的是一座富矿，找点证明。

第二个角度，从理论层面，我们讲稍微带点学术的东西，从理论层面来看，文学写作无论如何都绕不开现实这个节点，其实不光是经典作家，包括理论家、哲学家，其他的学科的对这个问题都有很多很经典的认识。

然后又回到现实来看，先把几个经典作家的东西跟大家捋一下，这都不展开说了。比如说这是一段歌德的话，"我的全部诗都是来自现实生活，从现实生活中获得坚实的基础。我一向瞧不起空中楼阁的诗"，在那个时代，或者在文艺理论讲诗，就是诗学它不是一个狭义的我们讲的现代诗歌那个诗，它其实是一个大概念，是一个文学的概念。包括歌德本人他既是诗人，也写小说。

第二个，这可能也是大家经常听到的，就是说你老说写现实题材，我就不写现实题材，我写历史小说，我写文化小说，我不碰现实。我们可能经常听到一句话，就是"一切历史都是当代史"，这是意大利的一个大学者克罗齐，他的研究，他的那本书就是《历史学的理论和实际》，应该是现代西方历史学定义的一个集大成者，他这个人身份也比较多重，用我们现代的话讲是一个复合型人才，他既是个哲学家、美学家、史学家，同时还是一个文艺批评家，所以大家在不同的领域里边经常能看到克罗齐的这样一个高论。当然从哲学，从史学，按照我们的意识形态区分来说他是一个主观唯心主义者。我想这些概念对你们这些年轻人来说已经都不是问题。这个概念不会成为对这个人好和坏的一个鉴别的标识。从一个学科的学派来说它都有自己的道理，在某一点上它一定是合理的，否则它不可能存续很多年。所以你看他下面这一段话，"历史是活的历史，编年史是死的历史"，那么这一段话什么意思呢？所谓历史我体会讲的是评价，所以是活的历史。他讲编年史是死的历史，其实大家仔细想一想，如果按照他的观点再延伸一点，其实编年史在某种意义上也有一点活，至少不那么死。因为编年史是往回看，按照历史的进程，某某年什么什么史，某某年是这样编年下来。但是其实在选择什么，不选择什么时候，这样一个年代，那样一个年代里边，我选择什么，我不选择什么时候，本身就是一个主观的东西。所以克罗齐在这里试图把历史和编年史做一个区分，最后才能说明一切历史都是当代史。在一定的意义上讲，他这个东西是有一定道理的。比如说每个人心目中的曹操其实是不一样的，有的认为他是奸雄，有的认为他是流氓，有的认为他是英雄，他是大智慧。我们想一想是不是，在你身边对历史人物的一些喜好吧，我们不说评价，因为一般的人谈不上评价，你不是研究他的，你怎么评价呢，但是至少是有好恶，这个是有的吧。我们接触历史，看历史剧也好，看历史小说也好，你喜欢曹操，我喜欢刘备，或者你讨厌刘备，一定是不一样的。实际上把这个简单的一个好恶评价，我们理论化一下，不也可以理解成一切历史都是当代史吗？那怎么会形成一个当代史呢，实际上就是我和你每一位个体立足于现实对过去发出的一种评价。它的基本关系应该是这样。所以，我们讲历史小说、讲历史题材文学的时候，如果大家讲什么历史真实和艺术的真实，这都很难讲清楚，真的很难讲清楚。但是这一点我本人是相信，就是一方面我们要尊重一个基本历史，但是对这一段基本历史的评价，虽然你有一个修官史的一说，但是从个人来说其实都是有不同评价的。而这个不同的评价就和当下的历史，和我这样一个具体个体在当下所受的教育，我的处境，我的经历，可能有切割不开的关系。所以，有的人说我不写现实题材，我专门写历史题材，其实历史题材也是绕不开现实，就是在这个意义上讲的。

再从一个理论的角度，叫任何想象都离不开现实。想象是一种特殊的思维形式，从它的学科本身来说，就是这个想象是怎么产生的，是怎么来的。一个标准的讲法，它讲是人在头脑里对于储存表象进行加工改造形成新形象的一种心理过程，它既是一种特殊思维方式，又是一种特殊心理过程。那这样一个思维形式和这样一个心理过程是怎么来的？就是储存，储存什么呢，所以它又回到了和现实剪不断理还乱的这么一个关系。所以有的朋友讲我立志于科幻、立志于寓言等等，还是离不开现实。

比如说奥威尔的《1984》，那是一个政治预言小说。其实他在里边有他自己对社会的认识和理想，它也很写实，它是一种变形的东西。大家可能都知道他在说什么，但是他就没说它，那是本事。这是选参一些经典作家或者经典学者对这个问题的看法，来阐释一下现实题材的重要性。

还有一个就是过程论了，这个大家也知道，从恩格斯创立的过程论，一直到后面怀特海创造的过程哲学，看事情、了解事情都不再强调，都不再拘泥某一个点、某一个环节，而是一个过程的动态，过去，现在，未来。我想我们大家从一种思维来说，应该培养这么一个过程的观点，一个基本观念，你拘泥在一个点上就很容易走到极端。从艺术创作来说，你虽然可以在某一点上，在具体的某一部作品的写作的时候宁可在一个点上把它放大，把它强化，这没有问题，但是从整个构思的角度来说，你一定是要有一个过程的这样一个哲学，这样一个背景在里边的。否则那一个点的放大就一定有问题。

最后引出另外一个话题，重大现实和伟大作品。这个我用了法国启蒙主义作家的一句话，他说"什么时代产生什么诗人"，那就是经历了大灾难和大忧患之后，就是重大历史变革、重大历史事件之后产生伟大的作品，或者是重要作品。比如说二次世界大战，两次世界大战都是深刻影响了人类的进程和变化的，这个谁也否认不了。我们这个年龄的恐怕对一战比较陌生了，二战虽然也比较遥远了，但是现在我们的阅读还经常跟二战有关。应该说两次世界大战深刻影响了人类，改变了人的社会历史进步，整个人类历史进程。

那么回顾一下我们的阅读，两次世界大战围绕这个产生了多少不朽的作品。这里列的书单只是其中的一小部分，可能你们自己还可以说出很多很多的作品。相比之下你们也听到一种说法，你看我在这里列的都是世界各国的作品，可能大家也听到另外一个说法，我们的抗战呢，我们的抗战也是第二次世界大战的东方战场的一个重要的组成部分。但是的确我们的抗战长达八年的艰苦卓绝的、关系到民族存亡的这样一个大的战争当中，我们真的还没有出现与这样一个事件相匹配的作品。为什么？其实大家可以想象的。其实我们抗战题材的作品也不少了。

这些世界文学名著，它的确是在某种意义上可以讲是两次世界大战把它催生出来的。

还有一个重大社会转折，往往出现伟大和重要的作品。那前面我们讲了两次世界大战，其实也是重大的转折了。我们这些年，其实大家想一想，从 1976 年，就是粉碎"四人帮"开始，大家可能多数还没出生，我听说这个班多数是 80 后的。但是这个概念可能你们有，就是从伤痕文学到反思文学到改革文学，其实都是从 1976 年或者 1978 年我们三中全会定下改革开放那个基本国策之后这么一点一点过来的。这些作品很难说是伟大的作品，但是有一条我们得承认，它是重要作品。在讲中国文学史时候，这些作品可能是绕不过去的。

比如说刘心武的《班主任》，伤痕文学代表作是两篇，一个是刘心武的《班主任》，一个是上海的卢新华的《伤痕》。大家现在去看这两个文本可能觉得非常粗糙，非常肤浅，但是那是打开一个时代的东西。那个时代就这样，它让你深刻不起来的，他能够这么说已经很了不起了，而且这个东西能够出来也是很了不起了。你让他当时就去深刻，做不到的。是他这样一个作品开启了一个时代，这是一个现实，所以绕不过去。

大家因为是作家班，可能这些理论的梳理不是特别清晰。其实有时候我们不写的时候想一想中国这个文学路是怎么走过来的，有这么一个历史的线索，对自己的写作没什么坏处。比如说我刚刚前面的理论都是大概齐在上个世纪的事情了。比如现在有一个现实咱们得承认，就是中国这些年或者说本世纪以来中国又在发生天翻地覆的变化。这个变化从表面上讲我们可以说中国的经济成为全球第二大经济体，我们的国际话语权在世界上越来越强等等。我们现在正处在这样一场社会大变革，社会的大发展。这些对中国的作家来说真的是一个巨大的课题，同时也是一个巨大的机遇，那么改革开放对中国的影响，改变人类命运的影响，也可以这么讲，至少是改变中国人民命运。如果没有 1978 年的改革开放，没有那么扭转乾坤的一下子，我们现在很难想象是什么样子，历史学家去研究这一段历史，对文学来说它是抓住这个大的历史变化里人的命运的变化，人的心理，人的灵魂。所以讲现实题材的重要性是从这个意义上讲的。

就是文学家、作家来看这些事情，他的着眼点在哪里，一方面你要知道这一场巨大的社会变革和你是有关系的，但是你的关注点是在这个变化中的人，是命运。所以你千万别想我不想写现实题材，那你就别玩文学，真的成不了好的。不是说我今天在这里讲这个题目，从这个角度讲，就把这个事情说得很伟大，很严重，真的不是。它就是这么一个绕不开的东西，除非以后文学变样子了，但是从有文学以来几千年的历史来看，它就是这个东西，这是讲的第一个大问题。

第二个问题很快地捎几句。其实对现实题材认识上有两个误区，从第一个部分讲的，一方面就是现实题材的这样一个量，跟过去比是在上升的，是在增长的，也出现了一些比较好的作品，这是没有问题的，这也是个客观事实。但是另外一个客观事实还摆在那儿，就是说确实有些人不愿意接触现实。这是一个客观事实。一个客观事实就是浅尝辄止，有的人是不愿意碰，有的是碰了就弄得很肤浅，有的作品是现实题材，极其肤浅，极其潦草。那么这里边恐怕的确是有误区。

那现实题材确实这一块，有人会说你歪曲现实。但是我们回过头来仔细想一想，我们就看这个作品，我们观察问题，思考问题一定不要过于情感化，当面临这些时候，就是我们理智一点，理性地想一想。我们从写作的角度来看，从认识生活、把握生活的角度来看，是不是自己有问题。我实在在这里不太好举作品，比如说我们当编辑的一定会有这种体验吧，真的有很多地方是我们的写作出了问题。或者说我们写得不聪明，或者说写得太浅薄。

　　比如说我们有的作品，有人说丑化现实、歪曲历史，一看它确实就是有些地方写的真的太脏。文学是可以写丑，这个没有问题，西方现代派里边有所谓审丑这一说，其实大家看西方现代派，尤其是早期的作品的时候，它是以恶以丑为极致的，它背后的指向很清楚，就是资本主义社会的那样一种畸形发展。它其实跟所谓的19世纪批判现实主义的出发点上是一样的，都是看到社会的不足。批判现实主义采取一种极端写实的办法来写这个，然后现代派是采取一种极端夸张变形的办法来写这个，他一旦极端夸张变形之后就把它变成比如说极丑、极恶这一类东西。你们读现代派的早期作品，大概都是这一个特点。

　　但是又很奇怪的一个现象，你读那些作品的时候你不会觉得它脏，你不会觉得它恶心。我想萨特有一部作品就叫《恶心》，但是你们看《恶心》，恶心吗，不恶心呀。但是你们看现在有些作品，有的还是著名作家的作品，真的挺恶心的。所以我想我们的作家写作，说你这个格调低下、歪曲现实的，好像也不太冤枉。你要写恶心写得让人感觉不恶心，那才是本事。比如说吐一口痰，写这个痰如何如何，从颜色到结构，什么什么，我的天啊真无聊。你把这个才华都写在这去干吗呀。所以对这个问题这是一个风险。

　　还有一个，第二种就是大家觉得好像有道理，就是这样一段生活离我太近，我可能对它的认识需要时间，所以不愿意碰现实题材，我如果太近地观察这一段现实的话，它可能比较小，所以就肤浅。这个说法之所以成立，也不是完全没有道理，从理论上讲拉开一点距离，沉淀一段时间，能够更理智地来看这一段事实，那可能是能够避免一些肤浅。还有一类就是我们现在一些写现实的题材的确比较肤浅，所以理论和实践两个就可能产生一个简单的定论，就是说写现实题材的比较肤浅，近距离写比较肤浅。所以我们要拉开距离。这个应该讲也不是定规。我前面跟大家举了一些作品，尤其是世界经典，其实有的距离还是蛮近的。《静静的顿河》第一卷出版的时候，离第一次世界大战结束的时候还是蛮近的。比如说《骑兵军》，好像离一战也是非常近的。包括为很多作家所青睐的现代主义和后现代的作品，包括拉美的魔幻现实主义，都是置身于当时的时代环境写下的。

现在我们讲拉美这个魔幻现实主义，讲马尔克斯也好，就是觉得神奇得不得了，觉得那个想象力奇特得不得了，其实它有个巨大的社会背景在后面，就是上世纪 60 年代，整个拉美是在一种军人独裁，这样一个军人独裁的破局一直要到甚至 80 年代、有的国家是 90 年代才结束。包括智利那个女作家阿连德，她的叔叔就是当时一个民选总统，后来被军事政变给干掉了。整个拉美就是在那样一个环境下，只能那样写，其实是高度现实，那是非常近距离，你能说人家肤浅吗？所以我想对所谓现实题材，就是不管是风险也好，肤浅也好，虽然有一些自己的道理，但是我们真的冷静地想想这些事情，这个说法根本来说是站不住的。如果在这一块不愿意涉及或者涉及得不好，恐怕更多的还是从自己身上找到原因，用一种理性的态度来看这个事情。

讲最后一个问题，把握现实题材文学写作与出版的几个关键点。第一个问题点一下就行了，我刚才看了还真有一些编辑，有的还是有一些社会影响力的刊物的编辑，所以对大家来说可能你们既有一个个人的选择，就是写作，又有一份职业的约定，就是编辑。

我从大学毕业以后到现在三十多年，不管在什么位置，基本上都在做编辑，就是这两年彻底不做编辑了。我对这个事情是这么看，做一个个体来说，大概要考虑两个东西。在处理这些关系上，一个是专业，比如说写作是你的专业，今天在作家班的身份里边写作，这是你的专业。但是回到工作岗位，如果是做编辑的或者做什么的，那是一份职业。那么做专业有专业的要求，做职业有职业的要求。我们这个社会目前来说讲职业道德，一说职业道德大家就烦。其实你做什么职业、守什么职业的基本规矩这恐怕也是公民应该有的。我们比较起来，我们这个社会的这种职业感不是很强，作为一个个体的对职业的认同，或者说对职业规矩的遵守这一点不是特别强。我相信一个现代化的社会，这一块会越来越强的。到外面去走一走，你们可能会有这种感觉，尤其到西方去走一走的话你会有这种感觉。我记得我有一年出访欧洲的时候，有些事印象蛮深的，有一次去牛津大学出版社谈一个项目的合作。后来就参观一下出版社的一个社史馆，那个讲解员介绍牛津大学出版社历史的时候，反正说实话我也听不大懂，模模糊糊的大概意思能懂。但是你完全可以感受到这个讲解员的一种充满了对他那个职业的热爱和自豪感，讲得声情并茂，全身投入，弄得我们也跟着很激动，很认真，你想不认真都不行。在欧洲很多洗手间是收费的，你说牛津大学社史馆那个讲解员很热爱他的职业，我觉得还好理解。后来那个洗手间门后那个收费的也工作得很开心，很投入。你少一分钱他还不让你进，然后你给他钱他很高兴，充满了热情为你服务，给你递手纸。就是他这样对职业的那种认真劲，是我们需要学习的。我们是讲创作有自由，其实仔细想一想，怎么可能有绝对自由呢。就是如果你是编辑，从工作角度来说你是要守这条红线的，从作家角度来说，有些东西还是有底线的吧，你怎么可能有绝对自由呢，比如说法律的底线、道德的底线、格调的底线等等，也是一个作家应该注意的。虽然你对一个社会事件的评价，你可以有自己的看法，但是作为一个写作者，我们其实有时候对导向的理解太狭隘，我原来在出版社的时候跟我的员工讲，我说上面规定的政治导向我们执行就是了，没什么好讨价还价的，你在这个职业上你就守这个规矩。但另外一条，你作为这么一个职业人，你是不是还有些觉得需要遵守的，比如审美的，比如格调的。其实我们现在在有些社会文化生活里边，这方面的问题一点不亚于那种问题，就是低俗的、无趣的、很庸俗的那些东西满天飞。这个反正是大家做的一个工作，提醒一下，不多讲，这个没什么好讲的。

　　第二个问题，其实看上去又是很老套。那么我已经努力把这个话说得平实一点，就是说深入生活。按道理说从事文学写作一定是离不开生活的，虽然有的作品要表现出来是一种极度夸张，极度的想象，但是我们前面讲过了，它总是跟现实、跟生活离不开的。这里抄了一段巴尔扎克的话，就是说一个作家他离不开生活，涉及的现实题材更是这样。这个是这么多年当编辑下来看作品的一个切身体会，过去 60 年代是讲深入生活，现在作协也讲深入生活，组织大家采风团下去。过去那种把你赶到农村去，一待待一年，那也叫深入生活，但是弄得有点极端。

　　但是仔细想一想，我们的确是要和生活保持一定的距离，既要保持一定的距离，又要观察生活于其中。我们现在现实题材的作品比较弱，其中有一条，有一个很重要的原因在我看来，就是我们写作者的这样一种现实生活的体验真的太少太少了。我这样说可能今天在这里有很多人听着不高兴，我们有时候培养一个人的道路，当然对个人来说，从个人生活来说，这个安排没有问题。但是从我们自己的理性认识上来说，比如说有这方面的才华，有这方面的灵感，一个年轻的同志在名刊发了一些作品，出了一点书，很快就成专业作家了。然后就离开你原来的工作也好，你的岗位也好。是，从好的一面来说你的时间有保障了，你受到的乱七八糟的干扰相对少了一些。但是一定要清楚，那种生活会把人们弄得很安逸，很懒惰，靠才华写作。所以的确有时候会觉得作品比较苍白，就那么一个小说腻腻歪歪，鼓捣一个万儿八千字。就是整个作品提供给读者的这样一种生活的信息，思想的信息，太弱、太稀少。这是我们很多作品常见的毛病，往背后想想，其实它是生活积累的问题。生活积累无非是两个东西，一个是年龄的增长，阅历的增长，当然这些都要有意识了，糊里糊涂活一辈子也多的是了。另外一个就是你总要跟社会有接触吧。前些年反映我们的都市生活的基本场景，酒吧，KTV，饭桌，灯红酒绿，灯红酒绿没有问题，大家享受生活也没有问题，问题是假定说这个问题不提升到一个层面来看的话，过N年以后给你们的后代看，当你们后代来看这个年代留下的作品的时候，就是这样一个灯红酒绿的生活。那是这样的吗，造成一个重大的缺失。就是我们现在观察两次世界大战也好，我们观察俄罗斯的白银时代也好，我们脑子里边出现的俄罗斯的生活也好，是历史书告诉你的还是文学书告诉你的？大的历史阶段、大的历史概念可能是历史书或者是其他学术书告诉你的，但是具体的形象场景是谁告诉你的？是我们的文学作品，是那些不朽的作品，否则你怎么知道扔白手套啊，你怎么知道婚外情啊。这个历史书里边不会有的。那比如说你看到《查泰莱夫人的情人》，那你看到的不只是那个贵夫人去偷情吧，她为什么会啊，为什么背后那个时代、那个社会的场景是不是就出现在你脑子里了？这些东西是你关在书斋里边想不出来的。那我们当下的社会，我们的现实其实是给大家提供了一个非常好的社会标本，但是如果我们自己不去有意识靠近它、去观察它、去认识它、去思考它，你就会丧失好多好多的东西。你的作品就会变成小，还不说平，至少很小，就是小格调、小情调、小氛围。我也相信不是大家愿意小，他没办法大，他就那么大个格局，他就整天那一亩三分地。而且要你对社会生活观察不等于你一定就要去当工人就会了解工人，当农民就了解农民。你要做有心人。

举个例子，我这几年离开文学社之后到集团负责资本运作，其中一个很具体工作就是要上市，就是把我们股份公司要搞上市。大家可能在媒体上看到，你们可能看到的是股票是涨还是跌之类的，我也不知道大家有没有炒股，多少企业是削尖脑袋想上市，或者你们在文学作品里面看得到。那我是具体负责这个工作，基本面上要懂，面上不懂怎么跟人打交道呢？第一就是为什么那么多企业削尖脑袋要上市，就是一个典型的中国特色。上市本来只是一个公司化以后的资本运作或者说进入资本市场，通过这个市场来进行资本运作而获取更多的资本、获取更多的资金的一个手段，是一种非常典型的经济行为。按道理说和这个企业的好坏没关系，多了一种融资手段。但是在中国呢，上市变成一个企业好坏的标志了，很多企业在介绍自己的时候，我是上市公司，好像上市公司就比非上市公司要高一筹。那至于怎么评价我们下来再说，我就只描述这种现象。

再比如说，在这个上市申报、审核过程中，那个烦琐前所未有。你们以后要体验生活去体验一下这个也挺有意思。最后在这个审核期冲刺阶段，当时它的预审员有法律的和财务的，就不断地给你提问题，不一次性地提。每天给你写个三五个，你递进去了，认为没有了，昨天晚上你把这个问题准备清楚了，那我们就准备安排会吧，过会，发审会，递进去了，然后又来几个问题，层出不穷，这个预审员差不多抽屉里边全是问题一样的。人家也很认真，我曾经注意到，他是凌晨 4 点给我们发的 E-mail，我们证监会的预审员都是公务员啊。他提的问题很专业，也很认真。他提什么你得老老实实准备什么、回答什么，就是整个是在这样一种非常扭曲的状态下过了大概一个多月。说实话，我们央企还敢执拗，执拗，包括我本人也在证监会跟他们相关各级人去执拗了好几次，意思说这些东西我是解决不了的，这是新中国成立多少年遗留下来的，你让我怎么改，没法改，这个政治影响多大，你让我怎么改。反正最后扯成功了。但是扯的过程我就想，就在想这个预审员，我也很佩服他，年纪也不大，现在有几个半夜 4 点钟还在工作，给你发问题，而且问题也提得确实很专业，确实发现你报告里边有问题。但有一些问题我真是解决不了的，那我是央企我敢执拗。

再换个角度来观察。制度层面我们来想一下。这个上市跟高考差不多，是进门巨难，学文科的尤其是这样，进入大学高考还是蛮难的，进去以后舒服死了，所有课都可以逃。年轻人记性又好，集中一个礼拜一背，八九十分一点问题没有。理工科可能累一点。就是进门难，门槛很高，但进去就没事了。我们上市也是这样，是进那个门槛，取得 IPO 的资格很难，要退市可不容易啊，我们有股市以来有几家是退市企业，ST 半天，还 PT 半天，就重组了。一重组是亏损才重组，是活不下去才想办法重组，那我们股市 EST 反而飘红了，一重组就看涨。那成熟的股票市场，退也不难，你只要有哪里不合规了，上去以后给我出来，很快这个壳就没了，我们还要保壳、护壳。类似这样一个经济社会里边的一些常态的东西，各种工具性的东西，其实都是生活的构成。包括各位的理财等等，都是这些行业也好，世界也好，构成了我们这个社会的丰富多彩。所以我们想生活积累不是在过去那个意义上讲什么要去当多少天农民，要跟农民同吃、同住、同劳动，那当然也没有问题。但是如果说把它理解成就是那样，那确实是有问题，就是生活无处不在，作为我们一个有心人的话，你一定要观察这些事情，你要了解这些事情，要跟这个社会既有一个拥抱又有一个距离。否则你这个现实题材，或者不是现实题材，你都没法写。你都只能玩文字，你永远不可能生活起来。

第二个反过来讲了，就是怎么样来认识这个现实，那又不只是生活的问题了。我写的是不只是文学写作和出版自身的功夫。我就引了一段丹纳的话，也是著名的一个学者，他的代表作是《艺术哲学》。他这里说对事物有总体观才是高级才识的标志。什么叫总体观？就是我们一方面要对生活有了解，那怎么样来认识这个生活，怎么来认识这个现实，怎么来表现这个现实，不是我对它越熟越表现得好，未必。所以我最后说总体观是工夫在诗外。就是说对这一个事件的认识，对这一段历史的认识，对这一段生活的认识。回到前面呼应一下，之所以比如说抗战也好，"文革"也好，之所以还缺所谓传世之作，缺有分量的东西，未必是我们没有那种生活。问题是那个生活你怎么样用文学来表达，文学在关注这些问题上应该更多地关注什么，这是我们可能要思考的问题。要说纪实你总纪不过历史学家，你要全景式地展现你展现不过历史学家，人家的专行是那个。那你文学的魅力在哪儿？这些东西都值得我们想一想。

刚刚前面讲了第一个问题，就是觉得稀薄，就是我们的生活不足。当他生活不足的时候他必然只能靠一些花哨的技术来补充，当你有一定的生活积累的时候，你依然对这个作品不满意，那是你的什么不足呢，就是文学以外的东西不足。其实大家从事的是一个挺伟大的职业，就是看上去我是在写作，其实一个好的作品的背后一定是一个综合能力的体现。所以说搞文学的有时候像万金油一样的，也确实有点道理。历史、哲学、民族学，你没有这些相关的人文社科的知识的话，想深刻地表现一部作品，也会受到你的条件的局限。

比如说 90 年代春风文艺出版社搞了一套《布老虎丛书》，大概你们听说过。那一套丛书其实做得有一点品牌影响力了，它主要是写当下都市生活的。以当下都市生活为这套丛书的整个定位。其中有一本叫《猎鲨二号》，就是猎取鲨鱼，其实它是比较早的写资本市场的，写金融市场的。当时我这一块的知识完全是空白，就是关于金融这一块，金融市场、资本市场这一块知识完全空白。但是看那个《猎鲨二号》那部小说是看得热血沸腾的，买进卖出等等。一方面觉得长知识，确实挺好看。但是那个作者从来没听说过，因为毕竟吃这碗饭吃了这么多年，但凡有一点影响力的名字至少是见过，这个牛可以吹。后来就去跟那个出版社了解，果不其然，就是一个省农行投行部的这么一个干部。迄今为止我还记得那部作品，觉得他是写这样一种金融市场写得最活灵活现的。但可惜，就是活灵活现而已。那在这种金融背后，金融博弈背后的人和社会制度等等这些往深了走的东西通通没有。

我们这里有不少编辑，现在讲主题出版，主题出版苦于没有主题，或者有的也就是很浅、很平。一方面我觉得是需要我们的观念上对这些东西要有一个非常理性的、非常冷静的自己一个认识，可以不跟着这些很热闹的潮流和热闹的舆论走。另一方面就是要有意识地去训练这种能力，而这种能力的培养和训练又其实也不仅仅是今天我们讲的这个话题，现实题材的需要，在其他的题材里边也同样需要这种能力。比如说现实生活的能力，包括我们阅读的时候，一定不要被那个文字的表象所迷惑，认为那样一种东西的写作可以不要生活，或者说认为那样一种东西的写作可以不要深度，那都不是好的文学，都不是好的写作。

所以，最后的结论，如果说第一个话题讲的生活，第二个话题讲的怎么认识生活、评价生活，一个是在室外，一个是在室内。其实一部好的作品，尤其是一部表现现实题材的深刻的好作品，那它背后的秘诀一定是室外和室内功夫的合体，缺一个都会留下巨大的遗憾。所以我们从事写作的人，一定要保持一个很开阔的、很开放的这么一个视野和心态。这样下去我相信大家都会有成长。

谈谈奥尔罕·帕慕克的小说

邱华栋

　　各位同学，有时候，对一个作家来说深入阅读是十分必要的。比如我，就经常在一段时间里，集中阅读一个作家，这样取得的效果十分全面而有效。比如最近几年里我对奥尔罕·帕慕克的阅读就比较细致。那么下面，我讲 2006 年诺贝尔文学奖得主帕慕克的作品，和大家一起领略他的魅力。

　　我最早接触到奥尔罕·帕慕克的作品，是在 2004 年。当时，我在澳大利亚墨尔本的一家书店里，看到了他的英文版《雪》，这本书的封面上是一个在风雪中走路的男人，侧着身体，在他后面是影影绰绰的伊斯坦布尔的一座清真寺的身影。我翻阅这本书，立即感到这是一个不容忽视的作家的新作品。我就买了一本，借助词典阅读了这本英文版，非常喜欢。

　　两年之后，他就获得了诺贝尔文学奖，而且他还是在世的最年轻的诺贝尔文学奖获得者了。2008 年 5 月，他来到了北京，出席了一系列的文学活动。据接触过、接待过他的人说，他是一个集欧洲人的严谨、庄重和西亚人的散漫、随意于一身的人，在座谈和开会当中，他会不按常理出牌，会忽然消失不见，让接待方无所适从，而且，他还经常改变早就安排好的行程，不断地推迟或者提前一些活动的安排，既有着孩子气的调皮，也有着难以应付的刁钻和耍大牌的毛病。但是，在另外一些地方，他又显示出超越一般人的对艺术和文化的理解，比如，他对中国古代美术和建筑就非常感兴趣，花了几万元在琉璃厂买了很多中国美术画册。当我们靠近他的时候，我们看见了他的调皮和散漫、骄傲和嬉皮，但同时也看见了他的灼人才华。但我们进入他所创造的文学世界中去，在那里，我们才会发现他真正的魅力，因为，一个作家所有的魅力和秘密，都深藏在他的文字中。

奥尔罕·帕慕克 1952 年出生于土耳其的伊斯坦布尔，这是土耳其最大的海滨城市，横跨欧洲和亚洲，大部分城区在亚洲，只有一小点城区在欧洲，博斯普鲁斯海峡分隔开了她的欧洲和亚洲部分。土耳其位于亚洲的西北端最靠近欧洲的地方，和希腊与保加利亚接壤。她的首都安卡拉则位于国家的中部，其文化地位比不上伊斯坦布尔重要。伊斯坦布尔有着辉煌的历史，在 15、16 世纪是奥斯曼土耳其帝国的首都，当时叫君士坦丁堡。1923 年，在凯末尔元帅的领导下，摆脱了西方帝国主义的控制，成立了土耳其共和国，从此，土耳其走上了世俗化的现代国家之路。奥尔罕·帕慕克出身的家族，属于土耳其富裕的中产阶级工厂主家庭，在父母亲的悉心照料和教导下，奥尔罕·帕慕克受到了很好的教育。他很早就对绘画感兴趣，六岁开始学习绘画，幼年时在一所美国人开办的学校学习英语。后来，他在伊斯坦布尔科技大学学习建筑，接着，又在伊斯坦布尔大学学习新闻，这期间，他迷恋上了文学，逐渐开始放弃了想当建筑师和画家的念头。从 1974 年开始，二十二岁的他最终选择了文学，开始埋头写作。笔耕三十多年来，他以十多部畅销的、惊世骇俗的小说和非虚构作品，成为当代世界最杰出的作家之一。

奥尔罕·帕慕克的第一部小说就是一个大部头，就是长篇小说《杰夫代特先生》，翻译成中文在五十万字。小说发表于 1979 年，获得了《土耳其日报》的一个小说征文奖。一直到 1982 年，这部小说才正式出版了单行本，并获得了第二年的土耳其凯末尔文学奖。写这部小说，花了奥尔罕·帕慕克五年的时间，这是一部带有 19 世纪欧洲现实主义风格的小说，写法还比较传统，但叙述非常从容，描绘非常真切感人。小说分三个部分，讲述了伊斯坦布尔一个上层人物杰夫代特州长和他的儿子、孙子等三代人的故事，细节精雕细刻，细致地描绘出伊斯坦布尔在一个特定年代的人群和日常生活，语调中，带有着浓郁的一种哀伤感。一个旧时代和旧人物逐渐老去和消逝，一个新时代和新的人不断诞生的景象令人感怀。我在这里引一段小说的开头部分，让大家感受一下小说的叙述风格："杰夫代特先生嘟囔道：'睡衣的袖子，我的后背……整个教室……床单和被子……唉，整个床都湿透了！是的，所有的东西都湿透了，我终于醒了！'所有的东西都像他刚才在梦里见到的那样湿透了。他翻了个身，想到刚才的梦，感到一阵恐惧。他梦见自己坐在小学老师的对面……"可以说，这样扎实严谨的现实主义叙述是需要耐心，也需要功力的。奥尔罕·帕慕克的第一部小说就达到了令人炫目的地步，显示一个有着远大前程的小说家的诞生。

　　奥尔罕·帕慕克的第二部小说《寂静的房子》出版于1983年，这部小说花了他三年多的时间。后来，他基本上保持每三年左右就出版一部新作的速度，持续地建构着自己五彩斑斓的文学世界。《寂静的房子》在叙述的语调上是平缓的，小说的总体风格仍旧是现实主义的，但在结构上，则采用了现代主义小说的形式，用了五种角度，以五个人的叙述来构成一个多声部的叙述，形成了小说层次丰富的内部结构。小说描绘了几个孙子、孙女辈的孩子们，从大城市伊斯坦布尔来到了乡下僻静的房子里，去看望年迈的祖母。20世纪初期，孩子们的祖父塞拉哈亭被政敌击败，离开了伊斯坦布尔，和妻子法蒂玛一起住在了一个叫"天堂堡垒"的远郊别墅里。他打算写一部百科全书，但到死都没有完成。当孩子们来临之后，一时间，在这座寂静的房子里充满了喧闹，也由此展开了他们的故事。在表面祥和气氛的掩盖下，通过几天的时间和人们的交叉叙述，你会发现，每个人都有自己的悲伤和痛心之处。可以说，这部小说以多个角度呈现出土耳其特定年代的文化、政治和社会氛围，我觉得小说的主人公之一是那座没有说话但处处都在人物背景中的寂静的老宅子。这部小说获得了1991年的欧洲发现奖，并且很快被翻译成了法文，进入欧洲人的视野之内。

通过《杰夫代特先生》和《寂静的房子》这两部小说的写作，我感觉奥尔罕·帕慕克完成了他最早的写作练笔阶段，开始进入他写作的下一个阶段。在这个新阶段里，现代主义和后现代主义小说的技巧，开始明显地、频繁地出现在他的作品中，他所擅长的多角度、多视点、多声部地描绘事件、人物和时代的手法，也运用得炉火纯青，他所具有的美术、建筑的知识和修养也成了他小说中最重要的材料，由此开始形成了他自己独特的叙事风格。

1985年，他出版了篇幅不大的第三部长篇小说《白色城堡》。从题材上说，这是一部历史小说，描绘了奥斯曼土耳其帝国时期和欧洲的意大利之间的一些文化交往，以及欧洲和西亚帝国在文化和精神上的碰撞。小说讲述一个年轻的威尼斯学者，他从意大利东部的亚得里亚海坐船前往那不勒斯，但是，在地中海上遭到了奥斯曼土耳其帝国海军的袭击，被俘之后被带到了奥斯曼帝国，成为帝国贵族霍加的一个奴隶。霍加发现，这个年轻的意大利俘虏实际上是一个学者，而且，他长得和自己竟然很像，就和他成了朋友。两个人互相接触，对对方的语言和文化发生了浓厚的兴趣，开始互相学习。后来，他们一起联手对抗袭击土耳其的瘟疫，获得了最高统治者苏丹的嘉奖。他们还一起为苏丹设计对抗来自西方国家威胁的秘密武器，但在欧洲军队来袭的时候，他们的武器没有派上用场，帝国失败了。就在战火纷飞的时刻，一个重大的事情发生了，霍加趁机逃跑，奔向了他朝思暮想的威尼斯，而那个和他相像的威尼斯人，则变成了他的替身，继续留在宫廷里，扮演霍加。

这部小说巧妙地书写了东方和西方互相发现和认同的历史，是一则历史寓言。不过，我觉得，这部小说写得有些矫情和拘谨，没有完全放开，小说人物的设置也显得机械和缺乏个性。无论如何，我很难相信，一个土耳其人和一个意大利人会相像到分不出彼此的地步。而且，这部小说虽然主题宏大，但是却写得有些单薄了，不够丰满。《白色城堡》这部小说的英文版还获得了 1990 年美国外国小说独立奖。

需要强调的是，在奥尔罕·帕慕克的作品中，土耳其最重要的一个文化概念"呼愁"，是无法忽视的。那么，什么是"呼愁"呢？奥尔罕·帕慕克说："'呼愁'一词，土耳其语的'忧伤'，有个阿拉伯根源：它出现在《古兰经》时，词义与当代土耳其词汇并无不同。先知穆哈默德指他的妻子哈蒂洁和伯父塔里涌两人过世的那一年为'忧伤之年'，证明这个词是表达内心深处的失落感。但如果说'呼愁'起先的词义是指失落及伴随而来的心痛和悲伤，我自己所读的书却指出，伊斯兰历史在接下来几百年间有一条哲学断层逐渐形成。随着时间的推移，我们看见两个迥然不同的'呼愁'出现，各自唤起某种独特的哲学传统。根据第一个传统，当我们对世俗享乐和物质利益投注过多时，便体验到所谓的'呼愁'：其含义是'你若对这无常人世如此投入，你若是善良诚实的回教徒，便不会如此在意世间的失落'。第二个传统出自苏菲神秘主义思想，为'呼愁'一词以及失落与悲伤的生命定位提供一种较积极、较悲悯的认识。对苏菲派来说，'呼愁'是因为不够靠近真主安拉、因为在这个世上为安拉做的事不够而感受到的一种苦闷。"（见奥尔罕·帕慕克的《伊斯坦布尔》中《呼愁》一章）

你看，在奥尔罕·帕慕克的所有小说中，都弥漫着"呼愁"的情绪，在他的笔下，"呼愁"如同黄昏缓慢地降临那样，弥漫在土耳其整个大地和城市上空，弥漫在人们的心头。"伊斯坦布尔的'呼愁'，不仅仅是由音乐和诗歌唤起的情绪，也是一种看待我们共同生命的方式，不仅仅是一种精神状态，也是一种思想状态，最后既肯定人生，又否定了人生……现在我们逐渐明白，'呼愁'不是某个孤独之人的忧伤，而是数百万人共有的阴暗情绪。我想说明的是伊斯坦布尔整座城市的'呼愁'。"理解和进入奥尔罕·帕慕克的小说世界，必须要将这一段话深刻理解，才明白为什么他的小说中总是弥漫着一种莫名的忧伤，因为，这就是"呼愁"。

1990年，奥尔罕·帕慕克出版了第四部长篇小说《黑书》。这是一本在结构上带有多声部叙述和复调特征的小说，还有一个侦探小说的外壳。但是，其内里却是对伊斯坦布尔这座城市的文化、对男人和女人、婚姻和爱情、背叛和忠诚进行的诘问和探询。

小说的故事情节是这样的：律师卡利普有一天进门，发现自己的妻子茹梦忽然消失了，只留下了一张语焉不详的字条。和她一起消失的，还有她的同父异母的哥哥耶拉。耶拉在伊斯坦布尔是一个很有名的专栏作家，他在报纸上长期开了一个介绍伊斯坦布尔这座城市的文化和历史的专栏，于是，这些文字，就成为了卡利普找寻妻子的线索，他觉得，只有读懂了这些文章，他才会发现妻子失踪的线索。小说的故事情节就在他一边寻找妻子，一边大量引用耶拉文章的过程中徐徐推进，最终，他发现了他们死亡的真正原因：耶拉被刺杀身亡，当场倒在大街上，而茹梦则同时中弹，踉跄着进入一家玩具店中，倒在一堆洋娃娃中。后来，卡利普顶替耶拉，成为了描写伊斯坦布尔的专栏作家，继续撰写关于这座伟大城市的文章。这部小说混合了多种元素，将很多关于伊斯坦布尔这座城市和博斯普鲁斯海峡的资料与对人生、婚姻的剖析结合起来，写得绵密、紧张，内容非常驳杂。1992年，奥尔罕·帕慕克自己将这部小说改编成了电影《隐蔽的脸》。奥尔罕·帕慕克曾经离过婚，我在阅读这部小说的时候，似乎可以感觉到小说的主人公卡利普在寻找消失的妻子的心情，与奥尔罕·帕慕克对婚姻的感觉有关。当然，这不过是一种猜度罢了。1995年，这部小说的法文版获得了"法兰西文化奖"，在奥尔罕·帕慕克的小说序列里，我很喜欢《黑书》，我觉得这是他写得最好的三部小说之一，它厚重、深沉，信息量巨大，是关于伊斯坦布尔的一部中型史诗。

接下来，在 1994 年，奥尔罕·帕慕克出版了第五部长篇小说《新人生》。据广告词说，这是土耳其历史上销售得最快的小说，快到什么程度，报道者没有说明。这部小说的叙述人是第一人称"我"，叙述语调依旧是典型的奥尔罕·帕慕克式的，迟缓，警觉，稠密，似乎有什么事情要发生在主人公身上了。果然，一天，一个叫奥斯曼的大学生，他读到了一本书，感到了强烈的震撼。此时，他爱上了一个神秘的女子嘉娜，同时，还目睹了情敌被谋杀未遂。然后，他离开了相依为命的母亲，由此卷入到一场命案中。他开始按照那本书的引导，去寻找未来生活的轨迹，他横跨国境线，吃到了一种叫作"新人生"牌子的奶糖，还遭遇了一连串的车祸。这些经历都带给他一些人生的新感悟。他的叔叔死后给他也留下了一张字条，使他逐步地接近了事件真相。于是，他自己的爱情和叔叔的爱情生活成为两条线索。当他探明了究竟，这才发现，他失去的往日生活才是他真正需要珍惜的。在小说的结尾，人物和读者都重新回到了起点——这么介绍故事情节，不知道读者是否明白这本书写了什么？我读这本书的时候，多少感到了迷惑：这么一本书，会是土耳其历史上销售最快的小说吗？土耳其人真正看懂了这本书吗？因为《新人生》的品质很高，它要表达的东西相当模糊和多义，甚至没有给出一个确定的答案。《新人生》如同一团雾，当你走进去再走出来的时候，你看见的，仍旧是一团雾，它并不是那么好理解。这本书并不是一部成功之作。

1998 年，奥尔罕·帕慕克出版了他最重要的长篇小说《我的名字叫红》。小说的时间背景是在 16 世纪末期的达到顶峰后开始衰落的奥斯曼土耳其帝国时代，小说的故事情节围绕离开家庭达十二年之久的艺术青年黑回到了伊斯坦布尔之后，不仅要面对一场他期待着的爱情，还被卷入了一场谋杀案：统治帝国的苏丹让一批细密画家们帮助他制作一本伟大的书，来赞颂苏丹本人的丰功伟绩和帝国的荣耀。他准备以当时意大利文艺复兴时期盛行的艺术风格来绘制细密画。但是，伊斯兰教原教旨主义思想是不允许带有阴影和透视风格的绘画出现在歌颂苏丹的书中的。一群卓越的细密画画家开始为苏丹工作，但是，很快，其中一个画家就被谋杀了。是谁干的？小说由此展开了对画家之死的调查。统治者苏丹要求画家们三天之内查出到底谁是凶手，于是，在逐步的推理中，在排除一个个的怀疑对象的过程中，小说也将故事推向了高潮。

《我的名字叫红》是奥尔罕·帕慕克迄今为止最好的小说。回过头来看他的创作生涯，《杰夫代特先生》《寂静的房子》《白色城堡》这三部小说，是他写作第一阶段的作品。在这个阶段，他实验了现实主义、自然主义、历史小说、多角度多声部的叙事技巧等写作手法。由长篇小说《黑书》开始，包括《新人生》，他已经知道了自己的长处和短处在哪里——他发挥了自己学习了多年的美术和建筑艺术的长处，在写作技艺上，他就像一个波斯细密画家那样，精雕细刻地描绘着没有阴影、但实际上却阴影重重的世间万物和人，并且，以多个声音、多个角度来呈现多层次的内容。他往往把自己的小说伪装成侦探小说，或者，精心营造出一种悬疑的气氛，一开始就制造出一个悬而未决的大疑问：到底是怎么回事？读者会萌发好奇心。在不断的情节推展过程中，逐渐地逼近了事件的核心，也牢牢地抓住了读者的心。奥尔罕·帕慕克讲故事的技巧十分精湛，甚至连诺贝尔文学奖的评委马悦然先生都说："他太会讲故事了。"比如，在《黑书》中，一开始，小说男主人公的妻子和她的同父异母的哥哥都消失了，那么，他们到哪里去了？他们遇到了什么事情？他们之间是一种什么关系？他们是死是活？就是在这种种的疑问中，作者和读者一同经历了一场逐渐明晰的解谜过程，也澄清了人心的迷雾。

《我的名字叫红》也是这样，在小说的第一节，标题就是"我是一个死人"，由在枯井底死去的死者说话，一下子就抓住了读者的心。这部小说最典型的，就是它在叙述手法上采取了多声部的叙述手段，在全书五十九个章节中，几乎每个章节的叙述者都在变化，约摸有二十多个叙述者，轮番地上阵，讲述围绕着被谋杀的细密画家的案件，展开了混音与大合唱。而且，在他们的讲述中，各个声音之间形成了佐证和旁证，形成了互相的补充和差异，有时候你感觉似乎离揭开谜底已经很近了，可是，有时候，你又会觉得距离事实和真相反而更远了。就是在这种扑朔迷离的叙述中，小说将一个时代的整体风貌呈现了出来。《我的名字叫红》中的多个角度的叙述手法，其实，在奥尔罕·帕慕克写《寂静的房子》的时候，就已经开始运用了，只不过那个时候他的技法还比较呆板。在《黑书》中，以穿插报刊专栏文章的引文手法，他也实现了小规模的多声部、至少是两个声部的叙述。现在，在《我的名字叫红》中，这个多声部达到了令人吃惊的二十多个声音，在众声喧哗中不断推演，小说一开始分开的岔路和缝隙，就奇迹般地缝合了，一直到最后真相大白。

另外，在结构上，这部小说还体现了建筑之美。小说似乎是用一块块的砖头垒起来的，是用一幅幅的壁画拼接起来的，使小说体现出严整和具体的美。从小说的外形上，侦探小说的壳完美地罩在情节主干上面，这是因为人类的天性就喜欢谜语，喜欢刨根问底，喜欢谜底被揭开。但是，当你去掉它的侦探小说的外壳，你会发现，原来，这其实是一部现代历史小说，还是一部文化小说，小说的内容十分庞杂，涉及 16 世纪奥斯曼土耳其帝国的政治、文化、宗教，尤其涉及东方和西方的关系。奥尔罕·帕慕克说过，"在我所有的小说中，都有一场东方和西方的交会。当然，我很清楚所谓的东方和西方，其实都是文化的概念，也就是说，它们都是想象的产物。尽管如此，无论两者的想象成分有多少，东方和西方毕竟仍是事实……东方和西方蕴含深邃而独特的传统，决定了人们的智慧、思想、感知能力以及生活方式。东方与西方的交会，并非如人们以为的是通过战争，相反，一直以来，它都发生在日常生活的种种细节中，通过物品、故事、艺术、人的热情与梦想进行，我喜欢描述人们生活中此种活动的痕迹"。的确，在《我的名字叫红》中，大量东方的也就是奥斯曼土耳其帝国时代和西方也就是希腊、意大利等地中海国家交往细节出现在小说中。其中，关于宫廷书籍的制作，尤其是关于细密画的风格和意大利文艺复兴时期美术之间的关系，是小说着墨很多的地方。所以，我说这也是一部文化小说，它承载的文化信息不亚于一本专门研究那个时期的历史学著作，其信息甚至要大于任何一本年鉴派的、研究地中海物质和精神文化的著作，原因就在于，它还描绘了人心，描绘了那个时期人的存在状态。难怪它出版之后，很快就获得了法国的文学奖、意大利纳扎·卡佛文学奖、爱尔兰都柏林文学奖等多个重要的欧洲文学奖，并且被翻译到四十多个国家和地区，成为20世纪十分重要的一部小说。奥尔罕·帕慕克还很喜欢用颜色来命名小说，红色、黑色、白色、"别样的色彩"等等，使读者的眼前有了颜色所代表的所有的感觉和意味。

进入新千年之后，在当代土耳其，存在着世俗化、欧洲化和极端民族主义者之间的深层矛盾。奥尔罕·帕慕克批评土耳其政府，认为政府应该对20世纪初的一场针对亚美尼亚人的"百万人大屠杀"负责，结果，他的言论引来了土耳其极端民族主义者的仇视，他们甚至威胁要刺杀他，并将他告上法庭。奥尔罕·帕慕克也不得不上法庭去应诉。而抱有同样观点的一个土耳其记者已经被极端民族主义者杀害了。但是，他并不胆怯和害怕，相反，他毫不妥协，也绝不收回自己的言论。土耳其政府对他则比较宽容，这一点，在2008年5月为他举办的北京欢迎会上，根据土耳其驻华使馆外交官的发言，我可以看出来，他们为他获得了诺贝尔文学奖、成为闻名全世界的土耳其作家而感到十分自豪。

奥尔罕·帕慕克也敏感地察觉到土耳其当代社会的文化分裂，并坚定地选择了自己的道路。美国政治学家亨廷顿曾经把土耳其看作是一个"无所适从"的国家。在 20 世纪 20 年代，在现代土耳其共和国的国父凯末尔元帅的带领下，这个国家放弃了传统伊斯兰社会的道路，走向了一条向欧洲靠近的世俗化道路，同时，随着后来全球化的发展，土耳其这些年的国内政治、经济、文化矛盾越来越复杂，极端民族主义、极端宗教势力都在发展，因此阻碍了土耳其加入欧洲联盟的步伐。这些现实矛盾和问题，也理所当然地反映在敏感而杰出的作家奥尔罕·帕慕克的笔下。

2002 年，他出版了第七部长篇小说《雪》，就触及到了上述所有的矛盾。《雪》在土耳其语中念"卡尔"，小说的主人公、记者也叫卡，他在一个大雪天前往的城市叫卡尔斯。于是，自然物质、人物、地点，三者在名称上奇妙地构成了互相映衬的关系，彼此有着一种呼应和隐喻。小说描述诗人兼记者卡从德国法兰克福回到土耳其，前往故乡卡尔斯去调查当地的市长被刺杀的事件，和另外一桩女性自杀事件。于是，冒雪来到卡尔斯市的卡，在卡尔斯这么一个偏僻的土耳其小城市里遇到了各种各样的人，还遭逢到自己过去的恋人，并再次迸发了爱情。同时，在卡尔斯这个被白雪覆盖的城市下面，隐藏着激烈的文化、宗教矛盾，极端宗教势力正在对世俗化的政府发起挑战，最后，围绕着卡尔斯国家剧院，上演了一出惊心动魄的暴力活动。卡成为事件的目击者和亲身经历者，他就犹如从外部射过来的一道强光，照亮了土耳其今天的社会境况。小说的结尾，卡最终完成了一首关于雪花的诗篇，从另外一个角度阐释了土耳其文化的内在美丽与忧伤。《雪》最打动人的地方，我觉得在于它营造的气氛。比如，在读卡洛斯·富恩特斯的小说时，我总是感觉到他那如同急风暴雨般的语言，语调急促而奔泻，你会非常不自觉地就被他的语言的洪流给带走了。而奥尔罕·帕慕克的《雪》则显得舒缓、平和、忧伤，整个小说里似乎都弥漫着一场大雪，雪还在缓缓地落下，在这一场大雪中，另外一场人生的激烈对抗的好戏，却在酝酿并最终暴烈地上演。美国作家约翰·厄普代克对这本书给予了精确的评价："……他热衷于剧场表演中非真实的现实，虚假的真实，而《雪》在其政治含义方面，以卡尔斯国家剧院两个夜晚的演出为支点，真真假假，幻觉和现实搅成一团，令人难以分辨。"

《雪》在奥尔罕·帕慕克的小说里是最具政治性的，这部小说出版之后，土耳其的极端势力公开焚烧这本书，并且向他发出死亡的威胁，一度使他都不敢在大街上散步了。《雪》因此获得了更大的名声，成为2004年美国《纽约时报·书评周刊》评选的年度好书，2005年，又获得了德国书业和平奖和法国美第契外国文学奖，这一年，在欧盟的压力下，对于民族主义者对他的起诉案，法院判他无罪。2006年，这本小说又获得了法国地中海外国文学奖。

2008年，帕慕克出版了第八部长篇小说《纯真博物馆》。这是一部爱情小说，我觉得这是帕慕克献给前妻的记忆的礼物，是一部道地的关于爱情的小说。小说以一个恋物癖男人的眼光，搜集整理了他记忆中和现实中的恋人的各类物品，叙述和描绘依旧带有花毯般的繁复和优美沉静，是土耳其中产阶层的爱情记忆。为此，他专门建立了一座博物馆。

2014年，他出版了第九部长篇小说《我脑袋里的怪东西》，将视线放到了伊斯坦布尔的小贩身上。描述了一个叫麦夫鲁特的小贩大半生的经历，伴随着伊斯坦布尔的成长变化。这部小说就像是伊斯坦布尔的一部生长的史诗，贴近街巷里弄和平民生活，爱恨情仇故事跌宕起伏，连私奔都写得极其精彩。

2015年，他出版了第十部长篇小说《红发女人》。这是一个关于复仇循环的故事，与索福克勒斯的《俄狄浦斯王》与波斯文学名著、菲尔多西的《列王纪》中，化用了父亲杀儿子、儿子杀父亲、东方和西方、国家和个人、自由和不自由的关系。切入到土耳其一段独特的历史中，以一个儿子在缺失父亲的情况下，寻找母亲的历程，来解构了一种对女权主义的支持。小说分为前后两块，一开始，一位少年跟随一个师傅打井，后来师傅掉到井中，少年误以为师傅死去，就逃走了。他在工地附近与一个红发女人有来往，多年之后这个红发女人生的儿子，找到了已经变成了大富豪的那个打井少年——如今是腰缠万贯的中年人，来认他为生身父亲，但两个人吵了起来，红发女人的那个如今长大的儿子，不慎杀死了这个当年逃离了师傅身边的少年——如今是他父亲的富豪男人。

2018 年下半年，据说他将出版第十一部长篇小说《瘟疫之夜》。这是一部关于土耳其的历史小说。他宣称，包括这即将出版的小说，还有十部小说要写。这部小说我们还没有看到翻译本。

除了写小说，奥尔罕·帕慕克还写了不少非虚构作品。2005 年，他出版了长篇散文《伊斯坦布尔：一座城市的记忆》，立即引起了轰动。奥尔罕·帕慕克说："要想传达伊斯坦布尔让儿时的我感受到的强烈'呼愁'感，则必须描述奥斯曼帝国毁灭之后的城市历史，以及此一历史如何反映在这城市的'美丽'风光以及其人民身上。"现在，轮到奥尔罕·帕慕克来讲述他记忆中的伊斯坦布尔了。这座充满了过去荣耀的和帝国遗迹的城市，有着特殊的地理位置和文化地位。全书以三十七章的篇幅，从奥尔罕·帕慕克的家族历史、城市遗迹、帝国记忆、日常生活、建筑环境、气候变化等多个角度，展开了和一座伟大城市的心灵对话。仿佛是逐渐地展开了一幅有些陈旧但依然绚丽无比的地毯，奥尔罕·帕慕克不疾不徐地带领我们走进他成长和记忆的时空中。书中还选用了很多老照片，有的是他过去成长的瞬间，有的则是城市风景的片段和人物的特写。照片和文字之间形成了特殊的互文关系，使这本书成为非常别致、优美、生动、历史信息量巨大的书。据说，就是这本书使他再度获得了诺贝尔文学奖的提名，2006 年，这个桂冠就戴到了他的头上。

2007 年，他出版了随笔集《别样的色彩：关于生活、艺术、书籍与城市》，收录了他无法在小说中表达彻底的文学艺术随笔和评论。自传性和敏锐的感受性是这本书的最大特点，我们可以看到，一个在生活、美术、文学和建筑中间自由穿梭的人，他打通了时间和艺术门类，把阅读、思考、写作和漫游变成了一种美好的乐趣。

2010 年，他出版了演讲集《天真的和感伤的小说家》，收录了六次演讲。可以和卡尔维诺的《千年文学备忘录》对照着看。

奥尔罕·帕慕克是当代世界耀眼的明星作家。美国作家约翰·厄普代克曾评价他说："帕慕克不带感情的真知灼见，与阿拉伯花纹似的内省观察，让人联想起普鲁斯特。"他还说："奥尔罕·帕慕克很有天赋，善于运用轻快、荒诞主义的手法，拖长闹剧的情节，甚至暗示在这个冷漠和混乱的世界里，任何情节都是可笑的。"在谈到奥尔罕·帕慕克的时候，我国作家莫言说："天空中冷空气跟热空气交融汇合的地方，必然会降下雨露；海洋里寒流和暖流交汇的地方会繁衍鱼类；人类社会中多种文化碰撞，总是能产生出优秀的作家和优秀的作品。因此可以说，先有了伊斯坦布尔这座城市，然后才有了帕慕克的小说。"奥尔罕·帕慕克也说："伊斯坦布尔的命运就是我的命运：我依附于这个城市，只因她造就了今天的我。"

是伊斯坦布尔这座伟大的城市，造就了奥尔罕·帕慕克这样一个杰出的作家。他也和这座城市共生在一起了。

试论翻译工作者的"深度学习"

董 强

主持人：大家上午好，今天我们特别高兴邀请到了北大法语系主任、博士生导师董强教授来为我们授课，首先让我们以热烈掌声欢迎董老师。上面的书法就是董老师的书法，而且是他二十一岁时候的书法。我为大家简单地介绍一下董老师的基本信息。董老师是著名学者、翻译家，中法文化比较研究专家，中法文化交流使者，1967 年出生于杭州，1987 年毕业于北京大学西语系，1988 年赴法国留学，旅居巴黎十二年。1997 年获得法国文学博士学位。2001 年他回到中国，在北京大学外国语学院法语系任教。2009 年他获得法国政府颁发的"教育骑士"荣誉勋章。2009 年起担任"傅雷翻译出版奖"评委会主席至今。2012 年起担任北京大学法语系主任；2013 年获得"法语国家联盟金奖"。2016 年 10 月他当选为法兰西道德与政治科学院外籍终身院士，为该院两百余年来首位华人终身院士。董老师有译著、专著三十余部，主要有《梁宗岱——穿越象征主义》《插图本法国文学史》《论语》《西方绘画大辞典》《西方绘画流派欣赏》等。他今天为咱们授课的题目是《试论翻译工作者的"深度学习"》。今天的授课是他精心备的新的一课，是他从来没有讲过的，让大家非常期待，下面掌声有请董老师开始为我们授课。

董强：谢谢介绍。一下子又把我说老了，今天特别高兴来到鲁院跟大家做一个分享，因为开学的时候我就跟大家说过，我个人认为这个翻译是无法教的，所以我今天绝对不是说作为一个老师教大家什么，给大家讲课，而是跟大家分享。我觉得也许在法语方面，甚至在文学评论方面我可以教人，我可以指点别人，但翻译方面我是愿意跟人交流。所以今天这堂课我也非常重视，刚才我跟鲁院的几位老师开玩笑说，我从来没有这么认真地备课，因为那么长时间，我在北大我很多课我都不用备的，我直接就上去讲了，但是这次我还特别重视，我跟大家讲的都是肺腑之言，都是我这么多年经验之谈。

翻译不是我的主业，而且对我来说翻译从来都不是问题，为什么？就是我从一开始首先用法语创作就早于翻译，所以我是个创作型的，而且对我来说两种语言之间的转换没有任何问题，我可以这么说，我有时候更喜欢用法语给大家作讲座，所以在这方面翻译对我来说是一个后来才意识到的问题，但是一旦意识到这个问题我发现这确实是个巨大的问题，而且到现在这个问题我觉得是越来越巨大。所以我就愿意跟大家探讨一下，把我这么多年一些想法，结合我对翻译这种，包括历程，因为刚才主持人也提到了，我翻译不少东西，但是这些翻译可以说几乎是集中在一个时间段，我可以说在大概六年的时间内翻译了近三十本书，所以这是一个疯狂的时期，当时我跟大家讲过，我后来差点就死掉。所以就因为这个，当时就是一场突如其来的事故，让我意识到不能这么干，后来我对翻译采取了一个怎么说呢？一方面自己翻译，另一方面就是做傅雷翻译奖的推广、培养等等，有点这方面转向，所以近几年我的翻译很少，所以我大量翻译都集中在 2000 年到 2008 年奥运会之前，就这个阶段里头，现在好多出版社来找我，因为很多书都到了版权期，要重新签约，正好那个时期到了。

所以我对翻译既在其中又在其外，有很多很多想法，希望今天能够陆陆续续跟大家分享一下，最后也会留一定的时间，因为据说每个老师习惯不一样，但是我会留一定时间跟大家交流一下，因为我觉得交流也许跟讲同样重要。

我今天题目就是一个非常拗口的，听起来甚至有点，稍微有点装这么一个题目。就说试论翻译工作者的"深度学习"，而且关于翻译伦理甚至翻译伦理学的一些思考。我这思考从何而来？就说大家都知道目前有一个非常大的新的现象，人工智能发展以后，人们对这个机器翻译越来越重视，尤其是大众老百姓，真的觉得机器翻译会取代人工翻译，外语学习会越来越不重要。其实我觉得对我们来说机器如果真的能翻译未必不是件好事，我们可以干别的事了，因为翻译还是我经常发自肺腑的一句话"太苦了"，如果有机器来做这件事情，甚至比我们做得更好的话，法语叫 pourquoi pas，英文就是 why not，我们可以从中解脱出来，去自由做一些更想做的事情对不对。

所以这个问题其实不是一个真正悲观的问题，也许是个乐观的问题。但是，它本身确实是个问题。我今天不是说要跟大家进行探讨说机器能不能真的在翻译上取代人进行高水平的翻译，我想顺着这个思路提出一些问题，然后跟大家一起探讨一下，首先我们对机器翻译的这个重视，对人工智能这个重视，是因为人工智能确实出现了突飞猛进的一些进步，让人最震撼的，就是人工智能方面机器出现了一种深度学习的能力，他真的在学，而且这种能力使得阿尔法狗战胜了我们觉得心目中最不可战胜的世界冠军柯洁，所以确实我觉得对当代人来说在心理上造成的震撼是巨大的。

比方说博鳌论坛，出现过科大讯飞进行机器翻译，所有翻译都能用机器来做，结果头一天就出大问题。因为我身边很多做翻译的小伙伴们，一开始说，哎呀，这次博鳌不叫我们了，结果头一天马上就说赶紧飞到海南去，那个机器不行，还是要人工去翻译，就出现这种情况。但是即便出现这么大失误以后，由于机器能够深度学习，所以它犯了错，它所有的错误都能够成为它的一个积累，所以在这种情况下，它又东山再起，后来在别的论坛上又出现了，而且确实比以前翻得好了等等，所以就使得我们不得不面对这样一个问题，而且就着这个问题去思考一下。

因为我马上就出现一个问题。首先，机器在翻译上的深度学习到底意味着什么？这是我想提的第一个问题；第二个问题作为翻译，我们非机器，作为我们人，我们作为翻译工作者，我们是不是需要深度学习？如果我们需要深度学习的话，是应当以什么样的方式来做，我们需要一种什么样的深度学习？所以，我今天就愿意顺着这个思路把我的一些想法，结合我的经验跟大家讲讲。

而且特别有意思的事情是什么？我一想到这个问题，脑子里突然就出现一篇特别有名的文章的题目。这个题目大家都想不到，就是刘少奇的《论共产党员的修养》。我是《试论翻译工作者的“深度学习”》，我突然就联想到《论共产党员的修养》，我以前从来没有读过这篇文章，我很自卑地告诉大家，我突然发现这两者之间产生联想非常的自然，因为说到底，翻译的核心是什么？就是翻译工作者是不是也需要有必要的修养，而这修养必须通过学习，而且从某种程度是深度学习才可以达到，然后机器深度学习能不能让它形成一种修养，这就涉及一会儿要提到的伦理问题了。所以，我为了给大家作这个讲座，也特意认真读了《论共产党员的修养》，而且在阅读过程当中甚至发现有很多有启发的点，一会儿跟大家分享。

首先，我想谈的就是，深度学习是不是意味着经验的积累，经验积累在翻译上的体现是什么？就是对和错，好与坏。所以对于机器来说，所谓的深度学习就是一个试错的过程，然后怎么在越来越大的，这个大数据的基础上最后做出一个最优的选择。阿尔法狗为什么赢了呢？围棋有个特点，有大量现成的棋谱，然后另一方面一大特点，就是每走一步对方都得回应，大家都知道围棋还有什么长考，但是再长考你也得回应，所以每走一步对方必须回应，所以在这个两者一步、每人走一步的情况下，这个阿尔法狗可以不断通过深度学习能够试错，提高自己。

然后回到我们翻译，翻译当然有受众是吧，所以也是双向的。

但是，我们的受众是潜在的，而且他的反应是无法预知的，有一种关于翻译的说法，不是很正宗的说法，但我觉得有一定的道理。翻字就是跟翻书一样有来有往，所以是两人之间，或者多方之间来来回回地翻。所以特别适合于口译那种现场，然后译字主要是指一种单向的、有点传递型的这种翻译，特别适合于书面、文献的书的翻译。所以在这种情况下，我们从事这种翻译，无论是文学作品、思想家诗人的作品，往往是一种意义。所以我们的受众我们是一下子看不到的，而且这种行为虽然是双向的，但是至少在开始的时候他是一种单向的行为，我只能设想一个，我不知道他到底会怎么反应，所以在这个时候，有一个潜在的纠错的问题，需要读者慢慢地反馈我才能意识到我翻得对、翻得好。

所以，在这个时候又涉及读者的反馈的时候，因为读者是多方面的，他有很多的主观性，所以有大量主观性介入，在这种情况下，我们怎么来断定我们的翻译是对的，是错的？或者是好的，是坏的？既然有那么多的主观性，然后又在多大程度上这种主观性可以减缩为零，成为一种客观性，成为一个客观标准，让我意识到我确实犯错了，让我意识到确实有一个更好的方法。所以这个东西是我们需要面对的翻译问题。

大家都知道上世纪60年代，在阐释学风行的时候，很多理论家都谈到过所谓的理想读者的问题，就是是否存在一个能够全面理解文本的内涵，然后跟作者的意图完全吻合的这么一个读者，你们可以看到所有现代西方理论家都说这样理想的读者是不存在的，然后我们现在可以设想一下有没有一个理想的译本读者。如果他存在的话，他会做出什么样的反应呢？他的反应对机器来说必须这样，你的翻译是正确的，或者说你的翻译是对的，或者是错的，就是这个，就这么简单，或者是好的是坏的，但事实上这样一个理想的翻译读者，或者译者，叫译本读者他是不存在的，因为绝大多数读者只能对一个文本进行判断，他可以判断一个译本很难读，很好读，很有趣，很无聊，但是他无法判断是否正确。也就是说，如果说我是个机器翻译，甚至我可能都得不到及时与延时的反馈。因为除非有双向语言的使用者，双向语言使用者往往就是人作为一个专家才能出现，才能做到这一点。

所以，在这个时候，机器翻译的这个深度学习，就必须假想一种特别完美的翻译状态，使得每一句的翻译都是忠实于原文，忠实于这个输出语，也就是说他一步步通过学习逼近于真实的原文，找到最完美的对等，这个情况我个人认为是不可能出现的。我们作为一个译者，比方说我译了一本书，然后在接下来几年当中，我会遇到各种偶然的情况，甚至有人给我写信等等，我会遇到很多非理想的译文读者不断给我做出一些反馈，他能够帮助我不断积累经验，让我完善，但我觉得机器从某种程度上无法遇到这种非理想型的、分散型的，然后又能够慢慢地帮助它反馈的这种读者，我觉得至少是比较难以想象的一件事情，对机器来说，这是我对这个问题想了以后得出的第一个反应。

第二个反应马上我又想到一点，我们在谈到机器翻译和人的翻译谁胜谁劣的时候，我们往往听到另外一个说法，就认为凡是机械的、客观的翻译都有被机器取代的可能性，但凡有人创造性的东西，比方说文学艺术都永远不可能被机器取代。我记得像李开复他就会说："但凡你是创造型的，你这个职业就能继续下去，你没有什么创造性，就会被人工智能取代。"这基本上是一个现代主流话语涉及这个。但是，我的问题又来了，一个文本，它到底在多大程度上是一个客观的东西，又在多大程度上是一个主观的东西？所以，在众多文本当中，我为什么想到了刘少奇的《论共产党员的修养》？因为我突然想到一种特殊的话语，就是政治话语，就是政治话语是一种非常独特的话语。它既不是一个机械性的、纯粹的告诉你怎么使用一个东西，又不是文学性的，但是它又是个特殊的一个客观与主观的这么一种特殊话语。比方说我们在一些重要的国际场合经常会听到一些说法，外国人对我们评判太不客观了，觉得一个外国人特好，就说哎哟，他对中国的评判很客观，当一个人很客观的时候对我们来说他太棒了，对中国带有偏见不客观，但凡不客观，我们就觉得他是有问题。

所以就涉及我又提出一个问题，比方说像政治话语、政治文本是不是机器翻译会更好，因为政治话语有一种非常独特的地方，因为既然客观，那机器可以做到像摄影一样精准，然后画画你怎么画，再超级现实，你也比不过摄影是吧？在这种情况下，就比方说机器可不可以去翻译这个政治话语，但是像博鳌论坛出现灾难性情况，就证明了这种政治话语机器不能翻，为什么？就是因为我以政治话语作为一个例子来讲，所有的话语都会涉及两个最大的特点。第一个特点就是说它这个话语往往是一个集体性和个人性的一个高度的融合。就是任何的创作，即使一个作者他是一个天才，但他的创作必定是建立在与别人的一种交流，或者是与别人潜在交流的基础上。比方说回到政治话语来说，比方说《邓小平文选》，往往是一种共识体现，是一种集体智慧的结晶，就因为是集体智慧，所以有一种权威性，甚至有约束性。甚至由于它是政治的东西，就变成了一种具有绝对性和排除关系的东西，特别强调定稿，为了一个词怎么翻会找所有的专家，那专家们要绞尽脑汁，如果重要文献说你翻错了，我估计这哥们要再往上走是比较难的，所以它具有绝对性和排他性。

其实，我在想，即使是一种政治文献，它都有非常强的一个个人性。因为但凡一个领导人他有远见的话，他能够得到集体共识，他就必须有某种创新性。就比方说我们可以看，每一个时代的领导人他自己给自己的政治话语都会加上强烈的个人印记和色彩。比方说从毛泽东思想，到我们现在习近平新时代中国特色社会主义思想，都有一个全新的、原来的话语当中没有的东西。比方说在法国的时候，当时毛主席的"红宝书"好几个版本法国人都觉得充满了智慧，不光有哲学有哲理，还有诗意，有东方智慧。在我们心目中这是一个绝对权威性的，排主观性的。

所以即便是一个排主观性的东西，里面都有非常强的一种个人的意志和个人的主观性，尤其当今世界你们看政治家变得越来越个人化，比方说特朗普，特朗普说话特不靠谱，他特不靠谱他现在还在他们国内特受欢迎，他发出来Twitter我看经常在微信上有人在说这怎么翻，就讨论这个问题。为什么？因为他的个人性太强，包括法国总统马克龙现在用很多新词，普京有普京的说法，你们看英国女王跟德国的默克尔那完全两种风格，说起来两种几乎一样的体制，面对一样的问题，但是个人风格之强到了不可思议的地步。在这种情况下你作为一个翻译者，你说你如何进入一个纯粹客观的状况？这是我觉得这个话语的一大特点。话语的更重要特点，就是它有一种辩证关系，就是一种共识性和历时性，就说任何话语它都是建立在这样一种共识性和历时性的这个坐标上，所以它会使得一篇文章或者一本书的翻译变得尤其的微妙，说到底是要把握一个时代气息，要把握它在历史上的延续性。

我还以政治话语作为一个例子，因为我觉得它是特有的一种话语，具有一种代表性。我刚才开篇提到刘少奇的《论共产党员的修养》这篇文章特别有意思，因为当时需要对共产党员进行一定的教育和培训。所以，开篇的时候，刘少奇就引用完全是马克思主义的思想，他用一种辩证的唯物主义的思想来证明共产党员需要进行修养，他的原文是什么呢？说："共产党员为什么要进行修养呢？"这个用法让我觉得特别有意思，他用的是进行修养，而不是说有修养。进行后面跟着修养，所以修养是一种行为，而不是说我们现在说一个人有没有修养，有没有涵养，有没有素养，也就是说修养是个过程。

所以，它是一种过程而不是指修养的结果，否则我们很难说进行修养对吧。但是题目当中又是《论共产党员的修养》，它必须是个名词，至少是一个动名词。所以，我就很好奇，《辞海》怎么定义修养这个概念？它说："指在政治思想、道德品质和知识技能等方面，经过锻炼和培养而达到的一定水平，如政治修养、文学修养；第二特指逐渐形成的、在待人处事方面的正确态度。"进行修养这两个都放了进去，所以更接近修养这个词，就是另外一个词我们说"修身"，修身定义什么？修养身心，提高自己的品德。我再查一下还有一个词叫"修习"，学习的习。它的定义是学习、研习。还有一个近义词叫"修业"，叫修营功业，在《易经》里面有："君子敬德修业。"这个孔颖达的注释是这样的："欲进益道德，修营功业，故终日乾乾匪懈也。"所以，这修养其实涉及什么？修行、修习和实习。所以我们发现这里面"修"和"养"这两个字同样重要。一方面它是学习、研习。另外"养"字就是孟子所说的："我善养吾浩然之气。"然后，里面也涉及一种教育和熏陶的东西。这个"养"《辞海》注解说："中也养不中，才也养不才。"朱熹的注解为："无过不及之谓中，足以有为之谓才。养，谓涵育熏陶，俟其自化也。"我们汉语当中还有学养这么一个词，比方说我说一个人很有学养，学养有素。

　　所以我就发现刘少奇说《论共产党员的修养》的时候，他不是说共产党员应不应该有修养，而是里面有个非常重要的概念就是学习要受教育。所以，这就是为什么我一开始想到这个《试论翻译工作者的"深度学习"》的时候我就那么自然地就联想到《论共产党员的修养》。因为里面有一种相通之处。但是，我马上就警惕了，我说共产党员的修养这么一篇具有时代气息的文章，我居然用《易经》、用孟子、用孔颖达、用朱熹这么去理解，我对不对？然后这样的人物和背景，就是说朱熹、孟子，真的适用于一篇共产党人的名篇吗？而且我们如果发现去找一下这篇文章的背景的话，就会发现这篇文章当时是旨在解决一个全新的问题。我继续往下读以后，刘少奇本人也为我消除了这样的疑虑。

紧接着在引用了马克思主义理论以后，我开始读到以下的文字。孔子说，我引用刘少奇的原文。孔子说："吾十有五而志于学，三十而立，四十而不惑，五十而知天命，六十而耳顺，七十而从心所欲不逾矩。"继续引用，这个封建思想家，在这里所说的是他自己修养的过程，他并不承认自己是天生的圣人。另一个封建思想家孟子也说过，在历史上担当大任起作用的人物，都经过一个艰苦的锻炼过程就是："必先苦其心志，劳其筋骨，饿其体肤，空乏其身，行拂乱其所为，所以动心忍性，曾益其所不能。"这都是刘少奇在引用。在引用了这两位古代圣贤以后，他又接着说："共产党员要担负历史上空前未有的改造世界的'大任'。"而且用引号，引用孟子。"所以更必须注意在革命斗争中的锻炼和修养。"所以当我读到这个时候我突然发现"修养"，在题目中出现的"修养"两个字的意义开始全面地呈现。就说它至少包含了孔孟时代对它的理解和应用。只不过在新时代背景下这样一种行为或者是过程用另外一种方式呈现出来。所以，我们对这个词的理解是必须包含这个词所经历的全部历史，所谓的历时性，这一点是毫无疑问的。所以，这个就是我想说的在政治话语上都会出现一种共识性和历时性共存的或者同时出现的例子。

所以我们在翻译的时候。首先，我们能不能顾及一个比方说政治家的个人风格，又顾及他的那种共识性和绝对性。同时又能够顾及时代气息的所有文化内涵，在这种情况下机器能不能做到我很怀疑，包括人能不能做到我都怀疑。但是，我们可以学习，我们可以往前走。

我最后做小小总结，再进行新一轮的思考。在法语当中，在涉及一些固定话语的时候，我们会有一个词叫"木头语言"。什么叫"木头语言"？它是有一种固定不变的模式，它已经失去了真实含义，它只剩下了语言的躯壳。然后这种语言的躯壳有一种坚硬性，使得它即使经过了转化、经过了翻译以后，也不能让任何新的内涵或者外延去进入，或者重新进入，这样的语言是任何翻译都无法使它起死回生的。但是如果一种语言它具有一种我刚才说的历时性的背景，就具有一种特有的文化的地平线，那么它就可以撑起另外一片天空，在这个时空新的坐标当中，为一种全新的思维可以带来一种生发、阐释、理解新的可能性。所以我长期在法国，我就好奇，为什么在当时毛泽东思想能够在西方长期存在，而且对西方知识分子产生如此大的吸引力，很多特别厉害的哲学家、文学家都是在一定时间内成了毛主义者，为什么？那就是因为以语录为形式出现的毛泽东一些思想，跟他所领导的整个的中国民族独立以及中国这样一个古老民族如何在当时整个全球资本主义已经一体化的大环境当中进行一种独一无二的实践，独特的实践，其实就为这种思想提供非常丰富的土壤。比方说有个词"长征"。"长征"在当代西方世界就是高频率地出现，它已经远远超出了在历史上当时红军为了一种战略需求而进行的艰苦卓绝大转移这样一种实际含义。长征在西方话语体系里几乎成了和长城这样的中国符号同样传奇、同样有力的这么一个词语，它具有一种无比强大的再生力。强大到什么程度呢？法国总统马克龙以长征为口号，居然在总统竞选当中获得了重大的胜利，而且赢得了许多年轻人的支持，这些年轻人对中国的长征毫无概念，一点概念都没有，这个证明了什么？一个词语在一个话语体系，它可以有在新的方式下新的被阐释、被生发的这么一种可能性。

然后，其实我们仔细想想，翻译成外文以后，长征是什么？英文 long march，法文 Longue Marche。但是，"征"这个字，在现代汉语当中已经跟古代的意义相差很大。比方说古代时候，你们读屈原《征夫》，他这个"征"不是说纯粹的是一个远行的人。"问征夫以前路，恨晨光之熹微。"今天其实你读到"问征夫以前路，恨晨光之熹微"的时候你是需要有古文老师给你做解释的。然后"征"在我们现代汉语当中更多是一种征用或者是征伐。特别有意思的是什么？这个 march 在西方语言当中也有军队行军的这么一个含义。而到了汉语体系当中，就是我们想到长征，正好也想到当时整个跟军队有关，所以我们的教育让我们知道这段历史，我们对这个词有一种非常明确的理解，但实际上这个词在西方语言是没有一个明确的对应性的，但是最后，这居然得到了一种奇妙的总量上的对等，这个超出了一个翻译者掌控的地步。

所以一个词的翻译它的有效性，是需要非常长时间才能证明。所以如果我们斤斤于说这个词你翻对了，翻不对，也许你是对后人的一种蔑视，也许后人就在这个里头他得出了自己新的结论。所以，我认为机器在这个时候即使它深度学习，它也许得不到这样一种理解。因为这个人的经验和判断，也许可以做到对一个词进行一种对它的潜在性，对它一种随机性，它的活力能够有一定的，不能说把握吧，至少有一种感觉，但是机器我不知道能不能做到这一点。所以在经过这个转了一圈以后我突然就意识到，其实机器翻译和人的翻译涉及一个问题就是伦理的问题。就是你作为一个译者，你的伦理责任在哪里？你作为译者到底在什么时候你可以对自己说，我可以签我这个译者之名，就像作家、艺术家最后签名的时候，他说我做完了，我作为一个翻译工作者、作为译者，我什么时候我可以说，这是我的，我翻完了，我真的翻完了，我觉得我把作者想说的，我的全部的理解，全都告诉你了。这就涉及我觉得这是真正的问题，真正的翻译核心的问题就是这个，你什么时候你敢拍着胸脯说我敢签名了，作为译者签名了。

这就让我联想到另外一个法国著名的艺术家的一句话，这句话我最近老在回想，这个艺术家就是安格尔，安格尔大家都知道是一个在 19 世纪下半叶著名的新古典主义艺术家，安格尔在中国影响很大。但是，你如果了解一点西方艺术史，你就会发现在安格尔达到巅峰的时候，他成为官方认可的、进入法兰西学院艺术院史的时候，其实一种全新的思潮已经出现，而且很快席卷整个古典，也就是印象派那帮穷小子，跑到郊区去写生、画印象，日出印象，正在冉冉升起，而且差不多十年以后，几乎全世界只会听到莫奈、雷诺阿的声音。但是安格尔作为一个新古典传承的人，他就继续坚持他的原则，画他的一些素描。这是大家都见过，安格尔他不光有素描，他对素描之重视意味着什么？素描意味着两种东西，就跟我刚才提到一个话语所具有共识性和历时性。你要画素描，就必须首先对你眼前这个人得有高度的观察能力，同时你的素描基础在你对古希腊的雕塑的那种灵犀。所以，安格尔说了一句非常重要的话，中文翻成什么？"素描是艺术之操守。""操守"这两个字，就又让我联想到《论共产党员的修养》，"翻译工作者的深度学习"，就是我们翻译要有操守，我们的操守在哪里？就像在艺术当中素描是操守一样，我们需要对这个话语本身对它的共时性，对它的历时性，对整个的这种作为一个主体和客体双重存在，我们要有个高度的把握。就只有在这种高度把握的情况下，我们才能够保证我们的艺术是站得住脚的。

我们如果理解安格尔这句话，"素描是艺术之操守"。什么意思？如果艺术当中没有素描，你艺术撑不起来，站不住脚。而整个的现代艺术几乎都放弃了素描，所以这就涉及一个新的问题，我认为翻译艺术或者翻译这种行为，是夹在现代和古典之间的这么一个行为。也就意味着我们不能纯粹用一些现代的理论来看待翻译问题，现代的翻译理论可以说是层出不穷，但是我坚守一点，我认为翻译有巨大的一面是工匠心，它的手工心。所以翻译它是一种，我认为它是像安格尔所说需要一种操守，这种操守的精髓在哪里？到底怎么去维持这种操守，就跟在艺术当中当时安格尔捍卫这个素描一样，我认为就是对话语的重视，话语以及风格的重视，所以接下来一个环节，我会给大家转到语言话语这个讲述。就是说，我个人认为翻译家的操守在于对一个话语的全部的、尽可能高度的把握，这是我想讲的上半部分。

现在我再延伸一下，把对话语的理解跟大家再进一步深入探讨和分享一下。大家学法语的知道，在法语当中有一个独一无二的现象，它区分了语言和话语，或者说语言和言语，它在这方面的区分成就最大的一个语言学家叫本维尼斯特。这些东西我就不细讲，主要就是法国人区分了语言和言语或者话语，语言在英文当中只有一个词叫language，在法文当中叫langue是阴性的是个普遍的，但是言语或者话语是什么？写起来更像是阳性的，大家学法语都知道。这个区分在全世界其他语言当中都不存在，而这个区分具有高度的意义，为什么？我们经常说，我们做翻译的，我们把什么语翻译成什么语，其实这是一个极其空泛的并不成立的说法。比方说汉语你说有谁掌握汉语？我掌握最多是某一类的汉语，谁敢说我掌握英语？法语整个我都掌握它不可能，这个语言的边界到底在哪里？根本看不出来，语言它是由过去现在向未来开放的东西，你怎么敢说自己掌握了汉语，你根本就不知道明天汉语会冒出什么新东西来，而《康熙字典》里头那么多字你都认识吗？所以，言语或者话语这概念非常重要，作为一个作家本身他在应用一种文学话语，作为一个政治家他有一种政治话语，作为一个经济学家他有经济话语等等，所以我们是生活在这种行话中。

但是从某种程度来说每一个作家都在试图发明一种行话，发明一种个人的，在某种领域的，所以但凡有巨大追求的作家他都会形成一个自己独特的语言风格、独特的话语，这个非常重要。我们在翻译一部小说、一部诗集的时候，我们面对的其实是一种话语，我绝对不是说我在翻一个法语，我在翻译一个作家独特的话语。所以，总的来说，我们可以用比较客观的分类，比方说文学话语、政治话语、科学话语，比方说搞医学的有医学话语，比方说我曾经做同声传译的时候，最不敢碰的两种话语就是医学话语和法律话语，但凡那种给我多少钱我也不去，因为这个东西我不懂，我真的不懂，而且会有危险的，我翻错了以后会有直接后果的对不对，说难听点你医学话语翻译错别人的头可能就掉了，很可能人就死了，法律弄不好也不对，所以这是一个。

但是具体到文学、哲学、美学，每一个人都有自己的话语体系，而这种东西我们用最通俗的话来说就是风格。而中国有一句话，有一个词特别好就是体，我们说文体的时候，我们可以说一种诗歌里头有一种什么什么体，是个客观的。但是，我们涉及一个个人的时候，他又有一个体，比方苏东坡有苏东坡体，黄庭坚有黄庭坚体，这就体现在哪？在书法当中就体现得最好。所以中国的书法是中国文化的一个宝库。刚才说到在法语当中区分语言和言语是独一无二的，但是在中国文化当中能够用一种视觉化的形式让一个人的风格，语言风格、文字风格能够如此强烈地体现出来只有中文，全世界只有中文。虽然阿拉伯语也有书法，但阿拉伯语的书法绝不在于体现一个人的个人风格，而且它体现装饰风格，所以这是中国文化一大特点，所以为什么给大家展示王羲之的帖，当时是我自己写的，这是我很多年前创作了一幅作品叫《五体投地》。什么叫五体投地呢？我选择了最崇拜的中国历史上的五大书法家的书体，然后我把它写下来以后，一直碰到地上，叫五体投地，这是一个有点行为艺术，一方面我表达对五个书家的崇拜，同时又想从这个行为当中悟出一些新的东西，叫五体投地，我觉得五体投地特别适合一个翻译家的行为，为什么？我们要翻一本书的时候，如果我对他没有五体投地的感觉我是不愿意翻译的，一部作品让我产生强烈的翻译欲望，就像一幅字让你产生强烈的临摹的欲望一样。你真有这个冲动，你对这个作家对这部作品你五体投地了，体这个字妙在哪儿呢？体不光有风格，体有身体，我们是要投入进去的，我们身体要投入进去，所以这个字妙就妙在这儿，体里面有一种既是风格，体现在文字上的风格，又需要我们身心投入的一种东西。

所以，我在法语圈里号称法语还是不错的。但我的法语不错在哪儿？其实别人都不知道因为我能看到法语，看到法语的时候，一方面刚才说的看到美，另一方面就跟外科医生一样，有时候就跟看到 X 光拍出来片子，我能看出哪儿有问题，一下子我就能看出有问题，所以我后来做傅雷翻译奖，我评判一本书，我根本就不需要从头到尾去对比，我只要看三页我就知道这个译本好坏，我会随机三个地方随便掀开，看完中文就觉得有问题，那个时候就会拿来法文再看一遍，马上能看出问题在哪儿，而且往往有很多问题，所以这个东西是我的一个独门的绝技，跟大家分享一下，希望大家也能够悟到这一点。就说一个作家，他有一种刚才说的个人性是他的生命，没有一个作家可以自己把自己完全遮掩住，尤其在现代这个框架当中，它的意义不大，把自己像古典时代有时候那样收敛自己。现在这个时代这个个性他必须出现在里边，但是个性以何种方式出现那是另外一回事，但必须有个性，所以你必须对个人性有高度的敏感，而这个个人性怎么体现出来，就是以话语形式，他独特的话语体系，而这个独特的话语体系就跟古典书法当中体现出来一样，苏东坡一笔就只能这么下去。其实你想换成一笔写都不可能，他就是这样，必须那一笔下去。所以作家也是这样，普鲁斯特其实只能这么写。贝克特当时最有名的时候他说过一句话，记者采访说你这么伟大，他就说一句话，法文听起来很难听的，什么意思？就是说我只会这个。所以千万不要以为这个作家他是个什么都会的人，他只会这个，但是把这个做到极致。

所以，翻译你必须把这个只会这个东西你要领会清楚，你要去传递它，如果你把这个东西传递不出来我就回到刚才我说的这个安格尔说的操守就没了，你作为一个译者，翻译操守就没了，最后出来那个东西你可以怎么花里胡哨都行，但是也许就脱离了，所以这是我想跟大家分享话语本身的独特性，你一定要对一个作家的话语体系有一个能够让自己身体投入地跟他交流，而中国的书法临摹其实是一个非常好的练习，我今天跟大家讲深度学习和修养的问题，你怎么从这种工夫在诗外，怎么在这样东西当中。我还认为翻译最接近另外一个行为，就是音乐的阐释，你弹琴，拉小提琴，这种领悟跟翻译是非常接近的。回到我们这个话语，你要对一个作家的体，这个体全面去理解，他的风格，他的身体，他的身心，他的独特价值在哪里？

你们都知道现代文学，当你面对新小说，比方说面对罗兰·巴特以后的文字，你会突然发现有的人可能追求所谓无个性，但是无个性的时候你突然就发现，其实无个性只不过是个性转化，转化为什么东西？他转化为一种比方说对语言材料上的一种重新认识，他的语言不再是一种个人的抒发，语言作为客观材料，从某种语言上产生那种造型性，其实语言造型性说白了就是书法，书法是语言最强的一种造型性。由于外国作家他是字母的体系，二十六个字母，永远是拼音的体系，没有中国文字那样直接上来就是视觉性的。所以我有一个理论就是，西方作家往往在追求一种中国人自然而然就得到的东西，他的体系使他永远都无法得到，所以他需要用各种各样的办法来达到对于语言的质感，尤其法国作家，我可以列举出无数的例子，怎么尽量增加语言的造型感和语言的质感，在这个过程当中他仿佛自己的个人性没了，但其实他把自己的个人全部投注到这个语言的材料上了。有时候这个个性和这个无个性会综合出现，就跟郑板桥会有这个六分半书一样。比方说法国最有名的一个作家雷蒙·格诺，《风格练习》，用九十九种方式来讲同一个特别平庸的、平凡的故事。这种东西其实殊途同归，为什么？就是在寻找一种综合的，作为一个作家个体怎么面对一个材料，作为一个语言，作为外在于我的、又内在于我的这么一个东西，我怎么去用它来做出一个全新的东西，所以这个我觉得是非常非常有意思的，所以在做翻译的过程当中，我们有一大优势我们是两面的，我们可以从两面吸取我们的精髓。

然后同时我希望大家关注到的，涉及话语的时候，它肯定还是有时代的感觉，这就是刚才我说的历时性和共识性的问题。比方说苏东坡和黄庭坚肯定有差别，但是苏东坡、黄庭坚肯定是宋代人，这个是非常重要的。就是说他们俩肯定是在那个状态下出现的，涉及我们面对的文学作品或者哲学作品的时候，你特别要注重就是这个东西，他处在什么时代，他这个时代下他的个人话语极强，但是即便个人话语极强，他也是那个时代的话语，因为就像福柯所说的，每个时代有一个独特的一种表现的方式，认知的方式，这个认知方式是任何人都突破不了的，而且你要突破的时候真突破了革命就来了，你就进入另一个时代，这一点非常重要，所以你在把握一个作家、把握一种话语的时候，你要感受到这种东西。

所以，整体上来说，古典的小说，比方说你去读巴尔扎克的小说，你去读司汤达的小说，他们整个小说的构建都跟古典绘画那种构图比较相似，整个的空间展示是这样一种。然后到了现代作品以后，风格的形成有时候你就抓不住，为什么？就在于它已经打乱原来空间。所以每一个派别，其实隐含着它的一种根本的核心的东西。比方说当我们说毕加索立体派的时候，"立体"这两个字是非常重要，当我们说马蒂斯野兽派的时候，野兽两个字是非常重要的。涉及文学也一样，一个文学话语当中，比方说新小说的时候，它这个新，肯定有它的道理，它新在哪里？所以如果把握不住这个东西，你翻译一部新小说很可能就会出现偏差。所以在这个时候就需要我们作为译者，要深度学习，你必须要从文学史、从整个的时代去定义这个作家，然后再在这个时代框架下定义出这个作家的独特的体在哪里？所以我觉得，如果做不到这个基本功，最后出来的译本肯定是有欠缺的，你必须做好这个功课，这个是非常重要。

所以，回到刚才说的，比方说你能够翻译黑格尔，翻译康德，但是很可能你在翻译德里达的时候你就翻船了。为什么？他们的话语体系完全不一样，他建立在我说的这个上，就是表现体系他彻底变了，你能翻译萨特的《存在与虚无》，你真不一定能翻译罗兰·巴特，为什么？他的话语体系彻底变了，所以在这个时候你一定要非常非常清楚，就是翻译家和翻译工作必须做到这一点，对话语的辨认，既涉及一个个人性，又涉及一个集体性。当然又有一个共识性，有一个历时性，因为再新的话语，即便是德里达，你看德里达早期出名的文字，都是讲古希腊哲学的，讲得非常好，这种书可惜我们都不翻，都是翻译最后出现的东西。所以，每个人看上去既是全新的东西，同时里面又会有一些内核，使得他是那个文化背景的产物，这些东西都需要我们去领悟，你对这个东西领悟越深，你的翻译可以说越站得住脚，这是我需要跟大家分享的第二点。

现在接下来跟大家分享什么？一定要记住，我们都说文学作品或者艺术作品是某种再现。所以，翻译其实是什么？是再现之再现。因为我们是建立在一个作品之上，我们所谓的面对的真实的原作或者原稿，它本身就是一种再现，它本身就是一种再现的话，我为什么给大家看这些书法作品和绘画作品？因为无论是书法或绘画它本身就是一种再现，所以一个文本你翻译这本书，它本身就是一种再现，所以你再现之再现，你肯定要遵循一些基本原则，就你得尊重原来那个再现，它本身再现之规律。不是说你是直接面对着一个大自然，你是面对着一幅风景画，你不是说直接面对着一个外国人，你是面对了已经被画出来的一个外国人，这个非常重要，很多人没有这个意识，他觉得好像已经传递出那个东西，好像那个东西变成了一个真实的东西，我只要用语言把这个真实东西传递出来就对了，不是这么回事，它是再现之再现。所以，这个是作为一个翻译一定要意识到的东西。

既然再现之再现，就涉及一个新的问题，我给大家也稍微在这方面展开一下。就什么？就涉及一个译本的完整性问题。我们经常讲翻译当中信达雅也好，我们很少去真正把一个作品作为一个整体去看。把它作为一个整体，从整体角度全面去把握一个作品。比方说我从前几年开始，我就奉行一个原则，我在翻译的时候必须做到三件事情，哪三件事情？第一我必须写一个非常长的译者序或者译者跋，而且在一万字左右，一定要达到一万字左右，因为不到一万字说不清楚，对这个作家作品进行深入的剖析，然后尽可能做浅显的介绍，我认为这是一个译本必不可少的。第二就是注释，当然这个注释大有讲究，现在很多很多的注释，都是直接说看到一个人名、一个地名，直接大百科全书一查，人名辞典一查，谁谁谁几几年到几几年，著名什么英国政治家，完了。我就想你这个注释管什么用？这个注释我查我随便百度一下都能查出来，我要你译者给我这种注释干什么？所以注释本身也是一种阅读和翻译行为，所以我提倡的注释是什么？是跟文本理解相关的注释。你在注释过程当中要让人读这个注释的时候，读出来作者为什么会引用这个东西，他这个东西在这儿出现的意义在哪里？如果你能做到这样的注释，我觉得这个译者他的责任就比别人要高一些，你把它看作一个好像跟作品无关的东西，而其实任何一样东西在一个作品里出现它就有关了，它就是个有机体的一个部分。

第三点我必须做到，我后续有一个批评文章，我会在一本杂志或者一张报纸上，发表一篇文章来推广这本书。所以我心目中的译本的完整性，在整个的翻译过程，作为一个译者的行为完整性要涉及这三个方面。因为你这个译者序或者跋是在书里面的，是这个译本的一部分，每个人买了你这本书，比方说刚才有位同学让我签我翻译的《感觉的逻辑》，《感觉的逻辑》到目前为止是给我带来最多好评的译作之一，所有当代艺术家人手一册，我走哪儿都有艺术家请我吃饭，就因为这个，一听你翻这个，请你吃饭，这是我必看书。对中国当代艺术家影响之大，我自己都意料不到。德勒兹大家都知道，是非常难译的一个哲学家，但是即便如此，我当时写了一个一万字的序来导读。导读篇名叫《德勒兹的第三条道路》，我就通过我自己的理解给德勒兹定位，我看过很多德勒兹的翻译本我都觉得不是太满意，所以我希望别人能够通过我的译本的阅读，能够感觉到德勒兹的话语和德勒兹怎么说话的，德勒兹怎么思考的？所以用了一万字来写这个东西，有人说我也不是哲学家，但是我觉得这是我作为一个译者的责任，我觉得很多读者他也不是哲学家，很可能他的理解不如我，我这么读下来，我有义务把我对这个东西的理解，建立在我对客观和主观、时间在他整个体系里的位置说明白，既然我意识到了这一点，我就把它写下来，这是我跟大家做的一个例子。

比方说涉及注释，我最新译的一部叫《乌合之众》，《乌合之众》大家知道有十几个版本，然后很多人从英文翻译，有几个人从法语翻译，当时出版社让我翻译的时候我是拒绝的，那么多译本，我说我要翻译的话，最好翻译点从来没有听说过的，我说我时间那么紧再去炒冷饭就没意思了。但是一方面出版社坚持，另一方面我也好奇，我就翻阅了其他各个版本，我能看到的去图书馆去查去书店找，我翻阅了以后不满意，觉得我在法语里看到的很多东西在译文里我没看到，所以我后来就接受翻译了，目前好像这本书的反响还不错，就涉及注释，因为有一个译本我觉得从整体上还不错，但不是法语专家，因为这本书是法国历史的一个产物，它在这方面我觉得有很大的欠缺，它从英文翻译的，然后转到它整个体系里头没有对法国产生这本书的土壤提供背景知识。

所以我至少在这方面做了一个独一无二的工作。我的注释可以说都是有意义的注释。就告诉你这个人在这儿出现，他为什么在这儿出现，什么作者会引用他？为什么作者以他为例来说明这个例子？让人意识到这本书是一个活生生的在 19 世纪末的法国，在经过法国大革命以后，经过各个帝制以后那个时候的产物，我觉得这个是译本的一部分。

所以一个人物，一个历史人物为什么在《乌合之众》的书里出现，引用他人是一个无穷无尽的宝藏。我可以引用任何人，我可以提到任何人，但为什么在这个文中我提到了他，我为什么提到这个事件？我为什么用了这样一个比喻的时候用到这个事件？所以这个时候，我是把它放到注释部分，所以我没有干扰原文作者，但这个时候我要让读者在阅读的时候能够进入这种话语体系，帮助他进入话语体系。至于批评，我又有另外一个例子，大家都知道有一个著名法国建筑师保罗·安德鲁，他设计了国家大剧院，上个月去世了我还特别伤心。为什么？我跟安德鲁交情特别好，而且超过一般的友谊，我曾经有过一次特别的经历，就是安排莫言和安德鲁吃了一顿饭，因为莫言当时还没得奖，特别喜欢大剧院这个建筑，他当时作为小说家他就特别羡慕这个建筑师，他说小说家的小说多少年以后还有人读吗？但是一个建筑在那儿摆着，天安门旁边，不是千年之计，至少也是百年大计，会一直在那儿待着，所以他就特别羡慕。当时我记得安排他们俩见面以后，莫言后来还专门写了一篇《印象》，翻成法文在法国的《费加罗报》上发表了。我想说的是什么？我当时听说安德鲁写了一本书，我特别好奇，我说你把法文给我看，我说我要感兴趣的话我就把它翻译出来在中国给你推出来。结果他就给了我，我读完以后特别喜欢，特别喜欢以后我就做了我所谓译本完整性的工作，我就开始找出版社，然后翻译，随后推广，后来这本书可以说在文艺青年当中影响非常好，安德鲁后来被认为是小说家，这本书叫《记忆的群岛》。《记忆的群岛》这本书在网上为我带来的名声比任何其他的书都大。在豆瓣上甚至有人说，看完《记忆的群岛》，当今能继承傅雷的也许就是这本书的译者了。所以对我来说是一个非常大的鼓励。我也写了序，然后台湾版作为一个跋出现，我也在别的场合写批评文章。安德鲁设计的大部分作品是飞机场，浦东机场、戴高乐机场，这个机场建筑师在很多人心目中变成文人，变成小说家，他自己觉得非常自豪，而且一发不可收，后来写了好几部都拿来让我翻，我说不能老给你翻对不对，你上瘾了到后来。

接下来再说一点轻松的，但是我觉得非常重要的一个问题。我把它称为译者之译。哪个译？就是译者之译。什么意思？我现在观察到很多译本的问题出在哪儿？出在译者太有才华。他要盖过原译者，他有使不完的劲，说不完的话，他要透过这个作者说出来，就称为译者之译。我们在这方面也有很多代表人物，甚至是很有名的翻译家，他有这样的理论。我个人认为就是又回到我刚才说的，就是素描是艺术之操守，就是翻译有翻译的操守，就跟素描一样，你准确在那个程度，在那儿为止就可以了，你不要添油加醋。所以遇到译者之译的情况怎么办？我想跟大家也作为一个有趣的话题探讨一下。因为没有一个人会承认自己只是一个译者，这世界上没有，我们都是有非常强的个性的个体。而且就跟我刚才跟大家讲的五体投地，是我很佩服你，但是我还是我，我不能说佩服到最后我完全消失这也不可能，我要完全消失我也翻不了你的东西对不对，所以这个我要译出来怎么办？所以，我觉得如果译出来了，没关系，咱们以别的方式来体现，不要体现在译本上。刚才我说一个译本的完整性，说到写序，你写序本身就是你自己才华的一种体现，你的学识的一种体现，你加注释更是你学识的体现，然后你知识丰富，你也许比作者知识还丰富，那你就在注释上做文章，然后推广的时候写批评，那随你写，你写本书也行，有的是发挥空间，然后在这个情况下，就是我给大家举一个例子，因为我个人也不认为仅仅是个谦卑的译者，我觉得我也有我自己的才华是吧，那怎么办？那我就以别的方式来体现。

我给大家举一个翻译波德莱尔诗歌的例子。内容是波德莱尔的一首诗，整个译文是我的。波德莱尔有好多关于酒的诗，我今天把《波德莱尔全集》都拿来了。大家都知道郭宏安这位前辈翻波德莱尔的诗译本很好。但是我又喜欢写毛笔字，希望写幅书法作品，当时是有个展览，特别有意思，有一个东方集美博物馆的原馆长，退休以后他要做一个展览叫"茶和酒"，他在敦煌发现一篇经文叫《茶酒论》，他就以这个《茶酒论》的发现为契机要做一个展览，我们也是好朋友，他知道我喜欢书法，他就说你能不能给我两个书法作品，一个关于茶的，一个关于酒的，我说好啊，关于茶的我就给他写咱们特别有名的叫卢仝的《七碗茶》那首诗，《七碗茶》诗我写了巨大的，这个作品很震撼，好几米高，好几米宽。然后我说你既然让我写酒，我写个李白就没意思了，显不出是我董强写的，李白的诗谁都可以写，我说我写波德莱尔的，但是用书法给你写出来。我当时有个想法，弄件作品出来，这是作品的形式之一。但是看了郭宏安的译本，看了别人的译本以后，我发现我的书法那么写出来不像样子，所以我就把它改为一个五言，按李白的口吻这么去写。

第一个版本，叫"酒魂瓶中求，入夜壶开颜。为君歌一曲，忧苦自云散。几多辛劳汗，山丘烈日炎。赐我灵与魂"等等，到最后说到喝了酒以后能够让你的妻子精神足孩子有力量，"发妻精神足，幼子力量增。其虽垒若生，愚能撞其筋。琼浆入君体，两种代春发。家师因情投，盛开西式花"。你要回到原文里头你会发现几乎没有离开原文，原文说的就是这个东西，你们可以对照，时间关系我就不对照郭宏安的白话文版本了，他里面说的内容完全就是波德莱尔说的，但是形式上我对它进行很大的转化，转化以后，变成这个口吻和这个体以后，我就可以把它变成书法作品，否则的话我没法进行，所以我首先从翻译角度，从波德莱尔翻成中文，然后对照郭宏安白话版本，觉得这个意思基本上呈现出来以后，再提炼成这么一个形式，提炼成这个形式以后，再通过我这个空间化的书法化，就变成了这么一幅作品。

所以，这个时候我承认我译出来了，但是我对波德莱尔极其尊重，我没有说成是对波德莱尔的一个翻译，我把它看作是一种创作或者一种再使用。而且，即便在这个再使用过程当中，对波德莱尔的原文的意思我是尊重的，但是你要跟我说波德莱尔是个现代诗，他的节奏完全不对，那就是另外一回事。因为我承认我没有在做翻译，所以我反过来想跟大家说什么？比方说现在在微信上经常会出现，翻得特妙，都是古体，特对应的，那种千万不要学，那个叫花哨，你可以作为一个微信上一乐的东西，但是译出来，你作为译者，一定要回到刚才说的这个操守，如果需要译出来，你要用别的办法译出来，千万不要说在他的作品本身上做文章，这是给大家一个例子。

比方还有一个例子，当时为了罗兰·巴特不知道多少周年诞辰，做了个展览，后来法国使馆问我说有没有好的译本，我说目前罗兰·巴特就这么一些译本，完了以后都是一些译本展示，我说我给你提供一幅作品放在展厅里面，我就挑一些特别的话，我给它写下来，然后再给你裁减一下，最后像一幅作品一样在展厅展出。这个时候我就又发现一个新的问题，我突然发现我们挑出来的引言、引句，这个译本里头根本就没有我想要的，所以我就重译了。比方说他里边提道："语言是一种外表。"但是我直接就写语言是一张皮，作为毛笔字写出来给人比较震撼，说语言是一种外表，我就觉得比较弱。罗兰·巴特对语言进行革命，我就觉得在某种程度上也许契合了，因为罗兰·巴特一直向往中国，结果到了中国来了以后，当时"文革"期间嘛，啥也没看到，所以罗兰·巴特《中国之行的日记》，大家如果有兴趣去看一下，里面从头到尾两个字：无聊。他去日本就特别高兴，写出了《符号帝国》，他特高兴，他里面一到中国以后，什么都不敢做，他对这种东方语言有感觉，其实他是特别向往这种东西。

所以，这也是我在法国待那么多年的一个感受。西方70年代但凡有点革命性的思想家、作家，都对中文，对汉语，尤其对书法这种空间形式展现出来的汉语特别向往，正是这种向往使得他们想在自己的话语、拼音话语里头进行革命，怎么通过变革来接近这种他达不到的东西。而我们，本来就是一种象形文字，本来我们有得天独厚的地方，但我们文字有我们的问题，比方说在文言文中，古代的时候，整个这种延续性就不太清晰，在这个时候像书法家，比方说著名的飞白，我就觉得这其实从某种程度是对中国话语体系一种抗争，出现飞白，其实希望能够在一个延续性当中，再次出现一种新的意义。所以这是一个特别有意思的话题。

这也就意味着什么呢？整个现代的接受体系建立起的这种所谓的读者和作者之间，作者已死等等理论下出现的这种交汇型的，就是说作品是在交汇过程中产生这种理论，可能对我这种想法就会产生冲突。我觉得之所以我也引用安格尔，就说明我面对翻译的态度还是比较传统的，比较古典。但是我又看不出有没有别的办法来，我尽可能地通过我最后给大家讲的这种译出性的可能性，通过自己的一种带有创作性的，或者是改编性的行为，来证明这种主观性是存在的，这个作品的延续性是可能的，然后就是确实我们可以找到一个译者跟作者之间的另外一个维度。但是我总觉得这种维度已经超出了翻译的范围，而且作为翻译现在的困境我觉得也在此，就是说我们在一个已经进入了不光是现代，而且是极其当代的时代的时候，我们如何去坚守一个相对传统的态度，我称为带有很大程度的工匠型的一个行为，我觉得这个是一个作为，做翻译工作都要思考的一个问题，我觉得这是个核心问题。为什么现在推广翻译、支持翻译都那么难？我们就像逆水行舟一样，就在于这个时代对这个文本的本体性越来越无视，甚至是幽默性的、调皮性的、调侃性在创作已经越来越多，成为一种风气。使得它变成了什么？你在坚持这样一种操守的时候，你的知音可能会越来越少，所以这个又是我提出的一个新的问题，而这个问题我觉得我也没有什么答案。

所以我就想，如果以后我写本书的话，就写点关于翻译伦理学的问题，因为它就涉及一个伦理问题，它已经不再是个简单的，我们中国人说到翻译，说到其他东西，喜欢用什么？就是道和术之间的关系。有人说你只停留在技术层面，你没有进入道。我觉得这个翻译问题已经超越了所谓术和道之间的问题了，它已经真的就涉及一个伦理问题，为什么我从机器翻译引发出来？这也是为这个，就是说你说从先锋行为，当时法国很多先锋行为，包括超现实主义的各种游戏，我认为你要跟机器去比，那机器出来的千变万化远远超过一个个人能够做的，各种各样的可能性，所以从某种程度上说，现代文学和现代哲学的很多当时创新性的东西，面对机器突然变得苍白无力。反而一种回归于人的，相对显得古典的，建立在人以及建立在整个的历时性的文化基础上的东西是机器所取代不了的。

所以，反而是你的手工性、个人性、时代性、文化性是机器怎么深度学习都学不到的。所以这就是我们要面对的一个问题。翻译的处境，就是我刚才强调的再现之再现。由于是再现之再现，所以你对一种再现本身，无论从话语角度、从个体角度、从创作角度，你对它要尊重，这种尊重如果做不到的话，使得它脱离了我刚才说这种伦理，因为你变成了众多读者中的一个，你不是在众多读者中相当于一个作者。因为我毕竟是大学教授，而且我二十多岁就写完我的博士论文了，这么多年应该说读的书也不少。但是我觉得没有人从这些角度考虑问题，都是零零星星地建立在自己一些实践上、自己的领悟上。我觉得这个东西才是根本的，涉及翻译根本性的东西，你可以完全建立起一套新的翻译理论，但是它的意义何在？尤其就像你研究摄影的人，数码相机出来以后，那些理论基本上就没法去解释了。到了这个时代，你怎么再去面对，就是跟翻译面临的一模一样，翻译能够面临像机器智能到这个程度以后，你再用原来那一套体系我觉得就不行了，所以这也是我深深一个困惑。按道理，按我的年龄，按我的资历，我可以做人家的导师，也可以到处去跟人讲，但是我现在基本上拒绝跟别人讲，因为我发现很多东西我自己也弄不懂、弄不通，很多自己学到的知识没用了，或者是无法解释，或者不够用，所以这个时候从某种程度上我更愿意做学生。我现在越来越想当学生，为什么？再去学一些新的东西，来面对越来越复杂的这个世界，尤其是人文，因为科学有时候科技专门一样东西你往前走就完了，人文的东西是建立在积淀上面，建立在文化性和历史性上面，但是面对全新的现象，你译得再好，如果没有读者，或者读者认为你译得没有意思、不好玩，那你的意义又何在？所以这个东西我觉得真的是需要思考。

所以阴错阳差的就是在我最想当学生的时候，反而迎来了我在学术上的高峰。尤其是前两天莫名其妙，就是当选为院士。文科本来就没院士，结果当选法兰西那个院士，我自己都不知道这个学院存在，它的名字叫道德与政治科学院，道德科学其实就是伦理学，所以我都成了这个学院一个外籍院士，我得考虑考虑伦理问题和道德问题，所以也正好就是阴错阳差，我觉得相当于一个总结性的。我个人跟大家交流，一个译者他不断深度学习，就不要觉得光是机器才能深度，而且我们必须不断学习，所以为什么我想到《论共产党员的修养》，我们要不断进行修养，而且只有在这个情况下我们才能够做一个好的翻译工作者。

如果想成为一个翻译家，我们也要有这样同样的能力，就是转益多师，然后你建立起参照体系，你对一个东西的把握越准确，就相当于聚焦一样，不断聚焦，灯光意想不到就射过来了，这道光射过来你原先是没有想到的，所以这个时候你对一个作品的理解、对它的感受就会产生一个全新的状态。

比方说米兰·昆德拉就特别喜欢用照明这个词，他的《小说的艺术》也是我翻译作品当中比较满意的。昨天张清华教授见到我说，你翻的《小说的艺术》是我床头放着的，有好几个版本，就觉得你这个翻得好。为什么？就是我跟米兰·昆德拉特殊的关系，正好他在写《小说的艺术》的时候他在给我们上课，我们探讨同样的内容，我们听同样的音乐，然后我知道他要说什么，所以以至于上海译文出版社跟我出现矛盾，我就不愿意把我的译本给它了，现在对翻译家不尊重，因为还是六十块钱一千字，米兰·昆德拉作品他们挣了无数的钱，我翻译一本书拿到三千块钱还是四千块钱，我说我真的不在乎这点钱，我是为了所有的译者，我能做的就是不给你，我就索性拒绝了，让你拿不到我的译本，我只能用这个方式来抗议。但是，翻译行为是整个社会体系的一个产物，你也不可能改变，但是我总觉得我们必须有态度，我们必须做出自己的决定，慢慢态度可能就会转化为一种行动，然后这个行动也会慢慢影响大的翻译环境。

所以，这个情况就是说，不是我们一个人能改变的，所以为什么我要做这个傅雷翻译奖，现在十周年了，尽量做大，我是发动一些名人效应，我想尽了招让这个奖能够产生影响。为什么？就是为了有一种整体性，就是说这么艰难、这么高的一门艺术，如果在整个社会中以这样一种状态出现那是不对的，就跟我说的最接近于翻译的就是音乐的阐释，那郎朗音乐阐释他是什么价格？跟随便一个人上去就弹的人就不是同一个价值，为什么译者还是一刀切对不对？不可思议。而且既然是一个译本，在你这个国家就是母语一样的正规版本，译者为什么不能拿版税？逻辑上是不成立的，翻译有点边缘，但有时候边缘的影响也会影响内核。影响内核在哪？年轻人最起码的要有成就感，成就感里面就有社会认可，所以如果这方面达不到肯定优秀人才就不往这边走，这么难一件事情，所以我看到诸位特别高兴，为什么？今天特别高兴跟大家说那么多，可以说是我真正的经验之谈，就在于我觉得大家都不容易，在这种不容易情况下我们怎么把这个事情做得更好，一方面我们做了这件事情基本上都是一种信念，靠信念在做，但是既然信念在做咱们就做好，回到刚才说的伦理的问题，千万不要成为一个卡拉 OK 似的自嗨对不对，就因为我有这个信念。

所以，翻译家的重要性实在是怎么强调也不为过的，因为翻译家是在真正打破壁垒，他真正从深度打破这个壁垒，以自己的学识，以自己这种很艰苦的行为在打破它。而且是把身体放进去的，机器不把自己身体放进去，把自己身体融入到这个里头你才能做出一个好的译文来。

你看傅雷他为什么伟大？后来他翻译的态度被很多年轻人否定掉了，被很多现代的翻译理论否定掉了，他所谓转化型那种翻法，但是你现在再回过头来看，他的译文就是经得起检验。所以，有时候就不是一个理论先不先进的问题，它里面留存多少工匠感，留存多少历时性，重要是什么？他把自己融进去了。同样，他翻译古典的东西，他的这种翻译方式符合所需求的东西，他那种题材。所以他无法被超越。

你会发现为什么傅雷他能够与众不同，就是他的伦理感，他的道德感，所以傅雷就从一个翻译家上升为一个道德的真正的榜样和典范。所以你就会发现一个真正的翻译家，他绝对不是简单的只有翻译理论和翻译技巧，这就涉及一个真正的伦理。你们去读傅雷所有译著，你看他在介绍一本书的时候，他为什么译这个人说得清清楚楚，他就认为这本书适合中国人，适合当时的中国，他绝对不是说我仅仅是喜欢这部作品。有时候他写很短的序，你都会发现里面自始至终有一种伦理感。

所以我觉得真正给翻译家一个支柱的东西，或者两者是不可分的，就是伦理支持，老觉得它纯粹是个文本以后，就造成了机器可以做。当你说不是一个纯粹文本的时候，你再把它作为一个人的产物的时候，那你作为翻译家，你全部的精神在一个译本当中就能体现出来。我今天就讲到这儿，谢谢！

图书在版编目（CIP）数据

关系的魅力：鲁院讲义集 2 / 邱华栋主编 . -- 北京：
作家出版社，2019.7

ISBN 978 - 7 - 5212 - 0597 - 8

Ⅰ . ①关… Ⅱ . ①邱… Ⅲ . ①社会科学 - 文集
Ⅳ . ①C53

中国版本图书馆 CIP 数据核字（2019）第 112724 号

关系的魅力

主　　编：邱华栋
副 主 编：郭　艳
编　　选：严迎春　赵俊颖　李蔚超　张俊平
责任编辑：李宏伟　秦　悦
装帧设计：申晓声
出版发行：作家出版社有限公司
社　　址：北京农展馆南里 10 号　　　邮　　编：100125
电话传真：86 - 10 - 65067186（发行中心及邮购部）
　　　　　86 - 10 - 65004079（总编室）
E - mail: zuojia@zuojia. net. cn
http: // www. ZUOJIACHUBANSHE. com
印　　刷：三河市北燕印装有限公司
成品尺寸：152 × 230
字　　数：524 千
印　　张：37.75
版　　次：2020 年 1 月第 1 版
印　　次：2020 年 1 月第 1 次印刷
ISBN 978 - 7 - 5212 - 0597 - 8
定　　价：78.00 元